VALENCES OF THE DIALECTIC

辩证法的效价

著 [美]弗雷德里克·詹姆逊 (Fredric Jameson)

译 余莉

中国社会科学出版社

图字：01—2010—6821

图书在版编目（CIP）数据

辩证法的效价／〔美〕詹姆逊著；余莉译 . —北京：中国社会科学
出版社，2014.12

（知识分子图书馆）

书名原文：Valences of the Dialectic

ISBN 978 - 7 - 5161 - 4842 - 6

Ⅰ.①辩… Ⅱ.①詹…②余… Ⅲ.①辩证法—研究 Ⅳ.①B015

中国版本图书馆 CIP 数据核字（2014）第 222625 号

First published by Verso 2009

Copyright ⓒ Fredric Jameson 2009

根据沃索出版社 2010 年版译出

出 版 人	赵剑英
责任编辑	郭沂纹
特约编辑	刘志兵
责任校对	李 楠
责任印制	李寡寡

出 版	中国社会科学出版社
社 址	北京鼓楼西大街甲 158 号（邮编100720）
网 址	http://www.csspw.cn
	中文域名：中国社科网 010 - 64070619
发 行 部	010 - 84083685
门 市 部	010 - 84029450
经 销	新华书店及其他书店

印刷装订	北京君升印刷有限公司
版 次	2014 年 12 月第 1 版
印 次	2014 年 12 月第 1 次印刷

开 本	650 × 960 1/16
印 张	54
字 数	698 千字
定 价	118.00 元

《知识分子图书馆》编委会

总　序

　　1986—1987 年，我在厄湾加州大学（UC Irvine）从事博士后研究，先后结识了莫瑞·克里格（Murray Krieger）、J. 希利斯·米勒（J. Hillis Miller）、沃尔夫冈·伊瑟尔（Walfgang Iser）、雅克·德里达（Jacques Derrida）和海登·怀特（Hayden White）；后来应老朋友弗雷德里克·詹姆逊（Fredric Jameson）之邀赴杜克大学参加学术会议，在他的安排下又结识了斯坦利·费什（Stanley Fish）、费兰克·伦屈夏（Frank Lentricchia）和爱德华·赛义德（Edward W. Said）等人。这期间因编选《最新西方文论选》的需要，与杰费里·哈特曼（Geoffrey Hartman）及其他一些学者也有过通信往来。通过与他们交流和阅读他们的作品，我发现这些批评家或理论家各有所长，他们的理论思想和批评建构各有特色，因此便萌发了编译一批当代批评理论家的"自选集"的想法。1988 年 5 月，J. 希利斯·米勒来华参加学术会议，我向他谈了自己的想法和计划。他说"这是一个绝好的计划"，并表示将全力给予支持。考虑到编选的难度以及与某些作者联系的问题，我请他与我合作来完成这项计划。于是我们商定了一个方案：我们先选定十位批评理论家，由我起草一份编译计划，然后由米勒与作者联系，请他们每人自选能够反映其思想发展或基本理论观点的文章约 50 万至 60 万字，由我再从中选出约 25 万至 30 万字的文章，负责组织翻译，在中国出版。但

1989 年以后，由于种种原因，这套书的计划被搁置下来。1993年，米勒再次来华，我们商定，不论多么困难，也要将这一翻译项目继续下去（此时又增加了版权问题，米勒担保他可以解决）。作为第一辑，我们当时选定了十位批评理论家：哈罗德·布鲁姆（Harold Bloom）、保罗·德曼（Paul de Man）、德里达、特里·伊格尔顿（Terry Eagleton）、伊瑟尔、费什、詹姆逊、克里格、米勒和赛义德。1995 年，中国社会科学出版社决定独家出版这套书，并于 1996 年签了正式出版合同，大大促进了工作的进展。

　　为什么要选择这些批评理论家的作品翻译出版呢？首先，他们都是在当代文坛上活跃的批评理论家，在国内外有相当大的影响。保罗·德曼虽已逝世，但其影响仍在，而且其最后一部作品于去年刚刚出版。其次，这些批评理论家分别代表了当代批评理论界的不同流派或不同方面，例如克里格代表芝加哥学派或新形式主义，德里达代表解构主义，费什代表读者反应批评或实用批评，赛义德代表后殖民主义文化研究，德曼代表修辞批评，伊瑟尔代表接受美学，米勒代表美国解构主义，詹姆逊代表美国马克思主义和后现代主义文化研究，伊格尔顿代表英国马克思主义和意识形态研究。当然，这十位批评理论家并不能反映当代思想的全貌。因此，我们正在商定下一批批评家和理论家的名单，打算将这套书长期出版下去，而且，书籍的自选集形式也可能会灵活变通。

　　从总体上说，这些批评家或理论家的论著都属于"批评理论"（critical theory）范畴。那么什么是批评理论呢？虽然这对专业工作者已不是什么新的概念，但我觉得仍应该略加说明。实际上，批评理论是 60 年代以来一直在西方流行的一个概念。简单说，它是关于批评的理论。通常所说的批评注重的是文本的具体特征和具体价值，它可能涉及哲学的思考，但仍然不会脱离文本价值的整体观念，包括文学文本的艺术特征和审美价值。而批评理论则不同，它关注的是文本本身的性质，文本与作者的关系，文本与读者的关系以及读者的作用，文本与现实的关系，语言的作用和地位，等等。换句话说，它关注的是批评的形成过程和运作方式，批评本身的特征和价值。由于批评可以涉及多种学科和多种文本，所以批评理论不限于文学，而是一个新的跨学科的领域。它与文学批评和文学理论有这样那样的联系，甚至有某些共同的问题，但它有自己的独立性和自治性。大而化之，可以说批评理论的对象是关于社会文本批评的理论，涉及文学、哲学、历史、人类学、政治学、社会学、建筑学、影视、绘画，等等。

批评理论的产生与社会发展密切相关。60 年代以来，西方进入了所谓的后期资本主义，又称后工业社会、信息社会、跨国资本主义社会、工业化之后的时期或后现代时期。知识分子在经历了 60 年代的动荡、追求和幻灭之后，对社会采取批判的审视态度。他们发现，社会制度和生产方式以及与之相联系的文学艺术，出现了种种充满矛盾和悖论的现象，例如跨国公司的兴起，大众文化的流行，公民社会的衰微，消费意识的蔓延，信息爆炸，传统断裂，个人主体性的丧失，电脑空间和视觉形象的扩展，等等。面对这种情况，他们充满了焦虑，试图对种种矛盾进行解释。他们重新考察现时与过去或现代时期的关系，力求找到可行的、合理的方案。由于社会的一切运作（如政治、经济、法律、文学艺术等）都离不开话语和话语形成的文本，所以便出现了大量以话语和文本为客体的批评及批评理论。这种批评理论的出现不仅改变了大学文科教育的性质，更重要的是提高了人们的思想意识和辨析问题的能力。正因为如此，批评理论一直在西方盛行不衰。

我们知道，个人的知识涵养如何，可以表现出他的文化水平。同样，一个社会的文化水平如何，可以通过构成它的个人的知识能力来窥知。经济发展和物质条件的改善，并不意味着文化水平会同步提高。个人文化水平的提高，在很大程度上取决于阅读的习惯和质量以及认识问题的能力。阅读习惯也许是现在许多人面临的一个问题。传统的阅读方式固然重要，但若不引入新的阅读方式、改变旧的阅读习惯，恐怕就很难提高阅读的质量。其实，阅读方式也是内容，是认知能力的一个方面。譬如一谈到批评理论，有些人就以传统的批评方式来抵制，说这些理论脱离实际、脱离具体的文学作品。他们认为，批评理论不仅应该提供分析作品的方式方法，而且应该提供分析的具体范例。显然，这是以传统的观念来看待当前的批评理论，或者说将批评理论与通常所说的文学批评或理论混同了起来。其实，批评理论并没有脱离实际，更没有脱离文本；它注重的是社会和文化实际，分析的是社会文本和批评本身的文本。所谓脱离实际或脱离作品只不过是脱离了传统的文学经典文本而已，而且也并非所有的批评理论都是如此，例如詹姆逊那部被认为最难懂的《政治无意识》，就是通过分析福楼拜、普鲁斯特、康拉德、吉辛等作家作品来提出他的批评理论的。因此，我们阅读批评理论时，必须改变传统的阅读习惯，必须将它作为一个新的跨学科的领域来理解其思辨的意义。

要提高认识问题的能力，首先要提高自己的理论修养。这就需要像经济建设那样，采取一种对外开放、吸收先进成果的态度。对于引进批评理论，还应该有一种辩证的认识。因为任何一种文化，若不与其他文化发生联系，就不可能形成自己的存在。正如一个人，若无他人，这个人便不会形成存在；若不将个人置于与其他人的关系当中，就不可能产生自我。同理，若不将一国文化置于与世界其他文化关系之中，也就谈不上该国本身的民族文化。然而，只要与其他文化发生关系，影响就是双向性的；这种关系是一种张力关系，既互相吸引又互相排斥。一切文化的发展，都离不开与其他文化的联系；只有不断吸收外来的新鲜东西，才能不断激发自己的生机。正如近亲结婚一代不如一代，优种杂交产生新的优良品种，世界各国的文化也应该互相引进、互相借鉴。我们无须担忧西方批评理论的种种缺陷及其负面影响，因为我们固有的文化传统，已经变成了无意识的构成，这种内在化了的传统因素，足以形成我们自己的文化身份，在吸收、借鉴外国文化（包括批评理论）中形成自己的立足点。

今天，随着全球化的发展，资本的内在作用或市场经济和资本的运作，正影响着世界经济的秩序和文化的构成。面对这种形势，批评理论越来越多地采取批判姿态，有些甚至带有强烈的政治色彩。因此一些保守的传统主义者抱怨文学研究被降低为政治学和社会科学的一个分支，对文本的分析过于集中于种族、阶级、性别、帝国主义或殖民主义等非美学因素。然而，正是这种批判态度，有助于我们认识晚期资本主义文化的内在逻辑，使我们能够在全球化的形势下，更好地思考自己相应的文化策略。应该说，这也是我们编译这套丛书的目的之一。

在这套丛书的编选翻译过程中，首先要感谢出版社领导对出版的保证；同时要感谢翻译者和出版社编辑们（如白烨、汪民安等）的通力合作；另外更要感谢国内外许多学者的热情鼓励和支持。这些学者们认为，这套丛书必将受到读者的欢迎，因为由作者本人或其代理人选择的有关文章具有权威性，提供原著的译文比介绍性文章更能反映原作的原汁原味，目前国内非常需要这类新的批评理论著作，而由中国社会科学出版社出版无疑会对这套丛书的质量提供可靠的保障。这些鼓励无疑为我们完成丛书带来了巨大力量。我们将力求把一套高价值、高质量的批评理论丛书奉献给读者，同时也期望广大读者及专家

学者热情地提出建议和批评，以便我们在以后的编选、翻译和
出版中不断改进。

王逢振

1997 年 10 月于北京

为罗伯特·施瓦茨和格蕾莎·德·拉·索博拉
并佩里·安德森而作

变幻莫测的时代啊！满怀希望的人民啊！

目 录

第五部分　政治

第六部分　历史的效价

第一部分

辩证法的三个名称

第一章

辩证法的三个名称

介绍辩证法的文章不计其数，尽管今天写这类文章的速度似乎减缓了。大量传统的"呈现"，还有在这些滚滚而来的证明之后发生的历史变化都表明，进行一次新的尝试或许是有益的，尤其是这种尝试将自表现批判（critique of representation）（海德格尔）和结构主义以来所创立的所有关于思维的新思想都考虑在内。此外，黑格尔的复兴，它在今天与在将来一样充满活力，也预示着诸多不可或缺的"神学研究细节"一定会被包括在内，某种马克思主义遗漏或删减掉了这些细节，这种马克思主义在黑格尔那里尚处在天然状态。

传统的呈现方式一直倾向于将辩证法一方面表现为一种体系，另一方面又将其表现为一种方法——这种划分隐约使人觉得时而强调黑格尔，时而强调马克思。两者都遭到当代，甚至现代思想的严肃质疑：因为自尼采以降，哲学体系之理想便一直受到质疑——如果连自我或主体在结构上都是不统一的或离散的，如何还能继续宣称存在一个统一的体系？——作为方法，因为其明白无误的工具化，同时因为其自身必定存在手段与目的之间的严重对立，它也颜面大失。如果辩证法仅仅只是一种手段，那么它的目的会是什么？如果它是一种形而上的体系，那么在形而上学结束之后，它又可能具有怎样的重要性？

不过，我们还是想返回到那两个诱惑，它们暗含了辩证法本身某些更深层次的特性；而且我们想要添加一些新的选项，如辩证法同时间性的关系。因为即便表现为黑格尔的形式，难道辩证法就没有打算将时间和变化铭刻在我们的各种概念本身当中？难道它不打算表明对无时间状态过于人性化的渴望如何掩盖了我们在精神范畴方面的不足，而且也遮蔽了此类矛盾那炫目的光芒（马克思将用不同的意识形态学说在日常层面上进行概括的一个诊断）？非辩证法哲学中时间性的省略或许也可以用来确认后者的哪些特征使其成为日常生活意识形态最"自然的"形式，而且使其成为辩证法注定要最常批驳的那种常识（亚里士多德和康德当时全面论述了常识性思考和主体—客体经验论）。

辩证法的这种非自然性（un-naturality）向常识提出了带有挑衅性的荒谬挑战，它自身或许会被它的天敌归纳为某种定义。难道这些不是与寻常的、非哲学性的常识一样一方面是教条主义，另一方面又是经验主义吗？一边相信固定的概念，一边又相信真实事物的确定性——这些就是各种最根深蒂固的反辩证法立场的源头，也是形形色色理想主义和实证主义的源头，黑格尔会把它们当作诸多知性（Verstand）形式来批判，而马克思的具体化诊断则从一个不同然而相关的方向对它们进行了批驳（二者都不认为知性，或常识，甚或具体化本身可能被永久驱散，仿佛它们仅仅是某种幻象）。

难道我们此时不是已经开始重复那些我们以之为发端的老生常谈，并且开始接近某种类似于辩证体系的东西？这意味着一个相当于时间性和矛盾的内容，而贬低非辩证性态度和哲学这一形式上的任务则开始慢慢地变成辩证方法的一个新版本。事实上，必须要说的是，这一对立本身就是辩证的：用这种或那种方法来解决它正是一种非辩证性的诱惑；而对这一替代的每个方面进行解构，而不是导向辩证法的自我毁灭，应该能够提供一种视角，在此视角下，问题便成为其自身的解决之道。

　　的确，这是一个我们有理由尝试将我们自己目前的问题本身——对辩证法的呈现——变为一种解决之道的视角，即详述那些不同的词语，利用这些词语，我们力图辨认和分析某些我们尚未论证的东西。因为词性可以提供诸多摄像角度，可以从这些角度去捕捉和审视那些未被怀疑过的功能和含义；是否它们本身实际上并没有它们那些呈现为无可避免的结构性歪曲的形而上学含义。

　　所以，在说到辩证法时加上表示确定意义的定冠词只能强化那些断言，即这一哲学更具普遍性，它是一个统一体，同时，这种认同也突出了它的独一无二，是在追逐专名这一时尚；而事实上，除了黑格尔、马克思，以及试图发展与他们有渊源关系的思想方法的那些人，对于其他任何思想家，这种辩证法都很少被想起。

　　但一个表示不确定的冠词便改变了一切；而且主要表现为这样一种形式，其他作家那里的辩证时刻：例如康德或德勒兹，维特根斯坦或柏格森，也就是说，非辩证法哲学甚至反辩证法哲学中的辩证时刻被发现和认同。在有着完全不同的特性的宇宙中，这类认同作为特殊或孤立区域的法则出现在我们眼前；并且趋向于以回溯的方式来确定我们的印象，即定冠词（在先前的理解中）试图传达某种统一的场理论（field theory），而且要确立所谓的科学规律性。然而，不定冠词一般而言似乎要包含对二元对立的多种局域性模式的发现，事实上我们很快就会看到。

　　最后，还有这个形容词"辩证的"，它一般用来澄清非辩证困惑时刻，也用来批驳已经成型的思维过程（例如非矛盾法则中某种没有底气的自信）。将某种现象或方法认定为辩证的就是或明或暗地在指责参与者有用常识偷懒的习惯，而且警醒我们注意存在于至少两种思维之间的区别。

这个词语的三种形式恐怕足以组织一个关于辩证法的更为庞大的论述了吧。

一　辩证法（The Dialectic）

说起这个辩证法，带一个定冠词或有一个大写字母，随你喜欢，它是将所有不同类型的辩证思维都归在一个单独的哲学系统之中，而且很可能在这个过程中便将这个系统确定为真理，并使其最终成为唯一切实可行的哲学——某种诸如"无法超越的思想地平线"之类的东西，萨特要求马克思主义在我们这个时代享有这样的地位。① 我有时也这样认为；但是没有什么东西是indépassable（不可超越的），眼下，我只想让我们大家明白，这样一种地位必定会产生问题。

它首先预设这种哲学是不容置疑的，而不容置疑性自尼采起便受到怀疑，而且自我们称之为理论的东西出现之时起，它便已经十分靠不住了。如果黑格尔的思想是伟大的传统理论的终结，是最后一个哲学体系（这是他最喜爱的一个词），昨天还铺天盖地袭来的对黑格尔的攻击以及尖锐的反黑格尔主义流派很可能与对哲学和系统的不信任脱不了干系，就像它们不相信辩证法一样。（它们也与理想主义有相当大的关联，我不久就会回到理想主义这个问题上来。）

（一）

至于马克思主义，很显然，已经有太多的流派试图将其自身

---

① Jean-Paul Sartre, *Search for a Method*, New York：Knopf, 1963, xxxiv. Hazel E. Barnes 将 "indépassable" 译为 "我们不能超越的"。见 "Question de méthode", *Critique de la raison dialectique*, Paris：Gallimard, 1985, 14。后面对 *Critique de la raison dialectique* 的参考均标注为 *CRD*。

的哲学思想攀附其上，从实证主义到宗教，从实用主义到结构主义，历史主义和存在主义也正在向马克思式的分析哲学和马克思式的社会生物学转变。但是，马克思主义作为一种哲学体系，它最重要的一个形式当然是官方哲学，它在西方被称为正统马克思主义，甚或庸俗马克思主义或斯大林主义，阿尼特·麦克尔逊（Annette Michelson）巧妙地称其为通俗马克思主义；不过，它的正式名称在老牌社会主义国家里实际上是辩证唯物主义。

在这一点上，回忆一下那三个基本点是很有助益的，所谓西方马克思主义①正是凭借它们将自身同这一意识形态上的姻亲区别开来，这位姻亲已经在世界三分之一地区作为官方的国家哲学在发挥其效力。首先，各西方马克思主义流派重申自己是历史唯物主义，也就是说，是世界观，这些世界观并不假定自然或科学有辩证之特性。那么，它们也就自然乐意去拥抱精神分析学说，辩证唯物主义向来坚决反对精神分析（在某种程度上，这种对精神分析学说的包容不仅修正和丰富了各种西方马克思主义流派所发展起来的意识形态概念，也是赞同它们将文化和上层建筑置于一个与经济同等重要、同样具有决定意义的平面上——即便从另一个角度看，它们也是趋向于彻底否定和放弃基础、上层建筑之间的区别）。最后，西方马克思主义流派就恩格斯在马克思主义传统发展过程中的作用提出了合理的怀疑，尽管他们也承认他的成就，尤其是他对当时的科学著作以及军事理论了然于心。

我想要强调第一点和第三点中隐含的辩证唯物主义。作为一个哲学体系，或实际上就是唯一的哲学体系，辩证法中带定冠词

---

① Perry Anderson 在他那本颇具影响力的著作中对这一趋势进行了命名并使其具体化，见 *Considerations on Western Marxism*，London：New Left Books，1976。不过，John Bellamy Foster 在他那部具有开创性的著作（*Marx's Ecology：Materialism and Nature*，New York：Monthly Review Press，2000）中，从辩证的角度对西方马克思主义在自然和自然科学领域所遵行的维柯式不可知论进行了猛烈的批判，该书支持伊壁鸠鲁流派的唯物主义，见 *Materialism and Nature*，New York：Monthly Review Press，2000。

的辩证法这个概念很显然将你固定在这样一个位置上，即辩证法对一切事物，对任何事物都是万金油，而我故意用了"万金油"这个贬义词。为了可以称得上一门真正的哲学，换言之，这门哲学也必须有专属它自己的形而上学理论，也就是说，自然哲学，它必然包括一种认识论，或换言之，一种科学的辩证哲学。这里，我想对研究之科学概念的辩证法和自然的辩证法本身加以区别，前者在我看来比后者更加可信。的确，西方马克思主义本着《新科学》（*Scienza Nuova*）的"真理即成事"（*verum factum*）精神表明了所谓的维科式立场；我们只能明白我们造就的事物，因此，我们只能处在一种拥有历史知识而非拥有自然本身的位置，自然是上帝的事。

　　具有讽刺意味的是，辩证唯物主义对科学和自然的挪用——这当然是恩格斯开的先河——最终却可以追溯至黑格尔本人，他的哲学在苏维埃国家从未得到提倡，即使列宁非常喜欢《逻辑学》。的确，有人认为，自然辩证法这个概念本身就是一个理想主义概念，这一论点本身需要片刻的反思，主要是由于阿尔都塞及其他人在近些时候发起了对黑格尔和理想主义的批判。让我们注意自柏拉图以降的诸多理想主义流派中反复出现行动主义政治学（activist politics）恐怕没有什么用处；最好是从两个不同的视角来理解这个问题，第一个视角便是意识本身这个哲学问题。

　　这个问题必须同那些所谓处于中心地位的自我、个人身份，以及个体性等问题严格区分开来；也必须同精神及其结构（精神分析问题）区分开来；或者实际上是同那些自我意识或自反性（与现代性的意识形态相关的问题）区分开来；最后是同形形色色的唯心论区分开来。理想主义表面上的根深蒂固在这种意义上起自这样一个事实，即人类只能够想象意识这个元素，我们一直淹没其中（甚至在沉睡的时候）；因此不能在它不是什么这一点上将其理论化——根据是规定即否定法则（斯宾诺莎）。这种不可知论不是在维护作为一种哲学的理想主义，而是承认它必须将一切哲学置于其下的局限性。

可是，理想主义批评总是在其名下兴风作浪的那种唯物主义又是怎么一回事呢？这是我们关于理想主义问题的第二个视角，而且在这个视角下，理想主义者欢庆他们所取得的概念上的胜利，同时也表明，理想主义的立场本身并非一个实质性的立场，而是一种唯物主义批判，它以反动的形式获取自己真正的力量，找到自己真实的使命。因为，正如自贝克莱（Berkeley）以降的思想家们所揭示的那样，物质的概念并非前后一致，德勒兹称其为坏概念：根据这一概念，无论理想主义立场在哲学中如何令人难以忍受，唯物主义立场这一替换者都是站不住脚的。我们可以对贝克莱这个有趣的（几乎是德勒兹式的）观察加以补充，即唯物主义剥夺了我们的存在性生活，剥夺了我们的身体对其鲜活性和强烈程度的感觉与知觉，代之以物质本身这样一种无形的和非直接（non-immediate）的、在感官上无法证实的基础。①

这个问题最容易的解决办法很显然是将理想主义和唯物主义之间的替代物等同于二元对立，这个解决办法因而支持这样一个结论，即急于在唯物主义和理想主义之间进行抉择是因为受到"非矛盾法则"（law of non-contradiction）的鼓动，所以它本身就可以被判定为非辩证的。事实是，在这些替换物之间做出的选择仅仅是被强加于渴望成为一种体系或哲学的思想之上：我们在这个前提下转向将要阐述的所谓西方马克思主义的第三个特征，不仅涉及黑格尔，也涉及马克思本人。我要说的是，他们都与建构一种哲学没有关系。对马克思而言，这在历史上已经够清楚了：因为，不是马克思，而是恩格斯创立了马克思主义并建构了这个

① George Berkeley, *A Treatise Concerning the Principles of Human Knowledge*, in *The Works of George Berkeley*, eds. A. A. Luce and T. E. Jessop, London: Thomas Nelson, 1949, 27–33, 42, 72–74.

体系，使它本身可以看似一门哲学，或者至少需要这种或那种哲学来加以实现。

（二）

如果这个问题关乎黑格尔这样一位在哲学上著述甚丰的思想家，而且他对各种互为补充的亚领域（逻辑、科学、人类学、法律和政治、历史、美学、宗教、哲学本身的历史，等等）的阐述非常有系统性，这种论断便似乎显得更加荒谬。但是，对黑格尔，我只想声明，《现象学》完成之后，是黑格尔本人将他的思想变成了一门哲学或一个体系；换言之，他，加上他的追随者的共同努力，创造了我们或许可以称之为黑格尔主义的事物，与我们在1807年首次出版的这部大作中看到的辩证思想的丰富实践形成反差。这一显著区别有助于我们的理解，事实上，当代对黑格尔的各种攻击全都是对作为哲学的黑格尔主义，或类似事物，即意识形态的控诉。的确，"主义（ism）"这个后缀总是表示这两个方面的意思，此外，也暴露了拉康称之为"大学话语"（discourse of the university）的操作①，这就是说，有一种无法抑制的渴望，它要将所有的思想都等同于一个有名有姓的根源（就如同我们谈论黑格尔的辩证法或谈论马克思主义时一样）。

所有这一切都与哲学本身制度性的复生机制（self-perpetuation）是一丘之貉。看到从黑格尔到阿尔都塞或德勒兹这些职业哲学家都迫不及待地将他们宝贵的精力浪费在哲学辩护和哲学辩解上当然很好笑。毫无疑问——皮埃尔·鲍德里亚（Pierre Bourdieu）的著作也在提醒我们这一点——我们当中那些研究其他由来已久的学科的人也像我们一样被迫进行着见惯不怪的自我证

---

① Jacques Lacan, *Le séminaire*, *Livre XVII*: *L'envers de la psychanalyse*, Paris: Seuil, 1991.

明；但是过去若干年里出现的理论似乎已经在常规之外，在重复这种迫不得已的合理化之外提供了一个空间，而且正是这些理论主张（如果不是它已经实现的真实性）使我们能够掌握哲学的局限性，在很大程度上包括辩证哲学。我相信理论将被理解为一种永远且不可能的努力，对思想语言进行解具体化（dereify）的努力，它优先于所有的体系和意识形态，它们不可避免地都是这种或那种固定术语建立起来之后所产生的结果。解构因此是拆解各种术语这一理论过程的正确范式，它通过对那种过程所需要的术语做出详细的阐述而成为一种哲学，紧接着成为一种意识形态，然后凝固成恰恰是它试图破坏的那种体系。理论当中专有名词的顽固性——就像我们辨别德里达、阿尔都塞或哈贝马斯的不同文本时一样——仅仅是暴露出理论书写逃离具体化和今天知识市场商品化这一无望实现的目标，即便它是不可避免的目标。

　　然而，理论提供了一个有利的位置，哲学系统的商品化由此变得清晰可见和不可逃避。这种"哲学的终结"也可以用另一种方式来加以论证，从它渴望封闭以及它作为时下新潮的通俗科学公式之一，亦即被称为歌德尔定理（Gödel's Law）的公式的例证这个角度来论证，该定理应该是要排除任何体系固定自身或将自身的建立包含在其自身公理之内的可能性。我实际要说明（在本书的第二节）的是，黑格尔的哲学不是一个封闭的或循环的目的论系统；我们也不能将**绝对精神**看作某个历史瞬间，更不用说看作"历史的终结"，就如同我们不会将公民社会和君主国中伦理意义上的个人视为黑格尔眼中社会发展的顶峰一样。所以，不能将黑格尔理解为提出了一个封闭的系统，即便黑格尔主义或许的确如此；但我们仍然需要拒绝封闭系统对开放系统这样一种古老的意识形态范式，如果确曾有过这样的范式，它也是冷战的一个发明，其关键部分与"极权主义"一样是一个荒谬的概念。

你或许愿意接受时下反原教旨主义和反实在论的口号——并且参照它们对我们的要求重新解读马克思本人和黑格尔——却不会忽略那些显而易见的东西，即那些最具理论性的口号和计划已经将自身主题化和具体化了——换言之，已经使它们自身开始变为原教旨主义和哲学体系本身了。

说到这种类型的哲学和理论批判，的确，我认为按照它们计划要满足的形式来评判它们的政治内容，对它们进行重新评价，这样做始终是最好的。例如，攻击黑格尔对欧洲左派具有非常不同的意义，对他们而言，这些攻击发挥了批判共产主义和辩证唯物主义的作用，在美国则不同，反共产主义是冷战主题，而且在美国，"黑格尔"——连同我们一般所谓的理论——其极为不同的功能是攻击整个英美经验主义的传统和常识。哲学在削弱这一传统方面所做的努力当然有它自己的政治意义，不过是一种激进的意义，与欧洲国会外左派（extra-parliamentary Lefts）形形色色的反共产主义极为不同，不管你如何评价后者。

关于将辩证法看成一个统一的体系是不明智的这一点，我说的已经够多了，这不仅仅是因为我们不大可能于各种科学的发展中在这一点上接受一种自然哲学，而且因为在这个理论时代，我们不再受到哲学本身的传统修辞及其哲学式自我证明的诱惑。现在该是探索其他可能性的时候了——一方面是大量的局部辩证法概念，另一方面是辩证思维所造成的巨大断裂之类的概念。

但是，在转向那两个其他的可能性之前，值得提出的不是对当代理论的更进一步描述，甚至也不是将辩证法的一个更加全面的理论同哲学区分开来，而是将能够表示弗洛伊德和马克思、精神分析和历史唯物主义之独特性的局部特征同哲学区分开来。我并非受到阿兰·巴丢（Alain Badiou）反哲学概念的引诱，他针对拉康时用到的一个术语，也被他用在那些似乎没有系统性或不完整的思想家身上，如帕斯卡和尼采。你明白他的意思，但这种表述意在恢复反哲学的某种中心性，这种思维据称已经成为对那一哲学的批判或否定。

但是，在马克思主义的传统中至少存在着这样一个古老的公式，它尚未提出一个新的概念，即便它指出了精神分析和马克思主义超越哲学的系统性封闭的途径。这个公式就是理论与实践相结合；不过它并不是在当代意义上使用"理论"一词，它只是生动地表达了这两类概念的形成方式，概念从来都不能自行存在，而是必须始终对其外部完满的现实保持开放姿态：因此，精 10 神分析的概念性（conceptuality）最终只有通过外在于个体意识的分析性情境本身，通过**他者**一端，即通过分析者，才是充分具有意义的；而在马克思主义当中，意义最终只有通过我们确切的阶级状况和行为——个人的或集体的——才能在阶级历史本身内部得以实现。因此，这些理论和实践的统一与哲学概念所暗示的自主性是有所区别的，而且在任何意义上都不能通过哲学而只能经由实践来实现。

（三）

至于马克思，在将他的思想改造成一种哲学（或方法）的过程中，无论他发挥了怎样的作用，我们都不能轻率地或带有相对论意味地、非辩证地放弃马克思主义是一个体系这类主张，它会将辩证法与其他哲学之间的争论贬低为一种仅仅是词语意义上的副现象（epiphenomena）。各种主义之间的竞争使这类争论不受意识形态分析的限制，也怀疑双方都与某个团体的动力学及其特殊实践有着某种关联。如果是那样的话，对"马克思主义"的自我认同很显然是选择了一种团体附属关系，是一种政治行为（就好像避免使用这类一目了然的语言也是一种政治策略一样）。同样清楚的是，这个词语会受到欢迎，它会成为一面旗帜，成为一个新的能指，围绕着它会形成新的团体和集体，就像这个词语已经聚合起来的历史关联在特殊的民族情境中也会拒人于千里之外一样。

同时，围绕一个专有名词而形成的这个新能指在消费社会中也不再是一个特别的进步，与它曾经有过的境遇不同：它曾取代各种不同主义的从属关系，但现在它意味着商品化而非"世界观"（Weltanschauung）。的确，被称为马克思主义的事物似乎尴尬地立于这两种历史趋势之间：它表明有名有姓的理论出现了（例如德里达思想或阿尔都塞思想），知识或准宗教派别等含义，但同时显然也在努力避免知识或准宗教派别的暗示，这些暗示经由现代美学或理论商品化，以及现代消费大众的市场定位碎片化等得以传达。尽管如此，马克思主义本身内部的意识形态斗争已经产生了它们自己的有名有姓的派别（托洛茨基主义、毛主义），卢卡契和阿尔都塞只是用自己的名字命名特殊理论运动的两个最著名的哲学家，这些运动仍然声称是代表了马克思主义。这种斗争看上去只是在总结某种古老的宗教分裂分子的思想；同时，齐泽克思想中那些纷繁复杂的以拉康替代马克思的做法也反映出一个巨大的他者问题或革命政治中有感召力的中心领导人问
11 题，还提出了按照那些意识形态内容组织集体的诸多问题。

无论怎样，"马克思主义"这个专有名词的出现都相当于在第一次接受"辩证法"一词时使用了定冠词；在从这第一个视角掉头之前，需要考虑这一实践的最后一个合理性。实际上，这一词语的作用是阻碍换码的发生；阻碍用另一种方式重申那些已经用更加贴切的词语和较少历史及意识形态意味的术语描述过的要点：换言之，是阻碍在不引人注目的条件下使那些哲学或政治要点"蒙混过关"，不让它们瞒天过海。萨特曾睿智地观察到，分析并不是辩证的，除非你这么说，并且你这么认为。[①] 在某个

---

① Sartre, "La connaissance dialectique est en fait connaissance de la dialectique", in *CRD*, 139 – 140.

政治层面上，詹姆斯·维因斯坦（James Weinstein）指出，无论他们在其他方面存在怎样的差异，美国左派的三个重要关头——第一次世界大战前的渡边社会主义（Debsian socialism），20 世纪30 年代的共产党，以及 20 世纪 60 年代的新左派——都具备一个至关重要的共同特征，即都坚信不能对美国民众公开谈论社会主义和革命；这一信念不一定是要挑起这两件事中的某一件。[1]

另一方面，就词语而论，可以说"社会主义"一词与资本主义制度中的"民主"一样都染上了历史的色彩：社会主义背负着与苏联有关的每一件含有压迫性或徒劳无获事物的包袱（如果不是这样，对共产主义者而言，则带有违背社会民主的种种含义）。那么，给这个词一个名称就会立刻引起怀疑，会唤醒所有历史上的异议，将那些异议与完美标准联系起来是不公平的，但尽管如此，实际上它们也不可能被完全抛弃。这恰恰把我们置于一个矛盾当中，不用这个词不可避免地会在政治上失利，而用这个词则等于提前排除了获胜的可能。这难道不是意味着要改变这种政治和意识形态的语言，用另一种语言取而代之，有效地将古老的马克思主义换码为一种新的事物？不过，我认为还有第三种可能性，那就是调用这样一种语言，其内在逻辑精确地将这个名称悬搁起来并且为可能性保留一个开放的空间，这就是乌托邦的语言，它既不排除社会主义一词最终会卷土重来，也不提供一个明确的替换性词语（如"激进的民主"），这个替换性词语可能会以一种完全不同的操控方式被挪用。

12

（四）

但是，对"辩证法"和"马克思主义"提出科学的或形而

---

[1] James Weinstein, *Ambiguous Legacy：The Left in American Politics*, New York：New Viewpoints, 1974.

上的虚荣要求，其有益的一面不在于这些要求声称建构一个绝对的哲学体系，而在于这两种说法的负面功能——即坚持保留那些在不对其进行彻底改造，不损失其原创性和最激进含义的情况下不能从义理中省略的东西。关于那个仍然令人反感的概念，即意识形态概念，可以举一个低层面的例子：对于 20 世纪六七十年代替换"实践"这个更具认可度的概念的努力，只能通过对转换过程中获得了什么、遗失了什么做出详细阐述才能进行评价（最重要的是在这个过程中，对社会阶级的看法发生了怎样的变化）。葛兰西用"霸权主义"代替"意识形态"是一件更加复杂的事情，他的探索常常使整个事情变得更加疑问重重。

至于"辩证法"，在就其展开的论战所产生的影响中，最普遍的危险似乎是对常识或非辩证思想的信赖："知性"（*Verstand*），它在马克思主义中成为更加特殊、更加有限的现象，被称为物化。但在马克思主义中，排外主义的范围更加宽泛：毫无疑问，它被归结在"资产阶级意识形态"这个短语当中，对非马克思主义或反马克思主义主题思想的认同是一项至关重要的操作，它可以从古典政治经济学家缺乏历史性转移到对社会阶级的掩盖上来。

尽管如此，两者都未像在恩格斯对辩证法三定理所做的著名概括中那样被主题化，这一概括值得在这里全文引用，作为"辩证唯物主义"的定义，它还远没有过时：

　　　　量变到质变（反之亦然）定理；
　　　　对立双方相互渗透定理；
　　　　否定之否定定理。①

---

① Friedrich Engels, *The Dialectics of Nature*, New York: International Publishers, 1940, Chapter 2.

诚然，恩格斯的这些定理本身并非完全没有内容（也就是说，它们带有情境的痕迹，在这种情境中，它们的形成是一个政治行为）。在马克思的经济学分析当中，黑格尔式的语言和概念特别被用来包括对各种时刻的回忆；它们故意被当作一种信号来表示黑格尔主义对经济领域的一般适用性，也意味着恩格斯在这里宣扬的作为哲学的马克思主义获得了哲学上的入场券和名望。同时，这些"定理"也有意暗示了它与恩格斯时代（也是赫尔姆霍茨和其他人的时代）的科学之间有直接相关性，因此便也 13 通过科学的威信为它们增添了高贵的血统及其对自然的适用性，即便不是出于自然。至于历史和政治，那是一个所有这一切都会被运用的领域：即我们需要浏览的第三个领域，目的是大致了解相同规则的运作情况。而且还有许多方式可以将这些"定理"进一步系统化①：的确，就像康德将亚里士多德的范畴缩减为他的四组三段式一样，所以，任何雄心勃勃的哲学家都有望论证这些三段论的一体性，并且提出更具一般性的抽象概念，从而将这些三段论归入其下（事实上，我们在下一节就要试着做这样的事）。

但最严肃的问题恰恰是同"定理"范畴一道出现的，对黑格尔的《现象学》中相关章节的任何细心解读都间接提到了这一点。② 法则以内部世界或外部世界的概念为基础，一个表象或现象的世界，它们与包含其中的内在本质有关。众所周知，法则

---

① 见 Bertell Ollman 关于各种"范畴"的论述，从这些范畴方面，辩证法都呈现出来："对卢卡契，它是发挥了这一作用的总体性概念，对毛，它是'矛盾'；对雷亚·杜纳耶夫斯卡娅，它是'否定之否定'；对司各特·米克尔，它是'本质'；对《异化》的奥尔曼，它是'内部关系'，等等。" *Dialectical Investigation*，New York：Routledge，1993，26－27.

② G. W. F. Hegel，"Force and Understanding"，in *Phenomenology of Spirit*，trans. A. V. Mill，Oxford：Oxford University Press，1977. 后面对该书的参考，均标注为 *PoS*。

涵盖了多种实例，因此需要借助于决疑论（涉及法律研究和法律传统），在"案例中"①，应该是对事实中的经验性偶然因素进行整理，使其适应定理的抽象普遍性——如果与心理或主观定理，甚至历史决策方面的定理——"心灵定理（law of the heart）"有关，事情就更麻烦了，它是一种内心的狂乱，肯定涉及个体性和普遍性，不过，或者更糟糕的是理性的诈术，在这种诈术当中，世界—历史的个体简直就是超历史（suprahistorical）**定理**手中的一枚卒子，超历史定理更像是一个巨大的他者或超验主体。至少，黑格尔本人的分析似乎表明，辩证法正是要摧毁定理的概念而非创造机会以规划新的定理。（但如果是那样的话，黑格尔本人的一系列形式处于什么样的地位呢？难道它没有以一种形式催生另一种形式的方式暴露出符合定理的规律性吗？）

　　无论如何，不管恩格斯的这份清单在哲学意义上多么实用，还是应该注意到，它没有将马克思主义者想要包含在他们关于马克思主义的基本定义中的主题思想包括进来，也就是社会阶级、矛盾，或基础结构和上层建筑之间的差别。无可否认，希望将其

14 自身描述为马克思主义者的人如何阐述他们心中这一学说的核心"信念"是分拣出马克思主义（它或许不再包括历史必然性）可能出现的变体的必由途径。它是否会包含革命（或者那个概念的缺席表示修正主义或异端邪说）？我们已经谈及意识形态；生产方式又会怎样呢？等等，等等。这些表述牵扯到一个必要条件：没有它，一种政治或经济的意识形态便不能真正地被看作是马克思主义的意识形态。将所有这些不可或缺的主题重新组织成为一个体系或一种哲学（甚或是一个连贯的"信念"体系）完全是另外一项任务，是行家或思想家的事：但排他性的行动、咒

---

　　① Andre Jolles, "Kasus", in *Einfache Formen*, Tübingen: Niemeyer, 1982, 171 - 199.

逐，以及革除等却正是因为有这类系统存在。

至于辩证法中隐含的对哲学体系的强调，它可以被看作是对一种完全不同的辩证需求的歪曲表达，即总体性需求。换言之，关于整体的哲学论断结果成了更深层论断或对总体性本身之渴望的一种症候变化，对此，有大量的错误概念需要处理。此时此刻，足可以说总体性不是结束，而是开始；还可以说作为一个新的全球体系的资本主义正体现了总体性和一元化的力量（所以我们也可以说，直到资本主义出现，辩证法在历史上才成为可见的事物）。

所以，我们得到了一个意想不到的结论：作为系统的辩证法概念有利也有弊；因此，在深层意义上，将关于辩证法的这种明显非辩证的描述（连同其对应物，作为方法的辩证法，或许会在下一节得到确证）从关于这种辩证法的任何真正的辩证描述中排除掉可能是非辩证的。

二 众多辩证法

定冠词的逻辑结果就是不定冠词：如果我们在非辩证法或反辩证法的思想家如尼采或德勒兹、柏格森或维特根斯坦的著作中将辩证的瞬间分离出来，我们就是在谈论局部辩证法，这是再清楚不过的了。无论如何，这有助于多种辩证法的产生，无论其具有怎样的规模或意义，而且正是这种多样性使辩证法不能断言将生成由某种一元的场域理论（field theory）或"万有理论"（theory of everything）主宰的宇宙定理。牛顿的定理在爱因斯坦的宇宙中只是一个局部系统，它是一组特性，只对我们每天能够感知到的世界中的人类尺度有效，却与两个并生的无限性（帕斯卡）无关，它们将这一尺度限定在某一端（微观世界和宏观世界），以同样的方法可以发现，物理学与此类似。在这一点上，先前占据制高点的辩证法则被降低为宇宙某个角落中的局部定理，在一个可能根本不是辩证的世界中的这里或那里得到认同的一组规律，但完全是一个偶然，是一种虚拟性，或者说，是混沌理论（chaos theory），即便不是某种根本无法整体化和非理论化的真体（noumenon）。① 事实上，（在黑格尔那里）当辩证法断言相对于常识或知性（理解）自己更具普遍意义上的优越性之时——后者被假定为我们在一个由客体及延伸物组成的物质世界中的日常生活的局部定理，辩证法本身就是在做这类的归纳工作。

不过，局部辩证法或众多辩证法之类的概念可以从容应对这种形而上学的羞辱，而且可以提出一个与上节的哲学统一体之各种复杂性截然不同的概念性问题。因为我们现在想做的是抽象出一种思维形式，它一定不能有内容，这样才能保证它在我们刚刚假定的多种局部辩证法中始终站得住脚；而且在各种不同的材料中，从经济到审美，从政治到精神分析，甚或自然科学材料中都保持一种可识别的、被认可的形态。但是，我们希望这一形式与恩格斯的三定理内容没有任何关系，甚至不要黑格尔的逻辑"瞬间"；的确，我们希望这个抽象范式尽量摆脱哲学或意识形态的前提条件，尽管我们最终还是要处理对它的承认如何最终导致对马克思主义的全心投入这个问题。对这样一个虚空形式的认同毫无疑问将在黑格尔的基础上逐步加强，即使它无须再与没有任何结果的起点纠缠，后者不得不在其最初与同一和存在的斗争中摸索这个起点。

因为现在似乎有可能从黑格尔的逻辑阶段中抽象出更加虚空的机制，它的形式性足以保证它适用于大量不同的材料和学科、社会以及意识形态方面的内容。事实上，那正是结构主义凭借二

---

① 典型的例子是牛顿的法则是爱因斯坦更广阔的宇宙中的一个局部特征。见 Ilya Prigogine and Isabelle Stengers, *Order Out of Chaos: Man's New Dialogue with Nature*, New York: Bantam, 1984, chapters 1 and 2。

元对立所获得的结果①，此刻，或许可以庆祝这个突破的实现，16
借助这一突破，结构主义者自己对此还一无所知，我认为，辩证
思想可以在我们这个时代对其自身进行彻底的改造。诚然，二元
对立产生的似乎更加纯粹的形式主义有其特殊内容；它在语音学
中获得的语言学起源似乎已经表明，它同语义学有一个基本距
离，而且因此与它即刻"被应用"其上的观念性也存在这样的
距离。同时，马林诺夫斯基的交换和莫斯（Mauss）的礼物中的
人类学源头尽管在不明确的情况下被用于各种政治和心理学目
的，但它们仍然保持了对这一事实进行外推的表象：在它们外部
发展起来的形形色色的结构主义意识形态现在可以被删除了。

　　即使意义的最初产生——它就是索绪尔的"无正项差异"
这个不同凡响的表述所造成的负担②——也可以很容易地转换成
关于意识形态生成的问题，而且确实可以转换成社会建构主义
（social constructivism）本身。同时，在现代哲学潮流全面反抗古
老的亚里士多德常识的斗争中：尤其反对将对事物的看法和概念
作为正面实体，作为自立自主的物质，反对认为它们有自己的特
质或属性（accidents）以及自己单独的定义，仅仅是后来才插入

---

　　① 见 Gilles Deleuze，"A quoi reconnaît-on le structuralisme?" in *L'île déserte et autres textes*，Paris：Minuit，2002，238 – 269；and François Dosse，*Histoire du structuralisme*，Paris：LGF，1995。但在他的第一本书中，黑格尔就谈到 Entzweiung（英译为"dichotomy"或"bifurcation"）："Dichotomy（两分，分裂）是哲学的源头……生命通过建立各种对立，最终得以形成，只有通过从其最深刻的分裂重建其自身，总体性才可能达到其活力的最高点。而**理性**对立于知识分子赋予两分的绝对稳定性；如果绝对的对立本身起源于**理性**，则更是如此。"*The Difference between Fichte's and Schelling's System of Philosophy*，Albany：State University of New York Press，1977，89，91. 关于结构主义之创立者的二元论思想的精妙论述，见 Jean-Jacques Nattiez，*Lévi-Strauss musicien*，Arles Paris：Actes Sud，2008。对二元对立的认识论价值的另一种不同辩护，见 Michael McKeon 的辩证经典之作 *Origins of the Novel*，Baltimore：Johns Hopkins University Press，1987，xiii – xv（亦见他对列维–施特劳斯的评述，4 – 8）。

　　② Ferdinand de Saussure，*Cours de linguistique générale*，Lausanne Paris：Payot，1916，166.

各种关系和更大的网络及结构当中，在这场斗争中，二元对立原则成为一种基本武器。但是在以过程为导向的（process-oriented）思想中，首先出现的是关系；而在二元对立原则看来，概念是以彼此为参照进行界定的，它们是按群出现的，其中二元的一对只是最简单、最基本的形式。

诚然，在黑格尔那里，这是一个历史性的发现；即它在哲学发展的基础上被标准化，而且是作为一个事件发生的，其时，我们从简单的外化思想（"知性"）转向更加内部的复杂思索。在那一点上，同一通过与它所不是的东西区分开来而开始显现。因此，它不仅表示否定性最完满的建构功能若隐若现地进入视野当中，而且表示差异的出现，这个差异莫名其妙地与同一性不可分割，而它本来是与同一性不同的："这个差异遇到的并不是**其他他者**而是**它自己的他者**……这个他者**自己**的他者。"① 但这个现在已经绝对辩证的过程在二元对立本身内部已经露出端倪。（同时，马克思在《资本论》第一卷的开篇一章中对商品形式的分析在诸多二元对立中间提供了一次文本演习，它同时也是对它们的解构和批判：是一次关于这个等式和对等必然具备的不对称性的展示，现在被揭示为不同一性的"客观表象"。）

在这一点上，一股历史形式的洪流喷涌而出：善与恶的辩证法，同时也是主体与客体的辩证法；富与贫的辩证法，同时也是男人与女人或黑人与白人的辩证法；左与右的辩证法，同时也是诗歌与散文、高雅文化与大众文化、科学与意识形态、唯物主义与理想主义、和谐与对位（counterpoint）、色彩与线条、自我与他者等的辩证法，实际上，从历史的各个开端到其久远的未来一直如此，如果它有一个辩证法的话（但我们不要省略了未来与

① G. W. F. Hegel, *Hegel's Logic*: *Part One of the Encyclopaedia of the Philosophical Sciences*, trans. William Wallace, Oxford: Clarendon Press, 1975 [1830], 1972.

过去的对应）。我们可以想出几种办法来处理这么多讨厌的、经验主义的对立。例如，它们都可以折回去消融在一个大的、最初的二元对立当中：某些女性主义哲学家所谓的性别对立，尼采哲学研究家眼中的权力对立，等等。我自己禁不住要把这一生成角色派给伦理意义上的二元对立（善与恶）；可是，同样没有必要以这种方式来概括社会阶层，无论在历史变迁中其机制发挥了怎样的基础作用。

同时，我们必须注意到这样一个命题，它在第一批结构主义发现之后获得了快速的发展，即二元对立是所有意识形态的典型形式，因此，不仅没有被作为所有意义的基础结构得到赞赏，反而受到追查，作为所有伪意识和社会及政治错误的基本机制被清除，不过，持这种观点的方法论结果是，较之其对于各种结构主义意识形态而言，二元对立变得更为重要，而且鼓励与二元对立进行对抗，成为哲学和理论研究的优先对象；而这就是我们目前保证意见一致所需要的一切。

但是，我们现在必须开始催生因这个简单形式而成为可能的种种对立，因为它并非总是将自己表现为某种二元论性，即使众多形而上的二元论（诸如上面列举的某些意识形态上的对立）确实不是这种二元对立的内在真理，似乎也是它的稳固形式。不过双重对立假定平等或对等是存在的，将黑格尔的最小辩证法（minimal dialectic）变成了同一性力量之间永恒的交替更迭，最终不可能对这些力量做出判决：以这样一种方式不停地相互转换，与摩尼教的情形相似，光明的力量与黑暗的力量无法区分，18 或善与恶无法区分。这类虚构二元论的基本问题——它们隐秘的概念弱点，甚至辩证性弱点，可以说——在于每个项或力量都完全是正面的，而且其本身是绝对自主的这样一种隐含意义。然而，无论如何，每一个都是另一个的对立面，很难弄清楚如果是那样的话，否定性部分可能来自何方，每一个项都需要否定性，目的是自己在一开始也是一个对立面。

　　形形色色具有显著特征的对立很明显将会得到认同，但这要看最初对立中的每一项拥有何种程度的自主性。的确，即使是形而上学二元论的死胡同也可能到头来催生出比我们最初的怀疑态度更具生产性的发展；而半打多的其他对立形态也提供了明显不同的发展路线，沿着这些路线，某个给定的辩证法可能为我们带来根本无法预测的或一成不变的结果。在接下来的例子和说明中，我们唯一的规则就是严格避免陈旧的对正题/反题/合题的伪黑格尔式戏仿；而我们唯一的预设就是假定任何对立都可能是某种辩证法本身的起点。

（一）

　　我们或许就是从纯粹的形而上二元论或摩尼教不可避免地堕落为传统的对立开始的，在这一对立中，一个项总是比另一个项更有缺陷，或者换言之，在这一对立中，第二个项显示出某种本质性或丰富性，它无法被归于它所谓的对立面。古阿拉伯语法中有太阳词语（sun-words）和月亮词语（moon-words）；似乎是这样一种情形，月亮词语是它的他者的对立面，而那个他者因其自身的自主性不是任何事物的对立面。那么，这似乎就造成了一种特殊的对立，在这种对立中，只有一种真实的对立面存在：它分担了**恶**的不幸命运，恶一度在最初的虚构二元论中放射出自己绝对的光辉（或黑暗，视具体情况而定）；但现在它被贬低为自己的他者的一个简单反映。

　　新形式无论如何都将是一个不对称的形式，在其中，我们可以确定一个中心和一个边缘，一个基本项和一个非基本项。在此，我们显然可以瞥见种族主义和仇外主义、性别主义和种族中心主义、法律和犯罪等事物的基本结构。可能是萨特第一个公开谴责了所有这类对立中固有的结构性压迫，他在他的《圣热内》

等著作中确认了大量此种压迫；但福柯随后的分析将这些诊断一般化、通俗化了，它们可能贯穿于传统意识形态二元对立的每一个部分，从形而上学的二元对立，如善与恶，或主体与客体，一直到似乎更常见的二元对立，如南北，上下，艺术与科学，或第一和第三世界。种族和性别范畴是今天最常引发意识形态怀疑这个警报系统的范畴；不过，它们好像也在种族与性别对立更具哲学意义的形式方面回归于阶级（或彼此移位）。同时，左与右的现象学对立提醒我们，这种不对称对立的难以根除是由于人体在生物学上的中心性，由于人体的空间经验在存在意义上的独特性。①

　　同时，出现了一个极为不同的哲学难题，即我们已经清楚阐释过的这些例子实际上根本不是真正的二元对立，因为从属项原则上可以归在主导项名下，这样就至少为我们一直批判的伪黑格尔的综合提供了一次戏仿。所以，**奴隶**不是**主人**的对立面，相反，与他相伴而生的是所谓的奴隶制或统治这个更大系统中一个同样不可或缺的因素；只有当个体存在被重新引入，这两个"方面"才能成为独立项。这种重新引入是一种政治干预，而且只有在这个时候，这种不对称的对立才会出现在意识形态当中，这一点已经有所提及。那么，它的"解决之道"似乎取决于对这两个词语的删除，或者换言之，在于消除这种对立：例如，马克思向我们揭示消除阶级斗争的唯一途径是去除社会阶级这个重要范畴（以及产生这一范畴的价值体系）时所发生的正是这一经典情形。然而，不仅是晚近社会主义历史上更加臭名昭著的"无产阶级专政"，还有种族、性别、民族这些领域中同化主义者和分裂主义者之间没完没了的政治争论，它们都提醒我们，这类"解决之道"都远非仅仅是意识形态问题这么简单。

---

① 见 Rodney Needham, *Right and Left*, Chicago: University of Chicago Press, 1974。

这些不对称的二元论也引发了否定和否定性的话题——一个在对辩证法的当代哲学批判中至关重要的问题。萨特对主体和他者的分析仍然是辩证的；而福柯将这两个概念都归在"权力"的名下，这似乎造成了权力没有对立面（或它就是其自身的对立面）这样一种局面。我相信这个表面上的僵局至少可以通过这样一个意见得到化解，即这种特殊的对立将被理解为至少两个二元系统的重叠：一个纯粹逻辑上的对立（换言之，在其中我们只和两个等量有关），它上面已经叠置了一个关于基本与非基本或中心与边缘对立的完全不同的形式。在这里，"否定"在于最初的等量之间的区别，而它的意识形态投资——统治本身的关键内容——起自一种方式，以此方式，第二个对立对第一个进行重新诠释。随后，否定的力量从后者转移到了前者。

不过，消除诸如此类的对立在某些情境中并非总是称心如意，在这些情境中，莫名其妙地，具有生产性且需要保存的恰恰是这种不对称本身。我们或许仍然认为这些受到抑制的不对称对立是辩证的，尽管它们静止不动，因为它们导致一种困惑的出现，这种困惑在分裂与合并，在否定的分析工作和综合的诱惑之间交替出现。

例如，在美学领域，这样一种恒久的不对称二元论可以在柯勒律治关于想象与幻想之间的对立中觅到其踪迹。这两种功能肯定可以从历史的角度或按年代顺序进行解读，在这种情况下，"幻想"代表了 18 世纪修辞的修饰功能，而"想象"则成为顺应潮流取代了 18 世纪修辞之浪漫主义力量的名称，这种力量是新生的、有机的、自然的。这一解读强调方式和**自然**力量之间的反差，方式指的是幻想如何通过机制和细节，通过"固定物和确定物"发挥作用，柯勒律治如是说；而自然力量则在某种想象中或全面的"创造行动"中得到表现，它的作用是"实现理想化或整体化"。① 在这一层面上，这个区别很像是一份隐晦的浪漫派宣言，它用起落不平的新古典主义情感来对抗华兹华斯的崇高。而且正是对这两种模式的鉴别同时也使它们对某些历史时期而言，尤其是对启蒙时代的文化逻辑而言具有更大的普遍性，作为年轻一代的浪漫派本身如此批评启蒙时代。在此，不仅一个项使另一个项相形见绌，而且某种伦理的甚至政治的二元也做出了自己坚定的选择，断然拒绝旧的社会体制的诗学，转而青睐新的和原现代主义（proto-modernist）的模式。

不顾幻想与 18 世纪联想理论之间以及想象与客观理想主义更具德国意味的传统之间明显的密切联系，柯勒律治本人也在思想模式方面夸大他的对立面，似乎对想象的呼唤就是在唤醒（或重新唤醒）一种全新的诗性力量，这种力量截然不同于围绕着幻想那些预先给定的"抗拒"所进行的机械混合，后者不要求任何的创造性。

很显然，这是一个被想象的视角所框定的解释，突出了幻想的弊端；甚至不如康德关于美与崇高之间的区别来得公正，它与这一区别隐约有些关系。不过，只要考虑到新批评对这种以幻想为导向的现象，例如俏皮话和隽语，所采取的反浪漫派立场，就足以使我们明白这种特殊的偏见可以在另外一个对应的方向上得到纠正。

即便如此，如果将这两种力量理解为对应于心灵的功能——想象对应于较大形式的结构框架，如情节；幻想对应于作品的技巧及其独有的细节——那么，不仅它们之间的比率会一直发挥作用并决定阅读固有的各种浏览过程的幅度或终点；而且具体的文本本身现在也可以被看成是类似于这两个轴的独特的或独一无二

---

① Samuel Taylor Coleridge, *Biographia Literaria*, London: J. M. Dent and Company, 1906, 145 – 146.

的"合成"。但这几乎没有为这一"矛盾"提供任何永久性的解决之道，除了或许使某些体裁模式固定下来。尽管它的基础在于某些恰如其分的形而上裂隙——统一性与多样性之间，或崇高与美之间，形而上的绝对本身与它在物理时间和空间的经验性对应物之间——还是很难弄清楚如何用非辩证或反辩证的方式达到这一对立。

　　相反，我常常坚持的一种有关的文学二元论却具有这一功能，它可以扩大不可通约物之间的裂隙，将它们的对立展现为某种不一致事物。很显然，"不可通约"一词本身所隐含的正是这种危机感，即借由翻译以及对抗此举的绝对不可能性实现统一的企图。[①] 这样一来，结果可能就与我们在上文中详细叙述过的静态或停止的辩证法很相近，在这种辩证法当中，似乎没有第三个项将其自身置于否定性对立的统一体之上；只有存在本身的裂缝似乎能让这种统一化进程暂时中止。

　　也许可以用小说中情节与风格的不可通约性作为这种辩证法的一个例证，无论是宏观层面的叙事，还是微观层面的语言，两者都不能简化为对方。像在早期小说中一样，不可通约性不是那么显眼，在讲故事的过程中，似乎主要是语言忍受着不可通约性；或相反，在现代主义时期，叙事功能因为语言和风格的凸显而变得黯然失色。但是，当这两个层面具有同等分量的时候（或者，像发生在狄更斯身上的情况一样，一种现代主义的感受力重新发现这位现实主义小说家的风格本身就是一种价值），实际的批评便面临一个难以超越的困境。这并不是说批评家和读者不能在实践中为这一不可能解决的、难以超越的难题发明一种解决之道：的确，那正是批评的职责所在，而且这些"解决之道"

---

　　① 在 Niels Bohr 的互补论中得到最确定的证实。见 Arkady Plotnitsky, *Complementarity: Anti-Epistemology after Bohr and Derrida*, Durham, NC: Duke University Press, 1994。

有所不同，从假设风格和叙事之间存在同源关系到探察出它们如 22
何以细致入微或烦琐炫耀的方式彼此冲突、相互贬低。但是，这
些"解决之道"假设作品是一个绝对的有机整体，实际上，它
们预先设定了这个基本困境的存在，所以将其自身从所有的理论
性或哲学性解决之道中分离出去，因为它们已经遇到过两个彼此
分离的实体，这两个实体只有以某种附加方式或通过机械的同源
性才能重新统一起来。

因此，与这种辩证法能表明这个世界本身存在某种本体论裂
缝或鸿沟，或者换言之，**存在**本身当中有不可通约的事物不一
样，它不是二元的。于是，这种对立的功能与探测不同，它不是
辩证地认定两种似乎有明显区别的存在项实际上是相同的，在探
测过程中，依照常识假设，在一个不存在任何问题的真实世界中
存在一个由连续现象组成的持续场，一个有奇怪的裂缝或多种场
域的持续场，这个场中有不同的法则和动力原理（与引力和电
磁的情况相同）。

研究这种本体论不连续性的方法在所有的学科中都可以找
到。将物理学中的波和粒子这类太过普通的例子搁置一旁，重要
的是找出社会阐释在历史与社会学之间——或实际上是社会学与
心理学（见下文）之间——或事件与结构、历时与共时之间无
法化解的张力，因为这类方法论上的敌意将其自身以多种方式表
现出来，并且产生多种结果。

不过，拉康的心理分析三界说理论会即刻变得更具戏剧性，
并且对辩证法充满启示，三界说理论一开始纯粹是一种不加掩饰
的二元论，只是缓慢地进入一个包括多个中心的三界（triad）
（拉康在其波罗米昂［Borromean］环形图案中做了生动的表
现），最终分崩离析或在后者的内部压力下四处飘散。众所周
知，拉康的三界被界定为**想象界**、**象征界**、**实在界**；但正如齐泽
克经常委婉地指出的那样，将拉康的思想置于其历史进化当中来

理解并不比将它们理解为一个静态的系统更少误导性。① 读过第一次研讨会文稿的读者的确愿意强调最初将**想象界**理论化为心理现实中一个半自主性区域，他们只是想直接了解它如何受到质疑，如何被以**象征界**之名进行的批判重新定位。然而，**想象界**在我们当下的语境中是一个不错的起点，因为它正是二元论得以兴盛的重要元素：所谓的镜像阶段本身将**想象界**置于自我与他者这样一个二元对立的位置，始终深深地将它根植于这种可视状态。其后对**象征界**的发现——尽管其中到处都是三（如《厄尔玛的梦》［Irma's Dream］和后来的《失窃的信》［Purloined Letter］
23 中讽喻的情形）②，并且令人联想到当时占主导地位的结构主义语言学意识形态——并非像它表示各区域中的一次转向和一个全新的动力那样在很大程度上仅仅相当于增加了一个第三界。

但是，那种动力会继续辩证性地扮演自己的角色，因为它强有力的形式依然是由于**想象界**和**象征界**这两个不对称区域之间的交叉，或换言之，由于后者对前者的"批判"（或对前者的过分强调）。在那种张力消失之后，在**象征界**所取得的理论性胜利威胁将成为对语言的结构主义哲学更加正统的庆祝之后，拉康仍在抵抗；就在此时，他的第三个概念，神秘的**真实界**，出现了，它是不能同化为语言的事物。在一个很模糊的地平线上，那个更古老的二元论走到了尽头，这个新阶段本身提供了一个探索领域，它从第十一届研讨班开始将取代另外两界，它的重点在于强调驱动力与部分客体（part-objects），强调"征兆"（sinthome）和性别，强调纽结（knots）（后者之后代表了某种对三界系统的一个

---

① Slavoj Žižerk, *The Sublime Object of Ideology*, London: Verso, 1989, 73 – 75.

② Sigmund Freud, *The Interpretation of Dreams* in *The Standard Edition of the Complete Psychological Works of Sigmund Freud*, Vol. 4, London: Hogarth Press, 1958, chapter 2。亦见 Jacques Lacan, *Le séminaire*, Livre II, Paris: Seuil, 1978, chapter 13 – 14。有关对此的一系列解析所做的全面讨论，弗洛伊德第一个梦境分析的目的，见 Mladen Dolar 的文章，in *Maska*, Vol. 16, Nums. 1 – 2, Winter, 2001, 58 – 65。

遥远的、讽喻性的记忆，拉康借此开始了他奇异的理论旅程)。

我们在此不必进一步追寻拉康的历险（我们似乎已经提到过四话语理论［the theory of the four discourses］，它是对拉康作为一名不可通约物和非连续性方面的思想家所具备的鉴赏力做出的另一种诠释①）；可以明确地说，这一轨迹已经为辩证法本身开启了一项新的使命。现在，我们大概可以斗胆推测，当思想接近不可通约性的困境时，类似辩证法的事物总是会开始出现，无论它表现为何种形式；而且此后，辩证法似乎是朝向一个新的、不为人所熟悉的平面的思想转变，试图处理各种独特的、自主的现实（realities）这一事实，这些现实似乎彼此没有任何联系。

但这种特殊的对立（以及与它相似的其他对立）很显然不能仅仅通过将其认定为统一体便得到"解决"：的确，它很有可能根本无法解决，而只能以不同的方式被接近，它仍然是辩证的，但它显示的是辩证法的另一副面孔，完全不同于刚才描述过的那张面孔。的确，辩证法（"关于……的辩证法"）的这两个变体也可以被看作是二元可能性的两个极端：一方面是对立面的相互认同，另一方面，它们最有可能彼此分离，同时又在各自内部保持着某种微弱的联系，从而可能同时谈论它们，将它们说成是首先加入到一种对立当中。 24

不可通约性这一论点因此主张，这种形式的辩证法假设这一特殊二元论的两端由截然不同的法则和动力学所控制，每一端都不能用于或控制对立一端。这里我们必须再次援引上文中已经提示过的方法论警告，它从黑格尔"差异"与"分歧"范畴的明显不同中推断出这些结果。这两个显著差异可能实际上会被说成是以萨特（他之后还有波特尔·欧曼）提出的内部否定和外部

---

① Lacan, *Le séminaire*, Livre XVII, 99 – 135.

否定之间的两个明显区别为先决条件。① 换言之，如果这一二元对立的两个构成项之间的关系分解成两个截然不同的项之间一次单纯的外部否定，这一对立就变成静止不动的各种事物，它们各不相同，而且没有任何特殊关系。

很清楚，（内部）辩证法的构想着重强调这两种现象之间的关系，因此避免了异质的多样性难题，只是它会遇到第二种危险，即差异之可能性会在尚未成熟的认同中消失得无影无踪。在不可通约事物的辩证法这种情况中，问题却恰好相反：巨大的差异当然在不可通约性的概念中得到极大的强调，但却有这样一个风险，即由此形成反差的这两个现象可能渐渐离开对方，融入丰富的静态多样性当中。在此于是必须求助于强大的理性来假设不可通约的事物之间可能存在任何一种关系，这就是说，两者之间某种形式的内部否定必须理论化（它也意味着如果外部否定可以相对简单地加以界定，内部否定则要采取令人眼花缭乱的多种辩证形式）。

德里达提出了非辩证法或反辩证法的暂时态（temporalization）——通过不可通约性而形成的模块化或通过外部否定所达到的内部否定限制——或换言之，辩证法意义上不能同化的事物重新合并成为某种新的、被扩充了的辩证法：

> 最后，我们谈论过的所有事物都归结为一个关于"第三者"的问题。这第三个项可以理解为中介物，它允许综合、调和、介入；在这种情况下，既非这一方又非那一方允许这一方和那一方进行综合。但是，这一功能并不限于其在黑格尔的辩证法中所采用的形式，非此非彼和既此既彼的第

25

---

① Sartre, "Critique de L'expérience critique", in *CRD*, 159 – 180. Bertell Ollman, *Alienation: Marx's Conception of Man in Capitalist Society*, New York: Cambridge University Press, 1976.

三项的确也可以解释为其绝对的异质性抗拒所有的整合、参与和体系，因此指定了一个场所，在那里，系统不封闭。同时，也是在这一场所，系统由其自身构成，而且这一构成受到异质事物的威胁，也受到虚构的威胁，它也不再听命于真理。这里尤其令我感兴趣的是它既参与又不参与。①

不过，恰恰是一种既封闭又开放，既参与又不参与状态的形成颇具启发性。因为我们同样有理由争辩说，相反地，辩证法是这样一种时刻，系统确定自己的结构是封闭的——或者换言之，它将自己重新认定为一种哲学（因此必然是一个封闭的系统）——它同时也重新开放自我，一切从头开始。

作为哲学或系统，辩证法——"传统意义上的辩证法，通过否定等工作实现了总体化、调和化和重新分配的辩证法"——是封闭的，它通过绝对的对立或不可还原性和异质性得到彰显，这些都存在于辩证法的外部而且不会被它同化。但这种超越常规的性质或不可同化性本身就是一种辩证法——处于"非辩证（non-dialectizable）和辩证（dialectizable）之间"——它可能强化了这一过程的动力学并且使得在它之后出现一种新的、被扩大了的辩证法成为可能，辩证时间性之钟再一次开始滴答作响。②

对德里达这个深刻见解的阐释或许也可以为解构与辩证法之间的各种差异提供新的理解，同时，它（作为一种结果）再次确定了它们之间的家族关系，也就是首先允许这种差异被表现出来并且可以察觉得到的亲缘关系。

因为辩证法似乎像幻灯片一样不时地迅速移走，在这个过程中，解构以令人应接不暇的方式向前移动，如同吉加·维尔托夫

---

①　Jacques Derrida and Maurizio Ferraris, *A Taste for the Secret*, Cambridge：Polity, 2001, 5.

②　Ibid., 33.

(Dziga Vertov）的电影一般。我做这两种比较的目的在于记住它们的否定和批评含义，它标志着一切思维都不可避免地走向衰弱。

辩证法继续发挥作用是因为它置身于某种特殊思想之外——也就是说，关于某个问题的概念性解决办法（问题的范围可能从客体到主体，从伦理或政治到哲学，从实用主义到认识论，到艺术和科学，等等，等等。）——旨在表明，所谓的结论实际上掩盖了不稳定的绝对对立的各种运行。将先前的"结论"瞬间（moment of "conclusion"）历史化并且使一种新的、辩证的"解决办法"成为可能的悖论、对抗（antimonies）以及最终的矛盾，在某种意义上都将这最后的"解决办法"重新并入"哲学"或"系统"当中，并且表现为一种新的——更确切地说是辩证的——独立的结论。

到目前为止，辩证法与解构交相呼应：二者都试图理解"思想"或概念性"立场"或"解释"在结构上的不连贯，这些都是它们的批判对象。但是在辩证法止步的地方，它在等待新的"辩证"解决办法自己凝固并且成为辩证法可以再次被"应用"（就像它出自那种新形成的系统一样）的思想或意识形态，解构则向前猛冲，不断破坏它刚刚抨击过的不连贯并且表明那种看似具有分析性的结果本身就是一种新的、随后将被解体的不连贯，是一个新的"矛盾"。因此，解构是一种虚无主义（见对保罗·德·曼的攻击）的判断，如同福柯意义上的疯癫，elle ne compose pas，即它没有产生结果，没有实在的结果，仅仅是吞噬掉了它自己的尾巴，因此在这个过程中吞噬掉了它自己。所以，被吞噬、被破坏的结果之一当然就是辩证法本身，它停步的时间太长了，而且变成了另外一种独立的意识形态，不过是解构的另一个对象。

（二）

我们的下一个逻辑可能性将重点衡量这第一个可能性，因为它将一种二元对立带到我们面前，这种二元对立的两个项都可以认为是否定的，是一种否定现象，而且与虚构二元论及不可通约物等所具有的完全肯定的力量形成反差，在这个意义上，这一二元对立不能被看作是不对称的，也不能承担中心或主导的角色。这不是将边缘项重新纳入整体的问题，也不是将其并入肯定项或中心项，在该项中，它曾经是缝隙或裂痕，而是在它的对立面，这个迄今为止的肯定项，暴露出一个同样的缝隙。的确，肯定性和否定性的语言（和对立）在此屈从于逻辑和形而上学的巨大压力，以至于要在一个没有任何肯定性事物供否定性否定的情况下，似乎很难保持否定的存在资格。但是，这或许正是最初索绪尔关于一个"无正项"的单纯关系这一悖论所表达的悖论，其中，认同或意义都由纯粹的差异来定义。

在这一点上，坚持这一对立的诊断功能似乎尤为适宜，这组对立的辩证法出现在马克思理论中的不同地方，但直到列宁之前，关于它的争论尚未完全展开。因为在这第一组例子中，"对立面的统一"将对争论的目标进行划分，对那些对手的政治策略进行划分，列宁认为这些策略遭到了严重的玷污而且没有任何实际效果。尽管如此，《怎么办》（1902）中的论点依然振聋发聩而又自相矛盾。因为在该书中，列宁将经济主义和恐怖主义背靠背同时抛出，而且在某种程度上发动了一次有力的批判，将渐进主义的社会民主主义（以及以工会为基础的工人主义）和极左分子的"国会权力以外的"活动也包括在内；他所谓的"服从自发性"构成了这二者的特征：

> 乍一看，我们的主张似乎有些自相矛盾，因为二者之间的差异看起来如此巨大：一方强调"单调的日常斗争"，而另一方则呼吁个体做出最具自我牺牲意义的斗争。但这不是一个悖论。经济学家和恐怖分子都对自发性的不同极端俯首

帖耳：经济学家听命于"单纯的和简单的"劳动运动这一
自发性，而恐怖分子则顺从于知识分子激情澎湃的愤怒这一
自发性，二者都是要么不能将革命斗争与劳动运动结合起
来，要么没有机会这么做。①

应该说这一争论不应该理解为是对任何一方观点的驳斥：列
宁并没有贬低工厂问题或组织工会的意义，就像他拒绝学生和知
识分子在其过激行动中的英雄主义一样（他自己的哥哥，这一点
以后还会再提起，因为策划暗杀沙皇亚历山大三世被处决）。但是
正是因为这两种社会动力学都被外推为一种政治和政治策略，他
在此斥责其为糟糕对立面的联合。我们可以将这个辩证过程看作
是对两种截然不同的症状做出的诊断，它们合起来成为一个单独
的动机，即"自发性"；或者，根据亚里士多德的方法，我们可以
将这两个政治裂痕或背离看作是两个极端，如果坚持那个黄金均
值，在此即是列宁的政党概念（团结知识分子和工人阶级），它们
是可以避免的。诚然，前者更接近于古老的命题—反命题这个综
合模式所假设的综合时刻，而亚里士多德式的方法仍然是陈旧的，
一成不变的。这些分析当中更具严肃的辩证意义的依然是一个
"悖论性"命题，即遭到抨击的这两种立场在某种意义上是"一回
事"。但这不仅是各对立面的联合，而且是否定项的联合。

　　我们可以观察同样的局部辩证法在路易斯·阿尔都塞对现代
社会主义历史的分析中的另一个版本。阿尔都塞也聚焦于左派历
史中表面上的严酷对立，即社会主义者和共产主义者之间的对
28 立，这一对立在不同时刻都采取了社会民主和斯大林主义（或
者用意识形态的术语，人本主义和教条主义②）之间表面上的不

---

① 　V. I. Lenin, *Essential Works of Lenin*, ed. Henry M. Christman, New York: Bantam, 1966, 109.

② 　Louis Althusser, *Réponse à John Lewis*, Paris: Maspero, 1973, 85 – 88.

相容这一形式。这两个极端，以列宁为例，他将它们背靠背地说成是同一个硬币无法接受的两面，这样说的基础是它们都受到渐进主义（或沃尔特·本雅明所谓的进步）意识形态的浸润。社会民主主义在其第一次世界大战前的全盛期相信在其政党的选举力量的基础上可以由资本主义逐渐地、和平地过渡到社会主义；后来又相信可以在资本主义内部实行一种渐进的改革，资本主义可能转变为福利国家，后者或多或少等同于社会主义。斯大林同时相信，通过重工业化，可以实现一种持续的进步，在这个过程中，可以逐步到达社会主义。在阿尔都塞看来，这两种立场以及它们鼓吹的政治在政治层面和精神层面上都是有害的，因为它们共有一个巨大的缺陷，它们都漏掉了阶级斗争。尽管他似乎对这个概念充满惶惑，我们还是可以说，正是阶级斗争恢复了对历史的辩证解读，因为它必然通过断裂和不连续，而非通过过程中连贯的（或"同质的"）暂时性或不可避免性不断前行。所以，我们可以在此谈论一种关于糟糕对立面的辩证法，它没有像在某种积极的策略中那样得到明显的纠正，列宁在《怎么办》中将这种策略进行了理论化，但是它在阿尔都塞的分析中或许可以被确定为毛主义的预兆。

然而，现在应该对这种辩证法给出一种文学的或文化的解释了，它反对各种意识形态和实践（或至少各种政治规划和纲领），因此它已经是一种片面的超结构解释。的确，乔治·卢卡契对现代主义的分析（在文学上）也把错误的意识形态信仰与实践的失败（坏书和蹩脚艺术的生产）联系在一起。[1] 有意思的是，现代主义被认为有其自身内在的辩证法并且采取了两种表面上正相对立的形式，即自然主义和"象征主义"（*symbolisme*）。

---

① Georg Lukács, *Realism in Our Time: Literature and the Class Struggle*, New York: Harper and Row, 1971.

这两种文学运动的历史同期性使得这一分析具有引人注目的多元性，而同一性则又一次表现出令人震惊且具有辩证性的效果。卢卡契想要将自然主义污蔑为一种机械美学，在这一美学中，描写和不加处理的材料受到青睐，它们被说成是客观性和现实（他甚至将文献材料和道斯·帕索斯的拼贴作品也包括在这一范畴之内）。① 值得加一句，这种诊断的政治功能在于它对斯大林主义的社会主义现实主义进行了遮遮掩掩的攻击，与呼吁西方激进作家在类似文学人民阵线的事物中（因此为苏维埃压制"实验"提供了一种托词）吸收"伟大的资本主义传统"是异曲同工。

那么"象征主义"（及其后来形形色色的现代主义诗学化身）是如何被同化为这个判断的呢（同时将确实的证据，如马拉美对左拉的崇敬，连同后者作品中更为明显的象征和诗意时刻搁在一边）？对"象征主义"的分析的确将自然主义反对的东西说得非常清楚：因为一般来说，"象征主义"的程序导致的结果是使得似乎毫无生气的对象具有了各种层层叠加的"象征"意义。一个无意义的客体世界在此被假设出来，它要求补充主观意义，这样才能构成艺术材料。但是，卢卡契强烈反对的与其说是象征主义的起点，还不如说是它的主观主义，即外部世界的经验在某种程度上是死的和无意义的，是无生命的和迟钝的，没有任何属于它自己的内部动力。

但是，确实恰恰是因为假设对外部世界具有同样的意识形态，自然主义才有了它的文学原创性：拥抱这个包含无生命外延的世界，用唯一可能的方式再现它，这种方式即描述和机械列举的相加过程。然而，对自然主义分析的这次更新现在为我们提供了一把钥匙去打开这一诊断的第三个概念，去了解卢卡契发现这

① 但现在要参考 Barbara Foley 关于 Dos Passos 的讨论，见她那部出类拔萃的著作 *Telling the Truth: The Theory and Practice of Documentary Fiction*, Ithaca: Cornell University Press, 1986。

两种美学运动都有所缺陷所依据的标准。这一点的确在这位哲学家最重要的一篇文章的标题中表达出来："Erzählen oder Beschreiben?"（"叙事抑或描写?"[①]）——而且对叙事的推重使我们又回到现实主义，无论好坏，卢卡契的名字都和它难解难分。"伟大的现实主义者"选择叙事（而非描写），这是因为他们自然地将外部世界看成历史进程，看成一个充满各种趋势的世界，这些趋势这样来解决自身的问题，即假定存在的客体本身永远不可能按照课本上描写这个词的意义而被"描写"，因为它从来就不是静止的，永远不会坐在那里等着有人为它画像：它已经是一个隐含的叙事，因而在其内部具有一种叙事的意义，不需要来自外部的主观命令或象征主义的变形来赋予它意义。外部世界，不管多么丑陋和令人沮丧，永远都不可能是无生气的或无意义的，除非是因为它已经被历史性地制造出来，已经在历史的生产中获得了自己的意义。的确，如果这样看，卢卡契或许可以辩证地说成是认同了他的对手布莱希特，对布莱希特而言，所谓间离效果的功能就是要说明被认为是自然的（因此也是不可避免的或永恒的）事物实际上是人类行动的结果（因此也可以被其他的人所改变）。两种美学思想的前提都是人类行动和人类生产的叙事性。 30

无论如何，在卢卡契那里，我们看到那场古老的争论在审美层面上重现，一方反对机械唯物主义，另一方反对理想主义。这些争论的辩证特征不在于两个阵线的斗争，两个阵线的斗争是许多概念争论的特点，而在于糟糕的对立面借以达到认同的方式，它们通过一个独特的潜在缺陷或它们共有的一个意识形态错误相互认同。因此，在某个所谓的综合时刻，两个明显不同、彼此不

---

① Georg Lukács, "Narrate or Describe?" in *Writer and Critic and Other Essays*, ed. and trans. Arthur D. Kahn, New York: Grosset and Dunlap, 1970, 110 – 148.

调和的现象在某种程度上被统一起来，这一时刻先于它们的分裂
而存在，而非在分裂之后或成功地战胜分裂之后才出现。但是，
同样错误的是，认为这种局部辩证法假设有某种统一的最初时
刻，它后来分裂为两个截然不同且看上去对立的结果（而且因
此充满怀旧心态地假设有一个更早的统一体，我们被鼓励回到这
个统一体）：因为在此有争议的是否定性对立面的统一，而非肯
定性对立面的统一，而且它们的重新认同并未给我们提供任何新
的、积极的价值，而只是提供了一个被扩大了的目标以进行更
高、更全面的批判。

（三）

但是，正是在这一点上，我们必须重新面对伪黑格尔式三段
论并再一次更加急切地发问，是否列宁和卢卡契不是通过所谓的
对第三项进行综合而"解决"了他们的问题。在列宁那里，众
所周知，是革命政党的建立克服了工会活动的集体性瘫痪以及无
政府主义"行为"中个人的徒劳无功。而对卢卡契而言，他的
"现实主义"原则着意要打败机械唯物主义和极端的孤芳自赏与
唯我论，自然主义凭借机械唯物主义获得其对象，象征主义或现
代主义凭借极端的孤芳自赏和唯我论沉溺于它的主观性，难道这
一点不是一直非常明显吗？现实主义似乎吸收了这些病态的畸形
当中的积极因素并且将它们合成为一种新的艺术；就如同知识分
子和工人在列宁的政党形式内部发现了一种更具生产性的合并与
综合。这种常见论述的问题是它们遗漏了黑格尔著名的"否定
的劳动"，也就是说，它们跳过了所谓综合本身所做的功以及它
的过程，由此我们根据两位理论家诊断出的较早阶段实现了
"进步"。

证据是在这两种情况中，差距被单纯的意志力掩盖了：卢卡
契要求他的作家们采用马克思式的立场皈依批判现实主义，而列

宁，正如人们都知道的那样，则依靠他强大的论证和辩论力量，31
双方都不承认更深层次的意识形态根源是个人主体（individual
subject）——作家或激进分子——通过弗洛伊德的无意识中心沉
入或消散在历史现实本身多种多样的相互关系当中。

我想说，这个过程是一种中和化（neutralization）①，而且它
将仅仅是通过一种否定工作作用于否定本身——我们是否真的想
将其认定为著名的"否定之否定"？——从而生产出新的形式。
对于列宁的诊断，我将以古巴革命为例，我把它看作是一个更清
晰的小规模但或许是更成功的中和化过程。

在古巴革命这个例子中，会有一个空间上或地理上的"实
验室"让我们直接见证这一过程（借助德布雷［Debray］的
《革命中的革命？》② 一书中的理论化）。的确，革命的**中心**——
与外界隔绝的山区营地，在那里发动了游击战争，也是在那里，
真正的革命政党被缔造出来——将作为一个空间，在这个空间
里，知识分子和工人——在列宁看来，他们是革命政党的两个基
本组成部分——将丢掉他们的社会决定论，在新的革命意义上真
正地不属于任何阶级。知识分子在肉体上从专门的学术工作中，
从象牙塔和单纯智力劳动的意识形态诱惑中脱离出来；参加了马
埃斯特拉山区（Sierra Maestra）的伟大运动后，以前的工厂工人
和农民将摆脱工厂的异化、劳动的分工、对工作地的附属关系、
对资方或监工满怀敬意的臣属感、职业性的服从习惯或泰勒主义
之类的习惯。在这两个事例中，一种强有力的中和化将列宁在其
计划书中做出诊断的每一件事都化为灰烬；我们可以说，否定本
身已经将所有的个体，不是还原为他们作为商品和劳动力（如

①　更全面的讨论，参见我的 *Archaeologies of the Future*, London：Verso, 2005,
170 – 181。

②　Régis Debray, *Revolution in the Revolution*?, Harmondsworth, England：Penguin,
1967.

卢卡契在其《历史与阶级意识》中所证明的那样）的最基本性质，而是准确地将其还原为一种基本的力量，他们是否定和革命性拒绝，是能动力（agency），是一种反抗的纯粹形式，在反抗中他们是平等的，人们可以期待从反抗中出现新的革命形式。

　　至于艺术，跟随卢卡契，沿着一条在反法西斯时代（或者后来在当时的社会主义国家）未曾引导至他所呼吁的审美实现的道路似乎也不会有什么特别的回报；因此我将中和化在艺术中的表现限制在现代主义本身内部的一条独特轨迹上。或许也可以论证，从形式的视角，现代主义本身就是辩证的，因为它被迫假设存在其自身的形式对立面并且通过虚构和差异对这些对立面加以引导。尽管如此，在对传统的拆解当中，我们依然称现代主义因此创造出一种实实在在的辩证审美程序，某些艺术家较之其他人已经更敏锐地理解了这个过程的辩证性，辩证审美程序这个名称似乎不算是贬义，尽管它似乎更乐于强调历史进程在这一发展中的作用，而非强调艺术家的意识和动机。问题不在于皮特·蒙德里安（Piet Mondrian）——这些辩证艺术家中的佼佼者——是否是黑格尔主义者（无论"是"这个动词在这一语境中意味着什么），或他的作品是否充分地阐明了这种哲学的辩证法（它们是的！）——而在于一个客观时刻，在此时刻，抽象化进程已经足以揭示出辩证对立在发挥作用，而且是以动态的，而非静态的方式在发挥作用。

　　蒙德里安意识到①立体主义在通向抽象化的中途停了下来，它保持了形象、雕刻对象的完整无损和中心地位，它的作用依然是再现和模仿，不管它有多少层脸，有多少维度。他决心要消解甚至这个形象本身，他始终都知道形象概念或经验依赖于一种基

---

　　①　在这里以及在下文中，我运用了 Yve-Alain Bois 的精彩读解，见 *Painting as Model*，Cambridge，MA：MIT Press，1991，以及关于 Mondrian 的章节，见 *Art since 1900*：*Modernism*，*Antimodernism*，*Postmodernism*，New York：Thames and Hudson，2004。

本的二元对立，形象与基础（figure and ground）的二元对立：所以不仅必须要去除形象，而且还必须要去除理解这一形象所依据的基础，或者换言之，空间本身——作为一种三维幻觉仍然存在于绘画框架内的一个基础，一种感知虚构或幻境。同时，蒙德里安意识到不仅通过去除范围，而且通过让这个对立本身失去作用，他才能涤除形象的中心性，也才能废除空间本身这个背景以及它所存在的平面。

实际上，众所周知，美学争论已经成为绘画史的特征，这些争论不可避免地围绕着二元对立展开（线条与色彩的对立只是它们中最著名的对立）；在面临这种二者择其一的情况时，几种截然不同的立场或选择在逻辑上是可能的，这一点将会非常清楚。你可以为一个或另一个选择一个立场，然后发明一种实践，它的美学理论扬此抑彼：安格尔（Ingres）或大卫对德拉克洛瓦（Delacroix）！不过，你也可以发明一种风格，在这种风格中，二者被给予同样的重视并且在某种程度上是和谐的：这大概是伪黑格尔三元组中著名的"合"吧。但是，你最终还可以试着通过中和它们的张力来摧毁这种对立：这也许就是蒙德里安采用彩色直线条试图要做的事情。

但是，甚至在那之前，我们就遇到了纵向与横向之间的对立，我们不一定意识到这一点：因为观摩挂在墙上的画的人是纵向的，而且是纵向来读画的，即使——像蒙德里安的画中那样——当画布本身试图逃离那些坐标系从而存在于一个纵向和横向不再构成一组有意义的对立的世界里，也是如此。当杰克逊·波洛克（Jackson Pollock）（蒙德里安本人是最先欣赏他早期天才制作的人之一）将画布铺在地上，围着它转时，他便确切地完成了蒙德里安想要实现的这种两维坐标系的中和化。

伊夫—阿兰·波埃斯（Yve-Alain Bois）仔细研究了蒙德里安作品中大量存在的这种对立，他的基本原则——"所有的关系都被一个重要的关系所控制；那就是极端对立面之间的关系"① ——既是深刻的黑格尔哲学，也是结构主义的"早于字母"（*avant la lettre*）。蒙德里安所有的解决办法旨在摆脱绘画表面任何可能的光学中心，不让眼睛在休息时可能在任何单独的地方或元素停留片刻，重新为种种特征建立一种等级，事实上就是把某种过程重新变成空间中的一个客体。

的确，我们可以考虑舍恩伯格（Schoenberg）发明的十二音调体系，该体系的目的非常明确，为了预先阻止相当于音乐中的中心性和等级的音调卷土重来。其中心思想是如果你将任何一个音调置于其他音调之上，无论多么短暂，在一个围绕着该音调的局域内，就开始再次形成一个音调中心：由此便有了在这一行中其他所有的音被用过之前不许重复该音阶上任何单音的禁令。这种对中心性的恐惧是否在哲学王国里有其对应物是我们在这一讨论中稍后将要考虑的问题。

但这个故事（如波埃斯所讲述的那样）有一个不同寻常的曲折结尾：蒙德里安在他追求真正抽象的过程中已经检验了好几个体系（而我迫不及待地要补充的是他的想法不仅深深地受到黑格尔的激发，而且还从通神论和唯心论的意识形态魅力中获得鼓舞，得到验证）。不过，到最后——这是一种宿命，波埃斯用巴尔扎克的《无名杰作》（*le Chef-d'oeuvre inconnu*）中那个画家弗伦费尔（Frenhofer）的最终命运作比——他明白，如果一个人成功地中和了这些基本的对立，他便以和谐及一种静态的平衡收场，所有的对立都已消失（马列维奇［Malevich］在那幅至上主

34

---

① Piet Mondrian, *The New Art—The New Life: The Collected Writing of Piet Mondrian*, eds. Harry Holtzman and Martin S. James, Twayne Publishers, 1986, 30. Mondrian 的理论公式中的进化被描述为一个渐次实现的过程，他最初关于平衡与和谐的语言需要用更具否定意义的"消除形式"（160）、"中和的平衡"（214）予以补充，即使不是完全代替。我在 *Archaeologies of the Future* Part 1, Chapter 11，试图加以理论化的正是综合与中和之间的这种差异，关于该书，见注释 29（即中译本第 41 页注释①——译者）。

义的《黑色方形》［Black Square］中所遵循的道路）。除非你不断使某种对立和张力保持鲜活状态，否则你便没有在审美意义上成功地中和这种对立：最初在审美意义上解决矛盾的重要悖论。所以在他的最后一幅油画《胜利的布吉—沃吉》（Victory Boogie Woogie）中，画家反复涂画这幅不同寻常的已经完成了的作品，将他本人的解决办法一个个地抹掉，就是因为它们已经成了解决办法从而使这个过程中止，所以在他去世时留下的是这幅未完成的油画，成为说明辩证法之贪得无厌特性的悲剧遗留物，它在这幅画中的结局是毁灭其自身。

在这一语境中做些补充是很有意思的，即对蒙德里安而言，垂直线——这个世界，外在的人类生活——在本质上是悲剧的[①]，而这种抽象的、无维度、无空间的绘画所承担的使命就是摧毁以其他事物之名存在的这种悲剧。但是，那种摧毁现在似乎将悲剧内化在其本身内部永不停息的过程中。这一悖论的确会在讨论的最后部分向我们提出真正的乌托邦问题。

（四）

不过，甚至辩证法也是辩证的，我们在呈现这种二元对立，而且首先是呈现它所暗含的关系时无法回避一个基本难题。二元的内容也可能是矛盾，这个概念在某种程度上由于是以形式主义的模式（但我们还会回到这一点上来）加以呈现而遭到贬低。但是，另一个通常与辩证法连在一起的相关概念的缺席在某种程度上更令人吃惊：这就是现在将要出现的"中介"（mediation）一词（或概念）的失灵。

中介不仅是一个"黑箱"，一种状态穿过其间，经过它神秘的变形后成为一种极为不同的状态。它也为关系本身命名，将关

---

① Bois, *Painting as Model*, 181.

系说成是二元对立中最内在的纽带，能够表示认同或差异，或同时表示二者。它还是一种其自身能够被改变为一种暂时关系的逻辑关系。同时，作为一个项，它显然出自一个与结构主义语言学概念不同的哲学家族，这提出了一些疑问，它的德语含义和潜在特征（无疑是一种神学性质）是否能够恰好适合法国—斯拉夫的派生用法；是否"中介"本身就不需要中介；是否我们在此尚未遭遇时间与空间的另一种张力。

因为有一点从未搞清楚，即是否"中介"指定了本来要被解释的东西或其自身就是这种解释。它是否消除了对第三个项的需要，或者如黑格尔有时似乎暗示的那样，将自己作为第三项，由此产生两个极端或对立，将自己作为那个变为二的一？但是（我们将回到本文第三部分的难题），中介这个概念的历史——即它已经拥有历史和过去，它本身就是历史的这一事实——注定在对它进行分析后会产生不满，它的原子不可避免地要被现代逻辑所分解，现代逻辑想要发现更小、更基本的组成部分（同样的情况也适用于否定，就像德勒兹的研究所证明的一样①）。

即便如此，我们在这里还是接近了一个现象，它与这个事件本身一样是终极的、神秘的，如同时间的变化。当然要求助于恩格斯关于量的辩证法，而且要指明最后的羽毛或尘埃改变一切的那个时刻：尽管如此，变化还是没有得到解释，甚至没有被理解，它仅仅是被命名，被观察。纯粹的关系也是一样；当两个现象并置在一起，在哪一点上它们不再是分离的两个项，而是在所谓的并列这个重要的整体中统一起来？在哪一点上差异开始相互关联，而且在这个名目下，我们可以否认不可通约物之间的并置是一种对立的权力？

因为我们要再次处理的正是现代科学与哲学的不可通约物，

---

① Gilles Deleuze, *Différence et Répétition*, Paris: PUF, 1968.

那些核物理和拉康的精神分析中的不可通约物。不可通约这个概念处于关于差异的当代哲学的最中心①；我们需要知道，辩证法是否并未强大到足以将这种关于极端差异的断言改变为一种新型关系；是否思想并未辩证到足以伸展、扩大以包括不可思考的事物（黑格尔对康德的古老回答，即设定一个边界或一种限制，它已经超越并且与边界或限制合为一体）。而且我们需要知道，是否这是一个我们在某种程度上可以自己做出的决定，以什么样的名义可能做出这样一个决定。

这种二元对立，很显然，它同时是一个空间概念或范畴，当然可以要求它接受一种暂时的形式或形状。由于某种原因，它也是一个水平面的概念，我们现在或许可以提出它可能具有垂直性。辩证法对现代判断力而言似乎缺少（让我们首先将它限定在审美层面）某种非比寻常的悖论性东西，即它的否定性。如果一个哲学体系或方法完全是围绕着否定因素和否定式建构起来的，而且将后者的赞歌作为赞颂神性的天使合唱而不断颂唱，你怎么可以指责它缺乏否定性？尽管如此，认为辩证法以某种特殊方式一遍又一遍地试图将否定因素变为一种肯定性（我以为这正是德勒兹在《差异与重复》［*Difference and Repetition*］中攻击否定时背负的负担），这种看法不一定就是绝对非辩证的。如果是这样的话，它就是一个严重的问题，的确需要一个答案。

这种异议本身就是一个深刻的历史问题：而且重要的不仅是（甚至不是）它涉及参照不在场，或者对立来反驳对否定性的误用。诚然，自然（或存在）就像一只鸡蛋一样完满，其中没有任何不在场，也没有任何对立；如果自然甚至不包括否定因素这种东西，它怎么可能是辩证的呢？这正是康德很久以前的论点，

①　见注释19（即中译本第30页注释②——译者），以及 Jean-François Lyotard, *Le différend*, Paris: Minuit, 1983。

萨特就在昨天也是这个论点。①

　　但在我看来，当下的各种反辩证论点与肯定性有关，就像与它的对立面（如果那就是否定的话）有关一样，而且反映出一种模糊的感觉，即辩证的否定概念也使得肯定性变得太过肯定，并且使得现实或存在成为一个巨大的元素，它既在那里，又不在那里，在其中没有程度或等级。换言之，它没有记下那些有质量的潮汐或涌流，古老的心理学将它们描绘为水平面上的水滴，一个对于肯定性本身的消长盈缺或许仍然过于主观的描绘。据称，一个扩大的现实概念肯定会解释这些波动（在这种情况下，"肯定的"和"经验的"等术语可能被限制在那种现实的各种特殊表象模式上，与任何这类事情都不相同）。

　　要理解辩证法也需要扩展，让一种古老的辩证法与现实的某些新层面或等级交锋就足够了。从一个方向，大量的虚拟性理论

---

　　①　关于此，可参见的，例如康德关于负量的文章（"Versuch, den Begriff der negativen Grössen in die Weltweisheit einzuführen"［1763］）以及 Jean-Paul Sartre, L'Être et le néant（Paris：Gallimard, 1943, vi, 30–34）。人们可能注意到，要排除辩证解异化的需要，首先要避免被异化的术语；这实际上是当代对辩证法的各种批判的更深层动机之一。但这件事不像说的这么容易，它提出了极为艰巨的写作难题，这些难题最好的解决办法或许是术语的繁殖，而非压制。Brian Massumi 的 *Parables for the Virtual*：*Movement*, *Affect*, *Sensation*, Durham, NC：Duke University Press, 2002, 是这方面少有的成就之一，它以每个新词被另一个更新的词所否定和替换的速度为依据。他为这一过程提供了如下合理的理由（在对变化之表现的一次讨论中）："坚持关系有其同关系术语脱开的一个本体论地位，这似乎很荒谬。但是，正如吉尔·德勒兹的著作再三强调的，它实际上是将变化概念化为否定、偏离、分裂或颠覆之外的任何东西不可或缺的一个步骤。关于某种关系的术语一般情况下被认为是先于它们的相互关联，是先已构成的。这回避了变化问题，因为一切都预先给定了。相互关联只是实现了已经作为可能性包含在先在术语中的外部配置。你可以重新摆放家具，甚至将它挪到一个新的位置，但你所有的仍然是那件旧家具，假设关系中的术语具有优先权是被描述为经验性方法的共有特点。接受预先给定的术语，从暗含定位的形式中得出其置换系统，在术语的给定状态之前将那个系统投射到形而上的点上，并且将这一投射发展成为一种衍生的先在映射——这些步骤对现象学、结构主义，以及所有后现代主义方法都没有不同，只不过表现为不同的方式。它们反投影一块已经构成的模板，来解释它的构成，因此便建起了一个逻辑的时间—错乱，一个恶性的阐释循环。错乱是什么，还是变化。"（70）

反映出一个日益增长的信息世界及其技术，至少使一种黑格尔传统面对某些明明白白的需求，对超越了那些可能性或概率范畴的新逻辑范畴的需求。从现实的另一个层面，一个影像社会（image society）所具有的特殊的、新的创造性提出了甚至拉康的**想象界**概念也不能解决的问题并在其外围倾向于由它们本身来替代一种传统的现实，似乎离开后者，它们也能应对自如。但这种拟象（simulacrum）怎么能说是否定的呢？而且摄影那些似乎非理论的时间性以什么方式——在摄影中，过去依然是现在，即使已经逝去很久——为辩证法提供抓手呢？

的确，关于时间，尤其是当代的时间悖论似乎遇到了"目的论"，辩证法总是为它伤透脑筋：它就是弗洛伊德的"仇恨"（Nachträglichkeit）①，在这一概念中，"总是已经（always already）"，一种结果成为其自身的原因。与古代诡辩论中那些怀疑性悖论大为不同，这一个似乎不仅要表达一个永恒的现在，而且要产生感觉到时间变成空间本身这种结果时的震撼。但是在这个例子中——空间对时间——辩证法大概仍然有话要说，就如同在另外一种可能性中也是如此，即这一悖论用因果性概念来削弱因果性本身。但是，无论如何，这种时间悖论在辩证法的文献当中几乎没有引起注意，除了在阿尔都塞关于革命的时间性的分析当中。

的确，值得思考的是，在何种程度上，海德格尔全方位地将表现问题化已经影响了现代辩证思想；然而，表现问题确实标志着与传统哲学最重要的裂痕，而且包含了所有多元哲学现代主义流派的源头（换种方式说，即使不是紧随其后的各种后现代主义流派的源头）。很多这类问题和悖论在《资本论》的分析中，38

---

① 见 Jean Laplanche and J. B. Pontalis, "Après-coup", *Vocabulaire de la psychanalyse*, Paris: PUF, 1971, 33 – 36。

在它的因果关系和时间性、它的表现模式和去现实化中已经有了具体的表述；但是，在后来的马克思主义哲学中，它们并没有被主题化。尤其在关于客观表面的悖论中，我们将会看到，黑格尔本人并非完全不了解这种现实，但只有他死后发展起来的社会系统才使得它们对我们比对他而言更显得不可避免。

（五）

那么，我再回到辩证法中关于平面与纵向的辩证法，它在关于内在性的原理中得到了最显著的发展。成功会转变为失败吗？换言之，作为对立面的一种顺时的——即一种平面的——顺序；或者说失败已经与生俱来地、内在地铭刻在那里吗？对立面是否要遵循其自身对立面的顺序以催生我们一直在考虑的各种辩证图式；或者存在及其否定是否已经可以共存，已经可以以这样一种方式相互叠加，仿佛是纵向的关系？这些足以使我们认真思考带有强烈辩证意味的肯定性，因为它可能在我们的咄咄逼视下转变为否定性。如果是这样的话，它是否并不单纯地是另外一种格式塔转换，或者它是否相当于存在本身内部某些更深层的对立统一？

出人意料的是，关于这种辩证本体论最富戏剧性的阐述会在一本文学著作中找到，对它的全面分析将留到我们的最后一章，这里只关注它的结论。但是，这部作品本身是西方经典当中最著名的著作之一，有关其文学品质的争论，只有为了宣传西欧的希腊—罗马/基督教"传统"（与 T. S. 艾略特之流的保守分子有关的原政治［proto-political］"价值"）而挪用的那些同样品质的著作可以与之相媲美。的确，几代现代人对维吉尔的丁尼生式诗歌中那种史诗氛围所表现出的相对冷漠早已因为维吉尔诗歌的经典地位而受到谴责，它不能容忍轻浮（你会想起庞德关于海员的那个笑话，他，指那首壮丽诗篇当中的主角艾尼阿斯，惊呼道，"他是个英雄吗？比格布，我以为他是位神父"）。

现在，大卫·昆德（David Quint）对《埃涅伊德》（*Aeneid*）[①] 的解读改变了这一切，它细致入微地回顾了这一史诗中的章节如何有针对性地复制了《奥德赛》（在寻找罗马的过程中）和《伊利亚特》（在征服意大利部落的过程中）的相关部分，他的解读表明，这类重叠（overtracing）不应作为档案美学（archival aestheticism）或单纯的文学典故被弃置一旁，相反，它们构成了一种有决定意义的政治观点，在新生帝国那样一种历史条件下，而且奥古斯都本人的确就俯身在诗人的肩头，这本身就是一种超乎寻常的勇敢。荷马史诗确实"被叠加了一种连续过程，包括一人分饰两角（doubling）和超载，在这一过程中，《伊利亚特》中的胜利者同时也是《奥德赛》中的失败者，而艾尼阿斯则被用来同时扮演这两个角色。胜利与受挫的并生性（simultaneity）也使得对情节突变的那种单纯的顺序性理解变得复杂起来；因为如果是在特洛伊人漫长的航行这一层面上，特洛伊的战败反过来又转变为意大利人成功安顿下来的基础，这一结果最终依照天意就成为罗马本身，特洛伊人打败相邻部落的胜利以一种诡异的方式重复了他们在获胜的希腊人手中所遭遇的命运……否定转变为肯定成为一种矛盾重重的并生性，由否定变为肯定，如同我们让这些经历在历史的空间中循环"[②]。

因此，《埃涅伊德》的出现不仅是作为史诗用美妙的旋律得意地赞颂最后一个伟大的"世界强国"所获得的胜利以及这个帝国在其"历史终结"中的巨大荣耀，它还掺杂了维吉尔的"事物的眼泪"这种恰如其分的忧伤；同时，通过一种精确的双重效果和拟象本身，透过它那必胜主义诗行的表面，也隐约显出对帝国本身的苦涩的批评，显出对后者的残忍和屠杀的隐晦谴

[①]　David Quint, *Epic and Empire*, Princeton：Princeton University Press, 1993.

[②]　我在此提前引用了我自己的观点，见下文，第560页。

责，以及对即将来临的惩罚的预警。

所以，维吉尔似乎是要提供一个典型事例，不是为了说明辩证的含混，而是为了详细阐述辩证法在这里是如何发挥作用的，对对立统一的认同使得我们能够读出皇帝威严的目光下所传递出的颠覆性含义，当然是在维吉尔的诗行那哀婉的音律中。现在，突然间这首诗似乎在告诉它的读者："你们这些罗马的胜利者，永远不要忘记你们也是悲惨的失败者和被打败的流亡者，还有你们的城市和国家所遭受的损失！"似乎在罗马的胜利中，一位品德高尚的美国作家有勇气在公众的耳畔低语："帝国和商业两处的勇士和征服者，永远不要忘记你们也是来自一个你们更愿意逃离而不是改造的古老专制王国的懦弱移民！"①

的确，在历史上，否定和肯定似乎总是要命地表现为成功与失败、胜利与落败这样的形式，好像这些范畴大大超越了迷信的，所谓黑格尔的本体论幻觉，它们提供了生物性的人类个体可以想象他们整体命运归宿（的唯一方式）。因此，这些对立面的辩证统一既是一种社会谴责，也是一种政治教训。它提醒我们，首先，"成功"对于凡人而言从来就不可能真正实现，同时，历史进程不是经由成功，而是经由失败向前推进：而且如果我们的眼睛经过训练，能看到这一点，我们就能发现，在关于我们集体存在的记录上，到处都有这一辩证法在发挥作用。②

---

①　这实际上是马克思对卡贝（Cabet）的伊加利亚（Icaria）（Etienne Cabet 写的乌托邦著作 *Voyoge to Icaria*——译注）做出的回应，谴责潜在革命者的移民："如果那些为了更美好的未来而斗争的正直的人们离开了，他们将要离开的是对蒙昧者和盗贼完全开放的地区……兄弟们，留在欧洲的前线。在这里工作和斗争，因为只有欧洲才有共产的全部元素。这种社会要么在这里建立，要么无处可以建立。"引自 Louis Martin, *Utopics：A Spatial Play*, Atlantic Highlands, NJ：Humanities Press International, 1984, 273 – 279。

②　尽管它不是文体问题，我还是要感谢 Steven Hemling 在我自己的著作中发现了这类主题，见他那本有趣的著作 *The Success and Failure of Fredric Jameson*, Albany：SUNY Press, 2001。

在这个特殊的卷宗里，我所选择的另外一个也是最后一个文献是托马斯·弗里德曼（Thomas Friedman）对于全球化奇迹所做的广受欢迎但过于乐观的赞颂，尤其是他对于印度在这次新分配中的命运所做的精确的辩证叙事。弗里德曼反思了在全球化中，某种基本的力量是如何发挥作用的，处于其商业成功顶峰的信息技术产业突然于 2000 年 3 月 10 日在所谓网络（dot-com）泡沫的破灭中以可悲的结局收场。的确，股票市场的崩盘可能在今天是一种更合理的战败范式，因为似乎没有谁能赢得或输掉战争。无论如何，纳斯达克指数的暴跌在其身后留下了大量未被利用的膨胀，尤其是宏伟的光导纤维系统，它被设计用来使其投资者"在无限膨胀的数字世界中获得无限财富"①。

失败与成功的辩证同一性在此打通了美国（它可以等同于全球化）和印度（它在这种情况下扮演了廉价外包的次级空间这一角色）之间的关系。我们可能已经探察到早期的诸辩证逆转在这个历史性当下背后幽灵般地在场：其一，从英国的殖民（否定）历史继承下来的英语语言（肯定）；其次，尼赫鲁的决定，他"倾向于前苏联的、社会主义的经济"（否定），从而资助大量苏联模式的科学技术机构（肯定）。尽管如此，尼赫鲁的系统，据一位他本国的消息人士称，"造就了高质量的人民，而且是通过数量。但他们中的许多人都像卷心菜一样烂在印度的码头上。只有相对极少数的人能够登上轮船离开"（*WiF*，105），就是说，来美国工作。

突然，在一次经典的辩证逆转中，"光纤技术的过剩……意味着［印度人］和他们的美国客户一起用上了那种实际上是免费的电缆"（*WiF*，104），我们都知道其带来的神奇结果——班

---

①　Thomas L. Friedman, *The World is Flat: A Brief History of the Twenty-first Centu-ry*, New York: Farrar, Straus and Giroux, 2005, 103. 后面对该书的参考均标注为 *WiF*。

加罗尔的发展，美国商业的外包被调配、发送到这个次大陆上各个不为人知的地方，印度一下子跃入全球化本身（以及现代资本主义）的最中心。

弗里德曼关于此事的结论不出所料地带有反讽意味：

> 印度不仅从网络（dot-com）泡沫中获益；它甚至从它的破灭中获益更多！那实在是个讽刺。那场泡沫铺就了联系印度和世界的电缆，而泡沫的破灭则使得对这一电缆的使用实际是免费的，而且还让更大量的美国公司希望通过这一光纤电缆将知识工程外包给印度。（*WiF*，110）

因为反讽是这场交换中某一方观察这次辩证逆转的方式，在这次逆转中，它与其对手调换了位置——战败的反讽，胜利的反讽：反讽在这个意义上是一种未完成的辩证法，是一种其唯一对立面是非反讽的、被事物的经验状态惊得目瞪口呆的催眠术，无矛盾（non-contradiction）法则这种固执的信念——反对所有的可能性——规定了否定与肯定、失败与成功是两种截然不同的天命，它们被现实本身相互分开，而且将保持那种方式！

（六）

那么，平面和纵向的对立之间这个显著差异有没有可能将我们重新导引回到历史与社会学、事件与结构，最后是时间与空间之间那古老的"不可通约性"？这个问题不太可能是一个关于对象本质的问题，因为事件产生结构，历史发展必然以对抗或张力的形式显现当时的社会特征。在此，我们的主线一直是对对立关系特点的探寻——它是如此紧密，甚至可以卷成一个统一体，又是如此疏远，可以将其分割成两个截然不同的地域或领域，分割成两个不同的对象。在另一处我们将会看到黑格尔的塑型限定

（formulation）（被毛泽东接受）在这一切中所发挥的作用：一分
为二。① 无论如何，显而易见的是，它们之间，即内部关系与外 42
部关系之间、统一性与不可通约性之间、同一性与差异之间，那
含义模糊的无主之地必须被命名为矛盾，条件是这些结果中不会
有哪一个变得僵化，不会变成永恒的或具体的；同样清楚的是，
如果矛盾是我们赋予这一问题的名称，那它将会一直把我们推向
否定而非认同的方向。事实上，强调"矛盾"一词是要发现一
个绝好的机会，从而把梯子踢开，并且抹掉在此为我们提供了一
个起点的结构主义的最后痕迹。因为结构主义的视角总是以二律
背反的形式来理解矛盾：即一条逻辑的死胡同，在其中思想处于
瘫痪状态，既不能前移，也不能后退，思想或现实都遇到一种绝
对的结构限制。在实践或理论困境的根源部位对这些二律背反的
去蔽（deconcealment）可以成为意识形态分析的有力工具（就
像在解构中一样），但是，不应将其混同于让二律背反本身动起
来这一更具动态性和生产性的行为，也就是说，揭示出它在现实
中已经是某个矛盾的形式：因为正是揭开了二律背反即矛盾这层
面纱才构成了真正意义上的辩证思维。

　　不过，如果是那样的话，矛盾是什么呢？它不是阻挠并推延
运动的事物，而是运动发生于其中的事物，正如马克思在一段明
白易懂的话中所说的（他讨论的是商品的结构）：

　　　　商品的进一步发展不会消除这些矛盾，而是提供了一种
　　形式，在这一形式中，它们有空间可以移动。总体上讲，这
　　是解决真正矛盾的办法。例如，描述一个物体不断地落向另

① 见下文，196；以及 *PoS*, 350 – 351；Mao Zedong, "A Dialectical Approach to
Inner-Party Unity", *Selected Works of Mao Zedong*, Vol. 5, Peking: Foreign Language Press,
1977, 514 –516；Guy Debord *Society of the Spectacle*, Detroit: Black and Red, 1983,
Chapter 3；Alain Badiou, *Théorie du sujet*, Paris: Seuil, 1982, 61 – 62, 131, 228 –229。

一个物体，同时又持续飞离那另一个物体，这就是一种矛盾。椭圆形就是一种运动形式，这一矛盾在其中既得到实现，又得到解决。①

然而，我们现在必须通过另一种重复来理解我们的各种纵向对立，并且重演另一种对立，它是传统的马克思宝库中最受争议但却是不可避免的一种对立，恩格斯列举的矛盾中一直未提及这一对立，而且在马克思的全部文集当中也的确只说了一次：我指的是基础与上层建筑之间的"对立"，如果它是一种对立的话。不过，说实在的，它是一种什么样的对立呢？在他提出的他甚感满意的公式中，难道本雅明没有告诉我们"上层建筑**表达**基础"② 这是否是一个他在这里能够"表达"的矛盾？当教堂的神父发布圣谕说，上层建筑**反映**基础，难道还有比这更清楚的吗？难道我们在这一点上不是简单地又回到一种熟悉的不对称对立吗？在这种对立中，我们见到一个主导概念和一个次级概念。试着在此做一次辩证逆转，并且主张，相反地，基础反映上层建筑，这样做可能会很刺激：这是雅克·阿塔里（Jacques Attali）在《噪音》（*Bruits*）中悍然提出的观点，他声称一个时代的音乐预示了下一个即将来临的时代的经济体系。③ 不过，关于这场学术争论，它在长达 150 年的时间里无所建树，耗尽了大部分参与争论者的精力，具有重大意义的问题仍然悬而未决。的确，马克思主义似乎可能与它一起屹立不倒或同它一道轰然倒塌，因为一种文化在其间完全独立于经济的系统将预示着大部分马克思主

① Karl Marx, *Capital*, Vol. 1, trans. Ben Fowkes, London：Penguin, 1976, 198. 后面对该书的参考均标注为 *Cap*。

② Walter Benjamin, *The Arcades Project*, trans. Howard Eiland and Kevin McLaughlin, Cambridge, MA：Belknap Press, 1999, 460.

③ 见 Jacques Attali, *Bruits：essai sur l'économie politique de la musique*, Paris：PUF, 1977。

义流派的终结，而一种在其间文化与经济彼此混作一团的系统则代表了一种福柯式的反乌托邦，即便它甚至不是部落组织或"野性思维"（*Pensée sauvage*）之前的某种真正的古代生活。

在基础与上层建筑之间，关于对立，应该注意的第一个独特性是它已经出现在基础本身的内部。这就是生产力与生产关系之间的差别，在一种给定的生产技术同对其做出表达、反映，或与其相一致的劳动过程之间的区别这一意义上，已经对此做过解释。借用一种拉康式的方法，似乎因为将上层建筑铭刻在基础之上而生成的这个分数因为在其分母上包含另一个分数，即某人因为书写凌驾于各种力量之上的关系而得到的更早或更原始的分数，从而使自己获得了成倍的增长。但是，你不能很果断地提出这种数学的解决办法，在这一方法中，不管怎样，第二个分母会辩证地被提升为分子，因此便留给我们一个完全接受了基础影响的上层建筑，即使没有因它而增加（马克思主义在文化上的敌手们一直指责的它的文化即存在思想）。

我想指出，在这个分数的另一半有类似但不对称的发展，即分子或上层建筑位置上的发展：其中后者发现自己繁衍为各种各样的层面，它们彼此或多或少都是同源的（"艺术、意识形态、法律、宗教，等等"①）。这似乎不仅将国家、国家权力、政治重新溶解为其他上层结构（因为它们当然不能归属于基础）中间另外一个附带现象性质的（epiphenomenal）"上层建筑"，对立的力量/关系之间的功能关系在此已经为各种各样彼此平行（和/或同源）的文化层面让开了道路，但它们彼此绝对不是特殊的工作关系。那么，在这一阶段，黑格尔派可能会指出，我们在这里正在处理的是关系与平行性之间的一种对立，甚或是对立 44

---

①　"道德、宗教、形而上学，以及意识形态的所有其他内容和与这一切相对应的意识形式，因此都不再保有独立的假象；它们没有历史，没有发展……"等，Marx and Engels, *The German Ideology*, Moscow: Progress Publishers, 1964, 42。

和重复之间的对立：它似乎相当于我们将二分化阶级（dichoto-mous classes）的思想，在马克思的概念中是阶级斗争，与资产阶级社会学中的社会阶层思想并置时所得到的结果。[①]但这些概念在意识形态意义上彼此截然不同，实际上，它们也属于不同的概念系统；而我们在此遇到的这些对立都是同一个概念或系统的一部分，并且构成了一个独特的理论分数中两个相互分离却又关联的方面。因此，这个问题是辩证法的，而非意识形态的：而且它的确提醒我们，辩证法的使命是在一种单独的思想统一体内掌握两种明显不同的动力学、两种截然不同的法则系统，或几乎可以说是两种截然不同的科学规律。但是，我们已经将那个"单独的思想"命名为矛盾，而且尚不清楚我们在这里详细阐述的基础—上层建筑的明显差别事实上就是一种矛盾：即，我们尚未找到一条道路能通向它可以被认定为一个矛盾的那一点，在那一点上，张力和否定因素相互分隔，就如同它们相互联系，相互联系就如同它们相互分隔。

我们还是回到分母，即生产力与生产关系之间的"第一组"对立。从一个视角，这一对立似乎要再现身体与精神之间古老的意识形态或形而上学对立，由此坚决地将力/关系差别解释为本质上属于唯物主义的运算方式。（这是在《资本论》第一章被那个更为公开的对立所强化了的一次解释诱惑，在这一章中，使用价值的特性被特别描述为物质的，而商品的交换价值——"客观表象"——众所周知被描述为精神的，具有形而上学的或神学的意味。）生产力因此成了物质技术，也就是机器的状态、工具、原材料（由于某种专门技术的发展，可以获取原材料本身），等等。关系的概念似乎显得更加含混不清，而它最初似乎

---

①　关于这两种视角的有趣争论，见 Ralf Dahrendorf, *Class and Class Conflict in Industrial Society*, Palo Alto, CA: Stanford University Press, 1959。

要将我们的注意力引向工具与原材料之间的关系，只有在那种情况下，才能揭示出其自身就是具体的劳动过程本身，工具如何使用，工人如何需要各居其位以尽量利用这一特殊的生产阶段。（例如，马克思坚持认为资本主义的发展当中出现了一个重要的历史性变化，即从"加工"到"工业"的变化，在加工过程中，各种工具延伸并提高了人类劳动，在工业中，人类劳动围绕着机器本身进行组织，并且为机器服务。）

45

　　然而，关于对立的这两个概念——物质技术和主观能动性——表现了两种明显不同的视角——技术决定主义的视角和主观决定主义的视角——两个显然都不能令人满意。考虑到对机器和所谓不变资本的描述在《资本论》中所发挥的广泛作用，很难不产生马克思是一位技术决定论者的印象（尽管他反复强调价值产生于人的劳动，而非机器）。的确，值得注意的是，在《资本论》中，"革命"一词几乎用来专门描述技术的变化。另一方面，对劳动过程本身之中心地位的强调有鼓励某种唯意志论之虞，根据这一理论，对工场进行民主重组和引进自我管理，这些本身就足以改变这个系统。

　　这些视角中的每一个——它们可能遭到批评和攻击，被认为是唯物主义（当然是"糟糕的"唯物主义，机械唯物主义）和理想主义，也被认为是决定论和唯意志论——都显然可以自成一种意识形态。马克思的对立现在做的不仅仅是将一个统一的现象（一个一）放在两个明显不同的领域进行分析；它还要求每一个视角对相对的视角进行去魅（demystify），而且要求它行使意识形态批评的职能，对于概念化本身而言，意识形态批评是一种内在的活动。所以，认为幻想力／关系差别只在某种唯物主义批评和重新打磨（regrounding）的方向上运作是错误的，在此方向上，我们被训练以简单粗暴的方式反对不同生产方式的物质历史：坚持强调关系的确阻止了一种我们已经有所指涉的某种纯粹意义上的技术决定主义幻想，并且迫使我们将机器巨大的、无法穿透的物质性重新消解为其作为人类活动的现实（引入新的机器作为对付工人力量和经济危机的办法，技术本身的重要发明，它作为剥削或削减冗余人员的特殊方式所包含的人的意义）。

因此，这第一组对立不仅使对生产本身的两种截然不同的解读或表现变得清晰可见：它在某种情境中假设它们都是对另外一方无法替代的修正，在此情境中，它们都不是某个不对称对立中的基本项，该情境因此要求有一种持续的往复式辩证运动，它绝对不可以僵化为某种静态的社会学模式。这一假设的确为卡尔·科尔施（Karl Korsch）那引人注目的观察提供了新解，科尔施认为，马克思主义使用了两种明显不同的符码——生产、价值和商品化的符码与能动性或阶级斗争的符码——这提供了可以交互使用但最终同样令人满意的办法来描述其对象。① 换言之，生产结构可以被翻译成或转换成阶级斗争的语言，反之亦然。我们现在可以为这一假设添加一个必备条件，即这两种符码必须相互挑剔，必须在一种不停息的交替中被反复系统地翻译成对方，这样就突出了每一个符码自己不能完全表达的含义。

我要论证，恰恰是当基础或基础结构（这是它的内在真理）的内部动力在一个分析或表述的特殊时刻与社会总体性隔离开来时，它便被转移到各种所谓的上层建筑上，并且似乎处于一种模糊不清的与它平行的位置。按照这一形式，新的、更大的对立很显然复制了心灵/身体、精神/物质之类的对立，一种更大的集体和社会意义上的、更全面范围内的对立。然而，我们已经看到，基础不会被看作是一种纯粹意义上的唯物主义现象：它与任何一个特殊的上层建筑之间的关系也不仅仅会被揭示为对尚存争议的上层建筑的理想主义幻觉进行唯物主义修正，如我们在呼唤哲学或艺术的基础，或法律的基础，或似乎是自主的国家结构的基础

---

① Karl Korsch, *Karl Marx*, New York: Humanities Press International, 1963.

时那样。这无疑是对基础/上层建筑之间的关系的一种标准解读，那么这种解读本身就是能够解释针对马克思主义还原论，针对庸俗唯物主义的历史性对自发性历史以及尚存争议的上层建筑结构的敌意何以会有那些绝望的谴责。

确切地说，这里提出的是被转移到上层建筑的基础或基础结构在一种特殊的分析或表述中与社会总体性隔离开时所具有的内在的自我修正动力。于是，那一上层建筑不仅具有了处于"生产力"层面时的特征，而且还具有了基础与"生产关系"层面的互动这一特征，它便不得不将自身重构为一种动力过程，将自己塑造为一种半物质的客体，然后，它立刻被解具体化（dereify），成为一整套复杂的人类活动，这些活动接着通过一套相互联系的、可能永远没有终止的自我构建和解构将自己重新打磨成各种物质过程。

关于这一过程，我将只给出一个单独的例子，参照的是阿尔都塞广为人知的意识形态理论，很显然，它研究的领域在马克思主义传统中已经被当作是上层建筑。① 但这篇文章的两个部分——第一部分是关于国家机构的意识形态——教会、家庭、学校，等等——以及附加的对"质询"（interpellation）的补记——从未在它们分离的过程中受到充分的审视（或许在形式上类似于康德对他那个更加正式的关于美的理论进行补充说明时出现的崇高理论的奔涌而出）。事实上，阿尔都塞的机构和主体性这两个理论非常精确地复制了我们已经展示过的力/关系差别这一往返运动。"机构"（Institutions）——即所谓的组织（apparatuses）——类似于作为某种上层建筑的意识形态的基础或基础结构；而前者——意识形态主体性的半拉康式结构——是一种

① Louis Althusser, "Ideology and Ideological State Apparatuses", in *Lenin and Philosophy*, trans. Ben Brewster, New York: Monthly Review Press, 1971.

文化的或上层建筑的形式，这一形式"表达"那一基础，又回到本雅明的解释，并且表述它们的社会、关系、存在性现实中的那些物质机构。

此处有两点需要在结论中加以强调：第一，不可能有静态的结构或社会学理论或基础与上层建筑模式。每一种分析都是临时的，有时间性的；它起于一个具体的事件或文本，相当于一个解释行为，而非一种结构理论。因此，不可能有上层建筑理论；所以，提出异议是不起作用的，例如，对国家是或不是一种上层建筑提出异议，对它尚不足以同诸如哲学和艺术等等的意识形态上层建筑区分开来提出异议。

的确，本着我们在本章所遵循的"表现"（*Darstellung*）精神，我们可能对基础和上层建筑本身的命名方式提出一种新的、笨拙的修正。因为似乎是理论本身，无论作为批评的对象还是宣传的对象，在这里仍然是用定冠词进行概念化的。它总是以 *the* base and superstructure 的形式出现，被讨论的总是 the base, the superstructure：现在提出我们相反地是在引出一种不确定的关系似乎是恰当的：*a* base and superstructure，或者实际上是很多的基础和上层建筑，这要视环境和条件而定。而且事实上，此刻甚至可以更进一步来观察，我们先前的二元对立现在已经调整为诸多的效果：甚至，如果没什么不妥的话，我们可能禁不住将一个给定的现象说成是"基础—和—上层建筑的"（不过，见第三节，下文）。

（七）

我们也可以将这类逆转说成是某个给定现象的效价（valences）发生了变化，在这种情况下，价值和功能在一个改变了的语境或系统中的转变似乎构成了其效价的变化，从否定的到肯定的，或者正相反，就像事情可能发生的那样。很显然，对马克

思而言，资本主义的很多特征——劳动分工（"合作"），公司
向垄断的方向扩充——包含了某种现象，你或许认为它的特征是
否定的，但它也可能是肯定的。它们现在在这一系统中是剥削的
场所，但在系统的革命性变化中，它们就变得有肯定意义：因
此，劳动分工阻碍了个体的发展，使得他们在自己的专业化方向
上变成畸形（或者在去技能［deskilling］的过程中，取消劳动
分工并不能扭转这一状况，而是使它变得更糟）；不过，在它的
各种合作形式中，这一趋势用一个功能性集体取代了个体，而且 48
可能成为新的社会主动性和新的社会组织的源头。在很大程度
上，同样可以说，工厂系统本身（而且，对列宁而言，垄
断——以大银行为例——不是一种罪恶，而是可能向由民众和集
体控制经济迈出的新的一步）也差不多如此。

我们或许也可以将效价中的变化看作是某种形式的势差，如
一个给定的数量翻一番或被提到更高的权力上时的情形那样：总
之，这是马克思的辩证法中固有的目的论：事情不会向后退
（至少按照它们自己的内在逻辑；它们无疑会衰败或四分五裂，
不再是它们先前的样子）——不断提高的复杂性和生产性在发
挥作用，这一点不可能被彻底改变。另一方面，否定的势差——
沿用黑格尔的虚数这个例子——并不是一种事物崩塌的前景，而
正是想象的空间，因此是未来的空间，在我们看来就是乌托邦的
空间，它尚未实现，尽管是一种概念化了的可能性。最后，正是
在这一意义上，改变一个给定现象的效价可能是一种幻想行为，
它使这种乌托邦幻想有所突破，就如同我自己将沃尔玛解读为一
种乌托邦现象一样。① 这并不意味着沃尔玛具有肯定意义，或者
会生发任何具有进步意义的事情，也不会有任何新的系统：不
过，暂时将它理解为肯定的或进步的就是在其他事物的方向上打

---

① "Utopia as Replication"，下文第 16 章。

开了现在这个系统。

三　它是辩证的！

尽管举了所有这些例子，的确，关于用非辩证方式呈现辩证法，似乎可能还是会弄巧成拙。我们已经证明，作为一个系统，实际上是作为一种哲学的辩证法概念——连同关于哲学本身的思想——是非辩证的。方法是一种工具性的、非辩证的思想，即使对此有过相同的警告，但对二元对立的找寻变成了一种定义，对立实践在不知不觉中成了方法的某种变体（无论多么新奇，多么具有结构主义特征），这样的可能性似乎差不多是致命的。如果是那样的话，保持鲜活的形式性并从内容或语境的杂质当中抽象出辩证法这种努力本身就是个错误，可能只有"方法"会在这种努力中重新出现。

同时，堆积事例的行为也从这种实践的另一方面对自己进行指责：因为例子确切地说就是糟糕的偶然性，偶然性则是对本章第一节批判过的不准确法则概念的补充。例子都是没有规律的特殊情况，内部空虚，不可能产生可以称之为法则的抽象概念；尽管返回到这个似乎杂乱无章的场所——政治、美学、大企业、历史，等等——并证明所有这些林林总总的内容如何仅仅表述了一种基本的对立，例如，它的多种模式中的主体对客体，这样做可能很有趣——它或许揭示了某种事物的起点的缺陷和片面性，这一事物到头来不是一种形式，而是一种经过伪装的主题，即**对立**。

偶然性事实上在那个曾经风行一时的文学—批评黑格尔主义中，即具体的普遍原则（the concrete universal）中呼唤自己的对立面（黑格尔喜欢称之为"事物本身"的东西，即"die Sache selbst"，我们在本书另一部分将会看到）：但这不是一个你决意要去的地方。或许，如果马克思主义等同于理论与实践的统一，关于辩证法，需要说的话是一样的，即它永远是对其自身的解释或例证；对它的运用就已经是对它自身的展示；正如萨特所言，如果你不那么说它，不那么称呼它，你就不是在辩证地思维：所有这一切都在表明当你努力应付辩证的现实时，你的目的就是说明辩证法是什么东西。

这意味着我们下一步不仅要用形容词取代这个名词，无论它是单数或复数，肯定或不肯定，而且我们也需要关注另外一种类型的"例子"：关注在有人说"它是辩证的！"时发生的精神事件，说这话是指责你在面对一种特别荒谬的解释或事件转折时所表现出的困惑。这不仅是在批评为粗暴的常识和偏狭的常规逻辑担忧的人；它也是在提出一种令人震惊的新视角，由此来重新思考尚存争议的新奇，使我们思想的常规习惯变得陌生化，使我们不仅突然意识到我们自己的非辩证愚钝，也意识到现实的不可思议。

我将指出（在这里以及本书接下来的章节里），在这样一些时刻，古老的常识性经验思想被颠覆了——非矛盾法则——就是黑格尔所谓的知性（或理解），也是马克思所谓的具体化。但现在，我们着意要捕捉的是辩证法的蔓延，而不是它的结构：某种本质的不安或否定，在我们似乎被一种二律背反俘获并麻痹的时刻，它们固定在了我们的思维上——因为，正如我们在上面看到的，二律背反和辩证之间的关系在现阶段是一个关键问题，在这一阶段，二律背反已经替代了矛盾，表达的是难解性（intractability）而不是能量和建构（或实际上是不可通约性而不是关系）。

在诸如此类的时刻发生的事情——至少是在辩证法出人意料地突然推出自己时，当"它是辩证的！"突然掠过我们的脑海时——是问题本身变成了解决办法，是那个让我们像冰河中的轮船一样动弹不得的对立面本身也变成了我们的思考对象；如此这般困于一种无法解决的二元对立当中，实际上已经被重新推回到

50

辩证法本身的各种基本起源，这是一次可喜的回归，它正是进步本身所需要的重要条件。

我们因此必须将我们的视角从发送方转移到接收方，并且从其对读者或听众的效果震撼当中接近"辩证法"以体会它的创造性力量。在此，我们仍然需要收集一些例证；但这次，这些例证的偶然性会与我们自己的各种发现的偶然性成正比，而不是与世界本身的本体论条件成正比；而且它们的不连续性确保我们不会受到系统和方法等的不利影响。尽管如此，当代世界已经造就了哲学史上两位最卓越的辩证家，这似乎并不全是偶然：考察他们两位通过那些经常让我们兴奋不已的文字而产生的辩证效果是唯一合适的事。的确，如果我们仍然专注于各种对立，我们可能希望将这两位实践者理论化——一位是 T. W. 阿多诺，另一位是斯拉沃热·齐泽克——他们分别是悲剧缪斯和喜剧缪斯的追随者。但正如我们先前对反讽或悖论的诱惑发出了警告一样，在此，我们需要警惕一种类似的范畴错误，即认为它们的效果和诸多悖论是一回事。

我因此将用米歇尔·福柯一句关于一种假想的福柯主义中的种种悖论的话作为这一讨论的开场白。假设我们观察到①启蒙思想的某种延伸可以在自然界本身被发现，尤其是今天对动物特别强烈的关心：这种关心已经超越了素食运动这个历史计划，而且现在已经被表述为动物法概念，如果想到动物自古以来在人类手中遭受的苦难——一种丝毫不逊色于人类彼此之间所施加的苦难，这当然是一种会受到欢迎的理想。

但是现在，我们突然被要求重复福柯关于"毛细血管权力"（capillary power）的经典论述：在现代，权力以这种方式通过福柯所谓的生物权力效果经过身体来改善和扩展其网络：以至于施

---

① 这个例子，我要感谢 Laura Hudson 一篇关于动物法的论文，宣读于 2007 年夏天的马克思主义文学会大会。

加在身体上的古老暴虐随着资本主义时代的开始被改造成为比以往更加微妙的知识和统治形式，渗透到从未被开发过的肉体和自然生命领域。 51

这是个噩梦般的（或反乌托邦的）景象，它会一下子突然改变我们对动物权利运动本身所怀有的敬意：因为我们突然明白了一个事实，即"权利"是人的概念，到现在，通过将其统治延伸至未被殖民化、未被理论化的自然和动物世界，我们正在准备干预非人类生命，准备用人的生物权力盗用自然，这是这个星球迄今为止所知道的最具吞噬力量的东西。"动物权利"因此成了生物权力对地球实行独裁统治的先锋；迄今为止，专门的哲学细节，例如某个既定的病毒是否应该因为人类的干预而使其彻底灭绝这个问题现在有了一个完全不同和更加邪恶的解释。

这个假想例子与福柯反启蒙的立场是一致的，尤其是在他论述药物、疯癫，以及惩罚的著作里，19 世纪早期的资产阶级改革时期——传统历史以一场病人和囚犯待遇上的人道主义革命的形式来叙述这种改革——被隐晦地嘲笑和讥讽为一种拥有微妙的权力与控制力的帝国主义，著名的"圆形监狱"就是其缩影，一个监视无处不在，完整的知识与完整的权力密不可分的王国。

的确，在上文已经观察到福柯对这些转变所做的强有力的再阐释完全是非辩证的，读者对于生物权力这个重要概念的困惑——是否定的还是肯定的？是一个统治的核心还是一个新的反抗源？——在很大程度上归因于一个事实，即在福柯的思想中，这个概念缺乏一个对立面。

这样的批评在我看来是正确的，然而，我们现在必须声明，它完全用错了地方。现在这个问题与思想转变不可回避地联系在一起而且可以说是署上了福柯的大名，关键不在于它是非辩证的或反辩证的，而在于它是过于辩证了：或者说得更清楚一些，它是一种不在意名称和权力，并且因为过剩的辩证精力使自己发生短路的辩证法。因为在典型的福柯式叙事中，被省略的正是从否定到肯定的过渡，这恰恰是辩证法的特征，或换言之，即对立统一。福柯将启蒙积极的限价（positive valorization）归因于他那些被哄骗的资产阶级读者并将其定位为一个错误，偏执狂和阴谋的新叙事将要改正这个错误：然而从辩证的角度看，这两种叙事都是正确的，也同样都有错误——我们发现阿多诺的"否定"思维运用的正是这种双重视域，不要将其具体化为某种特殊的辩证法或许更好，就像用"否定的辩证法"作他那本最著名的著作的标题：但同样关键的是让其从与福柯的短路一样具有误导性的第一印象中解脱出来，正如上文已经有所交代的那样，它被称为悖论。

　　因为，毫无疑问，在阿多诺用音乐形式组织的开头和结尾——开端和最终的生机盎然——他的思想倾向于容纳这一悖论在文学和语言学上的"简单形式"。因此，《审美理论》（确切地说是一份草稿，在他死后出版）是这样开始的："不言自明的是，与艺术有关的任何事情都不再是不言自明的了"[①]：一个威胁要破坏一项审美写作计划的句子，甚至在它未开始之前。或者它也许只是表明哲学上关于开始的永久难题：没有什么可以被预先假设，甚至有假设这种想法也不行。我们在一种危险的情况下被留在一个可能什么都不能说的地方（阿多诺由此对贝克特着了魔）。

　　或者看一下《否定的辩证法》那更为著名的开头："哲学，曾经似乎过时了，还继续存在，这是因为它错过了它实现的时刻。"[②] 在这里，毫无疑问，这个悖论本身在其内部包含了另外一个悖论，即马克思关于哲学实现其自身的警告，或者换言之，不仅要理解世界，还要不断地改造世界。尽管如此，这个被废弃

---

① T. W. Adorno, *Aesthetic Theory*, trans. Robert Hullot-Kentor, Minneapolis：University of Minnesota Press, 1997, 1. 后面对该书的参考均标注为 *AT*。

② T. W. Adorno, *Negative Dialectics*, trans. E. B. Ashton, New York：Continuum, 1973, 3.

的悖论仍然在这部快速交响乐的开头部分闪烁着微光：以一种比其自身长寿的形式继续存在，一种不再真实的真实性，一种已经成为过去的现在。

在这两种情况中，被控告的正是这一学科本身，即思维或意识领域，它已经历史性地进化为一个完全自主的文化领域，之后，它自身突然遭到质询。这一悖论的形式的确隐匿了我们先前已经讨论过的对立游戏，而且正是内部对照赋予这个单一词语两个相反的含义——在这些例子中是"艺术"或"哲学"——有其令人吃惊的、超乎寻常的效果。

进一步的讨论会将这种并生性扩展到对象本身所拥有的两个明显不同且互不兼容的领地。因此，在《审美理论》中，阿多诺继续在著名的艺术自由上盘桓稍许（他或许也选择了众多其他形式的起点），我们称这种艺术为现代主义。然而，一瞬间，这种自由——脱离了常规、传统、视角、形象化，以及表现本身——转而变为它的对立面："这个挣脱了羁绊的过程以它［这一过程］是为了这些范畴才被启动的名义摧毁了那些范畴。更多的东西被不断拉进这个新禁忌的旋涡。"（AT，1）审美自由的胜利在一个辩证逆转中成为更加严苛的禁令的开始，带来了不合理的负担；因此，迄今为止，我们用艺术这个单一的词所指称的看似统一的事物到头来是一个辩证的空间，在其中，对立统一体——自由和禁忌——以那种最混乱、最具毁灭性的方式将各自消耗殆尽，威胁要把任何常识或统一的关于艺术的日常概念一并废除。（实际上，我要说，这种预言式的诊断提出若干年后，正是这样一种爆炸性的非统一化［disunification］为我们常在后现代性名下称之为艺术的东西创造了其所需要的条件。）

尽管如此，这仍然还是一个诊断，阿多诺提供了一个解释：但这个解释是一个外部的解释；它立于这个对立统一体之外，而且的确处于所有艺术之外。他这样回答现代主义的自由这个问题：

"艺术中的绝对自由，总是限定在某个特殊情况下，与整体永恒存
在的不自由相矛盾。"（*AT*，1）在一个不自由的社会里，换言之，
艺术本身是不可能真正自由的：到这一点为止，这似乎是一个社
会学的分析。但社会的不自由似乎暗示着特殊性与普遍性之间的
矛盾以及总体性的不可能实现（"整体，"阿多诺在另外一个地方
讲了这句著名的话，"是不真实的"①）。所以，如果这个解释是一
个社会性解释，在任何低级的意义上，它都很难算是一个因果性
解释，而是一个非常间接性的解释。不过，无论如何，它是对不
成熟综合发出的警告，是对统一体幻觉（的确也是对伪黑格尔式
三元组的第三个项高调提出的统一）发出的警告。

　　我现在想要用来自阿多诺的最后一个例子来阐释这一过程，它
这回不是以"艺术"或"哲学"这样的单独术语开头，它们先前被
认为是统一的，可到头来它们自己就是一种辩证对立的结果。因此，
这个新的阐释将以那种对立本身开始，被理解为两个应该统一却不
可能统一的领域，即"社会学与心理学"领域（这篇文章的标题）。
我们在此遇到了人类历史书上一种最古老、最原始的对立，即主体
与客体、心灵与身体、个体与社会、自我与他者的对立的现代学科
形式——这种看似不可通约的组合或合并所产生的序列与哲学流派
本身一样种类繁多，每一个都承认我们必须处理一种已经统一的现
象，其统一性还不能被人类心灵以任何可信的方式所掌握。

　　试图统一社会学和心理学的努力（最著名的是塔尔科特·帕森
斯［Talcott Parsons］）是另一个看起来充满希望的起点，如果不是
对本问题的统一场论而言，至少对某种关于这些原因的论述而言，
54 它或许是不可能的。而且在某种意义上，那一论述确切地说是阿多
诺提供给我们的，不过是以先行拒绝整个计划的形式给出的：

① T. W. Adorno, *Minima Moralia*, trans. E. F. N. Jephcott, London: New Left
Books, 1974, 50.

但是，出自自然科学的概念性统一这一理想不能不加区别地运用于这样一个社会，它的统一性在于它不能被统一。社会学与心理学，因为它们是各自独立地发挥作用，常常会不由自主地将劳动的智力分工投射到它们的研究对象上。社会与精神的相互分隔是一种错误的意识；它在概念上使得活生生的主体与客观性之间的分裂成为永恒，客观性控制主体同时又出自主体。但是，这种错误意识的基础不能通过一个简单的方法论上的声明而被去除。人不能识别存在于社会中的自我，也不能识别存在于他们当中的社会，因为他们彼此隔绝，也与总体性相隔绝。他们的已经被具体化的社会关系在他们看来必然是一种"自在（in itself）"。各自独立的学科投射在现实上的东西仅仅是对现实中所发生事情的回放。错误的意识同样是真实的：内在的和外在的生活被割裂开。只有通过对它们之间差异的表述，而不是通过寻找概念，它们的关系才能得到充分的表达。完整的真理与片面同在，不是复数性的综合：即一种新的心理学，它背对社会，只是异质性地专注于个体及其古老的遗传，它说得更多的是社会处于一种倒霉的状态，而不是试图通过其"完整的方法"，或者通过它对社会"因素"的包含而加入到已经不再存在的"综合大学"（*universitas literarum*）行列中来。①

更多的悖论：但这次是关于资本主义本身的悖论，它在人类历史上所具有的结构特殊性在于一个事实，即它是一个通过个体性和分隔状态或原子化，而不是通过团体联合的传统模式组织起来的

---

① T. W. Adorno, "Sociology and Psychology", *New Left Review* Vol. 1, Num. 46, November-December 1967, and Vol. 1, Num. 47, January-February 1968, 69 – 70.

群体。

那么，这两个正在被讨论的学科的结果是什么呢？它们的重要区别——"社会与精神的相互分割"——"是错误的意识；它在概念上使得活生生的主体与客观性之间的分裂成为永恒，客观性控制主体同时又出自主体"。那么，为什么不用一个新的跨学科计划（就像我们有时对这些解决办法的称呼）来克服这种分隔呢？"这种错误意识的基础不能通过一个简单的方法论上的声明而消除。"换言之，矛盾不能通过接受一种思想（就是早先提到的理论与实践相统一原则）而得到解决或被消除。

不过，现在我们明白了阿多诺的辩证法最令人吃惊的特征，它似乎已经达到揭开错误意识的面纱并对其进行批判的地步。远不是这样："完整的真理与片面同在，"他告诉我们，"错误的意识同样是真实的：内心的和外部的生活被割裂开。"真理在于坚持这个谬误，守信于这个矛盾。但这一公式并不像它应该的那样可靠：因为在这些情况下，阿多诺削弱了关于这个问题的某一立场，仅仅是为了突然回转过来削弱其替代者，因此除了不能对任何事物做出结论这个不可能性之外，我们什么也没有得到。

很显然，他有意称之为否定的辩证法的事物，一个永远不会达到综合的否定运动，一种否定因素，它不停地削弱所有可能出现的肯定因素，直到它只拥有自己的摧毁性能量从而唯其独尊。它是一个过程，与对黑格尔本人也十分重要的古代怀疑主义有着醒目的家族相似性，其中关键的运作——所谓的均势——包括"使关于某个问题的两个同样强有力的命题或论证处于对立状态，这个问题出现并由此在它的两个方面都产生一种合理的均衡"[1]。或者，我们可以补充说，在否定因素和颠覆这两个替代物之间产

---

[1]　Michael N. Forster, *Hegel and Skepticism*, Cambridge, MA: Harvard University Press, 1980, 10.

生了均衡。至于古代的怀疑主义者，这一辩证过程有意要对我们的现实感本身和那一现实先前的真相有所举动。

的确，阿多诺自己将这一运动的特点描述为"中介"，是在对我们上面已经展现过的这一概念的有关问题提供一种全新解释的精彩段落中：

> 康德的对立极（antithetical poles）——形式与内容、自然与精神、理论与实践、自由与必然性、真体（nomenon）与现象——因为反射已经充分地弥漫开来以至于这些测定量（determinations）中没有一个可以成为最终的测定量。每一个，为了被思考，的确也是为了存在下去，都需要从自身产生出那个另一时刻，康德将这另一时刻置于它的对立面。中介因此在黑格尔那里从来就不是——自克尔凯郭尔（Kierkegaard）以来，对它有过大量致命的误解——两极之间的一个中点；相反，中介出现在两极本身内部：这是黑格尔最根本的特征，它和其他任何中庸的或中间的立场无法兼容。传统哲学希望获得的本体论基础最终不是截然不同的思想各自为营相互抵消，而是每一个思想都需要其对立面，所有它们的关系放在一起就是过程本身。①

现在，或许我们可以抓住辩证效果的本质了——的确就是辩证的震撼——更为明了的是，当我们随着这个过程被引到一个批评和否定的立场，然后，在我们还不准备表示我们的绝对信任的第二个时刻，它又被粗暴地废除了，现在，获得了一个经验，即 56 这种立场一般来说在语言和概念的层面上是不可靠的。诚然，这一经验应该是意识形态学说教给我们的，但后者似乎仍然要许诺

---

① T. W. Adorno, *Drei Studien zu Hegel*, Frankfurt: Suhrkamp, 1997, 257.

一个真理（"科学"）、一个最终的修正、一个解决问题的时刻，或者知识，对此，阿多诺在他的明确的否定辩证法中几乎没有留出立锥之地。

尽管如此，后者没有将我们留在后现代相对主义的中心，这个中心对所有"古老学派"的信徒而言异常恐怖。否定的辩证法似乎仍然保留着某种类似于**绝对**的东西，在黑格尔版的辩证法中，甚至在马克思的"绝对历史主义"中都是重要的部分。但是可能有一个绝对吗？——甚或一个真理，或一个指涉物——它既不是语言的也不是概念的。对此，齐泽克版的辩证法有话要说。

诚然，我们在这里也是以指摘那种愚蠢的老套观念开始，据此，黑格尔依照一种陈腐刻板的三段式完成了从正题经反题到合题的过程。但这是完全错误的，因为在黑格尔那里，没有真正的综合，而且辩证活动要用一种完全不同的方式来理解（要举出各式各样的例证）。尽管如此……那个愚蠢的第一印象并非一无是处，在黑格尔的辩证法中有一个三段式运动，而且事实上我刚才已经有所论述：愚蠢的第一印象是表象；是以某种潜在的现实或"实质"之名做出的巧妙修正；可是最后，归根到底，是对这一表象现实的回归。总之，表象才是"真实的"。

这些可能与"流行文化"有什么关系吗？我们以好莱坞的一部作品为例，比如弗里茨·兰（Fritz Lang）的《绿窗艳影》（*Woman in the Window*）（1944）。（呵，或许弗里茨现在属于高雅文化而不是大众文化了，不过……）爱德华·G. 罗宾逊（Edward G. Robison）是一个温文尔雅的教授，一天晚上，他离开自己宁静的俱乐部后便卷入到一场亡命的恋爱与谋杀的圈套中。我们以为是在看一部惊悚片。最后，他又躲到他的俱乐部，在精疲力竭中沉入梦乡，然后醒来：这完全是一场梦。通过弗里茨屈从于廉价的好莱坞式大团圆结局（庄子毕竟不是蝴蝶），这部电影为我们做了解释。可是在现实中——就是说在真正的表象中——爱德华·G.罗宾逊"不是一个平静、善良、体面的资产阶级教授，梦想自己是一名杀手，相反地，是一名杀手梦见自己在日常生活中是一名平静、善良、体面的资产阶级教授"。所以说，好莱坞的审查制度在某种意义上并非是清教徒式的、极端保守的，并非是用来压抑生活中淫秽的、下流的、反社会的、暴力的阴暗面的中产阶级机制，它其实是揭露这一阴暗面的技术。字面上的第一种形式是真实的——我们一开始当作现实的那个梦，而非从梦中醒来才是真实的。①

　　我们或许可以从其他范畴中举出几个例子。因此，在某些公共场合，齐泽克因为轻率地谈论希区柯克而受到指责，当时波斯尼亚人，尤其是萨拉热窝的波斯尼亚人正在遭受攻击和种族灭绝的苦难。他的确经常分析西方在将波斯尼亚人看成这场冲突的牺牲品时所表现出的兴趣（因为如果他们不是牺牲品，他们的性质立刻会变成伊斯兰恐怖分子，在一场经典的辩证逆转中）。这里的第三种立场是一种暗示，它提醒我们，波斯尼亚人对我们来说不是他者，而是和我们一样的人；它提醒我们，令人震惊的是在那场攻击中，他们和我们一样继续过着平常的日子，等等。②这样，我们就与往常一样从日常生活的第一个影像（和平时期美国人是在听一场演讲），到对战争中牺牲者的被"他者化"（othered）和被夸大的表现，又回到那第一个表现，它现在与往常一样，在日常生活一个更大的影像中包含了战时的城市及其人口本身。诚然，这次的回归表层、回归愚蠢的第一印象，有关于在第二时刻，即解释时刻，出现的错误这一新知识附带其中；但是，仍然再次确认了起点的真实性。

①　Slavoj Žižek, *Looking Away*, Cambridge, MA：MIT Press, 1991, 16 - 17.

②　Slavoj Žižek, *The Metastases of Enjoyment*, London：Verso, 1994, 1 - 2.

　　另一个例子——它可能与斯大林的大清洗审判一样恐怖，或者与勃列日涅夫或后铁托共产主义在最后的几年里一样温和——是这个党自我辩白的三合一运动（three-fold movement）。在第一层运动中，党断言很多老布尔什维克，革命最初的领袖，实际上是叛徒和纳粹的间谍。西方，于是——因为这些辩证转变大多采取了主体地位相互交换的形式——将这些声明解释为刻意的谎言和编造的假话，并且质问，怎么可能有人相信如此正直的人会背叛他们自己发动的革命，而极有可能的是，斯大林本人在进行绝对的欺骗。西方的解释当然是正确的；但同时也是错误的——第三种立场——因为首先没有人相信这种背叛；他们只是假装这样做，"旨在维持（**主人**或**领袖**的无限威力和知识）这一表象——以避免领袖的无能暴露在整个世界面前"①。"维持表象"，齐泽克这样命名这一过程，而且的确，它的哲学内容绝对引发了黑格尔的表象主体性概念：表象不是主观的或武断的，也不会被某种潜在的本质所取代，或者至少本质必须在表象本身当中去寻找。驯顺的主体没有臣服于无所不能的极权主义**他者**，而是为这个庞大的**他者**感到难过，他于是假装承认他的权力，由此使这权力得到确认。

　　齐泽克的解释连篇累牍，似乎陶醉在这些悖论当中：但那本身只是某种"愚蠢的第一印象"（他最喜欢的词语之一）。事实上，这一悖论性的效果意在破坏具有独创性的第二时刻，独创性指的是解释（在你看来它是那样的，但实际上正在发生的是这样的……）：悖论是第二序列的；看似悖论的东西实际上只是回归到第一印象本身而已。

　　或者我们应该说：这不是一个悖论，这是乖谬背理。的确，辩证法就是那种根深蒂固的、令人愤怒的乖谬背理，由此，现实

---

① Slavoj Žižek, *The Plague of Fantasies*, London: Verso, 1997, 158.

的常识经验主义观点受到驳斥和诋毁：但它是与它自己对那一现实的附加解释一起被诋毁的，在我们明白这些解释本身也绝对是那"第一印象"的一部分之前，它们看起来比常识经验主义现实本身更有独创性，也更巧妙。这就是辩证法属于理论而不是哲学的原因：后者总是因为幻想某种万无一失、自给自足、独立存在的系统，一套自成其原因的概念而显得焦虑不安。这种海市蜃楼就是哲学的一个后像，在这个世界上，哲学是一种制度，在当前状态下，在一个堕落的"本原"（what is）王国里，是与其他所有事物搅在一起的职业。另一方面，理论则没有既定的利益，因为它从来不认为自己是一个绝对的系统，不认为自己是一种非意识形态的表述，不认为自己拥有"真理"；的确，它本身在当下的语言存在中一直是同谋，它唯一一项永远不会结束、永远不能完成的任务和责任就是侵蚀哲学的基础，使各种各样确定无疑的表述和命题分崩离析。我们已经用另外的方式对此有过说明，我们坚持认为，最好将以马克思和弗洛伊德的名字为标志的后哲学思想的两大体系描述为理论与实践的统一体，也就是说，它们当中的实践成分总是打断"理论的统一体"而且阻止它聚合起来成为某种令人满意的哲学系统。

　　尽管如此，如果我们上面列举过的那些解释手段的内容确实不是哲学性的，它们的理论性又是什么呢？我们首先要找到一个绝对不属于任何派别的人物，他以某种方式，以尚待定义的方式负责齐泽克的所有工作。拉康晚年的一部研讨会文集确实取了一个谜一般的名字，叫"知者迷失"（Les non-dupes errent）：它的可笑之处在于这个怪诞的命题（"不施诈术的都是错误的"）与拉康这本书中那个最古老的公式，即"le nom du Père"，"父亲之名"，换个说法，亦即俄狄浦斯情结是同音异义。不过，后来的这个变体与此无关，而是与欺骗的结构有关。的确，每个人都知道，真理本身就是最好的伪装，当间谍告诉他的熟人们："我在生活中是干什么的？嗨，我是个间谍！"——一个毫无例外地引起哄堂大笑的真理。真理的独特性，即在欺骗和谎言中最充分地表达自身，在分析中发挥着至关重要的作用，人或许期待如此。而且也正如人或许期待的那样，正是在伟大的非—或反哲学家黑格尔那里，我们发现错误之必然性的辩证法以及他所谓的表象与本质，即对表象（齐泽克的著作《视差之见》[*The Parallax View*]中的深层主体之一）之客观性的最彻底肯定得到了最详尽的展开。的确，另外一位现代伟大的辩证主义者阿多诺喜欢说，黑格尔在任何地方都不如在他那本雷鸣般震撼的《逻辑学》中断言"本质一定看得见！"时更贴近他的同代英雄贝多芬。

但是，如果本质今天呈现出来，它是通过客观表象那迷人的面纱做到的，它撩人的"错误"甚至在遭到认知的驱逐之后依然保持着它的力量。对较为古老的辩证法而言，驱逐意识形态不仅是要导向真理，还要导向变化（马克思关于费尔巴哈的最后一篇文章）。在这个意义上，启蒙信赖教育和劝导，相信去魅和正确分析，这些在整个现代时期依然毫发未损。阿多诺为避免一切肯定性所做的决绝努力，他本能地觉得所有的肯定性始终都是意识形态的，他接受一种坚决的否定均势，是对我们的历史局面做出了预言式的但不令人满意的回应，如果将齐泽克的著名标题改为"他们知道自己在做什么（但他们还是做了）"，可能会更好地描述出这一情境的特征。这个情境是一个王国，已经很有助益地被称作愤世嫉俗理性，它呼唤重新发明一种辩证法作为重塑政治本身（而且，再清楚不过了，重塑马克思主义）的重要部分：从另一个角度看，阿多诺和齐泽克的解决办法之间的差异可以被描述为现代主义的反叙事（贝克特！）与具有多重叙事中心（像在较典型的后现代文学作品中那样）的一种非喻象（non-figurative）游戏之间的差别。

这似乎还不够，还必须提一下最后一个困境，它涉及辩证法与乌托邦之间的关系。因为我们一直在这里运用的关于错误与矫正的语言在其内部一直保留着一个像海市蜃楼一样的乌托邦预设（一个客观的海市蜃楼，如果我们转回到前面的那个讨论），至于它似乎预示了一个没有任何错误的条件、一种真实的生活，它绝对是阿尔都塞在其关于意识形态将会在所有的社会中存在，无论这个社会有多么"完美"这个论点中所批驳的乌托邦幻觉。

但是，表面上，似乎没有什么可以比辩证法更加乌托邦，辩证法在晚期资本主义世界里对我们的日常意识提出控诉并且计划用一种改造过的主体性取代这一意识，对这种主体性而言，世界是一个建构的过程，其中没有具体的或形而上的"基础"，古老的、稳定的本质和本质主义也已经从中消失殆尽。

不过，通过我们的描述，肯定清晰可见的是，就它具有批评性而言，辩证法同时也是只能被称作反应性思想的事物，即它的 60 活动有赖于一种预先存在的思想模式的规范性（normativity），它需要对其做出反应：或者用一个曾经非常流行的理论表述，在知性本身方面、在对一个由客体组成的物质世界进行外化思维方面，它是瘫痪的，它自己的修正与颠覆、否定与批判活动也是如此。

但是从一种乌托邦的视角看，这意味着如果辩证法成功了，它也就这样消失了。如果辩证思维曾经完全取代了非辩证思维并且在其位置上站稳了脚跟，如果每个人渐渐地都辩证地思维，那么对于所有的意图和目的而言，辩证法将不复存在，某种不同的事物、某种尚未被确定的事物、某种迄今为止尚不知其名的乌托邦意识将取而代之。

用一种通常的方式说，显而易见的是，黑格尔从未期望知性——有物质对象和同一性的日常贸易——会消失：它会与我们自己的身体一道永远不间断地存在下去而且与任何在辩证意义上所取得的更高级意识或觉悟不离不弃。至于马克思，更可能发生的情况是，随着商品形式的消失，物化意识预计会消失；可是，正如阿尔都塞试图提醒我们的那样，意识形态——作为生物个体本能的认知图式——不管未来社会被想象成何等模样，都会一直存在。理论也不能期望在今天的思想市场上排挤掉多种形式的物化思维以及已经被命名、被商品化的思想与产品，而只能通过开展持久的地方游击战来抗衡它们的霸权地位。

尽管如此，由于这种或那种后现代主义对后现代相对主义，对指涉物的地位的特殊焦虑以及对表现，的确还有对"真理"的全面怀疑在此横插进来，使这成为一个不太令人满意的解决办法。尤其是马克思主义形式的知识以及马克思的代码本身所拥有的地位，无论是实在的还是不稳定的，似乎都要在这种情境中分担各种更传统哲学的命运，在跟随它们一道成为选择对象和纯粹的个人意识形态选择（属于自由市场变体）时发现它自己特殊的辩证法。我们已经认为是辩证主义者创造的均势概念性批判就变得很难全盘（tout court）与解构区分开来了。

的确，对于一种较古老的现代主义而言，不可表现的事物仍然是一种有待征服和控制，有待表述和塑造，有待表达和揭示或揭露的对象，这需要发明全新的语言，开发迄今为止尚不存在的理论工具和表现工具，无情地放弃古老的传统以及它们的习惯和术语，放弃对创新和"新奇"（Novum）之能力的信赖，它们至少可以渐渐地接近**绝对**，即便不能给它任何确定的和普遍的约束性影响。葛兰西的"绝对历史主义"对我们尚不能理论化，更不用说想象的未来做了很大程度的预示。

但是，在经历了反复的失败和获得了一种清醒的信念之后，对于所谓新鲜事物、发明创造、实验、确定性和真理的性质，无论是新的还是老的，后现代似乎已经心甘情愿地放弃了所有努力。甚至"绝对的相对主义"似乎也仅仅提供了一种绝对怀疑主义的翻新形式，而不是将这个圆形拉成了正方形。

就是在这种情况下，齐泽克提出了自己的临时性解决办法，从《视差之见》（*The Parallax View*）这个书名可窥一斑，它认为有这样一种可能性，即不附带任何语言或哲学表述的本体论信念：那么，定位"真理"可能就类似于一种症候性操作，听命于弗洛伊德的原始欲望，这种欲望先于所有表现，先于转换成形象代码的一切翻译。那么，视差的公式就可以比作确定一个星球体的过程，它超出了我们已有的定位仪器的能力，尽管我们可以用假设的形式估算出它的存在：对于解构精神和普通的后现代相对主义来说，这样来确认没有任何形式的内容很显然非常陌生。

但是，马克思本人的做法也是值得考察的，他表面上对谴责他人的错误或提出他自己不言而喻的解决办法从未感到勉强。不过，那些解决办法都是辩证的这一点也变得清晰可见。我们把产生自整体与部分（或多种系统循环）的辩证法的悖论搁置一旁：就像计件工资的情况一样，它"有这样一种趋势，如果让个体的工资高于平均值，就要降低这个平均值本身"（《资本论》，697）。更确切地说，是现代化本身的更深层悖论需要被翻译成矛盾的辩证语言。所以，你可能认为农业现代化——即，抽干沼泽地，收回非生产性地域用于农业——会被认为是一种积极的发展，一般来说对社会是一桩益事（愚蠢的第一印象）："但是调查表明恰恰相反，即'同样赶走了疟疾的事业，将冬天是沼泽、夏天是稀疏的牧场的土地改造成丰产的玉米地，造成意想不到的婴儿死亡率'。"（《资本论》，521－522）① 至于一般意义上的现代机器，它在历史上无法匹敌的生产率带来的是：

62

现代工业史上引人注目的现象，机器废除了所有道德和自然对工作日长度的限制……［结果是］最强大的工具旨

———————

① 引自 1864 年公众健康报告。

在降低劳动时间这一经济悖论经受了一次辩证逆转并成为百试不爽、随心所欲的手段，使资本为稳定其价格而将工人及其家庭的全部时间都变成了劳动时间。（《资本论》，532）

但是，这是一个辩证的"悖论"，在这个悖论中，庸俗左派（普鲁东、魏特林等）提出的新解释与深陷在自己"愚蠢的第一印象"中为这种新改良大唱赞歌的资产阶级经济学家的顽固不化一样充满谬误。我们此刻就在《资本论》论点的最中心，也在矛盾的最中心，这一矛盾是一个处于生产率与价值形式之间的系统的核心。该辩证法造成的第一个灾难当然是以道德化或伦理的方式接近这一问题（它是批判资本主义剥削的左派评论家提出的，而且也隐含在资产阶级经济学家对它为人类谋取利益的赞颂中）。马克思经常会将这些"错误"部分地归因于对"历史因素"的忽略（《资本论》，493）；但他也会指出一些幻想，经验主义者认为，这些幻想是压迫的结果，是总体性造成的，总体性亦即构成资本主义整体的价值流通的庞大体系。他还一次又一次地拒绝努力去构想一种动力学，即将价值作为一条法则的劳动理论。"这样一种自我毁灭的矛盾无论如何不被说成是或用公式表述为一条法则"（《资本论》，676）——这一思想切中了所有表现和所有哲学系统的要害。

不过，处于这类悖论之核心部分的基本困境，的确也是马克思的辩证法（甚至不是恩格斯那个马克思的辩证法）的基本困境，就是我们已经有所指涉的客观表象这一现象。马克思称其为Erscheinungsformen 或"表象的形式"，翻译似乎是要极力贬低或淡化这个由表象构成的严重问题。所以，马克思说，"资本一般的和必然的趋势必须同它们的表象形式区分开来"（《资本论》，433）。这似乎是一个非常温和的认识论警告，而且后面确实有一些话谈到知识与科学："我们只有掌握了资本的内在本质，才能科学地分析竞争，就好像只有熟悉天体表面运动的人才能理解它们的实际运动一样，它们不是凭感觉就可以认识的。"（《资本论》，433）我们此刻显然又回到了关于外表表象和内部法则的话语中，然而，马克思的辩证法的目的却完全是要削弱这种对立。

看一下这段话："在'劳动价值'这个表达中，价值的概念不仅被彻底消灭，而且被颠倒了，以至于它变成了自己的反面。它和地球的价值一样是一个虚构的表达。不过，这些虚构表达却是从劳动关系本身中产生的。它们适用于基本关系的表象形式这个范畴。在它们的表面，事物常常以一种颠倒的方式展现出来，这一点在所有的科学当中，除了政治经济学之外，都非常熟悉。"（《资本论》，677）应该补充的是，倒置这个形象（马克思和恩格斯经常回到倒置，尤其是在关于意识形态是一个暗箱的讨论中）出自黑格尔关于"颠倒的世界"的讨论，对此，尚不清楚的是，后者是对正在讨论的这个形象的一次哲学性挪用，还是恰恰相反，是对它的一种批判和解构。

同样的一切在这里也是真实的，而且有意义的是，在这一点上（在相关的脚注中），马克思回想起他自己猛烈地批判过普鲁东对资本主义罪恶的"比喻"分析，在资本主义对劳动的剥削中，"他只看到了语法省略。所以，整个存在的社会……从此以后就建立在一种诗意的许可上，一种形象化的表达上"①。在这一点上，辩证法与一种基于比喻运用的解构分道扬镳，而且实际上也谴责后者是幻象，它的产生是因为没有掌握客观表象的辩证"悖论"（值得回想一下，钱本身就是这种客观表象最基本的形式之一）：

———————————

① Karl Marx, *The Poverty of Philosophy*, New York: International Publishers, 1963, 54.

　　对于所有的表象形式及其隐匿不见的基础都真实正确的东西对于"劳动的价值和价格"或"工资"这一表象形式也同样真实正确，与表现于其中的基本关系，即劳动力的价值和价格，形成对照。表象的这些形式被直接地、即时地复制为当下寻常的思维模式；基本关系一定首先是由科学发现的。古典政治经济学大概是无意中发现了事物的真正状态，却并未有意识地将其公式化。只要它还有一层资产阶级的表皮，它就不会这么做。（《资本论》，682）

　　这一"悖论"事实上本身就构成了辩证法，或者至少可以被看作是一种特殊的形势和困境，由此首先产生了发明辩证法这样一个事物的需要。我们可以这样来生动地说明这个问题：一个关于错误的社会或错误的现实的正确思想可能是正确的吗？或者它就必然是错误的吗，即使它是精确的？或者我们是否在这种真理与谬误的对立中遇到另一种二元对立，而辩证法（及其对立统一体）的责任就是战胜并超越这一对立？

　　我们或许也可以将这一困境说成是矛盾：如果一个概念准确地表明了一个矛盾的现实，难道它自己不是必然地充满矛盾吗？无论如何，不管因为什么原因，《资本论》的目的就是要列举并形象地说明资本主义及其价值法则本身充满了深刻的矛盾；它们的现实是一套错误的表象，但是，这些表象是真实的，是客观的，而且不会仅仅因为分析（当然也不会因为激烈的谴责）就被消除。我们不能够将它们的结构翻译成"法则"，它们都还仍然只是经验性的观察，只对这个周期中的这个或那个时刻有效，而且它们自身会因为周期运作中不可避免的危机和失败变得失去效用。诚然，我们可以呼唤存在主义的维度，并且论证说，我们关于某个资本主义世界的鲜活的经验（不管它自己的真理是什么类型的）仍然与那个世界的潜在结构或功能性保持着极大的不同，就像结果不同于原因。而且在某种意义上，尽管马克思缺乏存在主义全部的现代概念，但这却是他的修辞手段趋向的地方，如《资本论》中那个最著名的"桥段"（bridge-passage）之一：

> 因此，让我们与金钱的主人和劳动力的主人一道离开这个嘈杂的地区，在这里，所有的事情都发生在表面，都发生在众目睽睽之下，跟随他们进入一个隐蔽的生产场所，在它的入口处挂了一个牌子，写着"非因生意事务者莫入"。（《资本论》，279 – 280）

在其他地方，他更具哲学性地重复了表象与本质之间古老的黑格尔式对立（例如将价格王国同价值王国区分开来）。但即便是黑格尔式的对立在某种程度上也具有误导性，它意味着你可以用本质取代表象，就像你可以用真理取代错误，或者它意味着你可以下到，按照马克思的说法，那个生产发生于其间的真正的地下王国（瓦格纳的尼伯龙根形象和他们在地底下的那个叮叮当当的熔铁炉；或者威尔斯［Wells］笔下食肉的莫洛克族）。

但是，客观表象这个重要概念告诫我们，对矛盾的任何一种有倾向性的解决办法，倾向于本质或表象、真理或错误，都等于是在废除含糊不清的现实本身。要将这些对立统一于一处，可以说，要消灭二者的自主性，趋就于你必然要保存的一种纯粹张力，辩证法是一个必备条件。在这一点上，恐怕我们甚至将辩证法的主观效应也丢在了身后，却转而思考它在今天的相关性：因为不是马克思对资本主义"本质"的描述发生了变化（也不是一般意义上黑格尔关于"反映决定论"的描述），而绝对是全球资本主义世界的"客观表象"发生了变化，这一表象似乎离马

克思的维多利亚时期或形成中的现代主义时期的表面生活非常
遥远。

65

四　走向一种空间辩证法

亨利·勒菲弗尔（Henry Lefebvre）在他那本具有开创意义
的著作《空间的生产》（*The Production of Space*）快结束的时候
呼吁沿着空间线条对辩证法进行一次重新建构。① 如果我们将后
现代性理论也算在内（他自己并没有接受），因为这一理论，现
代时期所占据的统治地位基本上成了暂时的，他这个建议的分量
便更大了。由一个暂时的重力中心向空间中心转移不仅要牵扯到
我们此刻这个描述的种种特征会发生改变，而且还可能要让这种
思想模式以及既具有黑格尔性质，又具有马克思性质的命题做好
准备，以应对全球化和本质上具有空间性的经济与政治在一个当
代情境中所产生的更大效果。

后现代性的许多特征在它的结构（我们已经将其标示为晚
期或第三阶段资本主义）内部支持突出空间的意义。生产的移
位不仅意味着服务业在发达国家占据优势地位——也就是说，围
绕着消费和后续广告与影像社会的发展进行的一次再结构，或者
换言之，商品化的出现成为一个基本的社会和政治问题。总之，
全球化意味着空间与空间距离（spacial distance）在生产本身内
部的联合，无论是在外包方面，或消费国家与生产国家的不均衡
发展方面，还是在劳动移民以及失业、饥馑、难以形容的暴力这
些黑洞等方面，当下这个世界的整个表面突然间堕落了。金融资
本在今天的统治也是一种空间现象，因为它的独创性是由于压缩
了传送过程比较传统的时间性，同时意味着各种新的空间上的同

---

① Henri Lefebvre, *La production de l'espace*, Paris：Anthropos, 1974, 382.

步性。国家自主性相形见绌，形形色色的国际商品，从食品到文化，在原先有国家界限的范围内无所不在，这些也都属于同样的情况。这种无所不在已经被描述为一张相互支撑的网络，没有一个国家空间可以逃脱这个网络，在这个网络中，再也没有一个人是自给自足的：但是这一形式在原先有国家界限的范围内所产生的这个新型空间的性质尚待理论化，除了某些个别的症状，如恐怖主义（而且已经主要被错误地概括为民族国家的消失）。同时，全球化催生出来的新型文化生产也常常被提及，却没有注意到它们在整个世界体系本身中的功能。

无论它能到什么程度，以上枚举尚未论证，对这个新的全球性历史情境，必然要有一种辩证的方法。但是，总体性的节奏、66
总体性效果的在场与不在场的节奏可能都足以传达出辩证法的相关性。我们今天见证着一场互惠影响的游戏，这些影响远远超越了那个中心打个喷嚏，周边就感冒的古老悖论：因为现在常常可以发现这种关系本身已经被颠倒了，中心的风暴是由消费和富足在外围地区形成的缕缕轻风引发的。被说了一遍又一遍的全球与地方的辩证法无疑只是一种辩证法（a dialectic），即使很少看到用那些术语对它进行严肃分析，它们涉及总体性与一组经验主义细节之间的相互关系。今天，显然不会从很多积极的方面来考虑全球资本主义；而众多毁灭性的政治策略和谋算也证明，从常识和经验事实方面去了解它是愚蠢的，即使人们承认这类事实的多样性需要某种较之个人理性更加复杂的东西（一般在这种情况下会求助于计算机）。在这方面，常常被等同于结构主义的序列图式已经获得了更大的成功，这恰恰因为它们是辩证的，但它们本身却对此一无所知。最后，宗教作为一种广泛的政治现象令人震惊的复兴显然揭示出另一个非辩证的盲点；因为求诸宗教在绝大多数情况下是一种方法，用来指明我们一开始凭定义不能理解的事物：即某种经验主义思想无法明白的终极"原因"或实质，但它作为一种关系现象或过程现象有着漫长的辩证历史。

　　你不会着手总结或展示一种尚不存在的思维模式，而我最后也只能在几个对我而言似乎很重要的问题上对这一思维模式的建构方式做一概述。诚然，对传统的辩证修辞提出质询——比如黑格尔始终坚持的比喻，回到它本身以及将内在的东西外在化这种比喻——以获得它们的空间内容，这无疑很有意义；很多这类比喻在马克思那里也能找到（交错佩列［chiasmus］！），在后来的辩证主义者那里也能找到。但是，那种空间性恐怕仍然要被理解成一种代码，而不能成为证明空间之本体论优先性的形而上证据。

　　的确，在黑格尔和马克思两人那里都会发现关于"表现"或表现模式的讨论，在此基础上，或许可能组织一种可以取代时间性的更有利的论据。前者在《逻辑学》中注意到，而且确实是以他自己的历史编纂实践为依托，"那些时刻的结果是［概念的］一种更加确定的形式，在**理式**（Idea）的科学发展过程中，它们作为概念的决定因素出现在它之前，但不是作为它短暂的发展过程中的样式先于它出现"①。马克思关于同一差别的看法在下面的警告中得到延续："让经济范畴按照它们在历史上定好的顺序一个接一个地鱼贯而入，这可能是不合理的，是错误的。"②对辩证法呈现方式的这类观察是反对将他们二人著作中诸范畴的各主题翻译成叙事性之时间版的一个有力证据。

　　但是，他们还是没有解决这个问题；而按照我提出的语言，时间或空间在这个或那个历史时空中，或在一个空间—时间的连续体中被看作一个"主导因素"，该语言的意图显然不是建议一

　　① G. W. F. Hegel, *Elements of the Philosophy of Right*, ed. Allen W. Wood, trans. Hugh Barr Nisbet, Cambridge：Cambridge University Press, 1991, 61.

　　② 被引用于 Christopher J. Arthur, *The New Dialectic and Marx's "Capital"*, Leiden：Brill, 2004, 4。

个范围以某种方式取代另一个范围，而是要传递一个事实，即它们的比例发生了改变，或换言之，在它们"表象形式"的结构中发生了某种转换。

对任何一种新型空间辩证法之合法性的证明能站稳脚跟还是倒地而亡，这不仅要看它与当代的全球化环境或后现代性之间的关联；而且还要看黑格尔和马克思的辩证法中那些较为古老的时间范畴是否已经成功地被翻译成新的空间表达形式以及被翻译到何种程度。换言之，空间矛盾是什么？否定性或否定的空间对等物是什么？黑格尔的"反映决定论"如何适应一种空间的、最终是全球的图式？在全球空间旋转这一意义上，从某种程度上讲，可能更容易理解马克思关于生产与经销、实现（realization）与再生产、流通与流量的同步时间性这些复杂情况；的确，这些或许是众多资产阶级经济学在浑然不觉中一直试图要研究的东西。

我会将自己限制在一个具体的问题上，这个问题在我看来是任何这类翻译过程中最关键的问题；它就是反思或自我意识在这一新系统中的作用。传统哲学（同时还有我在别处①试图说明的现代主义和"现代"）的脚手架大部分是建筑在真理的对等物和一种自反性上，在这一自反性中，意识与其本身及其对象是一回事。就算自柏拉图以降的哲学经典都不赞成自我与世界那闪电般一瞬而过的同步性：它仍然一直是各种不同世界观的基石，我们的系统就是以这些世界观为基础的，而这体现在所有的层面上，不仅仅是作为一个理由来证明现代（或有自我意识，或自反性）的人拥有其他所有人都没有的特权。但我们在这里必须坚持一点，即意识与自我意识之间没有区别，而且要在那一基础上重新

①　见 *A Singular Modernity：Essay on the Ontology of the Present*，London：Verso，2002。

68 建构一种新的平等。

我相信，这是做得到的，只要坚持自我意识或反思的意识形态与它们的时间性主题之间的关系：它是一个独特的瞬间，或者是将实践压缩成一种绝对（an absolute）的时刻，自我意识概念的基本缺陷会得到理解；任何赞成空间辩证法的有效建议会发现，其本身必须提供一个空间上的说法来说明传统上被误认为是自我意识并且已经证实了它的独特性以及它在时间上拥有基本特权的事物。这是一个可能以不同方式实施的计划：例如，坚持同一性公式本身的空间性。众所周知，黑格尔将自我意识表示为我 = 我（I = I），而这个公式在马克思最初的价值分析中所扮演的角色也同样广为人知。我们必须让自己习惯于认为这些对等只是时间性运作，在这些运作中，某个特殊的空间场被另一个扩大了的空间场侵吞或霸占。是空间赋予这类运作以内容，而从前是时间在鼓励那些同步性的幻觉：换言之，空间是差异的源泉，而时间是同一的起源。如果可以论证事实上，这种方法只是使时间重新成为我所说的对等活动的本质，那么，我要回答说，它同样使空间成为时间的隐秘真相，时间自己基本的内部运行是同步性的错误。但必须铭记在心的是，这些都不是本体论的命题，而只是表现性命题。

然而，这类命题在哲学意义上将自己消耗殆尽，我希望提议一种更容易理解的观点，即将先前称为自我意识的那些二维事物看作是一种准空间扩充模式：为那种古老的非自反性的**我**或寻常意识补充另外的东西，这使得我们能将先前那个非自反性的自我理解为它本身在一个更大的范围内就是一个客体。寻常意识领域的扩大本身便产生了我们称之为自我或身份感的东西；而且这种

69 运作在结构上类似于一种方法，两个截然不同的空间客体就是按照这种方法通过感知过程（我称之为"差异发生联系"）确定了相互之间的关系。如果我们在这个空间扩张的各同源结构的清单

上，空间扩张隐含于资本主义的各种运作当中，再加入对后者的一个更加详细的列举，从市场占领到帝国主义的空间扩张和现在的全球化，我们或许可以大致了解即将获得的优势——在哲学、美学，以及经济政治等层面上——这些优势来自用一种空间辩证法替代古老的时间辩证法。①

70

---

① 整个第一章是对全书的一个介绍，在这个意义上，现在最好是对后者做一预告。关于黑格尔的几章旨在为他的真实性提供一个不同的证据，他的真实性比有人提出（或拒绝）的更胜一筹。这些章节中的第二章，以及后面的几章，从辩证法的角度考察了几部当代哲学经典（我希望以后对黑格尔也能做类似的事），而且为今天重新燃起的对卢卡契和萨特的兴趣提供充分的理由。接下来的一系列简短讨论旨在澄清马克思主义传统中的不同主题，从文化革命到意识形态的概念；紧接着的是一系列政治讨论，它们记录了我个人对某些话题的看法，从苏联解体到全球化，尽管如此，也希图展示辩证法与实际政治的相关性。在长长的最后一部分，讨论了利科关于历史与叙事的重要研究，我对这一研究中缺失的辩证法和马克思主义的某些范畴做了补充，离开这些范畴，**历史**在今天几乎无法被体验。诚然，《效价》这本书有点像一部没有王子的《哈姆雷特》，因为它缺少关于马克思及其辩证法的中心章节，原来是希望有的。因此，两本作为补充的书，分别是对黑格尔的《现象学》和马克思的《资本论》（第一卷）加以评注，会完成这一计划。同时，如果没有其他人的帮助，这项计划中那些意想不到的困难几乎无法面对，他们当中，我在此能够充满感激地列出姓名的只有塞巴斯蒂安·布珍（Sebastian Budgen）、马克·马丁（Mark Martin）、高普·巴拉克里斯石南（Gopal Balakrishnan）、菲利浦·瓦格纳（Philip Wegner），以及卢卡·阿森朱克（Luka Arsenjuk）。

第二部分

扬弃之外的黑格尔

第二章

黑格尔与物化

黑格尔是一个大器晚成者。《精神现象学》出版时，他已经37岁；而随后出版《逻辑学》时，他才只有42岁。写作第三本著作时，他的职业境遇十分困难。他还没有获得大学里的职位，而且确实不能适应他当时谋到的高级文科中学校长的职务。《现象学》在1807年出版后的反应令人失望；实际上，一直到19世纪晚期，在狄尔泰的著作中，它才获得对于我们而言的这种中心地位。

我们所谓的黑格尔主义是以《逻辑学》为中心开始形成的；正是这本《逻辑学》使他最终获得海德堡大学（1816）和柏林大学（1818）的教授职位。《逻辑学》——也被称为《大逻辑》——事实上，在黑格尔出版的著作中，它只是该主题的第一部。第二部，小逻辑出现在1817年出版的由三个部分组成的《哲学百科全书》中。这些书本来打算用作学生手册，以配合教授关于这个主题的讲座；幸运的是现代版本包含了黑格尔对单个条目的口头评论，较之具有里程碑意义的《大逻辑》本身，为理解这些条目提供了一条更容易的途径（在下文中，基本上参考的是《百科全书逻辑》[*Encyclopedia Logic*]，用的是威廉·华莱士颇具吸引力的苏格兰译本）。①

不过，今天，在符号逻辑和现代数学的所有复杂性都出现之后（它们是 1847 年由布尔［Boole］发展起来的，黑格尔活着的时候没有看到），黑格尔在传统逻辑改造上表现出的创造性可能75 就不那么明显了。尽管如此，各学派对亚里士多德逻辑的态度，其特点或许可以通过一种方式传达出来，也是通过这一方式，三段论所有可能的形式在中世纪都各有专名；Derit 或 Cemestres，Featino 或 Darapti，Bocardo，Ferison，以及 Fesapo，所有这些都是具体的三段论公式的名称。（如果知道当时提倡这样一个名单，你就很容易想象那种教学的实际情况了！）

黑格尔偶然产生了一个想法，将亚里士多德逻辑机制中的元素重新翻译成真正的哲学概念。他做得非常成功，以至于在逻辑史上黑格尔几乎不被提到，似乎他从一开始就以某种方式隐瞒了使之成为"逻辑"的方法和手段。然后，这些不同的元素（或方面，在德语中是 Momente）按照序列甚至目的论系列的样子被排列。要明白在这里什么最关键，我们就必须考虑"呈现"或"表现"（*Darstellung*）的问题——如何将这些材料陈设出来；同时还要接受"**总念**"（Notion）这个结论性术语——Begriff 或 **绝对精神**——我要论证，它不是一个临时的想法或一个历史阶段（德语 Moment 这个词意义模糊：作阳性词时，它有英语"moment"一词的含义；但是作中性词时，它的意思就是指某个方面）。在黑格尔的范畴系列中，它们愈益加剧的扩展，以及每个"moment"在何种程度上本身就站不住脚，而是要依靠另一个特

---

① 德文原版参考的是祖尔坎普（Suhrkamp）出版社出版的全集中的第 8 卷，Frankfurt，1986，保留了黑格尔文本适当的段落标号。后面对该书的参考均标注为 *EL*。已经用到两个译本：William Wallace 的译本较老，可读性较强，Oxford：Clarendon Press，1975；T. F. Geraets，W. A. Suchting，以及 H. S. Harris 更严谨的新译本，Indianapolis：Hackett，1991。后面对 Wallace 译本的参考均标注为 *W*；对 Geraets，Suchting，以及 Harris 译本的参考均标注为 *GSH*。

征或"同样的"外部本身，这个外部自身还是要重新回到思想过程中去，这些都是有顺序的。最终的**总念**或 Begriff 便成了一个自给自足的概念，它就是一种 *causa sui* 或"自成原因"：斯宾诺莎的"上帝或自然"将是一个恰当的类比，的确，黑格尔认为自己是斯宾诺莎的对手，他试图将主体性和意识（"系统或主体"）包含进后者的总体性这个非凡前景当中。

但是，我们希望看到黑格尔的形式所取得的进展，两部《逻辑》都有清晰的大纲：即三个部分——在他的术语中被称为"存在"、"本质"，以及"总念"（*Sein*，*Wesen*，*Begriff*）——标明了我们或许会在下文中描述的生活和思想范围。**存在**诸范畴是常识的范畴或客体之间的一种日常生活，在这些范畴中，非矛盾法则占据着主导地位：这是一个"知性"（*Verstand*）或**理解**（Understanding）的世界（用哲学术语表达就是白昼），在下文中它会得到全面的论述，因为它是关于延伸和客观现实的思想，一种必须物化其自身以掌握其物化对象的物化思想。

那么**本质**王国就是诸范畴在心灵内部彼此作用和反作用的方式：更确切地说，它是辩证法本身的王国，在这个王国中，我们明白了在多大程度上"定义即否定"（又是斯宾诺莎）以及每个思想都与其对立面相连接。用当下的哲学语言说，这一领域可以说是自反性或自我意识的领域。

76

最后，还剩下**总念**本身，它被分成两个区间：**三段论**和**生命**。我建议将这些黑格尔比喻中的第一个翻译成逻各斯语言，它的运动和活力将世界本身及其时间组织在一起。那么，我相信，**生命**思想——我们还在前达尔文主义的语境中，在这一语境中，以生机说（vitalism）或柏格森的生命力量作参照恐怕要犯时代错误——正是黑格尔将物质世界从机械唯物主义当中解救出来的方式，也是他指定客观宇宙（或在其最广泛意义上，即自然）的组织构造的方式。那么，**绝对**（The Absolute）就是这两个平行范围之间的德勒兹的"褶皱",它在我看来等同于斯宾诺莎所谓的两个"属性":*cogitatio*(思想)和*extensio*(延伸),两个毗连又平行的区间或代码,所有的现实都可以往复翻译成这两个代码。在我看来,这就是有人想要称之为黑格尔的形而上学的东西,因为他试图将"内容"赋予他思维的抽象形式:或将"意义"赋予其语法和句法。对此,他自己是知道的,这可以从他坚持称《逻辑学》的这第三个部分为思辨思想,而不是辩证法(dialectics)推断出来:由此,他的意思似乎是,思维及其对象之间的同一性永远不可能被证实,而只能通过一种理性的跳跃对其做出断言。我们必须在它所有的当代意义上将它这一跳跃(或它的形象化内容)标示为形而上的,甚或是意识形态的。

一

关于《百科全书逻辑》的这些注释,需要以三个观察作引子,我反复使用"范畴"一词来描述本文中那些最关键的结构和我对时间性的态度,传统上,这种时间性是一种方式,在《逻辑学》中,那些范畴应该在某种辩证的时间里以此种方式生产出自我并催生其后续的范畴;我还补充了一段关于理想主义的评论。第一个或术语方面的疏忽是因为我认为《逻辑学》是黑格尔对康德的卓越洞察力的延续,后者对亚里士多德随意列举的范畴名单的更深层组织有非凡的洞见。康德的洞察在本质上是一次空间的洞察,他把这些范畴分为四组:量、质、关系,以及样态(modality)(黑格尔在**存在论**[the Doctrine of Being]中利用了前两组,在**本质论**[the Doctrine of Essence]中利用了后两组)。对康德这一排列本身进行考察是很有意思的(它的四折构造迫切需要做出解释)。我们在这里能做的就是留意黑格尔对这一结构所做的非同寻常的修改,它实际上将康德的空间组群投射在时间性本身上（关于此，更加简短）。尽管他没有使用这样的术语，将《逻辑学》中的时刻——它们所涉及的范围从**存在**或 77 **必然性**这样的论题到比较小的问题，如**界限**、**相互性**、**偶然性**（Accident），等等——按照康德或亚里士多德的模式描述为一份扩大了的"范畴"名单似乎是合理的。如果是那样的话，是否应该有一个关于**范畴**本身（结构主义时期非常流行的一个思想，德里达在其关于本弗尼斯特［Benveniste］的文章中有些轻蔑地加以否定的思想）的范畴？或许，困难的是在《逻辑学》形成的过程中，它们在进化，在改变，以至于最初的**存在**范畴——如果它在本质上是一个范畴的话——绝对不是为了成为像**总念**那样的同一种精神实体，**总念**是对这些系列做出的结论：因此，将这一术语或类别在一开始就强加在时刻上是要迫使它们发展成为一种僵化的、统一的模式。但是，如果这些时刻不能排在范畴的类别下，那么它们究竟是什么呢？

这是一个问题，它引发了关于这类"范畴"生发其间的空间的更普遍问题，我们以前没必要向康德或亚里士多德提出这些问题。对后者而言，它们不过是关于某个存在或某个现象可以"说"的一些事情。以此方式，亚里士多德悖论性地接受了他的现代符号学批评家的思想（本弗尼斯特，艾科［Eco］），他们坚持认为，他的"范畴"不过是某种地方性印—欧语法的投射和沉积。但是，亚里士多德本人确实已经将它们置于言语当中（我们关于各种存在所能说的一切），即使他没能提出各种语言的认识论相对性这一话题。

至于康德，他还不是一个哈贝马斯主义者，或丝毫没有感觉到结构主义或后现代主义的语言和交流至高无上这一信念占据着统治地位，他恪守心灵本身，将范畴理解为"认识经验诸概念"（concepts of understanding），它们控制着判断和那些被认为要成为精神上的"再现综合"（syntheses of representation）的认识。

尽管如此，他依然处理了某种非常容易识别的传统"空间"——心灵——在心灵中，就如同在亚里士多德的"言说"中，范畴能够舒适地栖居并找到发挥它们效能的地方。无论黑格尔如何看待心灵或语言，那些都不是他的范畴生发的"地方"：将这称为最后的**精神**甚或**客观精神**是在乞求这个问题，因为定义**精神**需要的恰恰首先是范畴空间。

　　所以，相对而言，它们似乎没有处所，也没有躯壳：它们不是某种**心灵**的思想，甚至不是一种超验的思想（因为，首先，它们甚至不是思想）：无论**绝对精神**是什么，或无论黑格尔的**本质**与**主体**的组合可能被作何理解，它都不是一个全知的、人格化的叙事者。事实上，我倾向于认为，在现代这些如主体性或元素之类像容器一样的概念不在场的条件下，在一种无空间状态中，想象黑格尔的范畴"空间"会更好。这使得这些范畴在黑格尔那里更能与具体的情境或事件联系起来；一直都承认这样一个显而易见的事实，即无论求助于怎样的"空间"或"语境"，它本身都始终是据称它已经控制或包含的那些范畴之一。因此，我们在这里再一次碰到那个著名的悖论，即"阶级是其自身的一员"，类似于通过竭力想象事物的一种状态而"得到解决"的事物——或说得更确切一些，是一种话语——本身不受这种表现同质性的束缚，而且能够在没有框架或背景的情况下容纳一系列"事件"。对此要补充的是，这些时刻的特性在某种程度上都与"野性思维"（*pen sée sauvage*）① 有关，因为《逻辑学》在普遍性尚不存在的情况下完成了对源于细节的局部普遍性的建构，而

---

　　① Claude Lévi-Strauss, *La Pensée sauvage*, Paris：Plon, 1962：那个含混的术语（被误译为"野蛮的心灵"，但也可以指"荒野中的紫罗兰"）命名了部落人群的思维，一种没有抽象的感知科学。它不是形象思维（Vorstellung），也许最好是将这种思维描述为自指的或寓言性的"他们自己的阶级的阶级"。我在这里认为它们是类似于康德的范畴的"范畴"，除非结果是康德的那些范畴本身就是**野性思维**的残余。

且我们还有一种更具悖论性的靠近黑格尔的方法。（预想一下，有人可能会说，即使黑格尔是在普遍性形成很久以后才出现的——总之，这就是西方哲学的定义——我们可以设想有一种刻意为之的悬置，在他对范畴本身新的"思辨性"戏剧化中将普遍性悬置起来，以此来验证这种方法。）

　　但是，与范畴概念相关的其他重要问题依然存在。尤其是康德关于它们数量的问题依然存在：它们能否全部被缩减成四组，每组包括三个范畴？如果不能，为什么不能？鉴于黑格尔坚持它们演变（见下文）的"必然性"，我们是否要相信他认为自己已经给了我们一份完备的名单？换言之，在哲学上检验（或"证伪"）他的计划的一种方法是建立在其完备性基础上的：他没有想到的范畴能被补充进来吗？如果可以，在何处，为什么？而且要将这一切更进一步历史化，我们能否设想黑格尔时代不存在的**新**范畴会历史性地生成；或更古老的范畴会消失？"野性思维"又会如何？尽管列维—施特劳斯谈不上认为这种部落的感知科学是"原初的"——事实上，他将其描述为"结构主义的""早于字母"（*avant la lettre*）——他无疑要为它与我们自己的（西方的，资产阶级的）思维之间的巨大差异辩护，这使得我们有权利知道关于范畴的同一份名单是否在部落时代（或在其他生产模式中）依然有效。这是一个伍尔夫—萨皮尔式的问题（我们的思维是我们语言结构的一种投射），它在很大程度上启动了关于范畴的问题，而且它或许在眼下这个事例中由于常常被当作黑格尔的欧洲中心主义的东西而变得更加恶化。

79

二

　　现在是我在准备阶段的第二个观察，它与时间性有关：它也不仅仅是一个组织或 *Darstellung*（呈现，展现）的问题，黑格尔据此提出了展开各种系列或顺序的叙事虚构（narrative fiction），旨在更有效地将这些范畴的珠子一个一个地串联起来。如果它仅仅是组织问题，你会期望对每个范畴的阐述是一件相对静止的事，所以你可能最终打开一本被称作百科全书的书去查这个或那个条目，就可以找到比如"本质"，或者"必然性"，或者"界限"的"定义"，为的是查明意义（meaning）到底是什么。但我们不能这么做，因为这些范畴的时间顺序好像是要表现**总念**本身的自我生产、自我发展，以及自我演变。因此，我们基本上不要预想在我们已经将其理解为无空间文本的情况下，为了完成一个全面的讨论，任何给定的范畴会需要一个有关在它之前或之后出现的事物的阐述。这就是说，每一条概念事实上都产生了自己的语境，一旦它转变为其他的事物，它同样会消除这一语境。因此，这些范畴都是针对具体的情境或语境的，但我们要明白根本没有一个总体的情境或语境，没有一个预先给定的总的概念场景。

这一点对读者而言就是《逻辑学》绝对不是一篇传统的哲学论文：它不是虚张声势、费尽周折地回顾论证的每一个步骤，试图重新改造并因此掌握或"理解"这些步骤，由此竭力对某个思想加以论述，读者则力图这样做。或者确切地说，这类做法在某些特殊的时刻似乎发生过，而我们无疑仍然绞尽脑汁地想要明白黑格尔这样做或那样做的意义是什么：但是阅读《逻辑学》这个行为在很大程度上比那更加复杂，它要求我们像读一本复杂的小说那样处理更大单位的记忆，在这些记忆中将单个的片段组织起来。说得更确切一点，《逻辑学》像一首音乐作品，它的文本是总谱，我们必须自己在脑子里进行演奏（甚至策划）。就像我们谈论现代主义文本时常说的那样，我们只能重读它，每一次阅读都带来新的、更加微妙的相互关系（主题的重复、细节的策划、和声的独创性），我们以前没有听到或注意到这些。有时，这种重读也让我们更乐于接受巨大的高潮、夸张的逆转

（阿多诺常说，伟大的断言"本质一定会出现！"就像贝多芬音乐中的锤音）。这个类比或许不能完全证实格雷马斯的假设，即哲学文本在其深层结构上也是一种叙事。不管怎么说，趋向文本的审美定式将文本从哲学化和争辩的身边，更从真理的身边移开，并且因此承担了一种风险，即使其丧失最基本的驱动刺激和热情，当然还有其最正当的理由。所以，我们越是不放弃阅读《逻辑学》的快乐，从长远的角度看，我们开始读它时受到的诱惑就越少。

三

所以，我们现在用另外一种完全不同的方式来说这件事，我们坚持认为，诸多失败构成了《逻辑学》的更深层记录；大部分哲学讨论都声称拥有一种它希望成功记录，甚至传达的概念性成功。黑格尔的时刻从定义上讲就是失败的时刻：思考失败，没有能顺利地获得概念，没有能完成一个哪怕是有限但却完整的智力行为。他这项书写任务因此将是一次悖论性的自我拆台：演示了（成功地）我们如何必然地在思考这个或那个范畴时遭遇彻底的失败。但为了让这一失败有意义，它必须是一个非常基础的、十分重要的失败，它必须是真正努力思考的结果，而且必须是出现在顽强地、不顾一切地对有争议的范畴进行抨击之后。它无疑是一件令人沮丧的事情：谁能够在它们中间发现它要为一项事业、一个实验承担责任，这项事业尚未开始就已经被输掉，这个实验的前景就是证明其本身是不可能的？拯救这件事的无疑是这样一个简单的事实，即无论它们在知识上，概念上是多大的失败，这些范畴是日常生活和日常言谈的结果，它们被重复了一遍又一遍，根本不可能用其他任何更完善、更纯粹、更乌托邦的事物来取代：黑格尔也没有试图这样做，即使他似乎要假设将

"哲学化"作为某种不完全被大众所接受的活动。

　　无论如何，我们仍然要避免一种印象，即所有这些失败在某种程度上都是"一回事"，就像我们要警惕这样一种假设，即从一个范畴、一次失败向下一个范畴、下一次失败的过渡在某种程度上是"一回事"一样，我们当然更要避免这样一种暗示，即所谓的范畴本身，即使不是雷同，它们的形式层面从某种意义上讲也是类似的。用来描述这些事情的术语都非常致命地强化了这类暗示和幻觉：如果你用"范畴"这个词来指不同的概念，在这个特殊的种属名下对它们进行分类，难道你不是预先已经承认有一种基本的亲缘关系存在吗？如果我们称黑格尔贯穿整个文本的概念运动及其时刻是辩证的，难道我们不是同样在暗示有某种一致性，有某种标准动量，有对同样过渡的重复，有同样的变形吗？这可能是何以黑格尔采用了诸如"辩证的"、"真理"、"理性的"、"理性"这些词语的原因：然而，文本本身却反复表现本段前面所描述过的各种错误和幻觉：它们是"知性"（*Verstand*）、"理解"、外部及空间的表象思维（*Vorstellung*）所造成的恶性影响，将它们等同于更现代的（尽管仍然无疑略微像黑格尔的）术语"物化"是很诱人的。"知性"是被物化了的、物化性的思维；其领域是我们在《逻辑学》第一部分遇到的那个真实的**存在**世界和物质客体的世界。

　　"知性"虽然无处不在，它关于日常生活本身的思考单独讲却是个反面形象。我们不能说在整部《逻辑学》中，黑格尔像一个侦探一样地追索真理，但我们无疑可以说，他找到了错误，而且错误总是在任何地方都以"知性"的形式出现。《逻辑学》因此不是一部"教育小说"（*Bildungsroman*），在其间，小小的**总念**长大了，了解了这个世界，并且最终达到成熟与自主的境界：那或许可能是《哲学史》的叙事图式，而且仍然可以在其所谓的目的论中找到蛛丝马迹。确切地说，"知性"就是这项研究中那个伟大的魔术师阿奇麦格（Archimago），是错误本身，是所有诱惑最重要的来源——例如，执着于某一瞬间，然后在那里安家落户。但是，与《仙后》（*Faerie Queene*）不同，如果这儿有一个恶棍，但却没有英雄：没有骑士，不是辩证法，不是"理性"（*Vernunft*），不是**真理**，也不是**思辨性思维**，甚至不是**总念**本身，冲上前去与这种凶恶的力量战斗（尽管或许可以论证哲学本身就是一个英勇的斗争者，这个词除了意味着黑格尔，还意味着刚刚提到的所有其他肯定性事物）。而这可能与这样一个事实有关，即"知性"也有它自己的地盘，就像我们已经提到过的那样，它不仅不能被永久铲除：这样做可能还会产生麻烦，需要做的是驯服这一模式并恰当地利用它，而不是将它消除。罪恶和错误在斯宾塞那里无疑是一样地难以根除，或者无法想象将其彻底根除：但是善良的或基督徒的心灵一直向往这样一种可能性（eventuality）并且希望有一个类似事情可能实现的王国。不管**绝对精神**可能施行怎样的统治，似乎都不会做那样的假设；它也不可能假设臭名昭著的"历史终结"之类的结论，甚至也不会假设在黑格尔那里有这样的东西。

四

关于黑格尔的理想主义，我可能说得更加简单，一种相对而言不很理智的指摘，因为似乎一开始就不再有什么理想主义者了（即使每个人都喜欢谈论理想主义）。我想在将唯心主义同理想主义区分开来这件事上不会有什么异议，尽管唯心主义在宗教上的复兴品种齐全，但在我看来，也不会再存在下去了。或许，在某种更加形象化、更具意识形态意义的层面上，理想主义存在于一种绘画当中，它脱离了肉体，是所有可能与纯粹肉体相关的事物的持续升华。在此，我们是站在更加坚固的基础上，毫无疑

问，黑格尔主义中的基本运动主要是一种深刻的怀疑，不仅怀疑
感知（《现象学》开头的"这里"和"现在"），而且怀疑直接
性。但是可能存在一种间接的唯物主义吗？一个间接的肉体我们
还能仍称之为肉体吗？但是，在这里要对一些悖论进行观察，而
且重要的是首先要记住，或要明白，马克思的"商品拜物教"
也不是直接的唯物主义，而是恰恰相反，其自身就是一种被玷污
了的无意识唯心主义。

　　至于黑格尔在其文本中用到的"理想主义"，它的翻译跟所
有这些考虑相距甚远，它就是指所有那些话语中的理论系数而
已，这些话语自己声称要恪守事实，避开形而上的思辨，忠实于
依靠常识和日常生活的固执的经验主义。这一论点在 20 世纪 60
年代被形形色色理论的铁杆支持者所更新，他们沉迷于证明，当
时构成了我们霸权话语的这些英—美经验主义立场的核心有着深
刻的理论性，尽管很隐秘，而且要证明简单朴素的现实主义思维
由于各种理论前提已经腐烂透顶。这已经是黑格尔与科学家和其
他"现实主义者"的斗争："有限性的理想性（ideality）是哲学
重要的座右铭；而且因为这一原因，每一种真正的哲学都是理想
主义。"（*EL*, par. 95；*W*, 140；*GSH*, 230）

　　最能说明这种理想性（或理论性）在那些似乎仅仅是经验
的或"事实"的、外在的、有限的、物质的等事物的核心依然
活跃的例子是数学："量无疑是**理念**（Idea）的一个阶段；而且
因此必须有其应有的权力。"（*EL*, par. 99；*W*, 147；*GSH*,
211）数是这种凝固或结晶的理论的缩影：源自连续和离散之间
的辩证法，其排布是极其哲学性的（如华莱士所言，"所有的计
算因此都是在编故事"——因此用德语加上了他自己的双关语
（er-zählen）［他—计数——译者］）（*EL*, par. 102；*W*, 150；
GSH, 215）。

　　理想性，即范畴的这种隐匿在场，隐藏在我们看似外在的经

验和知觉后面，在某种意义上却能够避开康德的主观主义：因为它似乎不是要把我们所有的"直觉"都推回到个体心灵的内部，由思想和知识加以处理。黑格尔的"理想主义"在康德的意义上不是主观化，因为单个主体的组织在他的体系中是缺失的。他因为个人主义的不在场这个历史良机而获益，这一不在场可以被判定为前——或后——个人主义的：技术上的原因当然是个体出现在他那个系列的结尾部分，与**总念**一道，使得早先的发展没有受到主——客体分裂的影响。列维—施特劳斯的结构主义被很多人说成是"没有超验主体的康德主义"，而且我们已经把他算在主张"范畴"的哲学家当中。根据所有正当的限制条件，或许可以用同样的方式来看待黑格尔的"理想主义"：我们看到和思考的每一件事在定义上都来自我们的心灵和意识，甚至唯物主义者在这个意义上也是理想主义的。但是，在范畴系列的最后，"思辨思维"，**总念或概念**（Begriff）的思想再一次重新确定了主体——客体的分裂，因为它们断定这二者之间是同一的；在这一点上，或许黑格尔已经再次变成了传统意义上的理想主义者，但也直到那时才是这样。

五

现在，我们需要看看发挥作用的整个过程，我们来阅读或完成**存在论**著名的开始部分，连学校里的孩子都知道，在这一部分，存在被断定为与虚无"相同"。但是，这个哲学断言事实上隐藏，同时也表达了一个阅读难题（它实际上与《现象学》开始时提出的写作难题"相同"：我们能够谈论的最基础、最紧迫的事情——"这里"和"现在"——难道不是最空虚、最贫乏的吗？）。我们想以最真实、最基本，而且遵循笛卡尔的原则，即最简单、最不可分的事情开始。黑格尔很清楚，但它不可能是笛卡尔的我思（cogito），然而，它是一个最复杂的后期产物：它只能是**存在**，可以用来无一例外地谈论任何事情——一个可以被证伪的前提，因为它不回避任何人提出的更加简单、更加普遍的事物。

　　当我们试图思考**存在**时，这个阅读难题出现了。显而易见，它要求被思考："它不可能被体验，或被感觉所感知，或在想象中被描画：它仅仅而且只是被思考"（*EL*，par. 86；*W*，125；*GSH*，184）。它具有哲学史的权威，是埃里亚学派（Eleatics）最重要的起点，这一学派从未超越过它。但这是一种什么样的思考呢？心灵依然被卡在期望上；而且有人提醒你注意萨特对度假者面对**自然**时的惊叹所做的讥讽性描写——"对它，他们什么也想不了，因为他们对它什么也做不了"，等等。① 对**存在**也是一样：一个空虚的思考，其结果将是虚无，在这个词的所有意义上都是如此。也就是说，当你试图逼视虚无的内心时，它反过来必须是与我们看到、思考、命名的任何事物一样完整，这时，同样恍惚、空虚的冥想出现了。这种对等（它同样不能导向任何

---

　　① Jean-Paul Sartre, *Saint Genet*, New York：Braziller, 1963, 266："但是，一年里有几次，城里的那些老实人一致决定——考虑到经济生活的必要性——要改变对那个大农场的态度。在一个定好的日子，城市社会扩充了，分散到各处；其成员去往乡村，在那里，在工人们嘲弄的目光中，他们一时成了纯粹的消费者。正当其时，**自然**出现了。她是什么？不过就是我们终止了与实务的技术关系之后的外部世界而已。商品的生产者和批发商成了消费者，而消费者成了中间人。相应地，现实变成了背景；**那里**只有度假的人，就在那里，在田野里，在牛群间；反过来，田野和牛群在他面前也只是**在那里**。这就是他所谓的在生命和物质的绝对现实中感知它们。两块土豆地之间的小路足以向城里人昭示**自然**。这条路是工程人员铺就，土豆地是农民在耕作。但城里人没有看到耕作，那项工作对他而言依然是陌生的。他以为看到的是野生的植物和自在状态下的矿石。如果一个农夫走过田间，他会以为那也是一株植物。因此，**自然**出现于我们社会每个季节或每周的变化中；它反映出的只是他们虚拟的分解，他们暂时的无聊，简言之，他们付费的假期。他们在灌木丛中漫步，走过湿地，他们曾经有孩童温柔的灵魂；他们以为白杨树和梧桐树一直长在路边；他们对那些树无话可说，因为他们对它们无事可做，他们对优质的静默惊叹不已。"

归宿）的唯一好处就是刺激人们去寻找一种识别方法（charac-
terization）。而重要的是，我们只有像此刻一样有一个对立面或
一个对等物，一个二元对立的系统，寻找才真正开始：存在与虚
无，存在等同于虚无；但这是不可能的，因为它们是绝对的对
立。所以，我们到了这第一个阐述的关键时刻之一，在这个阐述
中，黑格尔将心灵确定为一个处于分裂行为中的形象：

> 如果思想中的这种对立被直接说成是**存在**与**虚无**，其不
> 存在所造成的震撼就太过巨大，以至于不能激发出努力去确
> 定**存在**，去保护它不转变为**虚无**。带着这一目的，思考转而
> 依靠为**存在**发现某种固定的预言这一计划，以此来标志它不
> 同于**虚无**。因此，我们发现**存在**等同于一直存在于所有变化
> 当中的东西，等同于**物质**，易受无穷的决定因素的影响……
> （*EL*，par. 87；*W*，127；*GSH*，86）

根据对黑格尔的"理想主义"的论述，我们可能怀疑，对
于物质概念，尤其是对于当你直接接触它时，它是否比**存在**本身
更可信，他一定有着复杂的感情。有意义的是，事实上，这类
"物质"过后会作为一种正式的范畴本身再次出现，但它在**本质
论**中是一个二元的概念（*EL*，par. 128），不能为一元论提供基
础。（尽管如此，也是在这里，黑格尔不断地对其指手画脚，而
且竭力降低它的范畴自主性，我们在后面会看到。）

所以，我们好像走进了一个死胡同，这里只剩下表象思维
（picture-thinking）：存在是纯粹物质在各种状态下的"坏的无穷
性"；或者在某种程度上，是纯粹的光（light）这一更加体面的
宗教形象；虚无是你能够想象出来的任何一种黑洞。在二者都完
全缺少内容这个意义上，无论是概念上的还是视觉上的，这些概
念都是"同一的"，对此我们或许可以接受。这两个交替使用的

术语的这种"同一性"如何同时也能提供某种形式的"统一"，这一点更难理解；而且事实上，黑格尔没有对此做太多的论证，因为他有效地利用了一种内省方式：他内省的结果是我们已经有了这样一个概念，所以没必要再制造或发明一个。的确，如果它是不能简化的（即，如果它不能被**存在**或**虚无**重新吸收），那么我们也可以令人信服地假设它本身就是一个全新的范畴。事实上，黑格尔给我们提供了两种可能性：**形成**（Becoming），在第88 段的正式文本中；以及口头评论中的**开端**（Beginning）。我们来看看后者的语言：

> 如果不理解（noncomprehension）仅仅意味着你不能**表现**存在与虚无的统一体，这其实远不是事情的真相，相反，每个人都能提供无数个关于这个统一体的"观念"［Vorstellung］；如果你一个都没有，那只能意味着你在这些观念的任何一个当中没有［再次］认出当前的这个概念，你不知道它们仅仅是它的例子而已。最现成的例子就是**形成**（Becoming）。每个人都有一个关于形成的概念而且会承认它只是**一个**概念；不仅如此，如果对它进行分析，可以发现对**存在**的规定，也是对**虚无**的规定，即存在无法回避的他者，包含在它的体内；不仅如此，这两个规定不可分割地包含其中，是**一个**概念；所以，那个形成就是存在与虚无的统一。——同样随手可得的另一个例子是**开端**（Beginning）；事物［本身］**尚不在**其开端中，但是开端并不仅仅是它的**虚无**：相反，它的**存在**也已经在那里了。（*EL*，par. 88；*W*，130；*GSH*，142 – 143）

但这是一个引人注目的转折，而且几乎没有因为黑格尔随意的话语而被削弱，的确，我们或许已经省了我们自己的麻烦，首先从**形成**开始学习《逻辑学》。因为开端及其不可能性这一问题是所有黑格尔著作中最令他着迷的中心主题，而且在每本书（或许《哲学史》本身除外吧）的开篇几页都是不可避免的，就像它在逻辑上是不容置疑的一样（如果我们能用一页或两页的篇幅来总结一下哲学化的内容，我们不会在一开始就这么做）。但是，在这里（在对某个最合理的当代理论的期待中），用**开端**本身这个重要范畴开始：这个文本从一开始就是自动指涉的，自动指涉是一个现代主义特征，它一直表示这个正在被讨论的文本在制度性和社会性方面的地位是不确定的。你还可以考虑一下可能被称作黑格尔的生产伦理的东西（甚至，如果你喜欢，这个具体文本，即《逻辑学》的生产伦理）：

86

> 打算行动的个体因此发现自己似乎处在一个循环当中，每一个时刻都预设了另外一个时刻，所以，他似乎找不到一个开端，因为他只是逐渐了解到他最初的本性，这一定就是他的**结局**（End），**从这个行为中**，同时也是为了继续行动，他一定预先就知道了**结局**。但是，正是因为这个原因，他必须立即开始行动，而且无论是怎样的情形，对于开端、方法或者**结局**都没有更多的顾忌，就是继续行动。①

列宁在四月！的确，这个行动的辩证法（其最强有力的当代影响可以在萨特的《辩证理性批判》中找到）包含了黑格尔的政治理论（远不仅是《法哲学》中关于君主立宪和宪法的论述）的核心，而且或许可以说是距离他要成为德国的马基雅维利这个宏伟目标最近的理论。所以，在黑格尔那里，以**开端**作为

---

① G. W. F. Hegel, *Phenomenology of Spirit*, trans. A. V. Miller, Oxford: Oxford University Press, 1977, 240.

开端绝对不是一个天真幼稚或一目了然的行动，而是一个完整的计划，《逻辑学》远没有实现这一计划，我们很快会看到这一点。

在这第二个时刻之后——实际上，它是最初的时刻——顺序方面的麻烦少了许多；华莱士的"在某种程度上"尚不是一个真正的**物**（我们在后面也会看到），它提供给我们"确定的存在"，并且提出了规定（determination）（质）的问题，随后，因为它是某些事物之一，又提出了数和量（这是关于存在那一部分的结尾）的问题。至于**本质论**①一节著名的开始部分的辩证法（卢卡契称之为黑格尔辩证法的心脏），我在别处已经做过详细的评论：可以肯定地说，我们在这里观察到一个运动，从外部事物到内部关系和唯有定值（determinations），它们始终是二元的：

> 在**存在**当中，关系形式的出现仅仅是［因为］我们的反思；相反，在**本质**当中，关系作为它自己的规定属于本质。当有些事物变成他者（在**存在**的范围内），它就由此消失了。在**本质**当中却不是这样：在这里，我们没有一个真正的他者，只有多样性，**一**（One）和**它的**他者之间的关系……在**存在**的范围内，相关性只是**隐含的**；在**本质**那里，正相反，它是被假定的。于是，正是这一点在一般意义上将**存在**的形式与**本质**的形式区分开来。在**存在**那里，所有的事物都是直接的；而在**本质**那里，相反，所有的事物都是相关的。（*EL*, par. 111；*W*, 161；*GSH*, 229—230）

但是在这一点上，我要以不同的方式来说这件事，目的是要考察某种非辩证或前辩证思维，甚或是反辩证的思维——"知

---

① 见我的 *Brecht and Method*, London：Verso, 1998, 79 – 81。

性"或**认识经验**——在《逻辑学》的展开过程中发挥的结构性
作用。

六

但是，收集散见于《逻辑学》整本书中对"知性"的参照
却不仅仅是锻炼耐心：这实际上揭示了一个非常不同的叙事结
构，同时也阐明了这种思维的性质，它不可能是真实、抽象的思
维，而且它一定会被当成是一种关于外在性（externality）或
"无差异"（indifference）的思想（处于感觉阶段）。但是我们必
须抵制一种时刻存在的诱惑，即将"知性"归于一种关于直接
性（the immediate）或关于**存在**本身的思想。事实上，最初关于
存在的讨论说的是截然不同的事情：

> 所以，当一切都说完、做完之后，存在就是第一个纯粹
> 的思想；其他任何或许可能被作为起点的事物（我 = **我**，
> 绝对无差异，或上帝本身）最初只是某种*被表现的事物*，
> *而不是思想*。至于它的思想—内容，很简单，就是存在。
> （*EL*，par. 86；*W*，126-127；*GSH*，139）

斜体部分是从德语"ein Vorgestelltes"（"und nicht ein Ge-
dachtes"）翻译过来的，华莱士将其翻译为"一个物质化概念的
形象"（*W*，127）。所以，从最开始，我们就发现纯粹的思想对
立于表现性或表象思维，我们还发现，这个论证运动在很大程度
上开启了将这两种精神模式区分开来的过程。是否"表象"
（*Vorstellung*）像这样完全等同于"知性"尚未确定（它同想象
的关系也不清楚）。不管怎么说，在下一段里，黑格尔继续展示
给我们一个甚至更具戏剧性的替换，在他向"物质"滑移的一

个例子中，他用"物质化概念"替换关于**存在**的纯粹思想，有关这个例子，见下文。

直到关于**形成**的讨论，我们才发现了对**认识经验**的一次直言不讳的攻击：具体来说，不仅是对"固定性"（fixity）——eine feste Bestimmung——的渴望受到指责，还有由此而产生的避免与矛盾本身相遇的企图也受到指责。

> 理解这个抽象活动是一种由于强力而对**一个**确定性的附着状态，它努力要模糊或删除包含在它之中的另外一个**理解**的意识。（*EL*，par. 89；*W*，133；*GSH*，145）

跟在后面的句子直截了当地承认了这种"意识"，这一意识愿意将另一个确定性看作是关于矛盾的一种意识。在这里，我们因此可能处在一种实际上的原弗洛伊德（proto-Freudian）运动当中，"早于字母"（*avant la lettre*）将对矛盾的压制等同于"知性"的驱动力之一，同时矛盾移位到存在某种单独的、稳定的规定或质这个假设上。

在这个阶段，似乎很难确定哪一种动力是最初的——是到最后几乎清晰可见的某种明确的知识的动力，还是焦虑在面对矛盾及其不稳定性时的动力。这两件事当然可能是一件事，是同样的事，但即便如此，它们还是提供了两种明显不同的方式来思考"知性"及其功能和动机，并因此要求有某种解决办法。同时，很显然，在**存在**的某个概念的进化中，这些早期阶段将对思维构成特殊的陷阱，形成"知性"大力投入的诱惑：尤其是因为"质"的领域是一个独特的领域，在其中，"单独的固定的规定性"可能有效地并且是固执地阻拦所有进一步的发展。

但是，现在，我们窥到了"知性"的另一个"属性"，因为它偶然出现在关于现实性和理想性的讨论中。

　　现实性与理想性通常被看作是一对规定性，它们彼此相遇时都保持着同样的独立性，因此，人们说，除了现实性，"还"有一个理想性。但是理想性不是在现实性之外或脱离开现实性而给出的某种事物……（*EL*，par. 96；*W*，141；*GSH*，153）

　　所以，是那个"还"被做了否定性标示，并且吸收了形形色色的外部混合物、补充物、"和"的种种用法，等等：实际上，在这一点上，有人想知道是否德勒兹对形式的纯化这一点——"和……和"① ——在其强烈的反黑格尔主义方面不是明确地出自这个黑格尔式母题。

　　我们几乎马上还会回到这一点，但这次返回来是结合了先前的母题，而且是在这样一个时刻，即到了古典哲学中的原子主义（Atomism）阶段，黑格尔更广泛地与科学家发生接触。他称赞他们，因为在他们所发现的**吸引**和**排斥**之间的相互关系中包含了辩证法的细微差别，但他几乎立刻提出他们对于这个发现理应感到的自豪是放错了地方：因为在古人用原子代替分子的过程中，"科学已经离感性概念更近了，所付出的代价是思想失去了规定性"（*EL*，par. 98；*W*，143；*GSH*，155）。"感知的现在"（"Das sinnliche Vorstellen"），这个德国人说（而且出人意料的是黑格尔警告我们有更大的危险牵涉其中，因为正像他指出的那样，关于原子及其力量的问题是一个在当代政治理论中依然发挥作用的潜在隐喻；他可能还补充道，它的表现问题绝对与使它本身成为纯粹的物理过程而非形而上过程的理论或哲学内容一样有意义）。这在任何意义上都是表象思维能够威胁对立思想，也可

---

① Gilles Deleuze and Félix Guattari, *L'Anti-Oedipe*, Paris: Minuit, 1972, 11 – 12.

以说是二元概念的第一时刻：在此过程中，现代科学本身被指责
为表象思维，而对其他各种现代思维（政治的意识形态）的分
析，结论是它们自身内部具有更深刻、更具形而上意义的表象
思维。在这一点上，黑格尔的诊断已经非常接近于意识形态分
析本身，而且物化这个后者的优先主题也已经开始抬头并且将
得到认同。

　　这种物化再次与**认识经验**达成同一，与此同时，它的概念难
题也得到强调。

　　　　正是抽象理解确定了多（the many）的时刻，多以原子
　　的形式包含在为自身存在（being-for-itself）这一概念中，而
　　且抽象理解坚守着这一时刻，似乎是坚守着某种最后的事
　　物……

　　"抽象的"理解现在有针对性地成为这种能力的名称，但
是，它仍然需要表象思维来"固定"（*festhalten*）它的概念。黑
格尔继续补充道：

　　　　正是同样的抽象理解在目前这种情况下，因为考虑到外
　　延量（extensive magnitude）的一种形式，也是唯一一种形
　　式，与没有受到任何偏见影响的感性认识和真实意义上的具
　　体思维发生抵触。（*EL*，par. 103；*W*，152；*GSH*，164）

　　或许，它成为阻碍帕斯卡的"敏感性精神"（*esprit de fi-
nesse*）在其轨道上前进的绊脚石并非偶然：他讲到一个极端世故
并且是"上流社会的"（mondain）的朋友（毫无疑问就是舍瓦
利埃·德梅瑞［chevalier de Méré］）如何理解不了无限分割性。
反过来，帕斯卡对不能理解彻底性所感到的震惊使他详细地阐述

了敏感性精神与几何学之间的对立这一理论。如果如吕西安·戈德曼（Lucien Goldmann）所认为的那样①，帕斯卡是辩证思想的伟大先驱，那么，这种巧合就非常有意思，并且对于辩证法而言，它也证明对错误的论述与对真理的论述一样占据着中心地位。

　　利用数（number），我们获得了某些思想形式的第一个外在性概念：它更具悖论性，因为关于数，黑格尔想要证明的绝对是它的理想性，以及它的概念性所跨越的距离，它要跨越完全有限的、物质的或外部的现实。但这恰恰是辩证法的逻辑：面对一个以自身为参照被分割的现象，来证明所思考的理想性仅仅是外在的，继而证明那个被隐匿的理想性本身的外在性。这是一种诊断机制，它揭示了深层的、隐而不见的结构上的相互关系，但是，不能将此处分裂的事物重新统一于其一身。（如果说这样的重新统一在后来的某个时刻发生，这本身就是悖论的，因为后面的时刻应该不同于这个时刻。）整个过程或许可以通过量的讨论的"结束"得到说明，这个结束也是关于**存在**本身这一部分的最后 90 时刻：因为黑格尔在此声明**尺度**（Measure）是数的秘密的终极目的：

　　　　无论何时，在我们关于客观世界的研究中，我们都陷在量的各种规定性中，在所有的情况中，我们所看到的尺度都是我们的操作目的。（*EL*, par. 106；*W*, 157；*GSH*, 169）

尺度不完全是理想性与数的"综合"，对黑格尔辩证法的机械阅读可能导致我们有此期待：它就是数之间纯粹的关系，一种无疑可以用数来表达的关系，但并非其自身与一组事物相对应。

---

①　Lucien Goldmann, *Le dieu caché*, Paris: Gallimard, 1959.

有了纯粹的关系，我们在关于有限性的思维中便触及一个确切的
界限，这个界限（像往常一样，与黑格尔的界限或边界相同）
已经使我们超越了**存在**王国而将我们置于**本质**王国，在那里，所
有的事物都是纯粹的关系（**本质**王国因此与普遍被庸俗地当作
辩证的东西相对应，但是也同结构主义所探讨的所有对立相对
应，从列维—施特劳斯到格雷马斯）。这也是从直接到中介的过
渡："在**存在**当中，所有的事物都是直接的，在**本质**当中，所有
的事物都是相关的。"（*EL*，par. 111；*W*，161；*GSH*，174：*GSH*
将 "relative" 译为 "relational"。［relative：相对而言有关系的；
relational：相互有关联的。——译注］）

　　现在，或许应该回顾一下我们到目前为止对"知性"所做
的描述：我们发现它常常要依靠表象思维（Vorstellung）这个拐
杖，尽管它与后者并不一样；而且用同样的方法，通过将事物限
定在具体或不变的规定性（"固定性"）上，它希望消除"真实
思维"（**总念**或**概念**）的躁动或不安。同时，它是一种关于分裂
和外在性的思想，一种镶嵌在有限性上的思想；它也是一种关于
直接性的思想，而且不受任何复杂的中介过程的影响。我们已经
使用了更现代的术语"物化"来描述**认识经验**，它丰富了我们
对于物化的使用和这个概念本身，但也为黑格尔做了补充（不
仅强调了他的现代性）。因此，对于处理外在性王国和相当于**存
在**本身的"客观性"方面，"知性"似乎是唯一一个应优先考虑
的思想模式，除非当我们在完成了其他部分之后，在我们将
"知性"丢在身后的过程中，我们在"更高的"层面上重新思考
那一王国。

　　因此，打个比方，在关于**存在**的部分，我们遇到了华莱士用
他那苏格兰风格的语言所称的某物（the somewhat）。它就是我们
通常所谓的**物**（Thing）：一种有特性的具体存在。但是，"知
性"没有办法在这一阶段思考具有如此复杂的哲学意义的任何

事情，只有存在和质的"概念"。因此，某物只能被描述为一种具有特殊的规定性（质）的存在。我们不得不穿过**存在**（在存在中，那个某物至少竭力要变成一个**一**［One］）进入本质之后才能遇到作为一个范畴的物（*EL*, par. 125）：这也不是一个停止点，但是，这个新变体的优越性在于这样一个事实，即它不断地凸显它自己本身的哲学困境和矛盾，亦即哲学手册最开始的那些困境和矛盾——**物**是一个盛得下各种不同特质的容器吗？如果是，它们彼此间的关系又是什么？而且它真的能够作为容器独立地存在而没有任何被盛装的痕迹吗？等等。在此，**物**作为一个范畴或**本质**的时刻将我们的注意力引向我们内心的精神过程以及这些过程的相互关系：而不是简单地指向它所是的任何东西？

在最后关于**总念**（或**概念本身**——*Begriff*）的高潮部分，先前的**物**不再拥有这样一个名称，它已经是存在的，而且是我们在思考的任何现象。但现在，它被理解为一种"思辨的"综合，一个存在与思想的统一体。"一切事物都是一种判断"，黑格尔在他关于传统逻辑的形而上意义的论述中如是说。（*EL*, par. 167）在他关于概念的新语言中，每一种现象都是**普遍性**、**特殊性**，以及**个别性**的统一（*EL*, par. 163）；而且事实上，我们也有理由说先前的**物**，那个某物曾经在某种程度上演变成的东西，现在已经成为一个**个体**。那么通过回顾，**存在**王国是一个独一无二（各种质）的王国，一个**本质**的王国，**普遍性**（这些范畴本身的运动）的王国，而且**概念**这个最后的世界现在终于成了由各种个体性组成的真实世界，这些个体性既是物质的或有限的，又是理论的或哲学的，既是客观的也是主观的。黑格尔所谓的思辨性恰恰是这种"形而上的"赌博，即客观性和主观性——斯宾诺莎称之为广延性王国与知性王国——是一体的。

但是，这并没有真正说清楚"知性"的地位。它也可以是日常生活的思想和语言，不一定非要我们达成一致，认为即使对

91

那个王国来说，它也是充分的（就像康德在第一部《批判》当中所做的那样）。但我们也不能说它就等同于错误，并因此试图在某种绝对的、自杀式的精神化过程中将其彻底清除。如果我们仍处在神学寓言当中，我们可以称"知性"为这个堕落的世界的永恒法则，这个世界是永远的诱惑和错误的根源，对此我们只能是保持警惕而已。这种警惕无疑就是黑格尔的哲学概念，与平常人的精神生活相对：一种行会的或专业的自我辩白，借此我们接触到某种真正的黑格尔意识形态的边界。

七

但是，我们来看在接下来的王国里，即**本质**王国里，"知性"如何被处理：第113段给我们提供了一些精确的说明：

> 在**本质**当中，自我关联（relation-to-self）是**认同**的形式，是**内向反思**（*inward reflection*）的形式。这种形式取代了存在的**直接性**；二者都是对自我关联的抽象化。感觉知识认为所有受限的和有限的事物都是［简单］存在的某种事物而已，感觉知识中思想的不在场变成了理解的固执己见，它将所有有限的事物都当作是与自己一样的事物，［而且］在内部不与自己发生冲突。（*EL*, par. 113；*W*, 165；*GSH*, 178）

这一解释现在为"知性"提供了略微体面些的凭证，因为它终于同 *Sinnlichkeit* 区分开来（华莱士将后者简单地翻译为"感觉"［*W*, 165］，这当然更精确），*Sinnlichkeit* 现在看来似乎与感知与感觉的自觉王国（conscious realm）没什么区别，附带地，存在本身在这里被丢在身后。现在我们有了顽固性或固执性，这毫无疑问是人和个体的特征，而且我们还有了一种认同感——先前的"固定性"——它只是从表面价值上理解这个词：顽固的死板，听不见任何关于矛盾的东西。因此，较之从前更加开放的是"知性"或认识经验成为一种在**本质**的门槛上设置障碍的力量（在那里，内部矛盾将是这个地盘的唯一法则）。或许，我们现在可以比这走得更远并且表明在这里"知性"能够争取到日常语言的支持，这种语言与一种方法是一致的，对这一方法而言，认同是一回事，而差异是另一回事：但这是一种态度，它也会在**本质**王国里继续保有某种必然的关联，在这个王国里，每一个时刻都固守着自己的可识别性（identifiability）。我们因此可以在这里说一下**反省理解**（*reflective understanding*）：

> 它假定差异有其自身的立足点，同时也明确地肯定了它们的相关性，但仍然将这两种说法组合起来，用一个"也"将它们并列或者一个接一个地放在一起，而没有将这些思想合而为一，或将它们统一为观念。（*EL*，par. 114；*W*，166；*GSH*，179）

那么，**认识经验**是一种根据自己的元素改变其概念力量的适应一切的变色龙吗？先前它被称为抽象理解，现在，在这个反思的王国里，它已经接受了后者的特性，在考虑新现实时，它没有以任何方式使自己不再"与这个概念不对等"或表现出明显的不充分：它成为自反的——"顽固地"——目的是在一个更高的层面上避免同样的本体论焦虑：暂时性（"躁动状态"），矛盾，其本身就是某种力量的否定因素，最后是纯粹的关系性（relationality）。

本质王国以两种明显不同的方式表现出相关性：一种是熟悉的二元对立，结果是**同一性**在某种意义上与**差异**"一模一样"，或至少提供了一种景象，即一个持续地变形为另一个。另一种基本的关系性仍然保持着二元状态，不过是完全不同的一种形式，这已经在"**本质**"一词中有所预兆：这是内部与外部的辩证法，本质与表象的辩证法，力量与表达的辩证法。在这些对立的第一种当中，**认识经验**希望有一个物**或**另一个物，一个物与另一个物一起（和……和），它希望坚守非矛盾法则（*EL*，par. 119）作为其第一道防线。对第二种关系性而言，说它是一种以"物自体"（thing-in-itself）为中心的感觉迟钝会更贴切（而且也将为与康德的另一次擦边撞击提供机会）：在这里，**物**的辩证法（上文有所描述）将发挥作用，而且很清楚的是，**认识经验**（包括常识）要对它加以制止："如果我们坚持一个客体'仅仅是自体'（mere-in-itself），我们了解的就不是它的真相，而仅仅是抽象化的不充分形式。"（*EL*，par. 124；*W*，181；*GSH*，194）（要记住的是，对康德的责难是，他在某个**本质**出现时停了下来，尽管是一次不为人知的停留；而精神并没有在那里止步。）在这一点上，更加清晰的是，"知性"对"固定性"及纯一决定性的坚持首先是对黑格尔逻辑的时间过程的抗拒。

　　但是在我们已经有所预料的关于**物**的讨论中间出现了一个对**物质**的观察，它对于梳理黑格尔的理想主义（以及它可能在多大程度上被认为是唯物主义的）问题至关重要。要记住，**物质**第一次露面是作为单纯的**存在**本身的一个二流替身，将后者降格为表象思维（在很大程度上类似于希尔伯利尔［Silberer］对各种抽象的形形色色的形象内容的研究，它们引起了梦的解析的发现者的极大兴趣）。① 在这里，在本质的王国里，物质再次出现，但它本身已经是一个羽翼丰满的范畴（*EL*，par. 128），在这个

---

① Sigmund Freud, *The Interpretation of Dreams*, Vols. 4 and 5, London：the Hogarth Press, 1953, 344 – 345.

王国里，显而易见，物质与形式之间的对立将十分合乎逻辑地在表象与本质的辩证法的不同变体中取得它的地位（其他的变体是**整体与部分，力量与表达，相互性与因果性**）。但是黑格尔始终坚持这一范畴或时刻的暂时性：他不能毫无保留地指责它是矛盾的，因为在这个意义上，他的所有范畴都是矛盾的，但他确实曾经再次将其等同于康德的"事物本身"（*Ding-an-sich*）（一个严肃的谴责）。这个讨论如下：

> 物所包含的不同物质可能是彼此相同的。因此，我们得到了一个普通意义上的**物质**，差异明确地以一种赤裸的形式附着在其外部。这种理论认为，周围所有的物在最底层都有一种完全相同的物质，至于形式仅仅是外表不同，持这种观点的理论与反省理解不谋而合［是（sic）！］……可是，应该注意到一块大理石仅仅是相对地可以不理会形式……所以，我们说，是理解的抽象化将物质隔绝开来，使其成为一种特殊的自然无形式（formlessness）。因为，确切地说，物质思想包括无处不在的形式原则，所以无形式的物质根本不会在任何地方出现，甚至在当下的经验［auch in der Erfahrung］也不例外。（*EL*, par. 128；*W*, 189；*GSH*, 197）

"甚至在经验中"：黑格尔在此对物质的轻蔑无疑将再次确定唯物主义者对他的理想主义的轻蔑：尽管我们在别处已经注意到伯克利主教（Bishop Berkeley）对物质概念的类似谴责很清楚是在挽救并保存身体的感觉和感知的鲜活性与独特性。

不过，当**认识经验**沿着**本质**的梯子向上移动时，更重要的错误正在等待着它——在它打开门进入**总念本身**的王国之前——在**现实性**（Actuality）（以及斯宾诺莎的实体［Substance］）的范畴中达到其高潮，二者后来都成为那个**基础**（Ground）的变体，凭此基础，**同一**与**差异**的辩证法达成圆满（从二元交替移至那个另外的结构，我们随意地将这一结构的特征描述为外部与内部，表象与本质）。但即便"知性"接受了这种概念性，它也必然是误解了它：

> 认为本质只存于内部是反省常犯的错误。如果作此理解，甚至连这种看它的方式也是纯粹外在的，而那种本质就是空洞的外部抽象……应该说，如果自然的本质曾经被描述为内在的部分，那么这样描述它的人就只了解它的外壳。（*EL*，par. 140；*W*，197；*GSH*，209）

我们需要在这一点上稍作停留，问一问我们自己，"反省"本身多大程度上牵扯进了这些指责当中——朝向这一新的**本质**王国的特殊运动似乎与**存在**王国的外部逻辑截然不同；或者也许应该说是牵扯到这一漫长的对"知性"或**认识经验**的控告当中。黑格尔在此不得不保持一种微妙的摇摇晃晃的平衡——以确保避免"知性"和"理性"（Vernunft）之间某些纯粹的二元对立或伦理对立，如简单的恶与善，或否定与肯定（错误与真理）。换言之，反省思维是一种进步，它超越了单纯的外在性和固定性——物化——因为**存在**王国而得以持久：但是，当我们接近适宜于**总念**的思想时，它依然坚持自己独特的误解。（第一个王国是单一思想的王国，第二个是二元的王国，第三个是由**普遍性**、**特殊性**、**个体性**配置而成的王国，这么说可能没有多大的帮助。）黑格尔也不能允许我们在**本质**的二元系统内裹足不前（同样地，托尼·史密斯［Tony Smith］也看出那些对马克思的误读是由于将资本主义当作**总念**的王国而非**本质**的王国）①，而且关

① Tony Smith, *The Logic of Marx's "Capital"*, Albany：SUNY Press, 1990.

于对内部或本质的纯粹的外部理解，以上论述现在显示出更加强烈的辩证复杂化（或复化［complexification］），这是阻止这类毒害所必需的。

因此，当我们终于将**可能性**放在它自己的位置上（相对于**现实性**）并且证明了这样一个（在根本上是政治的和历史的）观点，即**现实性**（*Wirklichkeit*）优于单纯的**可能性**，这时就必须有一个更加精密的框架。"所有的事情，"黑格尔以横扫一切的嘲讽口吻声称，"都是不可能的，就如同它们是可能的一样。"（*EL*, par. 143；*W*, 203；*GSH*, 215）但是，对这一范畴的分析与批评所产生的毒害暴露出"知性"积极活跃的影响和操作：

> 可能性实际上是自反省（reflection-into-itself）赤裸裸的抽象化——先前所称的**内向**（Inward），现在它只是被当作表示外部的内向，所以从现实中提升出去，而且因为某个纯粹假设的存在，所以，毫无疑问，它应该仅仅是一个差强人意的模态（modality）而已，是一次不成功的抽象化，用更具体的话说，它属于主观思想（*W*, 202）。我们的表象思想首先希望在可能性中看到更丰富、更全面的范畴，在现实性中看到更贫乏、更狭隘的范畴。据说，所有事情都是可能的，但是所有可能的事情由于这个缘故却是不现实的（actual）。然而，在真实的真理中，如果我们将它们都当作思想加以处理，现实性便是更全面的思想，因为正是具体的思想包括了作为抽象元素的可能性……一般而言，正是空洞的理解纠缠着这些空洞的形式：而哲学在这个问题上的责任就是说明它们是多么地空泛，多么地无意义。一件事情是可能还是不可能在总体上有赖于主题（subject-matter），即依赖于现实性中所有元素的总和，现实性在将自己展现出来时便揭示出它自身将成为必然性。

凭借现实性和必然性——或更确切地说，因为现实性就是必然性——我们来到斯宾诺莎的实体，在这里原因和结果是一回事（*causa sui*），而且同样遇到了对"知性"的各种抗拒："理解对实体思想的不屑一顾与它随时准备使用因果关系一模一样"（*EL*, par. 153；*W*, 216；*GSH*, 229），它没有把后者看作是一个时间问题，而是看作一个静止的、空间的问题——"而原因和结果在它们的总念中是相同的，这两种形式将它们自身分开展现，这样一来，尽管原因也是结果，而结果也是原因，但是，原因与结果的联系不同于结果与原因的联系"，等等。坏的（或空间的、附加的）无限性在这里出现，在我们获得**总念**本身的时刻出现，当然就成了揭露"知性"的各种局限的标志，**总念**是
96　"一种无限的形式，属于无边的活动，好像它是所有活力的'起点'（*punctum saliens*），因此是自我区别的（self-differentiating）"（而对认识经验而言，它"仍然立于它自己的静止不动之中"）（*EL*, par. 166；*W*, 232；*GSH*, 245）。

八

总念的结构——将它的名称赋予那个整体计划的东西——是传统逻辑的结构：判断以及三段论，其更深层的"哲学性"内容在此被黑格尔以他揭示数与数学的哲学性内容所采用的方式加以展现。逻辑判断正是在这个意义上不是关于各种事物的单纯命题或陈述（*EL*, par. 167）；相反，它是一个时刻，在此时刻，"个别的就是普遍的"（*EL*, par. 166）这一点变得清晰起来，而且主语和述语的更深层统一意味着，事实上，"一切事物都是一种判断"（*EL*, par. 167）。那么，判断展开就可以成为它的更大的形式，即三段论，在这一形式中，正如已经注意到的，普遍

性、特殊性、个体性构成三角关系并且相互认同（那么，亚里士多德逻辑的不同形式便可以按照这样不同的结构组合用这三个名词进行分类了）。

与判断相似，三段论也存在于这个世界上（不仅存在于我们的头脑里和思想里）。但是，只要判断在外部世界里只是一个事物，那么将三段论理解为一个事件似乎更贴切。

> 三段论的这几种形式使它们自己在我们的认知中被不断地感觉到。如果任何一个人，在一个冬天的早上醒来，听到街上马车咯吱咯吱的响声，就因此得出结论说晚上冰已经结得很硬了，他就已经完成了一次三段论的操作——这一操作每天都会在不同的条件下重复。（*EL*，par. 183；*W*，247；*GSH*，260）

但是，在现实中，很多年以前，就是在柏林的清晨这样一个特定的世界中，三段论得到了一次运用。

这一过程的第三个时刻，**理式**（Idea）因此就是"无限推论"（*EL*，par. 214），它可以有形形色色的特征"理性……主体—客体；理想与现实的统一，有限与无限的统一，灵魂与身体的统一；其现实性存在与自身的可能性；根据这一理式，自然只能被看作是存在物（existent）"，等等（*EL*，par. 214）。（我们已经观察到，"无限"不是在任何自然规律的或宇宙哲学的或浪漫的意义上加以理解，而是被理解为不属于有限王国的事物，或换言之，就是自我意识和理想性。）

97

后面我会讲到为什么在我看来这第三个王国对现代人来说是《逻辑学》中最没趣的一部分：但我们在此马上要完成的任务是明白**认识经验**，更不必说错误了，可能适合什么地方（或它的运作如何被改造以适应这个新视角），即使在这个最高层面，**认**

识经验也可能使错误长存下去。所以如果我们发现上面引用的列举后面跟着这段话，就不是一点意思都没有了："所有这些描述都是相关的，因为**理式**包含了所有的理解关系，不过是在它们无限的自我回归和自我认同中包含了这些关系。"所以，最终，**总念**所有看似新的范畴都将被理解并被庸俗化；都会被"知性"按照它的风格加以理解和庸俗化：所有的形式在我们的眼前经过，成为**存在**并继而成为**本质**。从讽喻的角度讲，这个包括不同层面的系统似乎被重新组织成为一种螺旋状，正是以这种方式，《逻辑学》必然一次又一次地经过每一个点，但是以某种"更高的"形式经过。(但丁的《神曲》的结构在这里不是一点关系都没有，他的三个王国和圣歌与黑格尔的系统完全一致。)

但是在那一意义上，"知性"或**认识经验**不完全对应于某个更低的层面：它在这个层面上就如同在他处一样，总是错误的根源(对黑格尔而言，它被理解为错误始终是真理的一个阶段并且一直是后者的一部分)。我们现在需要在结论中加以简单考察的是，它在**总念**层面上的表现形式以及它在那里不能"理解"什么。

最清楚的是第一种形式即传统逻辑本身的形式，黑格尔轻蔑地称其为"理解的三段论"(*EL*, par. 182)：换言之，亦即各种命题的整个精密的纵向排列，这些命题对逻辑而言流传了一千年并且是通过死记硬背来掌握的。

> 存在的三段论仅仅是一个知性的三段论，至少因为它听凭个体性、特殊性、普遍性在抽象意义上相互交锋。在这个三段论中，总念是自我疏离(self-estrangement)的最极端。(*EL*, par. 183；*W*, 247；*GSH*, 259)

既然如此，在这里，"知性"甚至更强烈地表现为一种分裂作用：每一种事物都各在其位。依照它自己孤立的、与众不同的性质，所有事物之间的各种关系都在这些事物各自存在这一事实之后才发生，表现为可能存在的最表面的方式。或许有人会说，在这里，**认识经验**最初的错误就在于它取消了中介，黑格尔这样慷慨地描述它在三段论中至关重要的作用：

> 在其动力元素的理想性中，三段论过程或许可以描述为基本上包含了对其特性的否定，三段论的道路就是通过这种否定得以延伸，好比中介过程通过悬置中介来延伸一样——不是让这个主体同另一个主体结合，而是与一个被悬置的他者结合，98一言以蔽之，与它自己结合。（*EL*，par. 192；*W*，255；*GSH*，267）

而且在其他地方，他将这种中介的特性描述为一种转向运动，由此，这三个概念的每一个都变成了连续的中介：

> 在此，我们看到特殊性成为个体性与普遍性之间的中介均值（mediating mean）。这给出了三段论的基本形式，先前考虑过，三段论的逐渐具体化在于这样一个事实，即普遍性与个体性也占据均值所在的这个地方。这再一次为从主体性向客观性的过渡铺平了道路。（*EL*，par. 181；*W*，245；*GSH*，257）

认识经验不仅在定义上可以掌握这种过程，它还倾向于将其不同的分裂部分和各种外在性组织起来形成一种总体的二元论，而**总念**的"思辨思维"的一个重要使命，就是驳斥这种二元论：

> 认识经验的**逻辑**……相信思想只是一种主观的和形式的活动，而客观事实会有一个分裂的、永久的存在，它与思想交锋。但这种二元论是一种半吊子真理：在不追问其起因就

接受主体性和客观性这些范畴的程序中缺乏一种智慧。（*EL*，par. 192；*W*，255；*GSH*，267）

事实上，黑格尔继续道，这类分裂使**理解**的逻辑被贬低为某种机械关系的形式，不过是依照逻辑将更特殊的事物包含在更抽象或更一般这个名下：

> 认识经验的抽象普遍性……仅仅**下摄**特殊性，因此将它与其自身联系在一起：但并非从其本质上拥有它。（*EL*，par. 204；*W*，268；*GSH*，280）

但是我们在这一点上已经获得的主观性：

> 有它的总念、推论，以及三段论等功能；并不像一组空荡荡的隔间，要靠各自独立存在的客体来填满。因为主观性本身是辩证的，它打破了其自身的障碍并且通过三段论发展成为客观性，这么说可能更符合实情。（*EL*，par. 192；*W*，256；*GSH*，268）

用**总念**的滔滔洪水这个前景结束关于知性以及对它的误解的讨论无可厚非的。然而，最后再对这些加以总结或许也并非完全多余：

> 认识经验声称自己要处理**理式**，所以造成了一种双重的误解。它**首先**从**理式**的极限入手……似乎这些极限仍然是**理式**之外的抽象概念。它依旧误解了它们之间的关系……因此，例如，它甚至忽视了判断中联系物的性质，这一联系物证实了个体，或主体，归根到底不是个体性的，而是普遍性

的。但是，**接下来，认识经验**却相信**它的**"反省"——即自我认同的（self-identical）的**理式**包含着其自身的否定性，或包含着矛盾——是一个不在**理式**内部的外部反省。但是这一反省真的绝不是**认识经验**独有的巧妙之处。思想本身就是辩证法，它永远在划分并且将自我同一性同差别化（differentiated）区分开来，将主体同客体区分开来，将有限同无限区分开来，将灵魂同身体区分开来……（*EL*，par. 214；*W*，277 – 278；*GSH*，289）

所以，经验主义和康德的形而上学都被揭开了面纱，它们就是"知性"的不同时刻，因为它试图首先适应存在王国，继而适应本质王国。

黑格尔对"知性"的分析——如此细微，又如此广博——因此证明是他对某种更严格意义上的马克思主义物化理论最重要的贡献。对于马克思的黑格尔主义，我们确实已经做了很多研究——否定的和肯定的；但是，这一过渡对我来说似乎没有给仍然买卖兴隆的磨坊带来更多的谷物，即使磨坊的技术已经过时了。我宁愿对现在的各种目的提出一个更加不同寻常的看法，即黑格尔的马克思主义。这片事实上从未被开发的大陆当然会包括辩证法本身，而且它还会在卢卡契在伯尔尼对古典政治经济学的形成研究所做的开拓性工作中，在《青年黑格尔》中得到发展。它肯定试图对亚历山大·科耶夫（Alexander Kojève）曾引人注目地提上日程的**主人/奴隶**辩证法进行重新评价。但我愿意认为，在这个消费主义和世界市场的时代，物化同样可能引起某种注意。①

---

① 关于它在实践和政治方面的意义，见"实际存在的马克思主义"，下文第15章。亦见 Timothy Bewes, *Refication*, London：Verso, 2002。

　　然而，哲学家们很少提供给我们意识形态的概念，尽管黑格尔坚持错误的存在及其无处不在（还坚持错误具有生产力）有这方面的提示。如果我已经将**总念**（或绝对精神）及其在生命主题中所占据的巅峰位置描述为针对黑格尔系统的一个更加彻底的意识形态范围，这是因为——按照卢卡契在《历史与阶级意识》中的哲学分析①——这最后的时刻给人的印象肯定是一种意识形态的"遏制策略"，这个策略是专为给一个系统加冕，专为完成这个系统而设计的，该系统试图复制一个尚未实现或尚未完成的总体性，即世界资本主义的总体性。既然如此，也是在这里，本着那些通过失败而获得成功的现代主义经典之精神，黑格尔的"总体性抱负"在不成熟的情况下为他的马克思主义提出了一个建议。

---

　　①　意识形态分析作为一项哲学包围战略是卢卡契最重要的一章 "Refication and the Consciousness of the Proletariat" 的成就。Herbert Marcuse 很久以前便论证了黑格尔系统的不成熟闭合与黑格尔于拿破仑战败之后发现其自身的不完整历史环境之间的建设性联系。

第三章

当代黑格尔批评家

现在我们需要简单考虑一下外界对黑格尔的各种反对意见，也就是说，回顾一下最著名的反黑格尔派的基本立场。他们也会在我们自己的各种看不见的前提以及"时代精神"（*Zeitgeist*）本身的经纬度等方面给我们以教益。我选择了三位非常著名的反对辩证法的人士——德里达、德勒兹和布朗肖（如果不是福柯的话）——因为最好是搞清楚为什么我们时代这些最具创造性的哲学家认为辩证法对他们的目的（部分肯定也是我们的目的）而言已经没有了生产性，而不是避开来自人云亦云者的零星冲击，或考虑对抱怨英美逻辑不连贯性的说辞发表看法。既然如此，这里提到的三位作者会让我们再一次审视三个关键问题：中介问题、否定性问题以及外在性问题。

一

辩证法是邪恶的吗？或者仅仅是不全面的？持这种观念的理论家们倾向于采纳第一条（他们没有意识到在何种程度上这种观念已经因为冷战而成为时尚），他们使用了著名的总体性（totality）概念（此概念广为人知的恰恰是极权主义［totalitarianism］这个含义）。第二种观点似乎更令人尴尬，因为没有人愿意承认他们理解不了某些东西，尤其是在这样一个时代，难懂的文本（理论上晦涩的文本显然已经取代了文字上佶屈聱牙的文本）推出了诸多的珠穆朗玛峰让那些雄心勃勃的人测量。你当然可以说是文本本身令人无法理解；但即使这一点也同样引发疑问。你必须得说明文本不能实现意图，不能解决其问题，或者不能做它声言要做的事：某种众所周知对文学文本不可能的事，这些文本的意图要根据事实进行重构，而且文学文本永远不"知道自己想的是什么，直到它们明白自己说的是什么"。但哲学在这一方面恐怕有所不同。

现代哲学，无论怎样讲，日益看重成功的表述，似乎仅仅把事情想明白还不够，你还得为这个新近成功的思想创造一种合适的语言或表现方式。或许真的像文学作品一样，思想及其语言表述之间的差异已经慢慢地消失了。然而，某种抽象的目的还在那里，它先于思想和语言一类的事物：胡塞尔想要思考，也就是说，想要表达并系统阐述涌现（emergence）。所以，如果能够表明他没有做到这一点，就已经有了一种批评。

这就是德里达 1954 年在他的"硕士论文"——《胡塞尔现象学中的起源问题》（*Le problème de la genèse dans la philosophie de Husserl*）中打算做的事情——这篇论文出版了，只是有些好事多磨，到 1990 年才出版。这想必是因为这个年轻人的文本反映其时刻和背景——萨特的存在主义最风光的岁月——的方式，也就是说，当时是存在主义马克思主义和辩证法最风光的岁月（西方马克思主义就是这样理解的）。德里达的著作也是一个"辩证的"文本，它向陈德草（Tran Duc Thao）对胡塞尔和马克思主义所做的颇有影响力的综合表达了崇高的敬意①，结论是不

---

① 见 Tran Duc Than, *Phénoménologie et matérialisme dialectique*, Paris：Minh-Tan, 1951。

明白——假如胡塞尔对涌现或起源的不断攻击是无限的倒退，而每一个新的变体不过是将这个问题又向后推了一些——他为什么没有求助于最明显的解决办法：被称为中介的辩证工具。

在这项杰出的研究和德里达出版的第一本著作（还是关于胡塞尔的）之间，13 年的时间过去了，这期间，50 年代已经被60 年代所取代，萨特的时代走到了尽头，对"辩证法"的召唤已经从德里达的书页中消失。在那段时间里，德里达是否有可能慢慢开始揣摩黑格尔的范畴，与胡塞尔的范畴一样，它们其实不是思维的形式，而仅仅是表明有思想的意图，但最终却没有思想？《丧钟》（Glas）① 是这一问题的答案，而且的确是一个非常实质性的答案，在一个广大的范围内对黑格尔的文本提供了耐心细致的评论，从早期的神学作品到《百科全书》，从《现象学》到《法哲学》。这些评论旨在揭示在所谓的扬弃（Aufhebung）活动中究竟发生了什么（拾起来，保留的同时又取消和否认，德里达自始至终很有意思地将其翻译为 relève），扬弃即所谓中介活动的强形式（strong form），他提前十年就从这个角度来研究胡塞尔了。那么，解构在这里如果不是证明文本依然存在的话，它便意味着一种彻头彻尾的治疗工作以及对扬弃的消解。

诚然，《丧钟》似乎同时还发挥了很多其他作用：它两根并立的柱子（column）反对因循守旧者和反叛者，黑格尔和热内（Genet），"家庭"（familias）和同性恋，政府官僚和罪犯，哲学与文学，思想和语言——所有这些，可以说，都缠绕在花与阴茎、宗教与阵营这类孪生母题上。文本并非直接相互回应。福克纳曾经将两篇被拒的故事底稿作为交互的章节组合成单独的一本书；但对德里达而言，不大可能遇到这样的出版问题。我们还没有提

① Paris：Galilee，1974. 除非另注，本文所有的页码都指的是这本书。后面对 Glas 一书的参考均标注为 DG，所有的翻译都出自作者本人之手。

及那个核心问题：婚姻（热内是个弃儿，或至少是个孤儿，黑格尔有一个私生子和两个婚生子）。对黑格尔的评论将主要与《法哲学》中讨论家庭是市民社会及更高一层国家的前厅（antechamber）这部分有关。事实上，它将证实扬弃与家庭是相关联的，的确，前者在某种程度上是一个"家庭的"（familial）概念。除此之外，在最普遍的意义上，它表示这两个思想或母题通过否认（subla-tion）联系起来——一方在被取消的过程中同时被拾起来成为另一方——彼此之间的关系并不比父母与一桩婚姻的关系更多（但也不更少）。它们并非神奇地发现自己被改造了，一方成为另一方；相反，它们仍然被联系性（copular）联系在一起，换言之，被交配（他的玩笑话）联系在一起。既然如此，就是说，扬弃实际上不是一种思想，而至多是一个命名了某种尚不可能发生的思想的词（而且或许"家庭"也是一个类似的词）。

无疑，扬弃包括了否认和精神化（spiritualization）以及简单的中介；但尚没有产生一种意识形态的紧迫性迫使我们将一个到处公开鼓吹其哲学首先是理想主义的哲学家指责为一个理想主义者。关于物质概念的讨论很有启发性。**精神**（Geist）和物质不是对立物：精神是无限的，物质是不自由的，是外在的，它有重量并且下落。

> 但是有一个重力法则。如果你的分析认为物质的重量和散落是外在性，你就不得不承认这一过程中有一种趋势：一种不自然的朝向整体和自我重组的努力。但是，作为一种朝向中心和整体的趋势，物质之所以是精神的对立面，仅仅是因为精神抗拒这种趋势，因为它反对它自己的趋势。不过，为了反对其本身将自己定义为物质这一趋势，物质必须首先是精神。而且如果它屈从于同样的趋势，它也还是精神。无论是两种情况的哪一种，它都是精神，它的本质只能是精神

的：**所有的**本质都是精神的。(*DG*, 29 – 30)

　　这是一次宏大的"解构"，验证了一种方式，按照这一方式，物质在一个理想主义的系统内根本不可能被思考。但是，德里达的"方法"中的一个尴尬之处，即在他的文本中，释义永远**先于**对原文的引用，而不是像评论中常见的那样，跟在对原文的引用之后。所以，从这里继续再稍读片刻，我们便遇到了黑格尔的原文，说的是同样的事。我们所理解的毁灭性分析不是德里达对黑格尔的解构，而是黑格尔自己的解构。解构什么呢？解构物质本身这个概念。我们是否要得出这样一个结论，辩证法就是解构，是"早于字母"(*avant la lettre*)？或者我们是否不得不求助于某种无限小的、几乎无法察觉的修正，借此，辩证法将一种唯物主义的解构改造成为一种理想主义的否认？"物质倾向于理想性，因为在统一体中它已经是理想的，"等等 (*DG*, 30)。或者这仅仅是将某人的分析对象看作一种思想（如在黑格尔那里），还是看作一个文本（如在德里达那里）之间的区别呢？

　　所以，对于这个被称为扬弃的奇怪活动，我们该从哪里开始呢？它也可以是一种精神化，但我们显然不能从被它超越/否认/精神化了的物质开始，因为我们刚才已发现，后者已然是**精神**了，尽管是秘密的。或许我们可以从这些事物的三个确定特征入手：(1)"它也是"——我们得接受联系性或接受对同一性的肯定。(2)**"秘密地"**——我们得面对一个解释的过程，一个隐藏了本质的表象。(3)**"已经"**——我们得接受一种非法的时间性，以及那些绝对是时间方面的小品词（"已经"[*déjà*]——[*DG*, 18]；"同时"[*zugleich*]——[*DG*, 26]），它们是德里达阅读时间哲学的关键。[①]

――――――

① 见这本书"From Tragedy to the Dialectic"一章的开始部分。

事实上，扬弃不是一个事件，而是一次重复："精神因此应该可以重复"（le *Geist* ne peut donc que se répéter）（*DG*，31）。什么也没有发生；所有的扬弃都是一样的。它们看起来似乎都超越了性质；然而，后者只是所有这类过程中被超越的任何事物的名称，它仅仅是形式上的，是某个时刻的名称，它本身没有任何内容："性质不是一种决定性的本质，不是一个特别的时刻。它指定了精神可以外在于其自身的所有可能形式。它因此出现在形成精神的每一个阶段——同时也在这个过程中逐渐消失。"（*DG*，45）

然而，另一方面，在这些时刻——黑格尔的系统这个整体辩证法内部的这些关键性过渡时刻，扬弃作为至关重要的变化机制应该提供最生动的展示或 Darstellung——它却异常模糊，甚至可以说无法确定：

> 现在，最普遍的问题表现为以下形式：宗教如何**扬弃**而成为哲学？另一方面，进入由家庭结构组成的市民（资产阶级）社会结构中的**扬弃**是如何生成的？或者换言之，在"道德"（*Sittlichkeit*）本身内部……是否从家庭三段论向资产阶级社会三段论的过渡已经完成？（*DG*，108）

德里达继续指向那个关键的文本，对他而言，它处在黑格尔的缺口部位，不是精神与物质之间的缺口，而是精神与政治之间的缺口，在他看来，是《现象学》的最后一次转变（从宗教向哲学的转变，不过，见他在第 244 页上关于这一转变的其他变体的讨论）。不幸的是，他对于黑格尔的忠诚（*DG*，244 – 260）就是，他的讨论与黑格尔本人的讨论一样晦涩难解：我在其他地方将要提出另一种立场，即**绝对精神**不是人可以分析的一个概念或一种现象，更不用说理解了；它是一个形式时刻，只能理解为意识形态或方法。如果你想把它本身看作是一个条件、状态、事物、现象，你必然会得出一种宗教的说法，因此就会摧毁这一转变的真正目的，即在《现象学》的两个部分之间阐明一种决定性的转变（**扬弃**），一个部分是关于天启教（revealed religion）的倒数第二章，另一个部分在同一章中，是关于哲学本身存在于将其与宗教区分开来的任何事物中。（现在可能应该引用德里达对是否有人会误读黑格尔［*DG*，258－259］这一有趣问题的讨论了……）

　　不过，说到底，德里达的评论中所关注的中心问题之一是一个非常传统的问题——这个问题要回到早期的神学文本——即确定是否黑格尔归根结底只是又一位宗教思想家，以及是否他的辩证法并非简单地仅仅是基督教精神的另一种变体（那一传统自然会继续说马克思主义在同样的意义上也是一种"世俗化的"宗教）。但是，德里达对这一传统策略（这个策略可以让黑格尔的左派和右派敌人纵情狂欢了）做了一个补充性的扭转：因为宗教在这里就是**神圣家庭**；即使我们想要证明扬弃和黑格尔的辩证法一般而言是基督教神学的世俗伪装，我们也不得不继续承认基督教神学本身就是对家庭和婚姻作为更具一般意义的社会性、公共性和个人性制度进行一种世俗化的，或者我们会说，被阉割的、经验性的伪装：

　　　　你永远都不能在宗教意义上将有限家庭和无限家庭区分开来。人的家庭并非**不同于**神的家庭。父子关系对人而言并非**不同于**上帝那里的父子关系。由于这两种关系不能被区分开来，自然也就不能相互对立，我们就不能够假装将一个作为另一个的比喻或隐喻。我们甚至不能将一个比作另一个，或装作知道二者谁可以成为比较的条件。在基督教以外，我们无法知道父亲对儿子**是**什么关系……我们甚至无法知道，这个**是**（the *is*）在基督教之外的一般意义上是什么，这才是关键。这就是黑格尔关于基督教精神的命题，亦即关于修辞的命题。（*DG*，76）

这是一个不同寻常的飞跃，几乎因为它属于黑格尔本人而处于疏离状态，而且它构成了德里达对作为一个本体论者的黑格尔的批判核心（他后来在《马克思的幽灵》中提出警告，反对用本体论观点论述马克思本人）。我们现在可以做一个不太成熟的总结：

存在就是扬弃。扬弃就是存在，不是作为任何确定的状态，甚至也不是作为各种存在物可确定的总体性，而是作为"活跃的"本质，能产生存在的本质。它［这个阴性代词，有人认为它回指扬弃］因此永远不会成为任何确定问题的**对象**。我们永恒地被回指到它那里，但是这种回指永远不指代任何可确定的事物。（*DG*，43）

这或许是关于扬弃（因此也是关于中介）的不可理解性或无可理解性的最深刻论述：但是，应该注意到，它将批判置于**本质**的逻辑中而非**总念**的逻辑中：

基督教的精神是……对本质的本质性的揭示，本质一般而言使［我们］能够在**是**当中交合，能够说**是**。（*DG*，67）

甚至最后的晚餐（"这是我的身体，这是我的血"）中看似最基本的隐喻性超越了所有的隐喻（黑格尔事实上在语言和符号中将它比作内在性的外在化过程）：

这个完整的类似物不可能有形式，不可能继续下去；不可能被理解，除非通过各种范畴的范畴。它始终在否认其自身。它就是一种扬弃。（*DG*，81）

这是一个严厉的批判，如果你回想一下德里达在他对艾米尔·本维尼斯特（Émile Benveniste）的批判中猛烈地攻击过"各种范畴的范畴"；对我们而言则更严厉，只要我们回想起"范畴"在前面一节被拿来扬扬得意地使用。批判并未就此止步：生活的意识形态素（上文讨论过）也被拉进这个过程中，不过是作为这个无法判定的本体论中心的另一个概念性发散物，这个中心就是家庭（无论神圣与否）和辩证法本身。

这一分析的其他部分不是很有趣。谁是辩证法的敌人（除了康德）？黑格尔对早期基督教文本的一个很长的释义告诉我们（*DG*，46–66），犹太人是一个"知性"的民族，而且"如果你从内部了解生活，你就会知道它是一种隐喻，即通过它所有的部分来思考所有事物间活生生的无限联系。犹太人的语言根本不可能触及它"（*DG*，86，61）。关于"知性"的邪恶影响，见上述，我自己的说法是，它因此差不多是对无意识反犹太主义的过分迷恋。 107

但是，辩证法的目的是什么？它的隐秘的或不那么隐秘的动机是什么？它是在"绞杀"独一性（singularity）：一个奇怪的比喻，但确实是黑格尔本人的比喻，德里达因为疏漏没有引用，因为从独一性向普遍性的过渡被一遍一遍地描述（*DG*，17，19，21，27，123，127–128，272）。我认为，这几乎是反对理性的两种标准立场：经典的存在主义立场和巴塔耶的立场，后者或许更像是纳粹的立场，在存在主义立场上，概念化被理解为对更真实的生活经验的一种压制，在巴塔耶的立场上，过于敏感的知识分子渴望摆脱思想的独裁回归到一种"性器崇拜的"（acephalic）的原始生活。对于这两种立场，黑格尔就是哲学对生活本身

（对其他立场而言，也是对行动）造成威胁的一个重要象征。在我看来，德里达对经验的考虑一方面远不及对正常状态及压制正常状态所做的思考，另一方面远不及对思想的内部不连贯性所做的思考。尽管如此，独一性的丧失依然是《丧钟》的一个基本主题，同时同一性和扬弃缺乏一种内在的接合也是该书的一个基本主题，而且对德里达而言，要详细阐述避开系统活动的各种独一性也没多大意思。

兄妹关系，对于开启者（opener）来说：在这个通常而言很乏味的考证语境中，确实没有什么比将黑格尔与他那位忧心忡忡的妹妹克里斯蒂娜的特殊关系（她在他死后一年自杀）和索福克勒斯的《安提戈涅》这出悲剧的力量并置更飘忽不定的了，对黑格尔而言，这出悲剧值得其他所有人效仿，在《现象学》的最核心部分，家庭——以及女人——的要求与**国家**的要求陷入无法控制的剧烈矛盾当中。家庭——基本的或神圣的——似乎可以扬弃而成为"市民社会"，由此，二者都可以成为**国家**本身；但正如德里达所指出的，这种扬弃机制不是很清楚，这些机制就在那些神秘的转变中间，它们提出变化本身的问题以及扬弃是否不仅仅是单纯的重复的问题。可是，在《安提戈涅》中，即使那种转变，那种和平的消解和同化，也受到兄妹关系这种独一性的阻挠。对黑格尔而言，这一阻挠绝对是**悲剧的**；尽管不可能排除这种可能性，即两个家庭的悲剧性毁灭也是理智和历史的一种狡计，它为下一个时刻（市民社会的时刻）扫清了旧障。

这里需要提到德里达论述的另外两个特征：第一个是汹涌的暴力正在迫近而且无处不在，你不应该认为这是坚持**绝对精神**的哲学家的过错，**绝对精神**主张普遍调解（尽管，再一次，对于康德的永久和平计划来说，坚持**主人**和**奴隶**之间的殊死斗争的哲学家实际上不过是一位巧言令色的对手）。第二个特征是一种女性主义视角，从这一视角看，妇女在这些典型的父权制家庭中的

不在场恰恰是通过安提戈涅本人的中心性受到谴责，同时也得到 108
强调，她不可能被同化进这个系统。（还有一句话简单谈论到私
生子的不可同化性，尽管黑格尔的私生子没有参与进来做进一步
的讨论，他是一名雇佣兵，在黑格尔逝世的同一年死在爪哇。）

女人随身带着那张"毫无用处又无所不能的、女人专有的
王牌：**反讽**（irony）"（*DG*，209）。当你意识到反讽是黑格尔的
死敌，即浪漫派，尤其是弗雷德里克·施莱格尔在精神上的私
产，而且也读到《美学》最后几页上对反讽的公开谴责的时候，
它是一种残酷的联想，促成了一种能够从两方面转换的解释。那
么，女人的独一性就是对施莱格尔之流以及他们的性自由原则
（施莱格尔"臭名昭著的"小说《卢勤德》［*Lucinde*]）进行谴
责的一部分；或者对反讽的谴责就是在某种更深的层面上对排斥
女性本身的谴责。它几乎没有什么重要性；安提戈涅这个人物，
无论是两种情况中的哪一种，都与众不同地引人注目。

恋物现象（根据弗洛伊德，母亲失去的阴茎）或许也与这
些女性主义的不在场有着遥远的联系，而且可能决定了非洲在
《历史哲学》中作为一种零度构形（zero degree of figuration）的
特殊地位：它是一种排斥，也可以表示"非洲"或恋物宗教，
恋物宗教在黑格尔的概念中还不算是一种宗教，也是这个系统不
能吸收的独一性。"恋物有一种不可决定性，它使我们在一种辩
证法（不可决定性与辩证法之间的辩证法）与一种不可决定性
（辩证法与不可决定性之间的不可决定性）之间游移不定。"
（*DG*，232）但是在另外一个地方，德里达更具前瞻性地做出了
大胆推测，黑格尔"不可能思考这个发挥着作用的机器，或者
不可能将它概念化"①。或许，这两个特殊的盲点，恋物和机器，

---

① Jacques Derrida, *Marges de la philosophie*, Paris：Minuit, 1972, 126；英文版
Margins of Philosophy, trans. Alan Bass, Chicago：Chicago University Press, 1983, 107。

莫名其妙地在某一点上聚到了一起，在这一点上，黑格尔被马克思**扬弃**。

　　最后一个独一性值得一提，因为它让我们转向德里达本人的思想而且至少含蓄地指向它与黑格尔辩证法的区别，如果不是指向它相对于黑格尔辩证法的优越性：这就是**痕迹**（trace）思想，只要你称它为思想，更好的或更中立的是称它为**痕迹现象**，**痕迹**就是既在场又不在场，不过以某种非辩证的方式，甚至**绝对精神**似乎也不能察觉或表达，更不用说容忍了（DG，240）。但事后才明白，在那一意义上，我们可以瞥见**幽灵性**（spectrality）本身的鬼火在闪着微光，因为它会提出一个极为不同的关于过去与未来的理论，关于历史的理论，不同于那个辩证的理论（见下一章对《马克思的幽灵》的讨论）。

　　但是，我们在对这一节作出结论时不能不对某种阅读讲几句话，无论它多么具有解构性，它还是一次又一次地给出了明确的解释。扬弃既是家庭的地盘，也是本体论（表现为黑格尔的本质这一形式）的地盘：在这个地盘上，对基督教精神的分析，对家庭的分析，对一般意义上的过渡的分析，特别是对普遍性下包容特殊性的分析，所有这些在某种意义上都是"相同的"。扬弃很奇怪地，也是一个阉割之地，在一处（DG，52）我们被告知是这样，在另一处（DG，214），我们被告知它是 refoulement（弗洛伊德的压制）之地。可是现在，很清楚，与其说我们是在讨论对黑格尔的攻击（称之为丧钟是相当简略的，也是非哲学的），不如说我们是在讨论对拉康和精神分析的抨击（亦见于"真理的因素"［Le facteur de la vérité］①）。精神分析阐释学被同化为黑格尔的阐释学，并且被指责为是辩证的。割礼替代了阉

---

　　① "Le Facteur de la vérité", in Jacques Derrida, *La Carte postale*, Paris：Flammarion, 1980.

割：而拉康的阉割众所周知就是一种扬弃，其中丧失的正是实实在在得到的。肉体的事件却不是这样发生，而是这种威胁——扬弃肉体的，使之成为精神的——促成了菲勒斯（phallus）的出现，与此同时，男性化的作用也出现了；就如同最初的压抑是精神系统首先发挥作用的先决条件。德里达希望"解构"这个新奇的逻辑，并且要说明事实上它就是我们的老朋友扬弃本身：

> 否认一种限制就是要保存它，但保存（一种限制）在这里就是要失去它。保留失去的就是缺乏。扬弃的逻辑瞬间变成了它的绝对他者。绝对的挪用就是没收。本体—逻辑（onto-logic）一直都可以被重读或重写为一种丧失的逻辑或一种不受约束的支出["不惜成本"（dépens sans reserve）]。（*DG*，188）

这最终是一种对解释的批评，它与德勒兹—瓜塔里在《反俄狄浦斯》中指责弗洛伊德的压抑有一种遥远的家族相似性：你说的是有一个事物确实在暗中——在本质上，用黑格尔的这个术语，它在这里绝对是相关的——是另一个事物。每个事物都有一个无意识的意义，这个意义不同于它自身。阐释学的过程——将这一个事物变成它的更基本的意思——准备就绪，而且的确被辩证的扬弃本身这个运动蛮横地传唤到场，扬弃保证了对被取消意义的保留，这被取消的意义首先要通过解释才能得以昭示。各种优先权的问题——因果、暂时的优先、本体论的优势、基础的首要性——不是很重要，而且根本无须提起，在这种模糊的认同当中，扬弃掌握着它的一对既明显不同又相互联系，而且最终无法区分的形式。

于是，在这一点上，要提出一个尴尬的问题，即德里达本人的解释拥有何种地位：因为他给出了这些解释，而且很难弄清楚

何以它们就不会陷于同样的苛评。因此**绝对精神**最终就是**圣灵感**
110　**孕**（Immaculate Conception）：

　　像这样将性别差异规定为对立，而且是这样一种对立，
它在一般对立（*Entgegensetzung*）的整个过程中发挥作用，
在客观性（*Gegenständlichkeit*）和表现（*Vorstellen*）的整个
过程中发挥作用，这一规定用来取悦本质性关系的——历史
的和系统的——是**圣灵感孕**：如果不是与玛丽生产这个天条
有关系的话，至少是与它的前提和结果有关系，即母亲的处
女身。它与黑格尔的整个论题密不可分，与思辨的辩证法和
绝对的理想主义密不可分，它控制着我们所谓的通向**绝对知**
识的**途径**。一旦你将差异改造成了对立，你就无法逃脱**圣灵**
感孕的……魅影：也就是说，对立关系的双方所具有的无限
神秘的魅影。（*DG*，250）

　　语言在这里似乎要暗示二元对立有某种"原因上的"优先
权（在德勒兹那里得到进一步的展开，我们在下文将会看到）；
但是，事实上根本没有这样的优先权；或者更确切地说，这个过
程的"开端"本身就是一种出生与起源的奥秘（在哲学本身的
出生这种情况中）：

　　如何协调这两个公理：哲学只能出自其自身，可同时她
又是某种需要或某种兴趣的女儿，而这种需要或兴趣本身却
不是哲学？在它自己的位置上，哲学**进行了预设**。它先于其
自身而且在自己的命题中替换了其自身。它在它自己之前出
现并且用它自己取代了它自己。（*DG*，110）

　　尽管如此，如果不确认一种解释，"哲学素"（philosopheme）的这一内容仍然得不到清晰的表述。下面的这段话像德里达关于辩证法的所有其他重要论文一样具有概括性：

> 理想性，即扬弃的结果，因此是一个本体—经济（on-to-economic）的"概念"。"理念"（*eidos*），即哲学的一般形式，绝对是家庭的。它将其自身作为"家园"（*oikos*）生产出来：房屋、住宅、公寓、屋子、住处、神殿、坟墓、繁华地带、财产、家庭、种族，等等。如果这一切当中有一种常识，即对"自己"（*proper*）的监护：它既保留绝对的丧失也阻止绝对的丧失，同时又将它搁置一旁，或者使用它仅仅是为了更好地看着它回归其自身，即使是对死亡的重复。精神是这种重复的另一个名称。（*DG*，152）

众所周知，"自己"是德里达表示一般意义上的规范性（nomativity）的术语（或术语之一），它试图将所有事物都从思想和风格中隔离至主观性和**国家**（State）当中。但这样的区分或许与对黑格尔主义本身的指责一样也是黑格尔式的：每一个人都抱怨很难与黑格尔决裂。

> 不可能有选择：无论什么时候你试图开口**反对**超验，有一个公理——约束本身［对概念的扼杀］——限制了你的话语并且迫使它将非超验，即超验领域的外部或被排除的部分，放在结构的位置。这个尚存争议的公理使得被排斥者相当于一种对超验本身的超验，一种仿超验（simili-transcen-dal），一种超验的违禁品（contraband）。（*DG*，272）

他继续表达了一种希望，希望这一新的违禁品不至于变成一种辩证的矛盾：解构正是以这一希望为基础，但这足以给出一个不祥的预示，即我们只有看完全部的黑格尔辩证法才能实现解构。

二

德里达似乎凭借这种空洞的重复向辩证法施加压力，这种重复似乎也是让他感到精神恐惧的对象，另一方面，它却受到德勒兹的欢迎，成为积极的主题，甚至是一种欢快的、带来生命的力量。它是一种来自克尔凯郭尔而非弗洛伊德的重复：对日常生活的重复，对习惯的建构和获得，是这些习惯让存在拥有其魅力、陌生性以及熟悉性。然而，对此必须要加上尼采的**永恒回归**（Eternal Return）这种欣悦又狂躁的重复。最后，弗洛伊德甚至也可以重新被结合进来，因为他也创造了一种特殊的、独一无二的、无可比拟的驱动力（Trieb）促使我们去重复，这一驱动力就是著名的 Thanatos 或死亡驱动力。无须赘言，这些都与德里达归咎于黑格尔的另一类死亡重复没有什么共同之处，但德勒兹将这一类重复与**同一性**和表现联系起来。

将它们两个加以比较甚或并置不是一个关于哲学立场和内容的问题——举个例子，后黑格尔主义哲学家与新尼采主义哲学家形成对照——因为它与我禁不住称之为美学或风格的东西有关，只要最后这一个没有让人联想到艺术的沙箱（the sandbox of art）和思维本身顽皮的平凡化。最好谈一下阅读模式（类似于行为模式），比如，斯特拉文斯基（Stravinsky）在这一方面与勋伯格（Schoenberg）形成对照，因为由于混杂的历史感情和生气勃勃的、创造性的影响焦虑，二者或许都对贝多芬充满神思遐想。① 德里达对黑格尔那些冗长章节的重现也可以说相当于斯特拉文斯

---

① 参见 Adorno 的 *Philosophy of Modern Music*。

基对经典的借用和改造；而德勒兹——但现在将现代艺术的全部模式加以比较，而不是像这样只比较作曲家似乎更加恰当——将每一个概念当作一种新的色彩或实际上是一种新的空间来处理（的确，这两位哲学家互相就好像反叙事与一种有多个叙事中心的非比喻性游戏那样彼此相对）。

因为这是德勒兹自己关于哲学家如何创新的想法；而且在他那里，没有什么比这种现代主义更加深刻，它强横地要求发明新东西，即使对待古典哲学家也是如此（我们需要用**拼贴**［collage］的方式来处理他们，他说，敦促我们产生与过去的疏离［estrangement］，"一个长着哲学胡须的黑格尔，一个刮光哲学胡须的马克思"①）。这些"博学的枯草"（doctorus subtilis）的最复杂、最隐晦、最学究气的理性事实上也不过是一个全新空间的几张草图，引发了某种电影摄影术的哲学化；与电影书籍中简要勾勒的哲学性电影摄影相对。所以，诸如此类的表现——"无限的表现"就是他用来替换黑格尔的**绝对精神**的术语——带来了一种全新的凶恶且具包容性的魔咒：

当表现在其自身内部发现了无限性，它看上去是狂乱的而非有机的表现：在其自身内部表面的平静下面，在组织化的局限之外，它发现了骚动、不安，以及狂暴。它再次发现了那个魔鬼。在那一点上，它不再是一个关于那一幸福瞬间的问题，这个瞬间比得上规定（determination）进入一般概念的出入口，一个相对的最低限度或最大限度，扎孔近侧（puncture proximum）或刺点远侧（punctum remotum）。相

112

---

① Gilles Deleuze, *Différence et Répétition*, Paris: PUF, 1968, 4；英译为 *Difference and Repetition*, trans. Paul Patton, New York: Columbia University Press, 1994。后面对该书的参考均标注为 *DR*，页码顺序为法语版在前，英语版在后，用分号隔开。注意：这里的英译出自作者之手，而非 Columbia edition。

反地，眼睛必须既是近视的，又是远视的，目的是抓住其自身的所有时刻：这个概念现在就是**一切**（All），无论它是否将自己的祝福推及所有的方方面面，或者相反地，对于它们的脱离和悲惨遭遇给予一种宽恕，好像那些都是被反射回到它这里似的。这个概念因此在它所有的变换过程中跟随着规定从一头到另一头并且与它合成为一体，而且通过把它让渡给一种奠基或基础［fondement］将它表现为纯粹的差异，在基础层面上，它从此以后不再有任何意义，无论我们决定面对一个相对的最低限度还是最大限度，是一个大还是一个小，是一个开端还是一个结束，因为所有这些成对的组合在基础阶段都重合为一个或者同样的"总体"时刻，它也表示在同一时间内差异及其生产和消失，它的出现和消失都在渐渐减弱。（*DR*，61 - 62；42）

让波兰斯基（Polanski）见鬼去吧！在这只病态的表现之眼中，这个世界的所有客体都是颠倒的，这只眼睛肿胀着而且被拉长了，它把它们的形状和影子都投射在"概念"（*Begriff*）本身这个凹闭包（concave closure）上，它从内部传达出黑格尔的"无限伟大的崇高"（*DR*，65；45），饱含着德勒兹对过去那些哲学家所有创造性智慧的同情，德勒兹甚至在他重新设想这些哲学家的相貌时也是如此。这对他来说是一个难题，因为这不是一种在任何地方都被渴望的同情，而且对文本、作品、导演、风格、概念的全方位赏识——在德勒兹那里无人能比——与他同样投身其中的好战的、进攻性的二元主义不相兼容。不可能让黑格尔在外面耐心地期待对自己的解构；必须即刻将他归入**国家**的辩护者当中，而不是当作游牧民的同行者；辩证法的瑕疵不仅是错误，它们也是危险的力量和传染病，需要**永恒回归**这股非常纯洁的风来将其驱散。

　　表现、同一性、差异——你可能忍不住要将如此多的主题归到德勒兹和德里达等人的头上，与此同时还有他们对规范性和法（the Law）的共同憎恨；他们二人确实都是研究**差异**的最出类拔萃的哲学家，用哪种拼法并不重要——但是他们之间有这样一个基本"差异"，即从长远的立场看，德勒兹是一个本体论者。毫无疑问，他研究的是差异的本体论而不是同一性，可是，他当然也希望歌颂一种形而上学："彼此相像的始终是各种差异，它们是类似的、对立的或相同的：任何事物的背后都存在着差异，但是在差异背后，却什么也没有。"（*DR*，80；57）

　　既然如此，在某种形而上学或本体论的意义上，**差异**在此就是**存在**本身；如果你记得对德勒兹而言，重复就是时间，他那本伟大著作的标题调整为《存在与时间》（*Sein and Zeit*），尽管在法文版中，更多的是受到柏格森和加百利·塔德（Garbriel Tarde）而不是胡塞尔的启发。无论如何，没有什么比本体论的断言和主张，更不用说形而上学的断言和主张，离德里达的哲学气质更遥远的东西了（的确，他后来反对"马克思主义"主要是因为其本体化趋势，也就是说，它着迷于将自己变成一种**哲学**，变成一种哲学系统）。

　　因此，德勒兹的工作标志着一种痉挛性的，但却是妙趣横生的努力，他要疏远词语的传统意义，费力地一次又一次地强行将"重复"与它平常的意思剥离开，如乏味、同样，并且赋予它独特的、对抗一般性的经验："重复是一种行为，不过是相对于某种独一无二的或独特的事物而言，它没有相似性或对等性"（*DR*，7；1），而且这正是它逃离替代性、交换性、单纯的相似性等一般规律或普遍规律的原因所在。**时间**本身如何从重复的各种"弯曲原子"中出现是《差异与重复》不得不说的一件大事。

　　至于差异，它在某种程度上就是最初的魔鬼，是与纯粹的存在本身接触的时刻：

不是一个将其自身同另外一个事物区别开来的事物，我们来想象一个事物，它确实对其自身加以区分——但是它将其自身**从**某种事物中区分出来，这一事物却没有从它那里区分出来。例如，闪电将其自身同夜晚的天空区分出来，但必须以某种方式将天空同它拉在一起，就如同它将自己从某事物当中区分出来，而这个事物又没有明显的不同。这就好像基础升到表面上来，同时依然是基础一样。在两边都有某种非常残酷，甚至邪恶的东西，在这场对抗一个难以捉摸的、感觉不到的敌手的斗争中，明显不同的事物与难以从它当中区分出来的事物相对立，而且它还继续参与到将自身从其中区分出来的事物中间。差异就是决心成为单边特征这样一种状态。(*DR*, 43; 28)

差异这个"魔鬼"让你想起拉康那个无形的、可怕的"物自体"(Ding)或"事物"(chose)，就是雷娜塔·沙利塞(Renata Salecl)在希区柯克的影片《伸冤记》(*Wrong Man*)① 中那面破碎的镜子中所看到的东西：真体(noumenon)在没有任何警示的情况下突然撕裂了表象的面纱所造成的新鲜和恐惧。那么，德勒兹的现代主义就是要忠实于**新的**和纯粹的差异所带来的新鲜和恐惧。

但是，对我们的目的而言，关键是竭力将"差异"呈现为一个意义明确的术语，它没有对立面，而且在这里就是基本的操作。占据首要地位的同一性必须被废黜，在从亚里士多德到黑格尔的所有传统哲学中，它都保持着首要地位：即它必须先在场以

---

① 　Renata Salecl, "The Right Man and the Wrong Woman", in *Everything You Always Wanted to Know about Lacan (but Were Afraid to Ask Hitchcock)*, ed. Slavoj Žižek, London: Verso, 1992, 185 – 194.

使**来自**这种同一性的差异出现。德勒兹认为这一基本的逆转得益于斯宾诺莎，它假设：

> 同一性不是第一，它的确是作为一个原则而存在，但只是第二原则，是一个被生产出来的原则 [comme principe devenu]；它在差异周围盘旋，这就是哥白尼革命的性质，它使差异可能拥有自己的概念，而不是让它一直处在一个已经被假定是同一的一般概念的控制下。（DR，59；41）

如果我们想建立并掌握一个其自身就是**差异**的概念，那么，就必须避开另外三个参与到"同一性"中的特征：类比、相似，以及对立（DR，44 - 45；29 - 30）。很显然，在破坏辩证法并代之以一种极为不同的逻辑的过程中，最后一个才是至关重要的。

必须不惜一切代价避免差异与对立"成为同一"：很清楚，如果我们到了这一地步，我们就处在黑格尔辩证法的强大掌控之中，它会冒险带着我们与它一道一直走到**逻辑**的尽头。为了避免将骄傲的、异教徒的差异包容在某种关系的束缚中，这种关系用一根魔棒一点就会把它重新变回同一性，我们还必须避免一些其他的东西，即那种暗中为害的黑格尔式否定，就是那种对黑格尔 115 而言是历史的原动力的否定力量——"否定性的劳作与受难"——矛盾本身的核心：可以这么说，黑格尔的本体论原则是这个世界本身最初的力量。在德勒兹的论点中，一切都有赖于将否定性隔离开这种可能性，将**逻辑**的能量悬置起来可能产生一种巨大的权力暴行，在这里能瞥见这个患上精神分裂症的宇宙未经触碰的新鲜的可能性。

> 在一个很短的时间里，我们能够进入到这种法理上的精神分裂中，这种精神分裂是思想的最高力量的特征，而且它

将**存在**与差异直接联系起来，轻蔑地略过这个概念的所有中介和协调。（*DR*，82；58）

这是一种反辩证、反黑格尔的攻击所使用的典型诡计：在**自然界**没有否定，据说，只有纯粹的存在（或各种存在）。[①] 是人类现实将否定带给这个充斥着各种存在的世界：它是**存在**这颗钻石上的瑕疵，萨特如是说。而且很显然，任何这样的行动都把我们重新送回到康德那里，让黑格尔的努力化为乌有，除非是作为一种文学练习或一种神秘的嗜好。

我不确定这个论点在这一层面上可以被承认还是被驳斥。在黑格尔那里，**同一性**必然从其自身产生**差异**，而**差异**必然重新变为**同一性**，只要我们关注它的时间更长一些。这种否定性在这些范畴本身的变形当中出现，我们可以说见证了这种情况无助地发生。它们不是我们的行为，而且不仅仅是主观的；如果它们只是在思想当中，那么我们就需要另外的词来表示这个并不暗示个体意识的特征。我待会儿会讲为什么我们能够像拒绝这种否定运动一样容易地接受它。

但首先，你必须注意到出现了一个补充层面，在该层面上，德勒兹开始反对否定性，反对对立的论证。我想我们姑且承认，如果这后一项是成功的，那么整个的辩证法、中介，以及它的所有其他部分便都"一败涂地"，黑格尔喜欢这么说，因为它们都以否定为前提。但是在这一点上，德勒兹明智地测算出关键的东西并且敏锐地判断出后果，他变换了论证的领域，转向所谓的叙事模式。这实际上就是他用以非难柏拉图的模式——神话（*DR*，86；61），它确实就只意味着叙事本身而已，而且在《丧钟》中，德里达已经运用它对黑格尔本人进行了批判。可是在德勒兹

---

① 这里参考的经典是康德 1763 年关于负量的文章。

那里，这种原叙事（proto-narrative）是我们在上文已经考察过的第一段引述中被施了魔法的宇宙的一个标本，它也是我们在其他地方称之为他的二元主义（见下文）的那个空间，它携带着哲学的凭证，以一名真正的哲学家（philosophe）或哲学主题之名受洗，这就是**表现**。无可否认，因为海德格尔，表现和表现性思想的问题成为现代性最迫切的哲学问题之一，而且没有人可以怀疑它的意义和相关性。至少看起来更有争议的是范畴问题和逻辑问题（差异是否真的以同一性为前提？）与表现之间的关联，此后，德勒兹反对黑格尔的论证都建立在这种关联之上。因为反对对立与否定的论点的确意在成为反对表现的论点，表现的特征最终都离不开中介（*DR*，16；8），也离不开围绕一个中心的统一性（*DR*，79；56），最后也离不开技术性（*DR*，81；58）。

这个论点的一个新的"神秘"转折将依靠这种先在的认同，它让**同一性**与**表现**都扮演了巫师的角色，而且对这种辩证法的支持者给予矜持的尼采式嘲讽，这些人就像查拉图斯特拉的驴子，背上驮着秩序和伦理的重负（扬弃的真正含义［*DR*，75-76；53-54]）：

> 似乎**差异**是邪恶的，而且已经变成了否定，它只有通过赎罪才能得到确认，也就是说，继续承担已经被否定之事物和否定本身这两个负担。那种古老的诅咒一直从同一性原则的高处向下回荡着：只有那样才能被拯救，它不仅被表现，而且得到无限的表现（概念或 *Begriff*），它还保留着它所有的否定力量，旨在最终将差异让渡到同一。（*DR*，76；53）

只有**永恒回归**可以将我们从这种奇怪的不稳定状态中解救出来，在这种状态中，被误导之人的灵魂游荡着，仿佛他们从来不曾活过：

　　所有否定的事物，所有施行拒绝和否定的事物，所有在
其自身内部包含着否定的这些不冷不热的断言，这些苍白
的、不合法的、出自**不是**（the No）的**是**（Yeses），所有不
能经受住永恒回归的考验的事物，所有这一切都要被否定。
即使永恒回归是一个轮盘，它也必须被赋予一种离心力，将
所有"能够"被否定的事物和不能经受这种考验的事物甩
掉。关于那些没能"相信"这种永恒回归的人，尼采阐明
了一种真正轻微的惩罚：他们什么都感觉不到，它们将过着
一种纯粹是朝生暮死的生活！他们将感觉他们自身，熟悉他
们自身，从而知道他们是什么：单纯的衍生体（epiphenom-
ena）；这就是他们的**绝对知识**。（*DR*，77 - 78；55）

　　表现性思想将我们从直接性中迁移出来，直接性就是"真
实生活"的现实：难道黑格尔在将直接性作为他哲学化过程的
真正目标时不承认这些吗（难道德勒兹希望给他的反立场授以
"超经验主义"［hyperempiricism］之名也不是偶然的吗？尽管这
个口号注定要导致所有的误解）？但是，德勒兹的立场比我们在
综述中顺便提过的各种存在主义的反黑格尔主义思想稍微复杂一
点：它的尼采主义也是一种现代主义，在其中"存在的经验"
受到赏识，不是因为它"被经验过"，也不是因为它是"真实
的"，而是因为它是**新的**。例如，在对冥想（contemplation）的
颂扬中有一种审美的满足（*DR*，101ff；70ff），较之各种更加阴
郁的存在主义，冥想赋予它一种不同的能量和喜悦。这"仅仅"
是美学的吗？它是否也能容纳一种恰当的哲学立场（在任何传
统意义上）？而且它的二元主义攻击性如何也可以是政治的？对
"差异哲学"的种种任务所做的这些东拉西扯的反思在这方面是
有启迪作用的，即使不是结论性的：

一般而言，有两种引发"必然毁灭"的方式：一种是诗人的方式，他们以创造力之名言说，能够推翻所有的秩序和表现，目的就是要确认**差异**是永恒回归这一永久性革命的条件；另一种是政治家的方式，首先考虑否定"有差异"的事物，目的是保留或延长某种历史上已经建立的秩序或建立一种历史秩序，这种秩序要求这个世界适合于它的表现形式。（*DR*, 75；53）

既然我们了解了这些不同词语在情感上的震撼力，很显然，诗人成功地打败了政治家，而且"各种哲学"也不得不选定立场并试一下自己的运气如何。

即便如此，如果表现作为一种力量和现象到头来比德勒兹所希望的更深刻地类似于美学，那这种非难就成了一把双刃剑：它或许还不足以就这样将表现清除掉，如果非表现或反表现的结果（无论是在艺术上还是在哲学本身）在它们最深层的内容上仍然是美学的话。

德勒兹已经预见到其他以更加平和的方式提出的反对：确认**差异**对某些人而言似乎是一种不冷不热的多元主义或自由主义。

最大的危险是落入对"美好灵魂"的表现中［黑格尔和歌德的"美丽的心灵（Schöne Seele）"！］：只有差异是可以调和的，是可以联合的，是远离血腥冲突的……而这个问题的概念，我们会发现是与差异概念连在一起的，似乎也适合为美丽灵魂这种最受人喜爱的精神状态供给养分：只有难题和问题是重要的……（*DR*, 2；xx）

我们在上文中已经谈到这第二个主题，因为对第一个而言，你会禁不住同意"差异"在自由的多元论意义上不一定是"多样性"。不过，这一点在今天也已经成为政治问题（"同一性政治是一种差异政治吗？"）而且恐怕也不会很快从人们的讨论中消失。

118

但是，对于德勒兹提出的强有力的批判，我自己的反应暂时可能有些不同，而且可能需要将实践召唤到场（或许在冥想意义上暂时取代德勒兹那个古怪的自我塑造［self-characterization］）。在黑格尔那里，尤其是在他的《逻辑学》中，**同一性**优于**差异**（或反过来）这个问题似乎不如它们之间不可避免的相互转变那么重要，只要你长时间地关注它们其中的任何一个。优越性或许是一个形而上学的问题；**差异**隐匿于**同一性**当中，**同一性**隐匿于**差异**当中，这恐怕是另外的问题。产生于这种奇怪的巨大变化的东西就是**对立**的突然出现，伴随着暂时的替换品——例如纯粹的"多样性"——这些替代品不可能长时间地令人满意；这种焦躁不安的、来来回回的交替就是这样被理解为一种新的形象。德勒兹最后为今天的我们详细阐述了由完全没有任何章法的差异组成的混乱无序的世界观所具有的吸引力，这种消解了形式并上升至无形式、不确定这个表面所产生的吸引力——

　　　　一种我们只能称之为游牧的分配，一种游牧的"诺莫斯"（*nomos*），它没有本质属性，不会封闭，不能量度。在那里，没有对被分配事物的精确均分，只有对那一切的放弃，它们自己将自己分配到一个开放的、没有边界的无限空间。没有什么东西是什么人的权利或属于什么人，每一个人都被散播到四方各处，旨在填满尽可能大的空间。即使我们不得不处理生活中最严肃的事情，它似乎也是游戏的空间，是一种游戏规则，对立于固定空间和固定法则（诺莫斯）。（*DR*，54；36）

这两种呼唤都具有空间特征，这一点后来将非常重要，深度浮游到表面，但更多的是在这里对围绕某种要被填充和殖民化的空间隐喻（metaphorics）进行再定位。

阴郁、主观的眼神会把这一偶然的、欢快的随机性重新吸收成为"固定的"内在性和集合（在黑格尔那里是一种再集合[re-collection]），唤醒这种眼神的同时也可能出现其他的比喻，此刻，这么说可能是合适的；甚至也可能将这个特殊的球踢回到德勒兹本人那里，因为正是他首先想要根据冥想来展现物质。可是，假设正统辩证法在那一意义上根本不是冥想的主观化，会有怎样的情形呢？假设相反地，将同一性和差异重新组织成为对立，类似于对不稳定状态（flux）的积极干预，而且这绝对是一种实践，在这一实践中，宇宙论的物质被重新组合成各种巨大的、松散的力量，旨在最终将它们赶进**矛盾**本身的革命性突进当中，这又会怎样呢？

总之，属于某种世界观的二元主义是一种静态的事物，它改造其自身并且一次又一次地回归，却没有这里所介绍的**永恒回归**的快乐。另一方面，矛盾是历史时间内的一种冲突，是对一种独特的历史瞬间的把握，无论其结果怎样。最后，干预和实践的意义较之令人陶醉的起起落落的尼采式欣悦更具有激励和推动作用。

119

三

在最后一个时刻，回到黑格尔的主观性和自我意识问题是很有价值的。我们或许已经（温和地）表示反对那种建构行动，黑格尔正是由此坚持系统和主体的同一性，在类似于某种主观性的框架内坚持重建他的过程性统一。那些时刻可以被主体性重新吸收，而且成为非常不同的时刻——这并不特别令人反感，而且的确是所谓思辨性思想的思辨投机的重要部分。可是，**总念**最终成为某种以具体的个人意识作为其最高形式的东西，而且我们的老朋友"资产阶级个体性"在这里获得胜利，或至少对这种冒险思想的外层限制做出了清楚的说明，这些将会造成一种印象，即后个人主义社会不如人文主义社会，这作为一种意识形态控制损害了整个辩证法，使一代人束缚于"主体的死亡"，束缚于福柯著名的"从沙海中抹去人类的面容"。

与惯常一样，还是德勒兹又一次敲响令人警觉的鼓点：

> 在伟大的黑格尔式综合中，无限性被重新引入到有限**自我**（Ego）的活动当中。你有理由怀疑这些变化的意义……神圣实体（divine substance）的单一性和同一性［然而］事实上只是某个自我的担保人，只要自我在，上帝就在。一个综合而成的有限自我与一个善于分析的神圣实体是一体的，是相同的。这就是何以人/上帝这一排列如此令人失望并且让我们毫无进展的原因。尼采似乎第一个注意到上帝的死亡只有在自我消解的情况下才会真正发挥作用。接下来出现的是被预言为由各种差异组成的存在，这些差异既不在实体中，也不在主体中：如此多的隐晦论断。（*DR*，81；58）

不过，我认为所有这些讨论最重要的特征是倾向于显露自我意识的性质，它始终是所有围绕该主题组织而成的哲学的关键，其自身就是一种奇怪的误用（misnomer），因为"意识"是与人有关的，是值得谈论的——与我们想要归到动物和植物等类别中的任何事物不同——它总是首先被定义为自我意识。

但自我意识是什么的意识？难道你不是不惜通过冒险使用这样一个逐渐呈现出名称和指涉的稳定性的标语来保证你自己在自

身（self）和自我（ego）方面有某种稳定性吗？我在他处①已经论证过我们目前对自我意识思想的忧虑是一种表现性困境的症状（更不用说在每个转折关头下意识地呼唤"自反性"了，在这样的关头，任何"现代性"一类的事物都需要明确其特征），它声明主体性首先根本不可能被表现，因此它表面上的所有定义和解释在很大程度上都是比喻体系，这样最容易也最便于促成这种困境。

这样的机器，黑格尔是有几种的：反射本身，他经常这样称呼自我意识这个被随意命名的术语，在字面上是从镜子和光的角度②来进行描述，而众所周知，自我意识的时刻是因为两种意识的冲突而出现的（这两种意识会成为**主人**和**奴隶**）。这两个形象都没有任何神秘之处：它们甚至似乎对德里达借以指责扬弃的认同冷漠（identificatory indifferentiation）也未做出任何暗示。尽管如此，内化语言和内在性在所有的地方都非常强大，而且似乎要求有某种当代的替代品。

没有人在此比福柯更具启发性地提出新的可能性，福柯1966 年的文章《出位之思》（La Pensée du dehors）③ 按照自己的立场，在自己的领域内接受了"内在化"的挑战（文章的标题和主题的确都得益于莫里斯·布朗肖［Maurice Blanchot］），它推翻了这些立场并提出了一种外部思考的公式，一种处于外部而非内部的思考。布朗肖本人处理这一新概念的方法一直是临时

---

① 见 *A Singular Modernity*：*Essay on the Ontology of the Present*，London：Verso，2002。

② 见 Hegel，*Encyclopedia Logic*，par. 112，par. 163；关于这一文献的全部历史，见 Rodolphe Gasché，*The Tain of the Mirror*，Cambridge，MA：Harvard University Press，1986。

③ Michel Foucault，*Dits et écrits*，Vol. 1，Paris：Gallimard，1994，518 - 539；英文版为 "Maurice Blanchot：The Thought from Outside"，trans. BrianMassumi，in *Foucault/Blanchot*，New York：Zone，1987。后面对该书的参考均标注为 *DE*。

的，并且是折中的，或许应该感谢列维纳斯（Levinas）的**他者**概念：不过，由于布朗肖的语言向"中立"（*le neutre*）靠拢——极端地去人格化（depersonalized）——所以丧失了这些关联性，它们现在在福柯的理论化中也完全缺失。后者，更确切地说，不是以思维而是以语言开始，它在没有第一人称叙述的语境中奇怪地漂流，它远没有将我们送回到温暖的内在性和主体性身边，相反在它们周围，一种无限的虚空变得清晰可见。这类意见（在布朗肖那里，它们是尼采的碎片）已经不再是人的有意义的行为和动机，而是一种"纯粹的外部性表现形式，语言最初以声音的形式展开"（"étalement du language en son être brut, pure extériotité déployée"）（*DE*，519）。正是这一点标示出一个真正的现代主义文学领地和从未被发现的大陆（不是福柯的语言，而是布朗肖的理论化对象）：

> 文学不是语言本身撤回到引发争论的体现形式这一点上，而是语言尽量远离其自身；而且如果在这一场景中，在"其自身之外"，它揭开了其自身存在的面纱，它就是一个真相，突然将隔阂暴露出来，而不是一种逆转，是一种播撒，而不是各种标志返回其自身。（*DE*，520）

在这里，你肯定会回想起黑格尔对于各种范畴返回其本身或重回其自身内部表现出难以自拔的反公式化，也会回想起这些范畴的为自身的存在（being-for-self）的生成，形成一系列形式化的高潮。毋庸置疑，福柯心里是有文学的，而且他的确也详细阐述了伟大的现代主义的冗长故事，它们是法国的现代主义经典，对此，布朗肖的责任比任何人都大：萨德（以及荷尔德林，尾随拉普朗什［Laplanche］归化了），马拉美，巴塔耶，克洛索斯基（Klossowski），当然还有布朗肖本人（这个"泰凯尔"小组

［*Tel quel* group］后来加上了洛特雷阿蒙［Lautréamont］）。坚持外在性的思想家还不止这些（有人认为福柯也把自己算在他们中间），但是，他们的坚持"人文主义"传统的敌人中最著名的就是康德和黑格尔以及后来研究异化的思想家。关于外在性的虚构展现，福柯这样说道：

> 虚构因此不在于使不可见变得可见，而在于使我们明白可见物的不可见性究竟是如何不可见的。由此，它与空间更深层的同源关系被理解为是相对于虚构而言，就如同否定相对于反思而言（辩证的否定就被理解为与时间的寓言联系在一起）。（*DE*，524）

思想的空间化：你不会贸然希望将福柯归在后现代主义者中间（他在《事物的次序》［*The Order of Things*］中对文学和语言的黑暗力量的呼唤是深刻的现代主义），可是，在这种想法中确实有某些预言性和预告性的东西，他自己也希望如此。

但是，康德和黑格尔真的过时了吗？康德认为主体对于意识是无效的，主体事实上是一个真体，是一个类似于世界或上帝的更深层现实的物自体，这些古怪的想法似乎就是要在陈腐的信念（doxa）意义上摒除自我意识，而且要推行某种更接近"外部思想"的东西：是对让思想进入到秩序当中的事物形式进行一种试探性的盲诊，从症状上看，旨在探测出它更真实的外部形态。至于黑格尔，亨利·勒菲弗尔①呼唤的空间辩证法难道不是比福柯所指出的《逻辑学》是时间性"寓言"特征，《逻辑学》罗列了一大堆范畴——在语源学意义，其作为一种学说是名副其实，更适合我们的时代和需要吗？如果《逻辑学》的各个范畴 122

---

① Henri Lefebvre, *La production de l'espace*, Paris：Anthropos, 1974, 382.

已经就是福柯所呼唤的这种外部思想，情况会怎样呢？在福柯引发的语言虚空当中真的出现了这么多奇怪的形态……这就要求助于德勒兹的一个相关概念，即"思想的影像"（image of thought）①，我们已经知道它可以在这些奇怪的、由个体概念组成的新型空间和色彩中安顿和表达其自身。有点像拉康的"倾听"（écoute），指的是听病人说话，听它的节奏和停顿，听它的音量和音色，听它的外在特征，而不是听病人以为自己正试图要表达的明确思想。我认为，我们需要这样来考虑黑格尔处理范畴的方式：对个体范畴形态进行一次触诊，一次倾听，仿佛它来自外部，来自一种外部的边缘，其中思想不是被表达的，而是被描绘的。这正是他的一位听众对他的语言特征所做的描述：

> 要解释黑格尔冗长复杂的叙述，我只能猜想他是用名词在思考，以至于在对某个客体的冥想当中，它的各种关系在他看来就是诸多奇怪的形状，它们相互作用，而他首先不得不将它们的行为翻译成语词。某些最受青睐的建构引人注目地出现在这一过程中，例如那些模仿法国人的建构……结果是，黑格尔不得不偶尔停下来，以保证自己的书写不会在语法上不正确。并不是他不了解语法规则，而是因为他首先得翻译他的思想的内容，所以每句话在他看来都好像是外语。②

---

① Deleuze, *Différence et Répétition*, Chapter 3.

② Karl Rosenkranz, *Georg Wilhelm Friedrich Hegel's Leben*, Darmstadt: Wissenschaftliche Buchhandlung, 1969（1844），361，引自 Sietze 教授。

第三部分

评　论

第四章

马克思一封失窃的信

　　德里达的著作《马克思的幽灵》（1993）不仅是一次干涉；它还期望成为一次挑衅，首先是激怒他所谓的一个新神圣同盟，该同盟意欲彻底埋葬马克思的企图在该书中得到的回答是呼唤建立一个**新国际**（new International）。德里达提醒年轻一代关注新出现的解构与法国20世纪五六十年代围绕被明确定义的马克思所发生的争论之间各种复杂的、建构性的相互关系（他在其他地方还提到他与阿尔都塞的个人关系①）：就此而言，他只是许多所谓的后结构主义重要的思想家之一，他记录下对某种方式的担忧，法国及其他地方的解马克思化（demarxification）已经使对马克思和某种真正马克思主义问题意识（Marxian problematic）的主题的阅读越过了尊重原则和学术容忍的边界，现在它以此种方式威胁要摧毁哲学化活动本身，代之以一种枯燥无味的英美反思辨的实证主义、经验主义或实用主义。该书也谈到解构与马克思的关系（以及它对可能出现一种含蓄的或明确的马克思主义"哲学"的保留态度）。

　　德里达在这里承担起了为世界局势代言的责任，他凭借世界

---

①　见 E. Ann Kaplan and Michael Sprinker, eds., *The Althusserian Legacy*, London: Verso, 1993。

上依然健在的最伟大哲学家的全部权威列举了这个世界新的、灾
难性的特征。他阅读马克思的文本，特别是为《德意志意识形
态》中的篇章提供了引人注目的新释义。他提出了一个新的概
念，即"幽灵性"（spectrality）概念，而且所采用的方式也意味
着某些修正或变化，即以解构的方式处理一般概念。他申明要坚
持本雅明要求我们在一个黑暗年代里保留并承担的那种"微弱
的救世主的力量"。这是一项范围很广的行动，也是一项惊心动
魄的行动（尤其是当它被《哈姆雷特》开场城垛上发出的充满
127 警示的高声呼喊所打断之时）。我想对该书做一个更加严密的总
结，然后对我认为特别有趣的观点进行非系统的、初步的评述。

　　如其所料，《马克思的幽灵》一书五章分别围绕马克思在今
天的再生问题展开。《哈姆雷特》以及哈姆雷特父亲的鬼魂为我
们提供了第一个诱因，让我们想象马克思本人的鬼魂出现在我们
面前会是什么样子，我们甚至没有听说过关于它再次出现的传
闻。布朗肖对马克思做出的卓越反思①，哈姆雷特"这是一个脱
节的时代"的呼喊中隐含的本体论，以及诸如此类的恳求行
为——召唤，缓和，共谋——的结构，现在为第二章的内容做好
了准备，即反对马克思的阴谋，以及福山和历史的（"启示性"）
终结，所有这些都表明国际（还有美国）的政治力量在晚期资
本主义这个新的世界环境中仍在发挥作用。后者就是德里达要在
第三章（"耗损殆尽，一个不会老的世界画面"）直接进行分析
的对象，这一章对新全球化的十个特征进行了概述，涉及范围从
失业和无家可归到黑手党，毒品战，国际法所面临的难题，不断
出现的市场矛盾，各种不同的国际债务形式，武器工业，以及所
谓的种族冲突。福山所说的民主在全球胜利的这些特征要求一种

---

①　Maurice Blanchot, "Les trois paroles de Marx", in L'Amitié, Paris: Gallimard,
1971, 115 –117.

新国际和经过改造的"马克思主义精神"的再次出现（本体论，连同马克思本人对鬼魂的恐惧，已经从这种马克思精神中被删除了）。最后两章是对马克思的语篇的丰富阅读，特别是与幽灵性相关的语篇。第四章返回到《共产党宣言》和《路易·波拿巴的雾月十八日》，但绝不是为了表明马克思本人对这种幽灵性带有敬意的模棱两可；最后一章则分析了马克思对施蒂纳（Stirner）的批评，并且按照商品拜物教的传统观点，是进行了一次替代，商品拜物教的"桌灵转"（turning takles）现在在很大程度上意味着嘈杂喧闹的鬼魂，就好像它们在某个地方要把架子上要卖的货物搞得乱七八糟一样。

有人提出的问题——这些对德里达而言是否是新主题——应该包含对哲学书写中"主题"这一概念重新进行的全面思考，如同对分期化的情况进行全面的重新思考一样。的确，近年来发生在解构内部的变化似乎诱发了各种不同的描述。尽管在这一切当中有海德格尔的作用，但一种肯定的——即一种"解释的"（interpretive）——解构概念①似乎还没有强迫自己采纳"转向"（Kehre）的形式，这绝不是因为隐含的对立（与某种经典的"毁灭性"甚或批判性的、否定性的解构的对立）要重新大量引入那些单调的、传统的二元对立，因为将这些二元对立首先从我 128 们日常的精神生活当中去除掉恰恰是解构的功绩。

在解构必须为自己开辟道路的思想境遇里所发生的变化，对它的风格和策略显然发挥了基础性作用。就马克思而言，例如，对马克思主义问题意识的同情和在哲学上的保留，二十年前就非常明显——在以《立场》②为标题的对话中，很多内容都用来避开他的列宁主义对话者过分热情的赞同——与它们在当前著作中

---

① Jacques Derrida, *Spurs: Nietzsche's Styles/Éperons: Les Styles de Nietzsche*, trans. Barbara Harlow, Chicago: University of Chicago Press, 1979, 36 – 37.

② Jacques Derrida, *Positions*, Paris: Minuit, 1972.

的情形一样：对唯物主义的赞同尤其是一个我们要在这里重新讨论的问题。

同时，可以设想，现在已经卷帙浩繁的解构开始在美国的哲学系获得学术尊重（同时，在法国，由密特朗的社会主义政府建立的哲学研究院隆重建成，德里达本人出任院长），这不可避免地改变了研究资料的面貌，而长期以来这些资料一直只是研究文学的知识分子所关注的东西。另一方面，你也可以不无道理地争辩说，德里达这些年已经变得更加靠近文学了，而且已经比以往更愿意在语言和各种比较小的话语类型方面进行实验，所采用的方法使较早的、更加传统的作品的哲学使命重新引起注意，即使这些早期作品的使命就是对经院哲学本身提出挑战。

既然旧的问题意识渐渐衰败，德里达对各种形式的形而上学思想（在场、同一性、自我意识，等等）的批判逐渐得到传播，它们本身已经从令人愤怒的尖锐批评成为凭其自身确立了其地位的信念，那么调性上的变化能否被察觉？海德格尔在这一过程中的作用更加突出，但它在处理这一特殊的、不可避免地萦绕不去的幽灵时感觉到一种新的自鸣得意是否公平？难道不正是我们自己对作为批判的解构的"庸俗"阅读（意味着解构对形而上学概念的结果就是用更好、更真实的东西取代它们），导致了当前这样那样的震惊——海德格尔的著作仍然需要这种恭敬的关注（甚至在当前这本书中，我们也会看到）？但是，作为一种思想活动，对解构而言，一个关键的必要条件是把海德格尔，尤其是海德格尔关于哲学史的观点纳入哲学阅读的经典当中，把海德格尔的问题意识强行纳入当代的哲学：不过在第二次运动中，但愿是为了能够脱离海德格尔自己的立场，才对仍在其中发挥作用的、本质上是形而上学的趋势进行批判。这绝对不可能是德里达的"发展"，或关于解构的"进化"问题，在解构当中，受到关注的是这种刻意的含混各个永远变化不定的重点。

如果这个特殊的印象包含着谴责的意味，认为解构已经变得没有政治性——更少争辩，更加圆润——那么根据最近几年的情况可以补充说，在政治一词更传统的意义上，它已经变得更具政治性了。的确，随着一系列对南非的干涉①（对此我们必须做一点补充，这本书是献给被杀的马克思主义领袖克里斯·哈尼[Chris Hani]的）而来的是对新欧洲的批评，似乎是为"承诺写作"的现在这个文本所进行的准备，它的副标题意味深长："债务国家，哀悼活动和新国际"；除了德里达一向是个政治人物之外，他具体的公共声明至少可以追溯到20世纪70年代关于《哈比法》（*Loi Habib*）的论战（蓬皮杜政权试图"驱除"六八年五月精神的"恶魔"，决定将哲学从法国国立高中的教学大纲中去掉）。有些混乱产生于思想框框，以为政治干预必然会得到评估并且产生效果：早期的这种情形是法国特有的，而德里达经常感到无法干预美国的形势，尽管他在美国已经工作很多年。然而，关于新欧洲，他觉得非常重要的是发表自己的看法（见下文），而事实上，在当前这本书里，他发现，关于马克思本人，首先要说的就是他是一位世界市场的思想家："似乎没有一个传统文本对当前的政治全球化问题讲得如此清晰。"② 因此，正是全球化本身建立了新型政治以及新型政治干预的舞台。就激进知识分子而言，我们很多人都对他的**新国际**这个概念深有同感：因为，虽然各种网络可能性促进了后福特主义以及金融投机，产生出构成现代商业机构权力的超常的新财富，但这些可能性同样也可以为今天世界范围内的知识分子所利用。在马克思自己的时

---

① 见 "Le dernier mot du racisme" (1983), and "Admiration de Nelson Mandela, ou Les lois de la réflexion" (1986), Jacques Derrida, *Psyché*, Paris: Galilée, 1987, 353 – 362, 453 – 476。

② Jacques Derrida, Spectres de Marx, Paris: Galilée, 1993, 35. 后面对这一著作的参考均标注为 SM。

代，网络类似于那些由流放者组成的以报纸为媒介的联系网，只不过质和量的规模有所变动，这种预见讽刺嘲笑（在这两种情况中，这些知识分子对其做出回应的工人阶级运动之间的关系是一种相当不同的、更有争议的发展）。

130

但是，现在我们也必须注意到，恰恰是这种分期化，这种讲故事的方式——解构怎么了？这些年里它发生了怎样的变化？这些内部的关注是否与早期写作的主题相连贯？——构成了眼下这本关于马克思的书的更深层主题（或更深层的主题之一），它的情形似乎就是这样一个故事或分期化效果：马克思似乎活过，他现在死了，而且被再一次掩埋，证实这一切有什么意义？

特别是发展、影响、转变这些概念在其自身内部都包含了各种过于简单化的叙事，这些叙事的基本结果引发了连续性和不连续性，引发了是否要将一个给定的发展判断为与之前发展的一次"断裂"（彻底的或不彻底的！），或者将这个或那个看似新颖的母题解读为与较早的先入之见和程序保持着更深层的连续性和协调一致。同一性和差异是两个极端，这类结果围绕着它们发挥作用，前者是明显的、非概念性的，如同后者是武断的一样：难怪叙事连同它的附属意识形态（例如，历史主义或目的论）已经没有任何可信度，难怪德里达在《回忆保罗·德曼》（*Memories for Paul de Man*）中用苏格拉底的方式告诉我们："我不知道如何讲故事。"① 另一方面，他确实也在讲故事；不过，他最关注的是海德格尔的故事，这并不令人感到吃惊——"实体和原因这些基本概念，加上它们由连通概念（connex concepts）组成的整个系统就足以解决中继的问题，足以使我们相信所有的形而上学、物理学，以及逻辑学的这些时刻在伦理学那里绕了一个大弯

---

① *Memoires for Paul de Man*, rev. ed., New York: Columbia University Press, 1989, 3. 后面对这一著作的参考均标注为 *MPM*。

后，它们的连续性没有中断（尽管有严重的分化），无论它们有怎样的分化，无论它们内部有怎样的问题。"① 但这立刻向德里达的新著提出了一个难题，不仅仅是他与马克思的关系是否同过去"一样"（他自己说过，他确认与马克思主义有一种附属关系，这在很大程度上是因为一般的学术环境以及马克思在当今信念［doxa］中的位置②）。但是，一直还有一个问题与这种不确定性同时存在，即他的理论化或他那些概念性的—圣经般的著作的真正性质自首次出版的文本以来是否从未改变过。在马克思本人的著作内部以及在对它们的长期运用当中，马克思主义也遇到了同样的问题（它们是否真的有所发展，是否如阿尔都塞坚持认为的那样有一个"断裂"，阿尔都塞的这一观点众所周知），（几乎没有什么思想家，德里达回忆道，如此强烈地坚持"它们自己可能出现的'老化'以及它们本质上无法简约的历史性……他也曾经呼吁对他自己的著作进行**改造**？"［*SM*，35］）。但是，马克思同叙事的关系，他同各种可能的叙事之间的关系，131 这些叙事是我们就他的著作及其命运不由自主地创造出来的，如果不是被简化了，至少是被这样一个事实修改了，即马克思不完全是一个哲学家，在（"不完全"）这个意义上，他是形而上学历史的一部分："有答案，没问题"，布朗肖如是说；这并不是说马克思不会因为某些本体论的趋势和诱惑而受到指摘，而是说这些"答案"在某种意义上已经避开了本体—语言—阴茎—中心主义（onto-logo-phallo-centrism）。或许你至少可以说说关于它们的"诱惑"的故事，这在某种程度上就是德里达做的事情（马克思对鬼魂的恐惧）。

　　论证与叙事同步进行或许也值得一提，至少在哲学上的保守

---

　　① "Ousia et Grammé", in *Marges de la philosophie*, Paris：Minuit, 1972, 42. 后面对 *Marges de la philosophie* 的参考均标注为 *MP*。

　　② 见 Oxford Literary Review 中的访谈。

派已经用这个非常合法的概念将绵羊同山羊区分开来并试图重建一个哲学化总念这一意义上是值得一提的，德里达肯定会将这个概念归为"专名（proper）"。这非常有趣，但是，他提供论证了吗？德里达的论证就是他的阅读，而且毫无疑问，没有人能够怀疑他确实言之有物，只要这个人读了一些重要的哲学性"文本解释"（*explications de texte*）；但我的感觉是论证的概念在这里并非与叙事概念毫无牵连，在我们所理解的"言之有物"这个意义上，在对专有名词和特征进行定义和阐明这个意义上，即在明确的术语学意义上，它们都有关系，我们可以通过概念性突变甚至变形追踪到术语的种种命运。格雷马斯认为你应该能够对《纯粹理性批判》进行叙事分析，可以把它的论证当作很多故事来读，它们交织在一起，达到情节突变的叙事高潮。在那种意义上，或许德里达真的是非**叙事**；而如果读者以为跟随他精心给出的标识（"更多关于拜物教的信息，见《丧钟》，pp. 51，149，231ff，249ff，264ff"［*SM*，264，n. 1］），便会在那些地方找到定义，找到德里达关于拜物教性质及其各种理论化的合理性方面的主张或观点，并且以为之后他们可以将这些东西重新放回到当下的语境中并将此作为他们在那里找到的语词的"意义"，他们肯定会大失所望。确切地说，那些页码似乎只是标出了很多的主题并记录下贯穿于德里达有关不同影像链条（image-clusters）研究的运动，就像它们以往在现在已经过时的文学批评中的情形一样：不过，避免"影像"和"主题"这类语词的误导性的言外之意（仅仅是由于它们在哲学上没有任何用途，这些词语才被看作是文学的）并且用更加缜密的方式思考这些过程想必还是很重要的。

本雅明的星座（constellation）概念或许提供了做这件事的一个方法，而且我援引这个概念（如一个鬼魂）是因为我忍不住将德里达本人作品中的某种东西描述为一种原始的文本积累，这种积累对他（也对我们）而言可能使得相互印证（cross-refer-encing）本身成为一种哲学过程，通过展示不同的语境，它可以 132 揭示出对某个给定概念而言是基础性的东西，在这些语境中，这个概念能够出现，而且它的出现证明是不可避免的。这类不固定的星座是随时变化的，它们彼此取代或重新配置时所遵行的节奏没有在叙事层面证明任何与"发展"或"进化"有关的东西。例如，毫无疑问，我们在这里将要关注的星座——以鬼魂为中心——使得我们能够重新阅读德里达全部的文献资料并且由此以全新的方式（尤其是，我们将会看到，参照现象学）调整早期经典文本的焦点：但这是否意味着，正如 T. S. 艾略特所言，德里达作品的"顺序"因此"曾经有过轻微的改动"，或者难道我们不能同样在一个潜在模式上提出并"论证"幽灵性自始至终就是这个游戏的名称，甚至在我们或德里达明白这一点之前就是这样？但是，反对叙事、历史主义、历时分析、最终目的（telos）等等论据的力量以及诸如星座之类的概念的力量肯定会在取消这类问题的重要性或者至少是紧迫性方面发挥作用。

尽管如此，我们对这本关于马克思的新书的考察不会因为忽略了一个一直存在的问题而得到显著的改进，这个问题就是是否新的形象性（figurality），鬼魂或幽灵的形象化概念在某种程度上与那些在德里达的早期作品中开始繁衍的概念没有什么不同，那些概念众所周知始于"写作"本身并且贯穿于由标记术语，如"播撒"和"处女膜"，所标志的、现在已经为人所熟悉的范围，同时伴随着对这一实践的反转，这个反转在于改动了一个单词中的一个字母，这个单词的读音因此保持不变（différance）。它甚至超越了是否哲学在今天能够产生新的概念（以及新的术语或这些概念新的名称）这个问题，它延伸到今天（或昨天，如果理论真的死了，如同他们告诉我们的那样，甚或理论的死亡与马克思的死亡一样，马克思的答案没有问题，这些答案总之在理论的历史阐述中发挥了某种作用）理论话语的一个总问题：
在我们考察《马克思的幽灵》所标出的这些星座的形状之前，
这一点必须先说清楚；讲述关于此种话语出现的故事有一个附加
好处，即它与后面要思考的唯物主义问题有种种相类之处。

　　不管怎么说，最保险的做法似乎是将这种理论性话语的情境
源头置于黑格尔之后的一般哲学危机当中，尤其是置于尼采为反
对一切隐藏在"所谓哲学这种欲望"内部的有毒事物所展开的
游击战中，以及海德格尔关于哲学系统本身（或更糟的是"世
界观"）即他所谓的形而上学（或另一种传统所描述的堕落的或
物化的思想）这一发现当中。对于语言，这意味着人做出的任
何断言至少是一个隐含的哲学命题并因此是形而上学系统的元

133　件。形而上学的坏的普遍主义因此感染了语言本身，它只能继续
释放并无休止地再生"形而上学"或本体论，滑稽地断言一个
又一个命题，这些命题比它们的实际用途长寿，它们还经历了一
个来世，另一种传统称这个来世为意识形态。你可以让这种生产
归于沉寂，但要付出巨大的代价（一则，其他人在继续谈论，
另外，维特根斯坦真的做到这一点了吗？）；但另外的方法似乎
是在有时被称为后结构主义的时代里才进入到视野当中。

　　因为如果所有的命题都是意识形态的，或许可能将语言的用
途限定在对错误的申斥上，而拒绝承认它首先是表达真理的结构
动力。这一策略将语言转交给一种确凿无疑的恐怖主义，阿尔都
塞派和"泰凯尔"小组（Tel quel group）的实践可以历史地证
明这一点：德里达主义与这两者都有家族关系，它本身便流于这
样一种印象，即虽然它仅仅是在"说明"别人的立场，但最后
也免不了是非缠身（德里达为解构和批评之间的差异所提出的
限制条件没有一个真正在这一印象中引起注意）。因为指定另外
的立场就意味着将其指定为意识形态（阿尔都塞）或形而上学
（海德格尔、德里达）：各种认同自然足以使未得到预先警告的

读者认为真理将得其所哉，而阿尔都塞告诫我们，我们永远不会脱离意识形态，德里达则一贯坚持说明避免形而上学的不可能性。但二者都使他们的"意识形态"或"形而上学"处在未认同和未指定的状态：但我认为说明（而且这是针对所有所谓后结构主义流派而言，而不单单是针对这两个被言明的理论）特定的母题如何出现在这个虚空当中又是可能的，它们被物化为或改变成为"理论"，其自身也由此类似于老式的哲学或"世界观"。正是在这一点上，阿尔都塞说的应该是多元决定论（over-determination），而德里达说的是写作：也是在这一点上，他们的形式困境一般而言似乎离现代主义的基本矛盾最接近，而且也最引人注目地接近巴特在《零度写作》中描述的矛盾，即避免一个完成的符号系统闭合。最伟大的现代文学，他说，因此竭力避免因其自身的缘故成为一种官方的、公共的、公认的"机构性"语言；但如果它成功了，它也就失败了，因此普鲁斯特或乔伊斯的私人语言便进入公共领域（大学、经典），成为这样一种"风格"。① 其他人因为保持在碎片状态而获得成功：葛兰西，本雅明；不过你不可能预先决定。

　　无论如何，这个情境正适合谈论德里达的文本是"审美的"之类的问题：如何描述它作为一种"形式—难题"提出来的哲学困境，这个困境的解决办法要在一套特定的程序中去找，或确切地说，要在与所有现代艺术的协调中去找，在一组确定的禁忌中去找。② 在这里，禁忌直接控制着对新命题的阐述，控制着新

---

① Roland Barthes, *Le degré zéro de l'écriture*, Paris: Seuil, 1953.

② 德里达曾私下告诉我，他对我在这里使用"审美的"一词感到不舒服，这可能让他想起他的著作一度被哲学家们坚决地予以拒绝，他们认为，它只能算"文学"。但我想将"审美"用作名词——我应该也试着为"linguistic"发明一个新义——来指定在某种给定的体裁系统中控制合格的句子（或在这里是命题）生产的一系列规则。"审美的"一词，我将它保留下来，无论它可能意味着什么，都绝对不表示德里达的文本"属于"文学，而不属于哲学。

概念的形成：《文字学》（*Grammatology*）也许是德里达的最后一个文本，他在这个文本中提出哲学可能产生新的和乌托邦的概念，不过，该书对这些概念也进行了讨论。真正的新概念只有在它们被思考的具体情境这个系统本身得到彻底修正之后才会出现，这个信念的确仍然有一股非常强烈的马克思的味道。只有曼夫雷多·塔夫里（Manfredo Tafuri）一直将它捍卫至 20 世纪 90 年代（他本人死去）；学术创新——不仅仅是发明新的解决办法，更多的是用新问题（举个例子，在库恩［Kuhn］关于系统的相关概念中有所暗示）取代老问题——这个思想在那场失败之后似乎便渐渐消逝了，在法国，六八年五月被知识分子理解为失败（在法国，共产党在《马蒂尼翁协议》中取消了法国处于革命前的局势中这个概念）。这一失败将预示着一个结束，不仅是 20 世纪 60 年代乌托邦主义在法国的结束（在福柯的著作中可以找到类似但程度上更加彻底的变化），而且是解马克思化和学术界全面反对共产主义的开始，是激进或左派法国知识分子的霸权观念终止的开始。这对于德里达本人的著作而言不仅仅具有形式上的重要性：实际上，我们后面想要在《马克思的幽灵》中看到关于乌托邦主义的公开表述，乌托邦主义一直存在，不过一般而言处于地下状态，他本人（避开了那个词）会愿意像本雅明那样称其为"一种微弱的、弥赛亚式力量"。但是，毫无疑问，在 20 世纪 60 年代，他自己在著作中，用概念性创新或哲学乌托邦主义（可以这么说）解决这个问题的办法对这种微弱的、弥赛亚式力量经受暴风雨的能力产生了自己的影响，而且这种力量与在其他很多地方一样，不会枯竭，不会因为缺乏更深的根基而被吹走。

或许在德里达那里根本没有相应的失望和倒退，因为从一开始，形式本身就预设哲学作为一个系统、作为一种产生概念创新的使命已经到了尽头。但它是借助于一种形式原则做出这一预设的，该原则以一种简单的方法找到了不接受传统现状的正确方法：避免断言式的句子，避免哲学性命题。解构因此"既不肯定也不否定"：它根本不发表那种意义上的命题（除非在一本和这本书一样长篇大论的著作中，在警戒和张力无法避免地降低和放松的时刻，在这类情况下，有几个断言会蒙混过去或明白无误的断言性句子会让没有准备的读者大吃一惊，这是不可避免的——最著名的是该书［第三章］关于晚期资本主义一节或纪念纳尔逊·曼德拉的那篇伟大的文章中的情形）。

于是必然出现这样一个问题，这一禁忌如何在写作中被实实在在地付诸实践；最重要的是，在一个其他方面看起来如此不完整（fruste）、如此空洞的活动中，人因此会非常警觉地控制其意图，会避免说一些话，如此一来，内容由何处产生呢？德里达自己的个人审美品位——不光是对马拉美的兴趣，更重要的是对罗格尔·拉波尔特（Roger Laporte）（在不写其他，只写你自己的写作过程这个糟糕的意义上是所有当代作家中最执迷的形式主义者）的迷恋远在对蓬热和杰贝茨（Jabès）的崇敬之上——印证了一种没有在他本人最后那些更为丰富的哲学文本中实际践行的简约主义。

正如上文已经间接表明的，在这里，扭转局势的是海德格尔的问题意识发挥的中心形式作用，它让整个计划有了一种简约叙事，并因此将不同性质的一系列无序的哲学文本和碎片转化为一种绝对宏大的历史：一种存在于哲学本身内部的形而上学。正是在这个意义上你可能论证罗蒂（Rorty）的目标，它有效地摧毁了作为历史和学科的哲学本身（并且让它的参孙一样的毁灭者扮演了自我平凡化的审美主义者和纯文学作者的角色，如果不仅仅是一个自由主义的、政治的和文化的批评家或评论家），这比德里达的目标更激进，德里达的目标是力图用掩人耳目的海德格尔方式隐秘地拯救这个学科，由此赋予这个目标本身的文本一种确定无疑的庄严，同时将其挪移置入一个更大的理论计划当中：之后，海德格尔本人，正如我们很快将会看到的那样，也会被抛入风中，于是就轮到他自己像诸多形而上学一样被解构了。

这个框架现在使解构实践找到了一种神圣的形式：评注的方式或文本的政治性解释，它可以在这一形式中继续它自己那种威严的寄生活动。它不再需要说出自己的预设，甚至不需要说出它自己对不同思想家的文本的批评结果，这些文本于是被注解，也在构造上受到毁损或危害：他们本人预先都知道这一切，这些文本解构了它们自身，正如保罗·德曼在他对新生的作为一种"方法论"的解构所做的必要补充中所讲的一样（的确，关键的补充会在他自己关于德里达本人的文章中找到①，也会在后者对卢梭所谓的批评当中找到，很明显这个批评基本上跟卢梭——或更妙的是卢梭的文本——对其自身的批评一样）。有了这些，解构的"审美"过程就完成了：它将成为一种形式，假设存在某种先在文本，它声称自己是对该文本的评注，从那个文本暂时挪用一些片段——尤其是术语方面的内容——在一个更大的语境中说一些该文本没有用自己的声音或语言确切地说出的东西，这个语境就是海德格尔的主人叙事框架，它被修改、扩充，或限定为一种意志（后来，在很大程度上，借助于拉康的有关补充，结果是，相对而言，它看起来是女性主义的了，与本体—语言—阴茎—中心主义这个概念的情况一样）。

很清楚，这种针对某个历史性形式难题的"审美"或解决办法其本身就是完整的哲学立场，以这种方式对其加以说明也是要理解何以德里达的文学性（literariness）问题在一开始没有引起很好的注意，或没有被很好地提出。因为解构性文本在其逃离散文

---

① Paul de Man, *Blindness and Insight: Essays in the Rhetoric of Contemporary Criticism*, Minneapolis: University of Minnesota Press, 1971.

主义（essayism）勉力为之的创造性这一意义上也是"后现代的"。它不仅不希望催生一个旧意义上的新哲学系统（像在利科那里一样，或者在那些经过周密考虑的、传统的、反动的思想家如 J-R. 马里翁那里更是如此，这些思想家对理论的"抵抗"或抗拒可以首先通过他们返回哲学旧俗并为其辩护来进行衡量）；它并没有自称拥有一种"独特的声音"或"一套新颖的见解"，而哲学散文的传统通常是这样的，例如，在萧沆（Cioran）或卡内蒂（Canetti）那里：独创性在那种意义上就是怀疑，布莱希特称之为"烹调的"或纯文学的（似乎已被经典化的布朗肖越过它进入理论，或与克罗索斯基［Klossowski］一道进入小说本身）。

　　另一方面，我们这么说时也已经顺便表明，形式主义策略永远不可能以任何永久的方式获得成功；而且解构也不是唯一的例子——但它是一个特别有吸引力的例子——证明有一个期望保持纯粹形式性的原则被物化，证明它重新被翻译成一种它一开始就打算避免的哲学世界观或概念性主题，这些东西违背了它自己的预想。打个比方，它们都是按照一般人的理解将德里达的文本解读为对书写（écriture）或延异的"哲学"表达，后来又解读为"解构"自身的变化，它成了一种羽翼丰满的哲学系统和立场。① 这些退化和变化证实德里达重视**名词**（或 noun, the substantive：这两个词在法语中是同一个词［le nom］）：旧名新用（paleonymy）是一个聪明的策略，但即使是旧瓶装新酒，最后还是以突出对一个术语的新意义的强调来完结，那么这个术语就可以以传统哲学的方式作为一个概念的名称发挥作用。在阅读《马克思的幽灵》这个语境中，我们的问题是"幽灵性"这个新名称在避免各种名称的努力中是否代表了另一个策略，这种努力

---

　　①　如在 Rodolphe Gasché 那本（令人敬仰的）*The Tain of the Mirror: Derrida and the Philosophy of Reflection* 中，Cambridge, MA: Harvard University Press, 1986。

是漫无止境的、最终必然不会取得成功的，或者它是否可以看作是对那一策略的修改和用某种新的比喻击败这个哲学名词所做的努力。

至少看起来可信的是，出现在德里达的著作中的东西有可能取代海德格尔叙事的老旧框架，我们将它描述为本雅明的星座，它也将由此改变这个框架所确定的注释策略（总之，无论马克思以何种方式存在，都几乎不可能是这种哲学文本的原型或你一开始就能用古典方法解构的碎片）。不过，为了证明这一命题，我们现在必须更近距离地观察现在这个"星座"的性质，同时必须返回到一个起点，它是所有当代理论和后哲学话语的起点，不仅仅是德里达本人的起点。

因为，从这个视角看，这个被称为幽灵的星座其中心问题就是物质本身的问题，或者说得更清楚一些，是唯物主义的问题，也就是说，它本身就是一种哲学或哲学立场（SM，1）。（这个碰巧也是德里达在收录于《立场》的 1972 年的访谈中讨论"马克思主义者"时的中心问题。）或者更恰当的说法是，因为唯物主义难题的不在场，因为它被遮掩或被压制，因为它本身不可能作为这样一个问题提出来，所以才催生了我们不得不在这里处理的星座：这个星座的特殊时刻是——幽灵性本身的核心鬼魂（SM，2）以及这个鬼魂同某种"精神"的关系，这种"精神"一方面是一种意识形态素（SM，5），同时它自身就是一种作为哲学保护的现象学（SM，4）；与它们二者相当的似乎是宗教的符号学逆转（SM，6）（特别是在它与商品拜物教的关系中）而且是弥赛亚式的（SM，7），或者，如果你喜欢的话，是政治的。可是，这不仅是一个符号系统：它有它自己的附加因素，是与在这个星座的某个表面压制唯物主义相对应的似乎是它的另一个表面有四维深度，这个表面出现在个体哀悼和历史暂时性这对孪生现象中（SM，3）（双方都既是过去，也是未来，既是传统，也是革命）。无论怎么说，星座这个重要概念的存在是因为它有抗拒形式化的能力，就如同恒星本身的多维性对天空中具有神话意义的线路图提出非难并且秘密地解构了它们。不过，我们还是想要缓慢地穿过这些不同的时刻，仿佛它们是哲学天文馆天花板上的一个个点。

138

——

　　至于唯物主义——仿佛是被这些可见的恒星既隐藏，又明确标示的黑洞——它应该是理论、解构，以及马克思主义相遇的地方：是一个有特权的地方，对理论是这样，因为理论出自一个关于语言的"物质性"的信念；对解构是这样，因为它的使命与摧毁形而上学有关；对马克思主义（或"历史唯物主义"）是这样，因为后者对黑格尔的批判引发了关于理想的性质的假设[①]和用包含生产与经济在内的具体概念代替那些看不见的抽象概念的需要。这些都是以否定方式在呼唤唯物主义，这并非偶然：物质——希腊的 *hyle*（或木料，或"材料"、原料）随后将以马克思的跳舞的桌子的形式重新出现在《资本论》的第一章——并不特别预示着一个起点。它的直接性淹没了其他任何你想用它做的事或关于它你所思考的事：或者换种方法，这么说也许更好一些，当你开始思考物质时，你已经对它附加了其他的东西，已经将它隔离开来，已经清楚地将它说出来，对它进行了抽象，将它变成了一个想法或语词，或者两者兼而有之。但是我们如何理解这个表达，即唯物主义思想？唯物主义哲学流派竭力要削弱或破坏思想或意识的自主性，要从身体的感受或脑细胞的某个地方给它们指派出物质的源头，要擦掉诸如经验之类的事物与这种或那种机制（它本身

---

　　①　Karl Marx, *Critique of Hegel's "Philosophy of Right,"* trans. Joseph O'Malley, Cambridge: Cambridge University Press, 1970.

当然仍是一个表现或思想）之间的缺口，缩减这之间的距离：但是，我认为没有人提出过在思想本身之间进行区分，因为这样的区分可以使有些思想被认为比其他思想更具物质性。它是一个不应该同科学与意识形态之间的区别（这个区别当然也可能同样没有找到）混为一谈的显著特征，因为据我所知，没有人说过科学思想给人的感觉不一样并同时提供一种与意识形态经验极为不同的意识经验。你不由自主地会得出这样的结论，即所有的思想，所有的意识经验在某种意义上都是理想化的：这个结论要给"唯物主义"分派一个非常不同的、非系统性的、实用的或治疗性的任务，不同于建构真理体系的哲学任务。

如果我们不从作为古老哲学流派的意识这个角度，而是从语言的角度思考这些困境，它们会变得更加困厄：从语言的角度，书写唯物主义的句子这个概念已经提供了自相矛盾的东西，至少就其认为你应该也能够写"理想主义的"句子这一点而言是这样的。但是，或许那些在哲学意义上无法接受的句子仅仅就是句子，我们忘记了或压制了它们必然有的语言物质性，想象它们在某种意义上只是纯粹的思想。如果是那样的话，很简单，"唯物主义"就是在每一个转折点提醒我们自己在使用语词（而不是在思考纯粹的思想或获得有关意识的"经验"）：而这当然就是当代"理论话语"试图要做的事情。如上文暗示过的，这正是它不知道要忠诚于真理，而只承诺对错误进行去蔽和谴责（也就是说，是理想主义的）的更深层原因。但这也标志着一个时刻，在此时刻，当代理论或后哲学与艺术中的现代运动交叉在一起，并且滞后地反过来揭示出自己是一种现代主义（即，从我们当前的视角看，是一种历史风格）。

无论是这两种情况的哪一种，唯物主义似乎都会被组织成为一种哲学：它至多可能是一个论战口号，被设计好用来组织各种反对理想主义的运动，是一个去神秘化和解理想主义的步骤；再不然就是一个永久的语言学自反性。在其他事物中间，这就是何以马克思主义从来没有成为一种哲学，而是"理论和实践的统一"的原因，非常类似于心理分析，后者也是由于诸多同样的原因。这并不是说没有提出过形形色色的马克思主义哲学流派：的确，马克思主义让人觉得与黑格尔主义、实证主义、天主教、各种不同的哲学现实主义、结构主义，最近的是与分析哲学，都是兼容的。在我看来，卢卡契的《历史与阶级意识》似乎已经为论证马克思主义认识论，特别是阶级认识论的哲学基础作出了最艰苦的努力；而科尔施（Korsch）据称已经为马克思主义的"绝对历史主义"提供了基本支持，之后就是我们很多人认为的美国对一种专属马克思主义的哲学做出的最大贡献，即西德尼·胡克那本早期的并且是自我否定的《有助于了解卡尔·马克思》（*Towards the Understanding of Karl Marx*），此外，这本书还大胆地尝试将马克思主义同美国实用主义加以"综合"。

从这些明显非常不和谐的联系中一定能得出这样的结论，那就是马克思主义不是一种哲学："有答案，没问题"，我们将听到布朗肖对它的描述，这个特征允许出现同这种或那种哲学的非强制性联合以及对它们的顺应，但我们要将后者理解为一种特殊的问题框架或问题系统。既然如此，在《马克思的幽灵》中看到将马克思主义同解构主义联合起来的尝试性努力（米歇尔·雷恩［Mchael Ryan］那本著名的书中已经争论过的事情①）是否可信？这个问题假设解构是一种哲学，很清楚，我认为这是不成熟的而且具有误导性。但是，如果它简单地只是一个对程序进行比较的问题，尤其是对情境的各种类似做出假设（这或许可以解释这些程序之间的家族相似性），那么，这在我看来是有用 140

---

① *Marxism and Deconstruction*：*A Critical Articulation*，Baltimore：John Hopkins University Press，1982.

的而且是某种历史论述的开端（的确我在上面说过的话也是与这一精神相一致的）。不过，如果它是一个关于建构某个新哲学体系的问题，就像不久以前那些臭名昭著的伪马克思主义流派一样，那么，这种看法恐怕要遭到强烈的反对了。

不管怎么说，德里达对马克思的保留态度，以及对形形色色的马克思主义流派的更为强烈的保留态度，都特别取决于这一点，即在他所谓本体论的方向上，这种或那种马克思主义，甚或马克思本人的这个或那个论点的不正当发展，亦即一种很明显根据存在的某种基本特性确定方向的哲学体系（或形而上学）的形式，可以起到为思想提供基础或定心丸的作用。这种本体论诱惑，尽管受到物质和"唯物主义"这些特殊主题的鼓励，并不局限于物理的或空间的范围，而是首先在时间困境中发现了例证，我们很快就会看到（SM, 3）。但是，我们暂时可以认为，在德里达那里被蔑视的本体论包括了唯物主义哲学所有可能的概念。

事实上，很多马克思主义传统一直都使自己对这样一种哲学野心所产生的危险保持警惕：因此，与上面列出的各种不同的哲学计划进行比较（它们尤其包含了大量官方唯物主义，从恩格斯到斯大林以及其他人），我们也需要记下马克思主义哲学化过程中的那些重要时刻，在那些时刻，唯物主义明确地被否定为一种资产阶级的思想方式；特别是伪装成 18 世纪的机械唯物主义：这包括马克思本人在内，当然（特别是在《德意志意识形态》中），它还包括用哲学术语重写马克思主义的第一次创造性努力，安东尼娅·拉布里奥拉（Antonia Labriola）和某种意大利历史主义的努力，再清楚不过的是，它在葛兰西的"实践哲学"中将达到其顶峰。[1] 他这个委婉的标语，我们认为部分地是因为

---

[1]　Antonio Labriola, *Essays on the Materialist Conception of History*, New York：Kerr, 1908；关于 Labriolo, 见 Roberto Dainotto 即将出版的著作 *Philosophy of Praxis/Philosophy of History：The Genesis of Theoretical Marxism in Italy from Labriola to Gramsci*。

他必须比他的监狱看守们执行的法西斯检查制度更聪明，即便如此，还是突现出葛兰西与众不同地注重实践、建设，以及生产，这与"唯物主义"强调的相对比较消极的认识论重点相对立。科尔施已经在同一个谱系中被提到过了；但是萨特和布勒东（Breton）这两个与马克思有关的思想家应该也同样值得一提，他们都发起了强大的论战反对唯物主义，将其说成是一种离奇的哲学怪物；然而人们已经注意到，非唯物主义潮流——无论它们是柏拉图主义还是毛主义——常常比形形色色的唯物主义在历史 141上的行为更容易导致行动主义（activism）（如果确实不是导致主观主义［voluntarism］的话）。不过，说了这么多，是为了表示对新的唯灵论（spiritualism）动机更恰当的担心，这些担心也要在它们"合适的"时间和地点加以处理。

<h2 style="text-align:center">二</h2>

对幽灵性做出限定并不难，它就是使现在发生动摇的东西：就像热波的振动，通过这种振动，客观世界的巨大体积（massiveness）——实际上，还有物质本身的巨大体积——现在像海市蜃楼一样发出微光。我们倾向于认为这些时刻仅仅对应于个人或肉体的弱点——一个愚蠢的咒语，例如，精神"水平"（niveau）的一次下降，我们在掌握事物时一个暂时的不足：那种现实应该用它的不变、"自在"（en-soi）、存在、意识的他者、性质、"是什么"等对我们发出责难。本体论大概应该相当于某种不同然而更易于接受的意识弱化，在这个弱化过程中，它在**存在**本身面前逐渐消失。我们通过使用一个相对而言仍然是心理学名称的词，如"经验"，来称呼它而将它淡化。海德格尔坚持认为我们考虑的本体论是不同于人本主义的某种东西：在这里，**存在**，而不是"人"，才是衡量的尺度。然而，奇怪的是，对现实

的稳定性、存在，以及物质的信念远非一种杰出的哲学成就，不过就是常识本身而已。幽灵性正是对此发出质疑并使其摇摆不定，既是可见的，同时又是不可见的，就像我们说"几乎感觉不到"时的情形，这样一来，缺乏就既是可以感觉到的，同时又是感觉不到的。如果对确定性和坚固性的这种触摸感就相当于本体论的话，那么，作为一种概念性可以建筑其上的事物，即"基础性的"事物，如何描述那种在文字上削弱了它并动摇了我们的信念的东西呢？德里达的充满嘲弄的答案——魂在论（hauntology）——就是一种鬼魂的回声，如果曾经有过一个鬼魂的话，这个答案的作用就是强调幽灵本身的不确定性，它反过来不承诺任何可以触摸到的东西；在它上面什么也建不了：它甚至不能被用来进行物质化，即使你想让它物质化。幽灵性不相信鬼魂是存在的，或者说不相信过去（甚至还有它们预言的未来）仍然是活生生的并且在这个鲜活的当下内部发挥作用：它说的所有的话，如果它被认为能说话的话，就是鲜活的现在几乎不是像它自称的那样能够自给自足；我们不依靠它的密度和固态也可以做得很好，它可能在某些不寻常的环境下背叛我们。

德里达的鬼魂们就是这些时刻，在这些时刻，现在——更重要的是我们眼下的现在，这个富足的、阳光灿烂的、熠熠生辉的后现代世界以及历史的终结，这个晚期资本主义的新世界体系——出人意料地背叛了我们。他的鬼魂不是现代传统中那些真正充满恶意的鬼魂（或许部分地是因为他也愿意为它们说话并为它们的事业辩护）。它们没有让我们想起例如《螺丝在拧紧》中完全代表了仆人们的阶级**怨恨**的那些原型鬼魂，它们企图颠覆主人们的家族体系，把他们的孩子绑缚在死亡之地上，这些鬼魂不仅是那些被剥夺了财富和权力（甚至他们自己的劳动权力）的人的原型，甚至是生活本身的原型。在这一意义上，古典鬼魂表达的一直都是冷酷的仇恨（离我们最近的是《闪灵》中附体在杰克·尼科尔森身上的鬼魂）。鬼魂，如我们在很久以前荷马的死亡之地那里了解到的那样，是嫉妒生者的：

> 我说，最好把草地变成农田
> 交给某个穷苦的乡下人，征收军粮
> 强过让这些死人的白骨在上面横行霸道。[①]

怨恨是最原始的阶级感情，而在这里它开始控制活人与死人之间的关系：因为从嫉妒到仇恨只有一小步，而且一旦事实被披露，我们能看见的这些鬼魂就要恨活着的人并希望他们受到伤害。至少这就是唯物主义者考虑这件事的唯一办法，从中开始出现最独特的形象，就像在萨特的《苍蝇》中那样，或者像在赖恩·奥尔迪斯（Brian Aldiss）的《赫利康尼亚之春》（*Helliconia Spring*）当中，那个死者吊在那里像蝙蝠一样吱吱叫着，小心地保持着平衡，颤抖着准备向任何有生命和呼吸的活动之物发动袭击：

> 它们就像木乃伊；腹部和眼眶深陷，瘦骨嶙嶙的脚悬吊着；皮肤像破旧的帆布袋子一样粗糙，却是透明的，可以瞥见皮肤下面那些泛着幽光的脏器……这些被撂到一旁很久的东西全都一动不动，但是这个游魂却能感觉到它们的愤怒——比它们中的任何一个在黑曜岩接收它们之前能够体验到的愤怒都更加强烈。[②]

这种鬼魂表达了现代人的恐惧，现代人害怕自己没有真正活过、尚未生活或未使自己的生命达到圆满，在这样一个世界里，

---

① Homer, *The Odyssey*, trans. Robert Fitzgerald, New York: Doubleday, 1961, 212 (Book 11, lines 462 – 464).

② Brian Aldiss, *Helliconia Spring*, New York: Ace Books, 1987, 248.

这个世界被组织起来的目的就是不让他们获得这种满足。但是，难道这种猜疑本身不就是一种幽灵吗？它那活力充沛的怀疑萦绕在我们的生活里，没有什么能将其赶跑或驱除，如同德里达在这本书开头使用的那个别有用意的引语：“最终，我当然希望学会如何生活”，也提醒我们为**生命**本身的鬼魂，为作为一种意识形态的生机论的鬼魂，为那些作为社会和存在性范畴的鬼魂找一个地方，在我们对那个幽灵的解剖中，这个鬼魂还是它的另一个对立面。

143　　　德里达和马克思的鬼魂——例如，共产主义的幽灵——并不像这些鬼魂一样充满恶意，或许至少是因为它们最初的显灵是哈姆雷特的父亲的幽灵，一个有着威严的国王身份的文艺复兴的幽灵，他要求复仇，这毫无疑问，但也要求有哀悼行为；谁是唯一需要被驱除的，如果它出现在哀悼仪式上——向内投射（introjection）而非整合（incorporation），正如亚伯拉罕和托洛克（Abraham and Torok）告诫我们的那样，它部分地是以德里达本人为中介[1]——这不可能真的实现，而且也让人难以接受（整合），导致我们将生命浪费在对这种被隐匿起来的欲望的一种徒劳无益、悬而无果的痴迷上。无疑，还有另外一个视角，根据这一视角，哈姆雷特的父亲憎恨生者，怨恨他们还继续活着——这是针对那个谋杀者，针对克劳迪斯的，如果不是针对王后的话，她的罪孽难以确定；正如在某种更加复杂的、俄狄浦斯的意义上，它适用于乔伊斯对《哈姆雷特》[2] 的读解以及对父亲的作用本身没有得到体现的读解，因为做父亲仅仅是一种心理幻觉，而一个人真正要做（却不可能做）的是做儿子。但是，哈姆雷特

---

[1]　见 Nicolas Abraham and Maria Torok, *The Wolf Man's Magic Word: A Cryptonymy*, Nicholas Rand, Minneapolis: University of Minnesota Press, 1987；以及德里达为该书写的前言，“Fors”, trans. Barbara Johnson。后面对这部著作的参考均标注为 *WM*。

[2]　见 Episode 9 of Ulysses（图书馆的一幕，或 “Scylla and Charybdis”）。

的父亲没有向谋杀者显形并试图缠住他们；然而，谋杀这个事实本身却使死者对生者这种不理性的仇恨理性化并且控制了这种仇恨。

尽管如此，我们还是可以推想，对德里达对马克思的基本批判的一个回答——预测，将会是马克思仍然想要驱除鬼魂，把它们清除掉，以达到一种没有鬼魂出没的状态，事实上就是本体论的常态（normality）——包含在这一特殊的猜测中：即马克思对过去和死者必然表现出的恶意或许非常敏感，比对能够在哀悼和忧郁症这类典型情况中所发现的任何东西都敏感，哈姆雷特就将这种情形典型地表现出来。但哀悼同时也想清除过去，将它驱除，尽管是在充满敬意的纪念这个伪装之下，真诚的哀悼（向内投射）和不成功的哀悼之间的托洛克—亚伯拉罕区分（Torok-Abraham distinction）以及德里达在前言中对它的评论非常有助于提出这样一个思想，即哀悼无论如何都是不可能的，而且过去永远不可能以一种"适宜的"方式被吸收并遗忘，不成功的哀悼最终纠结在过去，表现为一种不能被理解的、整合而成的幻想形式，作为**潜意识**本身的潜意识盘踞在地窖里。完全忘记死者就是以不虔诚的方式为自己准备好了报应，但记住死者就等于处在一种神经质的和着魔的状态而且只能导致这种记忆没有任何结果地重复。事实是一开始就没有一种"适宜的"方式与死者和过去融洽地相处，只有这个在两种同样不可能和不可忍受的行为之间的摇摆状态（哀悼从一方转移到另一方，不断地问自己现在悲伤到什么程度、应该悲伤到什么程度、到什么程度才够，试图以此来掩盖某种状态）。 144

本着这一精神，我无法不引用德里达在萦绕于心却无法内化的过去与**自我**（Self）之间的建构性关系上所做出的暗示（尽管他只是在专门讨论**狼人**［Wolf Man］的例子）："**自我**：一个守墓者。地窖被封闭在自我内部，不过是一个异质的地方，被封禁、被排斥。自我并不是他所看护的东西的主人。他像一个主人似的四处走动，但只是走动。他转来转去，特别是他用自己所掌握的周围场地的知识将参观者拒之门外。'他坚定地站在那里，留神看着距离最近的那个家伙进进出出，那个家伙声称——以各种名义——拥有接近墓地的权利。如果他同意让那些好奇的人、那些受了伤害的人、那些侦探进来，也只能是领他们走错路去看那些假坟。'"（*WM*，xxxv）如果个体那个有灵犀的过去被扩大从而包含了集体的过去在内，如同发生在德里达其他关于哀悼的重要作品中的情形，如《回忆保罗·德曼》，于是，某些非常独特的制度性和保护性面孔便开始在这里出现，这些人委任自己为这个或那个过去、过去的这个或那个不死身体的保护者，他们在保护尸体安稳地待在坟墓里和用尸体持续发出的鬼火来吸引追随者之间小心地保持着平衡。马克思的尸体是否是这种情况呢？或者德曼的？死者究竟在"像一个奥本德鲁克（Alpendruck）的生者的头脑中占据多重的分量"？或者是否有一种方法能够不受惩罚地处理死者及其文本，将它们对当下有害的生命力过滤掉而保持我们自己的活力以对抗它们的致命影响？这里提出的不仅仅是关于经典和传统的问题；而且还有一个没有过去的当下的问题，因此，任何这类较为陈旧的、类似于末日或诅咒形式的历史都已经不再存在。（我认为，在这里补充一个事实很重要，即**狼人**的难题与哀悼仅仅是类似的关系；正在讨论的记忆——在若干方面是乱伦的——是愉悦的记忆，要压制的是有罪的愉悦本身；它继续在它被忘却的坟墓里生存、悸动。）

　　所以，我们在这里要处理的不仅仅是诸如此类的过去，而且还有充实的后现代性和晚期资本主义对过去的压制：马克思的灭绝就是那种压制的一部分，是某种事物的"终结"的一部分，这种事物，在特征上接近于弥赛亚，将被认定为世界末日（一个世界的终结"不是一声巨响，而是一声抽泣"）。不过，这么

说是因为认识到有一种途径，它不是要尽力解决这个难题，而且
在这里，它就是坏的本体论或人本主义解决办法的对等物，即，
高声嚷出的哀痛，哲学上和文化上的保守分子（其中，阿兰·
布鲁姆［Allan Bloom］可算是一个杰出的样板）就是这样来痛
惜过去和传统的丧失：好似我们可以简单地回到某种古老形式的　145
历史性，因为这种历史性，甚至马克思也成为西方名著经典的一
部分，在那里已经存在着一种连贯的哲学立场，我们可以无拘无
束地认同这种立场，只要我们决定这样做。但是，解构不接受这
种（本体论的）思想，它不承认任何这类连贯的哲学立场从一
开始就存在；而德里达将要遇到的一个有趣问题就是传统的一人
本主义的立场与某种明确的后结构主义和后现代主义时尚性之间
的 "第三种可能性"（*tertium datur*），将他自己的思想等同于这
种可能性也许过于鲁莽（尽管保守分子本身积习难改地做出了
这种认同，他们下意识地攻击德里达本人以及保罗·德曼的解构
是 "虚无主义的"）。这不是一种你在其中编造某种 "第三方
式"、黄金分割、综合，或无论什么东西的二元对立情境：确切
地说，我相信，从这种真实，即使是错误的困境中走出来的方式
在于对其象喻（figuration）的分析，这个困境是实际存在的矛
盾，它的术语却完完全全是意识形态的。正是在这个意义上，我
也相信，在此使用一种较老的语言，某种确定的形式主义（尽
管有一种绝对性质，某种终极的葛兰西主义或卢卡契主义）提
供了一个契机来改变这个问题的效价（valences），以这样一种
方式来调整思想的镜头，我们突然发现自己不是聚焦于假设的对
立内容，而是聚焦于其论据中几乎是物质的颗粒，这个光学调整
引导我们朝着一些新的、完全出乎意料的方向。

　　那些方向之一，实际上，将是我们在这里的重要论题，即幽
灵的概念性性质，尤其是那个象喻是什么，为什么我们首先要求
有这样一个东西。为什么幽灵成为解决人本主义（尊重过去）

和虚无主义（历史的终结、过去的消失）之间的对照这个伪问题的新办法？而且将这个新的"解决办法"描述为寓言性意味着什么？"目前不存在"（"Un présent n'existe pas"），德里达引用了马拉美的话（在《回忆保罗·德曼》中）：

> 对它的应该是"在前的"在场的陈述**正是**记忆的起源，而且是所有寓言的起源。如果过去不是真正存在，死亡也不是真正存在，只有哀悼以及另外的寓言；包括所有那些死亡的形象，我们用这些让这个"当下"充满人，我们将此铭刻在（我们中间，这些生者）每一个痕迹上（换种方式，即所谓的"幸存者"）：那些形象穿过一个有人形墙的当下向未来拉伸，我们铭刻的形象，因为他们会比我们更长久，超越了它们的铭文：符号、文字、名称、信件，这个完整文本的遗产价值，如我们"在当下"所了解的，正在**提前**考验它的运气和增长，"以纪念"……（*MPM*，59）

我们在这里可以观察到，后来的痕迹出现在仿佛是德里达早期脚步（"痕迹"或"书写"［écriture］的概念或形象）的踪迹上，此时此刻，**这**就是"幽灵性"的痕迹。在关于德曼的这个文本中，我们看到贯穿于德曼对黑格尔有关寓言的思想的读解中那个非同寻常的迂回①（一个明显不是或不再是当代思想的思想：确切地说，它就是寓言，像古董一样，是那个埋葬在巨大的金字塔下面的精灵，等等）如何让我们看到寓言是最突出的自指（autoreferential）这个后当代观念："寓言概念……在该术语的最一般意义上包含了一个寓言性的修辞"（*MPM*，74）。寓言

146

---

① Paul de Man, "Sign and Symbol in Hegel's 'Aesthetics'", in *Aesthetic Ideology*, Minneapolis: University of Minnesota Press, 1996, 104.

就是它本身的一个寓言：鬼魂态（ghostliness）这个概念产生的鬼魂，幽灵性出现在裂口处，这一裂口在经验或实体的内部张开，只是一段非常细微的、"几乎察觉不到的"距离，它自己物质成分中的一个痕迹暴露了它：微不足道的经验数据以这样一种将其读解为过去之痕迹的方式被重新组织起来，就在那一瞬间，鬼魂态与历史性一道依靠着属于存在的、类似于一种闪烁着微光的热浪的体积和重量死而复生（在后现代，我们需要那种在光天化日下行走的鬼魂，而不是那种只能在"午夜"的寂静中出现的鬼魂）。因此，我们就这样绕了一个大圈子：需要一个幽灵样的形象是因为一个紧迫的难题或困境，这个形象本身生成或产生了那个困境："如果你不是已经找到我，你就不会要找我"，帕斯卡如是说。对消逝的过去的痛惜已经在我们尚未完全明白的情况下重新找回了我们记录下其灭绝的那个过去。

这也是一个空间向时间让路的时刻：因为如果本体论的问题意识、"现实"的问题意识是一种意识形态信仰，甚至"痕迹"的问题意识是在当下这个坏的概念中打开一个缺口的方法——如果所有这些替换品都有点像空间，有点像一个纯粹的经验事实，即我们遇到了这个投射世界（project-world）和本是（το ov）二者蔓延开来的惰性；那么，记录下一种新的可能性便非常关键，如果我们在时间方向上阅读这个空间形象，并且在暂时性的意义上，同时也是在批判"当下"的"形而上学概念"这个意义上记录下对"本体论的"批判；这种可能性便已经向我们展开。

三

这是在回顾我们的脚步并再一次向我们自身发问，为什么对于"过去"，更不用说历史了，我们需要某种新的概念/形象：这也是要面对，不仅是面对海德格尔的鬼魂（德里达的父亲的

鬼魂?），而且也是面对哈姆雷特的父亲本人的鬼魂："时代脱节
147 了。"怎么能这样来思考时代，思考当下，它在第二个时刻，但
也是同步的时刻可以被想成是"脱节了"；它不等于它自己了，
从链条上掉下来了，颠倒了，等等（紧接着的是对哈姆雷特这
一诗句的不同法语译文的细致讨论），在这里，海德格尔的替换
语——字面意义是"从其铰链上脱落"——直接引回到那篇关
于阿那克西曼德的重要文章，这篇文章事实上是德里达所有关于
海德格尔的思索的死点（dead center），在这个点上，他正是用
这些术语对阿那克西曼德本人的表达进行了分析。

> 事物从何处获得它们的起源，根据必然性，它们肯定也
> 在那里死去；因为，依照时间的法令，它们必须缴纳罚金并
> 根据它们的冤屈得到判决……①

因为，也正是在这同一篇关于阿那克西曼德提出的"命题"
的文章里，我们发现了海德格尔关于前苏格拉底哲学家（Pre-
Socratics）中间体验存在和现实的模式的重要语句，这就是说，
他对所有事物最直接的公式化表述都丧失在对**存在**而言是"现
代的"，或"西方的"，或形而上学的压制当中，这种压制尾随
着一个开端而来（那个开端不仅仅局限于前现代的西方，而且
在其他形式中也能察觉得到，如日本的禅宗、道，以及印度的各
种体验和语言实验）。它是一个语篇，在这个语篇中，海德格尔
利用《伊利亚特》中那个占卜者凯尔克斯的一段似乎无关紧要
的话说出了早期希腊人在时间体验上和我们的不同。

---

① Martin Heidegger, "Der Spruch des Anaximanders", in *Holzwege*, Frankfurt: Klos-
termann, 1950, 343.

> 他说完，于是又坐了下来，从他们中间站起了
>
> 凯尔克斯，塞斯特的儿子，最好的鸟语解释者，
>
> 他了解所有从前的事，将要发生的事和过去的事。①

在这一段里，希腊文 *physis*，常常被唐突地翻译成现代某个代表自然的欧洲语词，它被海德格尔招来旨在论证对前柏拉图的、前哲学的希腊人而言，在场（*Anwesenheit*）并不像对我们一样局限于纯粹的当下时间（*Gegenwart*），确切地说，"过去和未来也是在场［*Anwesendes*］的形式，不过是在去蔽王国之外的形式。非现在的现在［一个 *Anwesendes* 不仅仅受时间上的现在的控制，或换言之，非'当前'（*non-Gegenwärtiges*）］的 *Anwesendes*。就其本身而论，它仍然与现在的在场有关，无论是在它将要展开或在时间上的当下被去蔽这个意义上，还是在它正在摆脱这类做法的意义上。不在场也是在场，作为不在场，让自己从展开的王国中消失，它在展开和去蔽中就是在场了"②。

这些话语是少有的几处，海德格尔愿意直接召来一个与我们自己的空间—时间系统极为不同的系统，而且甚至愿意尝试为他的（必然的）现代读者描述它，它们意在强调前苏格拉底哲学家对世界的体验与我们所熟悉的体验之间有着多么巨大的差别，而且从亚里士多德到黑格尔（无疑，不止于此），它们已经被理论化了，据此，当下仅仅是插在过去和未来这些同质单位之间的一个单位：在这当中，用一个熟悉的口号（我们更直接地是从麦克卢汉，而不是从德国人那里得到的），时间是"线性的"。有人马上想要补充，这种对西方时间观念的批判（将其概括为一种完全不同的批评和意识形态话语，一直到柏格森或温德海

---

① *The Iliad of Homer*, Richard Lattimore, Chicago: University of Chicago Press, 1951, 61, Book 1, lines 68 – 70.

② Heidegger, *Holzwege*, 318.

姆·刘易斯）远不是海德格尔那个更加远大和战略性设计中的唯一策略，他的设计必须牵扯到**存在**本身：对近来的哲学而言，实际上（最突出的是对罗蒂而言），对古典的西方主体—客体范畴的批判甚至一直都更具启发性和影响力（而且该批评同样包括"东方智慧"的修正形式这种诱惑）。

现在一下子清楚了，肯定是海德格尔思想的这一面必然不能被德里达所接受，或者如果你愿意，也可以说与我在上文描述过的德里达的"审美"不一致，"本体"为这一审美假设了一个关乎差异的本体论王国，对这个王国的肯定性描述是难以被承认的。另一方面，在假设一个其基本形式特征在于与我们所熟悉的所有事物存在巨大差异的现象时会涉及一个逻辑矛盾，它抗拒我们现在用来思考我们自己的世界的所有范畴：是某种引发我们的怀疑的事物，怀疑从我们自己的当下外部所产生的只不过是一种主观的或意识形态的投射。同时，这类观点中的本质历史主义（essential historicism）提出了一个甚至更加严肃的意识形态问题，它假设在整个历史时期有一系列极为不同的形式，如果不是一种更加简单化的二元对立的话，在这种形式中，事物的一种现代状态（或者被贬低，或者是优越的）与某种前现代的对等物相对立，在此，所有先前的缺陷都得到修补，或者它的优势被取消。海德格尔的某个形而上学"历史"概念在那里是要记录下一种态度，即19世纪历史主义类型的文化和历史相对主义在很大程度上依然与我们同在：也就是说，理想主义概念，在由线性时间做出的一般性系统决定中，我们在某种程度上依然能够发现想象一种极为不同的时间体验是可能的。其中的含义是——而且最重要的是，它关于这种历史主义是"理想主义的"这一含义——如果我们能够想象这种极端他性（otherness）的时间，我们就应该能够让它成为一个具体的社会可能性并由此完全取代现在这个系统。

以这种方式，有一种理想主义设想心灵是足够自由的，它可以在各种可能性之间漫游并且自主地选择思考一种完全被主导系统所排斥的形式，这种理想主义引诱我们进入唯意志论，唯意志论鼓励我们尝试通过命令和暴力将这个备选系统强加在线性系统之上。在海德格尔的例子中，很清楚，它在纳粹"革命"中得到了实现，它许诺带来巨大的社会复兴：海德格尔似乎怀着这样的希望，希望成为这样一场革命的第一理论家，然而一旦他明白这个新的政党组织对他的哲学计划，更不用说对哲学本身，没有特别的兴趣时，他便不再积极地参与了。① 但是，这种理想主义的唯意志论同样在巨大的社会变化的其他变体（极左主义）中发挥作用，甚至以一种不同的形式在自由幻想中发挥作用，理性的论证或对公众的劝导凭借这些自由幻想能够在我们社会生活的逻辑中引发系统性的改变。

（至少就我的阅读而言）德里达在这里并没有特别将历史主义作为人们习惯的或传统的马克思主义特征并由此提出问题进行再思考（他顺便关注的重要目标是阶级，关于阶级，过一会儿有更多的讨论，他同时也关注政党的概念，这个概念在马克思那里尚未以列宁主义的形式出现，可以与之相当的是**国际**本身这个概念），这一点具有重大意义。相反，《论文字学》（*Of Grammatology*）的重点似乎是要强调海德格尔对于一个枯燥的系统（"形而上学的"系统）的判断，我们现代人在某种程度上被捕获并囚禁在这个系统中。结构主义的或阿尔都塞的马克思主义，用其不同的系统在一个单独的社会当下时间里重叠和共存这个观念（更不必说巴里巴尔［Balibar］的思想，他认为在那种意义上，所有的社会形态在某种程度上都已经处在"过渡的"状态

---

① 我计划在其他地方更广泛地讨论海德格尔思想中的政治和意识形态问题。

中，而马克思主义就是关于这种过渡的重要理论①），对这种将马克思的"历史哲学"同化为一般人所理解的历史主义的做法做出了回答。然而，我们很快会看到，对德里达而言，目的论思想，或者"历史哲学"的实践（他称之为末世思想），在本质上取决于右派而非左派：海德格尔本人在某种程度上不是一个秘密的历史主义者这种看法与德里达绝非水火不容，而且与他的各种批判天衣无缝的一致，他乐于从这个特殊的、已经"模糊的"人物身上引出这些批评。

150　　　　然而，这个视角在我们当下的语境中意味着，如果有人想要支持海德格尔对西方的时间和时间性概念所持的保留态度，你需要以与海德格尔本人的做法不同的方式来表现它。这不仅仅是因为海德格尔的策略依赖于一种最终必须被诗歌或哲学本身内部冒充诗歌的话语记录下来的"视域"；而且还因为诸如此类的哲学概念——时间性"理论"——必然要复活并重新生成所有我们一开始就打算修正的事物。事实上，在《哲学的边缘》中，德里达就是如此将这个问题包裹起来：海德格尔本质上仍具哲学性的论点引发了一种责难，即不仅亚里士多德，而且必然对他产生吸引力的整个哲学传统，包括康德、黑格尔，甚至还有柏格森本人，都对时间这个本质上"庸俗的"概念表示痛惜——我们现在称其为线性时间。② 但是，这便意味着还存在另外一种非线形方式，是构想时间，产生时间概念的一种方式。这说明由于柏格森（可随后在那个意义上，如我们将要看到的，海德格尔打出柏格森的"批判"这张王牌是借助于他自己对柏格森的"批判"，而且最后是以对其本身的指责结束），从而有了一种对时间的坏的、空间的构想方式，一种可视—再现方式，一种从属于

---

① Étienne Balibar, *Cinq études du matérialisme historique*, Paris：Maspero, 1974.

② *MP*, 59, 73；亦见本书第十九章。

文字（*gramme*）（或"线条，书写的笔画"）的方式，而且其他对时间进行概念化的方式最终会因此被取代。但是：

> **文字**在形而上学那里被理解为处于点和圆圈之间，处于潜在性和行动（或在场）之间，等等；所有对时间的空间化所作的批判，从亚里士多德到柏格森，都囿于这种理解。**时间**于是仅代表种种限制，**文字**就是在这些限制当中被理解，伴随着**文字**的是一般意义上留下痕迹的可能性。**没有什么**其他的事情**曾**在**时间**的名称和概念下被思考。（*MP*，69）

正是在这一意义上，所有的时间概念都必然是"庸俗的"，而每一次借助语言学命题思考时间性的努力都陷在一种矛盾的语言学机制中，在这一机制中，两种不相容的时间视域（部分，整体；空间的，非空间的）被非法断言为相同（*MP*，61）。不过，这是一次非同寻常的演示，它让我们贸然地认为唤起时间、唤起当下从一开始就不是绝对不可能的。

因此，现在，伴随着一个等同于本体论空间概念的特殊禁忌，这个概念被理解为物质、事物、物理存在，逐渐展现了它作为禁忌的另一张面孔，它等同于时间和在场以及某种"庸俗的"时间性这些同等重要的概念，"庸俗的"时间最终包含了时间的所有变体（包括那些关于庸俗时间性的批评家们手中的变体）。据此，本体论就是时间性的，与它是空间性的完全一样：然而，以这种方式对两者加以阻拦，其结果似乎是麻痹哲学冲动本身并催生一种迫切的需要，对不同于这种抽象模式的概念化模式的需要。在某种意义上，这一点无疑已经被证明过了："时代脱节了"。这就是那个"概念化的另外模式"，由此，一种处理过去常被称为时间和当下的事物的不同方式将出现在我们的精神视野（intellectual horizon）中：即幽灵性正是对事物的存在和世界的当下所感到的忧虑，在这种忧虑中，那些通常平静和完全自足的模式的存在都在某种程度上受到损害并且开始在充满怀疑的目光下明显地开始变形。

那么，很清楚，在抽象的概念性思想因为某种原因受到阻碍的情境中，一种不同的思维需要将寓言的理论化作为形象本身进行思考的努力：那种理论化将保留到另一节（下文的第六节）。它确实认可的好像是一种用来纪念那一情境本身的历史创造力的东西，德里达特别将其突出为一种解马克思主义化已经完成的情境，马克思在其中消失得了无痕迹，一同消失的还有某些相关历史和传统的残余。我相信，在今天，在后现代化被增强的条件下（无疑，德里达还没有认识到的一个术语），事物的这种状态也意味着老式的内部解构已经不够充分了，而这完全是因为环境的进化，也因为概念性思想本身，尤其是它从内部内在地瓦解其自身的能力日益降低的缘故。换言之，如果从前，在事物的更早期阶段，所有关于时间的概念就其本身而言，因为某种原因都不可避免地并且必然地是线性的，这一论证足以在当时普遍流行的概念中产生一种冲击波，那么今天，无论因为什么原因，它都不足以说明问题：需要过去的幽灵来使我们认识到"时间"，而且确实是时间本身，"脱节了"。

这里的另外一个隐含意义是，或许有一种补充的认识，即早期海德格尔的／德里达的逆转（到目前为止，关于时间的概念都是线性的／所有关于时间的概念都是线性的！）所具有的力量是一种历史性和叙事性的力量，即使在它颠覆了历史和叙事这个层面上也是如此。如果是那样的话，当前情境的另一个决定性特征，也是解释那种特殊逆转正在逐渐丧失力量的另一种方式，或许就是假定在这个当下，过去和历史，连同历史编纂（无论宏大与否）以及叙事本身无论因为什么原因都已经黯然失色了。在这种情况下，仅仅颠倒甚或取消霸权的或公认的叙事是不够

的：鬼魂的出现是一个非叙事的事件；我们几乎不知道它是否在 152
一开始就已经真实地发生了。无疑，它要求对过去做出修正，要
求一种新的叙事出现（在这个叙事中，国王被谋杀了，而现在
的国王事实上就是他的刺客）；但它是通过对我们关于过去的认
识进行彻底的再创造而做到这一点的，在这个情境中，哀悼及其
独有的失败和不满——或者或许你可以说得更准确些，在这个情
境中，只有诸如此类的忧郁症——打开了一个敏感的空间和切入
点，由此，鬼魂也许能够显形。

四

不过，假设已经认识到需要幽灵性这般奇怪的"概念"，不
管这种认识多么含糊和不完善；而且一种新的遏制策略被创造出
来，由此，非传统的思维模式因为某种原因提前变得体面起来并
被宣称与一项（确切地说，全新的）哲学计划的真正价值相符
合？这里有一些迹象表明，对德里达而言，这样一种操作事实上
是被认同的，而且它与现象学没有什么不同。

德里达对胡塞尔的讨论所构成的纷繁杂乱的网络至少与他更
为人熟知的对海德格尔的讨论所构成的复杂综合体一样有趣，而
且在主题上和形式上也非常相似：只是前者较之后者很恰当地更
加冷峻而且在术语学和概念意义上更具技术性，也更"缜密"，
估计是海德格尔的哲学已经进入到一种更一般性的文化当中而且
其专门术语也已经被普遍吸收的缘故。但是，接合形式在这两种
情况中是相似的：因为它就是一个从哲学史的一种基本叙事开始
的问题，这个分析将随着叙事的发展逐步分解哲学史（有人对
使用海德格尔的**扬弃**概念描述这个过程感到犹豫不决，对此，拜
伦·明斯豪森［Baron Münchhausen］或许提供了一个更合适的
比喻）。关键是在这两种情况中，主人叙事的确是非常相似的：

胡塞尔的现象学作为一个计划旨在：

> 重新建构……一种创造性意义，它在一开始就被腐蚀
> 了，以它在传统上［在柏拉图和亚里士多德那里］的铭文
> 为开端。无论它是一个确定反对"柏拉图主义"的"埃多
> 斯"（*eidos*）或形式（在形式逻辑和本体论的问题框架内）
> 的问题，还是一个确定"形式"（*morphe*）（在超验构造的
> 问题框架内和在它与 hyle［物质］的关系中，与亚里士多
> 德相对立）的问题，在这两种情况中，批判的权力、活力、
> 效力从头到尾，一直到它们的分析工具依然是内在—形而上
> 学的（intra-metaphysical）。（*MP*，187－188）

153

这一观念——德里达认为是属于胡塞尔的——即哲学使命从
一开始就堕落或被歪曲了——以及设法用修正过和改进过的范畴
让它有一个新开端的计划——现在都可以被看作是遭到了巨大的
破坏和歪曲，在海德格尔关于哲学同样在原初时刻就堕落为
"西方的形而上学"这个更为令人激动的论述中被夸张地误读
了；而且正是这两种主人叙事的家族相似性将决定德里达对二者
的关注相对而言是不偏不倚的。

的确，如果近年来海德格尔在法国哲学家的成见中显得比胡
塞尔有分量的话，现在，由于德里达的硕士论文的出版，可称之
为"前德里达的"《胡塞尔现象学中的起源问题》①，我们可以
恢复平衡并且跟随一条胡塞尔的红线，它同样可以导向所有最重
要的解构主题（不是一项要在这里完成的任务）。

确切地说，我想更诚实地标出一些零散的线索，它们在幽灵

---

① *Le problème de la genèse dans la philosophie de Husserl*，Paris：PUF，1990. 后面对
这部著作的参考均标注为 *PGPH*。

性主题上也可以决定某些事情，如重读或重新阐释胡塞尔，或至少是重读对胡塞尔的解构性阐释。我已经观察到德里达本人使用的方法，他一直非常小心地帮助我们在这次（和其他的）对他自己的具体星座的探索中保持正确的方向：长长的参考注释记录了这个或那个在其他著作中再次出现的主题，就是为了帮助我们建构关于这些形象链的多维模式。在胡塞尔的事例中，它们长期以来一直被那些最传统的解构主题所控制，这些主题都和书写有关：因此，实际上，而且在原型意义上，《声音与现象》引导我们揭开现象学过程中言语声音优越于书写文字的真相，而胡塞尔对"意义"的看法——Bedeutung，法语对这个词只能提供一个古怪但是非常有用的对应词语 vouloir dire，在英语中是"表示……的意思"，但也表示"希望讲……"（英语或许确实进行了扩展并将这些用"to mean to say"这个形式取代）——原来是要将书写作为一个以某种方式已经被写下的内容或形式的镜像包括进来（见《哲学的边缘》中那篇重要的文章）。

现在，《马克思的幽灵》突然间将我们的注意力[1]导向《声音与现象》中一个非常不同的片段，在其中，我思（cogito）本身，或至少是它的存在从句，出人意料地等同于死亡或至少是死后的状态，就像有人可能会这样描述那些固执的鬼魂那不可思议的死后生活。的确，原文本在这方面不同寻常，因此值得做比较详尽的引用：

154

> 我的死亡在结构上对那个已经被详细阐明的代词"我"而言是必然的。我碰巧是"活着的"并且相信我是，这一点可以说是发生在这些词的意义之外而且超越了这些词的意义［vouloir dire］。它也是一个积极的结构，当我在自己对

---

① 见 *SM* 第 212 页注释 1。

那个意义充满了直觉（如果这件事是可能的）的时刻说
"我是活着的"时，它还保持着它最初的效力。"我是"或
"我是活着的"，甚或"我的活着的当下"这类语言意义
（bedeutung）——这些建构名副其实并且拥有一个对所有语
言意义都合适的理想身份，只有一个条件，即它们不允许自
己被虚伪性所损害，也就是说，如果是对我而言，在它们依
然发挥功能的时刻，死亡是否是可能的。无疑，这样的阐述
将不同于"我是死的"这个语言意义，但不一定与"我是
死的"这个事实不同。"我是活着的"这个阐述伴随着我的
正在死去而且它的可能性伴随着我可能死去的可能性，反之
亦然。这也不是坡（Poe）那些咄咄怪异的故事中的一个，
而是语言本身最寻常的故事。早些时候，我们在"我是"
本身的基础上接受了"我是会死的"。现在，我们在"我是
死的"的基础上理解了"我是"。①

这个精彩的演绎放大了已经给出的**自我**作为守墓者这幅图画
并且以一种意想不到的方式将其一般化，这种方式将我思本身的
语言吸引到必死性（我"正在"死去的可能性）。自我、自我的
"意识"以及"我是"这个制度性公式中对那个意识的表达，它
们应该在逻辑上和结构上依赖我自己的死亡，这一点不仅仅是海
德格尔的"正在—趋向—死亡"上一个独特的、新的转折，它
要弄明白我们的个人认同和自我感，我们的意识本身其实根据定
义已经直接是一种自反的或自我意识的意识，鬼魂"早于字母"
（avant la lettre）：在那些正式的和外部的幽灵出现之前，我们就
已经是我们自己的鬼魂了：某种突然间将现实的整个巨大一面连
同自己一起拉入到幽灵性当中的事物。如果我们还记得我们的个

---

① *La voix et le phénomène*, Paris：PUF, 1967, 108.

人身份本身——尽管或许还不是所谓的我思或自我意识准时出现那一事件——在多大程度上是对我们那些形形色色的过去自我的回忆化（rememorization），这一事件的发生就不会令人感觉很吃惊了，我们的自我身份将这些过去的自我结合进自身内部而且它自己就将它们辨认为"我的"。"我"的这种死后结构在这项哲学计划中，较之德里达本人的著作中基于哀悼之中心性的任何论证，为哀悼的问题框架打好了更重要的基础。

　　这或许也是欣然接受一个非常不同的印象的时刻，即在回顾书写的早期主题的基础上净化死亡这个稍微有些新的"主题"可以仅仅看作是一种传记性置换，也可以看作在德里达最近的写作中对死亡和死者的关注越来越占据突出的位置。从这一视角，举个例子，可以论证文本性和延异的早期概念接受了一种更加积极的解构实践，一种被不可能的（乌托邦的）希望补充了能量的实践，这个希望就是只要能否定这些还保持着足够力量的形而上学残余，非常新的事物就可以依靠所有的可能性而出现。但那就要否定另一种在上个十年的写作中伴随着"哀悼"和幽灵性的新主题：这些主题包括列维纳斯（Levinas）的**他者**的巨大差异这个观念的复苏，也包括需要不惜一切代价保证那个他者的魂灵在演说本身中无所不在："来［Viens］!"（相当于阿尔都塞的质询，福柯的告解中的自我压抑，甚或利科的福音传道）；最后是对不可能性的反复展示（像分析莫斯［Mauss］的《礼物》①时的情形一样），它诱发了让不可能保持鲜活并忠实于不可能性的必然性和紧迫性，让不可能性在它自己的不可能性中以某种方式保持可能。这些母题与我本人禁不住称之为乌托邦的事物相符

① 见 *Donner le temps*, I: *La Fausse Monnaie*, Paris: Galilée, 1991, 这本书中指出，礼物的"奇迹"在**象征界**之外，一旦礼物被命名和确认，这个奇迹便因此消失，悖论性的是礼物始终包含着偿还（由此，现在这个已经制度化的现象重新插入象征的交换流程当中）。

合——他本人在这个最新的思考中明确称之为弥赛亚思想的事物；它们告诫我们要抓住这个最新的也是最卓越的关于马克思的文本，以此为契机去理解幽灵性在这里就是激进的政治化（politization）形式，而且它远不是被锁闭在神经质和魔魔的重复中，它精力充沛地以未来为导向并且十分积极。《哈姆雷特》也把它的叙事结构交付实践，首先需要应付的是它被这场复仇悲剧的零星残余所污染。

对胡塞尔的另外一个重要参考间接表明，那项现象学工程——对此，在德里达那里，一切都倾向于谴责它的制度性特点和它与作为一种学科结构的"哲学"的不可分离性——在基础上绝对（不仅仅是偶然地或边缘性地）与这种幽灵性有关："如果现象学不是'显现'（*phainesthai*）和'幻象'（*phantasma*）的逻辑，由此就是幽灵的逻辑，它还能是什么？"（*SM*，199）。的确，这种更深层的有关动机的亲缘关系意味着这种幽灵性不可避免地会导致各种不同的哲学现象学的出现，它们是一种正统的努力，试图掌握捕风捉影的、无法掌握的"现象"，并把它转变成为一个受人尊敬的"研究领域"和学科，转化成为"哲学"本身一个被承认的分支，即使它的确不是（像胡塞尔希望的那样）哲学的基础。无论这项工程包括何种坏信仰，无论从一开始就对这个幽灵有着怎样的误认和压制，我们都不得不承认它的活力和精神能量，它们将它当作某种幽灵性"科学"，与后者的"意识形态"形成对照，在随后的下一节里将对此进行考察。

但它是一个不同寻常的脚注①，现在，将幽灵性置于胡塞尔毕生事业的核心便体现了对它的一个完整的再思考和再解读。一个单独的句子肯定足以表达这一惊人的跳跃："全部幽灵性的巨大可能性或许会沿着这样一个方向进行探索，胡塞尔令人吃惊

① 见 *SM* 第 215 页注释 2。

地，但却是强烈地认定这个东西是现象学有生命的数据中一个有目的但却'**不真实的**'元件，即'意向性对象'（noema）。"后来，这个"意向性对象"幽灵一般的非现实性（non-reality）致使德里达发问道："这难道不也是将他者和哀悼的可能性铭刻在现象的现象性之内的事物吗？"

幽灵性在这里可以看作是开启了全新的、意想不到的重读方法，在我看来，它们是在修正当前对胡塞尔著作的运用方式。不管会达到怎样的程度，这些迹象都表明，德里达本人的著作对胡塞尔的地位和功用做了进一步的思考，他认为，这个现象学的奠基人无论是对他的门徒而言，还是对他的背叛者而言，都既可以看成是对立面，又可以看成是补充体。因为很清楚的是海德格尔的操作更具可见性，更生动，它包含了时间性而且可以简洁地归纳为一个（最新的）公式："时代脱节了！"海德格尔在这里被德里达当作所有那些诱惑的代名词（这个德国哲学家本人可以说是既谴责一切同时又顺从一切），以使某种不掺任何杂质（unmixed）的时间概念、某个关于当下的概念永存，这个概念已经使自己摆脱了过去和将来，它闪烁着微光，庄严肃穆地表现为一种"耶稣再临（parousia）"的奇迹。毫无疑问，海德格尔后来对**存在**的强调使有人得以将这一批判在某种意义上转到另一个方向上，如果不称它为空间肯定更合适，但或许是（考虑一下胡塞尔）本质（essences），而不是时间、形成（becoming）或时间性？

但是，"本质"这个术语强调的同样是在德里达的这场改革运动中，胡塞尔可以被拿来扮演非同寻常的启发性角色和有用的角色：在这场斗争中，海德格尔将提供对完全属于暂时存在的幻象进行攻击的借口，胡塞尔将提供一组非常不同的条件来找到并查明这类经过伪装的幻象，德里达自己的语言将这种伪装认定为"正当的"或"在场"（或其他大量艰难生成的、技术性的德里达式词语和术语）。将这个目标认同为在阿多诺那里被蔑称为同一性的东西可能太过随意，也太非哲学性了；而且，实际上，任何想要对这个过程进行一般性描述的努力（像现在这样），如果不考虑一个给定的概念性情境的具体细节，都会重新沦为文化批评、纯文学、思想史，以及其他被贬低的论述话语。但是在这样一篇小文中，我也不可能再有其他的追索，只能试着描述一下德里达的批判对象，它给我本人留下了深刻的印象，我将称之为"不掺任何杂质的"事物：它在某种程度上是纯粹的和自足的或自主的，它可以从它周围那些乌七八糟的事物和混杂交错的现象中脱离出来，用一个单独的概念性专有名称给它一个满意的名字。以这种方式思考德里达的研究有两个优点：首先，它提供了一种方式来推测德里达本人那缜密的、局部的分析如何完全以同宗的口吻在现今的信念中和当代或后当代的精神生活中发挥作用，无论出于什么原因，德里达的研究对这种纯粹的或纯色的、不掺任何杂质的概念都是敌视的，它（"时代精神"［Zeitgeist］）将这类概念确认为往年过时的和废弃的、枯燥的概念，它现在因为某种原因是非自反的，是非自我意识的（不过，还是用了一个往年的词汇）；而我们今天需要用无限杂合的、乱伦的、混种的、多化的（polyvocal）和多价的（multivalenced）事物来取代它。当前的知识分子政治，例如酷儿理论（queer theory）政治，使得对那些内心充满矛盾和多样性的人们的特殊偏见公开化（并且为这种哲学需要提供了局部的理由），但它们显然远不是这一系列中最早出现的政治，这个系列至少可以追溯到现代性（the modern）与随后沿着 20 世纪 60 年代的路线发展而来的事物之间的大决裂，在这次决裂中，现代性及其不掺任何杂质的语言的乌托邦梦想和乌托邦概念在复杂程度更高的悖论性精神活动的参照下隐隐约约让人感到过时了，而且甚至连辩证法本身也被污蔑为对常规看法的一种变相重复（在德里达那里，例如，它是在西方形而上学封闭的内部进行的活动），对我们某些人来说，辩证法是那种在不为人知的情况下将所有现存的常规看法都反转过来的自反活动的原型。在德里达最早的书面作品，即关于胡塞尔的论文中，哲学是"永远要求助于一种行动或存在、一种有意识的信念［证据］或一种感知（sense-perception）［直觉］的原初简单性"①。在我们当下的语境中，说白了就是：德里达的哲学生涯中最重要的使命现在将被发现，因为追踪和确认、谴责这种求助，这种对某种"原初简单性"、对所有形式的无杂质状态的怀旧而被发现。

我已经感觉到，在这一点上，描述这种一般性使命至关紧要，但是还有另外一个原因，它现在牵扯到马克思本人以及德里达对马克思所持的保留态度。当然可以想象，完全消灭鬼魂的努力为"纠缠"在这种努力中心的对鬼魂的恐惧提供了一个独一无二的例证，证明有这样一种渴望，对最初的现实、原初的简单性、完全的在场、清除了外来物和残留物的自足现象、崭新本身以及起源的渴望，基于这个渴望，你可以从划痕开始。我们在后面会回到这一点。

但是，其他两个马克思遗产的特征似乎被德里达同化为马克思的事业、马克思的传统中更有争议的一面，很适宜在当下的（"现象学的"）语境中来讨论它们：它们就是使用价值和阶级。关于使用价值，毫无疑问，在马克思那里是较为棘手的概念之一，它可以被断言为"总是—已经"（always-already），如果有任何事物被如此断言过的话：精确价值（minute value）开始说

---

① *PGPH*，32 页。他继续道："在这方面，辩证法的建立似乎只能以超验意识最初的诉求作为起点。因此，辩证法哲学不具备进阶第一哲学的任何权利。"早期对"辩证法"的这一批判与其说是指向黑格尔或马克思，不如说是指向陈德草。（陈德草［1917—1993］，当代越南最著名的哲学家，曾在法国求学，用法文出版过研究现象学的专著，在西方哲学界很有影响。——译注）

（250－251；《资本论》，第一章）它们已经变成交换价值。使用
价值是一个侧面的或边缘的概念，它随着你在你视野的周围移动
它的中心，不断地移向你视野的边缘，永远比你早一步，永远不
会同意被这只或那只下定决心的、一动不动的、亮晶晶的眼睛所
固定或掌握（像一只小妖精一样）。使用价值到马克思主义开始
出现时已经消失了：但是，有一种不确定性似乎一直还在，是否
它的一直存在暴露了在马克思主义的中心，或至少是在马克思本
人的写作中心有一种隐秘的本体性渴望。我们在后面说到"商
品拜物教"的时候会再回到这一点。

　　不过，至于阶级，它只是作为马克思主义的传统特征之一
（连同"政党"一道）被顺便提及，那些传统特征可能在中途被
所有真正的后当代马克思主义所嘲弄——"这个终极基础就是
同一性以及将阶级本身认同为某一个社会阶级"（*SM*，
97）——在我看来，很适于借此机会说明一下这个非常普及的
阶级概念是如何使其自身成为一幅漫画的。毫无疑问——即使在
马克思主义者中间——对阶级这个概念的谴责在今天已经成为一
个强制性的姿态，似乎我们都知道民族、性别，以及种族是更令
人满意的概念或是更基础、更重要、更具体、更具存在意义的体
验（这两种责难并非完全相同）：否则，在古老的 19 世纪的意
义上，如同在这个新的、劳动被多国划分的条件下，或者在后现
代的新型自主性和网络性产业中（这两种异议也不是彼此相
同），各社会阶级便不再存在了。最后，也更具经验性地，放弃
阶级这个范畴，甚至在左派一方——或许有人应该说，尤其是在
左派里——等同于当代政治的进化，在这一进化中，古老的阶级
政党不再存在，所以，知识分子发现他们自己被迫认同这样一些
群体，他们的动力学和理念有着完全不同的精神基础。我自己也
认为，如我在后面要表明的，马克思主义本身内部有一种基本的
趋势和运动是自我冲突的，是要将其自身同其他人认为本质上属

于这一意识形态的各种特征拉开距离，结果是它至少部分地通过谴责其自身（如所谓的庸俗马克思主义）而最终得以形成。声讨阶级以及"阶级亲缘关系"（class affiliation）诸概念因此就是所有马克思主义流派本身内部最初的自我否定的一部分，这些流派一直想证明你不会认为它们相信如此低能，或在正统意义上如此简约的东西。

这当然恰恰是我本人将要在这里重现的那种姿态，我要提醒你，首先，阶级本身完全不是低能的或不掺杂任何杂质的概念，它绝不是那些最明显和最正统的本体论流派最早的第一构件，相反，在它的具体时刻，它比任何常规看法都更加复杂，更具内部冲突，更具自反性。社会对歪曲那些我们据此思考阶级的范畴，对突出阶级在当前的敌对概念，如性别和民族，表现出特有的兴趣也不令人感觉特别吃惊，这些是为了适应纯粹意义上自由主义理想化的解决办法（换言之，满足意识形态需求的解决办法，在具体的社会生活中，这些问题仍然很难解决，这是可以理解的）。

在这个意义上，我们可以假设，阶级与"物质"或"唯物主义"（而且如我们在后面将要看到的，如弥赛亚主义）一样，是一个"意识形态的"范畴：这个范畴意味着并使得实体和实体性（substantiality）（真实性，在场等的实体性）的错误永久存在；而阶级这个概念的"真相"（如黑格尔派哲学家所言）确切地说在于因它而产生的那些操作：阶级分析与唯物主义的解马克思主义化一样，仍然是有效的，是必不可少的，甚至在一个连贯的阶级"哲学"本身的可能性不在场的情况下也是如此。

阶级诸范畴因此根本不是作为例证来说明由所谓阶级亲缘关系定义的各种起源其活动是恰当的或自主的和纯粹的：在社会领域的整个范围内，没有什么事物比阶级内涵的游戏更具复杂的寓言意义，尤其是在今天；对于马克思主义而言，在这个新的世界体系内，在知识分子论战中尚未出现一个值得尊敬的、最新型的左派之前就预先认为阶级范畴在某种程度上已经过时了而且是斯大林主义的，从而放弃这个异常丰富而且实际上从未被涉足的分析领域是一个巨大的错误。

五

即使现象学认同幽灵性体验的一端确实已经正式被容纳并且被升华、改造成为一个令人尊重的而且确实是制度性的现象（如果是这样的话，它就可以被重新认定为哲学本身这门学科），它依然要标明另外一端，在这一端，幽灵性通过意识形态被挪用并且被翻译为一种强大的意识形态素，在词汇领域已经可以看到其结构可能性，在这个领域，可怕的魂灵用所有的现代语言在游戏。

因为鬼魂绝对就是一种**精神**，而德语 Geist 甚至更抢眼地标示出一种可怕的精神或魂灵与作为精神性本身的精神，包括高雅文化中那些更加崇高的作品，是如何深深地而实际上又是无意识地彼此认同。通过将鬼魂改造成**精神**本身的一个官方象征，你驯服了过去的鬼魂，或者换言之，至少用美国英语，按照我们所谓的**文化**，人文学科之流：今天，经典以及传统和文化史上伟大作品的论战中的右翼一方因此标示着一个点，在这个点上，某个过去躁动不安的鬼魂用不同的方法沉浸在暴力和血腥的罪行当中，这个过去基本上就是阶级斗争的过去（在阶级斗争中，正如本雅明所言，文化的纪念碑都表现为野蛮主义的文献），它在其源头就可以被派定为并变成某个上层阶级教育的额外特权，这种教育现在借助价格费用和私有化以及政府收回对其的资助而日益同普通公民大众隔绝开来。

不过，再一次地，就这些现象展开的论战在欧洲，据官方消息，较之我们在美国所了解的具有更强烈的阶级意识，这种形式的辩论转换成美国论战和公共辩论后便很令人不解；因此，尤其是在眼前这个事例中，德里达本人的哲学转变在何种程度上必须被理解为意识形态的或反意识形态的策略，而不仅仅是像这些文本漂洋过海被翻译成这里的文本时那样，被理解为抽象的哲学讨论，弄清楚这一点非常关键。它将是这样一个时刻，不仅要返回"理想主义"的形式问题，与马克思主义、解构，甚至保罗·德曼的解构性文学程序等各种唯物主义流派相对立；而且还要坚持诸如 esprit（法国纯理性主义的精神——译者）和 Geist（德语中与物质相对照的精神——译者）这些术语在欧洲所产生的共鸣——以及它们在冷战结束后的新欧洲所具有的经过更新的时事性——与这些论战在美国经常被反复论述形成鲜明对照（在这里，知识分子一般而言不仅在定义上是"左派"知识分子，忙于宣传理论和"政治上的正确性"，而且作为知识分子被赋予一种标志性的上层阶级价值，与普通的中产阶级人民形成鲜明对照）。你或许得回到第二次世界大战前美国大学系统中更有限的阶级关系以及随之而来的人口统计上的巨大缺口，这样才能在某种意义上了解"精神价值观"作为一种旨在恐吓其他阶级（包括——有人确实这么说——其他性别以及其他民族和种族）的霸权策略所发挥的公开的阶级功能。

161

　　但是，在这个方面，你事实上可以将德里达毕生的研究看作是对这样一种宗教性（Spritual）意识形态和理想主义意识形态的分析和去魅（demystification），是继续在让欧洲传统知道：甚至与战后存在主义的关系也是在这个意义上才知道，其现象学意义上的各种预设仍然保留着深刻的理想主义性质。美国人的处境难以理解德里达在何种程度上顺着海德格尔的观点，认为形而上学传统也可以被看作是一种正式的、公共的理想主义，自从资产阶级时代开始以来，尽管哲学风尚发生了种种变化（在这些变化中，可以将哲学风尚理解为被有意变革成一种特定的意识形态素），形而上学传统仍然掌握着公共影响，仍然可用于政治操控。的确，在一篇有针对性的题为"论精神"（De l'esprit）①的文章中，尽管还有关于性（sexuality）和性别的（相关）问题交叉其间，对于海德格尔本人的中心批评在很大程度上揭示出精神和精神性的全套语言在海德格尔于纳粹时代早期的政治写作中（而且非常明显的是，在他就任弗莱堡大学校长的演讲中）有所回归，这种回归令人怀疑而且是症候性的，他在更早、更纯粹的哲学文本中明确地污蔑过这种语言。

尽管德里达没有触及将英美现代主义政治重新塑造为精神性这个过程中的中心人物——在 T. S. 艾略特的批评和诗歌作品中——但他还是很有深意地将马修·阿诺德挑了出来②，看到这一点非常有趣。不管怎么说，最重要的是，他不断地回到欧洲大陆上那个在很多方面等同于艾略特的法国人（而且后者的文化策略首先发表在艾略特的期刊《标准》上，目的是遮掩，也可以说是遮蔽），这个人就是保罗·瓦雷里（Paul Valéry）。重要的是，德里达在论战中对新欧洲的文化政治提出警告，其中一个重要的部分——《另一个标题》（L'autre Cap）③——就是针对瓦雷里就欧洲在两次大战之间受到威胁和变得不堪一击这个问题所持的症候思想（symptomatic thoughts）；因为对瓦雷里而言，这种属于高雅文化的欧洲战略，即罗马天主教传统，起自维吉尔，它正是当前的意识形态操作所模仿和繁衍出来的，它围绕着如米兰·昆德拉（代替了艾略特）一类人物拼贴出一个新的泛欧文

---

①　见 *Heidegger et la question*，Paris：Flammarion，1990。后面对这部著作的参考均标注为 *HQ*。

②　同上书，第90—91页，注释。

③　Paris：Minuit，1991；亦见关于 Valéry 的论文，"Qual Quelle：Les sources de Valéry"，in *MP*。

化综合体，像在马克思那著名的预言中一样（第二次就是闹剧！）。你不禁要把这些非常公开的高雅文化的转变特征描述为"文化邂逅"（Encounter culture）的重演（如同那次最成功的打击，让北约的高雅文化颜面扫地，现在它由美国领导，与一种寓言性的反文化布尔什维克主义形成鲜明的对照），但现在可能在反对美国这个竞争对手的霸权斗争中用它来进行干预。

不管怎么说，在这些反对理想主义的理论和文化斗争中，如果将它们放在欧洲的语境中进行理解，它们都是更深层意义上的政治和阶级利害关系；这些术语领域内的论战有些很可能在美国传达出非常不同的弦外之音。（例如纳奥米·斯格尔［Naomi Schor］在其关于乔治·桑的作品意义所做的开拓性再思考中①曾经颇具启发性地论证道，她的文学理想主义常常比她文学上的对手们的"现实主义"甚或"唯物主义"在政治上更加有效，更鼓舞人，更激励人。）

在那一点上，问题于是又回到我们的起点，即"唯物主义"这个口号的政治和阶级价值。例如保罗·德曼在运用唯物主义观点时总是比德里达要开明，这至少部分地是因为那个特殊的哲学策略倾向于削弱他在以往新批评阵营中的文学敌手做出的高精神性辩解；也可以说明他的回归"文学"（他将文学定义为这样一种文本，它事实上能够对自身进行解构并由此实际上预先便对理想主义哲学的幻象进行去魅）在某种程度上与这种更加明确的反审美立场处于矛盾之中。同时，也可以说明，我相信，像德曼的写作中那种对唯物主义更加开明的承认有可能或对或错地引起德里达一直小心翼翼地想要避开的日益复杂的唯物主义哲学或本

① Naomi Schor, *George Sand and Idealism*, New York：Columbia University Press, 1993. Jane Tompkin 将感伤主义和宗教重新确立为美国文学生产中的反作用力，这在一个不同的语境中延长了这一干预（见 *West of Everything*, Oxford：Oxford University Press, 1993）。

体论问题（在《马克思的幽灵》中，以及早期在《立场》中关于马克思主义的访谈都是如此）。

　　论战中对"精神"和精神性的突出（高雅文化和传统，*esprit* 和 *Geist*），不管怎么说，现在回答了我们早些时候承认的恐惧，如此明显地不愿意承认唯物主义是一种哲学立场一定会导致这些恐惧。与哲学上的（更不用说斯大林的"辩证的"）唯物主义拉开距离不太可能导致唯意志论在幽灵性概念的旗帜下死灰复燃，这绝对是因为这样一个概念就是被设计出来破坏精神本身的意识形态素。鬼魂因此在那种意义上是物质的；鬼魂绝对是要抗拒升华策略的，更不用说那些理想主义策略了。也正是在这种意义上，该文本中的"莎士比亚"不像它一般在英美传统中那样是一个高雅文化的符号："莎士比亚"在欧洲大陆和在马克思本人的个人品位中并不是欧洲古典主义文化的标志，不管是法国古典主义传统还是席勒的古典主义传统，而是一种躁动不安的、火山爆发般的"野蛮主义"的标志。莎士比亚加马克思不等于席勒，更不用说布莱德利和艾略特的诗剧了，而等于维克多·雨果：他的《悲惨世界》，与《路易·波拿巴的雾月十八日》一道，意味深长地、症候性地短暂出现在德里达的篇幅中。

　　"精神"作为高雅文化的母题意味着将幽灵性挪用为意识形态，就如同现象学工程被揭露为科学的一种补充性挪用。现在，不管怎么说，是时候应该弄清楚德里达是如何处理意识形态问题的了，他对有关这一主题的最重要的马克思文本的阅读明确地将这一问题与宗教联系在一起。

六

　　我们因此必须将这个讨论置于当前欧洲的高雅文化对宗教本身的复兴这个范围之内，它是一种战略，与精神的和欧洲文化传统的意识形态操作有着显著的关系。这二者事实上可以说为欧洲晚期资本主义获得认可提供了独特的、交替的途径，是两种可以轮换使用的办法（它被不同的欧洲社会民主所强化，继而被撒切尔的社会福利事业私有化和破产清算等策略殖民化）。这里不是描绘宗教拟象的整幅悲伤画面的地方，与戈达尔那部症候性的《向玛丽致敬》（*Je vous salue Marie*）和戈莱斯基（Górecki）的第三交响乐不同，在这类作品中，宗教拟象在文化意义上无处不在：这幅图画也必然包括当前的审美复苏，因为它可以说是再造了盛现代主义（high-modernist）"宗教艺术"的一个拟象。我相信"宗教"在这里会被理解为取代了当代，或更确切地说，取代了后现代作品中缺失的内容，这些作品作为空泛的形式规则成功地在现代主义时期终结时幸免于难。无论如何，空泛的形式在这里，都十分不同于现代时期本身这个过程中间所出现的东西，当时的表现危机将人们的注意力吸引到表现动力学本身并同时催生出一种自我指定（self-designation），它与所有世俗科学和学科中的一种巨大的差异化运动同时发生：最能引起人们兴趣的现代作品因此就是那些同时将一种表现经验和形式危机推到极致的作品，二者也被认识论的竞争精神、被那种要吸收非美学学科中的（甚至是理论的）丰富经验的努力推到了极致。但是在后现代性中，今天的文化生产想要抗议的恰恰是现代主义自动指涉范式的贫乏；而在"各门科学"中，新的时刻相反是一个巨大的"去差异化"（dedifferentiation）的空间，在这个空间里，与白矮星（white dwarf）的情况一样，所有古老的科学水平或认识论"水平"在它们成为众所周知的黑洞的道路上都处在相互认同并因为彼此的缘故而崩溃的过程中。　164

　　说到社会意义上的"内容"——按照某种方式，自马克思以来，所有内容在这个意义上都是社会的，或说得更准确一点，马克思的发现所具有的特权就是标示出一个时刻，在这个时刻，

所有内容都被揭示为社会的和世俗的——市场意识形态的胜利和
解马克思主义化的巨大运动也可以被看作是新的认识论压迫，在
这种压迫中，掩盖的恰恰是所有内容的社会性和它与政治经济的
更深层关系。关于内容，当代或后当代的难题因此可以经由所有
社会科学中达成的共识开始着手处理，这个共识就是马克思对所
有社会科学的影响是如此深刻，以至于分化出一个"马克思主
义的"社会学、经济学、政治科学已经没有什么特别的意义了。
不过，如果是那样的话，美学中的解马克思主义化便面临着一项
艰巨的任务，几乎是在全球范围内：可以说是要以这样一种方式
对当代经验和日常生活的内容进行改头换面，用的办法是新的表
现性（representational）技术，或至少（因为我想假设这种操作
当中没有什么特别新颖的）是一种新归纳出来的专业美学技术，
将这种深刻的并且是无处不在的"马克思主义"千差万别的痕
迹从这个一般谱系中制造或抽象出来。不管怎么说，这将是我在
这里提出的假设，通过回归旧式美学——回归美而不是现代主义
的崇高——并由此回归艺术的宗教（随之而来的宗教艺术应该
重新进入人们的视线就再自然不过了），一种确定的审美后现代
性便发现自己能够生产出这样的作品，它们在实体（"有内容"）
不在场的情况下生成其在场的幻象。

　　宗教因此要对这一论点进行概括，如果你不再承认社会生活
本身的内容，内容会是什么：是在很大程度上与现代主义的抽象
化区分开来的内容的虚假拟象。可是，今天，在后现代中，宗教
的这种审美功能于是就要同宗教在所谓当代原教旨主义中（也
在某种新种族性［neo-ethnicity］中，同时在各种宗教母题的基
础上）的另一种复兴并驾齐驱了：在这里，我们要处理的不是
传统的宗教习惯或仪式，或这种、那种前现代的习俗——而恰恰
是种种幻象，在后现代的当下，它们是想象中那些老习俗的幻
象，因为当代对传统进行再创造，它们坚持自由选择的新种族多

元主义（neo-ethnic pluralism）和小部分人遵循的自由再创造（与老式的强制约束相反，而且的确与民族或种族决定论在以往前现代或早期现代的厄运或命运相左）。

165

　　因为所有这些原因，于是，宗教便再次被提到议程上，这个议程讨论我们为容忍自己所处时代的特点会做出什么重要的努力；正是在这一意义上，我来读解德里达在该文本中的几个点上对一种方式的坚持，依照这种方式，马克思本人的理论化必然重新绕回到对宗教的反思。

　　毫无疑问，这在历史和注释层面也会被理解为一种方式，按照这种方式，任何关于早期马克思的问题意识的讨论——或者关于"成熟的马克思主义"的生成的讨论——必然假设就专门的知识辩论展开过讨论，在这种讨论中形成了马克思的思想，而且从这一讨论中，马克思的问题意识（"答案而非问题"）本身出现了：即费尔巴哈转折，费尔巴哈的知识革命的时刻，在此时刻，黑格尔那些恢宏的、决定性的文献被贬低为纯粹宗教性的纯理论问题（马克思自己在他的《黑格尔法哲学批判》中也将遵循这条路线），这是一场将以全新的方式呈现出来的革命，它假设宗教是对人类生产力和人类实践的歪曲体现。但是，那场辩论也从国家宗教与国家权力的制度性关系中——不仅存在于19世纪早期的德国各公国和神圣同盟——推断出这场革命的紧迫性：在那种语境中攻击宗教将会成为公开进行政治颠覆的一个近乎赤裸裸的模式（例如，较之同一世纪晚些时候发生在英国语境下的关于达尔文主义的辩论结果对宗教的攻击，更是一种公开的政治干预）：德里达将宗教性问题框架重新确立为今天对马克思进行任何重新考察时不可避免的东西，这种做法因此要从较老的（早期马克思的）情境，当时宗教已经得到确立，与我们所处的宗教"复兴"世界之间的鸿沟这个角度来进行思考，这种复兴实际上只是社会幻象。这一鸿沟在以下意义上可能被重新表述成一个难题：如果某种特定的黑格尔主义要被理解为他那个时代已有宗教制度的后像（afterimage），我们从什么立场看待我们这个时代中的一道黑格尔主义**难题**，即它对宗教极为不同的再编码？

可是德里达提出的方法论警告（关于宗教在马克思的写作中所发挥的基本作用）也明确诱发了一对孪生现象——或者有人也许会说是马克思的写作中的双重概念性——即意识形态理论和拜物教理论的孪生现象：因为这些都只是在《资本论》本身所谓的成熟写作中才完全映入眼帘的主题，它们需要一个在某种程度上不同的眼光，与马克思先前构思《资本论》时所持的眼光不同，"只有以宗教世界为参照，我们才能解释意识形态［在马克思那里］的自主并由此解释意识形态的功效，它在机构［机制（dispositif）］内部的合作，这些机构不仅被赋予一种明显的只属于它们自身的自主权，而且被赋予一种并非与木桌那个众所周知的'顽固状态'没有一点相似之处的'自动性'"（*SM*，262）。在另外一个地方，德里达证实了"宗教模式在意识形态建构中的不可约性"（*SM*，236），由此隐晦地警告我们这最后一项的含混性，它就像一个概念被宗教废弃，被"宗教"的幻象本身所玷污，其程度相当于从对宗教的基本分析中得出了最终的结论，这或许能使我们在当代世俗的意识形态中发现宗教和形而上学的残渣余孽。

我自己感觉德里达对《德意志意识形态》（施蒂纳的自我和鬼魂）和《资本论》（关于商品拜物教的著名片段）中某些基本段落的分析很有助益地引导我们从一条不同的路线去接近在这里不知为何被断言为先在的宗教现象。这一分析模式可能会避开精神分析，同时也允许对这种历史主义范式（它可能被看作是一种集体心理：各个群体都会经过的诸阶段，等等）做重新阅读和阐释。它甚至可能避开传统的寓言性阅读，这种阅读确定了关于16世纪和17世纪宗教辩论的"问题框架"或形状，这两个时期的宗教是，举个例子，德布罗塞斯主席（*le président de Brosses*）在他 1760 年出版的《对神的偶像崇拜》（*Du Culte Des Dieux Fétiches*）中嘲笑的对象，马克思正是从这里得出了他自己关于拜物教的概念。传统寓言性阅读的两副面孔（让·史尼新 [Jean Seznec] 在现代做过权威性研究）[①] 在于将低级形象同化为高级的神（动物甚或木块在语言里成为高等的、更加"一神论的"宗教信仰），或另一方面，即所谓的"**神话即历史论的（euhemeristic）**"解决办法，按照这些办法，神的不同低级形式被证明实际上是人类的形象和事件、实实在在的事情和行为者的神圣化，他们的历史地位被固定并且被升华为一种传奇的形式，继而成为神的形式。

如果有人要考察这些不同的宗教形式，他的确很有可能以一种侧面的方法将它们重新铭刻为诸多的象喻，而且确实会成为我说的文字象喻（或比喻的文字化），在这一过程中，一种外部的内容被物化并被重述，在第二时刻，成为生产一系列新形象的理由，这些比喻以更为古老之形象的文字表面作为它们的基础和起点。在这一方面，维科无疑标志着象喻在 18 世纪的突破，而在 19 世纪，克洛伊佐（Creuzer）完成了庞大的日耳曼劳动（Germanic labor）（连同黑格尔颇具启发性的推论），但最宏大、最高明的"知识大全（summa）"仍然是福楼拜的《圣安东尼的诱惑》（*The Temptation of Saint Anthony*），这本书的不同版本实际上与马克思处在同一时代，从 19 世纪 40 年代晚期苦心孤诣地完成《德意志意识形态》到《共产党宣言》，一直到在第二帝国精心创作《大纲》（*Grundrisse*）和《资本论》的其他版本（后者于 1867 年面世，而《圣安东尼》的"定"稿则始于 1848 年，

167

---

① *La survivance des dieux antiques*，London：Warburg Institute，1940；英译为 *The Survival of the Pagan Gods*，trans. Barbara Sessions，New York：Pantheon Books，1953。

于 1873 年面世）。福楼拜的著作在对待宗教象喻上比任何启蒙的
或浪漫主义的方法都更富戏剧性和自我意识，它包含了最极端的
模糊性，也就是说，充斥着力比多对欲望的嘲弄和厌恶，同时又
有最适宜的幻想。的确，事实上，可以发现我们在这里——今
天，在后现代性中，"唯物主义哲学"最恰当的形式是什么——
这个基本主题包含在福楼拜的信件的一个片段中，德里达本人选
择这个片段作为他近期最有趣的文章之一的写作理由：

> 我不知道物质和精神这两个名词究竟是什么意思；我们
> 对它们知之甚少。它们可能是从智性当中抽象出来的吧。简
> 而言之，我认为唯物论和唯灵论都是一样的荒谬。（1968 年
> 3 月，给卡罗琳）①

德布罗塞斯的讥讽对我们而言是 18 世纪启蒙运动中种族中
心主义的一个绝妙例子，它将拜物教令人恶心的愚蠢性重新铭刻
在应该不断上升的人类阶梯的最底层，他的讥讽在福楼拜那里被
再现为一种更加复杂、更加含混的形式，在那里，这类形式的本
义（literality）为一种最令人头晕目眩的厌恶提供了理由，这种
厌恶还伴随着无法压抑的狂喜，就像圣安东尼在看到一个信仰者
怀着一种无形的盲目崇拜时一边傻笑一边说的话一样（"只有傻
瓜才相信它！"）（"qu'il faut être bête de croire en cela!"）。这
正是马克思在命名"日常商品"时希望唤起的感受，在这个莫
名的、时刻存在的客观世界，资产阶级的生活在继续，成为各种
物神的集大成者：在那一点上，"先进的"或"西方的"欧洲人
对那些最迟钝的前现代人民和实践在文化上的憎恶被让渡、过渡
和加载到甚至更先进的社会主义者对已成明日黄花的（en passe

---

① Derrida, *Psyché* 中引用，305。

de devenir archaic que）生产方式的憎恶上，那种生产方式就是现在的资产阶级社会。（在福楼拜那里和在马克思那里完全一样）这种对宗教类比的滑稽运用也没能阻止更深刻后果的产生，像《资本论》中那个滑稽却产生了巨大影响的脚注一样，在那个脚注中，商品拜物教的无处不在在东方和西方的背景下催生了资产阶级幻想的两个相互回应的极端，即桌子旋转和玄秘——打个比方，常常发生在灾难之前并且隐晦地预示了灾难（例如《魔山》的倒数第二章），正如法国人在 19 世纪 60 年代的那场唯灵主义狂热中的情形，当时，他们正迎来 19 世纪 70 年代的各种灾难——当时在中国还爆发了太平天国起义，这是一场殖民性的、凶猛的宗教（特别是基督徒）起义，是发生在 20 世纪之前反抗西方时间最长，也是最成功的革命。宗教的两种形式——堕落的神秘主义或唯灵论和低级的原教旨主义以及反殖民性的"宗教狂热"——如果不是辩证地，那么至少是补充性地相互关联，好比在一个"正常情况下"被商品拜物教所控制的世界中，它们的关系就像过火行为与猝不及防的意外之间的关系。

　　既然如此，福楼拜在一种写实主义象征风格（literal fig-urism）中也给我们提供了一种示范，众神都表现为人形，根据这一形象的基本结构，他们也必须应该具备后者的必死性，所以可以这样假设，他们也是必死的，也将会死去，仿佛在一种壮观的情境中，奥林匹斯山的众神渐渐老去，步履蹒跚地走向灭亡，朱庇特扔掉了杯子，里面那永葆青春活力的琼浆已被饮干，阿特拉斯让这个世界随着他的孱弱而败落，等等。这些内在的动力以及自我生成的形象将我们重又引回到黑格尔关于宗教的讨论，在这一讨论中，特别是在他（无可否认，在深刻的种族中心方面）对印度人和埃及人中间多到不可胜数的形象性（figurality）的阅读中，他似乎要假设这种具有无穷无尽的自动指涉性的寓言主义

168

（allegorism）是形象不能发展成概念的结果：作为一种列维－施特劳斯的"早于字母"的"野性思维"，它尚不可能具有抽象的（或希腊的、后苏格拉底哲学的）概念性，所以，这些形象必须最终重新折回到他们自身并且用他们自己内在的自我指定性结构拼命地预测他们用其他方法无法获得的意义和概念性。借这个机会似乎也可能重新阅读或阐释黑格尔的历史主义，它假设在一般的宗教王国中，人性有三个阶段（奥古斯特·孔德［Auguste Comte］在这一点上继承了他的观点，但有些改动），随着宗教在喻象中鲜为人知地开始酝酿，我们对此有过说明，出现了希腊人伟大的审美时刻，随之在著名的"艺术终结"中便出现了哲学本身，它穿越艺术和宗教的形象，将纯粹的**概念**或"**总念**"（*Begriff*）引进历史的（和现代性的）舞台。我们现在可以说，正是对艺术中的形象的关注使得宗教意象得以打开并导致可能更相关的东西的出现，这种东西就是理论（类似于保罗·德曼将真正的文本或"文学"读解为一个场所，在这里，比喻"明白了自身"并且能够解构自身，这个类比很有启发性）。

至于德里达对跳舞的桌子这个片段（它本身就强调用公开的戏剧性模式或"剧场性"模式表现/"再现"［*Darstellung*］一种惰性的木质品中所蕴含的价值）的戏剧性重读，它似乎强调人类以及社会体验中幻象的不可避免性，而不是这种特殊幻象——著名的"商品拜物教"——与某种特殊的社会形式或生产方式之间不可分割的关系。这在另一种意义上一直是马克思关于资本主义（因此，一会儿就会清楚，也是关于"使用价值"）的观点本身的悖论：因为前资本主义社会以及生产方式从定义上看从来就不是透明的，这是由于它们必须保证通过超经济手段来榨取剩余价值——通过家庭结构或者奴隶制，通过强力或宗教的以及宇宙论的意识形态等手段。所以就有这样一种感觉，只有资本主义才通过纯粹的经济手段（金钱和市场）从事经济活动，由此产生了一个推论，在更大范围内被其他的或非资本主义的生产方式所要求的超经济决定论（extra-economic determination）可能会被叫作宗教（部落的万物有灵论和拜物教、城邦宗教、皇帝神宗教或者各种贵族政治与生俱来的理性化）。所以，在这种我们从获胜的资产阶级和大资产阶级革命那里继承下来的历史叙事中，资本主义是第一个清除了宗教并且开始履行人类生活和人类社会纯粹的世俗使命的社会形式。可是，根据马克思，宗教自这个世俗社会产生的那一刻起就经历了一次迅即的"被压迫者的回归"，想象一下宗教与神明一起被驱除了，它紧接着就在一种德勒兹式的再辖域化中让自己立刻投身于对"商品拜物教"的追逐。如果我们明白一个真正的世俗社会尚未来临，它还存在于未来；商品拜物教的结束或许是与对社会透明性的控制连在一起的，但我们要明白这种透明性在任何地方都从来不曾存在过：在这种形势下，存储一件给定商品中的集体劳动在任何时候、任何地方对其消费者和使用者而言都是可见的，这时，这个不连贯性就解决了。它也要解决使用价值问题，使用价值是一个充满怀旧意味的遗物，只要我们将它投射到我们想象中一个更加简单的过去，一个"市场之前"的过去，在这个过去，客观物品以某种不为我们所知的方式被使用并且由它们自己确定价值：但那就要忘记"真实的"拜物教（与附加在现代商品上的象征性拜物教相对立），还要忘记各种其他的象征方式，价值就是以这些方式被投射到过去社会的客观物品上的。使用价值因此也存在于未来，在我们前面而不是后面：它也（而且我认为这是今天对这个概念的真正反对）并非与仅仅环绕着信息与交流功用的现象截然不同或严重对抗，相反，也许它必须在最后以无法想象的复杂方式包容它们。

这事实上就是我们想要发现的德里达得出的另一个结论，在这个引人注目的附录的结尾处，桌子又一次跳起舞来，就像它为

包括马克思本人在内的第一批读者跳舞一样，而在我们似乎平庸
乏味的日常生活中，商品拜物教也同化为恶作剧的鬼魂们令人吃
170　惊的焦灼不安。因为德里达在这里希望吸收这些现象的幽灵性，
这个幽灵性对于这些现象的社会性（马克思的集体生产，储备
的劳动力）而言，并由此对于它们的"自动性"（萨特后来所谓
的实践惰性［practico – inert］）以及它们的行动力和成因力而
言，以比人类的心灵和动机更复杂，更难以理解的方式超越并且
不同于它们作为惰性客体的表面。不过，我们还不能清楚地确定
这种"自动性"，这得等到最后一节，见下文。

　　相反，我们在这里必须重新将我们的注意力放到那些同样引
人注目的关于施蒂纳的段落上，或者放到马克思在《德意志意
识形态》中对施蒂纳没完没了的清算上。这场论战几年来又有
所复苏，因为有人提出，施蒂纳（无论他的思想和写作是多么
平庸）代表了他那个时代的黑格尔式存在主义并且在一种黑格
尔的和普世化的气候下聚焦于朝向死亡的存在（Being-unto-
death）那"独一无二的"特殊性：有点像克尔凯郭尔，黑格尔
（他的位置已经被马克思取代）能找出时间对他做出回应。不管
我们把德里达可能是在重读施蒂纳时顺便提出的温和意见看得多
么重，很清楚，与他对海德格尔本人的态度一样，这种重读意味
着省略掉了本体论的借口，特别是那些枯燥的社会理论，这二者
都以它们极为不同的方式在存在主义的数据之外生成。正如已经
说过的那样，德里达的限定条件就是那种反射的特征，在海德格
尔那里引起人们兴趣的东西因为这种反射被无情地同那些"基
本的"立场（本体论、精神、起源、真实，等等）分离开，德
里达对这些立场只能说是深恶痛绝，他直到最近才勉强愿意说它
们是"荒唐的"（*HQ*，86）。

　　至于施蒂纳（以及马克思煞费苦心对他的著作所做的连篇
累牍的评论），让德里达感兴趣的不是历史和社会的思辨，而是

专门讨论抽象动力学的章节。① 所有这些段落就是一个抽象思想如何被真实的身体所取代的问题：我们因此处在与费尔巴哈的问题意识和他关于神的形象如何从人的潜力中被投射出来的思辨对立的一极，或者语言学意味更强一点的说法是，处在与马克思本人关于黑格尔如何将特性实体化并使形容词成为名词提出的质疑对立的一极。在这里是头脑的抽象化如何，可以说是非法地，并入它们的存在性身体内这个问题：换言之，在人类和个体的发展中，我们如何依照"被物化的"思想（信念被注入它的存在中），从儿童和青少年时期初次的被催眠状态，后来又回到对一个具体的个体身体的占有，这个身体是我的："在各种精神纷纷出现的时期，思想比我成长得快，尽管它们是我的大脑的后代……它们摧毁了它们的肉体存在，我把它们重新拿回到我的肉体存在当中并且**宣告**：只有我是有肉体的。现在我将这个世界理解为为我而存在，是**我的**世界，是我的财产，我把所有事物都和我自己联系起来。"（*GI*，137）现在这成了一种熟悉的存在主义疗法，物化的抽象借此被"还原为"具体的存在经验；但是施蒂纳甚至更加复杂，因为黑格尔的范式——人们如何将所有处在非我状态和非人类世界中的事物最终认作是他们自己的生产力并且是"属于"他们的（所谓**绝对精神**）——也被改变成一种存在主义的或个体的框架：现在，**绝对精神**得到了一个有生命的个体身体并通过重新占据自己的物理存在而将自己储存起来。很清楚，不仅仅是黑格尔的意识形态在这里发挥作用，身体和欲望的很多当代意识形态或许也能远远地在施蒂纳那面古老而且锈迹斑斑的镜子中看到自己。这一部分因此对"马克思主义"和各种

171

----

① 见 Karl Marx and Friedrich Engels, *The German Ideology*, Moscow：Progress Publishers, 1976。见关于 Stirner, Part 1, "A Man's Life", 136ff; on Part 2, Chapter 2, "The Moderns", 165ff; 以及 Stirner 的"辩证法", 289ff 的评述。后面对这部著作的参考均标注为 *GI*。

存在主义流派的任何交叉也至关重要，而且说马克思拒绝这种向
身体的回归无疑是错误的（至少是不够的）。他当然不需要以施
蒂纳本人设法要消除的抽象化之名这么做，因为那些就是他自己
的目标（它们是大脑的幻影或幽灵）。马克思颇富戏剧性的洞察
力在于确定这个被断言为具体存在的身体（*je meiniges*）本身就
是一个幻影，一个"没有器官的身体"，一个想象中的身体
（"他把自己的身体变成幽灵的身体"［*GI*, 137］）。通过驱除幽
灵来达到或获得正确性的努力只会导致构建一个甚至仅仅是想象
中的实体，我将它看作是"我的自我"：存在的道路由此不是导
向现实，而是导向甚至更加错综复杂的非现实。马克思没有提供
一个相反的疗法，但是《德意志意识形态》的其余部分（特别
是著名的关于费尔巴哈的开头一节）间接表明，个体的现实只
有在可能找到社会现实的地方才能获得，即在生产本身当中，或
换言之，在大脑的和物化的概念性幽灵没有入侵之前四处寻访，
然后再从它们的生产点重新开始；避开它们而不是从它们身上踩
过去，然后进入到一个更加真实的现实，在幻影本身的统治之
后，这个更加真实的现实只能是空想和幻想。

德里达在这场论战中的两个点上开始进行干预：第一个是他
自己对施蒂纳的计划的批判，他将这一批判重述如下：

> 在他对生命年龄段的重构中，施蒂纳只给我们提供了一
> 个"幽灵的影子"，而我们应该面对的是他消失了的身体，
> 因为他在所谓的摧毁幽灵中失去的很简单就是他的身体、
> "生命"和"有效的现实"。他因为爱自己的身体而失去了
> 他的身体。（*SM*, 209）

在这一点上，德里达补充道："因为整个问题仍然充满自恋
和哀悼活动的悖论并由它们所决定。"它是一个完整的计划，我

们在这里不再多说，但像其他任何事物一样，它确实将这些讨论重新锁入德里达晚期作品主要关注的事物中。

不过，接着就有了第二个干预，这次是对马克思本人以及他的批判的干预，可想而知，被本体论所缠绕。马克思想要驱除施蒂纳的鬼魂，施蒂纳用他自己笨拙的、连他自己也没搞懂的驱魔术将鬼魂招到了自己身上。不过，这绝对将成为德里达对马克思最深的责难，如果我们可以这样说的话：正是这一点在马克思那里的其他地方产生了接受本体论的诱惑（而在所谓的马克思—主义那里甚至更是无处不在），举个例子，某种马克思主义"哲学"的幽灵计划，或马克思主义关于现实或"人"的看法（阿尔都塞拒绝早年马克思的"人道主义"无疑也是因为同样的原因）。但是，所有的本体论诱惑都来自这个更深层的源头，它恰恰就在于马克思本人同鬼魂的关系（由此出现的与过去、历史、死亡，以及与当前生活的关系）：

> 简言之，我们将不断地回到这一点，马克思并不比他的对手更不喜欢鬼魂。他不想相信它们。但他也没有思考过其他任何方面。他还是或多或少地相信应该能将它们同有效的现实，同有效的生活区分开来的东西。他认为他能反对它们，如同死亡之于生命，如同拟象空洞的表象之于真实的在场。（*SM*，83）

既然如此，这就是马克思的基本错误（如果不是"失误"的话）：他想驱除鬼魂，他认为他可以这样做，而且他还认为这样做是可取的。可是，一个清除了幽灵性的世界恰恰就是本体（ontology）本身；就是一个只有单纯的在场的世界，一个命运就在眼前的世界，一个其事物都没有过去的世界：对德里达而言，就是一种不可能而且是有害的怀旧，是他毕生研究的基本目标。

但我们现在可以走得比这更远，德里达冒险对这场同施蒂纳的论战做了一个分析："我自己的感觉是马克思害怕他自己，他着魔般地追逐某个几乎和他一模一样的人，一个兄弟，一个替身，因此也是一个恶魔的形象。他自己的一种幻影。他想要将它同自己拉开距离，同自己区分开来：想要对立。"（SM，222）可这种恐惧现在需要重新与《路易·波拿巴的雾月十八日》那个唤起资产阶级革命者的恐惧的著名开头连在一起：他们需要过去的鬼魂、过去的装束和已经死亡的范式，来伪装这个朝向一个尚未可知的未来的开放性自由，他们正向着那个未来开进。德里达似乎是按照某些人所谓的后现代性，正在对对立的越轨行为（excess）进行诊断和谴责：那是对某种当下的越轨，当下已经胜利地将它所有的鬼魂都驱除干净而且相信它自己没有过去，没有幽灵性，晚期资本主义本身就是本体，是世界市场体系的纯粹在场，它摆脱了人类历史和先前社会形态的缺陷，包括马克思本人的鬼魂。

七

但是，现在我们必须要提出幽灵性为未来准备了什么这个问题：尤其在这一点上，《哈姆雷特》总之不是一个鬼故事，它不仅仅讲述了过去恐怖地掌握了当下（像《螺丝在拧紧》中一样），而且表现了过去的幽灵正在挑起未来的行动并且要求活着的人付出代价。未来在那个意义上也是幽灵性的：它和当下不一致（它本身"脱节了"），它同我们自己的大量死者和鬼魂有一定的距离，它的模糊的轮廓也隐隐约约地进入视线中并通报或预示着它们本身：可能会有未来的**痕迹**（用一个在德里达那里有优先权的词语），正是这一切将巨大的时间性恢复成趋势或者道（Tao），趋势或者道因为实证主义已经趋于平稳，而且最终被目前的社会秩序还原为当下。

未来的这些痕迹，不管怎样，都需要它们的特别切入点，如果从某个人的视角来观察，这个点有时被描述为预言性的，但它也可以表现为另一种形式，这种形式已经开始在现代理论中占据一个重要的地位，特别是在德里达本人的作品中，它就是弥赛亚思想的形式。这个词令人想起瓦尔特·本雅明，他那些著名的篇章的确被德里达在该书中引用而且做了仔细的注解；它也暗示着同源的"弥赛亚主义"——伟大的千禧年运动——德里达小心地将另外一种语言表达形式与它拉开距离。[①] 弥赛亚主义，或乌托邦主义，或者千禧年运动和政治的所有积极形式很显然都是今天政治和霸权信念的目标：同你害怕的、所有能想象出来的各种政治运动联系起来，从希特勒和纳粹主义到宗教的原教旨主义，当然也少不了苏联的斯大林和共产主义，还有，你可以自己决定，列宁、毛泽东，无疑还有马克思本人，马克思本人这个专有名称粉饰了某种事物，有时看起来就像是一场运动。现在的自由主义思想——它自然是保守的，而且按照这个词在美国的比较随便的解释，它是不"自由的"——基本上将注意力放在这样一些计划上，它认定这些计划是世界政治罪恶的根源：全都是系统性变化的计划，换言之，是"革命"的计划。但将这种传统的 ¹⁷⁴ "马克思的"概念，我们后面将会看到它改头换面重新出现在德里达的思想中，同其他类型的"基本概念"区分开来似乎还是很重要的：

　　　　它们将它［马克思主义的精神］束缚在马克思主义教义的躯干上，束缚在所谓系统性形而上学或本体论的总体性

---

① "我宁愿说救世主，更确切地说，这个弥赛亚不仅是一种'宗教'的设计者，也是一种结构的设计者。"*SM*，266。

（尤其是"辩证方法"或"唯物主义辩证法"）的躯干上，束缚在它的诸如工作、生产方式、社会阶级之类的基本概念上，并由此束缚在它的组织机构的整个历史上。 （*SM*，145 – 146）

因为唯物主义在这一段落里的再现非常短暂，值得一提的是这些形形色色的马克思主义历史有一个有趣的特征，即事实上它们在各自内部都包含了对坏的或"庸俗唯物主义的"马克思主义的一种关键谴责：可以说，对任何马克思主义而言，如果不在内部驱除这个"合不来又分不开的人"（*frère ennemi*）或鬼魂般的替身，它就似乎不可能对自己作出界定或确定自己的身份，这个替身就是坏的或庸俗的马克思主义，一种简化了的马克思主义，"马克思主义"对其他任何人，那些非马克思主义者而言就是那个样子；而这就是从马克思本人那里延续下来的（他的"我不是一个马克思主义者"或许不需要再引用了）。这无疑与唯物主义计划本身的内部矛盾有关，我们对此已经提到过，这个矛盾就是"唯物主义意识"的悖论，各种真实的或真正的马克思主义流派都承认这些悖论，他们对试图通过彻底压制意识（或智性）而带来的危险发出警告。不过，因为需要某种教义或那些组织起来的政党（在这里是"制度"或"机构"），于是便建立起这样一个教义，这些需要无疑也发挥着它们的作用；而德里达的"没有政党，没有家乡［祖国］，没有民族共同体……没有共同公民身份，不附着于某个阶级"（*SM*，142）的"国际"将这个他与其他很多人都共同接受的寓言重新与古老的政治形态接合起来。

只有少数更睿智的马克思主义流派已经从这种对庸俗马克思主义进行驱魔转向将其作为一种思维方式和战略重新结合进他们的基本结构：如科尔施的做法，在庸俗的或决定论的马克思主义与唯意志和理论主义的马克思主义之间不断权衡，依照是否需要利用它来采取行动等情境而定。布莱希特在谈论 plumpes Denken 或庸俗的思想时，在谈论还原的、唯物主义的、庸俗的分析（包括犬儒哲学、拆穿谎言［debunking］，等等）时将这一观念庸俗化为一种非常有用的方法，任何知性论的和超知性论的辩证马克思主义应该将这些置于自身的内部以保持自己的可信度。上层建筑，对布莱希特而言，换言之，需要重新置于基础之上；上层建筑的思想需要将对基础的提示物放在自己内部的各处。它就是本雅明在他的下象棋者①这个形象中彻底改变并使之不朽的一种二元性或双重标准：可以看到，这个外部的自动机，这个革命党，它用一点辩证的技巧去赢得每一场历史性的战斗，它也被"不可避免的"历史进程发扬光大，但它的每一步事实上都是由一个完全不同的历史概念来执行的（而在当下的语境中，就是象喻概念），即神学这个侏儒所代表的概念。

　　本雅明是如何看待革命的，这一点也不是很清楚：除了因为他与一场革命处于同一时代，那场革命发生在时空的另一个部分，即苏联，他还阐发了同时性和共存这类普鲁斯特式的概念来思考那种特殊的同时代性（co-evality）。但是，与那另一个世界并列，还存在着这样一个世界，20 世纪 30 年代巴黎的世界和隔壁希特勒的世界，在这个世界里，革命还远没有发生，在这个世界里，革命的确还是不可思议的（而他对莫斯科的清洗审判所做出的谨慎反应意味着革命的这种不可能性和不可思议性后来开始延伸到这个世界的所有事物上）。因此，本雅明成了在一个不可能期待革命发生的世界中完全相信革命价值的知识分子的绝佳例子：正是这一点构成了那场实验中每一个无价的事物，那场实

───────────────

　　① 见 "Theses on the Philosophy of History" 中的第一篇论文，in *Illuminations*, ed. Hannah Arendt，trans. Harry Zohn，New York：Harcourt，Brace and World，1968。

验就是他的生活和工作，尤其是它表现出了它与那个比喻的相关性并向那个基本比喻提供能量，通过这个比喻，他习惯了对这种不可能性，即弥赛亚思想这个概念进行思考，德里达在他自己关于马克思这本书的高潮部分转而求助于这一概念。

但是，我们，尤其是我们当中那些不相信犹太人并且离这类信念非常遥远的人，在用这种方式理解弥赛亚的到来时，我们必须非常明敏。非犹太人想象犹太人会认为弥赛亚是一个诺言，是一个未来的确定性：没有什么比这种想法更远离真理了。的确，正是本雅明的密友杰舍姆·肖勒姆（Gershom Scholem）在他那本关于背叛者弥赛亚的伟大传记《萨巴苔·塞维》（*Sabbatai Sevi*)① 中写下了这个幻觉的决定性历史，他表明犹太人散居于这段历史上的某个时刻，这是一个真正的弥赛亚时刻，它随后像野火一般蔓延至整个犹太人世界。塞维在大特克（Grand Turk）前的背叛深刻地标示出弥赛亚的思想，带着失望的痛楚和战败的刻骨体验将它刻写下来。通过联系在集体创伤中发挥作用的思想，一种救赎思想被染上各种色彩而且因为痛苦的幻想破灭而被人遗忘：它意味着与它继续在自身内部所表示的东西同在。弥赛亚的基本思想于是产生了对那种希望破灭和随之而来的不可能性的完整感受：它在本雅明那里也具有同样的意味。在一个真正的革命时期，你不会去呼唤弥赛亚，在那期间，你周围处处可以感觉到变化的作用；在那种意义上，弥赛亚并非意味着眼前的希望，甚或并不是以希望为依托的希望；它是一种希望的独特变体，它基本上没有正常希望的特征，而且它只有在绝对的无望中才生发出来，如第二帝国时期，或战争之间的岁月，或 20 世纪八九十年代，巨大的变化似乎是无法想象的，它的基本概念被可见的财富

176

---

① Princeton：Princeton University Press, 1973. 这些以及其他的深刻见解，我深深地感谢 Craig Phillips。

和权力所驱散，同时还有能触摸得到的无力感。只有在那种艰难岁月中谈论本雅明的弥赛亚才是有意义的。①

至于这种救赎思想本身的内容，必须强调它的另一个独有特征，即它不会利用关于未来的某种线性观念：一切都无法预测，一切都无法通过时代的符号，通过最先看到的几只燕子或几根竹笋，通过清新的空气来读解。"犹太人是不许探究未来的……时间的每一秒都是弥赛亚可以进入天堂的大门。"② 这是一个未经宣布的思想，是一种窘境的转变，在这种转变中，一个完全不同的当下出现了，它不曾被预见。也正是在这个意义上，对本雅明而言，社会民主主义和当时相信历史之不可避免性的斯大林式叙事甚至以更残酷的方式压垮了那个历史的当下：如同在普鲁斯特 177 那里一样，无论将发生什么，肯定都不是我们想到或预测到的。在这种意义上，本雅明对革命究竟会怎样发生有一种更具历史性

─────────────

① 德里达本人的呼唤全文如下："弥赛亚的召唤，包括它的革命性的形式（弥赛亚的召唤通常都是革命性的，也必须是革命性的），当然是紧迫的、急迫的，但也是一种不可简约的自相矛盾，一种没有期待视域的等待。人们总是把弥赛亚召唤近乎无神论的枯燥形式当做是宗教圣典的条件，当做是甚至不属于它们的一块荒野（但是人们必须听从其指令的《旧约》明确说过：土地一直是从上帝那里借来用的，它从来不归占有者所有）；人们总是可以辨认出那块干涸之地，所有弥赛亚的生命形象，不论它们是被宣告的、被辨认的还是仍然被等待的，都在那里成长和度过。人们也可以考虑将这种强制性的成长和这一过程的隐形当做是我们在其基础上研究、首先是命名一般的弥赛亚召唤，亦即我们不能也不应该缺少的其他幽灵的唯一事件。人们可以相信这个陌生的、同时又不可思议的熟悉的和难以适应的绝对适应性的形象，选择将它的承诺托付给因其赤贫而显得如此不可能、如此没有保证的经验，托付给如此焦虑、脆弱和一无所有的一种准'弥赛亚主义'，托付给一种总是先行假定的'弥赛亚主义'，一种对无实体的唯物主义也怀有如此难以动摇的兴趣的准超验的'弥赛亚主义'：一种渴望某个令人绝望的'弥赛亚主义'的唯物主义。但是，若是没有后者的这种绝望，若是人们可以**仰赖**将要来临的东西，希望就只是对计划的一种谋算，人们就有指望了，再也不用等待任何人或事了。"（*SM*, 267）（该注释的译文参见中译本《马克思的幽灵》，何一译，中国人民大学出版社 2008 年版，第 150—160 页。——译注）

② Walter Benjamin, "Theses on the Philosophy of History", XVIII－B, in *Illuminations*, 264.

的生动感受，任何人都意想不到，甚至革命的组织者，一些人聚
集在街道上，越来越多的人涌来，突然一个传言散播开来，国王
已经秘密地离开了城市。这种时间性就是弥赛亚式的，弥赛亚思
想的独特性所见证的也正是这种时间性，因此它不能以任何熟悉
的方式被"希望"；对弥赛亚的"信仰"也不能同关于未来的任
何平庸思考相提并论。在区分基础中的、生产中的发展以及与之
相伴随的经济危机和因为与上层建筑中某种特殊的精神性相接触
而突然擦出的火花时，佩里·安德森就革命的不可预料性有一些
很有启发性的论述。① 双方在很长的时间内，在一种不相关的状
态下可以共同存在：双方在其本身内部和与其本身有关的事件性
方面（如海德格尔的说法）均无建树；无法预测的恰恰是在这
两个封闭的、可以说是不相关的领域之间一闪即逝的火花。这有
助于我们用一种更具接合性的方式"思考"弥赛亚时刻，思考
未来的事件，对它的理解是，弥赛亚思想这个概念首先想要警告
我们的就是不能在事件这个词的平常意义上思考事件；借此，我
们重新回到德里达对一般意义上普通人所理解的哲学思想的批
判，他认为那是一种被误导的尝试，它想要思考的事物需要一种
不同的视角和方法。

但是，在德里达的用法中，弥赛亚思想必须要同"末世论"
（the "apocalyptic"）严格区分开来，后者在很大程度上是对"终
结"的特殊思考，而且现在对依附于革命和乌托邦的批判信念和
否定信念的谴责也成了这一特殊思考的内容：但是有一个基本的
区别。因为在德里达那里，如果我的理解是正确的，末世论在很
大程度上是一个右翼的问题，而福山在该书中成为一个范例，末
世论则是用来宣告过去之死亡的典型案例，完全消失的史前，我
们仍然称之为**历史**：换言之，对幽灵和幽灵性确定无疑的驱除，

① Perry Anderson, *Arguments within English Marxism*, London：Verso, 1989.

一个市场世界的开始，这才是永恒的当下，也是真理的重新确立。

无论谁拿出一副末世论的腔调，他对你都象征着某种事物，如果不是告诉你某种事物的话。什么？真理，当然，而且对你来说象征着它向你揭示了真理……真理本身就是终结，是终点，真理将其自身揭示出来就意味着终结的来临。①

正是在这个意义上，我们应该能够区分一种末世的政治和弥赛亚思想的政治，而且它也可以将我们引到一条新路上，将左派同右派区分开来，将秉承马克思精神的**新国际**同处在商业世界和国家权力中的**新国际**区分开来。弥赛亚的就是幽灵的，它就是未来的幽灵性，是另外的范围，它对过去的缠绕不休的幽灵性做出了回答，这个幽灵性就是历史性本身。末世论，不管怎么说，宣告了幽灵性的结束（而且我们记得甚至在马克思那里，它仍然是一种诱惑，而且马克思有时也会鲁莽地谈到历史的终结，不过是以开始一个不同历史的名义）。

不过，最后，弥赛亚思想还有一个特征出现在德里达的讨论中，而且它出人意料地将这个讨论和幽灵性同另一个真实的世界连接起来，它不是平常那个排列着这些主题和形象的世界，不是充斥着这些被偷走和移位的词语的世界。它是现代的，我们甚至可以说是后现代的虚拟性（virtuality）的另一副面孔，一种暗中破坏了当下和真实却不再引起任何注意的日常幽灵性；它标示出我们这个社会环境的独创性，但是没有人会用这种戏剧性的方式将它重新认定为一个非常古老的事物——在德里达这本书的最后，它是幽灵性的出现，是弥赛亚的出现，是"技艺（*tekhne*）、

178

———————

① Immanuel Kant and Jacques Derrida, *Raising the Tone of Philosophy: Late Essays by Immanuel Kant, Transformative Critique by Jacques Derrida*, ed. Peter Fenves, Baltimore: John Hopkins University Press, 1993.

技术科学或远程技术的不同调配"（*SM*，268）。

解构与机器之间的关系——机器是指不能思考的事物或避开人道主义范畴的事物（有人认为，在这一意义上，所谓的原教旨主义避开使用具有创造性却经常得不到承认的方式思考，但是机器这个词掩盖了一个问题）——事后看来可以说贯穿于整个文献，最引人注目的是在那个非凡时刻，展示了黑格尔忠实于（infeodation to）"庸俗的"或线性的时间性概念，德里达惊呼：黑格尔理解不了机器。以我的看法，这个问题被搞得很隆重是因为用了海德格尔的"座架"（*Gestell*）概念，德里达假设大家都知道它是什么意思：我认为他对远程技术新的关注大大超过了海德格尔对科学与技术所表现出来的反现代而且最终是非常传统的
179 厌恶……①

早在《明信片》中就已经很清晰，德里达对主流符号学和交流理论的颠覆在何种程度上帮助他本人早期关于书写与差异的概念得到广泛的"播撒"，现在，只要在某个地方可能存在一种关于交流技术的理论，就会有这些概念出现。② 但是，那个由术语和主题组成的星座没有形式化为一种新的远程技术"理论"或趋势，而是在这里顺着幽灵性本身的方向被模块化：

> ［幽灵的差异化，弥赛亚思想］比以往任何时候都迫使
> 我们思考空间和时间的虚拟化（virtualization），思考虚拟事

---

① "黑格尔专注于哲学通史的诠释，从未考虑过一台可以运转的机器，一台不受制于某种占有次序而运转的机器。用这种运转标示某种完全缺失的效应是不可想象的，就如同思维将非思维置于对立项或他者的地位上，却对非思维无从指摘。"（*MP*，126）也许可以论证，海德格尔确实恰恰是以这种方式提出座架（Gestell）是思想的他者；无论如何，很明显，所有这一切都与写《资本论》的马克思密切相关。

② 但关于技术的事实和存在与哲学化之可能性有什么关系（从马克思到德勒兹和德里达），参见 Richard Dienst, *Still Life in Real Time*: *Theory after Television*, Durham, NC: Duke University Press, 1994.

件的可能性，这些事件的运动和速度禁止我们（超过以往任何时候并且是以新的方式，因为没有任何事情是这般崭新）反对它们在对自己的表现中在场，或者反对"延迟的"时间中有"实时"在场，反对有效性在拟象中在场，反对活的在不活的中在场，简之，反对生者在其幽灵活着的死亡中在场。它迫使我们从这个环境以外，即从民主的另一个空间思考。为了一个即将到来的民主，因此也是为了公正。我们已经暗示过，我们在这里围着绕圈子的那个事件在独一无二的"谁"这个幽灵和一般意义上的"什么"这个拟象之间犹疑不决。在包括所有远程技术的这个虚拟空间里，在一般的解—定位（dis-location）这个意义上，我们的时间，连同爱人们的空间、家庭的空间、民族的空间一同受到谴责，弥赛亚就在这个事件的边缘颤抖。正是这种犹豫不决，它没有了其他的震颤，它不能以其他的方式"活着"，但如果它停止犹豫，它将不再是弥赛亚……（*SM*，268）

马克思主义和它目前的幽灵性就是这样的，它们并非完全出人意料地切入到我们自己这个时代微弱的弥赛亚冲动中，现在二者都出现在某种后符号学的信息世界，并且都进入到新的交流技术的虚拟性当中：表现为具有创造性的犹疑形式，一种新的、颤抖着或闪着微光的当下，在这个当下，新的鬼魂好像即将开始行走。

应该记住德里达是如何展现了在拉康那里还处于基础阶段的符号学以及对坡①的中心化阅读：一封信从来没有到达其目的地……一封信始终都在其目的地……马克思的被盗的信：一项能够使无数诡秘的未来忙碌不休的计划……

---

① "Le facteur de la vérité", in *La Carte postale*, Paris：Flammarion, 1980.

第五章

德勒兹与二元论

我们从黑格尔开始，大家一般都以他作为起点，尽管不是一定要这样（只有天知道我们会不会在同一个地方结束）。我们的座右铭是黑格尔对现代时期思想环境的睿智分析，他将这一环境与哲学在古希腊刚开始出现时的环境进行了对照：

> 古代的研究方式与现代不同，因为前者形成了严密完整的自然意识。它将自己放在其存在的任何一个点上进行检验并且将它遇到的任何事情哲学化，从而使自己成为渗透于事物之中的普遍性。然而，在现代时期，个体发现了现成的抽象形式；理解它和挪用它的尝试更多地是直接将内在的东西外化出来，将普遍的东西截取出来，而不是使后者从形形色色的具体存在当中出现。因此，今天的任务与其说是让个体摆脱直接的和感性的理解方式，使之成为被思想和思想的实体，不如说恰恰相反，是要将确定的思想从其固定性当中解放出来，从而给普遍的东西以真实性（actuality）并赋予其精神生命。但是，使固定的思想处于流动状态比让感性存在处于流动状态要困难得多。①

① G. W. F. Hegel, *Phenomenology of Spirit*, trans. A. V. Miller, Oxford: Oxford University Press, 1977, 19 – 20.

所以在这里，在《精神现象学》的开头，令人震惊的是我们看到了一个关于物化的成熟且敏锐的反思：物化带着自由漂浮的思想，不仅存在于日常生活世界当中，存在于思维当中，而且也存在于我们同已有概念的交叉当中，这些思想像诸多书籍和图画一样有名称和署名。黑格尔认为，古希腊人有一个任务，将抽象的思想（"一般概念"）从感性流中拧绞出来：将"野性思维"改造成抽象概念系统，从当前的困境中重新拥有**理性**（或自我，弗洛伊德会这么说）。之后，这一切都实现了，而且现代时期的思想家被大量繁殖的抽象概念压得喘不过气来，我们在这些抽象概念中就仿佛在一个独立存在的元素中游泳，它让我们的个体意识充满了抽象的范畴、概念和各种各样的信息。从这个新的陷阱中能重新获取或重新占有什么？它与希腊人在他们的"模糊嘈杂的困惑"中遇到的东西极为不同。又是谁不明白对于我们自身而言，在后现代性和晚期资本主义中，在一个幽灵社会和网络王国中，比在黑格尔生活的那个信息仍然相对贫乏的世界中更要真实一千倍？是否希腊人将他们感官上的直接性变成了普遍性，变成了普遍性本身可以被改造成的东西？黑格尔的回答一般被解释为自反性、自我意识、辩证法以及它与那些概念的距离，辩证法运用那些概念而且就存在于它们当中：这样的解释或许也没错，但在当下的环境中却毫无助益（不过，他自己用的是"真实性"［actuality］这个词）。马克思有一个更好的公式化表述：资产阶级思想，他说（我们也可以读解为希腊哲学），竭力要从特殊上升到一般；我们的任务是从一般上升到——注意他一直用的是这个动词——具体。①

181

---

① Karl Marx, *Grundrisse*, in *Marx and Engels Collected Works*, Vol. 28, New York: International Publishers, 1986, 38.

　　吉尔·德勒兹的伟大之处——或至少是他自称的一个伟大之处——是他以广纳百川的态度面对由所有思想和出版物构成的巨型场。没有人能够在阅读两卷本的《资本主义与精神分裂症》（*Capitalisme et schizophrénie*）时，或者换一本，在阅读《电影》（*Cinema*）各卷时不被那无休止的参考洪流搞得头晕目眩，它们不知疲倦地滋养着这些文本，被加工成内容并且被组织成各种二元论。正是在这种意义上，你可以称德勒兹是一位综合思想家，他通过吸收和挪用掌握了思想及概念的大量衍生物。（如果你确实喜欢各种二元论，实际上就是和巨大的宇宙的对立，或形而上学的对立，那么，你可以说德里达在这方面是他的对立面，他乐此不疲地消解那些他在传统中遇到的所有物化思想和概念，一直回溯到最初导致它们发生的不可能性和谬论。）所以，在我看来要在德勒兹那里寻找一个系统或一个中心思想是一种误导：事实上，有很多系统和中心思想。观察这个精彩的过程更加可取，他用他的知识对这个过程中被过度充塞的概念环境进行重写和换码，并将其组织成各种力场。但是，那种组织通常是一目了然的图式，它的目的不是给我们真理，而是给我们一系列非凡的陈述：它是一种虚拟的图像，利用各种伟大神话中的二元论作为其表现语言，例如**精神分裂症**和**妄想症**，**游牧**和**国家**，空间和时间，克分子和分子。

182
　　我要进一步考察那一组织过程，但我想从一个特别的问题开始。《资本主义与精神分裂症》（尤其是第一卷）中贯穿始终的对弗洛伊德的攻击已经比为马克思所做的辩护和铺阵更加声名远播，后者也同样是一个一以贯之的特征。但我们知道，德勒兹在他最后的几年里计划写一本关于马克思的著作，而且我们也怀疑，在这本著作里，较之《大纲》里那冗长的一章，马克思被歪曲的程度可能有过之而无不及，那一章的标题有时是"前资本主义的经济构成"（Precapitalist Economic Formations），它在

《反俄狄浦斯》（*L' Anti-Oedipe*）中占了大量的篇幅。我认为在那些所谓后结构主义的伟大思想家中间，只有德勒兹在他的哲学中赋予马克思一个绝对重要的角色——这是在与马克思的邂逅中，他为自己后期的作品找到的最充满活力的事件。

让我们首先来考察一下《反俄狄浦斯》关于马克思的宏大一章中那些事件的顺序，不管怎么说，尽管它们的能量和连贯性可以看作是关于马克思主义的一组注解，而非关于后者的一种新的哲学，亦非在某种意识形态意义上对它的全新读解。这一章本身是对更大一章的颠覆，类似于德勒兹/瓜塔里的历史哲学，标题很奇怪："野人，野蛮人，文明人"（Sauvages, barbares, civilisés），一个有其古代根源的分类（例如在亚当·佛格森[Adam Ferguson]那里），但是在近代，自刘易斯·亨利·摩尔根（Lewis Henry Morgan）1877 年出版了《古代社会》（*Ancient Society*）之后，这种分类迅速传播开来（得到了马克思本人的热情赞许）。关于这个有着巨大吸引力的人物，我必须多说几句，列维—施特劳斯称其为亲缘系统的发明者和现代人类学的奠基人[①]；但是，我在这里只想说说那个非常了不起的方法，正是因为摩尔根，所有现代的和现代性的理论都据此方法得到了增补并知晓了它们被隐匿的真相。"现代"在这里无疑就是"文明"；可是，无论这是谁说的，他都同时假设有一个**他者**和一个前现代性或前资本主义的先在阶段。对大多数现代理论家而言，那可能仅仅是传统的、蒙昧的无知，但对其他人而言，它可能提供了一个黄金时代的力比多投入，即**高贵的野人**和**自然的状态**（State of Nature）的力比多投入。摩尔根很独特的地方是他同时采取了两种立场——巴黎公社的支持者和被易洛魁部落接受的一名族

[①]　关于摩尔根，更多内容参见我的 *Archaeologies of the Future*，London：Verso，2007，326 – 327。

人，他终生崇拜原生美国人的社会组织形式，这种组织形式从其远古时代的对等物起就被称为**宗族**（the *gens*）。"野蛮人"一词因此在摩尔根那里没有任何贬义：它骄傲地直面"文明化"工业资本主义的非人化（dehumanization）和异化，是一枚充满荣耀和蔑视的勋章。但是，以这种方式同现代化的社会秩序决裂所需的能量本身也是必须付出的代价；所以，摩尔根对文明的否定生成了一种否定之否定——一种第二位的、增补的、**野人**形式的**他者**——类似于残存物或废品，某种"分裂"（splitting）活动很容易导致的结果，从分裂开始，关于易洛魁人，所有令人讨厌的不文明事物都可以被去掉并将其归于那些原始的或部落的人们。摩尔根对于"野人"的力比多恐惧可以从他自己的表达中感觉得到，"惊人的杂交系统"，它不仅意味着在乱伦禁忌前无所顾忌的性行为，而且意味着一种已经成为一般系统的流动（flux）：没有书写，没有固定的居所，没有组织起来的个体，没有集体记忆或历史，没有向下传延的习俗——标明这种绝对混乱的这份想象出来的清单可以无限延长。很清楚，在德勒兹/瓜塔里的系统中，所有这一切的效价（valence）都改变了：野性最接近我们认为能从精神分裂症中获得的田园般美好的解放，而在关于野蛮的论说中，隐含的**宗族**等级被有效地利用并被阐发为原始国家（ur-state）、最初的专制统治、皇帝和能指本身的统治。

那么，很显然，这个历史的宏大叙事与其说是众多关于马克思主义的论述之一，不如说它将重新确立从封建主义向资本主义过渡这个经典问题，它也可能强调这两个早期阶段的残存形式以及它们重新出现的可能性问题。在关于野蛮主义的论述中，权力的中心地位——国王或皇帝的圣体取代了地球的身体，强调等级以及**国家**是一种历史力量——将膨胀成为《千平台》（*Mille Plateaux*）中大二元论可以交替使用的术语。与各种第一印象相反，这种对于权力的强调（与福柯书中的情形不同）在这里并未断言自己可以替换马克思的经济分析；相反，后者本身在德勒兹/瓜塔里的历史叙事中被一般化，他们的历史叙事较之大多数马克思主义讨论更充分、更具说服力地论证了经济决定论是原初的（或"野性的"）方式。的确，在这里，分支与结盟之间的张力连同被赋予"代码"和铭刻的原始价值，这种价值似乎可以为原始社会提供相对而言仍然是结构主义的解释，重新介入经济中，并且在马克思的意义上，一直持续到资本主义，在那里变成了金钱本身的两种用途的内在对立：既是资本，又是购买力；既是投资力，又是交换尺度。

　　但是我们需要返回到代码问题以掌握德勒兹/瓜塔里关于资本主义的论述的创造性。后者的确被他们看作是由一种"公理"组织起来的，它与早期的代码大为不同，因为同金钱本身的情形一样，它让人怀疑"代码"这个概念的功能之一首先是引发了与公理的巨大差异，而另一个功能则是从内部保证将自己确定为一个概念，它被描述（而非定义）如下："一种流（flux）被编码，因为对束缚的打破和对流的预选相互作用，相互包含，相互结合。"① 流这个比喻见于刘易斯·叶尔姆斯列夫（Louis Hjelmslev）的语符学（glossmatics），它在《千平台》中得到高度的赞扬是由于它的每一个平台的内容相对而言没有差异，同时，又绝对要求两个平台之间有某种形式上的协调（另外一个系统将其描述为双重铭刻［double inscription］）。

　　将"代码"描述为有意义的，而将公理描述为无意义的和武断的，以此来标示这一显著差别应该不会有什么不妥之处，因为意义这个概念就其传统而言正是德勒兹意欲清除或取代的东

----

　　① Gilles Deleuze and Félix Guattari, *L'Anti-Oedipe*, Paris：Minuit, 1972, 174；这里的译文为本人所译。英文版 *L'Anti-Oedipus*：*Captalism and Schizophrenia*, trans. Robert Hurley, Mark Seem, and Helen Lane, Minneapolis：University of Minnesota Press, 1983, 149. 后面对该书的参考均标注为 *L'AO*；所有的页码均先标注法文版，后标注英文版。

西。我们也可以说，代码的性质就是在不产生差别的情况下可以被另一个代码取代，这另一个代码看上去同样会是"有意义的"或有机的；但如果换了公理，你就被难住了——你不能改变它，至多你可以增加另一个公理，直到公理性变得像那些法律系统一样，在其中既可以找到大量先前的惯例，也可以找到以前的判决。在数学中，按照我的理解，公理是起点，它本身无法被放在一个稳定的基础上或者被证明，而仅仅是成为其他所有步骤或命题的基础或理由："对公理的选择包含对基本的、不会再被界定的技术术语的选择，因为对所有术语进行界定的企图只会导致无休止地回到从前。"（*L' AO*，294；247）① 我自己的理解是，现代关于公理的讨论基本上离不开这个前提问题和各种武断的起点。不管怎么说，德勒兹和瓜塔里绝对是将资本当作一个公理来开始他们关于资本的讨论的。我冒昧地做如下概括：代码有一种暂时的自足性，无论它们是以装饰（例如文身）还是以习俗和神话的形式存在，甚至在历史的物换星移中，它们会转变成为另外的代码。另一方面，公理是拿来用的；它们不提供任何可供评论或注释的东西，相反，它们只是一套可以发挥作用的规则。正

185

---

① *The Harper Encyclopedia of Science*, Vol. 1, ed., James R. Newman, New York: Harper and Row, 1963, 128. 亦见 Gilles Deleuze and Félix Guattari, *Mille Plateaux*, Vol. 2, *Capitalisme et schizophrénie*, Paris: Minuit, 1980: "资本主义的公理显然不是理论的命题或意识形态的公式，而是构成**资本**之符号形式的操作性陈述，它们也构成了生产、流通，以及消费这些集合［agencements］的各个元素。这些公理是最重要的陈述，它们既非出自其他陈述，也非依赖其他陈述。在某种意义上，一个给定的流可以同时是一个或几个公理的目标（这类公理的总体构成了流的结合）；但它也可以没有它自己的任何公理，因此，对它的处理仅仅是其他公理的影响；最后，它可以完全一直留在外部，可以无限进化，在系统中保持'自由'变化［sauvage］的状态。资本主义始终有一种添加公理的趋势。"（577）英文版 *A Thousand Plateaus: Capitalism and Schizophrenia*, trans. Brian Massumi, Minneapolis: University of Minnesota Press, 1987, 461 – 462. 这一公理学说的源头似乎是 Robert Blanché, *A'Axiomatique*, Paris: PUF, 1959. 后面对 *Mille Plateaux* 的参考均标注为 *MiP*；所有的页码均先标注法文版，后标注英文版。

是在这一意义上，资本主义通过增加新的公理来修复其自身并克服它的种种矛盾：你应该相信一个纯粹的市场系统，这就是说，有一个非常简单的公理，它假设所有的交换都是不受干扰的。可是当自由贸易或全球标准出现危机时，你就将更为复杂的凯恩斯主义的公理增加进来：那些公理并不修改资本主义的公理，而仅仅是将构成资本主义的各种运作变得更加复杂化。在这里，不可能回到资本主义任何更加简单的公理或更加纯粹的形式；只是增加了更多的规则和条件（规则对规则，例如，要逐渐取消凯恩斯主义，就必须使用后者的结构和制度来实现对它的取消）。无论如何，我认为，这个神秘却是十分重要的术语必须从一种所谓德勒兹式符号学的角度来理解，而且实际上，如果我们自己已经接受了一种代码的符号学，那么我们现在便迫切需要一种公理的符号学。即便如此，关于这个特征的创造性问题依然挥之不去：它是否远不仅是用新颖的术语重述了机械与有机之间、"社区"（*Gemeinschaft*）和"社会"（*Gesellschaft*）之间的古老对立？

《反俄狄浦斯》本身所给出的答案是绝对"文本性的"：代码被铭刻——在最极端的外部被铭刻在肉身上（文身、疤痕、涂面），而不是铭刻在世界的身体上。可是公理不是一种书写，它不留下任何那样的痕迹。如果你更喜欢将这个特征用另一种方式演示，我们可以说"代码不是经济性的而且永远不可能是"（*L'AO*，294；247），这个观察慢慢将我们引回到马克思本人关于前资本主义形态的论述，它们虽然"最终"是围绕这些形态当中某种特殊的经济生产类型来组织的——但是，与人们对资本主义的看法不一样——它们受到某种"经济外动机"（extra-eco-nomic instance）的保护："宗教对中世纪的保护，政治对古代城邦的保护"，对此，沿用摩尔根的说法，传统增加了"部落社会或原始共产主义中的亲属关系"。在非资本主义社会中，这种权力同生产的分离被阿尔都塞主义者理论化为决定因素——始终是

一种经济形式——和统治因素之间的区别，这在已经提到的社会
形态中就是经济外的：二者只有在资本主义中才会是一致的。
（关于社会主义的一个非常关键的理论论点今天毫无疑问也离不
开这个特征，即是否社会主义和其他资本主义的替代物，如伊斯
兰原教旨主义，并未要求某种"经济外的"动机。）

　　关于代码的疑议是这一小节的三个主要特征之一。有关亲属
关系的精彩部分将这一概念重新组织为分支和联盟之间的张力，
使该主题获得了第二次发展的机会，同时，这一张力作为金钱的
两种功能在资本本身内部重新出现。最后对俄狄浦斯情结的讨论
基本没有引起我太大的兴趣，但是它假设公理社会（或资本主
义）中有一种特有的、独一无二的表现形式，也对其中形象的
生产和功能做出了假设，在这个社会中，原始情景和俄狄浦斯式
家庭成为第一形式和样板。同时，两位作者一次又一次地回忆起
他们最初的计划并且自问如何将欲望投入到这类体系当中；他们
求助于"降低利润率"并对此进行了重新诠释；对所有政治读
解最有意义的是，他们将这一体系的各种趋势理论化：在一个值
得注意的片段里，他们断言资本主义的解辖域化总是伴随着再辖
域化，或至少伴随着再辖域化的冲动和诱惑（*L'AO*，306 – 307；
257）。① 这些趋势要重新创造私人乐园或宗教的飞地，要一连几
个小时将圣事（the sacred）像一种爱好似的操练，或者试图将
金钱力比多化为一种激动人心的游戏——换言之，试图将零散的
公理重新变成诸多代码——很显然与某种方式相一致，前资本主
义的不同形式（编码和过度编码 [overcoding]、专制国家、亲属
系统）借此方式在资本主义中幸存下来，在形式上与它们的传
统对应物相似，但实际上有着决然不同的功能。公理或资本主义
无法向其主体提供真正的力比多投入——它的内部迫切需要重新

------

① "［现代社会］一方面在解辖域化，另一方面在再辖域化。"

使用比较古老的编码形式来替补它已经枯竭的结构——这确实是《反俄狄浦斯》中的"马克思主义"所提供的最有趣也是最有前景的调查线索。

　　不过，伴随着这一争论的是两卷本的大标题《资本主义与精神分裂症》所提出的另一条线索，它断言尽管该标题中的两个术语之间存在同源关系，理想的精神分裂症仍然相当于资本主义的一个替换物并且是它的外部极限。我更喜欢从更低的理论化层面，即通过对阶级更具经验性的讨论这一方式来得出这个结论。因为在这里，这些断言更具启迪性："从资本主义公理的视角看，只有一个具有一般职责的阶级，那就是资产阶级。"（*L'AO*，301；253）德勒兹和瓜塔里认同这个不愉快的结论，萨特在《辩证理性批判》中说服自己接受了这个结论，即社会各阶级都只有一种连续的存在，而且只有团体单位才能提出极为不同的和积极的原则。如果是那样的话，无产阶级就不可能真正拥有进行大型系统性改造的历史使命，而且，的确，一种真正的游击潜力是属于那个"特别阶级"（*hors-classe*）（可能是理想的精神分裂症患者）的（*L'AO*，303－304；255）。

　　这些思考继续出现在《千平台》中献给萨特的"用来捕获的工具"（Appareil de Capture）这一章（尤其是命题14），在这些地方，公理的概念及后果得到进一步的阐发和运用。不变资本（机器、技术、自动化，以及公理本身）的增长和利润率的降低之间的关系在这里被很有效地用作对资本主义内部矛盾的进一步阐释（*L'AO*，585；468）。但是，对我们而言，这一章最有趣的特征很显然是德勒兹和瓜塔里对"特别阶级"这一概念的详细阐述，他们将这些特征置于当代意大利政治思想的基础之上，希望能够阐发出一种思想，即有一种革命运动完全发生在**国家**之外。正是在这一点上，我们最生动地领会到德勒兹术语的经验价值，这些术语换一种方式可能仅仅是诗意的或思辨的："解码"，

"解辖域化"，用新的资本主义公理取代比较古老的代码，新的资本主义公理引发并释放出种类齐全的"流"（fluxions）（布莱恩·马苏米［Brian Massumi］将这个词译为"flows"，不过，这个比较古老的词或许在医学方面更有用）。这些到目前为止看起来似乎相对而言是结构性的；但是，现在，我们有了真材实料。

> 相应地，仍然有更多被解码的流（decoded flows）进入某个中心公理，它们倾向于更远地逃离边缘［即第三世界］并且提出这个公理无法控制，更不用说解决的难题，（即使利用那些补充进来以解决边缘问题的特殊的、额外的公理）……令世界经济的代表或这个公理备受折磨的四个主流是：能源问题流［即，石油和其他物资］、人口流、食品流、城市流。（*MiP*，579；463）

同时，劳动阶级的定位问题依然是中心问题：

> 只要劳动阶级仍然需要通过获得一种社会地位来定义，甚或是由一个其本身已经在理论上获得胜利的国家来定义，它就依然只能扮演"资本"的角色，是资本的一部分（可变资本），没有逃离资本的**平台**。这个平台至多变成了官僚的［即，像在社会主义国家那样］。但是，只有离开资本的平台，不断地退出这个平台，群众才能完全具备革命性并摧毁少数整体的统治性平衡。（*MiP*，589；472）①

无论这一判断使《反俄狄浦斯》中的政治在1972年的冷战局势中处于怎样捉摸不定的状态，在当前形势的背景下，引人注

---

① 参考 Tronti 和 Negri 的著作。

目的是巨大的结构性失业和最近出现的众多社会主体，他们不能如人们期望的那样通过对生产"杠杆"进行战略性控制来承担起迄今为止仍然是分配给工业劳动阶级的政治角色，这个分析还是有先见之明的，是有预言性的。如果我们要探求德勒兹和瓜塔里的著作在今天的政治相关性，毫无疑问，我们应该探求的正是这种洞察和判断。对于随之而来的关于金钱、金融，以及银行的讨论也是如此，因为一种新式"金融资本"在今天的复兴清楚地确定了这个已开展了二十五年的老行当的日程："银行控制着整个系统，包括欲望的投资。"（*L'AO*，272；230）① 那么，这就是对资本主义公理进行解码和解辖域化这种庞大的分析所揭示的两个方向：一方面，是主体性的贫化和老的主体本身的灭绝（用一个非德勒兹的术语）；另一方面，金钱本身和金融逻辑被赋予巨大的权力，在日常生活中，在资本主义作为一个系统发挥作用的过程中，这种公理采用了怪诞和矛盾的形式。

因此便出现了理论问题，与其说它们与德勒兹/瓜塔里的文献中关于资本主义的讨论有关，不如说它们假设有资本主义**他者**的存在，不管后者是被看作工业劳动阶级（如传统上那样）还是次等和下层阶级，还是被看作失业者或少数人，他们都完全处于资本和整个社会之外。换言之，我们是否面临一种真正的二元论？在这种二元论中，资本主义和**国家**所遭遇的绝对不是它们自身，这种东西与它们极为不同并处于它们之外。或者，这是否是一种更具辩证性的对立，在这一对立中，**他者**，即劳动阶级，在某种程度上还是**国家**和资本的一部分，因此便隶属于**国家**和资

---

① 德勒兹的逃离路线概念是通过分散资本主义社会的人口来消解资本主义社会，这在《资本论》第一卷的最后几页上已经有所预示，trans Ben Fowkes, London: Penguin, 1976. 我认为，它也是 Hardt 和 Negri 的 *Empire* 和 *Multitude* 中的基本冲动；亦见 Paolo Virno, *A Grammar of Multitude*, trans. Isabella Bertoletti, James Cascaito, and Andrea Casson, New York: Semiotext［e］, 2004。

本，这种地位在一元论中似乎是要被终止的，在一元论中，最终只存在**国家**，只存在资本。我们很快会再回到这些问题。

在这一点上，我想稍停片刻来澄清一下我自己对我们刚刚完成的分析所持的立场。我感觉，它不是一个决定德勒兹（或德勒兹/瓜塔里这个合成主体）是否是一名马克思主义者的问题。形形色色的马克思主义无疑都是意识形态，它们也像其他意识形态一样容易受到分析的影响。马克思主义作为一种学说，无论怎样——我不愿意提"科学"这个词——是某种我更愿意称之为问题框架的东西。在当下的语境中，对我而言更重要的似乎是确定在什么程度上德勒兹的思想在那个问题框架中运动并赞同这一框架；或者换个方式，在什么程度上德勒兹的问题框架包含了马克思的问题框架并且承认马克思的难题和问题在其自身的探究领域同样是亟待解决的难题和问题。目前这种向古典自由主义的回归——以及那些传统学科的回归，如伦理学、美学、政治哲学，它们同样是当前学术气候的特征——因为确信马克思的问题框架对晚期资本主义已经不再有效，已经表现出退回到前马克思的立场和难题的趋势。这种诊断的关键特征不在于马克思主义对那些难题的所有答案和解决办法整体缺席，而在于对这些难题本身的压制，在于探索的消失，即不再设法确定今天社会生活的逻辑（商品化）所处的位置，不再掌握全球化金融资本在各类描述中的新的运行情况，我们需要将这些描述理解为美学生产，理解为意识形态的功能，理解为知识分子的作用和他们的概念性创新。

但是，在我看来，德勒兹的研究对这类回归趋势而言没有任何助益；的确，他的工作的全部功能已经不是将这些学科同社会、政治，以及经济阻隔开，而恰恰是要使它们向那个更大的力场开放。德勒兹的分析不是试图包含那些现实，换言之，不是将它们送回到冠冕堂皇的专门学科那了无生气的相应位置，而是展示了一个巨大的多形编码的王国，在这个王国中，欲望不断地越界投资；性欲望不可能局限在资产阶级思想称之为主体性或心理（甚或心理分析）这个较为狭小的王国里，而是表明社会也是幻影组织之一，狭义的性欲望本身是一张社会和政治表现的网。像这样突破主体——欲望和力比多，甚至性的狭隘概念——和所谓的客体——社会、政治和经济——之间的界限是德勒兹最重要的成果之一，它被理解为还有其他的方式来做这些事。（拉康思想在当代的某些发展——我认为超过了具有里程碑意义的斯拉沃热·齐泽克［Slavoj Žižek］的研究——它们试图通过其他的方式，以其他的形式达到这个目的。）至于德勒兹和瓜塔里，我来演绎一下《反俄狄浦斯》中记录的一个较引人注目的时刻，这一时刻见证了为摧毁主体与客体之间的传统高墙所做出的决定性努力：

190

　　谵妄是如何开始的？或许电影可以捕捉到疯癫的运动，恰恰是因为它不是分析性和回溯性的，而是探索了一个共存性质的全球场。看一下尼古拉斯·雷（Nicholas Ray）的影片，它应该是表现了一种可的松谵妄（cortisone delirium）的形成过程：一个劳累过度的父亲，他是一位中学教师，同时为一家出租车广播电台工作，他还被认为有心脏病。他开始疯狂地宣讲**一般意义上的**教育制度，宣扬恢复某种纯粹**种族**（race）的需要，声称应该拯救社会和道德的**秩序**，然后他又转到**宗教**上，认为已经到了回归《圣经》，回归亚伯拉罕的时刻。但是，亚伯拉罕事实上做了什么呢？现在，他杀了或想要杀他的儿子，上帝唯一的错误在于他住手了。但是，难道这个人，这个影片的主人公，有一个自己的儿子吗？嗯……这部影片展现得非常好的、令精神病医生都感到惭愧的是每一个谵妄都首先是某个领域的投资，即社会、经济、政治、文化、种族和种族主义、教育，以及宗教等领域：这个谵妄的人将某种谵妄用到他的家人和儿子身上，他们到处都不经意地听到这些谵妄。（*L'AO*，326；274）

具有戏剧性而且在叙事上被凸显出来的东西在欲望本身的微观活动中也发挥着作用，而且一般而言，是在日常的基础上。这不再是某种弗洛伊德—马克思主义流派，它的每一方都保持了自己的党派结构（如精神的人民解放阵线政府）而且在有争议的地带相互配合，派送专家彼此进行咨询。确切地说，它强调了德勒兹的一元论意图（我很快会回到这个问题）和一种方式，借此方式，我们由黑格尔开始的观察中所暗示的学科多样性被一场巨大的解差异化（dedifferentiation）运动所战胜：这场运动无疑是从某个较早的历史时刻获得了巨大的力量，因为学科和专业建立起来而且被制度化，但这也标志着在那些相互隔绝的事物之间重建多种联系的新意图。这就是我在上文所呼唤的德勒兹的综合精神，因此，欲望的一元论露出另一副面孔就不足为奇了，我们一直在思考这副面孔，它恰恰提供了多种多样的参考，说明所有领域的所有文本和研究永远处于无休止的相互结合状态，这一定令所有的读者感到震惊，而且它在《千平台》中比在《反俄狄浦斯》中更具戏剧性：语言学、经济学、军事战略、大教堂的修建、数学、现代艺术、亲属系统、技术与工程、伟大的古典王国的历史、光学、革命理论、革命实践、音乐模式、水晶结构、法西斯主义、性、现代小说——所有这些都成为供给磨坊的原材料，它不再是建立简单的、机械的同源关系，而是使一种无法想象的多维现实运动起来，有系统地进行轮换。

所有这一切都让我们回到哲学的表现这个中心问题，不过，我们现在必须为它补充一个新问题：在马克思主义传统上，什么是所谓的意识形态批判（或 Ideologiekritik）？德勒兹在《千平台》中似乎突然给出了一个替换性选择，他们称之为精神学（noology），或者如他们所言，是"对思想形象及其历史性的研究"（*MiP*，466；376）。精神学分析的程序——作为一种基于德勒兹/瓜塔里的意识形态二元论（**游牧**对**国家**）对文本进行区分和含蓄评判的方式——在我看来，较之"块茎"（the rhizomatic）和"树状"（the arborescent）（相对于等级，向所有的方向生长）之间的形式区别，似乎更有内容，后者的形式区别已经是广为人知，但它似乎想要表现一套更加抽象、更纯粹哲学意义上的松散特征。因为作为《千平台》的开篇章节，"块茎"（也独立发表过）具有某种类似宣言的霸气；对精神学方法的揭示——在后面章节非常密实的内容中——更加具体，而且从"皇家科学"（royal science）和"小科学"（minor science）（我们稍后会谈到）之间的对立做出了论证。无论这个新坐标是否表明德勒兹和瓜塔里的研究从经济——在《反俄狄浦斯》中占主导地位的生产方式——悄悄滑向某个更容易作出判断，也更容易发生偏袒的政治构想，它一定是一个我们借以接近新材料的开放性问题。

首先，精神学是围绕一个简单的清单组织起来的，两位作者独有的创新性在于不是直接从哲学思想中，而是从各种工程中提炼出精神学：熟练工人建筑大教堂，相对于将建筑方法和工程标准符码化，其后再由国家强制推行这些方法和标准，前者的特点是它的确是一种 **"不精准但有活力"** 的方法，是一种"本质上就不精准，而不是偶然不精准"的方法（*MiP*，454；367）。但是，可以由此导出一种根据其"与借自国家机构的某个样板"是否一致来判断思想的方式：

> 古典思想的形象，以及它在思想空间所留下的**擦痕**（striage）自以为拥有一般性。事实上，它利用了两个"一

般概念"作为存在的终极基础或作为一个无所不包的平面；主体作为将存在转化为为我之物（being-for-us）的法则……[一个] 关于存在和主体的双重观点，被置于某个"一般"方法的指导之下。（*MiP*，464，469；374，379）

我认为这种划分已经成为我们这个时期的某种信念，根据这一信念，反对马克思主义的反动分子已经提出了大量重生的无政府主义。以我的观点，这种精神学最受欢迎的结果与其说是以**国家**为导向的思想这一结论，不如说是它充满热情地认同了处于其对立面的游牧思维——这就是一种二元论，如果曾经有过二元论的话——而且它还冒险与形形色色的种族主义建立了一种联系，原因是有些术语使得游牧的情境性（nomadic situationality）受到吹捧：它们是种族、部落、民族主义。但是在这里作者有一件重要的事要说：

> 部落—种族只有在受压迫种族这个层面上才存在，而且它在经受这种压迫；只有劣等种族、少数种族，没有占主导地位的种族，一个种族不是依据其纯粹性，而是依据一个统治系统被定义。

以此类推，直到在高潮处必须引用兰波（Rimbaud）的《地狱一季》（*A Season in the Hell*）（*MiP*，470；479）。[①] 我认为每个人都会对此表示赞同；因为德勒兹和瓜塔里的更深层真理只有在对立一方才能找到，在他们思想的次要直觉当中才能找到（而且它在现在看来已属古典的——现在很不幸成为古典的——

---

① 引文——"Il m'est bien evident que j'ai toujours été race inférieure" ——出自 Arthur Rimbaud，"Mauvais sang"，*Une saison en enfer*，in *Oeuvre complètes*，Paris：Pleiade，1963，220。

思想中找到了它的符码化形式，这些思想是对小文学［minor literature］以及卡夫卡的书中具有内在颠覆性的语言的思考，对这本书而言是一个遗失的章节，在这里就是要添加一个孤立的平台①）。

因此，我们正是期待在对游牧文本和微逻辑战争机器的分析中发现最有趣的篇章。（关于**国家**，正如相应章节的标题所暗示的，确切地说，它是一个活动，包括"捕获"、挪用与合并，**国家**将这类活动施加于它的卫星部门，施加于与它同时存在的游牧民或游击队组织，它们将成为相关分析所关注的东西。）正是在这个关于铁匠和冶金学的重头部分，我们看到了德勒兹一个全面的意识形态分析，一个基于叶尔姆斯列夫的语言学的分析，它在德勒兹和瓜塔里对外在性（exteriority）的坚持上获得了自己的力量。不仅战争机器对**国家**而言是"外在的"；在某种意义上，《千平台》中所有被理论化了的事物都是外在性的某种现象，因为内在性、主体性、同一性的语言，那个"所有的牛都是灰色的"的温暖夜晚，它们每一个都是德勒兹思想中的争议对象。但是，外在性现在突然意味着"关系"，它将一种给定现象与外部连接起来。那么这就将个体现象——无论它是某种类型的一个文本，还是这种或那种社会个体性——与更大的外部力量联系起来。

毫无疑问，意识形态分析的传统词汇是相对而言的词汇，在这种词汇中，对任何个体现象而言——文本、思想，甚或社会阶级——都要找到对等物，而且有意在上层建筑的这个或那个方面与基础设施的基础条件之间建立一种关联。外在性原则将所有这些都进行了换码，这很有帮助，并且给我们提供了一个更加灵活

---

① Gilles Deleuze and Félix Guattari, *Kafka*: *Pour une littérature mineure*, Paris: Minuit, 1975.

的、暂时的方式来处理换码过程，在这一过程中，已经不是在两个已经存在的实体（例如文学和社会，举个例子）之间建立某种简单的、一对一的关联这样一个问题了，而是要说明任何给定文本如何认识超越了其自身的飞离路线，很显然这种飞离运动是自主的，但在其基本结构内还是有一种指涉性（referentiality），有一种脱离其自身去往其他事物的运动。

叶尔姆斯列夫的语言学较之任何其他广为接受的符号学或语言学分析形式，如索绪尔的语言学，是更适合这一过程的模型，因为它的两个平面包括四个概念，而且它们都通过外在性，通过某种特殊的或偶然的交叉，而非通过某种更深层的、预先建立起来的和谐相互发生联系。因此内容和表达这两个平面本身就被各自安排为实质与形式之间的对立：形式与内容之间的古老差别被陌生化，并通过在语言学现象内部被强行分配到不同区域而得到更新。内容现在与表达一样有其自身的逻辑和内部动力学：内容有实质和形式，如同表达有形式和实质。这两个平面的相互配合产生了一个模型，在这个模型中，德勒兹的流（flux）（内容）现在可以用一种给定的代码（表达方式）及时表现出来，但是，其表现方式是它们可以被分别分析为截然不同的时刻，在这些时刻，它们发现自己被历史性地结合为一个事件而非结构。德勒兹的确强硬地坚持在连接（connexion）和"联合"（conjugaison）（conjunction）之间有一个明显的区分标志：后一个概念属于**国家**一方，并且预示了一种有机的捕获，由此这两个平面的自主性最终遗失；然而，"连接"则可能标明这种接合是暂时的，并且可能指定每一个平面继续保留在彼此外部的方式，尽管它们之间仍然有生产性的相互作用（*MiP*，636；510）。

这是一个通过解释和例证可以得到最佳表达的复合模型，尤其是通过引人注目的冶金学例子，它第一次也是唯一一次在实际中再现了一个准确的叶尔姆斯列夫图表（*MiP*，518；416）。

　　因为这个问题诱发了一般的游牧战争机器（它既存在于成吉思汗的社会机构中，也存在于各种科学和艺术中）同传统社会中铁匠这个特殊现象之间的关系的性质。真是够奇怪的，正是铁匠这个社会现实被指定为内容平面，而战争机器则是表达平面，或许是因为战争机器是统治铁器生产这个特定社会现实的组织形式。

　　然而，铁匠和冶金学——据推测是一种固定在某处的"职业"（métier），类似于现代社会中的职业，而不像，例如，打猎等活动——如何能以游牧为其特征呢？我们不得不看一下这种特别的物质中所隐含的物质关系，对它的提炼不同于对其他元素如木材和石料的开采，不要求有连成一片的场地、群山、森林和沙漠。正是原材料这种独一无二的特殊性既赋予它高于其他自然元素的相关特权，同时也给予从事这项工作的匠人一种社会特权。的确，这些篇幅里还包括了一种非同寻常的对铁本身的"赞美"，赞美它"让人们意识到某种隐藏在或埋没在其他原材料和其他活动当中的东西"（MiP，511；410）。铁因此被看作是最卓越的物质，是机械物种（machinic phylum）本身，威廉·沃林格尔（Wilhelm Worringer）的"非有机生命"（nonorganic life）（它也将在《电影》[Cinéma] 第一卷①中发挥重要的作用）这一思想的源头。金属加工必然不仅仅是一门技术；它是与各种特性（singularity）的一种关系，是原材料的偶然"事件"。而铁匠一定在某种程度上"顺应了"那些可能性——正是在那种意义上，他比其他工种的工人更具游牧性。游牧主义，换言之，就是一个跟随偶然事件、重大事件、"此间"（haecceities）（采用一个中世纪的说法，德勒兹对此做过详细的注解）穿过地球身体的过程；铁匠的工作因此正是这个更具一般性的过程之特殊"对等

---

① 见 Gilles Deleuze, *Cinéma 1：L'Image-Mouvement*, Paris：Minuit, 1983, 75 – 76。

物"（analogon）或相似物，他在所有部落社会中的魔力和威信就是由此产生的。

但是，叶尔姆斯列夫模式恰恰在这里成为一个障碍，这是因为有这样一个事实，铁匠的工作和游牧战争机器的功能都有其独特的外在性，也就是说，二者都是在与某个元素、某种原材料、某种地理语境的关系中来界定的。因此，如果它们都是关于其特殊内容和表达层面的形式项（form-term），那么它们也都有各自的实体项。于是，冶金家的实体一端就在于金属本身，是这一门（phylum）的缩影，是物质的流动；战争机器的实体项是平整的空间（后来被延伸到沙漠和海洋，而且被出自点与点之间的运动的某个运动特征所控制，德勒兹将其特征描述为涡流——旋涡，漩涡，涡旋——一个涡流是一个事件，而不是在两个地方之间画一条线）。这些篇幅有丰富的细节，它们属于《千平台》中那些最激动人心的时刻，应该得到更细致的分析；我只是想说明，在社会形式和特殊的社会制度之间，意识形态的协调性在德勒兹那里是什么样，只是想说明站在游牧生活一边，这一特别分析何以比相应的与**国家**有关的精神学阅读形式更加复杂和有趣。

现在，我想从与马克思的关系这个比较狭隘的问题转向同**历史**的关系这个更宽泛的问题，对它的理解是，对这样一种关系的检验将与德勒兹的概念机器（conceptual apparatus）一道而来，后者要记录（在这个情况中，因为我们处理的文本是1972年和1980年的，是**预测**）晚期资本主义的小说结构——或者换言之，我们自己的真实性。不过，精神学的探索不是如当代一些非常著名的历史研究对历史文本提出质询以获得它们更深层的叙事范式那样来完成关于表现的问题，而是要获得使德勒兹的元历史首先成为可能的更大的非叙事结构。你已经开始怀疑在这些非叙事结构中，最主要的是二元论本身，或二元性的非叙事结构：它已经以革命和法西斯主义之间的对立这一形式隐含于《反俄狄浦斯》当中，革命与法西斯主义构成了该书的起点，也是它最重要的概念困惑之一。但是，《反俄狄浦斯》的机制将这一特殊的对立复杂化了，并且在每一步都增加了新项，否定它拥有代表神话对照或宇宙论对照的地位，在《千平台》中，**游牧**与**国家**之间的巨大对立似乎随处都可能做出这种断言。但这种张力是否是欲望机器和宇宙论那种无器官身体之间的张力呢？如果我们把它翻译为关于分子和克分子之间的巨大对立这样的术语，回答看起来是肯定的。精神分裂症患者是什么样子（在《反俄狄浦斯》中）？作为一个零度，它似乎并不真的按照二元论的方式与任何事物对立，甚至不与它在政治上的反对方偏执狂对立。

事实上，我相信这是《资本主义与精神分裂症》的统一愿望（unifying will），是朝向一元论的驱力，却荒谬地成为后面二元论的源头。因为欲望本身的原则将是一种一元论：所有的事物都是力比多投入，所有的事物都是欲望；没有什么事物不是欲望，没有什么事物在欲望之外。当然，这意味着法西斯主义是一种欲望（我们已经十分了解了，但它在当时更多的是一个诽谤性的断言），官僚主义是欲望，**国家**是欲望，资本主义尤其是欲望，甚至被极度中伤的俄狄浦斯情结也要对某种欲望做出回应以成为根深蒂固的权威。

但是，二元论如何从一元论中产生出来？因为一元论的重要责任似乎就是反驳所有那些传统的二元论而且用单一的原则取代它们。最终，这是一个命理学问题，德勒兹的命理学，或至少命理学重新贯穿于这些篇幅，可以提供一个答案。如果**一**的使命是使所有类型虚幻的对或双这类对立处于从属地位，那么，结果是我们依然处于二元论当中，因为设计这个任务就是要解决对立——二元论——二元论与一元论之间的对立。**一**或许战胜了**二**，但它也产生了**二**：它可能从这个系列的另一端发起反击并试

196 图用**多**，或用多元性本身——很多的多（一、二、三……很多
越南）来破坏二，来反对**多**本身当中的这个**一**。① 的确，如果我
们走得更远一些（像我们的作者在《千平台》中一样）并且提
出**数**本身在**不可数**中有其对立面，那么整个辩证法就变得紧张起
来。这就是它们对资本主义内部的少数群体问题的解决办法，对
这一点的理解是，这个解决办法与在这部《千平台》中推演出
来的多数和少数之间（皇家科学对小科学，举个例子）甚至更
加基础的对立也有关系，而且正如我说过的，在语法意义上，对
它的最佳理解是卡夫卡书中对次要文学和次要语言的表述。原文
如下：

> 定义少数的因此不是数，而是数内部的各种关系。少数
> 也许可以是无数的甚至无限的：就像多数一样。将二者区分
> 开来的是数内部的关系在多数（majority）的情况下构成了
> 一个整体，一个完成了的、无限的整体，但也是一个一直可
> 以被解数字（denumerate）或可数的数，而一个少数则被定
> 义为一个不可解数字（non-denumerable）的整体，不管它的
> 元素的实际数目是多少。不可解数字的特征既非整体也非元
> 素：是**联接**（connection）[正如我已经说过的，德勒兹现在
> 希望将它与接合（conjunction）截然区分开来]，而且在元
> 素之间和整体之间产生的"和"却不属于它们任何一个，
> 它逃离它们并构成一条逃离的路线……少数的作用产生不可

---

① 但我们也应该记下德勒兹对这类公式的异议，见 *Foucault*, Paris：Minuit，
1986："这一思想的最基本特征在于这样一个事实，即像'多'这样一个实词的建构
不再是与一对立的一个谓语，或不再归属于一个等同于**一**的主语。**多样性**必须对多
与一的传统问题完全视若无睹……没有一，也没有多样或多……只有罕见的多样性，
它们有各个单个的点，有各个空位，无论什么，只要来到它们内部发挥主语的功能，
都可以占据这些空位……**多样性**既非原子的，也非类型的，而是拓扑的。"（23）此
后再说这种新的多样性的"对立面"可能也会是二元主义这个结果是否会很唐突？

解数字的权力，即使它只存在于一个数当中。（*MiP*，587，588；469，470）①

　　这是一个独出心裁的解决办法，它强化并且理论化了系统之外的事物（少数，特别阶级）相对于仍然在其内部的事物（劳动阶级）的优先权；就这点而论，它或许更适宜于当前同一性政治的气候，同时，它附着于关于颠覆和论证的某个更古老的政治价值，旨在对其进行重写并给它一个新的理论证明——"在语言本身内部出现一种异质的语言"（*MiP*，638；512），是少数提出的另一种表述。但是，与此同时，是谁没有看到不同事物从数（一，二，多，诸多多样性）这个棘手的系统之外辩证地产生，且重新恢复了二元论的地位？因为它假设出**数**和**不可解数**（Nondenumerable）之间新的对立。

　　现在，我想根据这些问题对《千平台》再最后说几句，这些问题当然不是靠这本书中那些异常复杂，同时又抽象简洁的形式结论可以讲清楚的，在这本书中，理论性材料（矿层［strata］、装配［assemblage］、块茎、无器官身体、解辖域化、抽象机器）都按照这样一种方式排列，以使一元论和二元论的问题无法确定。我确实想要更正一个印象，即**国家**与**游牧**之间的对立是在这里占主导地位的二元论：当然，它是最具戏剧性和神话性的（如果我可以那样说的话，由此也意味着它最容易受叙事的影响）。我也怀疑这些章节因为更明白易懂或许会被更广泛地阅读并且比其他章节产生更大的影响。但即使在这里，这个问题也由于一个术语上的变动而变得复杂化了，这个变动有时用"战争机器"取代了"游牧主义"，这个战争机器的目的和目的因（telos）绝对不是常规意义上的"战争"，尽管这样说有些极端

197

---

① 关于英语的 "and"，见第 124 页，注释 26。

而且引起了剧烈的争议。

但这或许提供了一个机会，可以说明为什么这种或那种二元论的出现一开始应该是产生抱怨或批判的原因。我相信，二元论是意识形态的稳固形式，它当然可以用大量的替换物将它的二元结构伪装起来。之所以这样，我坚持认为，是因为它是伦理二元的终极形式，它因此始终在意识形态内部隐秘地发挥着作用。所以，你可以说，由于尼采，**善恶**之间的对立（它本身就起源于**自我**和**他者**之间的对立）始终具有毒害性，要从根源上将其清除就必须进入另一种思维模式，即"超越善与恶"。这并不像那些神经脆弱者或资产阶级自由派所相信的那样，不是一般意义上的道德要被清除掉，而且从此以后任何事情都是被允许的，而是**他者**的观念——总是通过各种恶的概念进行传播——要被清除掉（或许连同**自我**的观念一道被清除掉，如同众多宗教所教导的那样）。顺便提一下，你甚至可以更强烈地反对诸如今天的伦理学这类学科的复活，现代时期逐渐退出之后，这类学科已经证明是完全矛盾的、没有结果的，是一种坏的学术。

现在，伦理二元论对于其他的二元论而言意味着总是诱惑我们将善/恶这个轴重新插入应该不受它制约的概念领域，并且要求我们作出判断，而在那个领域，所有的判断都是不合适的。这一点在任何地方都不像在德勒兹和瓜塔里的二元论中那样明显，在他们的二元论中，读者感觉到自己永远被要求同**精神分裂症患者**站在一起反对**偏执狂**（或无器官身体），同**游牧民**站在一起反对**国家**。但是，战争机器的例子或许会表明这样的认同是多么具有误导性。德勒兹的论证的确需要先承认游牧战争机器并不是以战争为其最终结局或内容，这是一个从保罗·维希留（Paul Virilio）对当代"军事工业综合体"（military-industrial complex）的分析中产生的命题，后者令人信服地提出军事技术——不变资本——作为当代资本主义一个新的轴心介入进来，当代资本主义现在要求将它作为一种经济功能，而不再是一种防御手段结合进自身当中（*MiP*，583－584；467－468）。① 我们已经熟悉这个论点了，即军事开销本身（没有任何实际的用途或者类似战争的目的）成为最主要的应对大萧条的后凯恩斯方式之一。然而，在判断层面上，甚或在力比多投入的层面上，晚期资本主义战争机器的优点是解决经济危机而非通过战争带来繁荣，这恐怕与要求我们支持**游牧民**不是一回事，因为我们将他们隐蔽的使命解释为抗拒**国家**，而非"危害上帝"，也不是为了自己的利益而成为血腥掠夺的源头。超越二元论，"超越善恶"的行动步骤将我们提到什么样的历史层面肯定是一个开放性的问题；但这个例子至少说明了二元论一贯在伦理方面是如何进行教唆鼓动的，甚至在不同现象之间最复杂的连续体内部进行这方面的鼓动。

尽管如此，我们此刻正在考察的二元论——**游牧**反对**国家**——是这本书中出现得非常晚的一个主题，在以大约四百多页讨论完其他问题后才出现（那些问题不太具有二元性，无法归纳，更不用说在这里进行考察了）。这种材料很大程度上离不开资本主义公理激发出来的不同形式的再辖域化，而且在关于占据中心地位的叶尔姆斯列夫语言学系统的一个很长的理论性开头之后，这本书就是以该语言学系统为基础的，这些材料表现为对强度生产的不同论述，对现象性质经受变化的能力的说明；强度和变化的确类似于我们自己语言中的"异质语言"，它神秘地从表面掠过（像一个少数，像一架战争机器），然后又消失。我认为这个巨大的、神话性的**国家/游牧**对立是一种可以重新容纳所有这些复杂的异质材料的方式：好比叙事就像一个意识形态框架，甚至如我已经提出的，使我们能将它重新整理为更加简单的形式。我不确定这在概念上是否可能：这本书结论部分的众多篇幅

---

① 关于 Virilio，见第 479 页，注释 64。

也没有以任何隐密的方式，暗示这项任务曾经有过令人满意的结
论。这就是我为什么认为这项工作本身便包含了其独有的方法论
线索的原因，我还不愿意称其为一种美学性质。（但我们应该注
意到，德勒兹和瓜塔里本人在关于"平滑"［lisse］和"条纹"
［strié］那一章用类似于美学的缓慢运动结束了《千平台》。）这
里的线索是基于皮埃尔·布列兹（Pierre Boulez）理论的对音乐
的繁复讨论，在这一讨论中，缓慢和速度的二元论是作为一种范
式出现的，该讨论极不愿意我们将整部书看成是一个巨型乐谱，
其中可以相互替换的各二元论和一元论也必须要理解为该文本的
脉动，是各种写作模式的一次广泛的相互作用，因为它们建议阅
读尼采，在尼采那里：

> 在很大程度上，这不是一个碎片化写作的问题。相反是
> 迅速和减速的问题：不是写得慢或快，而是写作本身及其他
> 任何事物，都应该是粒子之间高速和慢速的产物。没有什么
> 形式可以抗拒它，没有什么人物或主体能在其中幸免。查拉
> 图斯特拉只知道快或慢的速度，永恒的回归，永恒回归的生
> 命是对没有脉搏的时间第一个伟大的、具体的解放。（*MiP*，
> 329；269）

这是对时间的两个伟大形式，**永恒时间**（Aion）和**生成时
间**（Chronos）（*Mip*，320；262）①之间的差异的一次重述，它
在《电影》各卷中还会颇有成效地反复出现。

得出二元论是一个不稳定的结构这个结论是很有诱惑力的，
它最终的完成一定是实用的而非认识论的，是行为性的而非假定

---

① 对德勒兹的时间与历史感念有一个不同凡响的、具有开创意义的解说，见
Jay Lampert, *Deleuze and Guattari's Philosophy of History*, London：Continuum, 2006。

的。想将我们诱陷其中的伦理二元在伟大的预言中超越了其自身，那个预言号召一个完整的集体起来进行改变和转变（尼采对伦理学的超越始终使二元结构返回来对抗其自身）。然而，在结构主义和符号学中，在意义本身最微小的或分子的细胞中还是发现了对立的结构：这条飞离路线使我们参与了对稳定实体及其物化概念进行分解的整个过程，继而经历了德勒兹的流动或不断变化。最后，还有纯粹是矛盾的二元的内在能量：我们在克劳塞维茨（Clausewitz）这儿稍作停留，他断言战争就是搏斗，在人们轻率地涌向黑格尔关于矛盾是宇宙的内在法则和马克思关于阶级斗争是历史本身的动力等思想之前是这样的：冲突，这个古人心中的厄里斯（不和之神——译者）已经成功地将自己的对立面吸收进由各种对立组成的统一体中。

200

第六章

一项未竟的工程：
《历史与阶级意识》

近几年，乔治·卢卡契的现实性似乎总是毁在两个概念上：为文学现实主义和总体性思想辩护。如果你认为这些实际上是他毕生研究所取得的两个最重要，也是最核心的概念性成就，那么，要让他"复活"，这个工程周围一定会出现极大的阻碍。它们的关系一般来说叙述如下：《历史与阶级意识》（1923）中极左的"工人主义"（workerism）被共产国际指斥为理想主义的（对这本书中①认识论意义上的"反映理论"的攻击是共产国际接受它的同时又十分反感它的主要原因，这已经很清楚了）。卢卡契在这些批评面前屈服了，这是这场灾难带来的结果，也是他在匈牙利的政治活动中丧失主动权的结果（所谓的布鲁姆提纲[Blum Theses]，在很大程度上被看作是后来人民解放阵线中官方战略的前驱），他从政治活动中抽身而退。转而将精力全部放在美学上：关于19世纪现实主义和历史小说的著名文章是他转向新领域后的直接成果。不仅如此，它们还带有反映论的印

---

① *Geschichte und Klassenbewusstsein*, Neuwied: Luchterhand, 1977, 387 – 393；英文版 *History and Class Consciousness*, trans. Rodney Livingstone, Cambridge, MA: MIT Press, 1971, 199 – 204。后面对该书的参考均标注为 *HCC*；所有的页码均先标注德文版，然后是英文版。

记——使主体的概念与外部世界的客体相匹配——他在《历史与阶级意识》中对此是公开谴责的。[1]

201

卢卡契的叙事现在已成老生常谈,它存在一些文本方面的问题。例如,审美问题在《历史与阶级意识》[2] 整本书中只是零散地出现(不应该是这样,因为卢卡契终其一生都专注于美学,但又的确如此)。不仅如此,在卢卡契的这本早期著作中有一整段是关于"新闻业"是"资本主义物化的最高点"的论述(HCC,275;100)[3],这一段不仅仅明确针对巴尔扎克的《幻灭》(Illusions Perdues),而且实际上也是他后来倾力写作的一篇文章的大纲。这种文本的不连贯并不能证明什么,但却提醒我们注意,它可能将《历史与阶级意识》中的"总体性"思想与后来的现实主义论述之间的关系概念化,他并没有将现实主义说成是断裂、取代、补充、形成。的确,依我看[4],更令人信服的反倒是这两个原则之间的连续性以及它们之间确实解不开的哲学关系。

一　接受卢卡契

如果这依然是一个挑衅性的建议,那是因为在传统上,将总

---

　　① 见 *Studies in European Realism*, trans. Edith Bon, New York: Grosset and Dunlap, 1964; *Writer and Critic: And Other Essays*, ed. and trans. Arthur D. Kahn, New York: Grosset and Dunlap, 1974; 以及 *The Historical Novel*, trans. Hannah and Stanley Mitchell, Lincoln: University of Nebraska, 1983。20 世纪 50 年代,卢卡契对这些立场当中的很多进行了重新阐述,见 *Realism in Our Time: Literature and the Class Struggle*, trans. John and Necke Mander, New York: Harper and Row, 1971。

　　② 见,例如,关于德国美学的评述(316 – 319; 137 – 139),关于风景画(340 – 341; 157 – 158),关于古典悲剧(360 – 361)。

　　③ 比较 Lukács, "Balzac: Lost Illusions", in *Studies in European Realism*, 47 – 64。

　　④ 见 *Marxism and Form*, Princeton: Princeton University Press, 1971, 162 – 163;对当前研究的不同意见,亦见我的文章 "Third World Literature in the Era of Multinational Capitalism", 结尾对 *History and Class Consciousness* 的援引, in *Social Text*, Num. 15, Fall 1986, 65 – 88。

体性概念与现实主义概念分隔开来的是**读者**。那些发现《历史
与阶级意识》充满刺激性和启发性的政治活动家及理论活动家
同样发现，论述现实主义的文章的文化前提非常枯燥晦涩，非常
传统。这本早期著作对晚期资本主义物化做了预见性的、系统的
分析（同时，它明确断言，工人阶级在认识论意义上具有优先
权，断言工人阶级有能力打破物化进程，建立全新的社会关
系），它们如何能屈就于（1）对 19 世纪**资产阶级**小说的回顾性
赞扬，（2）似乎是要社会主义社会吸收资产阶级文化传统而非
确立和创造一种新文化的要求？布莱希特那个著名的"坏的新
事物"的表述，即我们应该更喜欢"美好的旧事物"（*das
schlechte Neue* 和 *das gute Alte*），后来对卢卡契的损害与共产国际
对他早期著作的损害不相上下，但却更加直截了当。

因此，我们必须更近距离地观察在接纳卢卡契的过程中发挥
作用的信念和偏见，因为卢卡契的任何新概念及反映这些新概念
的作品必然是在这个力场内而且是通过反抗那种偏见来为自己开
辟道路。从文学和文化"品位"的视角，举个例子，卢卡契关
于现实主义的论述似乎代表了一代人的立场，与他"同时代的"
作家（在《灵魂与形式》中）已经融合成为中欧在世纪之交的
文化点缀，而他用来证明自己观点的主要作家——巴尔扎克、托
尔斯泰——都透着一种不那么讨人喜欢的学校经典的陈腐气味。
即使是在那些维多利亚复兴异常活跃的地方，他处理它们的方式
似乎也与我们的不大一样（对盖斯凯尔夫人的全面解构，举个
例子，所产生的"文本"与其说像狄更斯，不如说更像菲利
普·索勒斯［Philippe Sollers］）。与此同时，卢卡契的经典也带
着一种对经典的教化性责任感（本身就是维多利亚性质的）。在
将自身哲学性地同"消遣"或"欲望"联系起来的时期里，稳
定这些冗长的现实主义小说的价值的做法因为强化了所有那些战
略性压制机制也令读者受到打击，为了生存，卢卡契自己应该也

接受了这种压制。① 另一方面,即使是这种看法在某个时期也需要修正——它有时被随意地称为后现代时期——在这一时期,卢卡契本人原则上非常厌恶的对象——"伟大的现代派"——成了学校里的经典,却被当代艺术家断然拒绝。

有人有时觉得不是卢卡契的"品位"过时了,而是他的语言过时了,是他的概念机制和分析机制过时了。除此之外,还能怎样理解何以他坚持不懈地为现实主义辩护却被误读为并且被确定为一种追求照相式精确的典型(更不用说被误认为"社会主义的现实主义"或斯大林规范)? 在这种情况下,恰恰是对于"社会主义的现实主义"而言,有人始终需要坚信,不仅仅是坚信卢卡契本人将其关于现实主义的著作理解为对斯大林主义美学的一种批判,而且坚信具有否定意味的"自然主义"这个术语的代码—词语功能在20世纪30年代的莫斯科是一个策略性的委婉语。因为坚信他建设性地将现实主义确定为叙事和讲故事,有些事情在我们这个时代甚至也能够获得某种极为不同的精神与文化上的优先权。他称之为自然主义的"照相现实主义"在他的美学中确实受到轻视,这恰恰是因为它的非叙事结构或反叙事结构,因为纯粹的描写在这种现实主义内部产生了症状性的和形式方面的影响。至于现代主义——就它最初的象征性或象征主义的历史伪装而言——它不仅仅是某种中庸之道(juste-milieu)所强烈反对的另一个"极端",而且被卢卡契理解为自然主义的辩证对立面和它的结构性关联物,是它的另一张脸。(后面这个关于 203 新生的"实验主义"和先锋派文学的观点将继续在这个最初的辩证框架内得到详尽的阐释,尽管对它已经有过较为复杂的论证。)

---

① 阿多诺的诊断,见"Erpresste Versöhnung",译为"Reconciliation under Duress", in *Aesthetics and Politics*, London: Verso, 1977, 151-176;但甚至卢卡契早期的作品也饱含着一种伦理清教主义的精神。

　　如果用相互联系和辩证的方式来理解卢卡契的立场，很显然，它们的哲学基础仍然是《历史与阶级意识》的哲学基础，尤其是它们都特别以物化理论为先决条件。最好是一开始就把卢卡契的物化概念理解为马克思和韦伯（Weber）的合成体。[①] 它是对马克思的物化理论的一个发展，不仅仅是对商品拜物教和交换理论的发展，而且是对商品**形式**本身的相关理论的发展，最后一项现在被扩展以包括韦伯关于理性化过程的阐述；涉及他有关专业化（Taylorization）的阐述，不仅工作过程和心灵被专业化，学科以及精神和感觉也完全被专业化。对资本主义逻辑首次做出的这个不同凡响的**系统性**论述有一个关键的悖论，这个悖论在于它坚持极端的碎片化也是一种社会准则。它试图展现一个分隔、划分、专业化，以及分散化的过程：一种同时在所有事物上均匀地发挥作用并使得异质性成为一种同质的标准化权力的力量。正是在这一意义上，在《历史与阶级意识》中，对某种完全不同的阶级逻辑的预言性祈祷——工业劳动阶级的实践和新的认识论意义上的能力——表现为一种反力（counterforce）。这使得我们可以想象一个集体工程，它不仅能够打破物化的多种系统性网络，而且为了使其自身得以实现，它**必须**打破这些网络。就如同一大堆当代理论一直对首先被卢卡契描述为物化的东西情有独钟，却几乎没有人意识到这一点[②]，《历史与阶级意识》中提出的"去物化"（dereification）这个基本概念——"历史是不断推翻客观形式并塑造人的生活的历史"（HCC，372；186）——也仅仅是断断续续地为人们所听到。

　　但是在美学著作中，"现实主义"被描述为与《历史与阶级意识》中的无产阶级意识具有同样的功能。它是去物化力量的

---

　　① 见 *The Political Unconscious*, Ithaca：Cornell University Press, 1981, 220。

　　② 保罗·德曼在"理论化"意义上所分析的东西，举个例子，在我看来是紧密相关的；对于任何马克思主义与解构之间的"对话"而言，这都是一个中心话题。

承载者，这意味着我们认为卢卡契的现实主义本身是一种"形式"，是一种约束性形式，而且是一种过时的形式这类看法或许根本就是不准确的。自然主义和现代主义的辩证法总结了客体—主体关系在不断加强的专业化控制下的命运：对于工具性地肢解和清除式地开采客观世界，只能努力地作出详细的局部性描述和技术性描述；对于将精神能力和心理能力进行分等级的专门化导致那些被"工具理性"排除或边缘化的事物此后只能在现在已经不值一提的文化活动中才能找到。到现在为止，有人会说，阿多诺和霍克海默（Horkheimer）向我们展示了很多，而且提供了更加详尽的细节，但是他们在尽力这么做的同时，也让卢卡契那个令人尴尬的现实主义标准概念显得可有可无。

无论以何种方式靠近卢卡契的美学，这都是一个关键时刻，因为它是一个发生了基本误读的时刻。一般情况下会认为主体—客体关系是卢卡契的一个基本概念范畴：在现代，主体和客体之间发生破裂的不同模式似乎构成了他对现代文化所做的诊断的大部分内容。因此就出现了这样的推定，卢卡契的下一个"积极"步骤必然牵扯到恢复主体与客体的"统一"，类似于祈望在存在的已经碎片化和已经被摧毁的领域之间实现某种"协调"。有这种协调含义的概念在所有不好的意义上很快被传统的智慧评判为怀旧的或乌托邦的。

但这根本不是卢卡契在动摇。他的辩证法在很大程度上比那更难以预测，这也不是要努力恢复那种机械的"综合"（它也错误地被归于黑格尔）。因为物化对分配，对主客体之间（及其内部）的所有结构性差距作出阐述之后，突然出现的并不是再统一。相反，而且非常出人意料的，是"总体性"概念，如我们将要在这里论证的，同时出现的还有审美王国中的"叙事"概念。换言之，平常对主客体之间同样平常的综合期望被戏剧性地置换了。到目前为止，这个问题不容置疑的方面——"相互关

系"和"过程"——突然间被说成是一些特征,这些特征将这
个新的解决办法改造得面目全非。

二　重新连接总体性和现实主义

重新连接总体性和现实主义或许也是要确保卢卡契思想中总
体性与叙事之间,甚至《历史与阶级意识》中的关注焦点与后
来关于现实主义的著作所关注的焦点之间某种更具体的联系。总
体性问题第一次出现在叙事建构当中可以说非常突兀:它进入我
们的视野时,我们在问自己一个问题,一个给定的行动或经验的
最终决定因素是什么?行动或经验一般被理解为小说的最基本原
材料,小说表现的人物是一个不顾一切地获取某物的行动者
(巴尔扎克),或者是各种外力和必然性的不幸的接受者(阿尔
弗雷德·德布林 [Alfred Döblin]),或者是对事物某种复杂的、
新的,但尚未命名的感受的传递者和记录者(弗吉尼亚·伍尔
夫),甚或是对某种完全没有感觉或欲望状态的一种充满困惑的
自我质问(福楼拜)。精神分析教给我们的是(自卢卡契以来)
在何种程度上,他人,尤其是家庭结构和历史**在现实中**仍然积极
地参与到这些似乎是个人的激情或抱负中来。马克思主义的意识
形态理论教给我们的是在何种程度上,全部的集体性连同它们的
意识形态价值和神秘化以我们表现这些激情和抱负的方式参与进
来。此外,马克思主义的资本主义社会理论教给我们的则是以何
种方式可能设想出一种狂热的价值或感觉到某种独一无二的情
感,这些都依赖于他人的劳动,依赖于生产的社会区分,在这些
区分当中,人的特殊的可能性是可以实现的,或者另一方面是可
以排除的。

但是从直观性的视角(黑格尔的直观性),所有的决定因
素——即现实中那些形形色色的**他人**,包括他们的行动和激

情——在小说的行动或冲突中是不在场的，或者说在空间或场景中是不在场的，在这些情况下，某种给定的情感或"情绪"（*Stimmung*）自己宣布自己的存在。为什么我们平常阅读在我们看来是现实主义小说的作品时没有注意到它们的不在场，也没有注意到对它们的表现是极为不完整的，卢卡契本人没有直接给出答案。不过，萨特在《什么是文学?》中（另一个现在已经过时的美学文本）可能会用这个问题来描述社会阶级如何提供一个能掌握**亲密度**分寸的读者群，一个随时容忍所有不言而喻的（因此也是可以被忽略的）事物和现实的读者群，一个具有恰当的意识形态理解力的读者群，只要给定的行动在我们自己的阶级视角内感觉是"完整的"而且"不需要任何进一步的解释"。

众所周知，"总体性意图（aspiration to totality）"是卢卡契在《历史与阶级意识》中提出的（358；174）①，这种意图在叙事王国中会涉及对这些习惯性限制和界限的拒绝，甚至将人的那些我们习惯上承认和理解的行动与激情陌生化。在一种带有倾向性的意义上，即为了展现一个给定事件在现实中的情景，小说家必须以某种方式克服直观性的表面局限，并且**以某种方式**暗示出全部社会力量和历史力量的积极影响与作用，没有这些力量，这个特殊事件最终是不可思议的，借此，它将**相互关系**表现为一种审美。"以某种方式"这个词语在这里标志着现实主义概念的地位，它被扩展，被"总体化"为一种理想，而且的确是一种至今尚未实现的审美形式或语言（但也是可实现的，通过林林总总难以预测的、至今还难以想象的方式）。

"以某种方式"同时也是一个地点，在这里会出现对叙事的要求。因为现有的对某种新叙事总体化的描述与对现代主义总体

---

①　德文为"eine Intention auf die Totalität der Gesellschaft"。胡塞尔的技术术语"intentionality"描述了这一概念的认知功能，它在较弱的英文词语当中是缺失的。

性的渴望本身，特别是与那些卢卡契公开谴责的东西，与那些已被时间遗忘的事物，同时也与那些其光辉在我们的时代倍加耀眼的事物，与儒勒·罗曼（Jules Romains）和多斯·帕索斯，与乔伊斯和与罗伯特·穆齐尔（Robert Musil）有着非同寻常的家族相似性，这一点将不会被忽视。总体性概念因此标志着卢卡契的现代性的极点，包括对其边界或限制的理解。它还标志着一个时刻，他的思想不想超越这个时刻，于是重新返回到似乎更加传统的相互关系概念，因为这个概念包含了对透明性的要求和**思考**这类联系的可能性。

由于“伟大的现代人”各种形式的总体化是思考总体性——尤其是城市和工业复杂的总体性——的必要条件，在某种环境中，它们已经变得无法理解，城市中不相关的终点绝对是同时存在的，完全没有目的的聚会和意外的交叉纯粹是出于偶然性，这些都暗示着更深层的相互关系，它们在建构意义上逃离了个体经验和任何个体行动者或参与者的“视角”。然而，因为抛弃了古老的总体化视角，抛弃了古老的全能小说家甚或有特权的见证人，现代人使这种张力得到加强。甚至普鲁斯特的第一人称叙事也秘密却系统地摧毁了其自身的结构。

同时，所有现代主义在形式上的先决条件，即总体性同个体的心灵主体是无法协调的，甚至更进一步，任何作为一种意识形式的总体性概念，任何全知的或某种有特权的主体地位都被宣告无效。（但是，这样一来，如何开始设想总体性这个**概念**呢？）下一个步骤是严格意义上的后结构主义理论和哲学论点与总体性的**所有**形式，首先是与卢卡契在《历史与阶级意识》中的论点之间的对照。

三 卢卡契对现代主义

现代主义的总体化作品,不管怎么说,都被卢卡契当作解决现代困境的形式途径特别加以排斥。这不仅仅是因为它们认定自己必然失败。在那种困境中,它们仅仅反映了一般资产阶级意识的各种矛盾,《历史与阶级意识》对这些矛盾进行了极为恰当的概述(特别是不断加剧的碎片化和专门化与"整体"之间的矛盾变得具有欺骗性和神秘性)。但是,这样说也意味着这种形式上的失败——亦即认识论上的失败——可以得到**解释**,即使它们不能(在资本主义社会的框架中)得到**纠正**。因此,有人觉得,对卢卡契而言,这些现代主义会再次变成各种(批判的)现实主义,只要现实主义能表现出它们作品中人物经验的局限——换言之,即现代作品中在结构上阻碍了**叙事**的东西——从这样一个视角,这些局限会成为作品本身的主题,也会成为它的问题;如在巴尔扎克的作品中,夏洛特的性冲动就成为一个探讨的主题,最后,只有求助于历史和社会才能让它们的表现在某种意义上是"完整的"。① 但是,实际发生的是,在这些文本中,叙事失败本身被具体化,成了美学思考的对象。结果是卢卡契采用了颓废修辞,我们对此可以无所顾忌地反对,只要我们明白它不仅仅是对付道德和政治审查的工具,而且它作为一种隐晦的方法预先设定了《历史与阶级意识》本身的整个系统性哲学支架。

那个更大的分析的两个特征或许可以借助现代主义经典被重新回想起来。它们提供了描述的可能性,这些可能性并非必然,也非自动地要被驱逐(excommunication)(无论如何,一个原则性的敌视有时会注意到某个对象的特征,而它的狂热分子是看不

① 见 Luckács, *Writer and Critic*, 139。

到的：有人想到，例如，伊沃·温特斯［Yvor Winters］对现代主义诗性语言结构之不合理性做出的并非毫不相干的诊断①）。"偶然"在那一意义上是卢卡契讨论资产阶级思想的局限性时的关键特征之一，在对资产阶级或现代主义叙事的分析中，资产阶级思想带着真正的分析力又回来了（我们在本文的结尾部分将返回到它的另一个可能性）。偶然可以说是资产阶级意识或资本主义存在经验的内部盲点。在机会与"危机"或"灾难"这对孪生形式中（*HCC*，276 – 280；101 – 105）②，它标志着这样一个时刻，具有社会或历史意义的事件在个体看来成了难以理解的、荒谬的，或无意义的面孔，这些个体今后只能以"事故"或几乎是"自然的"灾变和动荡之名来使他们的困惑具体化。在资产阶级科学中，这些"不合理"或不可思议本身就成了科学探索和专业化的新形式——在概率理论和统计中，例如，在危机理论或灾难理论中——这或许是极不同于卢卡契分析中第二个特征的发展，它标明了这个系统本身的盲点，以及对将总体性作为一个有意义的整体加以理解时的无能为力。

　　这就是卢卡契的**绝对性**理论（theory of Absolutes），他的整个系统可以说都被具体化和主题化为一种形而上学的或象征性的本质主义（essentialism）或基础主义（foundationalism）形式（这是当代哲学的语言）。"绝对化就是将思想固定下来，它把知识分子的失败投射到神话中，从而将现实具体地理解为一种历史进程。"（*HCC*，374；187）③ 不过，如果我们将这一诊断局限于宗教或形而上学明显的绝对性，它的全部分量便不会得到足够的重视。卢卡契的头脑中的确装着所有的哲学和体系：如生机论

---

① "The Experimental School in American Poetry", in *In Defence of Reason*, New York: Swallow Press and William Morrow, 1947, 30 – 74.

② 比较 Luckács, *Studies in European Realism*, 55 – 58。

③ 亦见 290 – 291；114，194。

(vitalism) 或 "生命哲学" (*lebensphilosophie*), "经济人" 的原则或内部攻击性的原则, 所有关于自然或人性的 "意义" 的世俗观念, 甚至在某个外部界限处, 还有存在主义本身, 其时, 它的反哲学计划本身在不为人知的情况下重新退回到一种哲学 ("荒谬" 的哲学)。当代哲学的确已经为自己设定了一个任务, 即揭开这些世俗**绝对性**的面纱, 它们栖身于各种思想之中, 这些思想已经不再饰以种种伪装, 也不再摆出各种形而上或老式宗教的姿态。当代哲学将这些思想命名为 "本质主义" 或 "基础主义", 不管怎么说, 这种做法或许承担了穿新鞋走老路的风险, 因为这样做就是将它们表现为各种哲学立场, 并且由此将社会语境排除在外, 而它们的投射功能正是在这一语境中才能为人所见。

在我们当下的语境中, 同样有意义的是类似的动力学在审美王国中的活动, 尤其是形式上的 **"绝对性"** 在艺术作品中的存在 (它与哲学的概念性毫无关系)。打个比方, 不同形式的象征性总体化就是这种情况, 它们让 (现代主义) 艺术作品表现为一个自身完整的事物, 一个客体, 它以某种方式成为其 "自身的起源" 而且是它自身意义的内在基础, 没有外部的前提或外在的参照。只是因为现代主义 "经典" 在学术上被圣典化 (canonization), 这类问题才显得不像它们从前那样有价值, 因为如果你认为某些事物存在的较深层原因及其存在的公正性是理所当然的, 你就不会对它们提出质疑。但是今天, 如果现代主义时刻本身——在圆满的后现代主义中——似乎已经消退为某种极为不同的过去, 这类作品独特的、具有历史意义的创造性便可能再一次以不同的方式引起我们的关注。在这些问题上, 卢卡契原则上对现代性进行哲学问题化 (problematization) 的做法就有了表达形式和内容。

四　总体战争

无论如何，我们目前更关心的与其说是现代主义，不如说是卢卡契的现实主义概念和总体性观念之间更深刻的不可分割性，这个论点现在使我们遇到了一种完全是当代的、后结构的，甚或是后现代的敌意，它所针对的是"总体性"或"总体化"这类标语所传达的精神（总体化是萨特的说法）。让—弗朗索瓦·利奥塔（Jean-François Lyotard）那条反其道而行的标语"让我们发动一场关于总体性的战争"①，对于探索这些立场是一个既有助益又有表现力的起点，这些立场将诸多事物汇聚一处，如精神权威（**了解**总体性的主体）、社会关系（一幅压制差异或差别的社会图画）、政治（一党政治对立于所谓新社会运动的多元主义）、意识形态或哲学（黑格尔的理想化，它压制物质、他者或自然）、美学（老式的有机艺术作品或具体的一般概念对立于当代碎片的或偶然的"作品"），还有伦理学和精神分析（旧时"居于中心地位的主体"，完整人格或自我以及完整的生活目标的理想）。在当代理论争辩的"共同语"（koiné）中，卢卡契这个名字已经可以与黑格尔和斯大林的名字相互替代了，成为一个将所有巨大的价值统一在一个单独计划中加以说明的词语。让这些具有明显差异的立场相互处在一种不加区别的同一状态本身最差就是类似于对一般被归为"总体化思想"的事物的戏仿，这样做虽然不严肃，但也没有错。

---

① Jean-François Lyotard, *The Postmodern Condition*, trans. Geoffrey Bennington and Brian Bassumi, Minneapolis: University of Minnesota Press, 1984, 82. 利奥塔的观点的复杂性无法得到充分的掌握，除非将其理解为"总体性"，在这个纲领性的口号中既标明了概念，也标明了事物本身。对于利奥塔著作的一个有启发意义的回顾，参见Perry Anderson, *The Origins of Postmodernity*, London: Verso, 1998, 24 – 36。

有人不同意这种全球立场的某些特殊层面或方面（我会有选择地在下文有所涉及）；不过，这种人不是同"时代精神"（*Zeitgeist*）"分庭抗礼"，这只是他的一般思想或感受。确切地说，他在分析——也就是说，在分析这种异质融合，这种全球性认同和批判——想要从**历史上意义上**搞清楚为什么是在今天，如此多的知识分子都有这样的感受并且完全相信这些标语和语言。这是一种发展，它尤其与马克思主义在我们这个时代的精神和政治命运连在一起。特别是它以很多方式与马克思主义在法国的命运连在一起，战后，法国就是所谓西方马克思主义的中心地带。

在法国，"解马克思化"的起源可以追溯到 1968 年 5 月法国共产党的决定，追溯到 20 世纪 60 年代早期出现的"非国会左翼"，或者追溯到 1972 年颁布的"共同纲领"，就那些知识分子而言，"解马克思化"实际上似乎已经完成了。对于那些外国人而言，法国几个世纪以来就是左派或政治知识分子的同义词，这正是他们充满怀旧意味地哀叹的对象。在文化方面，法国的"解马克思化"一直伴随着一种对距现在已经相对遥远的过去的重新记忆（rememoration），以一种"回溯模式"（*la mode rétro*）的风格重新唤起那个过去，即被占领的时刻和大屠杀的时刻，而且很有意思的是还有古拉格的时刻。这使得从一个完整的文化气候中理清各种政治立场变得很困难，后者可能是前者的结果，但同样可以很容易地成为前者的起因。不管怎么说，有人直接产生的第一个想法——对总体性的否定是对斯大林主义感到焦虑的结果，这些焦虑是剧烈的，是更具自我意识的，也是得到清楚表达的——似乎不太可信，只要回忆一下发生在其间的某些事件就可以得出这个结论，例如赫鲁晓夫、新左派、欧洲共产主义、意大利共产党的变质、市场社会主义、邓小平、戈尔巴乔夫，甚至还有所谓的西方马克思主义本身。今天法国狂热地再版最陈腐的美国冷战文学，比如詹姆斯·伯恩哈姆（James Burnham），于是引发了这样的疑问，至少，一些尖锐的反总体性立场是以所有双关语中最愚蠢的那一个为基础的，将"总体性"和"极权主义"（totalitarianism）混为一谈。我不禁要得出这样的结论，这里表现出的对斯大林主义的原则性恐惧可能常常是对社会主义本身的恐惧：因此，这种恐惧被强化了，很有意思的是，法国的解马克思化与新的法国社会主义党本身的兴起以及它随后在选举上获得的胜利发生在同一个时间里。

不过，需要提出两个或三个绝对理论性的观点。其一，用当代知识分子的全部愧疚（此时此刻，知识分子作为一个种群正在消失）来对付卢卡契的总体性概念，似乎它是黑格尔的**绝对精神**时刻，任何一个知识分子都可能花时间和精力并以个人的方式来利用它，这样做似乎是在滥用权力，或至少令人反感。知识就是力量，无疑，"理论"具有代表性和权威性：这些都是我们从理论性极高的思想家那里学得的真理，从福柯到露丝·伊利格瑞（Luce Irigaray）。但是，"总体性"在那个意义上，对卢卡契而言不是一种知识形式，而是一个不同的知识在其中被定位、被追求、被评价的框架。这很显然是我们已经引用过的"总体性意图"这个短语的含义。同时，如我们在后面将会看到的，这样一个概念和框架不是一件个人的事情，而是一种集体可能性，它预设了一个集体性计划。[①] 卢卡契把党在这一时期的作用理想化，无可否认，这可能成为其他反对意见的主题，这种理想化与批判知识分子的狂妄自大，批判黑格尔的无地方性（placelessness），批判教会阶层的权力和知识意志是非常不一样的。指责《勃鲁姆提纲》（Blum Theses）的作者渴望同一性并压制社会和阶级差异似乎也是完全不合适的。我认为《历史与阶级意识》

211

---

① 我们认为"集体计划"这一术语出自 Henri Lefebvre。关于个人与集体范畴之间的区别，见 *HCC*, 348 - 349, 以及 165, 171, 193。

中的"工人主义"是非常不同的东西，我会在适当的地方对它进行讨论。至多，有人会反对说，卢卡契没有给知识分子的政治社会学留出空间。称他为政界要员是十分合理的，只要不忘了加上特别是在伟大的现代思想家和知识分子中间，他选择在社会主义制度下度过他生命的最后四十年而且分担了社会主义建设的问题和困境。

对总体性概念的强烈否定也通过这样一个观点得到说明，即将总体性作为一种焦虑，而不是作为一种连贯的哲学立场来分析，这样更有趣。在其他事物中间，在极端的社会划分意义上①，或者换言之，在"多元主义"的意义上，后现代时刻也被理解为一个资本主义意识到其自身并将其自身理论化的时刻，多元主义不像老式的自由主义那样仅仅具有理想性，它还具有建构性。对于这最后一项而言，多元主义是一种价值，它通过诸如宽容和民主（在承认多个群体利益的社会学意义上）之类必要的道义表达其自身。不过，在晚期资本主义中，正是社会关系的复杂性，正是难以想象的原子化和碎片化社会成分共同存在这个无法回避的事实本身的意义被赞颂为一个完整的新的社会秩序在快乐和力比多投入上获得的意外收获。（例如，想一下美国的加利福尼亚和曼哈顿的奇幻形象对欧洲人的吸引力。）

多元主义因此现在变得类似于某个存在性范畴，是一个有关我们当前日常生活的描述性特征，而不是一个要在日常生活中获得实现的伦理必要性。目前对多元主义的赞颂具有意识形态意义的是这个标语包含并非法融合了社会复杂性中截然不同的区域。有晚期资本主义或集体制度的纵向区域，也有不断增加的多种社会群体的横向区域。对多元主义的赞颂在第二个区域的伪装下忽略了第一个区域，第二个区域将自己装扮成欢乐的、乌托邦的

---

①　我们认为 Niklas Luhmann 对这一过程的理论化是最完备的。

"异质性"街道。但是，五花八门的复杂制度也是一种标准化形式（具体化**系统**的悖论，卢卡契最先描述了它的早期阶段）。同时，对 20 世纪 60 年代出现的各种"新社会运动"的赞颂也模糊了这些运动日益加剧的集体化和制度化。早期那些孤单的浪漫主义反叛者和不合作者已经全部被改造成为团体和运动，每一个都有自己特殊的微观政治（micropolitics）。这种改造标志着先前那些边缘的或受压制的个体获得了一种重要的（如果不是暂时的话）政治权利，不过，他们也由此丧失了个体对抗和反叛的古老修辞所具有的力量和同情。

但也正是通过这种新的制度化，例如，通过一场文化的新伦理运动，在这场运动中，老团体现在以影像的方式生产他们的"传统"，"多元主义"的意识形态素才能够有所作为。它不为人察觉地从这些新的团体结构（group structures）转换到非常不同的公司结构（structures of corporate），它现在可以挪用这些对差异和异质性的赞扬来称赞消费品、自由企业，以及市场本身，市场才是永久的奇迹和刺激。

但是，为什么这一切现在会发生？官方的反乌托邦（dystopian）想象——在小说和电影中——已经放弃了 1984 的噩梦范式（指乔治·奥威尔以苏联的专制独裁为抨击对象的小说《1984》——译者），不再表现斯大林的镇压性政治，转而采用新的"近—未来（near-future）"的噩梦来表现污染和人口过剩，表现某种超大规模的共同控制，表现文明分解为《公路战警》（*Road Warrior*）系列中的种种"动荡时代"，为什么是在这个时候已经过时的 1984 幻想重新回到政治意识形态的王国中？它是总体性和总体化哲学最后的拥护者所造成的对压制**差异**的恐怖。在政治策略和方法层面上，"总体化"意味着没有什么事物比结盟政治和人民解放阵线以及霸权团体的各种化身和变体，也包括那些复杂微妙的计划所遭遇的困境和失败，更令人生畏了。在历史上，没有任何付诸实践的马克思主义政治曾设想过工业劳动阶级在先进的社会中不过是一个少数，尽管是非常重要的少数，他们与社会秩序的神经中心有着重要的"特殊关系"。

但是，在这一点上，关于"总体性"概念的哲学问题无疑需要分解为对特殊的历史环境和局面的分析（或"在这个分析中实现其自身"），它们的矛盾并非合乎逻辑地隐含了这一概念中的瑕疵或致命点。从政治行为和潮流的"症状"中得出哲学性结论的确是斯大林主义的"意识形态分析"独有的恶习。在这里，不正确的不是某个范畴错误，因为马克思主义的全部力量在于确认这些领域之间的终极联系，而是（黑格尔的）直观性在解释模式中缺乏中介，它导致了这种总结性判断。当然，《历史与阶级意识》（在后来成为所谓西方马克思主义的传统中）是 213 最早提出需要一种新的、更加复杂的意识形态中介理论的著作之一。

但是，对于"总体性"政治，常常会提出一个关键性问题，在我看来，它不是一个专门的政治问题，即使它倾向于即刻唤醒在政治结盟和人民解放阵线中一部分人统治另一部分人的各种实践公理。这当然是一个关于"优先权"的问题，特别是工业劳动阶级的优先权：事实上，这是《历史与阶级意识》的中心论点，也是最广为人知的支持卢卡契的"工人主义"的证据。

五 卢卡契独具一格的认识论

这个文本所要论证的主要是，在先进社会中，某个特殊社会群体或阶级拥有**认识论上**的优先权。因此，无论是哪个群体或阶级在这一论证中得到支持并"获得特权"，这种论证形式本身都是非同寻常的，它要求对其自身给予关注，因为在它的基本结构中，它试图将某个真理主张同某个特殊集体的社会结构和现象学经验联系起来。认识论因此以一种令人反感的方式同社会现象学连接起来，在某些人看来，这是一种"范畴错误"，对他们而言，这些层面对应于截然不同的学科及其有严格区别的方法论。因为这种区分——即认识论、经济学、社会学是三个自主的研究领域——相当于卢卡契先前对资产阶级思想中的物化所作出的诊断，他在此处的基本论点——以及反对这种表现为概念对手或不友好读者的专业化辩论——本身就是一种"理论与实践的统一"并且在文本中通过有关他的立场的概念性内容得到了生动的诠释。

但是，这种逆向阐述优先权问题的方式绝对不会产生误导。例如，如果在结盟政治中力量的实际平衡不是随时可能被破坏，这个假设很诱人，那么这场争论在某种意义上就是"形而上"的，亦即关于终极依据或基础的争论，或是关于马克思主义者众所周知地称之为最终决定因素的争论。只要有人将卢卡契劳动阶级的名号换成分类这个抽象概念，亦即社会阶级，这场形而上的争论立刻就会进入我们的视线。在这一点上，有人得出结论，卢卡契认为，阶级概念相对于其敌对概念或最终决定因素具有解释上的优先权——大多数情况下，在当代环境中，一方面是根据民族或性别或某个相关的社会概念来决定，另一方面是根据语言或某个相关的"区域"概念决定的。可以想象，争论因此变成了两个阵线的斗争。一方面，"马克思主义"（以卢卡契为代表）发动了一场反对女性主义和民族性或种族性理论家的斗争（甚或在一般情况下反对优先考虑"新社会运动"或"边缘性"）。另一方面，在最宽泛的意义上，它对各种语言学"结构主义"的哲学威胁也作出反应（翁贝托·艾柯［Umberto Eco］为符号所做的辩护①，举个例子，或者哈贝马斯的交流模式）。不过，

①　参见，例如，*A Theory of Semiotics*，Bloomington：Indiana University Press，1976。

这仍然是从诸多形而上学的**绝对性**角度改造卢卡契的论点,是一种无聊的辩论形式,各方都是将其自身的"绝对前提"重述一遍,依然是辩论人性本善还是本恶的老一套(不过,仍然没有被我们抛弃)。

更重要的是,在"物化与无产阶级意识"时刻,这种重提这个必须作出决断的基本问题的方式不仅省略了它最原初的特征,也省略了整个争论得以开始的重要"招数"或"步骤":即坚持,不是坚持诸如阶级和生产这样的抽象概念,而是坚持群体经验。这一省略勾勒出了卢卡契的支持者以及反对者的特征,今天,有人会觉得,卢卡契思想最真实的延续不是在马克思主义者中间,而是在某种女性主义那里,《历史与阶级意识》中独一无二的概念性手段是在女性主义那里被挪用来支持一个完整的计划,那个概念性手段现在被重新命名为(沿用卢卡契本人的用法)立场理论(standpoint theory)。①

这些开拓性文本使得我们能够以新的方式回到卢卡契的论证,它为不同的群体或集体经验在认识论优先权方面的争论打开了一个新的空间(在这里,最先涉及的是相对于工业劳动阶级经验的妇女经验)。因为立场理论的论点现在使得一种原则性很强的相对主义成为可能,据此,不同群体的认识论主张都能得到检验(并得到尊重),因为它们当中含有"真理内容"(阿多诺的"真实内涵"[*wahrheitsgehalt*])或因为它们中有各自的"真理时刻"(用了当代另外一个方便的德语表达)。由于它在社会秩序中的结构环境,也由于这种环境独有的压制和剥削形式,因此前提是每一个群体都以一种现象学意义上的特殊方式在这个世

---

①　见 Nancy Hartsock, *Money, Sex, and Power*, New York: Longman, 1983; Sandra Harding, *The Science Question in Feminism*, Ithaca: Cornall University Press, 1986; 以及 Alison M. Jagger, *Feminist Politics and Human Nature*, Totowa, NJ: Rowman and Allanheld, 1983。

215　界上生活，这使得那个群体明白，或说得更清楚一点，那个群体必须明白和知道，这个世界的特征依然是模糊的、看不见的，或者对其他群体而言仅仅是偶然的和次要的。

顺便说一句，这样描述这场争论有一个附带的好处，它影响了卢卡契所有次一级条件中最著名的那个条件，即真实经验与工人阶级思维以及他们"被赐予的意识"（zugerechnetes Bewusstsein）之间有明显差别。① 这个差别似乎是在最后一分钟才表现出来。它打开了一个楔子，由此，卢卡契的所有对手（极左和极右两边的）瞥见了**党**内穿着羊皮的狼或者**知识分子**，这只狼现在很方便地取代了一个社会学意义上的劳动阶级，劳动阶级也需要这样一个实体来弄清楚自己"究竟"想的是什么。但这个条件应该与卢卡契另外一个关键的条件并置（有人会以为，它也是所有形式的马克思主义的必要条件），即这里讨论的"主体"不是如在资产阶级认识论中那样，是**个体的**主体，而是"废除被隔绝的个体"的结果（*HCC*，356；171）：

> 资产阶级总是用一种双重形式来认识历史进程和社会现实中的主体和客体：在他的意识这一意义上，面对社会强加的、无法抗拒的客观必然性，单独的个体只是一个在感觉的主体，这个社会只有很小的碎片可以被理解。但是，在现实中，恰恰要发现这一进程中处于客体一方的个体意识活动，而主体（阶级）不可能被唤醒进入意识状态，而且这种活

---

① 这一术语在我们这里参考的主要文章"Reification and the Consciousness of the Proletariat"中没有用到，而是出现在题目为"Class Consciousness"的文章中，见 *HCC*，223 - 224；51。原句如下："Class consciousness consists in fact of the appropriate and relational reactions 'imputed' to a particular typical position in the process of production." "合理的"一词具体地说动用了韦伯的合理化理论，这一点在英语语言的语境中可能不是特别明显，但很显然它使得卢卡契的思想更靠近韦伯的"理想类型"理论。

动必须始终高于那个——明显的——主体，即个体的意识。
（*HCC*，350；165）

处于中心位置的主体所面对的诱惑，因此——包括科学真理可能在某种意义上是个体意识（拉康的 "假定知道的主体" [*sujet suppose savoir*]）的经验和精神特性这个视力幻觉——是社会碎片化和单子化（monadization）中的某个严格意义上的资产阶级经验投射出来的海市蜃楼（不过是 "客观的"）。

但是，个体意识的单子性概念的对立面不是某种可疑的、神秘的或神秘化的**集体**意识概念。实际上，我认为那个常常被看作是《历史与阶级意识》之高潮的刺激性标语——无产阶级是 "历史同一的主体—客体"（*HCC*，385；197）——确切地说，卢卡契在这个文本中不时与从费希特到黑格尔的德国理想主义的中心母题纠结在一起，这个标语就是这些纠结的一个局部的主题性高潮。这个流行一时的短语标志着对那些特殊传统矛盾的 "解决"，用的是它们自己的语言和代码，已经不再是我们自己的语言和代码。在我们自己的语言学和学术氛围中，更愿意将 "立场" 的透视性（perspectival）及其以主体为导向的形象重新翻译为在社会总体性中确定一个给定阶级或阶级阶层的地位这个结构性概念。

在那一点上，很明显，"无产阶级意识" 在认识论上的 "优先权" 作为一种阶级或集体现象与一种新思维的 "可能性条件" 有关，这种新思维是无产阶级立场所固有的。它不是一个个体工人的科学才智问题（尽管萨特非常恰当地强调用机器工作的人与其对立面，例如，农民或店员在思想模式上有质的差别），更不是某种集体的无产阶级 "世界观" 的神秘特性。可能性条件这个概念有一个优点，它不是强调科学思想的内容，而是强调它的前提，强调它在准备阶段的要求，没有这些，它不可能很好地

216

发展起来。这个概念包含了对阻碍和限制知识的事物的诊断（物化是压制理解总体性的能力），也列举了正面的新特征（过程意义上的思考能力）。①

当代女性主义的立场理论能够恢复卢卡契这个论点的基本路线（常常被"忠实的"以及充满敌意的评注者抹杀或歪曲）并且使它再次显现出来，因为它认为西方科学和科学知识本身这两个难题是最重要的。有两个原因导致卢卡契的作品很少被放在这样一个语境中来考察：第一，他本人的反科学和维科式偏见被所谓西方马克思主义这个整体②所继承；第二，过去，科学史和科学哲学的发展从来都不利于提出这类问题，因为它们处于这个亚学科非常活跃的后孔恩（post-Kuhnian）时刻，此时，李森科（Lysenko）的成见已经被科学事实和科学知识是人类的建构和实践这一新的思辨精神所代替。③ 但是，恰恰只有在那个极为不同的框架中——科学是建构和发明，而不是发现，也不是消极地思考外部法则——卢卡契的这类问题才有可能成为各种科学实践的阶级前提，才是有意义的，甚至是紧迫的。

同时，女性主义者对卢卡契的挪用也对不同社会群体的认识潜能进行了一次卓有成效的对比探索，它在精神上极不同于关于最终决定因素的空洞无物的形而上争论，后者已经有所提及。这也是"真理时刻"概念在一个相互竞争的群体经验中变得至关重要的时刻，因为这不是从外部依照事实将抽象评价应用于新的

① 这些正是卢卡契对于"Reification and the Consciousness of the Proletariat"第一部分中的物化以及第二部分他的哲学描述所做的社会经济说明的最重要特征。

② 见 Perry Anderson, *Considerations on Western Marxism*, London：New Left Books, 1976, 56; 关于认识论的取向, 52-53。维科的"真理即成事"从自然史可能的人类知识的对象这一方面将历史切分开来。

③ 见，例如，Burno Latour 具有开创性的著作 *Science in Action*, Cambridge, MA: Harvard University Press, 1987; 以及 Steve Woolgar, *Laboratory Life*, Princeton: Princeton University Press, 1986。

认识论和社会学描述,相反地,抽象评价是这类描述中固有的和内在的。例如,卢卡契本人首先从在过程中历史地理解世界这个新生能力的角度来描述工业劳动阶级的现象学经验,工业劳动阶级认为,这个经验的获得是由于自己的特殊处境,即在资本主义生产体系当中,工业劳动阶级是最终的,不过是非常独特的商品。因此,该阶级在这一陈述中的结构性终点就是自己的雇佣劳动经验,或者换言之,是劳动力的商品化,一种**否定**限制和暴力辩证地产生了一个新的、意想不到的**积极**内容,即它的经验就是"商品的自我意识"(*HCC*,352;168)。① 在他 1967 年为该书写的序言中——一个成熟的自我批判,这个序言不能再被看作是他先前放弃原来的信仰时那种伽利略式的含糊其词——卢卡契从劳动与实践②(是否当代生产和机构中的转变,是否晚期资本主义中的新动力学和网络改变或丰富了这种描述上的选择权尚未见分晓)的角度提出,要重新阐述工业劳动阶级的这种认识论"例外性"(exceptionality)。同时,其他形式的马克思主义已经在更进一步的、鲜明的范畴中将劳动阶级经验的独特性主题化了,例如合作或集体行动的特别经验。

不过,如果有人想要追问卢卡契模式的结果,有一点似乎很清楚,那就是必须阅读或重写《历史与阶级意识》,要包括对资产阶级本身特殊的认识论能力的描述,资产阶级是现有"西方科学"的发起者。在这一点上,恰恰是社会和现象学经验的物化动力学促成了"实证"研究非同寻常的学科性和专业化发展的关键时刻。那些发展成为一个漫长而且无比具有生产性的时期,这个时期现在似乎已经到了它的结构边缘,条件是相信当代

218

----

① 这一理论的形式(通常用示意图标示为"激进的锁链"理论)很显然出自马克思本人:见"Critique of Hegel's Philosophy of Right:Introduction",in *Early Writings*,London:Penguin,1975,特别是第 256 页。

② 见英文版 *HCC*,xvii – xviii。

西方的"理性批判"、自然科学的动力学批判、各学科历史性和结构性终结批判具有无与伦比的力量。

女性主义的立场理论催生了那些批判中最尖锐的部分，它现在将父权制社会秩序中女人特有的现象学经验展现为对否定约束的结构性屈从，这种约束不同于对劳动阶级的约束，但一样是"例外的"。这一经验产生了新的、积极的认识论可能性，它们在主题上与马克思主义传统所列举的可能性截然不同。这里的重点——它们的关系根据这一描述有所不同，在目前这个新理论中得到了全面的阐述——包括一种身体的经验，它与男人的经验非常不同，甚或与男性工人的经验极为不同（即使假设这是所有身体经验的更深层真理，它在一般情况下同男人的意识也是隔开的）。它们还包括一种非物化（non-reified）意识的能力，通常其特点被否定性地描述为感觉或"直觉"的戏仿化特性，但是它本身"越过了"劳动的精神分工这个特定的历史阶段，男人在历史上必须服从这一分工。最后，女性主义的立场理论强调一种集体的经验，它不同于工人积极的集体实践，它已经在社团和合作中得到建设性的体验，而对于工人阶级运动而言，这仍然是将来的事。①

黑人经验在某些事物中有"优先权"，例如在对这两个截然不同的关键时刻（属于工人的和属于女人的）的合并中，但这是一次在性质上不同于两者任何一方的合并，不仅包含了一种比商品形式更深刻的物化经验，而且通过帝国主义对后来成为第三世界的国家的掠夺包含了与早期资本主义积累阶段的历史联系。

---

① 尤见 Hartsock, *Money*, *Sex*, *and Power*, 231 – 261; Harding, *The Science Question in Feminism*, 141 – 162; 以及 Jagger, *Feminist Politics and Human Nature*, 369 – 385. 关于女人的"立场"与科学发现之间关系的特例已经成了分子生物学家 Barbara McClintock 的成就。见 Evelyn Fox Keller 的传记, *A Feeling for the Organism*, San Francisco: W. H. Freeman and Co. , 1983; 以及她的文集 *Reflections on Gender and Science*, New Haven: Yale University Press, 1984, 尤其是第三部分, 第八、九节, 150 – 177。

这些独特的认识论优先权无疑都是从 20 世纪 60 年代的黑人理论 ²¹⁹
及黑人权力运动中提出的，它们的理论基础一方面是 W. E. B.
杜波伊斯（W. E. B. Du Bois）的"双重意识"（dual conscious-
ness），另一方面，是弗朗茨·法农（Frantz Fanon）对黑格尔关
于**主人奴隶**争取相互认同的斗争的重写。①

同时，特别是由于乔治·斯坦纳（George Steiner）常常抱
怨，在马克思主义和辩证文学的传统中，犹太人受到的压制尤其
强烈——如果不是从马克思本人开始，至少是从卢卡契一直到阿
多诺都是如此——对这一特殊社会环境及认识论环境讲几句话似
乎也是合适的。事实上，作为知识分子，我们常常禁不住要强
调，犹太教法典的传统与它同神圣文本和错综复杂的现代辩证阅
读及写作的注释性关系之间有着明显的相似之处。但是，这些相
似之处以一种仍然晦涩模糊的文化传播为先决条件，这种文化传
播在被同化了的城市犹太人中事实上是一个基本的问题意识，这
些犹太人对于传统的兴趣（有人会想到沃尔特·本雅明）纯粹
是知识性的，是后期成年人生活的一次发展。中欧犹太人处境的
关键时刻在我看来与此有着很大的区别，而且不可能被阿多诺著
作的读者，尤其是《启蒙辩证法》（*Dialectic of Enlightenment*）
的读者所忽视。它首先不是强调形式和审美方面的痛苦和磨难，
不是强调不一致和否定，这些在阿多诺那里比比皆是；它是一种
更加初级的经验，即集体性**恐惧**的经验和脆弱性经验——对阿多
诺和霍克海默而言，则是关于人类历史本身，关于"启蒙辩证
法"，关于科学对自然和自我的统治等方面的基本事实，它构成
了西方文明的恐怖机器。可是，这一恐怖经验，就其全部的极端

---

① W. E. B. Du Bois, *The Souls of Black Folk* (Oxford: Oxford University Press,
2007), and Frantz Fanon, *The Wretched of the Earth*, trans. Constance Farrington, (New
York: Grove Press, 1963). 类似的思考，亦见 Harding, *The Science Question in Femi-
nism*, 163 – 186。

性（radicality）而言，越过阶级和性别而直接触及与世隔绝地待在城镇的住宅里或柏林奢华的公寓中的资产阶级，它无疑就是犹太居住区生活本身的关键时刻，因为犹太人和诸多其他种族的人一直不得不这样生活：私刑或大屠杀或种族骚乱等永远迫在眉睫却又无法预料，乡村地区对此只能是茫然无助。其他群体的恐惧经验带有偶然性，而非建构性：立场分析特别要求在各种不同的否定性强制经验之间，在对工人的**剥削**和对女人的**压迫**之间进行区分，这种压迫一直延伸到排斥和异化具有鲜明特征的结构形式，而排斥和异化正是其他类型的群体经验的特征。

220

在这一点上，必须要补充的是，任何文化传统概念和传播概念都必须从种族群体这种普遍的恐惧开始，它说明何以文化凝聚力和同一性是对危险与威胁之类更原始情境的一种象征性反应。只有与群体经验的关键时刻达成认同之后，这类分析才算最终完成——群体经验本身既是否定的，也是肯定的，它是压迫性限制转变成为应对新经验的能力，一种理解世界和历史的特征和范围的能力，其他的社会行动者是看不到这些的——因为某种认识论表达将这类经验转换成有关思想和认识的新的可能性，于是这个关键时刻被延长了。这类新的可能性也可以与科学的和认识论的可能性一道，从审美和形式方面来进行思考，这一点现在必须重新激发并大力强调，因为正是在"现实主义"的形式可能性与立场知识之间的相互关系这一意义上，我们论证了卢卡契的《历史与阶级意识》与后来对现实主义小说的理论化之间有着更深刻的连续性。

从女性主义计划中，从它所激发的反思中产生了一个"未完成的计划"：即区分所有那些我试图在中立的立场上描绘成"约束"的各种情况，它们常常整个地被归入到一些直接命中要害的概念名下，政治概念，如"支配"或"权力"；经济概念，如"剥削"；社会概念，如"压迫"；哲学概念，如"异化"。

这些物化的概念和术语本身就是有意义的起点,它们使卢卡契再次复活,我在上文中已经将它描述为一种本质上属于与形而上学的论战,它关乎政治,比如说(为"支配"的首要性进行辩护),与经济("剥削"概念的反首要性[counter-primacy])哪个占有优先权的问题。

将这一概念重新消解为它产生的具体处境似乎更有效力:编制一份关于各种"强制"结构的细目,形形色色边缘的、被压迫的、被统治的群体在这个结构中生活——所谓的"新社会运动"与工人阶级完全一样——区别就在于每一种形式的困顿都被认为是产生了它自己特殊的"认识论",它自己独有的出自底层的视域,以及它自己专门的、独一无二的真理主张。这是一项听起来可能很像"相对主义"或"多元主义"的计划,但是,要忽略从多个"立场"所做的理论化中那个不在场的共同客体的身份——你因此应该无权称之为"晚期资本主义"的东西(但可以把它作为自相矛盾的捷径)。

221

六 现时的卢卡契

至于《历史与阶级意识》中的"工人主义",我已经试图说明它不是一个终点,不是一个"解决办法"或者关于群体意识与实践这类问题的最终立场,而是有待展开的工作的开端,是一项任务或计划,它与古代历史无涉,而是关乎我们自己在当下的任务和计划。在他的声明快要结束的时候,在20世纪60年代后期的一次访谈中,卢卡契对从现在看已经成为过去的那个时代的乌托邦浪漫主义说了这样一段话:

今天,在激发主观因素的过程中,我们不能再造并延续20世纪20年代,相反,我们不得不以一个新开端为基础,利用我们从早期工人运动和从马克思主义获取的全部经验继续走下去。不过，我们必须清楚，这个问题将以一种不同的方式开始；打个比方，我们现在不是处在 20 世纪 20 年代，在某种特定的意义上是处在 19 世纪初，当时，工人运动在法国革命之后开始缓慢地形成。我相信这个思想对理论家而言是非常重要的，因为如果对某些真理的主张只收到微弱的呼应，沮丧便会迅速地乘虚而入。不要忘了，圣西门和傅立叶所讲的某些问题当时收到的反响异乎寻常地微弱，只有在 19 世纪 30 和 40 年代，工人运动才秘密地复活。①

换言之，《共产党宣言》，更不用说列宁和苏联革命，在时间上并非我们身后某个地方的事；它们尚未形成。在某种新的意义上，要求我们通过历史性时间缓慢而复杂的抵抗力来实现它们。我本打算在论及卢卡契本人时谈论某些类似的事情。《历史与阶级意识》是这样一部著作，它惊人的哲学推演对几代革命知识分子产生了无可比拟的影响。在这种意义上，无疑，它活跃于过去，在那些特殊的已经死亡的事物中重新唤醒它们是历史学家如米什莱（Michelet）或本雅明的使命，它是一个具有永久吸引力的历史思考对象。不过，我认为这样考虑会更好，像《宣言》一样，它尚未被写出来，在历史时间这个意义上它仍然在我们前面。作为政治知识分子，我们的任务是为它能够得以实现的环境打好基础，它具有德国杂志《新奇》（*Novum*）那样爆炸般的新鲜感，仿佛第一次，它能够，再次地，同时成为真实和222　现实。

---

① Hans Heinz Holz, Leo Kofler, and Wolfgang Abendroth, *Conversations with Lukács*, Cambridge, MA: MIT Press, 1975, 62.

第七章

萨特的《批判》,第一卷:引言

　　萨特的《批判》之所以未曾引起应有的注意有很多原因,而它不是一本完成的著作只是其中最微不足道的一个(尤其是考虑到除了戏剧,他从来没有真正完成过任何东西)。一方面,它于 20 世纪 60 年代早期问世,当时,存在主义在学术界的霸权地位——事实上在战后的年代里普遍如此——正在为那种被称为结构主义的新的学术热情让路。克洛德·列维-施特劳斯(Claude Lévi-Strauss)对萨特的法国革命"神话"迅速发起攻击(无疑,是因为萨特在各种讲演中重新吸收了结构主义才引发了施特劳斯的攻击,《批判》便是在这些演讲中首次亮相),它提前二十年预测了弗朗索瓦·傅勒(François Furet)在法国革命这个话题上的观点没有反对共产主义的成分。(萨特认为"结构"是实践的客体化,是它的骨架的痕迹,这一观点将会在皮埃尔·布迪厄[Pierre Bourdieu] 1972 年的著作《一种关于实践的理论》[Esquisse d'une théorie de la pratique] 中被复活而且得到强有力的论证,这本书本身反过来也在多种意义上标志着结构主义时期的终结。)但是,列维-施特劳斯在 20 世纪 60 年代早期的权威地位足以使总体上对现象学立场的反动和放弃变得合情合理:但是,那一切仍然在很大程度上促使《批判》坚持认为个体与群体经验之间必然存在一种连续性。

同时，既然结构主义已经尾随存在主义进入到学术历史当中，正是《批判》那众所周知的艰涩风格为何以所有那些应该与它有着最直接关系的人——他们包括对拉克劳—莫菲（Laclau-Mouffe）的行动动力学感兴趣的政治哲学家、社会学家、军事家，他们也对萨特哲学中任何没有被大洪水（贝尔纳—亨利·雷威［Bernard-Henri Lévy］那本充满激情的新书提出可能有整个一代的皈依者随时准备着大洪水的到来）毁灭的东西感兴趣——却同它保持着安全的距离提供了更加重要的原因。

这一基本的语言学困难强化了一个看法，即哲学家不一定思考应该留给专业人士的社会学问题。社会科学的专业化由此加强了经验主义和反理论的偏见，萨特激进的政治立场，尤其是他高调坚持马克思主义（而且是坚持 20 世纪 60 年代早期的"正统马克思主义"！）使这类偏见处于警惕的状态。他怎么可能写作关于法国革命的东西？因为他绝对不是历史学家，他只是使用了二手材料！他怎么可能写作关于法国联盟（French unions）和工团主义（anarcho-syndicalism）的历史？因为他绝对不是劳工史学家！他怎么可能写作法国马尔萨斯主义和只在法国出现的经济发展？因为他绝对不是经济史学家！至于中国的森林采伐和西班牙新世界的黄金白银——很显然，哲学家根本不是谈论这类话题的专家。或许，因为他是一名"文化工作者"，他可能至多在谈论法国的"特性"和资产阶级的行为方式（他的另一个后来被布迪厄追随的主题，这一方面更为人所熟悉）方面有权威性，事实也正是如此。所以，从康德到德勒兹都认为哲学家的工作就是窥视科学家和专家的思维，看他们如何运用抽象范畴——我们已经不再这样看待哲学家的职责了。

换言之，我们需要把历史哲学化吗？实际上，在唯名论的时代，"历史哲学"（众所周知被让—弗朗索瓦·利奥塔［Jean-Francois Lyotard］重新授以"宏大叙事"之名）遭到普遍的怀疑,即使其中最坚执的历史哲学——现代化史话——继续紧抓住东方和西方之类的政治思维不放。资本主义本身活在一个永恒的当下;人类的过去似乎就是在毫无意义地积累着不成功的人类努力和没有实现的目的;然而,技术的未来刺激着盲目的、不可动摇的信念。萨特在这里主动要将这一信念在反终极性(counter-finality)和实践惰性(practico-inert)的范畴内重新组织成为至少可以被看作是否定的意义;如我们将要看到的,一项将某个特定的哲学意义恢复为历史事件的计划,同时它也承担着投射出某种新的循环性"历史前景"的风险。

至于有人抱怨这一文本毋庸置疑的艰涩和偶尔出现的不可读性,以及它完全缺乏构成萨特其他散漫式写作的火药味,这只是暴露出对这一哲学散文内在动力学的误解。它旨在研究分析理性和辩证理性这两种思维的地位。但是,与萨特的哲学极为不同的是,它没有将发明新的哲学概念(尽管确实有新术语和概念从其中产生)作为它的主要功能。相反地,它是一次将已经存在的哲学语言或代码与一系列个体的或集体的经验相匹配的操练。《批判》因此在这一立场上会被看作是一次朴实无华的、形式方面的练习,不像后期的巴赫那样有很多工具性的渲染;而且它重新邀请我们判断,比如说,用否定之否定(或主体与客体、被动与积极、多元性与统一、超验与固有、外部性与内部性)的术语来对这个或那个历史内容进行重写是否是成功的,即是否这种新的生成自身便具有新的和提高了的可理解性。这可能是个恼人的过程,特别是当萨特不断地尝试将这类匹配的不同版本甄别出来的时候。但是,读者的兴趣会被完全调动起来,只要这种新奇独特的语言学运作是焦点的中心。这个难题可以被改述为对恩格斯的辩证法范畴是否有效进行了一次检验(因为不是马克本人在《反杜林论》中最先提出这些范畴)从而获得启迪——也就是说,对历史,绝不是当代 21 世纪的历史(到 1960

年）——进行重写。这意味着萨特在这里主动使用了一种预先存在的异质语言：恩格斯的辩证法三法则——量变到质变（反之亦然）；关于对立的解释；否定之否定。他现在试图要在一种哲学的强度和抽象性这个层面上重写历史哲学的这些难题，它非常不同于在斯大林的辩证唯物主义中可以找到的有关这一哲学的正宗马克思主义版本——一种此刻依然十分活跃的"哲学"，萨特正是据此在书写并试图找出他自己同现有的共产主义党派以及其他革命传统在实践与理论方面的关系。因此，在这个似乎是形式性的操练中，有很多问题都必须作出决断；所以，在我们冒险对必然产生的内容，更不用说整个计划的成功作出判断之前，我要通过形式及形式难题推荐一个初步的解决办法。然而，为了首先明白这项工作，就像对待大部分新生哲学一样，读者在这里需要了解是什么最终发展成为一种新的语言，就像萨特通过他的匹配和重写计划建构而成的语言，一种他不仅设计出来而且还教会自己偶尔用令人发狂的流利度说话的语言。《批判》因此是一次"语言实验"，需要在此让读者确信，只要稍加练习，它的节奏问题就会迎刃而解。

如果明白萨特早期的存在主义体系（体现在《存在与虚无》中）和这项新计划之间存在连续性，这一方法便会得到进一步的加强，很多人错误地以为这一新计划标志着与存在主义的决裂，也标志着向马克思主义的一次哲学和政治转向——其含义是萨特将要对他从前的概念和术语进行一次彻底的替换。不过，支持这一完全不同的匹配练习的论据有赖于在两个时刻之间建立一种基本的连续性，类似于佩里·安德森言简意赅地提出的一个"导管，它从《存在与虚无》的诸多概念导向《辩证理性批判》的那些概念，由'确凿性'概念导向'稀缺性'概念，由'非真实性'导向'连续集体'（seriality），由'自为自在'的不稳定性导向'融合群体'（fused group）的不稳定性"。但是，这个重写过程远不是对旧体系的静态翻译，在这个过程中，存在主义阶段阴郁凄凉的悲观主义被辩证体系中那个充满竞争与暴力的凶猛世界所取代。我想进一步提出，对《批判》的修正可能找到解决某种困境的真实的哲学办法，这一困境就是"与他者"的具体关系，它在《存在与虚无》中尚无定论：我们在下文还会回到这个问题上来。

不论怎样，似乎最好还是略过该文本开端的方法论思考（甚至略过结构和令人沮丧的视角问题，第一章正是据此视角将哲学要素——连续集体、融合状态的群体［group-in-fusion］等——它们在第二章得到具体的运用——置于合适的位置）并且注意几个基本的预设。因此，如果我们继续进行上文简单提到的翻译操作，我们就不得不说，这里所谓的**实践**或多或少就是《存在与虚无》中所谓的计划（project）：这种新语言预示着原来那个概念的延伸而非被取代，因为现在要论证的是自由选择出来的计划不仅描绘了个体行动，也描绘了集体行动；或者说得更好些，理解集体行动与理解个体（存在主义的）行动在本质上没有区别。在这里，换言之，我们发现了与上文提到过的同样的存在主义和现象学偏见，但它现在带着《批判》的基本困惑出现在我们面前，即对集体或历史事件的理解是否与对个体事件的理解一样是透明的。这一点绝非显而易见，而萨特很明显承担了一个艰巨的任务，仅仅是术语上的改变不可能让它变得更容易。

似乎所有这一切还不够，《批判》第一卷的重要地位还引起了某些其他的并发症。因为它实际上是为后面做准备的一卷，而且从未触及可能成为这项哲学计划关注焦点的东西，即历史的意义。这一卷展开的东西（唯一完成的东西）仅仅是基本的社会学，甚至是形而上学的概念，是不会动的工具，我们需要这些工具让"历史"运动起来。将计划要做的工作分成两种一般类型的话语——方法论话语和基本概念，以及关于历史假定存在统

一、方向和意义的更加妥帖的哲学论证——似乎是一个非常不辩证的划分：黑格尔和马克思两人对基本概念的"表现"（Darstellung）本身就是一次绝对辩证的阐释（在黑格尔的《逻辑学》，甚至在整部《百科全书》中），在马克思那里，则是了解资本的第一个，也是最简单的方法（第一卷），在第二、第三卷（同时还有处于计划中但未写出的部分）那些远为复杂的螺旋上升中再次得到辩证的发展，它们回溯了早期简单的或"基本的"步骤留下的更加具体的轨迹（很多种资本，作为一个整体的资本）。萨特那里没有任何这类东西，他的辩护应该是采取了下述形式：马克思主义和传统现在已经存在，所以问题不是论述那些全新的概念，而是批判地、辩证地对它们进行重新审查，恢复它们的辩证精神，这种精神在形形色色的正统派手里早已经蒸发了。这是一项可能不得不开展的任务，在霍布斯那里，或多或少是以一种分析的方式进行的。

另外一种解释反映出的是萨特独有的力量，而非他在任何形式上或概念上的虚弱无力：简单地说，所反映出的正是他那种无法抑制的叙事精神，它倾向于将所有简单的解释任务都转换成某种显然与历史主题有关的讲故事的形式，对历史而言，"具体"永远意味着"事件"。因此，即便是经济学——西班牙帝国的通货膨胀问题——或社会学——对"阶级利益"的意义的论述——更不用说从法国革命或苏联革命，一直到斯大林主义中间得出的长长的阐释部分——所有这些阐述都倾向于摧毁表面文本从而获得某种它们自己的充沛活力。

但是，这意味着读者会不由自主地误以为这些叙事阐述就是具体历史正面的哲学命题：它导致很多读者（包括我自己，在先前的一次努力中）在阅读第一卷时出现了一个基本错误，即认为它引入了某种循环史观，根据这一史观，群体不断地形成，然后消解为连续集体，在它们身后留下了独裁结构。我们会再回到这个问题。

我列举一下第一卷中那些关键的时刻，也就是说，那些关键的、起作用的概念。我已经提出，这些概念中的第一个，那个起点，即稀缺性（scarcity）概念，它使萨特得以保存那个存在很大争议的否定之否定的辩证范畴：稀缺性被看作是世界或存在的一种初始结构，它被人类的需要——缺乏和欲望的经验，饥渴的经验所否定并超越，于是成为我们将 en-soi（自在）组织成为一种环境的最初方法，我们将化学元素的组合变成沙漠和林草葱翠的地貌。人类生物体作为一种无意义的事实，也将由此将自身改造成为一项计划，一种**实践**，它此后便可以具有某种意义（称其为人类的意义其实就是毫无必要地增加了几个术语而已），因此，就有了结果，失败或成功的结果。但是，由稀缺性开始也使关于人类本质（基本的存在主义信条——存在先于本质——试图在一个更抽象的层面上讨论的问题）的整个错误问题发生短路并使其不再是一个问题。现在，有可能认同霍布斯或马基雅维利的现实主义悲观论——存在必然是邪恶的——这种认同没有任何关于本质本身的形而上的前提。的确，栖居于一个稀缺性的世界（一个我们仍然居住的世界，即使或者如果我们自己的社会碰巧富裕兴旺了）这个简单的事实以一种基于处境而非自然主义的方式解释了暴力和攻击性的事实："在迁徙的过程中，一个部落群体的成员遇到另一个奇怪的部落，他们突然发现人是一个异形的物种，亦即凶残的食肉动物，他们会设埋伏并且会制造工具。"（107）① 这不是某种迟到的社会达尔文主义，甚至也不是出自社会生物学的一个命题，它就是对人类自由的表述，也是对互易性（reciprocity）的表述："在纯粹的互易性中，那个**异于我**

---

① Jean-Paul Sarte（原文如此，正确的拼法为 Sartre——译者），*Critique of Dialectical Reason*, Vol. 1, trans. Alan Sheridan-Smith, London: Verso, 2004. 所有句子中插入的引文都出自这一版本。

(Other than me) 的东西和我是一样的。但是在经过稀缺性修正的互易性中，只要那个东西表现出极端的**他性**（Other）——也就是说，带给我们死亡的威胁，他在我们看来就是反人类的。"（131–132）稀缺性因此是我们这个世界的一个或然性特征（我们可以想象科幻小说中的异形人，它们来自一个没有稀缺性的世界，根据我们体验物质条件的方式，它们就不是人类）。同时，慷慨、合作，以及类似的事物也不是伪造的或虚构的，但它们同样不是人类的本质特征（根本没有什么人类本质）。更确切地说，它们是我们的自由用以否定存在这个最初事实的其他形式。

　　一旦做出这个最初的本体论（甚或形而上的）假设，我们便处在一种对它的各种变形进行命名和接受的位置上。它们再一次按照自己出现的顺序被命名：也就是说，会采取一种黑格尔式的或进化论式的顺序来展示它们，这样很容易将它们自身导入叙事的误区，我已经对这些误区预先发出过警告。换言之，这种概念、范畴或形式的顺序可能很容易被误认为"历史哲学"之类的东西（无疑，这个误解仅仅因为决定将这一巨大的定义性部分作为整部书的一章或单独作为一卷出版而被强化了）。让我们再进一步，基于作者总是在对他们自己著作的误解中扮演帮凶的角色：于是，这个顺序事实上也在这一更大的（但从未完成的）文本内部暴露出某种类似于另一种"历史哲学"的东西；暴露出实际上存在于萨特的思维中的循环样式，而且无疑与他想要提供给我们的关于历史方向的官样分析相矛盾。

　　无论如何，这个"出现"中的第一步与《存在与虚无》的逻辑顺序是一致的，在那本书里，纯粹的存在（自在）最初是被人类的否定性（或被自为）所塑造和组织的。稀缺性存在通过人类的否定性被改造成为一种需要环境（或：无机的存在被有机的存在或生命所改造），而且从那里产生了该计划第一个简单的也是基本的形式，否定之否定：换言之，亦即这种形式的人类行动本身。为了阅读《批判》,萨特的门徒们一定非常熟悉一个翻译图式,关键词"计划"在这个图式中换成了**实践**。

稍作停留,为**实践**这个重要词语说几句题外话很有诱惑性,1838 年,康特·切兹科夫斯基(Count Cieszkowski)重铸该词并使它重新成为哲学的通用词汇,几乎是在同时,它便被马克思在《关于费尔巴哈的提纲》(1845—1846)中挪用,在那本书中,它被定义为 *sinnlichmenschliche Tätigkeit* 或 "感性的人类活动",亦即一种包含了变化的物质行动或唯物主义行动。新借来的这个词为活动(acts)本身这种较为朴素的语言增加了什么呢?无疑,即便是"活动"一词也为我们对事件的叙事性理解增添了某些东西,因为它暗含了一种留下真实痕迹的统一过程(用一个萨特最喜欢的二元论说法,一方面,相对于单纯的姿态,另一方面,相对于非物质的思想或愿望——马克思指责哲学家只会提供那种"单纯的解释")。这样一来,**实践**便意味着我们甚至更可能打开那个关于活动的传统概念(或说得更确切一些,范畴概念),以包含另外两个领域:本体论领域和历史领域。

实践因此隐含并指定了活动的深层结构,结果是这个结构将存在与否定性组合起来;而且它同时要求我们从黑格尔可能称之为世界历史的角度,或者从萨特本人所说的历史意义的化身这个角度考虑最卑贱的活动:在这个意义上,打开一听豌豆在改变资本主义工业生产这个世界的历史形态的同时,也展现了我同存在本身的全部关系(在《批判》中,如我们将要看到的,萨特称为迫切需要[exigency]的东西)。**实践**不是预先将那两个意义领域强加于某个活动,而是让它从这两个领域或者两者中任意一个领域的角度受到质询。

但那似乎还是不够(现在结束我们的题外话),**实践**一词本身在《批判》中很快变成了两个词而且被另一个超过了,一次真正的旧词新用,它的技术意义最近已经被完全改造并被它在意

识形态争论中日益提高的中心地位恶意模仿。这个词当然就是
"总体化"（totalization），萨特专门杜撰了这个词，为的是将自
己同卢卡契及其关键词"总体性"区分开来。不幸的是，萨特
的这个术语后来被有针对性地赋予了意识形态的内涵，从而使这
两个术语被混为一谈，而萨特也因此变成了支持"总体性"的
另一位哲学家。也就是说，萨特不仅是宣传普遍性和马克思主义
的哲学家，最重要的是，在同一性政治的语境中，他成为同一性
本身和白人男性西方知识分子霸权的哲学家代表（无疑，也表
征了左派知识分子的特点，与形形色色的右翼意识形态相对
立）。"总体化"（totalizing）因此成为一个口号，它承认一个主
张，即高屋建瓴地为整个社会讲话，与这种或那种福柯式的
"专门知识分子"（specific intellectual）所代表的少数立场和有
差别的立场相对立。因此，在将这一词语运用于话语斗争时，从
对形形色色的共产主义党派及其主张的谴责中产生出了一种运
动，这些共产主义党派声称拥有真理，拥有对政治知识分子提出
起诉的绝对权力，他们指责这些知识分子支持对资本主义整体进
行这样或那样的"总体性"系统改造，与资本主义内部的这个
或那个特殊的少数群体的目的相对立。

　　卢卡契本人也并非真的要冒犯谁，即便"总体性立场"将
来会被当作一种真理的标准，它也是意味着将系统作为一个整体
加以理解，同时，它也成为某种辩证法的特点，对这种辩证法而
言，思维不是从笛卡尔的最小部分和单位开始向上活动，而是从
最复杂的最后形式开始向下活动。但是卢卡契将这种立场和视角
等同于一种阶级立场；而且他重新提出无产阶级只是有"总体
性渴望"，而不是经验性地拥有这个普遍性观点，党本身过去可
能通过所有绝对是坏的"总体化"促成了这一结果。

　　无论如何评价卢卡契的立场理论，我们在前一章就看到它已
经被研究性别和种族的理论家有启发性地复活和挪用。它与萨特

的用法没有任何关系。萨特的总体化的确想要澄清各种各样的多(multiples),例如"融合状态的群体"(group in fusion),并不具有总体性或有机主义("超有机主义"[hyperorganism],如萨特的文本不断警示我们的那样)的本体论地位。对萨特而言,既然如此,总体性恰恰是一个静态的概念,一个关于存在而非过程的概念,也是一个被分析理性而非辩证理性所统治的概念。

但是,这些高高在上的哲学问题很少是因为萨特使用了"总体化"一词而引起的,"总体化"只意味着**实践**本身,即将结果考虑在内的有组织的活动;无论对集体和历史的运动及事件而言,它可能有怎样的延伸,它的相关性都开始于个体没有任何新奇之处的行为,而且的确始于打开一听罐头之类无意义的动作。

有趣的是萨特本应该选择一个相对具有空间意味和有强烈的外部意味的词来形容人类活动的初始形式;的确,我们将发现它与统一性(unification)也有关联,在选择这些术语来说明内部性和人类行动的特点时,我们是有分歧的,而统一性则把这些分歧聚合在了一起。但是,它们引发了多和散、分隔和异质性等概念,旨在生动表述人类计划马上便会遭遇的事物以及它必须立即克服的东西。实际上,我感觉对于萨特而言,多在概念和经验方面的重要性尚未得到评价,可以认为它控制了从外部世界的无生命物和存在一直到统计学本身的所有事物,表现为它的哲学他性(otherness)和殖民征服这一对孪生形式。

无论如何,在个体的最简单活动这个第一语境中,总体化和统一强调否定性、计划、人类**实践**对我们面前的存在世界首先采取的行动就是,将它的杂乱无章,它的"繁多嘈杂的混乱状态",组织成为一种统一的环境:因为只有在这个环境中——萨特早期著作中的重要主题物力论——**实践**才能开始,于是由介入一变而为改造——萨特说,对环境的"转换"(dépaysement)和超越——已经开始使自身成为存在（一个新兴的活动领域，让人想起黑格尔的"先行掌握"［*Vorgriff*］）。而且，正是由于这第一个人类活动，我们被抛进了历史本身当中。

因为总体化或**实践**产生了一种或另一种形式的"已定形物质"（worked matter），黑格尔可能会称此为我在外部世界中的客体化（objectification），好像它是我已经完成的活动的一个无生命、异化的痕迹。辩证法本身却由此开始了，而且萨特所有哲学中的基本二元论也开始抬头，即人和事物之间、我的意识和我在物质中的异化与他人造成的我的异化之间的巨大差别。这就是《存在与虚无》三个部分的组织原则，它一定不能与主体和客体、"自为"（*pour-soi*）与"自在"（*en-soi*）的二元论混为一谈，梅洛—庞蒂反对这种二元论，他想凭借自己的努力通过"身体自身"（*le corps propre*）恢复某种现象学的一元论。（但是，梅洛—庞蒂本人对这种特殊的二元论负有不可推卸的责任，这种二元论是整个现象学的中心目标，是海德格尔的"转向"［*kehre*］的中心目标，以及一般意义上所谓后结构主义的中心目标所共有的。）不，这一特殊的二元论之所以变得声名狼藉，恰恰是因为它本身就是对他人存在这一令人反感之事的认可，毫无疑问，这是萨特最重要的哲学母题，也是他各种体系中最具创造性、最持久的元素。它不受制于寻常二元论的批判，因为它是在重建一个真正的一元论的过程中发挥作用的一个时刻。在这方面，关于马克思主义的言论是有意义的，萨特认为马克思主义"事实上既是一元论的，也是二元论的"：

> 它是二元论的，因为它是一元论的。马克思的本体论一元论在于肯定了存在之于思想的不可约性，而同时，又将思想和实际统一起来作为人类活动的一种形式……辩证法恰恰是某种形式的一元论，因为对立对它而言表现为各种时刻，

在这些时刻出现之前的一瞬间才因其自身而被假设出来。(25,180)

但是,这些方法论意义上的思考尚未指明在《批判》中发挥作用的具体的、基本的二元论,《批判》可以被理解为对马克思的"人创造他们的历史,但不是在他们自己能够选择的条件下"这句著名的话的评注。然而,对于萨特的阅读,需要强调那些不是"他们自己选择的"环境的独特性,它们作为历史环境,事实上是过去人类行为的结果,即使它们现在或许被看作是物质性的。这里的重点是在人类行为无法改变的绝对偶然性这个意义上,虽然这类"条件"是物质条件,但它们肯定不是自然条件。(或者,说得更确切些,甚至"偶然性"也是人类现实的结果,只要它已经是被人类的需要和欲望生产出来的偶然性。)

无论如何,萨特现在要用一种新的、循环的方式来重新表述这个公理:"辩证法调查研究的一个重要发现是人受到事物'影响'的程度与事物受到人'影响'的程度是一样的。"(79)"物质",他在其他地方观察到,是"个体间的一种调解"(113)。在这一点上,我们接近了《批判》中一个伟大的具有创造性的思想,它大大超越了早期马克思的异化理论。正如神学需要证明,世界上的罪恶和苦难是以其他方式出自上帝之手,诸多在概念上令人满意的"历史哲学"需要用某种有意义的方式证明暴力和失败,而不是将其说成是一连串没有意义的偶然事故。《共产党宣言》做到了这一点,因为它强调资本主义的辩证性质,强调它巨大的破坏力,这种破坏力与它巨大的创造力是一致的。

萨特的辩证法比这更进了一步,它把与人类**实践**的辩证法纠缠在一起的某种反辩证法理论化,这种反辩证法是与人类行为和生产的终极性不可避免地结合在一起的反终极性(counterfinality）。的确，这种新力量给我们带来一种意外收获，它发明了一个新的、持久的哲学术语，即实践惰性，它是命名客体的一种更准确的方式，这些客体不是单纯的事物和手段（agency），但也不一定就是人。

不过，这同样不会是摩尼教的历史观：如我们已经看到的，那种恶在深层意义上是人的恶：它是一种无法衡量的残忍，人将它迁怒于稀缺性世界中的其他人。这种新的否定力量要用不同的方式来理解，而将其恰当地理论化，如萨特观察到的，能解释**实践**如何合乎逻辑地"成为关乎必然性和自由的一种经验"（79）。的确，"从来没有一项研究试图讨论物质性加诸人的这种消极行为，而他的**历史**反过来以一种反终极性的方式成为人一个失窃的**实践**"（124）。因此，我们在这里不得不处理一种"不期而遇的结果"，它与历史上人类行为的逆转非常不同，马克思在《路易·波拿巴的雾月十八日》中把它们写成了喜剧史诗。（的确，这种新的反辩证法再次生动展现了时下风行的那种用日常或"平常语言"的语词重写辩证法的平庸且不足的尝试，在那些平庸的描述中，辩证法好像只是一个"不期而遇的结果"。）

反终极性因此是黑格尔的"历史的狡计"（或"理性的狡计"）的一个否定版，黑格尔本人是从亚当·斯密的看不见的手和曼德维尔（Mandeville）的《蜜蜂的寓言》（*The Fable of the Bees*）中得出了"历史的狡计"，问题是在它们当中出人意料地具有积极性的东西在萨特那里变成了典型的无法调和的否定。不过，前提仍然是**实践**的功效：反终极性中的否定不是物质产生的结果，相反是投入物质中的人类生产力或**实践**产生的结果，又以一种无法识别的形式重新回到最初将自己的劳动投入其中的人身上。萨特将这种新的、主动的、邪恶的力量的承担者也称为"已定形的物质"（matière ouvrée），而且它能够同人类"正在进行中的总体化（totalization in course）"区别开来，成为一种绝对已经完成的"总体化总体性(totalized totality)"。因此,这就是马克思称为生产方式的历史形式的场所,它也是一种特殊形式的人的社会性(其中包括了马克思的社会阶级现象)的共生物,萨特称这种社会性为集体性。如果我们注意到它有两个截然不同的来源,我们就能更好地理解这个概念。

一方面,相对而言在现象学层面上对主动性与被动性之间、内部性与外部性之间的对立的论述中,我们发现对它已经有所预示,在这些对立中(与在我们已经列举的其他对立中一样),人类王国对立于非人类王国。正如萨特一直在提醒我们的,在这种对海德格尔的追随中,在诸多对《存在与虚无》的描述中,人类自为(human agency)通过将其自身外部化而作用于外部性,通过将自身变得被动而作用于被动性。这不仅是工具的意义,而且也是对使用工具的双手作出的安排。但是,这项关乎自我,而且关乎我自己的身体的工作在这个被动的、外部的身体王国中出让了我的身体效能,同时以一种互惠但似乎很神奇的方式将其赋予物质,我让物质带上我作为人的特点。

在这一点上,我们或许会对萨特的其他根源感兴趣,它也引起了我的注意,这个其他根源就是马克思本人提出的"储存劳动"(stored labor)概念,尤其是机器的劳动过程和机器生产物品的劳动过程所产生的各种结果。对马克思而言,非人类世界一定是同那个投入了劳动的物质世界区分开来的:这种物质客体变成了"大量凝聚的劳动时间",它们的原材料"被浸入到劳动中"。机器现在在一个更高的层面上辩证地改变了这一投入过程,为其产品增添了价值,它不同于直接的人类劳动,但又与同样包含其中的直接人类劳动融合在一起。这是因为机器储存了劳动,劳动已经进入到它自己的生产当中,随之又将其投入到它生产出的新产品中:"只有在大规模的工业中,人才能成功地制造出他过去劳动的产品,已经被客体化的劳动像一种自然力一样大规模地提供无偿的服务。"①

　　这种独特的时间上的推延——最初可能将一定量的劳动储存起来，在以后的时间里不断地将其分成较小的量再次投入到某种233 次一级的产品中——在我看来，要理解萨特现在要描述的一种更加"形而上的"过程，这是最有启发性的前情。多元性与统一性之间的基本对立也不应该被忽略：因为反终极性反映了一种"人类劳动的物质统一性……而被动的统一性，作为纯粹分散状态的一种综合表象，作为内部联系的外部化，对**实践**而言，就是它作为**他者**的统一性，而且是在他者领地上的统一性"（163）。（已定形物质的这第一个被动活动将会在很久以后的客体化中产生共鸣，这个客体化就是社会制度，其特点是一种"主动的被动性"。）

　　两个著名的例子或两个众所周知的事件可以用来解释这种"没有作者的**实践**"（166）所产生的凶险后果：中国的森林砍伐和西班牙帝国位于新世界的权力顶峰时所遭遇的货币危机。但是，重要的是记住，正是反终极性的这种全球统一性把社会阶级定义为被分享的环境，这种环境把凝聚起来的个体变成了一个阶级（和一个更大意义上的集体）：所以萨特在《批判》（197—219）中关于阶级利益的附录可以看作是在学理上对马克思的阶级理论表示敬意，同时也是对马克思的阶级理论的一个特别贡献，此外，它意欲将这个特殊的社会结构同一般情况下被聚集在意识形态这个无所不包的概念下的其他特征区别开来。

　　在马克思那里，劳动结构和商品结构是同一个现象的两副面孔，是两种截然不同的语言，可以说，它们都说明了资本主义基本创造性的同一个特点，就像量子论中波和粒子的交互成形一样。所以在《批判》中，正是在这一点上，已定形物质的辩证

---

① Karl Marx, *Capital*, Vol. 1, trans. Ben Fowkes, London: Penguin, 1976, 510.

法或反辩证法变成了对与其不可分割的社会关系的一次考察。我们在这里必须记住,《存在与虚无》中描述的我们—主体这个悖论:它是一种主体性的形式,据此,我(纯粹是心理意义的)同他人的认同受到各种"导向"的干预,它们是为物的世界设定的,如盒子上的指南,开罐头的正确方法。但正是通过这些要求(exigences,在这里被译为"exigencies"),已定形物质引导着我们的一般活动。与他人,与其他的用户和消费者,也包括与其他工人的这种完全是理想的或想象的群体一道,主体性现在要被叫作连续集体。

因此,我们处在《批判》这部定义性第一卷中最核心的部位,而且处在这样一种地位,我们要对其核心概念性之间的对照(antithesis)做出评价,即集体存在的两种基本形式之间的对照,肩并肩却漠不关心,"连续地"凝聚在一起却不知姓什名谁,这种状态和"融合状态的群体"那紧密维系在一起的相互关系之间的对照。这类对照不仅仅是为了进行分类,因为作为社会动力学的一个原则和社会历史的一个经验事实,融合状态的群体是作为对连续集体的一种反动从连续集体中产生的,它后来的发展和命运面临重新消解为连续集体的危险。

234

这也不是一个特别新奇的特征,尽管萨特对每个形式的内部结构的解释是卓尔不群的,而且很可能是没有先例的。但是,在形式上,这种对照与传统上属于人类学和社会学之间的显著区别有着类似的精神,考虑到它现在表现为古典(现代)形式,即滕尼斯(Tönnies)在他著名的 Gemeinschaft 和 Gesellschaft 之间的对立中提出的形式,前者表示小的、以宗族为基础的或部落的、前现代的或"传统的"社会,后者表示大的现代工业社会在城市的各种聚合。但是,在《批判》中,没有特别的社会或政治形式可以归到这两个术语名下;的确,它们在那个意义上几乎根本不对称,因为连续集体是一种社会条件,它必须通过各种社会和人口进行延伸，而融合状态的群体几乎根本不是一种社会形式，而是一种现状和一个事件，形成的是游击单位，是任何类型的小集团突然凝聚化（crystallization）。（我们将会看到，群体的形成有其动机和实在的历史内容；但那个内容与当下的结构性描述没有任何关联，而且可能涉及从集邮到暗杀阴谋或政治党派等各种领域。）

这一对照的一个更基本的问题是伦理学问题，因为根据这些描述所采用的语言可以清楚地看出，有一种判断隐含其中，这种连续状态，无论其成员认为自己是多么的舒适和满足，都是一种平庸的状态，即使不是异化的状态，而融合状态的群体则以一种增强了的方式体现了主动的人类**实践**——一种非常独特的**实践**，因为它构成了生产，不是用物构成，而是用他人和自我，用一种新的社会性构成了生产。

我们的问题必须显示出在这个关于社会关系的判断（它在必要时可以被缩减为私人与政治之间的某种明显差别）与包括真实性和非真实性概念的存在主义遗产之间存在着紧密的关系，很显然，每次想起连续集体和群体存在，这些概念便会脱口而出。它的确是一笔说不清、道不明的遗产，其最早的现代形式出现在海德格尔 20 世纪 20 年代的著作中，在方向上非常保守：真实就是个体趋向死亡的存在（being-unto-death），是对责任或使命的召唤，即使不用赤裸裸的群体术语来表达它，它促生了士兵和军事单位。另一方面，不容置疑的真实是 20 世纪 20 年代的"大众人"（mass man）特有的默默无闻，他们是大城市中那些没有面孔的群众，是"man"或"on"（德国人或法国人对任何人或非个人的"你"的泛称）。萨特的连续集体与这些早期的论述相距并不遥远，尽管在《存在与虚无》中这些集体演员的阶级角色已经被颠倒了，不真实的是资产阶级的我们—主体，而对我们—客体，对异化的和物化的小群体的描述是在下层阶级的边

缘性这个意义上进行的,而且已经预示了对融合状态的群体的
描述。

及至真实性和非真实性这些概念显得像令人生疑的人道主义
和心理化,如果还不像个人主义的话,萨特对群体的赏识自然被
诊断为无政府主义,甚至是左派幼稚病:右派也有理由因为 20
世纪 60 年代的暴行及其后果对其进行谴责;这当中的左派意味
是左倾冒险主义和浪漫主义的残留痕迹;而美国人倾向于推测它
与阴谋恐怖主义组织有着令人不舒服的密切关系。无论怎样,要
接受萨特的对照所提出的另一种替换物,即连续性(seriality),
要理直气壮地为其辩护和对其表示支持都会更加困难。

将这两种状态放在一起处理是最容易的,因为对它们的定义
事实上刻意采用了对照性术语。因此,在连续性中,如同现在大
家都了解的等公共汽车的队列中一样,"只要他**不是**他自己,每
个人便同样地都是**他者**"(260)。而这种他性(otherness)既是
空间的,也是心理的:我不是站在我的世界的中心,中心在别
处,在他人中间(所有那些他人都和我想的一样)。相反地,在
群体中,每个人都是中心,中心无处不在;他性被转换成了同一
性。鉴于生成群体是战胜连续集体环境的最重要的努力,在群体
中发现每个人都和他人一样,而他性已经暂时变成了一种集体同
一性也就不令人感到吃惊了。但是,关于连续性,这第二个结构
必然比第一个复杂得多,在连续性中,人们相互之间是处于一种
简单的外部位置上,这一点也将变得很清楚。

当然,连续性也了解自己的悖论:的确,萨特那些重要的有
所延伸的阐述都与无线电广播和自由市场有关,这绝非偶然。事
实上,我相信,《批判》中阐发的连续性概念是迄今为止在哲学
意义上唯一令人满意的公共意见理论,是唯一真正的媒体哲学:
一方面避开了集体意识的概念陷阱,另一方面避开了行为主义或
对他人的操纵,所以它可以对某些事物作出判断。如果这就是萨

特在《批判》中竭力要做的一切，它已经标志着一种巨大的成就（对这一点的忽略或许反映出当前媒体理论的问题意识已经转向形象及任何其他事物）。

无论怎样，说到融合状态的群体，事情也绝不简单：我们必须要处理的不再是某种二元论，某种简单的一个人对另一个人的礼尚往来或漠不关心，而是一种三元形式，在这一形式中（与在《存在与虚无》的群体—客体理论中一样），先前连续的个体由于某个外部第三者的威胁（或**观看** [Look]）而联合起来，新出现的群体必须将这一联合内化以保持它的凝聚力和动力。因此，每个成员对所有他人而言都成了第三者，由此每个人无处不在的中心性便成了基础，这在前面的段落中极为简单地描绘过：

> 个体，作为一个第三方，在某个单独**实践**（因此也是一个单独的感性前景）的联合体中与由个体组成的联合体连接在一起，成为某个非总体化的总体化中诸个无法分割的时刻，每一个个体都是一个第三方，也就是说，要以群体为中介。从认知角度，我将群体理解为我的共同联合体（common unity），同时，也是我和每一个第三方之间的中介……群体的成员就是第三方，这意味着他们每个人都把他人的礼尚往来总体化了。(374)

就好像这个启动诸多第三方（tiers）的托勒密体系，根据日常经验，我们对它已经很熟悉了，所以，读者会发现，稍加练习，这篇惊世骇俗的文章很快就会有足够的可读性。

我们将它留给读者去驾驭，但是有一个重要的附文：我们在这里只是表明了群体的出现——萨特以攻占巴士底狱为例作了著名的阐述。最关键的问题是仍然不清楚在外部第三方（国王的军队）的威胁已经撤销的情况下，它作为群体，怎么可能继续存在。一个简单且明显的答案越过了目标：那就是群体不可能继续存在；的确，在本体论意义上，它从一开始就从来没有存在过。它从来没有获得过任何持久的本体论地位，也从来没有过类似的要求；因此，它不可能接受任何新形式的集体存在，集体存在可能被期望取代个体的"自为"存在并由此抵消《存在与虚无》那段著名的结束语。既然如此，在这两本书中，"人"都一样是一种"无用的激情"（useless passion）：但同时，萨特那根深蒂固的悲观主义在《批判》中可以更清楚地被理解为是一种批判的工具，而不仅仅是对某种纯粹以个体意识为中心的"主体哲学"的继承，后者属于过时的笛卡尔和现象学传统。确切地说，在萨特那里，本体论的失败和焦虑总是充满了活力，而且刺激出进一步的实践以及后来的群体形态：

> 群体没有，也不可能有它在自己的**实践**中所声称的本体论性质；相反地，单个和全体都是在这种不存在的总体性意义上被生产和定义的。这是一种内部的真空，一段无法沟通也无法确定的距离，是存在于每一个或大或小的团体中的一种隐忧；这种不安强化了整合实践，同时也随着群体的整合而变本加厉。（583）

仍需简单说明的是，如果群体是处在这种环境中而且似乎注定要归于失败，它如何最终勉力成为某种在结构上不同的事物，而不仅仅是及时中断了连续性。

我们已经间接提到一个重要机制，少数散乱无序的"他者"借此被某种外部威胁（来自外部的**他者**或第三者）暂时聚到一起，他们巩固了这种暂时的团结：正是通过以这样一种方式内化了 tiers（"第三方"）本身，内部群体的每一个成员对所有的他者而言都成为一个第三者。每个成员现在对这个奇怪的结构而言都既是部分又是整体，既是个体成员，又是现在已经被内化了的外部性，外部性把所有成员（"似乎是从外部"）都当作是一个群体。我们绝对不能说这个阶段没有领袖：相反，每个人都是领袖，很像皮埃尔·克拉斯特拉斯（Pierre Clastres）的人类学中的部落酋长，他的任务不是规定一条行动路线，而仅仅是将这个行动路线的可能性大声地讲出来，是在群体面前做这种处境本身的传声筒。

这是一种不可能持续的乌托邦状态（马尔罗［Malraux］的"抒情启示录"）。每件事物现在都触发了关于未来的问题，以及关于群体未来的问题：这一问题如何使《存在与虚无》中最深切的存在主义关怀战栗不已，同时又如何催生了它最富戏剧性的语言，它最流畅的哀婉词句，这一切很快就会有答案：我的计划是"一个暂时的形式，在这里，我等待未来的我自己，在这里，'我和我自己在那一月，那一天，那一小时的另外一端有一个约定'。悲痛是因为担心在那个约定的时刻找不到我自己，担心甚至不想将自己带到那里"①。但是，在关乎群体的地方，这一约定就是承诺，而法国革命的范式揭示出其基本结构就是恐怖和死亡的威胁。"网球场誓言"（The Tennis Court Oath）（1789 年 5 月 5 日，由于财政问题，路易十六在凡尔赛宫召开三级会议，国王希望在会议中讨论增税、限制新闻出版和民事刑法问题，并且下令不许讨论其他议题。而第三等级代表不同意增税，并且宣布增税非法。6 月 17 日第三等级代表宣布成立国民议会［L'Assemblée nationale］，6 月 20 日国民议会的会场被封闭，愤怒的代表们到一个室内网球场集会，西哀耶斯起草了"网球场誓言"，全体与会代表一致宣誓：在王朝宪法制定并在坚实的基

---

① Jean-Paul Sartre, *Being and Nothingness*, trans. Hazel E. Barnes, New York: Citadel Press, 1956, 36.

础上确立起来之前，无论情况需要在什么地方集会，议会都绝不解散。这就是有名的"网球场宣誓"。1789 年 7 月 9 日国民议会为了确切表明自己的使命，实践誓言，正式把国民议会改为国民制宪议会，路易十六恼羞成怒，再一次将内克免职，并派军队到凡尔赛集结。网球场宣誓通常被认为是法国大革命诞生的标志。——译者）是这样一个时刻，法国革命的范式被固定下来：革命本身的最开端——"革命的"革命，与贵族反对国王的反革命相对立，反革命先于革命的革命并引发了革命的革命。因为根据"网球场誓言"，资产阶级及其霸权集团在王宫中一个没有用过的地方再次集合起来，他们集体宣誓，在死亡的痛苦下，绝不分裂，直到"在坚实的基础上"（sur des fondements solides）确立宪法（1789 年 6 月 20 日）。那个关键的小句，"在死亡的痛苦下"不仅是萨特的解释和推断：它是根据罗伯斯皮尔恐怖（Robespierre Terror）的事实推演出来的潜在读解，是对罗伯斯皮尔恐怖之合理性的证明。它也是一种（孤注一掷的，也是不可能的）尝试，试图解决《存在与虚无》中已经提出的对未来的承诺问题：像这样同意我自己的死亡和死刑（由群体的所有成员决定）不仅仅是我在竭力强求所有他者的忠诚，它也是而且首先是依靠我自己来保护我自己，迫使未来的我忠实于现在的我（422）。最后，它还产生背叛，因为连续性不可能知道后者的存在，背叛只能在违反忠诚誓言的情况下才存在。在这个时刻，要记住背叛和叛徒的主题在萨特那里产生了深刻的回响，这一主题贯穿于萨特所有的思想：它是知识分子的"客观背叛"（objective treason），这些知识分子从来没有完全地或在本体论意义上忠诚于任何事业；它是叛乱中（尤其是在热内那里）背叛的"快感"（jouissance），或"人类不满"（l'homme du ressenti-ment）（尤其是在合作者那里）的快感；也是对我的真实性的考验（在酷刑下我能坚持住吗?），是对资产阶级的叛徒反对自己

238

阶级所持的永远的自我怀疑，即使冗长不堪的《家庭白痴》（*Family Idiot*）本身也对这一主题进行了阐述，在《撒旦与上帝》（*Lucifer and the Lord*）以及《文字》（*Words*）中也得到了不同的铺陈。

誓言现在是所有那一切的积极一面，是萨特所有阐述中重要的确认时刻；它的确就是"人性的起源"（436）：

> 我们是一样的，因为我们都是同一天而且是因为所有他者的出现从泥土中产生的；所以，可以说，我们是一个个别物种，它在一个特殊的时刻因为发生了一次突变而产生；但是我们特有的性质将我们团结起来，亦即自由……兄弟情义不是如有时被愚蠢地理解的那样建筑在肉体相似的基础上，这种相似传达了某种性质上的同一。如果是建立在肉体相似的基础上，为什么一听罐头中的一个豌豆不能被描述为同一听罐头中另一个豌豆的兄弟呢？我们是兄弟，遵守誓言的创造性内容，因为我们是自己的儿子，是我们共同的创造。（437）

这个誓言因此是宪法权力的高潮时刻：它作为对一个日期和事件的清楚表述使法国革命具有高于所有其他革命的范式质量，在那些革命中，它也必然在场，但只是隐含在某个活动中，表现为众多状态之一种。誓言的理论化将萨特正大光明地置于从卢梭到安东尼·纳格里（Antonio Negri），而且一直延续到巴黎公社本身的伟大传统之中。

《批判》的结论部分更加惨淡忧郁，它们将观察并见证这种神圣化不可避免地衰落。它记录下群体在周围普遍的连续性的压力下缓慢僵化的过程。的确，它们使得我们再次确认这个较为古老的真实性问题被改造（或扬弃）成了新的政治与集体困境。

因为对萨特而言（如在海德格尔那里一样），真实性从来不是一个你可以以某种方式达到的状态，也不是一个你可以居留并坚守的状态：它是一个不稳定的空间，受到非真实性本身那种进退两难困境的控制，在变成这种困境的过程中，它犯了一个致命的错误。是的，如果你可以畅所欲言，如谈论人的本性，那么你一定会说，那个本性首先就是不真实的，在这个不真实中，真实的时刻不过是断续的、短暂的插曲（它是一种教义，基督教的罪与仁厚的形象已经歪曲地对它作出了预示）。但是，关于这种群体真实性观点的历史哲学的言外之意，这样说引发了一些严重的问题。

　　无论如何，萨特似乎至少预见了三种群体可能消解的方式：它当然可以简单地重新分散为连续性，就像一群人分散开来，重新回到各自平常的事务中。但这是在定义誓言时刻之前对融合状态—群体的理解。在那之后，等待着它的是制度化，是官僚和独裁两种形式，萨特的论述——涉及分裂主义和宗派性、制度性实践惰性的消极活动、等级、权威的外部化和主权的出现以及此后一连串的服从——似乎对这两种形式进行了合并和彻底的认同。但这是因为基础的范式改变了；而且从现在起，贯穿于《批判》第二卷全书，作为参照的将是列宁死后苏联革命的命运。（因此，整部《批判》也可以被读作一部本着马基雅维利或葛兰西的精神对法国革命和苏联革命这两个最重大事件所做的细致的历史性评注。）

　　但是，不应该由此得出结论，认为《批判》复制了标准的资产阶级信条，根据这一信条，革命（在这里是群体的生成）不可避免地导致独裁统治（或换言之，斯大林主义）。另一方面，我们在这里也没有预先发现德勒兹—瓜塔里的无数游牧战争机器和游击战争机器永远将奋不顾身地对抗无法避免的**国家**这种前景。在萨特那里，**国家**本身就是物化后处于融合状态的群体，它已经在一种连续性的环境中（或者隐约类似于那些先前变成了帝国统治阶级的游牧者）确立了其自身。但是，如已经警示过的那样，重点是《批判》第一卷并非意在提供一种历史前景；而只是要将概念和范畴各归其位，或许正是这些概念和范畴建构起了这种历史前景。如果在这里历史已经在场，那也只是一种形式，所有的历史都在形式上提供了数不清的连续性与群体生成之间相互作用的景象，如同一股巨大的水流，上面是白浪、涟漪和浪潮，它们无止境地出现，然后消失。然而，河的源头和流域，它最终的归入大海，与你总是涉足其间的平稳水流是截然不同的。

这些问题，在本卷的结尾有所暗示，随后在已经完成的第二卷中得到零星的阐发，引出了历史统一这个完全不同的问题，以及萨特的基本公理问题，即过去的诸多历史已经逐渐地统一为一个历史。今天，任何"历史哲学"的开端都一定是这个限定条件：在统一和普遍的意义上，**历史**尚不存在，而只是正在出现。曾经有过很多截然不同、互不相关的历史，很多截然不同的生产方式，即使不是多如沙粒，也至少同新世界的语言和大洋洲的语言一样难以计数，很多分隔的、互不相关的部落和打猎者—采集者群体，他们在数千年的过程中逐渐集合起来，也就是说，要分担资本主义世界逐渐加诸他们身上的共同命运。在萨特写作《批判》和我们现在所谓的全球化已经明朗化之间这短短的几十年里，已经无法避开这一原则，据此，一种普遍的历史可能以某种新的方式重新出现。

第八章

萨特的《批判》,第二卷:引言

当时（1936年），我们很多人都认为萨特的《批判》是未完成的或不完整的：但它的不完整充其量与海德格尔的《存在与时间》相类似（在很长一段时间里，众所周知，只有"第一部分"）或最差就像本雅明的《拱廊计划》一样零散破碎。对这种"中断"有各种解释：原稿太长了，必须在某个地方断开；萨特有轻微的中风（所有那些上流社会的人!）；他已经没兴趣了（除了戏剧从未有过任何完整的东西）；他解决不了那个问题（"历史的意义"）而且也放弃了；他已经不再"是"一个马克思主义者，而辩证法计划由此失去了重点；可能是因为上述任何一个原因，也可能是因为上述所有的原因。关于第二卷的谣言总是伴随着这样一个警告，即它走的是一个完全不同的方向，或仅仅是各种毫不相干的碎片的组合（和/或两者都对）。1985年，当阿莱特·埃尔凯姆—萨特编辑的那个非常出色的版本最终问世时，已经太晚了。甚至已经没有人还对第一卷感兴趣了；法国沉浸在一种迟到的，但却是绝对武断的反马克思主义狂热中。

第二卷对斯大林主义和苏联革命历史有所延伸而且似乎有些偏执的分析也于事无补。到80年代中期，人们对斯大林主义和苏联革命历史也不再感兴趣，除非在构成令人战栗的斯大林主义暴力这幅画卷时一方能压倒另一方，并且在20世纪的政治魔鬼画廊中增添新的偶像。

　　同时，后结构主义长期以来都用它自己的说法对付萨特和他那过时的哲学化。不要在意德勒兹和瓜塔里的《反俄狄浦斯》对《批判》充满敬意的参照。每一个人都十分清楚，无论"辩证法"是什么，它都已经非法地预先假设了主体—客体的二元对立，甚至解构主义的初学者也能够识别出这是一个伪问题，而且注定是一个不仅仅要被"删掉"的错误。

　　但是你不会仅仅凭着思想的魅力而消除主体—客体对立，就如同你不会因为确定了你的唯物主义或理想主义，或无论哪种一元论——便消除或多或少属于同样性质的对立——精神/身体的分裂。我不太愿意用康德的方式将这些主题描述为精神本身的永恒范畴；尽管如此，无论多么具有历史性，它们确实是我们人类环境中那些深深积淀下来的结构特征。同样地，除了对它们视而不见，最好的哲学能够做到的就是发明出新的方式来协调它们表面上的二元论，从一种新的正反矛盾纠结（ambivalence）的角度对它们进行修订，这样做的风险是要被指责为纯粹是口头解决办法。萨特用他的理想主义和唯物主义之间的"第三种方式"——实践哲学——能够从一个与众不同的具有双重性的事物的角度表述这种正反矛盾纠结，这个具有双重性的事物就是身体，它既是主体，也是客体，是"自为"（pour-soi）与"自在"（en-soi）难解难分地纠缠在一起。不过，这一"解决办法"在当前语境中的重要性已经隐含在《存在与虚无》（L'Être et le néant）一书中，因为强调唯意志论和自由，它成了解开《批判》及其与历史交锋的秘钥。

　　在萨特的一本小说中有这样一个场景，一个同伴被某种暂时的欣悦症（euphoria）弄得晕晕乎乎，他抓着另一个人的手腕同他握手，神情仿佛是一个人要同一个婴儿玩耍一般。对于这个主体而言，经验提供了一种独特的现象感觉，即那只手好像是这个世界上一个无生命的客体。《存在与虚无》一次又一次地强调那只手不是一个器具或工具,不是服务于某种实际意图的手段:它**就是**那种实际意图本身(用一个比较受青睐的萨特式词语),它体现了我们的实践并且将它使用的东西变成了实践的器具或工具。或者说得更确切一些,它把后者——一把锤子、一个网球拍——变成了身体的延续,这就是说,变成了我有目的的行动的延续。直到这个行动被打断而且以失败告终——我没接住球,或没钉着钉子——意识才又流回我的这只作为世界上不完美工具的手上。在这里占统治地位的是潜在的行动与惰性(它很快就会变成消极)的二元论:这已经不再是"自为"与"自在"(萨特称之为主体与客体)的二元论,而是由于实践和活动这种人类现实的出现,成了它们的结果,成了它们被改造成的东西。

现在必须要强调是什么使得这种正反矛盾纠结成为可能,什么能够解释我们所称的身体从主动变得被动的能力,或者说得更确切一些,从我们所理解的我们自身和我们的行动变成了我们在这个世界上无言凝视的某种事物,它以某种方式属于我们,但却保持着一定的距离,而且它不完全在我们的权力之内。失误或失败只是表现出来的一种情景,在此情景中,这种正反矛盾纠结在现象学意义上变得可以理解;不过,手本身的来回移动自然是另一个被表现出来的情景。但是,这个过程本身——行动与惰性的交替——由于某种原因,必须以身体内部更深刻的可能性为基础。

对于这种可能性而言,典型的萨特公式在他早期一篇作品中描写性的部分初露端倪:"有欲望的身体是意识将自身变成身体……在欲望中,我将自己变成肉体,**当着他人的面,是为了占有他人的肉体。**"[①] 无疑,这是一个非常特殊的情景,我们通常

---

① *Being and Nothingness*, trans. Hazel E. Barnes, New York: Washington Square Press, 1966, 505 – 506; 法文版为 *L'Être et le néant*, Paris: Gallimard, 1943, 458。

不会将它与工作或客观世界联系起来。但是，这两个情景可能已经在本体论意义上产生了联系：我们只能对付事物、物质或自在的惰性，办法就是让我们自己变得迟钝。我们将自己主动的身体变成一个物是为了理解世界上的物性（thingness）。无疑，所谓的身体（**我的**身体，它是值得强调的）对我而言不是一个物，它是我自己以及在这个世界上的活动。然而，我们赋予这个我们的身体存在一种惰性，旨在让我们自己对这种惰性产生影响；我们将自己变成"自在"（我们同时也是"自在"）旨在对"自在"施加重重的压力，干预它，改变它。

> 有机主义……使自己具有惰性并且发挥它潜存的功能以生产和保存这种惰性，其真实的想法是通过外部性改造外部性。通过否定其自身和外部环境，它在自身内部和外部构建了外部性作为恢复其完整的有机功能的**途径**。对这种**激情**作出的根本性选择只代表了这个**活动**，因为它是通过劳动实现的。①

这就够了，对于我们平常不假思索地称之为"我们的身体"的东西这种正反矛盾纠结——它可能要么是这个世界上的"自为"，意图和行动，要么将我们自身变为"自在"和物质，同时付出的代价是某种主动的被动性，即惰性，它作为工具在实现我们计划的过程中延伸——这种正反矛盾并存随后成了理解人类历史以及人类历史中人类命运与活动的关键。试图干预物质世界的个体计划和集体计划于是被看作是赋予其自身一种物质性，该物

---

① Jean-Paul Sartre, *Critique of Dialectical Reason*, Vol. 2, trans. Quintin Hoare, London: Verso, 1991, 373 - 374；法文版为 *Critique de la raison dialectique*, tome 2, 修订版, Paris Gallimard, 1985, 382。除非另注，所有的页码都指这部著作；页码标注附有卷数，其后是英文版页码，最后是法文版页码。

质性将目的论和意图，一种计划—态（project-ness）转移到这个世界上，亦即它反过来对抗人类本身，由此生产出我们称之为**历史**的独特异化。

这些就是《批判》第一卷厘清的原则。确切地说，你不能把它描述为共时的，因为共时的结构概念与萨特的思想是不兼容的，当下的每一个情景都附带着过去的积淀，而且可以说是存在于死去的活动和实践的各个层面上（它本身被重新吸收进物质世界中，其方式与马克思认为机器在其本身内部将自己储存在人类劳动中是一样的）。尽管如此，第一卷仍然以一个使所有这一切运动起来的承诺作结；而且在对"可能性"条件做了第一次规模巨大的"回溯性"分析之后，"前进性地"重构后果的出现并观察**历史**本身的生产。①

在这里，我们不可避免地遇到该哲学与马克思主义之间的关系这个难题。萨特在第一卷中已经对我们提出警告：

> 我们必须注意到我们正在进行的调查研究，如同任何其他的研究一样，尽管它本身也是历史性的，却并不试图发现**历史**的运动，劳动或生产关系的进化，或阶级矛盾。它的目的只是解释和建立辩证理性，亦即**实践**与总体化的复杂游戏。（第 1 卷，39；157）

这不是一个完全连贯或可靠的说法。我们或许能回忆起萨特

---

① 对"回溯—前进法（The regressive-progressive method）"（萨特认为是勒菲弗尔所创）的全面概述，见 *Search for a Method*，Hazel E. Barnes，New York：Vintage Books，1968；法文版为"Question de *méthod*"，in *Critique de la raison dialectique*，tome 1，Paris：Gallimard，1985，19 – 132，它在于重构原初环境的元素，再重新想象历史行动，历史行动作为自由选择和创新的出现是对它做出的回应。我应该补充一点，整部《批判》中（例如，第 2 卷中的拳击比赛）大量具体的例子表明，历史学家的这项工作与小说家的想象本身之间密切相关。

在他早期但更密切相关的《寻求一种方法》（*Search for a Method*）中做出的著名论断，每个时代都以其主导性的哲学方式来了解自己的真理，马克思主义就是我们的主导方式；既然如此，存在主义之类的思潮便要被看作是"意识形态"，它的作用在于批判和纠正那种主导性哲学。[①]

不过，该书对辩证法的澄清（无疑，不再将辩证法等同于存在主义，而是保留了与后者的所有密切关系，如我们将会看到的）被界定为一种建立马克思主义真理主张的努力（这些主张在某种意义上，既是历史的，又是超历史的，在马克思主义只可能出现在我们的生产方式中这个意义上，它们是历史的，而因为辩证法是以人类活动的基本性质为基础的，它们又是超历史的）。马克思在有生之年能够写出有关辩证法的书；而萨特的论断包含了大量的主张（自从恩格斯创造了那个被称为马克思主义的十分不同的事物），以至于基本的马克思主义立场和原则需要依靠某种全面彻底而且十分恰当的哲学依据才能完成——这个依据是一种坚定的信念，它已经给我们提供了大量各不相同的马克思主义"哲学"，这些哲学从实证主义到基督教，从现象学到实用主义，从卢卡契的物化理论到分析哲学无所不包。

无论这类哲学思辨是否已经受到尊重——而且，《历史与阶级意识》和萨特的《批判》的确都是对哲学发展本身的重要贡献——我还是更愿意认为马克思主义不是一种哲学体系（完整的或不完整的）。我相信，它很独特地与我们这个时代的精神分析具有同样的特征，它是一个尚未被命名的概念物种，你只能称它为理论与实践的统一，它依靠自己的基本性质和结构顽强地抗

---

① 见 *Search for a Method*，7 – 8；以及"Question de méthod"，21 – 22。依我之见，专门选择"意识形态"一词来说明萨特心里的批判和修正理论意在模糊那些非常不同的难题（通常与"伪意识"联系在一起）与这个词语同时关联到的东西之间的界限。

拒着，不使自己被同化为其他的哲学"体系"。

　　无论它是什么，它都不能证明萨特对于辩证认识之性质的探究是无效的，也不能证明辩证认识与他所谓分析思维之间的不同之处是无效的（这二者或多或少相当于黑格尔的"知性"［Verstand］和"理性"［Vernunft］之间的区别）①；相反地，这一视角确实公开将萨特的需要分离了出来，他需要将他的新"马克思主义"体系基于一个似乎是形而上学的基础之上，即基于稀缺性概念的基础之上，从这个概念中，据说将产生否定（以及著名的否定之否定）。该书不可能进一步探究这个引起热烈讨论而且颇多争议的"人道主义"概念：只是对它已经被科幻小说历史化进行了观察，本卷中有好几个关键点都求诸科幻小说（319－322，339－340；330－333，350－351）；关键是稀缺性的首要地位只适用于我们这个特殊的世界，其他极为不同的世界，甚至乌托邦类型的世界便可想而知了。我认为，这样的思想实验所起到的作用就是作为一种方式将稀缺性假设改造成为一个相对命题而非形而上学的绝对命题（而且它们也包括乌托邦的可能性）。无论如何，人道主义的核心范畴"需要"，以实例证明了恩格斯的否定之否定（第 2 卷，277；287），直接来自稀缺这个事实——"这个世界不是为人而造的"（第 2 卷，220；231）。 245

　　至于我们已经引用过的第一卷中的否定声明，如果说《批判》回避了所有关于阶级和阶级斗争的讨论，这当然不符合实情。相反，第一卷非常关注将社会阶级这一历史现象同集体结构区分开来，后者的主要方面被等同于连续性和处于融合状态的群

---

　　① 见关于"辩证理解"的讨论（第 1 卷，369－380；378－390）；以及关于科学作为分析理性或外部性思想的讨论（第 2 卷，417－421；426－429. 尤其是第 1 卷，57－64；172－179）。从过去当中出现了一种不同的物化（如同在"自为"中出现了"自在"）：这是一个"本质"的王国（第 2 卷，350；359），它由此介入物化的整个范围，萨特在《存在与虚无》中称其为 psyche，它包括情感与自我，与**理式**完全一样。

体：社会阶级更多地是一种在历史上比较含混的现象，有时会有群体的联合，有时是连续性的分散，有时是一种制度的僵化（第1卷，678；761）。

如果说《批判》忽视了阶级斗争，那也是不确切的：的确，第二卷一开始的导向是接受了这个理论挑战，明确提出两个截然不同、相互冲突或斗争的计划或实践相互统一的问题。如果在这两个计划之外没有第三个视点，没有一个上帝一样的观察者的位置，因为正是从这样一个视点和位置才能理解那种统一，我们如何确定这两个自主的计划实现了辩证的统一？但是，如果它们不是以某种方式实现了统一，那么**历史**本身就没有统一性，而是分散成一种由截然不同的人类努力组成的多元性，这些努力偶然会有接触和冲突，其分析意义大约相当于无规则分子的相互交叉。

这是一个在几个层面上（我称之为寓言性的）被重复和重现的难题。第一个层面——那个伟大的现象学例子——是拳击比赛层面：作为一个风华正茂的天才拳击手，萨特对观众各种不正确的总体化都知晓一二，他们了解一种简单的、基本上是标准的躲闪模式，然后迅速地在这类复杂事件中进行还击。在另一个完全不同层面上，则很难看清楚这个细致的分析全部是关于冷战本身的一个寓言，而且是为了理解共产主义和资本主义（在这里被意味深长地叫作指导性社会［directorial societies］和资产阶级民主）这两个截然不同的集体计划之间的斗争所做的一次哲学努力。我们过一会儿将返回到两者之间的差别；无须再补充说最后一个寓言层面是由存在主义—现象学的要求本身构成的，也就是将所有这些领域都基于人类的身体本身这个终极现实之上。

值得强调一下我们已经引用过的《批判》的调查研究与马克思主义之间的差别，它们有一个更深层的特征，即对"**历史运动**"（le mouvement de l'Histoire）的表述。《批判》，尤其是在第二卷中，事实上非常关注"历史的意义"（le sens de l'

History) 这个问题。这是否意味着萨特在传统的马克思主义,趋向社会主义的**历史**运动 (从中去掉了"不可避免性") 这个似乎是目的论的概念与**历史**的其他很难把握的意义之间进行了区分?我认为是的:此举解释了这两卷何以都惹人眼目地没有在任何地方提到社会主义,也解释了为整个计划所做的辩护,这个辩护是理解辩证认识的一次尝试——同多元性问题有关,同《存在与虚无》中所谓的计划也有关,但是在这里被叫作总体化。萨特令人信服地断言历史的"统一"是近代的事,而且它本身就是历史性的:曾经有很多历史,数不清的历史有时细微到个别的打猎者—和—采集者群体的命运。① 今天,因为殖民主义和帝国主义二者的联合,**历史** (History) 有了某种意义 (它的第一个字母要大写)。但是,基本问题仍然存在,它决定了《批判》中各个论点的全面展开,这个基本问题就是,我们是否可以同样来理解这个巨大的联合,这种理解与个体的活动和计划以及总体化有关。正是在这意义上,可以谈论历史是否有"意义",无论它是怎样的"运动"。

对于马克思主义和《批判》之间的关系的最终评述在这一点上表现出强势姿态。毫无疑问,《批判》的大部分内容是从工人本身的立场对劳动和生产的讨论。那么,他们的对立面资本家或商人,在现象学意义上被理解为结构性反应,也可以说是一种对抗工人存在和他们各种处于融合状态的群体的防御性补偿。萨特的这种现象学偏见,可以说是想要提前解决两种计划之间的斗争联合这一难题,第二卷一开始就对它做了订正。但我相信,它针对的是《批判》中一个更加基础性的不在场,那就是资本主

---

① "历史的含义 (signification) 不是它的**意义** (meaning) [sens]。被遏制的历史 (庞贝或印加的历史) 对我们而言没有**意义**。它对那些在其内部经历过它的人有某种意义。它可能有某种**含义**:如果我们发现遏制它的因素集合的话。"(第 2 卷,402;410 – 411)

义本身的不在场：正是这一引人注目的不在场使读者不时感到疑
惑，首先，这究竟是否真的是一部马克思主义的著作。认识到这
一点依然是不够的，因为对资本主义的分析早已经完成了（在
《资本论》中），萨特没有必要再一次涉及那个熟悉的主题。很
显然，我们需要更近距离地观察现象学方法在第二卷的卷土重
来，观察资本主义的地位，它是一种反辩证法，在其历史前景中
是实践惰性的最重要形式。

　　然而，这些术语，第一卷的功能就是对它们进行定义并详加
阐述，提醒我们，第二卷的术语——有些相对于第一卷而言是新
出现的，有些在这种从共时向历时的转换中已经被迫投入持续的
运用——要求在这一点上有一些初步的评论。我不会再回到围绕
"总体化"这一术语进行的千篇一律的争论，它与萨特过去在
《存在与虚无》中通常所称的计划那个新的辩证法词语没有什么
区别，而且它还有助于清楚地表达后者（及其相关物，处境）。
但还是有必要提醒读者，这个词一直是同任何一个已经实现的总
体性概念清楚地区分开的，而对读者而言，它在萨特那里已经成
了所有过时的、坏的、人文主义的或一般化事物的否定性征兆：
"总体化"是一个暂时的词语，而且它的意义永远不可能完成或
封闭。不过，它确实总是指出一种有限性，这就是为什么必须要
提醒这类读者，当下流行的独一性（singularity）概念在很大程
度上也是一个萨特式术语，而且总是伴随着对所有总体化的认
同。（在谴责存在主义及其自由和独一性哲学是一种黑格尔的普
世主义［universalism］时，总有一些悖论性的事物，即使它们
并非完全不对头。）

　　总体化作为一个概念运用了几套二元义素（semes），它们
可以根据问题或情况相互折叠。例如，多元性是我们面前这个世
界的一个关键特征，它不可避免地要求联合（unification）（尽管
不是要求统一［unity］）：萨特小说的读者甚至比他的哲学著作

的读者还要多，他们会明白多元性在他的叙事中所发挥的作用，特别是人在这个世界上的多元性或其他的多元性，如《缓期执行》中的情形（*Le Sursis*）（*The Reprieve*）。①

但是，这类多元性的联合（或部分联合）也与内化它们外部的事物或它们当中的外来有关：一些术语被设计出来以替换那些老的、不想要的主体—客体二元论，它们强调上文讨论过的在两极之间含混地来回移动的过程，而且它们反过来产生了相关术语，即"外部化"。

然而，外部在本质上是惰性的，或实际上就是《存在与虚无》中的"自在"；而在该书中，惰性与积极之间的辩证法在很大程度上是事物的核心（即使萨特仅仅是偶然回想起这个比较老的本体论术语［但是见第 2 卷，315ff；320ff]），较之"自为"之于实践和总体化，对"自在"的描述无论如何都更有助于传达实践惰性。

所有这一切都夸张地强调《批判》作为出类拔萃的实践哲学的最终地位：《存在与虚无》的自由哲学总是隐含着活动是第一位的。在这里，它占据了中心舞台，所产生的后果是实践的对立项，即反辩证法，实践惰性侵蚀了人类的活动和计划，抗拒战胜这些惰性和**历史**失败的集体努力都必然不可避免地和它一道占

---

①　"一个辽阔的实体，一个在有千万个维度的空间中的一个星球；三维存在不足以对它进行想象。而且每一个维度都是一个自主的意识。试着直视这个星球，它可能会分解为细小的碎片，只有意识可能留下来。千万个自由的意识，每一个都明白一堵堵的墙，一闪一闪的烟蒂，一张张熟悉的脸，而且每一个都按照自己的责任构筑自己的归宿。但是，因为难以察觉的接触和极其缓慢的变化，那些意识中的每一个都是作为一个巨大的、无形的珊瑚上的细胞而实现了自己的存在。战争：每个人都是自由的，而死者却被抛弃一旁。它就在那里，它无处不在，它是我全部思想的总体性，是所有希特勒的语词的总体性，是戈麦斯的行动的总体性；但是，没有人在那里将它加起来。它只为上帝而存在。但上帝却不存在。而战争存在。"*The Reprieve*, trans. Eric Sutton, New York: Knopf, 1947, 326；法文版为 *Le Sursis*, in *Oeuvres romanesques*, Paris: Gallimard, 1981, 1, 024 – 1, 025。（戈麦斯［Gomez, Juan Vicente]，1908—1935，委内瑞拉大独裁者。——译者）

据中心舞台。自由不是伴随着不自由，而是伴随着 *mauvaise foi*（坏的信念）以及真实性（facticity）和偶然性。不过，在这里，我们遇到一股恶毒的力量，即人类生产的动力，它被吸收后反过来对抗后者：一种在集体领域比在个体或存在领域更显而易见的力量。

所以，或许我们最初的疑问转来转去慢慢地变成了一个非常不同的疑问：不是这部《批判》中的萨特如何被看作是一个马克思主义者，而是如何能证明他仍然坚持了存在主义，尽管他频频坚持独一性。在这一点上，我们还是回到了上文提出的现象学问题，而且我们遇到了对《批判》来说无处不在的一个新主题，不过它也是《存在与虚无》中一个老的、熟悉的重点问题，即化身（incanation）问题。

悖论再次出现，正是因为这本早期的书对性做了开拓性的分析，"化身"找到了它的通行证；而性的含义（连同无法逃避的宗教含义）对如何严肃理解这个词在《批判》中扮演的新角色而言仍然是个麻烦。一开始围绕斯大林个人使用的"化身"一词仍然是个悖论，而且无疑同样是一个恼人的联想。我们必须提醒自己，为了掌握这种发展，同时对历史和历史编纂进行哲学探究，萨特也全神贯注于传记的哲学可能性和公正性。从第一次对波德莱尔和马拉美的粗略研究到关于让·热内（Jean Genet）的纪念碑性的著作以及最后不受任何限制的福楼拜研究，萨特最关心的仍然是分析个体生活的诸多限定性因素（记住，安东尼·罗昆丹［Antoine Roquentin］［萨特的小说《恶心》的主人公——译者］就专注于理解 M. 德·罗勒本［M. de Rollebon］［《恶心》中罗昆丹的研究对象——译者］的生活和行动）。

因此，它不仅与苏联革命和萨特在《批判》一书中依然热衷的共产主义国家的动力有关，而且与斯大林本人有关。为什么是斯大林？萨特乐此不疲地嘲笑普列汉诺夫（Plekhanov）装腔作势的评论，如果拿破仑没有存在过，其他一位将军也会在历史上同样出色地填补上他的位置。托洛茨基就不会遵循同样的政策吗（或许不会杀人）？斯大林主义和斯大林本人到底是一个什么样的构成关系？或者资产阶级的流行心理学（pop-psychology）和周日增刊上的丑闻炒作及恶魔学（demonology）竟然是正确的，以至于所有的事情都可以用他是个恶魔这个事实来解释？萨特想让我们在处理这类人物时坚持他所谓的"存在主义精神分析"原则（它与心理传记［psychobiography］不同，虽然后者同样强调政治和历史辩证法）；他还想要我们同意，只有在掌握了斯大林的性格（它本身就是历史环境的产物）与他的政策之间的构成关系之后，我们的理解才是全面的；或者回到《批判》的语言，才能理解斯大林的各种总体化在他个人身上的化身。这个概念因此表明，在存在主义层面和辩证历史层面之间，不可避免地有一个中介；或者，说得更确切一些，这些中介将辩证法重新引入到存在主义王国和体验王国或现象学的经验王国。①

　　这显然是个永无止境的计划，一项没有尽头的任务（如同他在福楼拜研究中所断言的），其中个体与集体的对立被提到精神与身体或意识与物质的对立这个哲学层面——由此像那个古老的二重性一样变得无法化解，而且令人欲罢不能地执迷其中。它也从另一个方向加强了萨特一个曾经颇有影响的批判，即阿尔都塞所指摘的表现因果律（expressive causality）（后者将其与黑格尔和黑格尔主义联系起来）。它是一种符号性或有机思想的残余实践，在这一实践中，现象的每一个特征都浸透着某种中心意义，如在斯宾格勒的时代精神这个概念中一样，据此概念，某个给定时代的所有实践，比如说，所有的巴洛克都属于同类（ge-

---

　　① 很显然，*Saint Genet* 和 *The Family Idiot* 二者都比这里所暗含的更具辩证意义。

nus），但种（species）的特征不同（巴洛克艺术、巴洛克治国术、巴洛克数学、巴洛克哲学，等等）。① 在这里，有种怀疑被唤醒，萨特的化身原则想要将历史进程和存在主义个体之间有一种认同这一观点永久化，这种认同同样是有机的或符号性的，即使坚持认为总体化逻辑在这两个层面上都发挥着建设性作用也不能消除这种怀疑。如我在上文间接提到的，在我看来，如果我们用寓言逻辑替换符号逻辑，也许可以以不同的方式来运用萨特的思想；但是，这里不是进一步阐发这个建议的场合。

不过，化身（以及斯大林）的现象学难题至少能以一种出其不意的方式将我们引到另一个难题上——即资本主义在《批判》中所扮演的角色——这很有帮助。萨特的确有意将他在第二卷的话题从政治角度划分为一方面是关于他所谓指导性社会（解释：独裁的或斯大林主义的）的对比研究，另一方面是资产阶级民主：关于此，编辑反复向我们保证，后者从未被写出来。我们并不感到奇怪，这一特征反映了萨特逐渐对苏联的发展可能性②丧失了信念；不过，令人吃惊的是，它复制了最陈腐的冷战意识形态，即封闭社会与开放社会（或共产主义"极权主义"与"自由世界"）之间的对立。我们稍后会重新来看这个差别：对这种分类法的一个更加严肃的反对在于它将系统描述从经济基础结构中移到了政治上层建筑中。在反对马克思主义的霸权斗争中，用政治替代经济（如用自由问题取代剥削问题）始终是关

---

① 见，例如，关于巴赫的评述："'理性'与'传统'之间的矛盾的……小德意志宫廷的……以及社会等级和艺术家地位，等等旧秩序（ancient regime）的**意义**因此通过一个叫巴赫的人在大键琴上的精巧构思，在我们的耳中**暂时被重新生产**出来。通过这种**再时间化**（retemporalization）——巴赫生命本身的一种化身——我们刚刚描述过的概念集合通过我们的时间再次成为某种正在进行的过程—实践的化身。"（第2卷，296；307）

② 或许不：呼唤第一颗人造卫星在美国引发的"科学恐惧"，相关的评论："美国'大恐慌'的原因之一是每个人作为**历史**的**客体**的感情是混乱的，而这一历史的**主体**是苏联。"（第2卷，319；330n）

键的一步。

的确，这个重要的替代或许能解释为什么萨特对他的巨大计划感到厌倦并觉得继续下去毫无趣味。因为指导性或独裁社会这一概念不仅使人联想到萨特认为很难被接受的一种意识形态：它同时为那种处于其对立面的现象学分析提供了一个很有吸引力的框架——所谓的资产阶级社会——因为它的离散和原子化，它的没有任何规律的潮流，以及可能无法联合、无法改变的多种力量将造成更大的困难，即使不是完全不可能克服的困难。①化身思想本身要求有一个像斯大林（或过去的岁月中那些绝对的君主）一样的中心人物，与之相比，各种西方政治体系中的掌权者几乎不能提供合适的研究对象，而且至多能提供地方性的研究对象。

可是，这个难题——我愿意将其描述为一个表现性的甚或叙事性的难题——将我们带回到萨特论点中资本主义的不在场。显而易见，资本主义是实践惰性的一种发达形式，而且它的各种结构在很大程度上相当于第一卷中翔实地分析过的连续集体，也相当于对利益之类重要的相关现象的近距离考察。遗漏的不是特征或片段，而是资本主义，它是世界历史舞台上的一个行为体（act-ant）、一个中心演员、一个重要的作用者，而不是一个背景系统。萨特的总体化概念对这个系统中的所有演员都给予了非常充分的关注，从肯·雷（Ken Lay）到 D. 洛克菲勒，从罗斯福到爱迪生到迪斯尼；但是，他们与资本主义本身作为一个拟人化的系统（或者，的确，与另一方，即指导性一方的斯大林或拿破仑），相比便逐渐缩小为一幅幅的漫画。而且从萨特始终保持的存在主义视角来看，这种讽刺性缩变是件好事，历史对其中心力量的拟人

---

①　"如果**历史**是总体化，马克思主义就绝对是真理。如果人的历史被分解为多种个体历史，它就不再是真理；或者，如果，无论怎样，在作为斗争之特点的内在性关系中，他者对于每一位对手的否定从原则上讲就是**解总体化**。"（第 2 卷，16；25）

化无疑是一次神秘化而且只是一个文学策略而已。但是，在萨特的基本论断那从未有过的炫目光环下——即曾经有过很多历史，而现在只有一种——如此不情愿地"给这个系统命名"已经不再有任何帮助了；而且或许在晚期资本主义中，在完满的后现代和后现代性中，我们必须认识到这个系统正在用比萨特有过之而无不及的直接的、人格化的方式释放出联合的力量。

另一方面，这种认识对当代研究《批判》的学者而言或许有一种意想不到的积极结果。因为我们现在是带着一种信念在靠近它，即我们相信萨特的二元对立是不合理的，也是不必要的；而且实际上在指导性社会和资产阶级民主之间根本没有差别。福柯在消除这种明显差别方面发挥了他的作用，他展示了权力在其微观发展中如何无处不在地发挥着作用，它的毛细血管遍布这个古老的社会形式。再者，一个美国帝国的产生完成了这一过程，最完美地揭示出这个资本主义民主其本身就是一种漏洞百出的状态，恐吓和监视、不实信息和盲从态度、腐败、肆无忌惮的剥削和不加管制的挪用欲望、深入其核心的干涉政策以及无法阻挡地陷入军事冒险，不是因为士兵，而是因为大财阀本身。就是在这种情况下，第二卷对"总体化包封"（totalization of envelopment）（萨特认为这是苏联独有的特征）的分析现在已经获得了普遍的价值，而《批判》重新获得了它作为现代时期一项重要哲学成就的合理地位。

最后说几句关于这个标题的话，它有意让人想到康德的著作。那么，我们是否要以类似的方式将萨特《批判》一书的目的理解为要为它今天等同于理性的东西设定界限？我们已经提到分析理性和辩证理性之间的构成性差别，前者是后者投射在外部性上的子集。[①] 不过，这样的理解——对这一计划或总体化的理

---

① 见注释 5（即中译本 331 页注释①——译者）。

解——仅仅是受到"自在"本身的限制,受到偶然性和非我(not-I)的限制,或在这里用萨特的话说,受到这个特殊世界的基本事实,即稀缺性的限制。但是,我们这个世界有很多种稀缺,在它们中间就有生命稀缺和时间稀缺。这就解释了萨特在后期坚持认为,如果所有事情都是一个计划,所有事情都是总体化,我们则必须承认,所有总体化都不可避免地要失败,它们的特性就是有限和未完成,这是因为死亡这个中心事实。历史因此必然是"**一个终有一死的有机主义的历史**"(第 2 卷,312;323);死亡"作为一种偶然的残忍性——即作为真实性的一种赤裸裸的表现——是无法被吸收的,也是不能被超越的,而且在**历史**的最中心,它将自己展示为内部综合联系的一种断裂"(第2 卷,313;323 – 324);这与其说是反辩证法,不如说是对辩证法理解做出了一个完全不同的限制,这一限制是人类计划本身所催生的。

一则,这解释了**历史**中不连续性和破裂的首要地位:"**历史**将其自身揭示为交战的个体和集体,**遍体洞眼**(*riddled with holes*)"(第 2 卷,313;324)。再则,它强化了现代,甚或后现代的人们已经有的代断裂(generational break)意识以及辩证地理解各代的事实并将其构成性地包括在历史中(以及集体计划本身中)的需要。最后,这种对死亡的坚持可能强化了一种暗示,将**历史**的首要性理论化不一定与颂扬它完全一样。的确,《批判》的结论性片段在其对作为异化的**历史**进行适当的存在主义谴责方面是惊世骇俗的。关于"**历史**对人是必不可少的吗?"这个问题,它的回答是:"不。它是外部表现为内部,内部表现为外部。它是人自己的外部性表现为内部性(例如,对于宇宙力而言,他是一个客体 [being-an-object])。"(第 2 卷,450;451)

第四部分

词　　条

第九章

商 品 化

"商品化"（commodification）表明了资本主义的结构趋势，由此，有价值的物质（matters）都转化成为可能在市场上出售的有价格的物品（对象）。理解这一过程有一些概念性困难，这是因为这个词在不同民族的语言中意义有所变动。在英语中，这个术语并没有被普遍接受（遵循马克思主义传统的作家有时会代之以更丑陋的"商品普及化"［commoditization］）。在法语中，"商品性"（commodity）一词是由"marchandise"翻译过来的，却被变成了一个表示过程建构的更笨拙的词（marchandisation）。德国人给 *Ware* 这个本土词又加了一个意思，也存在同样的问题，它是借用了外国词干，造出了 *Kommodifizierung* 这个术语。其他种种不再赘言。

一

商品概念是在两种现象的交叉处建构起来的，它们都被理解为形式和结构变化的过程或结果。一方面，我们正在谈论的物体（item）必须被改造成为一个物品。另一方面，必须赋予它一种特定的价值，或换言之，必须具有价格。这两个属性都不一定很明显：例如，有些商品表面上并不是特殊的物质对象，而有些商品似乎是天然的而非人造的（正如马克思经常向他那些死守教条的追随者指出的那样）。物体的交换性，即它在市场上的价值，也不总是（如在商业文化的产品中那样）十分明确。

但是，这意味着这些属性当中的每一个必须在一开始就分开来考察。因此，一方面，对商品化的分析将引导我们回到前面关于更基本的客体化现象的讨论，或将现实（reality）组织成为物（things）（或物质，这是它们从前的名称）；有了这个可以说是形而上的开端，随后就需要对物化或 Verdinglichung 进行分析，将形而上的对象形式加诸实体（entity），这些实体并非天然就表现为这类形式。那么，商品化正是在物化时刻得以出现；或者从另一个方面说，商品化趋势的存在诱发了物化并鼓励它在所有领域产生影响（例如，心灵与文化领域），在这些领域中，它原先并不占据主导地位，或者它似乎也不适用于这些领域。显而易见，物化和商品化最富戏剧性和最神秘的场所是劳动力本身，在资本主义中，劳动力变成了可以用时间衡量的一个物，然后被赋予价格和交换价值。

同时，另一条分析路线，即价值和价格的分析路线将把我们引回到市场机制本身，因为"交换"暗含着一个空间，在这个空间里，截然不同的对象可以被等同起来，然后通过某种价值体系对其进行干预。在这一意义上，商品化作为一个过程将以建立一个适当的制度化市场作为其先决条件：因此，艺术品的商品化有赖于美术馆系统和有组织的市场来出售画作，这是一个反过来也需要批评家和博物馆将价值符码化的系统，一个由市场逐渐促成的符码化，即便是以中介的方式间接促成。

二

物化（thingification）（萨特的法语原文是 chosification）现

象的一个更高意义应该追溯至叔本华对康德的批判。

叔本华的确抗议康德在其对先验形式的列举中遗漏了一个基本范畴，即对象的形式或实体（substance）本身。无论我们如何判断这个作为哲学批判的观察所具有的价值，较之任何关于实物的传统解释，它都在尝试用一种更全面的方式使我们关于对象的常识性理解变得很陌生，传统解释将形式看作是理所应当。叔本华在这里确实是在进行一场思想实验，它要求我们走到世界乃对象的集合这一常识经验的背后，去面对某个假设的现实，在这个现实中，世界仍然是"纷繁嘈杂的混乱"（blooming, buzzing confusion），威廉·詹姆斯（William James）唤醒的这种混乱值得纪念。换言之，我们必须能够想象出一个没有对象形式的世界以便更精确地理解形式在我们的世界中所发挥的作用。

无疑，马克思主义传统为同样的结局提供了一个非常不同的疏离效果。马克思主义认为，一个由人的关系和人的生产所组成的世界先于这个组织成客体的世界，在这个世界里，对象的外表被重新转换到那些非常不同的现实中（而且在这些现实中，很可能一个由物质实体组成的世界其静态的和固定的意义被包括无数过程的历史流动性〔mobility〕所替代）。

商品的外表于是决定并凝结了这个从生产和过程世界中产生的物的世界；而且正是在这个语境中，马克思讲到人的关系被客体化为物的形式（*Vergegenständlichung*，*Verdinglichung*）。当然，从某个视角看，客体化概念的出现或许是在马克思早期对黑格尔本人的"清算"（*Auseinandersetzung*）中，对黑格尔而言，客体化和外部化是人类历史和进步中一个积极的、不可或缺的（如果不可或缺也是辩证的）时刻。的确，在黑格尔那里，个体发展和集体发展，或历史发展都被界定为人无休止地将内在形式外部化，是社会性和文化性世界的一种残忍的扩张（现在从最广泛的意义上加以理解，它包括比喻的使用）。马克思早期的异化概念起自他对一种坏的和破坏性的客体化形式的甄别，这种形式会在对工人及其劳动力的剥削中找到，异化概念也出自创造性的客体化，黑格尔只能够看到这种客体化在历史中发挥作用。

不过，在马克思之后，而且在马克思于 1929 年出版的早期关于异化、物化之类的遗作在乔治·卢卡契的《历史与阶级意识》中正式以哲学的面目出现之前，在《历史与阶级意识》中，劳动力的商品化——现在被等同于一个哲学概念，即物化——成为区分属于两个概念性（和文化性）世界的方式，它们分属于两个相互斗争的阶级。然而，从商品化这个专门的社会性术语转到物化这个在哲学意义上更具一般性的术语意味着卢卡契的开拓性工作在诸多方面受到限制，后来所谓的西方马克思主义试图重新打开这些限制。

三

至于市场价格这个商品化必不可少的特征，仅此特征便将一个客体打上了商品的标记，马克思主义在这里再一次遇到了那个中心难题，即价值与价格之间的区别，价值由劳动时间决定，价格则由劳动时间和各种市场力量及市场波动来决定。围绕交换价值的二重性所展开的辩论和论战的历史表明，没有任何关于商品化的论述可以全身而退：结果是当代的讨论在两种事物之间进行了划分，一是对作为一般文化与经济过程的商品化的抽象的哲学召唤，一是对于市场在不同领域的运作的实证研究，尤其包括市场在全球化时代的扩大和复杂化。这个划分在文化领域中尤其突出：审美哲学，如 A. T. 阿多诺的审美哲学，坚持不懈地认为，艺术作品的商品化是某种环境不可缺少的特征或构成性特征，艺术，尤其是现代艺术，如果不是现代主义艺术的话，就出现在这种环境中。同时，古老的艺术社会学还在以似乎与更大的哲学一般化不相容的方式继续研究艺术市场的经济发展，研究出版社、发行以及接受效果统计。

这种划分或许也可以追溯到一个更加基本的不兼容，即价值劳动理论与经济市场研究之间的不兼容。在当前全球化以及资本主义在全世界追求解常规化（deregulation）和所谓的自由市场的条件下，后者的修辞无疑占据着统治地位。至于价值劳动理论，它一次又一次地受到质疑，这个质疑来自它被运用于所谓文化价值观时遇到的种种困难，同时也因为它的基本概念，即劳动时间，似乎不适合运用到计算机和信息技术的操作中。无疑，它在文化中似乎一意孤行地要将某种劳动时间理论运用于一首十四行诗中的"从天花板上掉落"（瓦雷里［Valéry］）这一行，尽管其他十三行可能包含了多得吓人的工作；虽然如此，正如莫里哀所言，"时光总是捉弄人（le temps ne fait rien à l'affaire）"。但是，说到意识形态诸概念和范畴的建构，文化在此将其自身组织成为一个商品领域，某个集体劳动的概念（也就是说，知识分子的地位）似乎有明显的相关性。例如，"天才"这个浪漫主义概念，阿斯特·费舍尔（Ernst Fischer）将其看作是19世纪早期投放到新的文化与精神市场上的超级商品，是一种集体的而非个体的生产和建构。但是，文学价值的其他特征——例如，缺乏或需要一个给定的意识形态和文化发明能成功地对其做出回应的社会领域——看来要以一种类似的方式来复制经济市场上的供求动力学。这样说会让我们意识到自18世纪以来，随着资本主义市场的扩大，风尚及其变化与革新占据了不断增强的中心地位；因此，要围绕文化的作用重新组织这个难题——最终将广告宣传包括在内——则要遵循经济市场动力学本身。后现代理论的确已经假定文化和经济层面的融合是当前资本主义第三阶段（全球化或后现代阶段）的建构性特征之一。

但是，全球化的整体概念在今天以资本主义的扩张性动力为

前提，特别是以它到今天为止已经渗透到全球非资本主义地区为
前提。这就是说，全球化理论完全相当于某种马克思称之为世界
市场的分析，也就是说，工资劳动的普遍延伸通过将农民变成农
场工人而打破了旧的生产方式，就如同它将农业生产从传统社会
的70%或80%降到10%或7%一样。但是回到工资劳动绝对就
是回到了商品化问题，因为在生产领域，"工资劳动"被定义为
劳动的商品化（或掉过来），而工资在此非常引人注目地被理解
为在市场上买卖的所谓劳动力商品的价格。因此，在这个谱系中
的文化或哲学一端甚至已经变得更加复杂的难题，在基础结构一
端则成了不可回避的具体现实，在这一端，劳动商品的全球市场
建立起来，它从根本上决定了工业从第一世界资本主义的老的核
心中逃脱出来并且引发了第一世界国家最深刻的政治和社会危机
（也不一定给新的第三世界劳动市场带来任何稳定性）。在《大
纲》中，马克思注意到，只有到了世界市场建立起来，而且资
本主义已经达到其扩张的某个最终极限的时候，社会主义才会被
提上议程。在普遍的劳动力商品化中，我们开始瞥见这个历史性
的新环境在战栗，可能还会发生痉挛。

四

众所周知，在《资本论》第一卷的第一章中可以找到马克
思对商品的基本分析。那么，它将要发挥的作用就不仅仅是为劳
动力商品化这个不可或缺的概念提供基础，它还证明了剥削和异
化在结构上不可避免地嵌入资本生产的内部：这是那种生产方式
无法通过改革或改善社会民主政治制度而消除的一个中心矛盾。

对商品的分析，也就是对有交换价值的产品的分析，采用了
一种交错的形式，能量在这种交错中得到交换。长期以来，交错
都被看作是马克思的风格和想象中的基本比喻之一，如在诸如用

武器的批判代替批判的武器这类表达中一样。交错的确假定有两个概念，它们以一种不平等或不均衡的方式交换它们的特性，这种方式表面上是对称的：因此，那个表面上的价值等式（10 码麻布"等于"一件上衣）便包含了一种时间性，然而它是沿着一个方向运动的。它是不可逆的，是一个表明两个概念之一即将变为某种不是商品的商品的特性，或换言之，"价值形式"注定　261最终要变成钱。

如果我们现在谈论的商品成为劳动力本身，那么，这一价值等式中的不对称便被主题化而且最终在它所有的特征方面都得到认同。在这一点上，等式的形式担负着一种意识形态的使命，暗示着对劳动而言可能有一个"公平的价格"，资本主义社会可以通过付给其工人合理的工资来实行变革。可是，劳动力这种独特商品的价格被证明是包括了剩余价值以及工人谋生的价格，因此，它永远不可能真正精确地等同于工人的劳动时间。

对商品形式所做的这一分析产生了另一个结果，即隐含在这一价值等式中的神秘化所产生的宗教副作用。马克思是从 18 世纪对布罗斯首领（le président de Brosses）的人类学思考中获得了他的"拜物教"概念，他用这个术语表示一个无生命的物体被迫承载人的意义这个讨厌的多余物，不仅是在神圣的部落形式中，而且在资本主义商品本身当中也是一样，这就是著名的"本来不过是人本身之间确定的社会关系而已，在这里却把自己表现为物与物之间的关系这种荒诞的形式"①。

也是在《资本论》的同一处，马克思的分析指向两个互不相干的方向，它们都将在商品化概念后来的发展趋势中发挥作用：一方面标明了潜藏在**价值**中的剥削的实际运作；另一方面打开了一个象征王国，在这个王国中，潜在的宗教、神秘或理想主

---

① Karl Marx, *Capital*, Vol. 1, trans. Ben Fowkes, London：Penguin, 1976, 165.

义文化过剩能够得到理解与认同，不过它也在一个透明的社会概念中投射出一幅强大的乌托邦图景，商品形式从这个社会中被清除出去（"自由人联合体，采用普遍接受的生产模式，并且作为一种单独的社会劳动力在自我意识完全清醒的情况下耗尽了诸多不同的劳动力形式"）。① 马克思在这里采用了一个无政府主义的术语"联合"（association）（是和第一章中其他非常著名的表述放在一起使用的，这一片段补充到了《资本论》第二版），在回应无政府主义传统后来对国家主义的谴责时起到了不小的作用。透明概念（不是马克思的说法）成了解构主义批判的目标，因为它隐含了在场和直接性这类不正当的、充满怀旧意味的哲学承诺。

五

卢卡契颇有影响的物化概念（在 1923 年的《历史与阶级意识》中）似乎表面上离商品这个原创性概念，甚至离被马克思指斥为人类生产和人类关系的神秘化替代物的"物化"（*Verdinglichung*）之间的距离更加遥远。在列宁主义最伟大的一次概念性"反思"对无产阶级在认识论中的优先权进行理论化的过程中，物化概念发挥了双重作用，理解这一点非常重要。

对卢卡契而言，实际上，物化采取了截然不同的形式，得到截然不同的实践结果，这取决于物化作为资本主义一种不可避免的社会趋势是被当作资产阶级思维的一种结构性限制加以考察，还是另一方面被理解为无产阶级生活世界的特征，无产阶级的生活世界使得后一种理解在结构上是可能的（所谓无中生有的意识），即把社会理解为一个整体。无产阶级的物化——他的劳动

---

① Karl Marx, *Capital*, Vol. 1, trans. Ben Fowkes, London: Penguin, 1976, 171.

力变为商品——产生的一个结果是工人变成了**物**，他们完全没有可能催生出意识形态的任何其他利益或力比多投入。因此，他们能够从纯粹直观的角度理解资本主义的对抗结构（"他们"和"我们"）。（阶级理论指出，来自下层的观点将社会有机主义看成是敌对主义，来自上层的观点则通过分析性分隔和中性并置将它理解为层面［Dahrendorf］或地位等级。）卢卡契的这种"工人主义"最终根据的是马克思早期的文章《黑格尔〈法哲学〉批判导言》，以及在其中提出的"激进的锁链"［radical chains］理论（在20世纪60年代那场少数反抗中再次复兴，产生了巨大的影响）。

同时，物化对资产阶级的影响正好相反，不是扩展了思想的可能性，而是对不同专业和学科中看得见的社会思想与经验进行压缩。物化阻止资本主义将社会理解为一个整体或总体，并由此阻止其体验阶级斗争那令人目眩的现实：它也可以是一种批评意识形态限制的方式，形形色色的哲学家将这些限制强加在自己身上，旨在避免思考那种现实（卢卡契在这里重新接受了马克思在《路易·波拿巴的雾月十八日》中提出的一个替换性意识形态概念——意识形态是限制，也是掩盖，但不是伪意识）。

对资产阶级思想的这一分析于是澄清了物化与总体性（或者更确切地说是"总体性渴望"）之间的某种概念性对立在卢卡契那里的活动情况。资产阶级必然不会将社会作为一个整体来处理；其思维的物化可能使它局限于这个或那个学科的半自主界限内，局限于这种或那种有限的理论化范围之内。尽管如此，物化可以说将无产阶级变成了一个独特的**物**，它由此可以作为一个总体被体验。对那些仅仅从社会生产中获利，依靠社会生产为生，而自己并不涉足其间的人而言，力量即限制，对被剥削的生产者本身而言，则会成为真理的源头。卢卡契以这种方式重新接受了黑格尔的**主人/奴隶**辩证法，对他们而言，**主人**最终只拥有贫乏的享受，而**奴隶**的实践则可能带来真理。

六

正是效果的这种两重性成为后来文化哲学的特点，文化哲学以商品化为中心出现于 20 世纪 50 年代和 60 年代法兰克福学派及后结构主义的法国。法国的泰凯尔小组（Tel Quel group）和法兰克福的 T. W. 阿多诺同时对商品化在现代主义文学中的形式作用发表了同样的看法。

对阿多诺而言，现代主义文学（他并没有明确地将其认定为现代主义的）在波德莱尔那里开始于艺术作品的商品化，资本主义使艺术作品在整个社会领域的商品化倾向中被商品化。于是，（现代）作品只能通过将其自身从内部商品化，通过将其自身变成一种奇怪的反商品的镜子—商品（mirror-commodity）来抵抗这种外部的商品化。"波德莱尔是对的：强大的现代艺术不是在超越商品的乐土上繁荣兴旺，相反地，它通过商品经验得到加强。"（298；443）① "艺术因为模仿见惯不怪的事物和异化的事物，所以是现代的……绝对的艺术作品同绝对的商品是交织在一起的。"（21；39）

泰凯尔小组从同样的观点得出了相反的审美经验（它或许会被看作是后现代主义的而非现代主义的经验）。他们同意物化是从客体上抹去生产的痕迹，同时证明能得出的唯一一个正式结论是，应该强调生产的工作过程而非强调存在于某件完成了的艺术对象中的审美产品。后来，该小组的不同成员（索勒斯博士

---

① Theodor Adorno, *Aesthetic Theory*, trans. Robert Hullot-Kentor, Minneapolis：University of Minnesota Press, 1997；德文版为 *Ästhetische Theorie*, Frankfurt：Suhrkamp, ［1970］1997；除非另注，所有的参考都出自该著作；页码标注为英文版在先，德文版在后。

[Ph. Sollers]、D. 罗切 [D. Roche]）将作品"文本化"就是在尝试将这种美学付诸实践。

但是，这一时期，第三种有力的观点与其说催生了这种或那种未来美学，不如说为社会和文化分析开辟了一个新的方向。居伊·德波（Guy Debord）的观点，影像是商品物化的最后一种形式（《景观社会》[*Society of the Spectacle*]，1968），确实打开了对整个新世界进行全新分析的大门，那个世界由拟象（鲍德里亚）和影像构成，或称景观社会，这就是资本主义的第三阶段或后现代阶段的特征。为所有类型的电影研究和文化研究所提供的动力是以语言为中心的现代主义移就，它是空间和视觉占据统治地位的审美系统不可避免的结果。德波的观点也透露出向影像生产转移可能也包括承认复制技术在一般资本主义生产中成为一种新的主导力量。

七

这种晚期资本主义文化作为一个普遍商品化的领域对当代新的政治建构将具有怎样的重要性尚无定论。必须要说的是，商品化或商品物化在马克思主义或现代（或列宁主义）时期发挥的作用相对而言是次要的。其一，真正实行社会主义的国家常常因为商品缺乏或商品生产不足而感到苦恼，它们迄今为止仍然属于不发达国家，其处境是以工业化为中心目标，重视因为冷战而强制施行的防御技术。

再则，列宁主义对阶级斗争的强调——除了在卢卡契具有独创性的哲学建议中——阻止了对商品化在这种环境中所产生的社会和政治效果进行分析，在这种环境中，危机引发了巨大的革命性变化。直到 20 世纪 20 年代世界革命的失败和 20 世纪 30 年代德国工人阶级与纳粹主义同流合污，左派思想家才开始探索可能导致这些意想不到的意识形态发展的文化原因，仍然（可信地）是用列宁关于西方（或第一世界）工人阶级的受贿和腐败理论对此做出解释。

最后，对于基础/上层建筑之间差别的强调似乎将上层建筑和文化问题变成了对基础中发生的变化没有任何重要或决定意义的单纯的"副现象"。

一直到后第二次世界大战时期（post-World War II period）和冷战时期，所谓的西方马克思主义者（远远地跟在写出《历史与阶级意识》的卢卡契后面）才转向文化分析以求得左派失败的原因。

产生于20世纪20年代的那一代左派知识分子——萨特，以及法兰克福学派——要求马克思主义对意识问题和文化现象问题重新给予关注，这些问题当时已经作为单纯的意识形态问题不再予以考虑了（当然包括意识形态理论本身）。但是，形形色色共产主义党派的存在是左派政治活动唯一严肃的和有组织的手段，这意味着这些异端的思想家受到党派机构的猛烈攻击，而且他们自身也被阻止参与任何积极的政治活动。

今天，一个新的社会经济环境——全球化的社会经济环境——提出了创造新型政治的可能性，它们将会以有待探索的新方式来理解全球化资本主义及其弱点和矛盾。在其他事物中间，有一点是显而易见的，商品物化已经成为资本主义在全世界进行扩张和蔓延过程中的中心现象，其社会形式就是已经得到认定的消费主义形式（通常被等同于美国化，尾随这个超级大国，在那里发展出了它最纯粹的形式）。阿多诺确实总是对新的可能性有先见之明，他提出，消费实践和习惯将会逐渐取代意识形态控制和信念在这些发达社会中的必要性并因此使得意识形态分析对于当前时期而言不是那么具有中心性。

同时，20世纪60年代美国的新左派（the SDS）对资本主义的深刻见解绝非偶然，它不可能沿着任何实用—政治（practical-political）的道路前进。这个见解就是商品消费本身体现了该系统的一个中心矛盾。正如马克思和恩格斯在《共产党宣言》中已经观察到的，资本主义在一波一波的技术革新中不仅生产了新的物品；它还生产了几乎无法衡量的欲望。新左派的理论家们于是得出结论，这种过剩的新欲望和这个系统满足这些欲望的能力之间所存在的差距才是这种生产模式真正的致命弱点。很明显，这标志着与旧左派的一个重大决裂，旧左派在道德化意义上强调商品化的罪恶，他们还对前资本主义和前商品化生产社会有一种怀旧情绪。这些对商品化动力学的评价哪些将在政治上更能激励未来的反资本主义运动仍需拭目以待。

266

第十章

文化革命

　　文化革命的概念尽管是在现代才被明确表述出来，却是任何关于革命或系统性社会变化的理论（不仅是马克思主义理论）的一个重要成果。但是，中国"十一年"的命运使它变得晦涩费解，它的正式名称——无产阶级文化大革命——似乎已经将它表现为这个过程的标准范式，而不是某种独特的偶然性历史经验。① 同时，对几种语言显得很平常的语言学变体——它应该被称作"文化革命"还是"文化的革命"？——暗示了一种更深刻的含糊性，后面将会谈到。

　　事实上，这个表达本身是列宁在他最后的写作中新造出来的，而且在《国家与革命》中已经被理论化。② 不过，革命主体性的形成过程按照一种新的生产模式的逻辑被改造成为对集体主体性的重构，这在法国革命中，在罗伯斯庇尔发明的理性女神和他为推广对她的狂热崇拜所做的努力中得到见证。③ 或许可以假

---

① Roderick MacFarquhar and Michael Schoenhals, *Mao's Last Revolution*, Cambridge, MA：Belknap Press, 2006.

② V. I. Lenin, "On Cooperation", in *Collected Works*, Vol. 33, Moscow：Progress Publishers, 1973; and *State and Revolution*, New York：International Publishers, 1969.

③ Ruth Scurr, *Fatal Purity：Robespierre and the French Revolution*, New York：Macmillan, 2006; Maximilien Robespierre, *Virtue and Terror*, intro. Slavoj Žižek, ed. Jean Ducange, trans. John Howe, London：Verso, 2007; Mona Ozouf, *Festivals and the French Revolution*, Alan Sheridan, Cambridge, MA：Harvard University Press, 1988.

设所有的系统性革命都不得不处理这个难题，如在斯大林的苏
联，它至少在两个层面上发挥作用：在狭隘而且专业的文学、电
影等诸如此类的意义上生产新文化；在更一般的意义上重塑日常
生活文化。这类计划立刻引发了理论问题：文化本身的概念以及
上层建筑的传统观念的充分性；文化与意识形态之间的关系；资 267
产阶级文化和社会主义文化之间的辩证差异；用格雷马斯的霸权
理论来说明所有这类横扫一切的文化变革中游移于同意与暴力之
间的关系是否充分等问题。

　　但是，甚至这个简单的概述也表明文化革命的概念是有可能
延伸的，不仅是从封建主义延伸到资本主义，或从资产阶级社会
延伸到社会主义社会：确实需要对这个问题做出假设（但不一
定回答），是否这个概念在解释更早的生产模式之间的转化时不
是很有用或没有多少启发性。的确，从母系社会过渡到奥林匹亚
众神有时被看作是针对从田园生活过渡到农业社会及城邦的文化
革命。① 同时，马克斯·韦伯的《新教伦理与资本主义精神》中
关于农民转变成为工资工人的经典论述——尽管与从封建社会过
渡到资本主义社会有关——可以作为诸多这类过渡的一个范例，
这类过渡在全球一直持续着，直到今天。② 甚至韦伯对于宗教的
分析，宗教被叙述为这种变化中的行为体或行事者，也使人联想
到一种更一般的看待文化的方式，将其看作是过渡发生的空间或
元素。

　　反对将马克思主义最早的文化革命概念外推至其他历史时期
和生产模式的意见包括（1）这类过渡的时长，它可能要持续几
代人；而且（2）与此相关，这些过程相对无意识的（non-inten-
tional）性质不再在表面上与某项集体计划连在一起。另一方面，

---

① George Thomson, *Aeschylus and Athens*, London: Lawrence & Wishart, 1946.

② Max Weber, *The Protestant Ethic and the Spirit of Capitalism*, trans. Talcott Parsons, New York: Scribner's, 1958.

因为很多早期的过渡都包括或人或神作为伟大立法者的神话，以及对某部宪法的认可，它们与现代文化的共同之处很有可能比可见的更多。同时，也有辩证法的因素包含其中，即它们之间在性质上存在差异，这是我们现在所谈论的生产模式独有的动力造成的。不过，很清楚，资产阶级文化革命已经发生，表现为有意识的（intentional）政策形式：如在下面的例子中，于勒·费里（Jules Ferry）在法国第三共和国早期①，或在很多欧洲民族—国家的征兵政策中提出了普遍教育方案，在这些政策中，军队本身的目的是一个空间，在这个空间，地区差异被消除，一种适宜的国家意识被培养起来。

至于文化革命是为政治革命所做的培训这一理论，文化革命不仅颠覆了现存秩序，也颠覆了另一种秩序和一种新的主体性的初级建构，葛兰西很显然在这里是最主要的见证人（他的成就也可以从布莱希特独特的思想中获得支持，还可以用一种不同的方式，或许是从彼得·魏斯［Peter Weiss］的《反抗的美学》［Aesthetics of Resistance］获得支持）。② 文化革命的话题也应该包括某种有望实现的大众文化生产以及社会主义国家未能在这方面获得成功（在这种情况下，今天世界上占主导地位的大众文化是在资本主义的心脏，即美国，生产出来的）等问题。

当前时期，将资本主义组织起来的独特的信息技术所提出的最后一个话题可能涉及文化革命概念在今天的相关性，或者至少希图发现并提出在全球化和后现代时期它可能采取哪些新的创造

① Eugen Weber, *Peasants into Frenchmen: The Modernization of Rural France, 1870 – 1914*, Palo Alto, CA: Stanford University Press, 1976.

② Antonio Gramsci, *Prison Notebooks*, 3 vols., Joseph A. Buttigieg, New York: Columbia University Press [*Quaderni del carcere*, 4 vols., Turin: Einaudi, 1977]; Bertolt Brecht, *Me-ti*, from *Grosse kommentierte Berliner und Frankfurter Ausgabe*, Vol. 18, Frankfurt: Suhrkamp, 2000; Peter Weiss, *The Aesthetics of Resistance*, Vol. 1, trans. Joachim Neugroschel, Durham, NC: Duke University Press, 2005.

性形式。

一　列宁

《国家与革命》（1917 年 8 月）从现在已经很熟悉的由社会主义向共产主义的过渡这一角度表现了文化革命（这个术语在该书中尚未使用）这一难题：因此，正如该书标题所示，是在国家权力、法律，以及"国家的消亡"等意义上表现了这一难题。但是，即使有主题上的限制，在列宁的思想中，仍然认为资产阶级的合法性和资产阶级政治形式（"民主"）在第一阶段将会得到保留，并且一直会保留到工人和农民明白真正的社会平等究竟是什么为止。列宁从"结算和控制"方面设定了这种新经验的框架："在那一时刻，社会的所有成员，甚或占绝对优势的大多数已经学会自己管理国家，已经将这一职能掌握在他们自己手中，已经实现了对国家的控制。"① 而这一切的前提条件显然是文化，尤其是教育："普遍有文化……于是，大型的、复杂的和社会化的机构如邮局、铁路、大工厂、大商业、银行等等对千百万的工人进行'培训'。"②

这是现在研究广义的文化变化以及各种主体性改变的一种方式，它将在列宁最后发表的《论合作制（On Cooperation）》［On Cooperatives（论联合体）］（1923 年 1 月）中得到扩展，文中断言，新的历史纪元不可能来到，"如果没有普遍的教育，如果没有一种合适的效率，如果不能充分地训练人民养成读书的习惯，如果没有保证这一切实现的物质基础"。（这种坚持文化革命是教育和培训的思想也可以加以扩展以包括语言革命本身的问题，

269

---

① Lenin, *State and Revolution*, 84 – 85.

② Ibid., 87.

它在形形色色的民族主义中已经非常重要。）必须承认斯大林的苏联已经实现了这些特定的目标。

《论合作制》现在更加直接地论及这些因为农民而出现的难题（《国家与革命》主要集中在工人问题上），而且正是在这种语境中，同时在 1921 年颁布的新经济政策这个更一般的框架内，列宁提出了他的"新口号"（*mot d'ordre*）："将全部农民组织成为合作社团意味着在农民中间会出现这样一种文化标准……如果没有一场完全的文化革命，便不可能实现。"① 文章的结论是革命动力学常规理论的具体化："我们不是从预先被理论规定好的结尾处开始……在我们国家，政治和社会革命先于文化革命，文化革命现在来到了我们面前。这场文化革命现在可能会将我们的国家改造成一个完全的社会主义国家。"②

值得一提的是，斯大林主义对乌托邦的禁止以及对所谓更接近目标理论（theory of nearer aims）（teoriya blizhnego pritsela）的阐发正是借助了《国家与革命》中的系统论述。但是，列宁在这里对反复要求绘制共产主义蓝图提出了严厉的警告（"所有的社会主义者从来没有想过'承诺'共产主义的更高阶段将会到来"），在他最后的这篇文章中，他呼吁，在已经不可能再用同样的方式思考资本主义条件下的乌托邦这个基础上，广泛建立欧文的乌托邦联合体（"在我们当前的制度下，联合体与私人资本主义企业不一样"）。

最后，值得注意的是，1917 年的这本书如何为列宁对文化革命之性质的思考提供了一条有价值的线索，因为正是在这里，他用另一种语言简洁但颇有意义地描述了文化革命旨在产生的主体性革命改造："很快，**必须遵守人类交往中简单的基本规则将**

---

① V. I. Lenin, *The Lenin Anthology*, ed. Robert C. Tucker, New York: W. W. Norton, 1975, 710 - 713.

② Ibid.

会成为一种**习惯**。"目标因此不再是继续进行阶级斗争（它已经 270
成功地完成了），而是养成新的习惯。

二　早期形式：法国革命中的文化革命

从文化革命的角度解读罗伯斯庇尔政治以三个显著特征为基
础：求诸"道德"（*vertu*），推广大众节日的意义，以及努力建
立对**理性**女神（和**最高存在**）的狂热崇拜。所有这些政策都可
以直接追溯到让—雅克·卢梭（Jean-Jacques Rousseau）那里，
他的著作由此成为雅各宾计划的理论手册。①

"道德"这个古典概念，经卢梭之手，来源于普卢塔克（Pl-
utarch），他的《名人传》（*Lives*）因此也可以被理解为第一次资
产阶级和新古典革命的政治经验大全。"道德"不仅代表个人的
美德，如诚实和廉洁（罗伯斯庇尔的绰号），而且在很大程度上
代表了公众和市民的约定，对集体负责作为一个维度现在只包含
纯粹的私人生活。这个概念由此相当于革命期间尝试处理始终存
在的集体动员这一难题：如何保证持久的革命热情，如何训练人
民接受公众、政治，亦即严格意义上的集体，是他们当前生活中
一个永恒的方面（而不仅仅是因为社会动荡才有的一种偶然经
验）。当然也可能将道德依其威慑功能理解为一种保障法律被接
受和服从的手段。

革命的节日也打上了卢梭影响的标记，因为对大众节日的怀
旧情绪在《新爱洛伊丝》（*La Nouvelle Héloïse*）、《致达朗贝书》
（*Lettre à d'Alembert*），甚至在他的政治著述中都发挥了作用。第
一个重要的联盟节（Fête de la Fédération）（与拉法叶 [Lafa-

---

① Jean-Jacques Rousseau, *The Socia Contract*, Cambridge: Cambridge University
Press, 1997.

yette］而不是与当时不为人知的罗伯斯庇尔有着更紧密的关系）
是为了庆祝攻占巴士底狱一周年，同时也表达了对法国第一个团
结一心和充满兄弟友爱的伟大时刻的欢欣之情（马尔罗［Mal-
raux］称之为抒情的幻觉［lyric illusion]），预示着这场社会革命
具有辩证的动力，它必然导致分裂（米仕莱［Michelet］对这一
节日的召唤是一种崇高的表达，崇高也被康德理论化了）。①

　　罗伯斯庇尔后来试图在他的联盟节（1793 年 11 月 10 日）
上，尤为重要的是在 1794 年 6 月 8 日的最高主宰节上（Fête de
l'Être suprême）（牧月 20 日）（le 20 prairial de l'an II）重新唤醒
这个第一精神（牧月：法兰西共和历的 9 月，相当于公历 5 月
20 日至 6 月 18 日。——译者）。如果认为这种努力（卢梭的市
民宗教概念与此一致）是国家在强迫接受 18 世纪的自然神论，
或者认为人们常常相信的秩序和社会服从只有通过宗教权威才能
得到保障（尽管更激进的无神论革命十分有把握地证明，罗伯
斯庇尔的立场基本上是反革命的和保守的），那就错了。

　　宗教母题相当于最早的尝试，尝试通过革命社会的中心问题
之一进行思考，即人格化信仰或物崇拜对统一某种集体性而言是
必需的：以后这一角色多半将被有魅力的领导人所取代（尽管
在诸如美国的稳定等其他事例中，它也可以被某个物体所代替，
比如美国宪法②，或者被民族所代替，如在后来对斯大林主义的
赞扬中）。对节日分析本身而言，尤其是卢梭对其所做的阐发，
已经表明，大众节日是一种纯粹的形式：在节日中，参与者和旁
观者，主体与客体没有任何区别；它没有观众或公众，没有局
外；而且如果它通过标明其自身来赞美这个社会，那么，除了其

---

① Jules Michelet, *Histoire de la revolution francaise*; Immanuel Kant, *The Conflict of the Faculties*.

② Thomas Jefferson, *The Declaration of Independence*, intro. Michael Hardt, ed. Garnet Kindervater, London: Verso, 2007.

自身之外，它没有任何特殊内容。

三 斯大林与文化革命

显而易见的是在 20 世纪 30 年代，在农村工业化和集体化过程中，以及在将大批农民迁到城市的过程中，文化与主体性发生了一场巨大革命；当时的暴力同样清楚地证明了党在作为一项霸权工程的文化革命中的失败。对斯大林统治下的苏联历史进行重新评价的工作被延误了很久，对这项工作而言，似乎重要的是要坚信，这一改造中那些最臭名昭著的特征——社会主义现实主义的教义、审查制度，以及诸如此类的东西——仅仅是那段历史的一个方面，而且它们与处于文盲状态的新生公共大众相呼应，因此相当于社会主义大众文化的一个最初形式。

还有一层意义，在这层意义上，"文化革命"这个术语的用法受到更加严格的历史限制，它可能以一种不同的方式被运用于 20 世纪 20 年代苏联艺术形式的大爆炸，从艺术、建筑和电影到文学和音乐，它们的文化革命潜力被卢那察尔斯基（Lunachar-sky）、马雅可夫斯基，以及其他人用各种方式理论化。这片土地从旧的统治制度下解放出来，它在战前和战争中已经为现代主义做好了准备，但是，列宁的新政策（NEP）所带来的形形色色现代主义的繁荣发展在欧洲是独一无二的，因为它在艺术革命和政治革命之间实现了深刻的认同，在巴黎或柏林找不到它的对等物。或许可以说这种特殊的现代主义文化革命正是因为第一个五年计划和集体化而走到了尽头。 272

四 伟大的无产阶级"文化大革命"

在中国，在江青的改革和计划中，特别是在反儒主义和红卫兵的破除偶像运动中，文化革命产生了一种特殊的艺术美学，同时也对资产阶级和封建过去的所有传统发动了更加具有自我意识而且是共同筹划的猛烈进攻。如果第一股潮流是试图将节日的一些方面与由正面英雄（和反面坏人）构成的革命浪漫主义结合起来——这种形式出自宣传鼓动部门，今天还一直在游动剧院（gurrilla theater）延续着——第二股潮流则表达了对所有文化革命的共同主体性的更加本质的关注（江青的浪漫主义革命美学在其对资产阶级传统和资产阶级形式的批驳中同样也是反偶像的）。

　　作为一项摧毁中国共产党的当权派和权威（"炮打司令部！"）的工程，无产阶级"文化大革命"始于1965年后期。这场革命包含了古老的无政府主义元素和一种期待，期待"国家的消亡"，并代之以由卢梭的"公意"，即全体同意，所激发的直接民主。或许可以说，文化革命的这一时刻因为毛泽东1967年1月对上海公社的批判而告结束（即使它的激进领导人当时并没有完全丧失信任，直到作为所谓的"四人帮"成员与江青一道于1976年毛去世后的几个月里被逮捕）。社会主义直接民主这次早期实验的结束（连同巴黎公社的浪漫主义乌托邦路线①，如马克思本人以及列宁所预示的那样）可以说造成了一种意识形态虚空，没有任何内容，这个虚空被毛的形象和对他个人的盲目崇拜填补了，与此同时还有他的"红宝书"，它为这种"个人崇拜"加上了某种教育意义。但是，中国文化革命更深层的社会成就不可能得到恰当的领会，除非它们在从封建过去继承下来的世袭体系中被取代：对于年轻一代的红卫兵而言，在整个中国，群众常常是暴力施行者，有时是狂热的武斗分子，他们标志

---

　　① Karl Marx, *The Civil War in France*, in *Marx/Engels Collected Works*, Vol. 22, New York: International Publishers, 1986.

着一种革命的划分和对儒家所赞同的长者及等级家庭系统权威的不满意和不宽容。如果像葛兰西所提示的那样，臣属性（subal-ternity）不仅是由剥削的国家制度所构成，也是由对传统权威表示服从、顺从、恭谨的内在习惯所构成，对此我们可以补充弗洛姆的"逃离自由"和恐惧自主等精神分析方面的内容，那么，很清楚，真正的文化革命，其功能之一确实就在于打破这类习惯，结束康德所谓集体和政治王国中不成熟的东西。无论这"十一年"在其他方面造成多么大的灾难，它摧毁了中国的这种臣属主体性，这是它一个永久的遗产。同时，儒家意识形态本身的家长式结构，家庭是国家的拷贝，也是宇宙秩序的拷贝，暗示文化革命的潜力迄今为止在精神分析方面尚未被完全开发出来，无论是威尔海姆·瑞奇（Wihelm Reich）的性—政治（Sex-pol）形式、法农（Fanon）的"治疗性暴力"形式，还是阿多诺的"权威人格"形式。①

五　古巴与文化革命

社会主义运动在其目标和价值观中一直包含有妇女和少数人的权利，但是，这些问题没有在一个大众的基础上被理论化，致使直到后第二次世界大战时期才出现了他们自主的解放运动。古巴文化革命的独特性已经被说成是将这些问题作为社会主义建设的一部分重新予以强调，而且要在文化（电影和文学）以及日常生活和政治指令中继续积极地讨论它们。

古巴革命的另一个创造性是在"中心"（focos）武装斗争的

①　Eric Fromm, *Escape from Freedom*; Immanuel Kant, "What Is Enlightenment?"; Wilhelm Reich, *Sex-pol Essays, 1929 - 1934*, ed. Lee Baxandall, New York: Vintage Books, 1972; T. W. Adorno et al., *The Authoritarian Personality*; Frantz Fanon, *The Wretched of the Earth*, trans. Constance Farrington, New York: Grove Press, 1963.

基础上阶级概念的结束，在这个中心，知识分子、农民、城市工人在平等的基础上走到一起。这种立场似乎更倾向于给予老兵特权，与南斯拉夫的游击队员情况一样；而非倾向于革命之后的阶级亲善（class affilation）（工人阶级家庭对资产阶级家庭），如在中国或德意志民主共和国的高等教育中那样。①

　　最后，要注意，只要是在更加有限的文学和艺术意义上考虑文化，古巴很明显是抛弃了苏联的样板而且拒绝赞同任何特定的艺术模式（对社会主义现实主义也是一样），这一点很重要。相反，现代主义在古巴有其深厚的根基，与现实主义的宣传鼓动和其他社会主义艺术传统一样受到全面的欢迎。菲德尔（即卡斯特罗——译者）用一个著名的词语宣布，在革命内部，一切都是允许的，这是一个专门针对艺术实践的原则。

　　在建设"社会主义道路"的过程中，古巴民族主义的重要作用必须引起注意。但是，这种民族认同的强大意义伴随着其认同语境独特的多元性：它是一个拉丁美洲国家，也是一个加勒比民族，一个非洲国家，一个社会主义国家，最后，是一种（在其他西班牙殖民地中间）与北美文化有着亲密认同的文化（古巴的文化英雄约瑟·马丁［Jose Marti］在纽约度过了十五年的时间，然后才回到家乡并死于解放战争）。

六　南斯拉夫模式

　　在很多方面，南斯拉夫的"工人自治"（autogestion）和联邦主义经验在战后的社会主义中是独一无二的，尽管这些成就的影响在很大程度上是理论性的，而且南斯拉夫模式也没有能够沿

---

　　① Régis Debray, *Revolution in the Revolution?*, Harmondsworth, England: Penguin, 1967; and Fidel Castro, "Palabras a los intelectuales", 讲话, Salón de Actos de la Biblioteca Nacional, Havana, June 1961。

着托洛茨基主义或毛主义的路线在其他地方同样催生出一场社会主义运动。联邦体系在 20 世纪 80 年代以不可阻挡之势土崩瓦解——这是全球化和世界货币基金组织及世界银行的政策所产生的结果，也是南斯拉夫丧失其在冷战中的战略地位的结果[①]——它的作用只有一个，即强调联邦体系在早些时期取得了非同寻常的成功，特别是当时苏联的联邦主义业已崩溃，这种政治体系在其他地方脆弱不堪。铁托元首作为这一过程的一个化身（他一半是克罗地亚人，一半是塞尔维亚人）以一种新的方式凸显出有魅力的领导人和一元化的盲目崇拜等问题。同时，联邦主义和"工人自治"都提出，文化革命需要扩展，以包括迄今为止一直被认为是较为纯粹的经济性事物，如劳动过程的形式。

七 人民民主

这些分析或许可以延伸到当时所有以各种方式"实际上存在社会主义"的国家，即使在这些地区的大多数地方几乎没有做过个体或比较研究。例如，在越南的乡村发展了一种独特的反儒政治教育，在那里，越共教导农民："我们不是你们的父亲，你们是我们的母亲！"彼得·魏斯在这些问题上投入了大量的时间和精力，他对这些方法做了广泛的探讨。

同时，很清楚，对于所谓的被解放地区，亦即资本主义国家内部的特区，需要一个特例，它们已经不再处于资本主义的控制之下，而且在实践革命抵抗的同时，它们已经开始发展一种后革命（post-revolutionary）形式的日常生活。[②]

[①] Susan L. Woodward, *Balkan Tragedy*, Washington, DC: Brookings Institute, 1995.

[②] Peter Weiss, *Notes on the Cultural Life of the Democratic Republic of Vietnam*; Frances Fitzgerald, *Fire in the Lake*. 见，例如，A. S. Makarenko, *The Road to Life: An Epic of Education*; 亦见 Asja Lacis 关于苏联再教育计划的回忆录。

在德意志民主共和国，反法西斯流放者归来，首先是布莱希特，这决定了在文学、戏剧以及电影等方面将谨慎地开展各种实验，1965 年，第十一届党的全体会议关于反对形式主义的法令基本上终止了这些实验。一般而言，在西方，不同国家版的"解冻"，一个从伊利亚·爱伦堡（Ilya Ehrenburg）1956 年赫鲁晓夫时期的小说标题中借来的术语，被更贴切地分析为社会主义文化革命中诸多突然出现的形式，而不是新兴的表示"政见不同"（dissidence）的形式（一个意识形态范畴，它在历史上反而是很久以后才出现）。

八　文化革命与文化概念

对文化革命概念中必须当即做出决断的基本问题所做的这一概述在至少四个方面利用了文化概念本身：文化概念作为美学和艺术生产更加有限、更加特殊的领域，从文学和视觉艺术到电影和音乐；作为社会主义教育特色鲜明的理论与实践，例如，马卡连柯在《生活的道路》（ *The Road to Life* ）[1] 中生动表现的再教育中心是这方面的先锋；作为日常生活本身的王国以及日常生活的组织形式，作为实践与习惯的王国，作为具体的社会关系王国；最后，作为马克思主义传统所确定的各种上层建筑或特殊上层建筑的名称，与基础或基础结构，即与经济（或与生产关系相结合的生产力）相对立。在结论部分有必要简单地概括一下这些假说遇到的难题。

文化革命的概念很显然预设了一个众所周知的二元论，上层建筑和基础（基础结构）的二元论是文化与经济之间的差别模

---

① A. S. Makarenko, *The Road to Life: An Epic of Education*；亦见 Asja Lācis（原文如此——译者）关于苏联再教育计划的回忆录。

式。西方马克思主义在这种二元论不可避免地将文化贬低为对经 276
济的反映这个基础上批判了经济主义并强调文化是一项更具一般
性的政治工程，由此广泛地批驳了这种传统程式（它仅仅在马
克思自己的著作中被唤起过一次）。另一方面，更传统的马克思
主义希望将其保留为马克思主义体系的一个基本特征，担心以任
何形式放弃经济是最后的决定因素可能会任由自由主义对这个体
系进行修正，即使不是任由最完满的"后现代"相对主义对其
进行修正。

　　不过，当我们从工资劳动的角度来考虑基础与上层建筑的差
别时，似乎很明显，钱（工资）在劳动时间和"闲暇"之间设
立了一个最基本的障碍。基础与上层建筑之间的差别是这种社会
现实的一种理论，但也是它的一种症状，而且只有当工资劳动
（或者劳动本身）消失之后才有望消失。因此，只有在遥远的乌
托邦（或实际上是反乌托邦）的意义上才能想象它的消失，表
现为四种可能的结果：（1）在一个反乌托邦的环境中，所有的
事物都将变成劳动；（2）在一种自动化的管理体制中，所有的
人类劳动都不再是必要的；（3）在某种社会中，工作已经变成
了哲学意义上的游戏，或至少已经被审美化；（4）在某种社会
中，先前被称为闲暇的所有方面都已经变成了商品并且被标上
价格。

　　文化与经济的二元论无论如何似乎已经不会产生任何效果
了，尤其是在资本主义的第三阶段（后现代或晚期资本主义），
这两个领域似乎已经折向对方：文化成了一种商品，而经济则成
了力比多投入和象征性投入的一个过程（一个并非与马克思对
商品形式这个"神学细节［theological niceties］"的分析水火不
容的过程）。

　　一则，对政治和国家权力（或简单地说，权力）而言，这
样一种二元论暗含了一个含糊的甚或无法确定的场所；它是否意

味着权力本身有自己的基础结构和上层建筑（一方面是暴力的
垄断，另一方面是霸权或赞同）？继而，这两个领域之间的任何
巨大差别——坚持文化的半自主性——不仅往往会将文化置于与
经济的关系中，而且意味着它同后者有巨大的差异并朝着文化的
完全自主这个方向移动。与此同时，阿尔都塞的"意识形态国
家机器"（ideological state apparatuses）这个概念似乎提出了一个
适合各种上层建筑的基础结构，一种或许在两个方向上同时被成
功地一般化的方法。

　　最后，信息社会的出现和在计算机及电子技术意义上重新组
织起来的经济似乎要求对传统马克思主义的文化思想进行重新思
考，或至少对它们进行丰富和复杂化。关于交流的当代意识形态
（甚或形而上学），例如哈贝马斯的交流理论，也要求一个创造
性的马克思主义回答（同时提醒我们这个概括中几乎没有提出
意识形态问题，尽管事实上，意识形态理论在很多方面为文化问
题提供了一种可以替换且具有竞争性的理论代码）。

第十一章

辩证法的韧性：三个方面

我有一种感觉，对很多人而言，辩证法（因为它完全可以表示任何事物）意味着一种附属的或补充的思维：一种解释方法或模式，或者因为某种原因只是偶然被补充到我们平常的思想过程当中。这就是说，不是很多人始终都能够辩证地思维：它或许还表示辩证法不是特定的社会所催生出来的一种思想形式，对这一社会而言，实证主义、实验主义，以及形形色色的范例论传统似乎更适宜，也更相称。（当然，假设有各种社会形态——或者更确切地说，生产模式——它们是针对其自身并且是在自己的特殊结构内部发挥作用的思维和抽象化的秘密形式，这样的假设当然是一种辩证思维：这个假设对不同思维的"真相"起到某种作用，最好不要将这些思维说成是相对论性质的，即使这种辩证的或"绝对的"相对主义肯定与其他进步的当代相对主义有着亲缘关系。）

如果是那样的话，做出如下推测就是可信的，尽管对黑格尔和马克思（间或还有很多其他人）的著作已经有大量的开拓性探讨，辩证法也不是一个属于过去的事物，不是哲学史的某一章，而是对某种未来尚未实现的思维的一种思辨性论述：如哈贝马斯所言，是一项未竟的工程；是一种理解尚未成为集体习惯的环境和事件的方式，因为对应于这种集体习惯的具体社会生活形式尚未出现。或许我们可以试着想象这样一个社会，在其中，个体的种种悖论与集体的存在相对立，否定与肯定不可分割，我们的生产活动无可避免地异化，特殊的海森堡原理（Heisenberg principle）通过代表我们观点的意识形态展现出来，这些都是司空见惯的，对它们的普遍了解程度与对旧时宗教或当前西方式科学常识的了解没什么两样。只有在这样一个社会里，"透明"修辞才会被经常运用——不是因为这个社会中的所有事物的意义都是直截了当地表现出来，而且不会再因为某些结构而变得模糊，这些结构使资本主义（或权力的前资本主义形式）合法化，而是因为集体意志和社会意志的种种悖论，这二者早已经同一了。或许有人要补充说，在这样一种社会里，一个此后便是辩证的社会里，我们今天所谓的马克思主义，即关于资本主义的科学，也会以那种形式消失，它要为潜存于其自身当中的辩证哲学或本体论让路，但这种辩证哲学或本体论在当前的世界上还不能被阐发或符码化：关于这一"历史主义"命题，卢卡契和葛兰西都写过很有启发意义的文字①，它们可能应该被看作是一种警告，不要试图在我们自己的时代搞任何马克思主义哲学体系或本体论。

这种辩证的历史主义观点也需要我们将黑格尔和马克思的特殊地位解释为可能对辩证法做出预测的时刻：这两个时刻的确都是历史上的社会革命时期，在这种时期，面向一个极为不同的未来的窗户被推开了，即使开得很小。对法国革命的同情使黑格尔形成了一种非常不同的现实性（actuality）概念和历史概念，不同于他从自己时代的神学和哲学中继承下来的概念；而对于马克思而言，劳动力的普遍商品化，或工资劳动的普遍化却伴随着劳

---

① 见 Georg Lukács, "What is Orthodox Marxism?" in *History and Class Consciousness*, Rodney Livingstone, Cambridge, MA: MIT Press, 1971, 1 – 26; and Antonio Gramsci, "The Revolution against Das Kapital", in *Pre-Prison Writings*, ed. R. Mellamy, trans. V. Cox, London: Cambridge University Press, 1949, 39 – 42。

动组织和战斗性的最早形式（自 1848 年革命一直到第一国际和巴黎公社），所以直到那时，仍然有可能对一个关于极为不同的社会的期待进行结构性理论化，那种期待必然是空幻的。但是你一直想要返回到这些"可能性条件"，从而紧跟事实：我们不可能预先推断出目前的网络革命，连同资本主义的"历史终结"，会让我们在某个位置上生产和思考的新辩证法概念是什么。

我已经发现，从三个不同的方面描述辩证法很有帮助，它们当然不能穷尽各种可能性，但至少能够让我们的讨论变得清晰，而且能提醒我们注意可能出现的混淆或范畴错误，注意它们之间的干预因素。这三个方面中的第一个方面牵涉到自反性（reflexivity）或思维本身：或许它可以被说成是辩证法的一种相对具有共时性的形式。第二个方面提出了因果性和历史叙事及解释（因此更多是历时的）等难题。很明显，在黑格尔和马克思那里，辩证法的这两个方面都分别得到了最丰富的运用。

辩证思维的第三个方面或特征似乎没有提供一个模式（如前两个那样），而是将辩证思维过程本身的基本特征分隔出来：这的确是在强调矛盾，布莱希特在不同的语境中以不同的形式坚持认为辩证思维始于矛盾，这也是他的经验教训，我们可能因此褒扬布莱希特，他认为，辩证思维意味着在事物的核心部位找到不可避免的矛盾并在矛盾的意义上对其加以理解和重构，或者（如果你喜欢）非辩证思维的不同形式总是可以等同于包容、压制矛盾或将其自然化等诸多策略。相对于前两个，这是一个不太排外的表述，而且（不过不一定是一种方法）或许也一样为运用和认同辩证法提供了最实用的线索。

先看自反性——辩证法在识别方面的创造力，它辨认出一种方式，而我们正是因为这种方式才陷入所有概念的泥潭中难以自拔，它作为一种策略也是独创性的，它将我们从那种处境中提升出来，不一定是要改变那些概念，而是与它们拉开一定的距离——毫无疑问，今天，自我意识（它有时被冠以这个名称）施加了不好的压力；如果我们对意识哲学厌倦透顶，那么对它们在自反性中的逻辑实现，对种种自知自明的洞察力，以及对各式各样的反讽，我们更会感到精疲力竭。当前时期已经使在表面上重新控制了各种强制性深度；而所有的现代哲学和思想（包括弗洛伊德在内）在主体及其教化等老式道德化概念面前已经处于治疗性逃避状态。或许，意识和自我意识已经同不同形式的压制，同各种关于自我（self）或自己（ego）等与诸多阶级联系在一起的概念结成了非常紧密的同盟。阿多诺好像说过，它们是资产阶级主体创业时期的果实；既然我们现在处于从旧时创业和家长式的强盗资本家向跨国垄断和无名的全球性集体全面过渡的过程中，对自我的赞颂似乎就成了一种历史的好奇心，成了过去一种过时但昂贵到不可能拥有的奢侈品，有如私人有轨电车。可是，或许在这样一种意义上阅读黑格尔，这件事本身就是已经逝去的现代主义历史时期的一种投射；就如同对弗洛伊德的重写已经不再依靠斯多葛哲学，不再依靠治愈之类的幻想（在那种意义上，它们的确是自我意识或自反性最重要的时刻），所以，**绝对精神**或许也可以被调整为单纯的历史覆盖和同时性以适应当前时代更朴素的和精神分裂症的风格。

不过，更严肃的问题与我们是否仍然需要自我知识牵扯在一起：这个价值似乎第一次被降价出售，然后又立刻被丢到历史的烟灰缸中，之所以这样，其深层原因是自我已经完成了它的时代，而且多种自我，多种主体地位似乎都不再有任何有趣的或具体的事物供人们了解。不再有很多的知识，更不用说智慧了。

让我在这里做一个小小的预见和提示，我们可能是在一个错误的地方进行观察：如果主体地位不是服装上的任意变化，服装的变化可能最终取决于你的钱包，那么，或许它们应该被看作是对环境的反应。这意味着主体地位在今天的多元性和共存状态与后现代人同时在多个共存环境中的生活方式是一致的：过去在这一方面似乎要简单得多，过去是前城市阶段并且服从宗教压制，但那样，你就永远不会了解过去，也可能如我们中间那些尼采的信徒喜欢断言的那样，多元主体地位一直与我们同在，而乡村在最亢奋的时候，其复杂程度丝毫不逊于加利福尼亚。但关键是如果是那样的话，所谓的自我知识便不是一种关于自我的知识，而是对自我所处环境的一种意识，是获得并保持对多元环境的精确认识的一种方式，在这些环境中，自我发现并发明其自身。那种知识不需要我们过去经常赋予它的任何古老的主体性，不需要我们赋予它资产阶级内省含义（就此而论，你可以将黑格尔重读为一系列或一连串的环境，而不是一系列的必要形式）。我不想再这样纠缠下去，我希望赶快将这些最初关于辩证法的评论与德里达早期在《论文字学》中关于取消和"涂改"的思想联系起来，这本书警告我们，如果不首先彻底改变这个世界并生产出新的环境（不是他的表述），在这些新环境中，新概念或许以某种方式能够发现它们的通行证或用途，我们几乎不可能用某种乌托邦的方式修改我们头脑中的概念然后飞跃到一种全新的哲学视野中。

但是，发生在自我意识讨论中的这一转向现在提醒我们为它的另外一个更具马克思主义意味的变体命名，这个变体无疑就是意识形态概念本身，启蒙运动驱除偶像和迷信的努力所获得的最后一个也是最重要的成果。最重要的是，正是在这个方面，解构，举个例子，与马克思主义是有关系的，它们是远亲系统中的姑表关系；而且理解这一比较的最佳方式可能始于将解构分析成为一种"意识形态批判形式"（*Ideologiekritik*），他们很多年以前在德国常常这样谈论马克思主义。在此，我们必须以一种新的方式返回到先前说法中的比喻，即回到自反性意义的表述上。因为重点是一样的：我们浸没到我们的意识形态当中（实际上，自我本身就是这样一种意识形态，如辩证主义者拉康展示给我们的那样），我们对自己的意识形态有了清楚的认识，严格地说与当时所谓的自我意识完全一样。因为意识形态批判始于家中，有所谓的自我，有它的行李和家具，然后才能训练它对外界事物的认识达到某种准确度和精确度。在这一方面，黑格尔曾经说到他自己那个时期的一件很有指导意义的事：他注意到，我们作为哲学家的处境极不同于希腊人，因为他们首先得从无所不在的经验性日常生活中生成有用的抽象概念；但是，我们——这里的历史环境很清楚是黑格尔时期的第一次现代性——却淹没在这些抽象概念中，我们只能在绝对不可能沉入前哲学时期单纯的知觉性传统生活中这个条件下找到一条摆脱这些抽象概念的路。[1] 显而易见，他称那条路为辩证法；但是马克思精彩的评论说得更加清楚，你禁不住将它作为对黑格尔这个说法的注释。马克思说，资产阶级哲学是从特殊上升到一般；我们现在必须从一般上升——注意一直在用这个动词——到具体。[2] 具体不再是一般性和抽象性的组织，不再是普遍性的组织；但它也不再是一种没有灵魂的反理论的经验主义；它是某种我们在这里尚未令人满意地描述出来的其他事物，因为"具体"这个曾经非常风光的词似乎已经日薄西山，就更没有办法描述它了。

不过，黑格尔的分析与"意识形态批判"的"唯物主义"之间的纽带是空间和哲学"范畴"的系统性组合（schematism）：

---

[1] G. W. F. Hegel, *Phenomenology of Spirit*, trans. A. V. Miller, Oxford: Oxford University Press, 1977: "古时的研究方式与现代时期的研究方式不同，因为先前的是适当地、完整地形成自然意识。将自身放在其存在的每一个点上进行检验，将它遇到的每一件事物哲学化，它将自身变成一种一直处于活跃状态的普适性。然而，在现代时期，个体发现了现成的抽象形式；理解它、挪用它的努力与其说普适性是从存在的具体变化中出现，不如说是直接推进内在的东西，是截断普适性。"（19）

[2] *Grundrisse*, in *Marx/Engels Collected Works*, Vol. 28, New York: International Publishers, 1986, 38.

或者换言之,是从亚里士多德到康德的精神形式,这些精神形式已经确认是在我们和我们的思想对象之间进行协调。在亚里士多德和康德那里,这些范畴都被罗列出来而且按照不同的分类体系进行了整理①,但是,不能说已经对它们做出了确切的解释,因为它们本身没有意义,而是对意义进行控制和组织,在这个层面上,它们在意义之外。黑格尔的创造性是通过一系列形式(通过这些形式,用黑格尔的语言说,"概念"逐渐地而且是历史地变得"等于其自身")接近这些范畴本身的内在意义。我们今天还远未明白克罗齐那个著名的标题(《黑格尔哲学的生死是什么》[*What is Living and What is Death in the Philosophy of Hegel*])中隐含的拣选是什么;尽管如此,如果黑格尔和他的著作今天对我们有现实性和实用价值,那也只可能是范畴的这种辩证法,它促使我们创造一段离开我们自己思想的距离,在这段距离中,我们思想的欠缺和不足可以从我们已经能够运用的那些精神范畴层面上得到诊断和确认。在黑格尔那里,特殊精神范畴(不是其他的,例如,那些较为充分的范畴)的可能性条件已经是合适的历史诊断对象:一个给定范畴中的辩证法瑕疵(例如,它以辩证的形式将某种错误的二元论强加给我们)已经成为我们的历史环境的指数;而且,通向某种马克思主义的道路因此一下子被打通了。

283

因此,今天以不同的方式重新回到黑格尔那里是合理的:对黑格尔的范畴分析和马克思的意识形态分析之间各种颇具启发性的联系进行全面思考和详尽的阐述,与其说这是一项学术工程和考古工程(尽管对文献本身和哲学史进行这种研究是无价的),不如说是一次新的尝试。我仍然相信,表现这些联系最有效的努

---

① Aristotle, *Metaphysics*, in *Complete Works*, Vol. 2, Princeton: Princeton University Press, 1985: "'什么'、质、量、地点、时间以及'存在'可能有的任何类似意义;而且,除了所有这些,还有潜在的或实际具有的。"(第 6 书,第 2 章)

力是命运多舛的"资本逻辑"（*Kapitallogik*）运动，在这一运动中，黑格尔的逻辑范畴被试验性地与马克思对资本本身的分析并置一处。[①]

不过，这一方向上出现的更加频繁的变动是试图绕开形式—内容的老一套或将其中立化，它们在标准的黑格尔与马克思比较中很常见：也就是暂时地忽略这个思想（或许是受到了先前评论的鼓舞），在黑格尔那里，是思想和态度的形式问题，而在马克思那里，我们就不得不处理思想和态度具体的或经验的阶级内容。的确，"资本逻辑"可能被看作是给黑格尔的"形式"加了一项具体的阶级内容，而在其他的马克思主义发展中——最著名的是在卢卡契的《历史与阶级意识》中——它们的策略一直是揭示那些隐含在似乎是经验性的阶级与政治立场及观点当中的范畴形式。这在今天依然是一个丰富的研究领域，或许也可以观察到，它出现在我们的政治术语中：我想到斯拉沃热·齐泽克（Slavoj Žižek）那些缜密阐述的结果，它们非常具有启发性，很有吸引力，也想到他对拉康的精神分析中各种辩证法所做的联想，这些辩证法被专门用于马克思主义与德国客观理想主义之间那个开放的力场（force field）。

因此，在很大程度上，问题不是某种黑格尔的理想主义与在今天损害了辩证法发展的这种或那种马克思的唯物主义不兼容：相反，如我希望建议的那样，这种"不兼容"正是真正的哲学创新可能发生的空间。今天，更紧迫的问题是历史和社会的问题，而且，如果它是利用无处不在的实证主义，利用对理论本身的厌恶来攻击黑格尔的辩证法，它对马克思主义意识形态理论本身不会产生严重的后果。因为有一个问题，今天，在后现代和全

---

① 见 Bertell Ollman, *Dialectical Investigations*, New York: Routledge, 1993, 尤其是第 1、2 部分；Tony Smith, *The Logic of Marx's "Capital"*, New York: SUNY Press, 1990。

球化的环境中，在市场和犬儒理性的普遍统治下，这种理性了解并接受关于其自身的一切，是否意识形态仍然表现为它曾经的古典形式，是否意识形态批判还能继续为所有的目的服务。那曾经是文化革命的目的，也是一项集体教育：不仅仅是怀疑敌人并撕下他们的面纱，这甚至也没有被排在首位，而是要改变集体本身的精神和实际习惯，这些习惯是这个社会体系形成的并且依然被这个系统污染着。今天，而且就是此刻，我们需要更加审慎地问我们自己，意识形态在新的一刻如何发挥作用，市场如何实现了它不容质疑的统治。悖论性的是最简陋的意识形态形式似乎又重新回来了，而且在我们的公共生活中，某种古老的庸俗马克思主义好像不再需要靠法兰克福学派和各种否定辩证法所提倡的超细微差别，更不用说靠解构，来确认和揭示工作中最简单也是最具阶级意识的动机和利益，从里根主义和撒切尔主义一直到我们自己的政治家：减税，于是富人便可以留下更多的钱，一个简单的原理，对此令人吃惊的是这么多人已经不再感到吃惊，而且在普遍的市场价值观中，令人愤慨的是这种价值观肆行无碍也几乎不再激起任何人的反感。如果意识形态批判一直都是这么简单的话，为什么我们首先要为现代时期左派发展起来的意识形态批判发明精确的盖革计数器？这其中的含义就是冷战使形形色色西方资产阶级狼狈地躲进为这些动机而设计的复杂的精神伪装当中，解构它们需要同样复杂的方式，但是，它们不再需要利他主义或更高级的哲学理由作伪装，因为它们已经不再有敌手了。

不过，或许有一种看法需要我们接受，意识形态今天较之过去表现为极为不同的形式，特别是两种占统治地位的意识形态——市场意识形态；消费或消费主义意识形态——已经不完全是古老意义上的意识形态了。阿多诺的困惑非常有见地，他想知道是否商品在今天不再是它自身的意识形态：由此似乎独立地证明了一个一般的概念性运动，它离开公开的意识形态理论向一种实践运动（例如，在布迪厄的研究中）。这样一个"意识形态终结"可能永远不是意味着阶级斗争的终止，这一点似乎再清楚不过了，但它一定会在关于阶级斗争的表述中，在打开各种新的、循环空间后造成一个两难困境，在这些空间中，通过斗争见出分晓。或许在晚期资本主义中，关于意识形态在逐渐内化的意识道出了左派眼中商品拜物教理论的新意义，对马克思而言，在分析我们社会体系中的日常生活时，商品拜物教是未被阐发的秘密。重新燃起对宗教的理论兴趣在这里或许也有其相关性（不仅是在我们周围的经验性社会世界中），因为马克思的简要分析就是在宗教层面上呈现出来的。无论如何，来自精神分析和殖民语义学（colonial philology）① 的贡献在这个有趣的问题上汇合了，它也一定掌握着打开当前事物图式中实践政治的钥匙。

　　但现在应该转向第二个方面了，辩证法常从这个方面被理解，同时也被误解，它也与目的、叙事，以及历史有关：或换言之，与变化的情况有关，与历时性而非意识的种种结构有关。马克思常常与黑格尔一道受到谴责，说他们接受了"历史哲学"（显然它被假定为一个不好的东西；同时不知为什么被说成是宗教性的，说它无意识地复制了基督教历史主义，而且提出了一种救赎叙事，该叙事与朝向某个时间尽头的历史运动有关——简言之，使与某种目的有关的有害学说成为永恒）；对他们比较轻微的谴责是他们不仅宣扬目的论，而且宣扬历史的不可避免性，无论那可能是什么意思。《路易·波拿巴的雾月十八日》的读者没有人会相信这样的说辞，对此，我只能用简略的形式作出回答。我当然希望马克思主义提出了一种救赎历史；为什么救赎就应该是基督教呢？我尤其不明白这一点，因为基督教救赎在根本上仍

---

① Slavoj Žižek, *The Sublime Object of Ideology*, London: Verso, 1989; William Pietz, "The Problem of the Fetish", in *Res*, Num. 9, Spring 1985.

然是个体的，而审判日是一个代表历史完全终结的比喻，而非如马克思本人所言，是"史前史（prehistory）"的结束。此刻或许正好可以讨论一下恶名昭著的总体性概念：正是资本主义在总体化，它构成了一个总的体系，而不是任命了它的批评家。不过，我们不得不从对这一社会体系进行总体化改造的层面来进行思考，因为这个体系本身就是一个总的体系（福柯说得比马克思甚至更好，顺便说一句，它也隐含在德里达的《论文字学》关于概念性封闭的思想中）。那么，救赎就是那种改造：过去几年的教训磨炼了我们，我们不应该再说什么了，这是不可避免的。但也是在这里，不可避免的永远不是社会主义，而是资本主义各种矛盾的内爆。马克思在其有针对性的观察中在很大程度上也认可某些世界历史的结束"不是要对整个社会进行重构，而是竞争的阶级都遭到毁灭"①。的确，这二者不是如哲学家喜欢说的那样"完全一致"：资本主义是一个体系，一架机器，有着无法解决的内部矛盾；社会主义是一种人类活动，也是一种集体活动，是一项集体工程。前者的命运不由我们决定；后者的命运与我们的集体实践是一致的。

　　但是这些视角——有时应该是"宏大叙事"——根本不是真正的叙事；它们是价值论或乌托邦的幻想。它们使得建构这种或那种历史叙事成为可能，但它们本身不是叙事。如果我们对那些文本稍做观察，我们就可以说出它们中某些真正的辩证叙事——我刚刚提到的《雾月十八日》——我们观察到的确实与这种所谓对所期待真理的虔诚叙述相对立，与历史相对立，这种历史被书写为大团圆与少数抽象概念之间简单的相互作用。确切地说，《雾月十八日》让我们见证了一种叙事，它是对先前占主

---

① Karl Marx and Friedrich Engels, *The Communist Manifesto*, in *Marx/Engels Collected Works*, Vol. 6, Moscow: Progress Publishers, 1976, 484.

导地位的叙事范式的抵消，它在每一点上都是永久的、耀眼的，
有时又是令人迷惑的。在这里，辩证法不断地颠倒以前因果论的
陈词滥调，扭转历史或叙事的功效和效率：它不断地强调绝对不
可预见的后果，强调痛苦的反讽性逆转，强调人（个体）的意
图的倒置，强调失败而非成功中固有的进步，这种失败是最惨痛
的失败，而不是最轻微的失败。历史总是先出它最坏的那只脚，
如亨利·勒菲弗尔（Henri Lefebvre）喜欢说的那样，而不是它
最好的那只，如资产阶级或辉格党，或有进步倾向的历史编纂所
声称并试图通过他们自己的叙事所展示的那样。无疑，这种历史
编纂实践的伟大先行者又是黑格尔（他和他的先驱亚当·斯密
和孟德维尔［Mandeville］），尤其是他的“理性的狡计”或“历
史的狡计”的概念，集体历史就是用这类东西在背后利用个体
的，甚至个体民族的热情和意图，目的是产生某种完全意想不到
的结果。但是，在那个程序化形式中，正统辩证法仍然过于简单
而且它本身变得可以预见：在马克思那里，历史的辩证法就是希
望逃脱那种可预见性。但是在这里，我们现在正逐渐将辩证法理
解为一套运作，它是一种态势，而非某种静态的“观点”甚至
“哲学”——在此，就是历史本身。换言之，在我们内在的意识
形态中间有一些概念，包括事件是什么，事情如何发生，什么是
有效的原因，变化如何在最大程度上被影响：辩证法希望让我们
以一种新的更加复杂的方式看到并明白历史的变化，以此来不停
地质疑并破坏那些叙事和历史的意识形态。但这正是与一般的后
现代历史编纂之间的差异：辩证的历史编纂希望给出的是一幅暂
时的历史变化图画，一个暂时的叙事，有对事件的暂时解释，并
因此暗示出那些事件不是完全无意义的，那种历史叙述不是一个
287 完全的意识形态过程。

　　现在，在这条路的某个点上，依我看，似乎这类辩证叙事已
经冻结而且变得符码化了；所以，必须发明新的叙事程序来依次

逐渐削弱它们。我首先要为 20 世纪历史编纂拣选出来的是弗洛伊德的"事后性"（*Nachträglichkeit*）和德里达的替补（supplementarity）概念，"事后性"亦即弗洛伊德所谓的倒摄效果（retroactive effect），举个例子，青春期的到来因此会引发某个事件，从某种意义上说，这个事件在三岁时就已经发生过，但从另一种意义上说，它却根本没有发生过；德里达的替补概念就是顺着这一点发展而来，在这个概念中，依照雅格布森（Jakobson）的共时概念，该系统用它自己全新的过去生成了一个新时刻，这个新时刻（如在胡塞尔那里一样）以其自身为中心重新安排我们的理解（它的永恒于是重新无限地投射进时间当中）。我相信这两种历史编纂形式已经偶尔被理解为对辩证法的批评，而且我明白是因为什么；但我希望也能说清楚我为什么坚持认为这二者都是对辩证地书写历史的贡献，而不是新奇怪异的后辩证发明。

你会说，这完全有赖于我们一开始时如何定义辩证法。当然是这样；而且我们所了解的最初的德里达，那个最近才出版了他1953 年完成的硕士论文的德里达，辩证的（而不是反辩证的）德里达，正是这个德里达认为辩证法在本质上是一个中介问题。辩证法让我们思考对立面的统一（特别是在那种情况下，即对胡塞尔哲学的批判），让我们思考积极与消极的同一、建构与被建构的同一，甚至主体与客体的同一，等等。辩证法的那个特殊版本又当如何？这是我们在我们的第三个话题，即矛盾这个话题上必须论及的一点；而且我们在这个过程中必须引入其他的、不太哲学性的称名（names），尤其是布莱希特的称名，布莱希特在辩证法上应该是卡尔·柯尔施（Karl Korsch）的学生。

但是，我会省掉那些必需的题外话，而只是简单地重复一下布莱希特所强调的一点，即定义辩证法首先是观察——在任何地方和任何时间——对矛盾的观察。无论你在何处发现它们，你都可以说是在辩证地思考；无论何时，如果你看不到矛盾，那你肯定不是在辩证地思考。

以这样一种似乎很武断的方式将布莱希特拖进这个讨论（此外隐蔽地对他的对手卢卡契有一点不同意见），我的理由是要恢复当代反辩证法立场某些已经被忘却的史前史，我们绝大多数情况下将它们统统归拢在"后结构主义"的名号下。我终于相信，事实上，对辩证法的攻击很多来自辩证的传统本身，特别是来自布莱希特，他的戏剧在存在主义马克思主义占据主导地位的法国知识界就像 1954 年夏天的一个惊雷。

288 罗兰·巴特的著作非常谨慎地、巧妙地向法国和法国知识分子，也向法国那些年的政治气候，也就是向新兴的法国 60 年代和新兴的后结构主义传递着布莱希特的精神，他的《神话学》相当于一系列精彩的布莱希特式间离效果（estrangement-effects），该书重写了间离理论，为的是能在法国运用。但是，我更感兴趣的是巴特对同一性的攻击，这在我看来，是忠实地，同时也是创造性地而且颇具想象性地在传达布莱希特关于这个特殊主题的立场。尤其是巴特似乎在对个体"主体"进行符号学拆解①——它的碎片成为多种义素（seme），它的 X 光线照射出重叠的行动者，照射出作者—主体的死亡，最终照射出书写主体消解为文本生产的非自足时刻（un-self-sufficient）——这实际上可以看作是出自布莱希特的剧作法（dramaturgy）；不仅是对《人就是人》（*Mann ist Mann*）中的个人主体，或者是对《好人》（*The Good Person*）（以及很多其他戏剧）中正面人物和反面人物的重构，最重要的是这种观点认为，主体性本身在现实中就是"姿态"（gestus），我们试图强调人物的这种或那种内心情感的做法是错误的，而且实际上，在任何给定的姿势中，多种动机是重叠的。巴特用他所谓的行动代码（proairetic code）对事件

---

① Roland Barthes, *S/Z*, Paris：Seuil, 1970.

的进一步拆解让人想起布莱希特的"姿态"，也让人想起布莱希特坚持告诉观众，这些姿势和反应的其他大量变体在其他的框架和环境中也是可能的。因此，多种主体—地位的实践在布莱希特那里已经出现了（尽管他对弗洛伊德的精神分析缺乏兴趣）；他最顽固不化的批评姿势是对虚幻的同一性的全部形式不断地进行削弱。

也是在巴特那里（他无论如何都从关于主体的双重经验中获益，同时从他的另一个导师萨特那里了解了主体），我们发现了最基本的布莱希特式坚持，即坚持环境的首要性，无论这种坚持是与政治选择和主体—地位有关，还是与文学理论及形式有关。正是对环境的坚持使得对这种辩证法进行编码变得非常困难，关于此，显而易见的是它的术语和重点必须根据环境要求和策略要求而有所不同。布莱希特不仅是一个坚持策略与思想之间、策略与各种辩证法之间关系的现代思想家；而且他的经验已经产生了巨大的影响。[①]

最后，在所有这一切当中，我们在哪里能找到矛盾？首先，在环境本身的结构中；此外，在姿势和"姿态"同它试图改变的环境的关系中；最后，在姿势和"姿态"本身内部，在那里，单纯的多种元素本身就构成了矛盾。误解可能在于认为布莱希特希望清除掉这种多样性和这些矛盾；认为他的情况同那些对黑格尔的漫画式模仿一样，也就是他坚持"综合"必然遵循众所周知的正题和反题（antithesis），他现在就长眠在黑格尔的旁边；或者，在外部限制上，我们会发现，我们自己被迫引出一种"没有综合的辩证法"，仿佛那不仅仅是辩证法的性质。不过，只要有个地方让这一特征用一种程序化方式描绘出来，而且被描述为一种对立面之间永恒的往复运动或某种二元论内部的往复运

① 更全面的讨论，见 Fredric Jameson, *Brecht and Method*, London: Verso, 1998。

动，与所谓的辩证"总体化"形成对照，在这种总体化当中，对立和矛盾处于休眠状态，我便认为，你可以将矛盾概念和对立概念加以对照，反辩证的后结构主义思想中那些对立方采取的就是这种形式，对此，我在他处做过评论。[①]

回到这个讨论的开始部分，我想补充一点，我认为中介概念作为对立方之间的一种解决办法或桥梁有时也是一种误解，而且让它形成了它本身根本不具备的辩证哲学和本体论野心：这个中介概念令人联想到从前黑格尔和辩证唯物主义的自然辩证法概念；而我试图在这里勾勒出的布莱希特的立场，我相信可能会倾向于实现中介和矛盾的认同：你在哪里能察觉到矛盾，你在那里就已经直觉到对立的统一，或者同一和非同一的认同。中介因此不是这个世界上某个奇怪的、流动的事件：它说明了我们的观者行为（spectatorship）和我们的实践如何本着改变部分世界的态度在建构着这些部分。

① Fredric Jameson, *The Seeds of Time*, New York: Columbia University Press, 1994.

第十二章

政治思想家列宁

1935 年 6 月 25 日夜，托洛茨基做了一个梦：

昨天晚上，或确切地说是今天凌晨，我梦见我和列宁谈话。从周围的环境判断，是在一条船上，我们在三等舱。列宁躺在一个铺位上；我站在或坐在他旁边，我不确定是哪一边。他关切地询问我的病情。"你精神好像一直都很疲劳，你必须休息……"我回答说，我总是很快就恢复疲劳，感谢我天生的"离心力"（*Schwungkraft*），但这次的问题似乎更严重……"既然如此，你应该'认真地'（他这个词读得很重）问一下医生（几个名字）……"我答道，我已经问过很多次了，我开始告诉他我在柏林的旅行；但是看着列宁，我想起来他已经死了。我马上试图赶走这种思想，以便结束谈话。当我给他讲完我 1926 年在柏林的治疗旅行，我想补充说，"这是在你死后"；可是我阻止了自己，我说，"是在你生病之后……"①

① Leon Trotsky, *Trotsky's Diary in Exile, 1935*, trans. Elena Zarudnaia, Cambridge, MA: Harvard University Press, 1976, 145 – 146.

这个"格外动人的梦",托洛茨基如是说,被拉康在他的第六期研讨班("欲望及其阐释")的课上进行了分析,那是在1959年1月7日。拉康的读者们会认出它同拉康特别着迷的主题,特别是弗洛伊德自己关于他父亲的梦("他死了,但他自己不知道这件事")有密切关系。正在讨论的这个情景汇聚了大量的拉康式母题:巨大的**他者**,被隔绝,被阉割,死亡;上帝死了(在不知道的情况下);无意识,这个地方对死亡"一无所知"(non-knowledge),非常像那个"真体"(noumenon),对拉康而言,它是主体,而我们永远都不可能了解它。我将很快对他的观察进行总结:列宁在那个梦里的"一无所知"是托洛茨基自己的"一无所知"的投射,不仅仅是他自己的死亡(他开始感觉到疾病和年龄的负担,他非凡的精力在衰减)的投射,而且是他这个梦的真正含义的投射。他也已经将痛苦本身这个事实和体验投射到列宁身上,列宁最后在病中遭受的痛苦,"存在的苦难"(拉康在其他地方这样描述它),当欲望不能掩盖它时,它就会出现。在这个梦中,列宁是死去的父亲,也是一个对抗存在恐惧的掩体,是深渊上一个危险的天桥,如拉康所说:"用父亲代替了**绝对的**主人,死亡。"

列宁不知道他死了:这将是我们的文本和我们的谜团。他不知道他单枪匹马开展的巨大的社会实验(我们称其为苏维埃共产主义)已经到头了。他仍然精力充沛,尽管他已经死了,而活着的人加在他身上的辱骂——他是斯大林主义恐怖的始作俑者,他是一个内心充满仇恨的好斗分子,一个热衷权力和极权主义的独裁者,甚至(最坏的!)他在他的新政(NEP)中重新发现了市场——那些咒骂没有一个能让死亡,甚或第二次死亡降临到他身上。他怎么认为他还活着,他怎么可能仍然认为他还活着?而且我们在这里的立场是什么——可能是托洛茨基在这个梦中的立场,无疑——我们自己的"一无所知"是什么?列宁庇护着我们躲开的死亡是什么？或者用另外的术语（让—弗朗索瓦·利奥塔［Jean-François Lyotard］的术语）来说这一切，如果我们知道"被叫作马克思的欲望"到底是什么，那么我们是否能继续摸索"那个被叫作列宁的欲望"？

前提是列宁仍然意味着某个事物；但我想要论证，那个事物不一定是社会主义或共产主义。列宁与它的关系大约与绝对信念相似：因为它从未受到质疑，我们也不会在他的著作中发现任何关于绝对信念的新思考：马克思是一个巨大的**他者**，是那个巨大的**他者**。

那么，党和党的结构又如何呢？每个人都认为这是他最具创造性的思想，这一切仍然是列宁对我们的意义吗？无疑，除了这个事实，即今天没有人希望提出这个问题或提起那个不堪提起的术语"党"。这个字似乎裹在一层层的物质和联想当中，当前的心理带着强烈的不快对这些联想退避三舍：首先，列宁的党的第一个形式是独裁主义和宗派主义；然后是实行谋杀暴力的斯大林时期（无疑，对原来的布尔什维克党员的整肃与对后者的敌人的整肃是一样的）；最后是勃列日涅夫的党的腐败，这些在我们面前展现了一个客观教训，告诉我们当某个党或"新阶级"被舒服地包裹在权力和特权当中时会发生什么。这些为压制党的阴暗面提供了诸多理由；或至少为拒绝这种做法提供了理由，遵循一个十分合理的信念，即新的时代和新的历史环境在政治组织和行动方面需要新的思想，这是毫无疑问的：但我印象中最常见的情况是，诉诸历史的变化几乎是避开所有这些难题的一个借口；在某个时期，如果政治氛围在很大程度上是无政府主义（用的是这个词的技术含义），思考组织已经很讨人嫌了，更不用说思考制度了。这的确是市场观念获得成功的原因之一：它许诺了一个没有制度的社会秩序，声称其本身不是一种制度。那么，换种方式，我所说的列宁的宗派主义或许就以一种完全不需要和不受欢迎的方式（它自己的臭味，如萨特所说）将它自己的形象送还给某个左派，它（至少在美国）被彻底移送给了宗派主义逻辑和分裂/增殖逻辑。

　　我后面还会再谈到党。但是，或许在这一点上我能提出几个概念性的难题，它们对党这个问题提供了一种不同的和陌生化的方法。我这样说吧：党的难题是否是一个哲学难题？党本身是否是一个可以在传统哲学的框架内被思考甚至被提出的一个哲学概念？这不是一个可以在传统的列宁主义"哲学"层面上回答的问题，在一般意义上，甚至在阿尔都塞那里，它已经包含了唯物主义的难题。我对那个形而上学的问题不很感兴趣；我也不会接受列宁的黑格尔主义（更多关于它的内容，待后文）这个更新的主张。同时，巴迪悟（Badiou）那本很有启示性的著作将党看作是某种表达功能和工具功能的组合[①]，它确实成功地将党哲学化为"政治组织，先将来组织（the organization of the future ante-rior）"[②]；但它并没有提出我的问题，我更喜欢保留它作为一个未被问到的问题这种形式和地位，即，哪一种哲学概念解答了党的构成这个难题或思想，如果有这种哲学的话？

　　但是，我们将观察到有政治哲学这样一种事物，它是传统哲学一个经过重新组织的分支，包括霍布斯、洛克，以及卢梭，也与一些现代思想家有牵连，在某种意义上是卡尔·施密特（Carl Schmitt），在另外一种意义上是饶尔斯（Rawls）。假定在一个提出了国家与民权社会问题、自由与权利问题，甚至政治表现问题的问题框架中有一个被忽略的角落，列宁对党的思考可以在此获得存身的空间。尽管如此，多亏了施密特独树一帜，这群哲学家似乎才没有满脑子都是政治哲学的哲学地位，也几乎没有试图建

---

① Alain Badiou, *Peut-on Penser la Politique?*, Paris: Sevil, 1985, 107 – 108.

② Ibid., 109.

立这种地位或为其打下基础。同时，表现和制度的问题很快滑入某种经验王国，它们重新汇入列宁主义的党，成为某种纯粹工具性和历史性的秘方。或者换种委婉的说法，难道不能对这些问题提出同样的问题，不能同样提出制度和议会的地位问题，例如，它们是恰当的哲学概念吗？即使在黑格尔那里，由于他专注于各种亚系统之间的相互关系，我们也仅仅是在出自人类本性的类似于演绎的事物中，或者换言之，在非常不同于《逻辑学》中的辩证本体论的本体论中，发现了政治和国家形式的基础。这些问题无疑表达了我自己对于一般意义上的政治哲学的怀疑和困惑；而且后面我将再回到这些问题。

最后，用一种更加单纯也更加印象深刻的方式来谈论这一切，我想它的确有其价值并仍然具有启发性。这是我们都有的一种感觉，而且我们有时会用一种惊诧和敬仰的形式来表达这种感觉，即列宁总是在政治意义上进行思考。列宁写的每一个字，他说出的每一句话，他起草的每一篇文章或报告在这个意义上无一不是政治的——更有甚者，无一不是在同一种政治冲动的驱使下完成的。这当然可能给其他人留下偏执、可憎、不人道的印象：那是一种在政治面前所感到的焦虑，为了这种全心全意的、坚定执着的专注，它动用了那个更加尊贵的词语"还原（reductive）"。但是，这种将一切都还原至政治，一切都从政治角度进行思考就是还原吗？什么被还原了，什么被省略或压制了？如果所有的现实都通过这种**绝对**焦点或镜片来理解，在这种情况下见证所发生的事情，或者考量人类能量这种独一无二的凝聚，难道不是很离奇？说得更清楚一点，由否定性出面，这样绝对的还原是否可以被看作是一种欲望？如果是，是对什么的欲望？是叫作什么的欲望？或者在其噩梦般的终极形式下，它真的是工具，将所有的事物都改造成手段，将所有的人都转换成行动者（agency）或反动者（counter-agency）（施密特的朋友或敌人）？什么样的结果可能证明这种无处不在的政治思维是合理的，或者，用我更喜欢的表达，从政治角度进行思考是合理的？所以我慢慢地让自己回到最初那个问题：从政治角度进行思考与哲学思想不兼容吗？什么能够证明它的中心性和它的新地位是合理的？这种中心性可能相当于其他哲学系统中我思（cogito）的作用。从政治角度进行思考是否提供了确定性的某个源头，也提供了对怀疑的检验，围绕着这种怀疑可能会组织起一种全新的哲学体系或立场？无论如何，不管从政治角度思考意味着什么，它都基本上不足以处理政治或政治理论的传统概念，也基本上不足以处理过去几年中在法国大行其道的那种无法翻译的显著差别，即 le poli-tique（这个政治——译者）和 la politique（这里的政治——译者）之间的显著差别。那么，我们是否可以冒险说在那种意义上，如果政治意味着任何传统的或当代的事物，列宁便与政治无关？

但现在我们需要面对另一种叙事，一个在传统上很有影响的叙事，即便它在近几年与党这个难题蒙受着同样的耻辱。用来替换政治的是经济，我首先指的是马克思的经济，即马克思主义经济学：一个直接提出哲学问题本身的领域和范畴，最引人注目的是提出了马克思主义经济学在传统意义上是否真的是一门经济学这个问题。无疑，政治经济批判完全从政治经济中脱离出来，这次脱离至少有一个功劳，它阻断了通向资产阶级经济学和实证主义的迷人道路。如果这么多的人今天都摸索着试图返回政治经济的道路，这是为了确定另外一条路，这条路能够在马克思主义的其他方向上引导他们摆脱政治经济，我此后将会以这种方式在所有对于马克思主义经济学而言别具一格的事物中确认马克思主义经济学。

这一意义上的马克思主义——既非经济本体论，亦非纯粹的否定批判或解构——受到两个一般性的主宰，受到两个普遍和抽象名称的主宰，我们也需要考虑它们的哲学地位：资本主义和社会主义。资本主义作为一架机器，它的活力和永久扩张是它内部固有的、无法解决的矛盾的结果，这一矛盾决定了它的实质；社会主义作为集体或合作生产的蓝图或可能性，它的某些特点已经在我们自己的（资本主义的）体系中窥见一二。这两个"体系"也是哲学概念吗？当然，哲学家们已经一次又一次地试图将它们翻译成为更正规的——即使是悖论性的——哲学概念，例如一和多；无论翻译多么具有启示性，它好像总是要把我们引回到最枯燥乏味的意识形态判断和划分中去，这绝对是因为与很多二元组对的情形一样，一和多不断地在改变位置。对马克思主义者而言，资本主义是一（无论它表现为国家的形式还是系统的形式），而对于其他人而言，社会主义是坏的、极权主义的一，而市场在某种意义上是更加民主的空间，它容纳多元主义和差异。难的是这两个"概念"，如果两者都是概念的话，两者便都不是经验性的；它们都表示普遍性空洞的却不可或缺的场所。作为一名思想家，通过后期的黑格尔时刻和回归《大逻辑》（*Greater Logic*），列宁开始靠近这一切，凯文·安德森（Kevin Anderson）和其他人对此已经有明确的证明。但是在那一点上，我们离马克思意义上的经济学是够远了（即使在辩证的意义上，我们离马克思的《资本论》非常近）。

列宁是一个经济思想家吗？当然是，《国家与革命》中有精彩的乌托邦段落；每个人都同意《资本主义在俄国的发展》（*The Development of Capitalism in Russia*）是一部具有开拓性的社会经济分析经典；而《帝国主义》（*Imperialism*）当然强调了资本主义的基本矛盾之一，但愿只有一个。也没有人怀疑在战时的俄国，后来更多的是在内战期间，外部的革命环境使得对社会主义的思考从来没有排在列宁的议程的首位。

但是，我也要指出一个更深刻的结构问题。我一直有这样一

295 种感觉，马克思主义作为一种思想体系（或说得更清楚一些，
像精神分析那样，作为无与伦比的"理论与实践的统一"），其
独特性——以及独创性——在于两种完满的斯宾诺莎模式在它当
中相互叠加并共存的方式，一种是资本主义经济模式，另一种是
社会阶级和阶级斗争模式。它们在某种意义上是相同的；但是，
它们各自被不同的词汇以某种方式控制着，以至于在某种元语言
中它们不是相互联系，而是不断地需要翻译——我甚至想说，换
码（transcoding）——从一种语言翻译成另一种语言。果真如此
的话，很显然，列宁的主导代码就是阶级和阶级斗争，几乎见不
到经济学代码。

　　但是，我也想坚持经济学作为某个终极决定因素在马克思主
义内部的优先权。我知道这不是一个流行的立场（即使在这个
市场在全世界占据统治地位的时代，它或许可能再一次发挥它的
吸引力）。顺便说一句，应该很清楚，当我使用"经济学"和
"经济"这些词的时候，它与纯粹的贸易—联盟以及列宁在很久
以前用"经济主义"这个术语所表示的政治完全没有关系（即
使被称为经济主义的现象确实在很大程度上仍然没有离开我
们），列宁是在另一种语境中用到"经济主义"。无疑，用经济
学这个术语来代表马克思主义的特点并不比用"性"这个术语
来代表弗洛伊德的精神分析的特点更令人满意：后者不是一种情
欲性（erotics），不是某种性疗法的形式，而且如果从性作为最
终决定因素这个层面来描述精神分析，这个描述的确很具概括性
并且令人印象深刻。尽管如此，无论何时，如果弗洛伊德感觉到
他的追随者朝着某种公式化的方向移动，旨在冲淡对于性的纯粹
属于经验的反感并将力比多概括为权力或精神或存在等更加非专
门领域和形而上领域——这些都是，比如，阿德勒、荣格，以及
兰克（Rank）的著名要素——就像他的对象的中心和边界当初
构成时那样，他会凭着对它们的敏锐感觉，甚至可以说是直觉，

在理论上向后退缩；而且这些的确是弗洛伊德最令人敬佩和最具英雄气概的时刻，他倔强地忠实于自己的发现和省察。因此，你不能绝对地说性是弗洛伊德主义的中心，但你可以说任何回避性这个事实的做法都发展出一种修正主义，弗洛伊德本人对这类修正主义总是迅速并谨慎地予以批评和拒绝。①

　　我打算论证经济学在马克思主义中的中心地位时所要做的与此类似：这显然不是任何传统意义上的经济学，但是，用另一类主题替换经济的所有企图，甚或提出附加的平行主题的企图——例如那些权力主题，或者任何传统意义上的政治主题——都拆解了一切构成马克思主义独创性和马克思主义力量的事物。用政治代替经济当然是所有资产阶级攻击马克思主义的标准做法——将争论从资本主义转向自由，从经济剥削转向政治压迫。但由于20世纪60年代的各种左派运动，一方面由于福柯，另一方面由于无政府主义无数次地复兴，马克思主义者对于这类关键的替代和投降——不论是因为战术上的原因，还是出于理论上的"天真幼稚"——相对而言已经不是十分警醒了。随后——我相信，从普朗查斯（Poulantzas）开始，而且是在苏联的酷政被广为人知的背景下——一个坚定的看法日益流行，即马克思主义的关键弱点是它在结构上缺乏一种政治（和司法）理论的维度；它需要得到社会主义政治和社会主义法律等方面的新学说的支持。我认为这是个巨大的错误，而且马克思主义的力量和独创性始终都在于它没有一个这样的政治维度，也在于它是一个完全不同的思想体系（或者是理论与实践的统一）。既然如此，权力修辞，无论以什么形式，都被看作是修正主义的一种基本形式。应该补充一下，我现在提出这个不很流行的意见，它或许在今天比在前

296

————————

　　①　这是否意味着弗洛伊德后来关于死亡本能的概念是弗洛伊德的某种新经济政策（NEP）？

（冷战或第三世界解放的）几十年里更加合理。因为现在很显然，一切都转回到经济，即使在庸俗马克思主义的意义上也是如此。在全球化中，在它的外部动力学以及内部或民族效果方面，在何种程度上，甚至那些表面上纯粹属于政治或权力问题的事物也透明到足以瞥见在它们背后起作用的经济利益，这一点应该再次变得更加不言而喻。

但现在我们有一个难题；因为我已经断言，马克思主义的基础是经济学相对政治而言有结构上的优先权，同时，我也承认列宁从根本上讲应被看作是一个政治思想家而非经济理论家，更不是社会主义的经济理论家。这是否意味着列宁不是一个有代表性的马克思主义思想家？或许还意味着为了正确地识别这种新的学说并暗示列宁实际上要为马克思补充自己与众不同的、增补性的东西，所以一种归化的（hyphenated）"列宁主义"需要附加在"马克思主义"身上？

我认为，解决这个悖论的办法在于引入一个第三术语，依据这个术语，可以很欣慰地说，政治和经济这两个可以相互替换的术语在某种程度上会走到一起并变得难解难分。我认为是这样，不过是在暂时的意义上，在巴迪悟的**事件**这个意义上，而非在任何结构方式上。有一个术语代表了列宁思考和行动的最中心，可能你已经猜到了，它就是"革命"。这在今天也不是一个流行的概念，而且它甚至比任何我已经提到的传统口号更令人尴尬。革命比诸如党和资本主义这些概念更容易成为一个真正的哲学概念，我认为，可以通过哲学传统来证明这一点；即使我们希望可以继续等待适合我们这个时代的、发展得更加全面的革命哲学。

如果我斗胆在我的要求中为这样一种即将到来的哲学勾画蓝图，我要坚持两个截然不同的维度，它们总之会在革命的时刻得到统一和认同，无论这种统一和认同多么短暂。一个是**事件**维度，对此有人肯定会说它已经达到了某种绝对的极化（polarization）（施密特对"政治"的定义因此事实上只不过是对革命的歪曲理解）。而这个极化相当于一个时刻，在此时刻，"阶级"的两分法定义得到了具体的实现。

革命也是一个独特的现象，在此现象中，人类生活的集体维度作为中心结构显露出来，是一个某种集体的本体论至少可以被掌握的时刻，而不是集体作为个体存在之附庸的时刻，也不是那些证实或发现的欣快时刻，这些时刻事实上与党和集会一样都是诸多的集体寓言。（我过一会儿将回到这个关键的寓言性概念。）

但所有这些特征仍然可能唤起无政府主义的形象，这些形象突出暴力，对此，关键是要反复强调，在革命形势下，暴力首先出自权利，出自反动，而左派暴力是对这种反动的反动。尽管如此，伟大的农民暴动（古哈［Guha］已经教导我们它们绝对不是自发的），法国革命，勒德分子（Luddites）（在工业革命期间，英格兰的纺织工人主张模仿一个叫作 Ned Ludd 的人破坏工厂设备来抵制节省劳动力的技术带给工厂的改变。术语勒德分子来自 Ludd 这个姓。今天，术语勒德分子仍然指认为技术对社会产生的损害要多于益处的人。——译者）不顾一切的暴动（科克帕特里克·塞尔［Kirkpatrick Sale］非常及时地恢复了体面革命的传统），列宁的十月政变，最后，中国和古巴革命的胜利洪流——这些及时掌握了权力的形象，在我们进入后现代时代，进入全球化时代后，没有一个看起来非常适宜或可靠。

因此，在这一点上，我们必须坚持革命有另一张面孔或维度，即过程本身（同**事件**对立），这一点同样重要。从那个角度看，革命就是系统性改造的整个过程，它漫长，复杂，而且充满矛盾：它在每一个转折处都可能遇到威胁，被遗忘、损耗、退回到个体的本体论，退回到在绝望中发明的"道德刺激"，等等，最重要的威胁来自集体教育的紧迫性，一个点、一个点地绘制出各条路径，在这些路径上，诸多个体事件和危机本身成为某种巨大的历史辩证法的组成元素，在其中的每一个点上，作为一种经验性感知，它们是不可见和不在场的，不过，仅凭它们的整体运动就能说明它们是有意义的。我所谓的寓言性正是辩证的统一——即不在场和在场的统一，普遍和特殊的统一，我们今天经常坚持的全球和地方的统一，而且它每一步都要求集体能够意识到革命在象征意义上，在它的每一个存在主义插曲中都已经气息奄奄了。

298

　　现在，列宁的真正意义既不是政治的，也不是经济的，而是二者在我们所称的革命中融合在一起，这里的革命指的是**事件即**过程和过程即**事件**，这其中的原因后面将会更加清楚。列宁的真正意义在于他是让革命延续下去的永恒命令：甚至在它发生之前让它作为一个可能性延续下去，当它受到挫败的威胁，甚至更糟的是，受到固定化（routinization），或者遗忘的威胁时，让它作为一个过程在所有那些时刻延续下去。他不知道他已经死了：这也是列宁的思想对我们的意义，即在一段时间之后，或在革命这个术语和思想实际上成为神圣的绊脚石或丑闻的时候，让革命的思想延续下去。

　　那些企望去除它的人已经发现，必须要开展一次启蒙性的初级运动：他们不得不逐渐削弱总体性的概念，或者让它成为一个不可信的概念，或者，成为今天更多时候被称作系统的概念。因为如果没有一个所有事物都相互联系的系统，那么，很清楚，促成系统变化就是不必要的，也是不合适的。但是在这里，对我们而言，当代政治，尤其是社会民主的兴旺繁荣是决定性的经验。我绝对不同意把列宁的宗派主义说成是一种政治策略，是他对中间派和社会民主主义者（在我们现代的意义上）的坚定拒绝。但是我也要大胆地说，今天，至少从美国的角度，从欧洲和欧洲联盟国家的视角，我认为最迫切的任务是保护福利国家和那些阻挠市场完全自由化、阻挠市场兴旺发达的章程法规和津贴制度。

福利国家当然是社会民主在战后取得的伟大成就，即便它在欧洲大陆有漫长而古老的传统。但是，在我看来，重要的是捍卫它，或说得更明白一些，给社会民主和所谓的第三条道路一个机会来捍卫它，不是因为此种做法有任何成功的前景，而恰恰是因为从马克思主义的视角，它注定要失败。我们必须支持社会民主，因为它不可避免的失败给真正的左派上了基本的一课，是对他们的必要的教育。而且我马上要在这里补充的是，社会民主已经失败了，在全世界：有人在东方国家最具戏剧性、最具悖论性地见证了这件事，对此，一般而言，只能说共产主义在那些国家失败了。但是它们丰富独特的历史经验比失败本身复杂得多，也比它那更具指导性：因为如果有人说那些国家经历了斯大林主义的共产主义的失败，那么就必须补充一点，它们随后也经历了正统资本主义自由市场这个新自由主义的失败，而且它们现在正处在经历社会民主本身失败的过程当中。教训是，而且是关于系统的教训：如果你不能改变所有的事情，你就不可能改变任何事情。这就是系统的教训，如果你接受我的论点，这也是革命的经验。至于策略方面的经验，《怎么办？》中的经验，我希望我已经在这些论述当中说明了策略与战术之间的一个重要区分：换言之，你不需要盲目地模仿列宁关于战术的那些分裂性的、好战的、宗派性的建议，从而掌握某个策略不断发展变化的价值，它的价值在于不厌其烦地强调系统性目标和零碎目标之间的差异，革命与改革之间极为古老的区分（而且最重要的是它能在历史中倒退多远？）。

他不知道他死了。我想用一个非常不同的难题为这些论述作结：一个与列宁的革命意义绝对相关的难题，你也会同意它们之间有关系，但它同那个意义的关系仍然是一个谜，是一个难题。我坚持认为这个难题是哲学性的，但是，它如何是哲学性的是这个难题本身的一部分。或许我可以很快将其包裹在"领袖魅力"

这个词当中（可以说它本身就是极权主义模糊的意识形态概念的一部分，是它的末梢，它一方面意味着压制，另一方面意味着对**领袖**的依赖）。我们了解的每一个革命经验和实验也是以某个**领袖**命名的，而且同样与那个领袖的个人命运绑在一起，而不管领袖也是生物性的人。我们必须认识到，这里有个令人厌恶的东西：一方面，用一个单独的有名有姓的个人来代表一个集体运动在寓言性上是不恰当的。这种现象有某种拟人性，在不好的意义上，在现代或当代思想的几十年里，我们就是在这个不好意义上被教导要有怀疑的警惕性，不仅怀疑个人主义和中心主体这一幻象，还要怀疑一般的拟人化（anthropomorphism）和必然与它同时产生的各种人道主义。政治运动有自己自主的系统程序，为什么它要依靠某个个人的命运和名字，甚至到了那个个人一旦消失，它就会受到消解的威胁这样一个地步？最近的一个解释是几代人都接受的解释，它在历史中神奇地发挥着作用，我们突然发现它不是一个非常令人满意的解释（而且的确需要某种历史性的解释——这种解释本身就是一种理论和一种历史经验）。

　　个体似乎代表了统一体，从霍布斯到黑格尔的解释都是如此；而且在个体的这个功能中的确好像有某种经验真理，他将一个巨大的集体凝聚在一起，他阻挡那些威胁革命运动的宗派主义、分裂、脱离的潮流，这些就像人性中的瑕疵一样。不过，领袖魅力完全是一个无用的伪概念和伪心理臆造：它只是简单地命名了有待解决的难题和有待解释的现象。我们被告知，不管怎样，列宁与其他很多受人青睐的大独裁者截然不同，但不是与所有的大独裁者都不一样，他不是一个有领袖魅力的演讲者。传说的某种力量在后面会作出详细的阐述，但它的作用是什么？合法化和暴力或恐怖这样的问题确实存在，但首先合法化是什么？

　　所有这一切都要从精神分析的角度来解释吗？是从父亲的角度，还是从那个巨大**他者**的角度？如果是这样的，那么接下来的事情对任何革命或集体运动而言都不是好兆头。顺便说一句，有人想到拉康的四种话语，特别是主人话语、移情（transference）话语，以及大学话语，它的特点（被观察的**主人**）是需要将所有事物与恰当的名称联系在一起（这是黑格尔的，这是拉康的，这是斯宾诺莎的、德勒兹的、列宁主义的、葛兰西的、毛主义的，或无论什么）。另一方面，对这个难题而言，"移情"看起来的确是个比简单的"领袖魅力"更合适的词，政治哲学，甚至某种表现性政治的模式，甚至尚未开始处理它的各种复杂性。不过，我确实想到伊丽莎白·卢迪内斯库（Elizabeth Roudinesco）的评述，在她关于拉康式运动本身的政治历史中，后者的政治结构提供了一种独特的前景，即绝对的君主制在基础上与一种同样绝对的无政府主义民主结合起来。这是一个有趣的模型，不过，其结果与你能想到的大部分革命运动的结局一样似乎注定是灾难性的。

　　我自己想象了一个非常荒诞的不同结果，所以只能顺便一提。铁托当时还活着，我突然想到在革命理论中有适合某种社会主义君主制概念的地方。后者将会作为一个绝对的概念开始，然后在事物的进程中逐步递减为某种类似于宪政君主制的、受到极度局限的东西，在这种制度中，有名有姓并且有领袖魅力的领袖将自己还原为一个单纯的傀儡。无论多么令人向往，那似乎都不会经常发生，即便不是绝对没有。所以我非常欣赏斯拉沃热·齐泽克的回归所谓保守的黑格尔，在那里，君主的位置是不可或缺的，但却外在于系统，它只是一个没有内容的形式：这可能类似于对拟人论的赞颂，但在辨认它时却好像它正在被擦去。这是对待列宁的方式吗？死了，但对此一无所知？

　　我是以一个问题结束呢，还是以一个命题结束？如果是前者，已经做过了；如果是后者，你可能只想看到如果有人想模仿列宁，他必须有些不同的举动。帝国主义代表了列宁将世界市场在局部的出现加以理论化的努力；由于全球化，如同因为质和量的辩证法一样，后者更加完整地，或者至少是有完整的倾向，进入到视野当中，它已经将列宁描述过的环境修改得面目全非。全球化的辩证法，似乎不可能去纽带（delinking）——这是我们的政治思想仍然束缚其上的"决定性矛盾"。

301

第十三章

卢梭与矛盾

这个主张公意（general will）的哲学家在小群体（micro-groups）和新社会运动时代很可能是一个不受欢迎的政治思想家，他将那个时代和其他许多经典共同滋养出来的政治哲学家看作是诸多"片断"（fraction）。所以在 20 世纪的历史中，他最有可能被描绘为极权主义。但是，卢梭不止一个，而且让—雅克也确实不止一个：斯巴达可能是极权主义的（在某种与众不同的意义上），但是卢梭曾梦想过的简单淳朴、条件艰苦的田园村庄却可能被描述为退化的；而对于著名的"自然状态"（state of nature）而言（经常被野蛮地误解），最好是像克洛德·列维—施特劳斯（Claude Lévi-Strauss）那样，将它看作是——第一个和最荣耀的！——对绝非新近才兴起的人类学的一个贡献。①

同时，卢梭的夫子自道对于在所有时代确定他的主体性形象起到了决定性作用——而且与其他形象一样，它只是一个建构——所以我们很可能在认真面对他的思想时遇到困难，他是一个自学者、一个梦想家、一个手淫者、一个偏执狂，还是一个自命不凡的仿造文物者。我认为，关于政治思考和政治理性，我们可以从卢梭那里学到很多有用的东西，却不必以任何方式认同他

---

① Claude Lévi-Strauss, *Tristes tropiques*, Paris: Plon, 1995, 421.

的思想或意见。我明白，之所以重新考虑政治哲学，其目的就是确定真正的政治思考形式，按照这种形式，我们可以严格地将政治文本同单纯的意见或意识形态表达区分开来，无论思考的内容是什么。无疑，对有些人而言，这不是一个非常令人满意的方法——而且我很敬重这些人——他们认为，我们作为知识分子的职责和使命在于确认和批驳右翼甚至自由主义立场。不过，我自己的怀疑主义和悲观主义无所不包，它让我觉得这种方法几乎不可能教给我们任何新东西。

所以，我今天不会揭开卢梭的面具或谴责他，但需要指出，他的批评家们一直以来都处在怎样的焦虑状态当中，他们的判断含糊其词，他在文学和哲学史上的地位一直没有定论。他对马克思主义者而言一直是一个尴尬——难道他不是一个先驱？——对法西斯主义者和自由主义者也是一样：只有雅各宾共和主义者在他们的万神庙里给了他一席荣誉之地。或许偏执狂让一雅克首先是正确的，而他最伟大的成就正在于他是各方憎恨和攻击的对象。

然后，回想起那些极具杀伤力的观点总会产生一种震撼，卢梭以此令那个时代大惊失色并在它的心上插了一刀："人生来是自由的，但他无处不在锁链之中。"① "第一个圈地者偶然说出了**这是我的**，他发现人们都淳朴到相信他的地步，他就是公民社会的真正创立者。"② 只有卢梭能以宣言的形式写出这些振聋发聩的句子，应该注意的是，它们的目标是暂时的：它们旨在隔离、确认，并生动展现的某个基本**事件**在很大程度上不是一个最重要

---

① Jean-Jacques Rosseau, *Du contrat social*（所谓的 *Social Contract*）, in *Oeuvres complètes*, Vol. 3, Paris: Gallimard, 1964, 351. 所有出自该书的参考由我本人翻译。后面对 *Oeuvres complètes* 第 3 卷的参考均标注为 *OC*。

② Jean-Jacques Rousseau, Second Discourse, in *The Discourses and Other Political Writings*, ed. and trans. Victor Gourevitch, New York: Cambridge University Press, 1997, 161. 后面对英文版的参考均标注为 *DOP*。

的变化。这个变化也可以说是历史的开端，或者对卢梭而言，与文明的开端是一回事：对他和追随他的列维—施特劳斯而言，事物的开端其成因是偶然的，而且永远不必首先发生。实际上，我们今天知道，它的发生确实用了很长时间：或许是几百几千年，同它相比，我们自己的历史和文明不过是昙花一现。没有国家的社会同时也是没有政治的社会吗？如果是那样的话，政治的开端在这里也是一触即发；我不想回顾那些文学作品，从 20 世纪 60 年代起，从皮埃尔·克拉戴斯（Pierre Clastres）到迈克尔·曼（Michael Mann），它们都想揭开这个谜并回答关于各种机制的问题，由这些机制，人类能够长期避开国家权力。在某一方面，与其说卢梭是对解决这个难题感兴趣，不如说他是对提出和表述它感兴趣：但我们后面会回到这个区别。或许我应该补充一个历史观察——从柏拉图到莫尔，从洛克到傅立叶，古典传统总是坚定地认为文明是伴随着私有财产的出现而出现的；但是在当代，而且尤其是在现代马克思主义传统中，文明是与权力，与国家权 303 力，而非与财产和私有制连在一起的。我认为这是一个重大差别，而且应该与我们今天对政治的定义有关。

然而，我不想丢掉卢梭，尤其不想丢掉他的文本、他的句子，它们对于今天的我们而言总之是与他的思想分不开的，而且较之那些只有理想主义者依然相信的哲学立场和思想，它们提供了一个更加可靠的研究对象。因此，我想说，分析卢梭的政治思想一定离不开对他的风格的分析：除了那个具体可见的事实，即在关于卢梭的讨论中，我们不是讨论他的风格——那种对语言的挪用和生产是现代的、个人的、异质的——而是讨论他的修辞，讨论他的修辞对古代修辞笨拙而夸张的模仿。在卢梭那慷慨激昂的演讲中，在他宏大的修辞场面和结论中，在他夸夸其谈的自我中心论中，谁能不领略到他的辩才？卢梭以此表明他对那个时代所有重大难题都有自己的立场。这种口才不属于个人；实际上，这种语言只有一个个人特征，就是在模仿古典时表现出的小家子气和自我意识，而卢梭的"思想"——美德、自由、斯巴达、自足、体格健壮，等等——是古典命题或修辞命题本身内部固有的内容。一代或两代之后，所有这一切都将从浪漫主义中被清除。

但是现在，我需要说的是卢梭真正有创造性、有历史独创性的方面；我认为它在思想史上的名字是**启蒙**或**理性**，或那些阶段性标签中的随便哪一个，这些标签与文本几乎没有关系，就其最一般的意义而言，它们与意识形态和思想，或与被称为价值观的虚设实体的关系要大得多。因此，"**启蒙**"与宗教和迷信有某种否定联系；"**理性**"是"世俗化"的另一个名称，等等。然而，我记住的不是**理性**，而是推理（reasoning）；当我们更近距离地观察它的时候，我们可能发现自己更接近于卢梭本人的看法：即，他与其他**哲学流派**几乎没有共同之处。

我们来看一个具体的转移过程：它是《第二论》（*Second Discourse*）（《论人类不平等的起源和基础》（*Discourse on the Origin and Basis of Inequality Among Men*），简称 *Second Discourse*。——译者）的高潮时刻，他在这个过程中介绍了可完善性（perfectibility）概念。卢梭用了一个古怪的词；或者确切地说，其作用对他的知识分子公众而言类似于伪装，或一个狡计，这些知识分子想必对人类进步有着坚定的信念。但需要我们分析的不是思想——从《第二论》的立场本身，我们已经知道，卢梭根本不相信任何常规意义上的可完善性；需要我们分析的是他的推理形式和思想顺序，推理便置身于这些思想当中，它们也为卢梭的一切独到之处提供了一个更有意义的线索。

在首次提到可完善性时，卢梭的确认可了一个老生常谈的观
304 点，即可完善性将人和动物区分开来。在那一点上，我们对不同思想之间反常却又独特的关联大吃一惊，因为在下一个句子中，

卢梭问道：“为什么只有人可能变成傻瓜？”（*DOP*，141；*OC*，142）。他既没有列举出能证明可完善性主张的肯定性成就，也没有叙述“人”从动物状态上升到更加完善的状态的阶段。不错，他会在后面讲到这件事，但目的明显不同，我们甚至可以说是列维—施特劳斯的目的；即，说明历史以及我们所谓的文明从来就不需要发生；我们所谓的可完善性是一系列偶然事件的结果：

可完善性，社会美德，以及自然人已经拥有的其他潜在才能从来不可能是自行生发的，为了做到这一点，它们需要由多个外来原因促成的一系列偶然事件，这些外来原因或许从未出现过，而没有它们，他将永远停留在他最初的状态。（*DOP*，159；*OC*，162）

但是，我对这一段的读解与列维—施特劳斯有些不同（尽管后者仍然是恰当的参照），我很快会回到这个不同。

现在，回到前面已经提到过的最初的转移过程，在此过程中，卢梭将人的可完善性与人转入老年和衰老联系起来，我想说在卢梭对这个问题的思考中，按照他一贯的做法，他将可完善性思想的形式而非内容隔离开来。他把后者的正价（positive valence）搁置一旁，只在形式上保持了对可完善性与变化或历史的认同。这就更加令人震惊，因为它是伦理判断，是一个完善论框架，在这个框架中，吸引和压抑、愉悦与痛苦、善与恶等概念都开始发挥作用——该框架将成为整个《第二论》不可或缺的框架，它得出了那个著名的结论，文明和公意国家是一种有害状态，它催生了阶级的不平等。那么，在关乎我们的向那个点的转移过程中，这个被悬置的判断能力是什么？在这个点上，甚至不允许将可完善性与衰落放在一起进行阐释所产生的悖论性结果分散我们的注意力。事实是卢梭对后面（第二部分）的基本结论会是什么不感兴趣；他在这里对判断或内容不感兴趣；相反，他热衷于观察历史变化本身的抽象形式。而正是在这一点上，我希望对列维—施特劳斯的解释做更明确的说明，不过在很大程度上与他的精神是一致的。因为在我看来，卢梭在这里预见到的伟大发现仍然与列维—施特劳斯的名字和研究连在一起，即，共时性与历时性之间的差别。历时性——变化和历史——既没有意义，也难以置信：它是一系列偶然事件的结果。只有共时性——在这里是著名的自然状态——是可信的和有意义的：只有共时性才有真正的内容，而历时性只是事件的抽象顺序，它们的内容和意义都不稳定且缺乏必然性。显而易见，正是在这一点上提出叙事问题可能是合适的——包括因果性问题，说明无意义事件的进展情况，或者实际上（在列维—施特劳斯的系统中）将这种顺序转换成叙事神话，在此过程中，意义通过从共时性中借用术语和对立面而产生。

　　但我在这里要说的不是这个问题，因为我只是想运用这简短的第一个转移来展示卢梭如何心甘情愿地沿着他自己的思考进入到荒诞状态。现在让我来对这个过程做一个更大范围、也更生动的讲解，在这一过程中，对理性思维的信心引导着这位思想家无所畏惧地进入到一个死胡同。这个死胡同就是那段著名的关于语言起源的题外话（不要同卢梭后来在一个片段中处理这个难题的努力混为一谈，那次努力同样不成功，雅克·德里达在《论文字学》中的评述使这个片段广为人知，但是那次努力超越了《第二论》中通过提出写作、气候、音乐等附加问题而展开的讨论）。

　　《第二论》中这个占了相当篇幅的题外话提供了理性思维在对其自身提出的要求中令人震惊的景象，它是自我惩罚性的，所以它使得这个难题无法解决而且事实上也让自己无能为力："请允许我简要地考虑一下有关语言起源的种种困惑。"（*DOP*,

₃₀₅

145；*OC*，146）这个题外话是"自然人（natural beings）"中出现思维与抽象思想这一讨论的扩大，"自然人"只知道需要和激情，但想的并不比说的多。我总结了卢梭在思考语言出现的道路上设置的不同障碍：（1）为什么语言首先应该是必需的；（2）抽象的意义曾经是如何交流的；（3）呼喊如何被驯化而且呼喊的内容被清晰地表达出来，从而服务于日常生活的需要；（4）命题和句子如何从单个的词这种最初的语言形式演化而来；（5）一般性术语如何从单个事物的名称演化而来；（6）关于上述种种的一个更精练的总结，涉及领悟力与想象之间的差别（这个时刻也将是列维—施特劳斯的野性思维［pensée sauvage］理论的出发点）：

　　　　由此，有人不得不提出若干命题，由此，为了获得一般思想，有人不得不讲话：因为只要想象停止，心灵便只能通过话语来继续。既然如此，如果第一批发明者只能给他们已经有的思想命名，结果便是第一批名词（substantives）只能是专有名词（proper names）。（*DOP*，148；*OC*，150）

306

在这一点上，卢梭突然停了下来：

　　　　通过我无法想象的方式……我在这最初的步骤之后停了下来……至于我自己，对越来越多的困难感到害怕，而且接受了几乎已经得到证明的那种不可能性，即**语言**可能纯粹是通过人的方式产生并被确立的，我把它留给所有想讨论这个难题的人。

他最后的这句话："quoiqu'il en soit de ces origines"——"关于这些起源，一切都可能是真的……"

卢梭把自己的想法统统讲完了；通过他独特的推理力量，而且该力量现在是我们的研究对象，他非常有效地扩大了思考语言起源的过程中所涉及的难题，他证明了它们不可能是最先产生的！他自己对此感到心满意足。这无疑是滑稽的一幕，类似于自作聪明。但在这个震撼中也有一些有益的东西以及一些暂时显得荒谬和反动的东西，与弗洛伊德的增补（Nachträglichkeit）有点家族相似性。问题是要被当作模型的事件已经发生；我们是在预言过去，预测我们身后已经存在的事情，可以说是在塑造一个罪人。而那种震撼在于这样一个事实，即最严密的理性思维已经证明它永远不可能首先发生。因此，一个神秘物突然以完全的面目出现在我们的推断和事实之间，它就是时间和历史性这个神秘物，即**事件**本身这个神秘物，它是一个丑闻和绊脚石。我们不能思考历时性，这个发现是显而易见的，但它并没有废除历史，也不是如列维—施特劳斯所相信的那样使历史思想失去信誉：相反，它第一次让历史显现出全方位的新鲜感（freshness）和不可预知性。飞走的猫头鹰在黎明时刻又回到了这个世界，赋予这个世界一种可怕的清晰，每一片叶子都清楚地显露出来，没有丝毫阴影。

这完全是一个奇妙的结果，它的确没有显示出卢梭在思想和哲学能力方面的弱点，反而表现出它们的力量和他那令人恐惧的决心，他决心听从自己的推断，无论它将自己引向何处——这种性格特征只有在这位顽固不化的梦想家和幻想家身上才能看到。

我知道可以从几个方面来解释这种怪癖。其中之一毫无疑问是列维—施特劳斯的读解，我们已经好几次都提到这一点，它再次描述了共时性和历时性之间的对立。但是在当下的语境中，这一对立有不同寻常的内容。首先，我们遇到了一个明确的事实，即没有人曾经解释过语言的起源：这肯定至少部分地与缺乏人类学数据有关（但应该注意的是，卢梭本人考虑到了这个科学上

的空白："比较解剖学几乎没有取得什么进步"，等等［*DOP*，307
134；*OC*，134］）；而且语言学悖论也因为这个重要的缺乏出现
了另一个转折，它是早期不存在书面材料的必然结果。但是，列
维—施特劳斯的立场不仅仅是不服输：他断言，语言从来不可能
零星地、逐渐地、一点一点地出现（开始是喊叫和手势，然后
缓慢地进入发声，等等）。确切地说，作为一个共时系统，语言
一定是一瞬间出现的，是完整的和完全成熟的——这种苛刻的说
法很可能让语言的起源变得比在卢梭那里更难以置信。

　　但我们或许也可以从卢梭的另一个读者那里得到这一结论，
这位读者是他的一名追随者，与他生活在同一个时代，对这位读
者而言，阅读让—雅克具有决定性的意义：他就是伊曼纽尔·康
德。至少康德得出这样一个结论，即人的智力在本质上受到其思
考内容及合适的思考对象的限制，这难道不是康德的伟大发现之
一？当精神对其自身提出最严苛的要求时，它有时会难以置信地
崩溃——这难道不是卢梭的方法在康德身上的一个最具戏剧性的
经验？实际上，康德从这个经验中得出的结论就是所有的起源都
无法思考（《纯粹理性批判》的第一个谬论，或者换言之，"纯
粹理性的二律背反"："世界在时间上有一个开端"，"世界没有
开端"，等等）。① 但是如同语言在卢梭那里的情形一样，这并不
一定是个伪问题：因为显而易见，同语言一样，世界确实有一个
开端，因为它是存在的。问题不在于那个明白的事实，而在于我
们有能力以任何一种充分的形式对它进行思考。

　　但是，不知为什么，这两种阅读（以及卢梭本人）都倾向
于肯定不可能性，即使不是历史的不可能性，也至少是历史思考
的不可能性。而这很显然是列维—施特劳斯在他与萨特的著名论

---

① Immanuel Kant, *Critique of Pure Reason*, eds. and trans. Paul Guyer and Allen W. Wood, New York：Cambridge University Press, 1997, 470–471.

战中得出的结论。① 我想提出一个有些不同的结论，它将认定卢梭与当时刚刚萌芽的辩证法及辩证思维之间的关系：因为在我看来，他的思考的一个暂时结果既不是不可能性，也不是历时的不连贯性，也不是诸如此类的二律背反，而是矛盾，是辩证法本身的动力。

　　但是，在结论部分，我们试着理解一下它在《社会契约论》这个卓越的政治文本中的作用。在该书中，与其说它是一个关于文明或公意社会及其历史的起源问题，它们都是不好的事物，不如说它是一个关于最严格和最完整形式的社会契约这个次最佳事物的起源问题，因为它超越了所谓的自然状态。契约思想——也就是说，卢梭对其进行再理论化的动机，因为它本身就是一个非常古老的思想——卢梭对契约思想的兴趣必须从几个方向进行探讨。其中之一——也是这个卓越文本伟大的创造性——在于产生了一种新的精神范畴：个体与集体的关系这个范畴，它既不是简单的同源关系——集体仅仅是明显放大的个体，是某种集体主体——也不是个体的聚合关系，不是单独的个体通过多数、复数、少数等与本体论相关的概念在数量上有所增加。的确，卢梭希望在没有任何中介性群体和步骤的情况下，在个体与完整的集体之间确立某种激进的本体论差异。他成功地获得了这个新的思想范畴吗？如果存在这样一个范畴，它在形式上与诸如普遍与特殊或一般与个别之间的对立有明显的差别吗？答案从来都是模糊的，或者说是不确定的，简言之，排除宗派性和中间群体就是极权主义——这个谴责由于雅各宾派对卢梭思想的实践而得到强有力的支持——这个否定判断因为该文本而矛盾重重，但它也是可信的。

　　因为《社会契约论》的目的之一是扫除人们可能通过契约

---

① Claude Lévi-Strauss, *La Pensée sauvage*, Paris：Plon, 1962, 336.

沦为奴隶或自愿接受独裁这类想法：自由的不可让渡性赋予契约的结果以内容并对它做出限制，而且将反抗的权利镌刻在人的本质当中。

但是在当前的语境下，我们感兴趣的反倒是契约思想的滑脱。它原本是为了确认取代了自然状态的社会契约的深层结构——它强调最早的契约与日益败坏的现代社会之间的差异。在该书中，与常见的情况一样，政治和经济之间存在着某种混淆和相互干扰：难道如《第二论》所断言的那样（"无论谁先说出这是**我的**"），现代社会的堕落是私有制的结果，或者如《社会契约论》的语言所隐含的那样，是一个自由以及丧失自由的问题？第二种可能性似乎是一个更具文化意义或上层建筑意义的结果，是关于原初自由的意识逐渐衰落，而不是在私有制条件下建立了新的基础结构限制。既然如此，两种极为不同的"革命性"解决之道可能隐含在两个可以交替使用的办法中；但是我要强调这样一个事实，即它们都意味着某种解决办法，也就是说，最早关于契约的思想似乎不可避免地意味着有可能返回最早的契约，有可能以某种方式整顿当前这种堕落的社会状态。

事实上，在他头脑中的另一个部分，卢梭似乎相信契约只有在非常特殊的条件下才可能复活，现代几乎不可能具备这些条件。《科西嘉宪法草案》（*The Project for a Constitution for Corsica*）、《波兰政府论》（*Considerations on the Government of Poland*）以及《社会契约论》的第三部分强调这两个地区独特的历史机遇，它们相对而言尚未被"现代社会"所败坏，它们的居民仍然保留了古代瑞士较为淳朴的高山部落的品质，比如说，充满活力，独立。的确，说到恢复较为古老的斯巴达国家的美德和力量，科西嘉和波兰在现代世界的弱点恰恰构成了他们的社会力量（无疑，它们的弱点有所不同：在科西嘉，其弱点是不发达，在波兰，则是解中心化［decentralization］和俄国的压迫）。西欧的

所谓发达国家却是不可救药的，它们不会幻想恢复社会健康或者
回到最早的契约。我们已经可以从这种悲观主义中猜到，我们强
调过的精神作用是在场的：它在尝试幻想，它在每一步都受到有
关想象本身的某种现实原则的干扰和阻挠，它首先将自己的需要
同对各种困难的强调结合起来，这些困难是开始建构幻想时所遇
到的，最后使这些困难的数量有所增加，直到让自己相信根本不
可能构想出一个乐观的规划。

　　不过，我们不必去推测卢梭这一特殊过程的进行情况：我们
可以在一个特殊的点上再次细致地对它进行观察，即，《社会契
约论》中的一个时刻，在此时刻，卢梭描述了契约本身的开始
以及使它首次发挥作用的动力。我已经注意到，卢梭的思想在基
础和上层建筑之间摇摆，就是说：在制度和文化习惯之间，在城
市法律和实践以及居民的日常生活之间摇摆。在他最薄弱的地
方，他将这种犹豫不决、这种摇摆不定表现为一种不一致；在他
最强悍的地方，他坚持认为，将二者统一于某种文化革命在政治
上是必要的。同时，而且在很大程度上与阿尔都塞将《宣言》
读解为一种形式这一精神是一致的①，在他自己的想象能够触及
起源本身并承认这个新系统的施动者必然对该系统的建立负责之
前，他不会感到满足。这个施动者仍然是一个个体，像马基雅维
利的国君；而且它存在于过去，是一个关乎建立的历史行为，它
具有示范性，同时也可能无法模仿。

　　任何人，只要在 18 世纪新古典主义的政治文化氛围中浸润
过并坦然面对其中对斯巴达无可回避的参照，都几乎不会对神秘
的创立者幽灵般的在场感到惊讶，在这一话语中是莱克格斯
（Lycurgus）。于是，普鲁塔克（Plutarch）的《名人传》（Lives）

---

　　① Louis Althusser, "Machiavel et nous", in *Écrits philosophiques et politiques*, Vol. 2, Paris: Stock/IMEC, 1995.

与柏拉图的《理想国》一道取代了他们的地位，成为最重要的乌托邦文本之一，与乌托巴斯（Utopus）的生平类似，他创建完 310 美的联邦国家的举动在莫尔笔下迷雾重重，就是因为，与莱克格斯本人一样，他似乎已经将自己设定在系统的程序之外，即使没有设定在历史和传奇之外。① 同时，海德格尔让我们相信建立起一个国家，与艺术品、哲学性概念，以及名称中充满了不祥预兆的"必要的牺牲"（essential sacrifice）一道，构成了一个容纳真理的重要场所，一个揭示存在的重要场所。②

　　卢梭以他独有的风格，我们甚至可以说是带着冷酷无情的洞察力，注视着所有这一切。但考虑到他的方法，我们刚刚简单介绍过，他是从一个有些不同的视角得出的结论。我们也许可以把这一方法转换成当代术语：卢梭的理性思维就是在思想中建构历史。它既非历史编纂性叙事，也非准确的历史再现：我们可以通过比较《论不平等》（Discourse on Inequality）的第一部分，我们已经说过了，和第二部分来证实这一点，在第二部分，他试图弥补他的损失，而且他想通过关于公意社会和阶级不公之起源及阶段的一个更为常见的历史说法来掩盖第一部分中一系列非同寻常的推论。确切地说，在我看来，将卢梭的程序——通过预设和前提重构历史的发展——同阿尔都塞所谓的思想中的具体（the concrete-in-thought），一个常常等着让我们吃惊的非再现性模式，作一对比似乎更合适。

　　让我们跟随卢梭对普鲁塔克的莱克格斯的"重构"过程前行。开始的句子已经警告我们，悖论和二律背反的雷云正在森然临近，它假设这个创立者需要"une intelligence supérieure, qui

<hr>

① Plutarch, "Lycurgus", in *The Lives of the Noble Grecians and Romans*, trans. John Dryden and Rev. Arthur Hugh Clough, New York: Random House, 1932, 49 – 74.

② Martin Heidegger, "The Origin of the Work of Art", in *Philosophies of Art and Beauty*, eds. A. Hofstadter and R. Kuhns, New York: Random House, 1964, 685.

vit toutes les passions des hommes et qui n'en éprouvâ aucune" （OC，381）。① 卢梭非常清楚，对人性本身的改造，如他所言，意味着个体和创造的结束，在他那里，就是群体本身的结束。同时，这个罕见的、不寻常的过程要求一个与众不同的施动者：立法者不能通过武力或官阶或地位来强力推行他的新宪法。在更常规的法律规定及其机构与这个新宪法之间必须做出严格的区分："Si celui qui commande aux hommes ne doit pas commander aux lois, celui qui commande aux lois ne doit pas non plus commander aux hommes" （OC，382）。② （可能值得在这里稍作停留，注意，在卢梭这里出现了辩证交错配列的修辞手法，这在马克思笔下随处可见，而且它的确是一个完整的新思维模式的标志和征兆。）

　　无论如何，很清楚，立法者，国家的创立者，其本身不可能是一个完全意义上的个体：它是社会契约的反面，是它的逻辑伴生物：人作为整体，其作用一定不同于多个个体的集合，而制定法律的个体必须站在那个集体之外，绝对不能成为那个整体的一分子，在那个整体中，他是类似于上帝的起因。因此，与社会契约的集体性需要一个新的概念范畴一样，这个范畴不同于个体范畴或多个这个范畴，创立者也必须以一种新的方式被概念化："这样，〔卢梭得出结论〕l'on trouve à la fois dans l'ouvrage de la législation deux choses qui semblent incompatibles：une entreprise au dessus de la force humaine，et pour l'éxécuter，une autorité qui n'est rien。" （OC，383）③ 如果我们继续将卢梭与现代结构主义的思想并置，我们愿意认为卢梭在这里已经发现了列维—施特劳斯所

---

① "一种能够洞察人类的全部感情而又不受任何感情所支配的最高智慧。"

② "号令人的人如果不应该号令法律的话，那么号令法律的人也就更不应该号令人。"

③ "人们就在立法工作中发现，似乎同时有两种不相容的东西：它既是一桩超乎人力之上的事业，而就其执行来说，却又是一种形同无物的权威。"

称的神话的基本要点，即，将不兼容的义素或能指链（signifying traits）统一起来的形象。因此，我的结论是卢梭已经（与在语言发明问题上一样）证明了斯巴达从未被建立（而且，实际上，它首先从来就不可能存在）。但现在，我想从这个结论得出一个更进一步的结论：卢梭在这里所发现的（如果确实不是他发明的）是将在新兴的辩证传统中被简称为矛盾的东西。的确，卢梭的伟大恰恰在于此，这驱使他的思想不断向前，一直达到矛盾这个最后的终点，矛盾是不兼容的，最终也是难以想象的。这与他的幻想—生产（fantasy-production）和我已经间接提到过的白日梦倾向有某些联系；通过唤起幻想本身内部的现实原则以及某种严格性，幻想行为借此对自身提出要求并试图使幻想可能实现的条件得到保障，或许我可以将这种联系理论化。无论如何，我们在这里发现的严苛迫使卢梭在矛盾中毫不留情地拆解着他的幻想。

同时，这绝不是平常的矛盾，因为它有自己实在的历史和时间性：在这里，实际上，就是革命的邪恶周期，包含在那个创立者的秘密和莱克格斯的矛盾神话当中：

312

Pour qu'un peuple naissant pût goûter les saines maximes de la politique et suivre les regles fondamentales de la raison d'Etat, il faudrait que l'effet put devenir la cause, que l'esprit social qui doit être l'ouvrage de l'institution présidât à l'institution même, et que les hommes fussent avavt les loix ce qu'ils doivent devenir par elles. ①

------

① "为了使一个新生的民族能够爱好健全的政治准则并遵循国家利益的根本规律，便必须倒果为因，使本来应该是制度的产物的社会精神转而凌驾于制度本身之上，并且使人们在法律出现之前，便可以成为本来应该是由于法律才能形成的那种样子。"（OC, 383）

这是一个令人震惊的结论，绝没有受到启蒙在衰弱中所求诸的劝导和理性的损害，卢梭凭借劝导和理性试图切断他的戈耳迪（Gordian）心结并解决他那些无法解决的难题。

所以，卢梭不仅不可能是结构主义的创立者；他同样不可能是辩证法本身的创立者。他不仅发现了共时性和历时性之间的张力，他也无意中发现了植根于语言历史本身当中的辩证法的必然性。（我常常引用《爱弥尔》关于字词与生产模式之间的关系的精彩脚注。①）但回到《第二论》来观察，在他时常对他的哲学对手的语言中存在的年代错误表示认同时，同样的辩证洞察力也发挥了作用，这就足够了。"悲惨"（misery）这个词如果用于自然状态是什么意思？他回答霍布斯道（*DOP*，150；*OC*，152）；在这种状态中"给我解释一下**压迫**这个词是什么意思"，他补充道（*DOP*，158；*OC*，161）；最后，"权力"和"声望"这些词对那些你所谓的"野蛮人"能有什么意义（*DOP*，187；*OC*，193）？这是共时性和历时性之间的对立的另一张面孔；它反映了似乎属于历史与反历史之间的对立的隐秘历史——是我们自己的共时性元素，我们自己的历史系统不适合一个极为不同的系统所揭示出来的历史。

313

---

①　Jean-Jacques Rousseau, *Émile*, in *Oeuvres complètes*, Vol. 4, Paris: Gallimard, 1969，第 345 页注释："不可能在一部长篇著作中还原词的本来意义，这句话是经过深思熟虑的。的确，没有任何一种语言能丰富到可以提供如此多的词汇＼语句和表达方式来反映我们思想中的变化。通过使用对所有词下定义或重新定义一些词的方式来反映我们思维的变化似乎是可行的，但并不实际，因为我们无法避免词汇的贫乏。假如这些词语不是用来表达我们的思想，它们的定义或许还不错。尽管如此，我还是不得不承认，我们依然能够用语言把想法表达清楚，即使我们的语言贫乏，经常词不达意，但还是要尽我们所能，要尽量普及每一个词语，既要保证这个词是有意义的，同时也要保证这个词语能够与时俱进。这就如同，有时我说，孩子们是没有能力进行推理的，有时，我却让他们尽可能地用足够的判断力进行思考。我认为，这在我的理念中并非自相矛盾，但我不能确定，我是否能用恰当的语言把我以上的想法表达出来而不造成歧义。"

所以，卢梭发现，革命是两个系统之间难以想象的鸿沟，是两种不同的共时性之间无法理论化的断裂：或许能够引发当代对那一奥秘的再发现就足够了，如安东尼奥·耐格里（Antonio Negri）的**选民权力**（Constituent Power）①，从而再次感受到那些积极的能量，它们从思想那似乎是否定和自我挫败的行为中表现出来。我相信政治思考在这里会感到惊讶，可以说它处在产生阶段，而且它采取的方法是毫不留情地还原到可能性条件，这个方法是卢梭自己的历史发明。

314

　　（文中《社会契约论》引文的翻译参见何兆武先生的译本，http：//tieba. baidu. com/p/160037097？ pn = 1。——译者）

---

① Antonio Negri, *Insurgencies*, Minneapolis：University of Minnesota Press, 1999.

第十四章

意识形态分析:一本手册[①]

> ……这种意识形态分析的基本形式也许判了文本的"死刑"……

> G. 热奈特

意识形态理论是马克思主义一个更好的捕鼠器。多少雄心勃勃的意识形态试图有所发现,却一无所获,只在身后留下自己文本的遗骨,它们不仅想发现一个更好的意识形态,而且想要发现这个事物本身!所以有人是怀着沉重的心情和人们常说的复杂情感来阅读开篇这些不祥的文字:什么是意识形态?意识形态是——。但如果谨慎地保持距离并将自己限制在从中立角度描述针对该主题的各种不同立场,那就等于是听任"思想史"表现为最相对主义的、最虚空的、最古董的形式。

不过,可能会有一种战术性修正,目的是衡量各种不同的竞争性意识形态概念所具有的分析或诊断价值,而不是在本体论意义上就名词(substantive)本身争论不休:这种做法相当于当代

---

① 这一文本最初是 1981 年为澳大利亚位于吉朗(Geelong)的公开大学迪肯大学(Open University Deakin University)的一门"课程"所撰写,以小册子的形式出版。因为希望日后还能出版,在 1990 年增加了第八到十二的部分,以"使其不致陈旧"。但在 2008 年,似乎有必要进行一次更全面的再评价,这些内容见后记。

对另一个热议概念的讨论,那个概念即社会阶级,在这一讨论中,为所谓阶级**分析**的作用所做的辩护至少在一开始就足以使那场关于"一个"阶级可能是什么的无休止的争论发生短路,前提是的确首先有这样一个事物存在。

　　尽管如此,似乎很明显,如果不用这个词,你就不可能非常有效地对意识形态进行分析(尽管,荒谬的是,某些当代的和不是很当代的思考形式实际上就是那么做的,我在下文进行论证),所以,最初关于术语的评论很少是井然有序的。我怀疑,较之名词形式,人们更可能只是偶然用到"意识形态的"这个形容词形式,这个形容词形式由名词形式变化而来:尽管被审慎地、战略性地安排了一个位置,这个修饰语仍然令人迷惑,与其说它是辱骂,不如说它本身也是一种**疏离**(estrangement),疏离也是一种**定位**。而在我看来,甚至在今天,这正是意识形态这一术语和概念的基本功能之一:在有争执的术语中(如"世界观"),还没有一个能够以同样的方式保留一个给定对象(如"哲学")的元素和结构,同时大肆改变它的推论框架,术语正是放在这种框架中来理解的——可以说,对它进行分类,这样一来,用肉眼就能看到它在信念、社会象征性实践和群体中介等方面的构成性特征。

　　如果"意识形态"这个名词在当代的学术话语中不是很常用,这不仅是因为意识形态的知识分子威胁论一般而言表现为一种非常自由的思想概念,更重要的是因为这个术语也是一个宣言,表示依附于某个特殊的解释性团体,如果是这样的话,对马克思主义而言,它便是一种问题框架和一种实践。我谈论这个活生生的事实,不是要警告局外人不要靠近,而是要强调一种处境,在其中,所有独特的或特殊的理论术语今天都以同样的方式发挥作用,尽管其他这类解释性团体的群体动力学或许乍一看不是那么明显或清楚。

　　正是意识形态问题在马克思主义中的核心地位构成了马克思主义独有的概念力量和优势，马克思主义绝不是要把它变成一项专门的研究。我此刻头脑中的中心地位不一定指某个关键概念（例如劳动价值理论）的中心地位，而是指某种独特的阐释活动的中心地位——或许是辩证法传统所称的中介的最强大形式。意识形态分析不会提前分析将在后面的篇幅中进行概述的任何特殊的意识形态"理论"（的确，这种概览或综述的目的之一就是让我们不要经不起诱惑，从而决定这些相互争执而且通常互不兼容的理论哪一个是真实的或正确的）；它真正要做的是迫使你重新面对产生这类理论的问题框架——阐述这个问题框架非常困难（因为所有关于这些问题的专门论述本身在定义上就是它们自身以及意识形态理论的"解决办法"），但对这种问题框架的描述有时是从某个特殊的思想体系（或对这一体系的语言学或文本表述）与其他这样那样的事物之间的关系这个角度进行的，这个其他事物在它的外部，或是它的基础：一般而言是从表现某种现实或表达某个群体实践或素质的角度来描述这种关系。"语境"或"意图"更加偏狭的各种难题在知识历史和文化历史领域得到发展（或受到指责），例如，它们既是隐含在任何意识形态分析中的特征，同时也是这个问题框架的相互竞争或交替使用的表述方式。但是，这里讨论的是意识形态的问题框架——或说得更清楚一些，是作为一种方法和操作的意识形态分析的框架——它提供了一个更复杂，但也更有趣且更充分的处理问题的视角，这些问题在语境和"意图"名目下可能被看成是伪问题。

316

　　意识形态分析概念因此使得我们能够包容和扬弃所有从自身角度不能解决的传统难题：也就是说，它允许我们以更强有力的方式重写这些难题；实际上，对意识形态理论的回顾可以说包含一个附带特征，即对当代理论史中的陈腐叙事的置换，并对那种围绕意识形态难题的叙事进行重写，保持疏离（对此，现在大量的古典和当代"理论"——弗洛伊德和尼采、德里达和福柯，都被重写为诸多的贡献或计划；换言之，成为意识形态理论的子集或变体）。这是一种可供选用的历史范式，至少可以期待它产生新评价和独特的定位，它们不同于那些目前已被接受的评价和定位。

不过，随之而来的对意识形态这个术语和概念的反对意见将会对那些有关辩证语言的各种断言发出质疑。"问题框架"这个总概念在某种程度上不同于由它产生的全部术语和概念——它们中的某些概念极端对立，例如，把意识形态作为伪意识或错误概念和那些认为意识形态既非社会思维的必要特征，亦非所有群体实践不可或缺的维度等观念，它们之间互不相容——这无疑将会给善于分析的头脑提出难题。你必须重视这些难题，因为它们强化了思维和写作等方面的严格标准。不过，我认为，某个"意识形态"之类的术语的模糊与语义滑移既是无法容忍的，同时又是富有成效的；对这样一个术语的辩证运用将它放在一个局部的文本环境中，但是调动了在场的那些相互不和的意义，不是为了更有效地排除它们，而是作为一种方式将这些问题本身难题化（problematize）并使它们的复杂性基本上成为不可避免。

一

尽管在其现代用法中，意识形态理论本质上是一个马克思主义概念，但它仍然将自己铭刻在对于意识和文化复杂性研究的所有贡献中，尤其是铭刻在 19 世纪在这方面的贡献中，而且可能一开始就被理解为弗洛伊德后来称为思想界的哥白尼革命中的一个时刻。

通过这个表达，弗洛伊德意在表明 18 世纪对理性的信心在消退，在这一整个时期，人们逐渐认识到，意识不是它自己家中

真正的主人；各种更深刻的力量在意识经验和思维的直接表面之
下及背后发挥着作用。换言之，与对太阳系的理解一样，人们终
于相信现实也并非围绕着人的理性和意识运转，相反是后者服从
于其他法则的重力作用，我们看不到这些法则，分析家必须把它
们找出来，对它们进行解码，将它们揭示出来。

这一发现中的其他重要时刻，或这场哥白尼革命中的其他重
要时刻包括：

1. 黑格尔的"理性的狡计"或"历史的狡计"概念，即，
历史利用个体和这些个体的抱负来达到与他们的明确意图没有什
么关系的目的（因此，例如，我们可以说希特勒有意识的反对
共产主义**在客观**上终止了苏维埃联盟的壮大和社会主义在全世界
的传播）。

2. 达尔文的进化论，它不仅粉碎了某些传统的宗教幻想，
而且重新将人类历史置入自然历史当中。

3. 尼采的"道德谱系"，它表明斗争动力学在发挥作用，在
看似仁慈或博爱或利他的行为中，弱者和强者（"意志和权力"）
为权力而斗争，也表明在这类"正面的"冲动内部存在**怨愤**
（ressentiment）这种负面的力量。

4. 最后，弗洛伊德本人的理论，在对意识"去中心化"
方面，它是最强大也最有影响力的模式，它也给**无意识**概念带
来了转机。（现代或 20 世纪的思想于是将通过本质上属于语言
学的各种系统补充到语言发现的名单中，补充到我们的程序名
单中：在克洛德·列维—施特劳斯的结构主义当中表现得最为
突出。）

马克思的意识形态理论在这些系列中占据了一个独特的地
位：其论述语言本质上是属于 19 世纪和前弗洛伊德时期的术语

（即，不是严格意义上的无意识理论），已经证明它在 20 世纪能够发展出丰富的新变体，这些变体将后来的发现考虑在内。因此我们想对马克思主义意识形态理论的古典形式和它的一些现代版本（它们常常被称作新马克思主义）都加以考察。

不过，关于马克思主义何以需要一种旨在完善其自身的意识形态理论，还有另外一个重要原因。与其他理论一样，这些理论试图建立一个不同于常识经验，不同于黑格尔所谓的日常生活和感官感受的"直接性"的世界模式，马克思主义也必须首先回答一个问题：如果世界如马克思主义所描述的一样，为何人类在历史中熬了这么久才获得这个"发现"？不仅如此，如果这个关于世界的"真理"在现代时期最终呈现于我们面前，为何如此多的人仍然继续拒绝这个真理而坚持用十分不同的术语来理解这个世界？为什么辩证地描述这个世界的过程是如此的微妙和复杂？

与弗洛伊德主义和存在主义一样，马克思主义因此必须假定有一种**抗拒力**要反对它那常常令人讨厌和痛苦的学说，它必须在其系统**内部**，在关于自己难于被接受以及同日常生活与常识经验有明显差异等方面的解释中对那种抗拒力做出说明：这个解释在本质上将成为马克思主义的意识形态理论。

至于这个难题的历史部分——人类必须要等待马克思，为的是获得他非常重要的发现，即劳动价值理论——马克思主义也包括关于这个悖论的说明，正是这一点使得马克思主义具有一种历史主义的特征，它是这样一种哲学，它认为人的思想和科学受到历史时刻和社会发展的局限。马克思的历史主义声称，要使价值动力学能够为分析家所理解，或进入科学思想当中，就必须等到一种社会形态——资本主义——出现，在资本主义中，人的劳动第一次被普遍地改造成为商品，或换言之，被"商品化"。因此，尽管亚里士多德对工作和价值的性质有直觉的认识，但他的见解受到希腊社会的社会组织的限制，在那种社会组织中，奴隶制和奴隶劳动发挥着重要作用①：而奴隶劳动截然不同于自由的现代无产阶级，因为奴隶不出卖他们的劳动力而且也没有工资。封建主义的农奴劳动也不是这一意义上的商品化劳动。因此，马克思主义的发现只能产生于某种生产模式，这种生产模式在人类历史上第一次普遍地将生产者——新生的工厂工人，还有资本主义农业系统中的农民——的劳动改变成雇佣劳动，或商品化劳动——可以像商品一样买卖的劳动力。

的确，正是这种对科学和科学发现的历史主义研究解释了"生产模式"理论在马克思主义内部的意义，或换言之，解释了各种结构迥异的人类社会类型的意义。按照古典马克思主义的观点②，历史上基本上有五种截然不同的生产模式或人类社会模式（原始共产主义或部落社会；"古代模式"或换言之，希腊城邦或城市国家的蓄奴系统；"亚洲模式"或像古代印度、中国，以及中东的东方专制主义这种庞大的系统；封建主义；以及资本主义）加上另外一个——共产主义或社会主义——但是在未来才会出现。关于一系列的生产模式（不一定是线性的或进化的）的这一观点，有一个"辩证性的"限定条件，即这些模式中的每一个都有其特殊的与众不同的法则，特别是资本主义的出现决定了对所有更早的生活方式的辩证改造。

同时，对亚里士多德的评论暗含了一个与古典时代决裂的理论：受到奴隶制的限制，古代的城邦（出现了商业和一定形式的商品）不可能发展出真正的资本主义。这反过来进一步反映

---

① Karl Marx, *Capital*, Vol. 1, trans. Ben Fowkes, London: Penguin, 1976, 151 - 152；亦见 G. E. M. De Ste. Groix, *The Class Struggle in the Ancient Greek World*, Ithaca: Cornell University Press, 1981。

② 例如，参见 "Forms Which Precede Capitalist Production", in Karl Marx, Grundrisse, London: Penguin, 1973, 471 - 514。

出资本主义的特殊性和独创性:由于资本主义可能产生巨大的、几乎是无限的扩张,在辩证的意义上,它与之前的所有社会形态都截然不同。因此,较之那些比它古老的社会形式,它最具优越性,它无情地摧毁了那些社会形态,又将它们吸收进自身当中——这个过程被理解为帝国主义,而且它是一个仍在进行的过程(见证着第三世界国家和社会的现代化,工业、市场、货币系统、劳动的商品化继续渗透进这些国家)。

最后,亚里士多德的例子或许可以作为某种特殊形式的马克思主义意识形态分析的第一课。亚里士多德不可能理解隐而不见的劳动和价值的真相,这仅仅是用实例证明了意识形态动力学的一个特征,在诸多方法中,它也只能对其中之一做出说明,马克思以此方法构想出错误出现的可能性,构想出"真理"在结构方面的困难以及"真理"面临的种种抗拒。马克思主义的意识形态理论这一特殊模型意味着历史和社会发展甚至对那些想洞悉现实的最优秀的头脑也设置了结构上的限制,同时意味着人的思想不可能超越其社会生活和组织形式的发展水平。在后来的《雾月十八日》(1852)中,该理论被运用于社会各阶级,他们同样受到自己在社会总体中所处地位的限制,他们的思想也不可能超越这些限制。①

应该注意,这种特殊的意识形态限制模式未必一定牵扯到"伪意识"或错误:亚里士多德既没有受到宗教或形而上学幻想的欺骗,也没有被它们的魔咒所控制。他看到的,他都明白,但是,他的观点中一定漏掉了总的社会进程,这是他所处的社会形态的客观限制造成的。马克思后来能把同样的意识形态批判运用于正好先于他自己时代之前那个时期的经济思想家(或"政治

① Karl Marx, *The Eighteen Brumaire of Louis Bonaparte*, New York: International Publishers, 1994, 50-51.

经济学家"），最著名的是亚当·斯密，尤其是大卫·李嘉图：那个时候资本主义作为一个体系，作为某个特殊阶级形态的"信号灯"，尚未得到充足的发展，这使得这些思想家在劳动、货币，以及商品化方面，在《资本论》声称要揭开的整个科学系统方面无法提出他们的见解。再往后，20世纪最重要的马克思主义哲学家乔治·卢卡契将在他日后产生了重大影响的著作《历史与阶级意识》中用这个思维结构限制模式对德国古典哲学及其"意识形态的"局限性，尤其是对它们对康德、席勒和黑格尔的限制作出权威性分析。正是在这一章里（"物化与无产阶级的意识"），卢卡契备受争议的"总体性"理论（今天成为所谓法兰克福学派的马克思主义者和路易·阿尔都塞［Louis Althusser］的那些追随者两方面攻击的目标）得到最完备的发展和阐释。

回到意识形态概念在马克思主义内部的功能上——对该学说必然遇到的抗拒的论述——很显然是在社会阶级的现实中（即围绕着阶级对抗性，围绕着生产者与拥有者、无产阶级和资产阶级之间的对立而进行的资本主义建构），这类抗拒最终总会获得自己的地位并得到解释。但是，意识形态可以有很多不同的形式（其中有些在表面上或直接来看没有什么阶级特征）：这意味着马克思主义可能隐含了所有的意识形态模式，所有各不相同的意识形态方法，以及所有各不相同的意识形态分析方法。我们将在下文拣选出其中最重要的方法并对它们进行分类。但首先还是需要讲几句开场白。

首先，马克思主义试图通过将自己假定为"理论与实践的统一"来将自身同纯粹的哲学系统区分开来（也同形形色色非理论的或意识形态的政治运动区分开来）。这意味着缩小和消除意识形态的努力可以在两个层面上进行，即理论和实践两个层面。换言之，我们可以采用一种分析的或理论的方式，通过观察不同的意识形态文本或意识形态的历史形式来了解它们的动力学和功能,以此来掌握意识形态的运作并对其进行"去魅"。但我们也可以通过实践,通过行动,通过努力改变那些最先产生了意识形态并使它们成为必然的客观形势和环境,从而设法消除意识形态。最重要的是,我们本身陷于意识形态之中,意识形态批判因此必须采取自我分析和自我意识的形式,采取自我批判的形式。**意识形态在某种意义上是意识或思想王国中的异化形式:即异化思想。**但异化概念必然隐含着某个(或许未被系统地阐述过)非异化状态的概念(否则的话,首先,我们可能永远都不会明白我们的异化)。所以,意识形态理论也必然隐含着某种对其对立面(真理、科学、阶级意识,或任何东西,根据使用的意识形态模式而有所不同)的解释。但是,"关于费尔巴哈的提 321 纲"(与《德意志意识形态》写于同一时间)的伟大发现恰恰是发现了真理并详细地说明了它离不开我们的行动,离不开我们对自身和我们在其中生发出幻想的社会所进行的改造。这一提纲中最著名的第十一条提到:"哲学家只是用不同的方式解释这个世界;而关键是要改变它。"因此,意识形态批判对马克思主义而言必须始终包括这种或那种致力于解放的努力,不仅从意识形态中解放出来,而且从异化本身中解放出来。古典马克思主义关于解放的观点是从集体和政治行动等方面对其加以理解;但很显然,我们自己这个时代的某些反文化运动也具有某种革命的和解放的潜力;同这两种解放战略一道必须被提及的是女性主义,它是当前最重要的运动之一。

接下来要对辩证法本身说几句。要之,辩证法或许可以说既是环境性的(特定环境的)又是自反性的(或关于其思想过程的意识)思考。即,它遵循我们上文已经说过的历史和意识形态方面的内容,(1)跨越历史的或绝对的思考或理解是不可能的,所以思想必须以某种方式努力靠近它自己具体的历史环境,

（2）如同我们本身始终身陷意识形态之中，我们的思考必须也努力将我们自身看作是这一过程中的观察者。

但这里也隐含着这样一个思想，即辩证法的基本性质和策略将根据自身的历史环境和它试图理解或斗争的对象，或根据意识形态而改变。由于所处时代的社会环境（仍然是封建性的德国，既没有发动反对"旧体制"［ancien régime］的革命，也没有一场本质上被理解为理论的、科学的、世俗化的革命，如 18 世纪法国"启蒙运动者"［philosophes］的革命），年轻的马克思基本上仍然在和宗教的或形而上学的各种意识形态作斗争。不过，后来，随着他的目标转向商业意识形态，转向世俗化的意识形态，以及完全实现了资本主义的英国的意识形态，主要对宗教的强调便让位于其他事物，可以称之为资产阶级意识形态，它的特点首先是非历史的本质（包括人的本质）范畴，是静态的或分析性的（非辩证的，后来是实证主义的）思想，尤其是在新兴的政治经济领域中；于是，在这里，意识形态批判的重点必须改变，并且对于将历史从这类意识形态形式中排挤出去的做法进行谴责。因此，如果进行宗教批判的马克思从战略上将马克思主义断言为唯物主义（即，相对于宗教和形而上学的理想主义），马克思的意识形态批判在后来的策略倾向于强调历史和过程。这两个策略的相互关联自然被马克思主义即历史唯物主义这一定义所强化。既然如此，这种重点的转移通过变化中的历史环境得到解释，马克思主义在这种环境中斗争并发挥作用，这种转移或许能说明我们现在简要描述的这三种意识形态模型之间的不连贯性。

二

将意识形态当作"伪意识"的古典论述常常被看作是马克思的意识形态理论的基本形式；在下文中我们将看到，与它的影响一样，它仅仅代表了代替马克思主义的几种模式之一。

我们已经间接提到，在18世纪对理性的信任与后来19世纪对包括意识形态理论的理性的不信任之间有一个断裂。各种"断裂"是组织某种历史叙事的方式，它们应该被看作是虚构或建构而非事实。这个命题（它涉及所谓历史分期［periodization］的全部难题）现在可以得到证明，因为我们现在非常关心的是强调当前理论和18世纪启蒙运动者的争论焦点之间的**连续性**。从这一观点来看，马克思的伪意识理论将被当作一个相对而言仍然属于18世纪的理论来研究。

哲学家的计划是将理性世俗化，将科学和政治探索从古老的宗教正统派的禁忌枷锁中解脱出来。因此，在某种意义上，对他们而言，宗教就是一种意识形态，他们将它同科学和理性对立起来。（的确，后面我们将完善这个命题并提出在特殊的前资本主义社会里，例如封建主义和"旧体制"，宗教恰恰是意识形态的表现形式，即，确保这个体系的文化统治和社会再生产一代一代延续下去的价值系统和霸权文化制度。）

"启蒙运动者"（philliosophes）将他们的靶子——宗教——定义为"错误"和"迷信"，跟我们当前的马克思主义意识形态模式会使用"理想主义"和"形而上学"这些术语基本上是一样的。于是，这仍然主要是一种意识形态的认识论模式，仍然强调个体的觉知者（knower）、知识，或诸如此类的错误，强调个体理性在涤除错误习惯之后的首要地位。这种意识形态观点有两个基本限制。第一，它仍然局限于阿尔都塞的追随者后来所谓的个人主体观点。第二，从某个政治立场看，这一看法导致一个概念（在今天的某些中间派那里依然很流行），即政治变化和进步是一个理智的劝导过程，例如，全体选民，如果受到良好的教育而且有识见，他们便会自动作出正确的选择。在这里，对人类基本理智的信心同样忽略了那些更深刻的无意识或非理智力量，这些力量改变了集体性，在 19 世纪和 20 世纪，它们已经成为最突出的力量（法西斯主义和纳粹主义无疑要比单纯的伪意识，甚至单纯的非理性复杂得多）。注意，在那一时期，既然"启蒙运动者"的敌人，对社会和历史坚持保守与有机观点的人——尤其是埃德蒙·伯克（Edmund Burk），在他的《对法国大革命的反思》（*Reflections on the Revolution in France*）中——对启蒙理性主义进行了批判并强调某些非理性的力量，其中最突出的是传统和有机的社会凝聚力。

在某种认识中，对**启蒙**理性的反对仍然适用于这第一个马克思主义意识形态：伪意识学说隐含了理性的可能性，理性在马克思的传统中表现为科学的形式。意识形态与科学的对立这一主题是整个马克思主义传统中一个很大的（也是有争议的）中心主题。同时，如在第一节中已经间接提到的那样，这种看法与1848 年之前德国宗教和等级教条的影响仍然处于激烈的对立状态；所以它的构想，将理想主义和形而上学作为靶子，催生了一个口号，即"唯物主义"，它本身便产生于最激进的 18 世纪思想家。

当然，我们也注意到 18 世纪启蒙运动的另一个趋势，它与理性/错误的对立并列，对"旧体制"中权力机构的基础设施了如指掌。"启蒙运动者"在谴责迷信和教条时，同时也指责教会，他们很显然将教会看作是"旧体制"的等级制中半种姓系统的一个制度性支柱和骨干（阿尔都塞的追随者后来称这种机构为意识形态国家机器）。所以，伏尔泰发出了革命性的呐喊："Écrasez l'infâme!" 或者，换言之："彻底摧毁教会！"对我们而言，18 世纪对某种迷信的和错误的思想体系（宗教）与某种制度（第二等级，或教会等级）之间这种关系的陈述常常有一种陈腐的味道。只要想想伏尔泰重写的俄狄浦斯故事，先知提瑞西阿斯（Tiresias）成了残暴的教会等级的代表，而俄狄浦斯的悲剧则是因为迷信摧毁了理性。于是,这个难题——作为个人意识的意识形态,或作为一种思想体系的意识形态同外部的社会制度中意识形态的作用之间的关系——将成为所有后来的意识形态理论的一个关键性难题,根据它们设法将这两个截然不同的维度联系起来的方式,这个难题便可以被甄别出来。实际上,我们的下一个模式将表明马克思的社会阶级理论如何使得对这个完整的18世纪"问题框架"进行一次决定性的改良成为可能。

324

三

　　18世纪的"启蒙运动者"的确代表了第三等级(即使严格按照法律条文来讲,他们也是贵族,有些生来就是)并因此成为一场资产阶级性质革命的理论家,也是支持世俗资产阶级和商业资产阶级夺取权力的理论家。对马克思而言,这决定了他们的某些局限性,当你获得资产阶级不愿意或不能够识别的某种东西时,即,社会阶级的概念和社会变化的阶级动力学,这些局限性就非常显眼了。要之,马克思的阶级斗争学说意味着各阶级不是相互隔离地存在(在意识形态和文化上都无法相互隔离),从本质上讲,它们以彼此为参照来定义自身。马克思的经济学和政治学理论意味着至少在资本主义名下,大体上有**两个**基本的阶级:一个是生产过程的拥有者和主人;另一个是它的生产者或无产阶级。其他所有"阶级"——农民、小资产阶级,以及被征服的贵族残余——是辅助阶级(ancillary class)——先前的世袭阶级——只有当他们将自身依附于某个"政治集团"(葛兰西)时,他们才能对这两个阶级的决战采取**有效的**政治行动。

　　在这两大阶级的永久斗争中,意识形态发挥着怎样的作用(资产阶级设法榨取更多的剩余价值并延长工作日,无产阶级设法秘密地或公开地缩短工作日,他们还通过怠工、有意破坏和罢工，以及其他形式的联合或有组织的行动来对抗这种延长）？从这个有利的视角，我们可以看到，首先，认识论性质的意识形态模式帮不了我们多少忙，因为它不是一个关乎现在具有决定意义的思想体系的真伪的问题，而是一个关乎该思想体系在阶级斗争中的作用和用途以及有效性的问题。统治阶级意识形态的任务现在被理解为"合法化"和"霸权"（分别来自哈贝马斯和葛兰西的两个当代术语）。换言之，统治阶级从来不是靠赤裸裸的武力来永久维护其统治，尽管那种做法在阶级危机和动乱时刻很有可能是必要的。相反地，它必须依靠某种顺应，至少是消极地接受，因此，大统治阶级的意识形态的作用将大体上使人民相信社会生活应该保持现在的状态，改变是无效的，社会关系一直都是这样的，等等。同时，某种处于对立面的意识形态的作用——例如，马克思主义本身，它现在被看作是无产阶级的**意识形态**，而不是关于社会的科学——将会质疑、削弱、不相信这种霸权意识形态，而且要发展出它自己的反意识形态（counterideology）作为争取政治权力的一种更一般的斗争。

于是，在这第二个模式中，哲学系统、价值观，以及文化产品都是从它们的社会功能性方面来加以理解的；而且由此发展出的意识形态分析，亦即马克思主义最具独创性的贡献之一，在于它的野心，它要揭示那些看似纯粹的思想、立场、伦理或形而上的选择和意见是不断进行的阶级斗争中的合法化工具和武器，以此来对它们进行**去魅**。这类分析常常被说成是还原性的，它本来就是还原性的；它意味着残忍地将表现为纯粹思想的东西还原为它在这个社会性世界上令人讨厌的实际功能。这就是一场哥白尼革命，与弗洛伊德的革命一样影响深远（而且，弗洛伊德对意识经验和价值观的去魅完全与这场革命一样是还原性的，不过是在无意识狡计和欲望方面，而非在这个或那个集体群体的客观经济利益方面，个体或许可能永远看不清这一点）。

现在或许可以提供关于这些主张的"证明"，在更现代的思想家那里，它继续拥有主题意义，后面会讨论这些思想家：这就是关于天性的思想（idea of nature）。你当然可以将它理解为一种纯粹的思想，为了保证它的连贯性、它的真理性或错误性、它对现实和科学的适用性，等等，可以从认识论方面来对它加以分析。传统的思想史从纯粹的哲学发展角度展现出这一纯粹思想的各种变体，在这种哲学发展中，有关这一概念的一系列论述被加以比较，也对它们的进化作出了解释。

不过，对马克思主义而言，从我们的第二个模式来看，天性概念恰恰是一种意识形态；的确，在真正的资产阶级革命的军火库中，它是最重要的意识形态之一。天性概念具有重大的作用，因为它在其自身内部包含了"人性"，所以它能够催生一种关于"旧体制"的观点和关于人性的理论，这种理论蕴含了涉及社会生活及其组织的一个完整观念。

对天性在本质上是阶级和资产阶级意识形态的谴责因此是马克思主义中的一个母题，而且在现代时期重新为思想家们所关注，如布莱希特，罗兰·巴特（他公开指责布莱希特所谓的天性论［naturality］是虚幻的）和路易·阿尔都塞（他所有形式的人道主义概念在本质上都把"人性"看作是一种静态的、永恒的、不变的本质——它同样被萨特的存在主义严加斥责为关于人性的意识形态或"本质主义"）。这是否意味着马克思主义对这种意识形态的分析完全是否定的和毁灭性的？如果我们仍然用我们的第一种模式，那个关于伪意识的模式，那么对这个问题的回答或许是肯定的，它可能暗示着资产阶级关于天性的概念仅仅是错误和迷信，是理想主义和形而上学而已。

相反，第二种模式做出的评价性判断就不一定仍然关乎真理和错误，而是与某种不同的东西有关，它在传统的术语中，在马克思主义的术语中都常常被表述为某种对立：进步和反动之间的

326　对立。从这个立场，我们可以看到资产阶级意识形态这一特殊系统（与资产阶级取得的很多一般性社会成就及经济成就一样）确实非常模糊，它既有正面作用，也有反面作用，既有进步作用，也有反动作用。所以不能用某种明确无误的方式对它进行指摘，而恰恰要从这些模糊的和视情况而定的功能来对它进行分析。

因此，在它反对贵族和"旧体制"的种姓社会的斗争中，资产积极的天性概念就是积极的和进步的："旧体制"的等级依靠的正是这样一个合法化概念（意识形态），即不同的社会群体（中产阶级商人、农民、大贵族）是不同的，而且他们在本质上和血统上（但这不是现代的种族论，而是特定的亲缘关系）有明显的差别。所以，每一个"种姓"都有自己的公平与合法性形式，它适用于自身的特殊"天性"。在这一语境中，很清楚，确定一个普遍的人性，一种所有人之间真正的平等就等于是要进行一场颠覆性的和具有深刻革命性的行动，并催生一种意识形态，如果必要的话，人民将满腔热情地为它而战，为它而死。

但资产阶级获得了社会和政治权力之后，天性的意识形态便开始改变其功能。现在它有了新的敌人，这个敌人不再是贵族，他们肯定已经被剥夺了地位和权力，而是劳动阶级，必须让他们继续待在他们的位置上并阻止他们实现一场他们自己可能反过来从资产阶级手中夺取权力的革命。现在，关于天性和人性是平等的这一思想便意味着某种不同的东西了，即，市场体系中人的平等，他们作为交换价值和商品化劳动力的平等，他们在市场上出卖他们的劳动的"自由"。①

可以想见，平等的概念因此所发挥的作用是提前使马克思的

---

① 见 C. B. Macpherson, *The Political Theory of Possessive Individualism*, Oxford: Clarendon Press, 1962。

社会阶级思想以及个体对阶级现实的实际经验不再可信:在市场系统中,从表面上看,我们遇到的不是社会阶级的辩证关系,而是众多平等的个体或单子的"原子化"竞争。所以,对天性和人性的信念,它现在的合法化功能是阻挠集体或阶级意识的生成。

同时,人性概念中静止和永恒的部分现在也发挥着"压制"历史思想的作用。如果人性在任何地方都始终是一样的,想象它会被改造,并用它来改造当前系统的社会关系就是不现实的和乌托邦的。马克思本人在谈到资产阶级政治经济学家时谴责了这种静止的人性观,资产阶级政治经济学家相信市场、交换,以及商品形式是人性的一部分,是所有可以想到的社会组织中不变的元素:如他所言,他们因此战略性地将资本主义的"经济人"(homo economicus)投射在所有其他的社会形态和生产模式上,既有过去的也有将来的。

巴特以更尖锐的方式在今天的文化语境中提出了同样的观点,重要的是他利用了布莱希特的间离效果概念:后者的重点对布莱希特而言也是政治文化的任务,它在本质上是间离并同人们的日常生活经验拉开距离,人们已经被(恰恰是被资产阶级的天性概念)训练得认为日常生活是自然的和永恒的。间离效果是一种方式,它从"直接"经验和市场体系中的日常生活幻象中退回来,将这一切看成是某种特殊的、非常不自然的、古怪的和非人的东西——换言之,如巴特所言,它揭示了那种被认为是自然的(人的情感,如竞争性和攻击性,完全就是人的制度)而事实上绝非如此的事物,即**历史的**事物。如果是那样的话,我们的社会体系就不是永恒的和自然的,而是历史发展的结果,如果人们曾经以不同的方式生活,那么他们可以再一次以不同的方式生活,而且如果说某个事物是历史的,那就意味着它可以被人的行动所改变。

在他的《神话学》中，巴特修正了布莱希特的间离效果对当代社会，特别是对媒体与广告的影响，他告诉我们，它们的任务就是让我们相信，追求商品社会的某种商品（抽某个牌子的香烟，买某种款式的车，使用信用卡，积累大量没用的虚假需求［false need］和一次性物品）在深层意义上是自然的而非人为的或历史的，它是从某种永恒的消费欲望中生发出来的，这种欲望的根子在于"人性"。

不过，依靠这类分析，我们似乎将要突破我们第二个模式的限制。"天性"的说法，比如，抽烟的天性（在田园美景中，漂亮的人们吸烟的形象）根据我们的第二个模式仍然是一种阶级意识，一种概念系统吗？或许不是；或许我们现在需要给另一种模式来开辟一个空间，在该模式中，日常生活的实际经验本身——不考虑人们的正统观点和精神价值观——就有某种意识形态方面的东西。于是这将成为向一个不同的意识形态模式，即物化的过渡。

四

这第三种模式在马克思主义经典当中隐而未发，但在现代时期得到了丰富的发展；我们在这里将仅限于它的最初形式，为日后第四种模式的发展留出一些余地，它在某些方面可能被看作是对这第三种模式的一次辩证置换。"物化"一词与哲学家乔治·卢卡契的研究有关，他的《历史与阶级意识》一书试图以某种方式搞清楚马克思主义的哲学命题，这种方式连马克思主义的创始人也没有尝试过。记住，卢卡契有时将马克思主义说成是超验的，或换个说法，是**正在实现的**哲学（*realizing* philosophy）——无论是二者中的哪一种，它都使传统的哲学思辨变得理想化和不必要。同时，即使是现在这样四卷本的《资本论》，它也是马克思更为浩大的计划的缩略，这个计划据称是要发展成为关于国家、意识形态，以及文化的理论并因此将马克思主义最终确立为一个"哲学的"体系。恩格斯后来在《反杜林论》中对这个体系做了描述，它成了苏联马克思主义的基础，因为它在历史唯物主义（在本质上是一种方法，我们在这里已经有所概述）和辩证唯物主义（一种完整的世界观和形而上学）之间做出了明确的区分，它将辩证法本身看成是"永久的"自然法则。

不过，卢卡契的大作重新确立了一个完全不同的、马克思的"丢失了的"哲学体系，物化在此被要求扮演一个关键的角色。物化概念——人的关系变为物或物之间的关系，卡莱尔（Car-lyle）的"金钱关系"，社会性世界变成了交换价值和商品——当然都与人和物的"物化"（*Verdinglichung*）以及商品拜物教这些概念一起出现在《资本论》中。卢卡契将这个物化概念与他的精神导师马克斯·韦伯的合理化思想联系起来，从而对这一观点进行了一次决定性的置换，合理化思想认为，现代世界的出现在本质上是一个过程，在此过程中，传统活动（尤其是在前资本主义社会）在效率、可衡量性，以及方法—目的合理性等方面被组织起来。很显然，工人和工匠遇到了某种问题——到目前为止，一个技艺娴熟的手艺人，一个对其材料和产品了如指掌的技师：生产的合理化会将他一点一点地变成这个过程中的另一件工具。合理化的过程或许在现代工厂管理中得到了最突出的例证，尤其是在所谓泰勒化过程中，该过程因其发明者弗雷德里克·温思娄·泰勒（Frederic Winslow Taylor）而得名，他的研究决定了广泛的工业改革和劳动过程改造。"泰勒化"意味着生产活动彻底的碎片化和原子化，将每一个环节都分裂为最小的量化段，将工人固定下来监控每一个细小的阶段，与旧时的工匠不同，个体工人不可能再对整个过程的意义或他在其中的地位的意义有任何认识。很清楚，亨利·福特发明的生产线不仅仅是对泰

329

勒方法的一次善意推演。①

于是，卢卡契和韦伯能够对这个过程作为一种更一般的社会过程时所产生的后果加以描述，更重要的是，他们将它对人的主体性和对人的经验的影响考虑在内。例如，韦伯的合理化概念可以延伸至空间的量化，这种量化始于伽利略和笛卡尔的世界观，在量化过程中，前资本主义较为古老的神圣空间和不连续空间（以及，比如说，它们的神圣禁城位于空间中最重要的点上）都被打碎并均匀分配，旨在生产出笛卡尔扩张（Cartesian extension）中的灰色对等（gray equivalence），到处都绝对一样。它也可以延伸至时间，特别是延伸至对可以量化、可以衡量的钟表时间的引入。② 关键不是将它们以及类似的合理化进程看作是关于可衡量性的科学发现，例如，科学世界观中的力的可衡量性，关键是将这一切都看作一个总的社会"大变革"，在其中，前资本主义社会的所有定性维度和多重维度都按照这种新的资本主义合理化在所有的层面上进行了重组，从感官知觉层面到科学和思想层面。（马克思关于具体劳动和劳动力之间的区别在这里很明显是旧的定性的工艺活动与劳动力新的、可衡量的商品化空时间［empty time］之间的区别，即工人必须预先出卖每一天。）

不过，在当前的语境中，最相关的是这种总体过程对精神、心理、人的经验，以及主体性的性质和组成所造成的影响（因此这一过程的产品在文化和思想产品等方面也产生影响）。卢卡契的创新是将韦伯对社会进程和趋势（在外部对象那里）的描述推演到主体本身。他在这里与德国理想主义的旧传统联起手来，该传统在早期马克思那里仍然非常明显，但在席勒那里得到

---

① 见 Harry Braverman 的经典讨论，*Labor and Monopoly Capital*，New York：Monthly Review Press，1975。

② 见 E. P. Thompson 关于计时器在早期劳动斗争中的作用文章，"Time, Work-Discipline, and Industrial Capitalism"，*Past and Present*，No. 38（1967）。

了最完满的表达。也就是将亚当·斯密的劳动分工概念运用于人的精神本身,这个观点认为,在现代时期,心理本身日益受制于某种劳动分工。所以,例如,在韦伯的合理化之下,头脑中负责计算、数学,以及测量功能的部分都将经历专门化,它们会发现自己本身同其他对社会不太有用的功能如质量感、幻想等等脱离开来。后者将被边缘化,而对这些事物更加熟悉的人——波西米亚人、艺术家,等等——在一个商业社会中,也会变成边缘。与在早期马克思那里一样,席勒的现代心理碎片化这一诊断提出了一个心理重新统一的强大反像(counterimage),在这个反像中,所有现在的不同功能和专门功能都将以某种方式重新结为一体(这个理想对马克思而言要求集体的而非个体的改造)。①

物化概念现在或许可以同另一个关于现代世界的诊断联系起来,它已经在黑格尔的"市民社会"概念中,在马克思对国家与官僚政治的分析中,以及后来在哈贝马斯的公共领域概念中表现出来。它是一种观念,即在现代社会,事实上是在人类历史上,公众第一次同个体截然分开,由此,我们可以生活在两个完全不同的世界,工作的世界,从九点到五点,和我们更"真实的"私人生活体验,我们在离开工作地和公共王国时所占据的世界。

在当前的语境中,这可以看作是一个有关合理化与物化的更进一步的例子;而马克思的政治学理想之一就是恢复一种社会秩序,即私人与公众的对立、个体与集体的对立、工作与"休闲"的对立——简言之,异化的世界——不复存在。

与韦伯一样,卢卡契也是从认识论,从科学与知识,从物化对它们的损害等层面给出了他的深刻见解。不过,他这本大著之

330

---

① 但是,现在,参照后现代的"分心"(distraction),较之统一一主体的角度,我们更喜欢从傅立叶的蝴蝶意识角度,即个体对形形色色的计划和欲望(马克思也称之为"新的需要")的快速适应这一角度,来看马克思的"人道主义"理想。

所以有巨大的启迪性和影响是因为"劳动分工"可能延伸到知觉王国。绘画和音乐的进步暗示出在现代时期，这些知觉的每一种都变成了"半自动的"，一个本身完整的活动世界。身体本身被碎片化，马歇尔·麦克卢汉（Marshall Mcluhan）关于口头文化与基于眼睛的印刷文化之间的对立的深刻见解也可以被读解为对卢卡契理论的扩展版的一个贡献。

　　这第三个意识形态模式的独创性在于它定位意识形态的方式，不是根据意见或错误，不是根据世界观或概念体系，而是根据一个半程序化的过程，在此过程中，日常生活在所有层面上（身体与知觉、精神、时间、空间、工作过程，以及休闲）被系统性地加以重组，这个过程就是合理化、商品化、工具化，等等。与我们的前两个模式不同，这是一个在某种意义上没有主体的过程。没有人依照主体性来规划这个过程，甚至"统治阶级"也没有；这个过程就是统治阶级的一部分，是资本动力学的一部分，因此你可以说，在形而上学意义上，这个过程的主体不是个体或群体，而是资本本身。

　　事后看来，很清楚，第一个模式将个体精神作为其"主体"，第二个模式却是将某种"主体的集体意识"作为其主体。然而在前两个模式中，某种对意识形态的抗拒依然是可能的，而且两者都投射出科学或集体实践的反像。在这个新模式中，这是一个总体系统的新模式，你可能会相信，更难想象的是抗拒的形式，除非像卢卡契那样——将其想象成一种总体的系统性改变，想象成对资本及其过程的废除，以及一个新的、极为不同的社会体系的出现。或者对合理化—附带—物化的抗拒可以被设想为戏剧的精神，即美学本身（在商业社会中被边缘化了）作为一个空间的抗拒，这个空间将所有受到物化损害的东西都拒之门外，这种设想最初是席勒，后来是马尔库塞（Marcuse）提出的。或许物化之下的生活可以被想象为遵照停工斗争的命令而进行的一系列小规模的、微观的、游散的活动和象征性的抗议。无论如何,将意识形态看作客观过程的这一新理论(韦伯的"铁笼"思想正无法挽回地凌驾于人类生活之上),其"悲观"方面不应该被最小化。

五

这个故事的续篇一般是这样的:《历史与阶级意识》的"方法"对于年轻一代的中欧思想家而言是一个将他们唤醒的震撼,它在法兰克福学派(霍克海默、阿多诺、马尔库塞,更远一些的本雅明)的研究中得到延续,在他们的研究中,它掌握了哲学和文化非同寻常的细微差别,而且,它处于涤除庸俗马克思主义(读解:斯大林主义)元素的过程当中。但是参照意识形态分析这个问题框架来读解法兰克福学派则将这个系统大大地复杂化了,同时也使它变得微不足道。

从卢卡契那里借用的"工具"可以被认定为,即使不是完全地,一个还原后的物化概念,即商品化概念,它的更加有限的范围将生产组织排除在外,并将分析过程的中心置于严格意义上的消费。在重新评价康德提出的知识、实践,以及美学之间经典的三重区别时,法兰克福学派采取了决定性的步骤:这个区别对卢卡契而言依然重要,他仍然将美学王国看作是特权王国,只有在那个王国里,在这个社会中,主体与客体的某种"调和"才是可能的;但是,卢卡契将美学改造成为一个喻象,说明一般情况下非异化社会是可能的(之后,他提出了更加有限的小说现实主义概念作为一种批评标准,根据这一标准,可以在艺术王国中观察这种"调和")。美学的比喻力量再次从古典法兰克福学派的研究中消失(除了马尔库塞),对系统性社会选择之历史可能性的所有认识也一同消失了。不过,法兰克福学派对商品化过

332

程的强调揭示出，美学——古典德国哲学的乌托邦空间——现在
对残酷无情的商品逻辑完全不设防，而且它自身也处在商品化的
过程当中。这一发现的伤感之处——与某种后来的认识相一致，
即无意识本身在商品的控制下正在慢慢地变成物化的殖民地——
很显然是把保留由此丧失的东西作为一种理想价值：即最真实形
式的美学，事后，它允许我们将其等同于盛现代主义美学。可
是，那仍然只是一个如约而至的经验，脆弱得不堪一击，受制于
历史性的必死命运（阿多诺的《美学理论》的非凡成就恰恰在
于现代主义的真实经验和承认历史性之间的张力）；就如同批判
思想商品化的无情举动被简化为一个没有"否定辩证法"维度
的单纯的点。不过，同样清楚的是，法兰克福学派热忱地支持认
同这种常常是微观的但又无处不在的商品物化过程，于是能够明
白，在美国（在这里，阿多诺的直觉得到肯定并被详加阐述），
有一种紧迫性和直接相关性，这是更具概念性的意识形态分析所
没有的。像这样将分析对象从概念结构置换为形式和实践是很有
意义的，它在日后将创造性地得到延续和发展。

　　至于古老意义上的意识形态，法兰克福学派对其分析采用了
一种策略性的委婉说法——"批评理论"——不同于葛兰西所
置换的术语（"霸权"），法兰克福学派颇有深意地将意识形态分
析的实践与作为一个整体的马克思主义相融合，这可能与后来这
个群体的解政治化有关系。不过，悖论性的是，其他研究（或
许除了萨特的某些篇幅）都没有将意识形态分析成十足的伪意
识，只有阿多诺那破坏性的，也是样板性的辩证分析成功地证明
了这一点（在《棱柱》［Prisms］和后来的论战中）——他的破
坏性批评关注其对象的社会和阶级功能，但是在广度和深度上，
它极大地超越了对这种或那种被当作平凡的意识形态批评的阶级
亲缘关系的肤浅认同。

　　有人可能在这里偶尔有一种感觉（我在其他地方对肯尼

斯·伯克［Kenneth Burke］的某些研究表现出同样的感觉），指导这类分析的意识形态概念在某种程度上是过时的 20 世纪 30 年代的概念——当然用来应急的弗洛伊德元素今天在这里给人的印象是，它已经是老古董了。如果知识分子的基本使命是批判和对所有事物保持永久的、十分敏感的否定态度，那么，这种作用从未如此积极地、生动地实现过；另一方面，如果要求左派知识分子在其他社会运动中发挥某种支持作用，那么否定和批评自由漂浮的自主性可能就显得更像是质疑了（而且要涉及某种名副其实的知识分子意识形态及其实践），近几年对待法兰克福学派的态度就是如此。

　　但是，那项工作以多种形式延续下来，而且对它的认同方式也各不相同（它们并非都产生了直接的影响）。例如，强调文化商品化将新兴媒体结构等同于**文化产业**①，从而找到了自己的口号，于是预先将矛头指向我们所称的制度分析（institutional analysis）。这个分析遇到的最重要难题——从商品化形式研究转到某个工业或技术的基础结构动力学时遇到的困难——无论如何都无法解决；同时，也正是在这个特殊领域里，意识形态即伪意识这个观念的局限性造成了不良影响。因为将所有被操纵的大众文化都作为伪意识予以摒除的趋势只能使大众文化处于闲置状态，同时也剥夺了它们成为形式分析的有力工具的理由，形式分析同样是阿多诺提出的，它只是在他对高雅文化成就中发挥作用的形式矛盾进行译码和去蔽的工作中得到了全面的运用。

　　尽管如此，对那些跟在法兰克福学派后面的人来说，有一点似乎并非不言自明，它的深层乌托邦力量和本能概念——获得满足和圆满的渴望，孩童和记忆的理想国，美学固有的"幸福诺

———————

　　①　见 Max Horkheimer and T. W. Adorno, *Dialectic of Enlightenment*, trans. E. Jephcott, Palo Alto, CA: Stanford University Press, 2002。

言"（*promesse du bonheur*），日后在非直接相关的意义上唤醒欲望的东西——应该局限于高雅文化作品，它与传媒娱乐那些"低级的"产品没有任何联系。

同时，压制和欲望的修辞，社会和历史矛盾留在艺术作品上的原始伤疤的修辞（一种与其说出自马克思，不如说出自弗洛伊德的《文明及其不满》的修辞），其本身便受制于某种特殊的批判，因为在法兰克福学派中有一个人对晚期资本主义的修正和发展十分警觉：赫伯特·马尔库塞的确提出了一个关键问题，即被压制的欲望及其力量在一个全新世界中的历史归宿，通过他所谓的压制性去高尚化（desublimation），禁忌和压制的古老力量似乎不再是必要的了。马尔库塞在《单向度的人》（*One Dimensional Man*）中也提供了社会环境最凄凉的历史画面，在这种社会环境中，否定的使命，临界距离的用途，连同对历史本身的认识，都被那完全颠倒的文化逻辑削弱了，我们称之为后现代性。

这个术语（它暗含了一种关于现代主义的历史视角，法兰克福学派的成员倾心于现代主义，现代主义不可能是法兰克福学派本身的视角）提出了最后一种方法来重写这个群体的遗产，尤其是复兴这个群体关于商品化的重要主题。居伊·德波（Guy Debord）在他的《景观社会》中提出了一个非凡的见解：商品拜物教的最终形式是**影像**（image）。这个中介现在释放出一种可能性，即某种意识形态分析越过某个个体文本的矛盾结构到达了晚期资本主义更一般的文化流程：一个影像生产和拟像（simulacra）的完整系统，它本身具有某种意识形态功能，它不仅有直接的和地方性的信息，还可能同日常生活问题和文化帝国主义问题有联系。

回顾一下，很显然，萨特倾其一生关注的事物之一也是影像，它是一个去现实感（derealization）的过程，与历史上资产阶级本身的美学及其艺术宗教和文化的社会用途有着紧密联系；

但是在萨特强调**怨愤**冲动在影像文化中发挥作用的地方，德波和他的团体，即**情境主义者**（situationist），让这个仍在发挥作用的概念接受了空间本身即意识形态领域这个基本难题，我们在下文还会回到这个话题。

　　但是，所有这些发展——对伪意识的批判以及商品化即影像文化的生产这个观念——是前结构主义的，因为它们的理论计划似乎不需要特别强调语言和象征的特性，或强调语言学动力，这个动力可以介入主体与客体之间并将辩证分析的传统形式难题化。尽管如此，所有这些后卢卡契发展（post-Lukácsean）的确以某种方式记录下了社会和历史对资本主义的修正，结构主义作为一个知识运动（或一场知识革命）便来自这些修正：最引人注目的是媒体的惊人扩展或对传统文化形式的改造或摧毁。因此，可能会做出这样的假设，即它们会超越结构主义的"断裂"，它们与我们的关系会继续下去；或者，如果你愿意，这种断裂——对于那些完整地经历过它的人而言，无论在历史和实验意义上多么明显——总之必须从社会生活中的系统修正这个角度来加以理解，对此，较新的语言理论本身只是最具戏剧性的知识特征之一。

　　尽管如此，卢卡契之后出现的"西方马克思主义"的特征似乎是重新强调意识和文化，这种说法似乎也是公正的，这一重点始终包括以某种方式理解弗洛伊德和精神分析，当代意识形态理论必然包括对语言本身的质疑（包括更新的"语言学弗洛伊德主义"），无论它们如何表述这第三个新术语，在它的自主范围内，它在任何明确的传统意义上似乎都不是一个中介。如果确实有人关心从现实主义/现代主义/后现代主义范式的角度对马克思的意识形态理论史的这一版本进行重写，那么，通过文化与无意识问题的自主化（autonomization），将它说成是其重点从文化的社会功能和阶级功能转到语言的自主性和对象征系统的意义

（伴随着在对于某种自主性的同样是新的和质疑性的认识中"被压制者的回归"，这种自主性是所谓半制度［part-institutions］的自主性，或者是一般的体制自主性）是不正确的，这种自主性和意义经过提升，但更加破碎。

六

对传统马克思主义意识形态概念最具影响力和最富戏剧性的思考，意识形态过程中最生动、最具启发性的新"模式"，显然是路易·阿尔都塞在"意识形态与意识形态国家机器"（Ideology and Ideological State Apparatuses）中提出的。[①] 在战后马克思主义的发展中，它发表得相对较晚，但却标志着阿尔都塞本人的研究的某种突破（或"置换"），它先前提出了社会结构（是一种"被过分决定的结构总体"）的不连续性问题并寻求将一种一般但现在更加间接的"最终决定（determination in the last instance）"概念（在阿尔都塞那里，这个决定依靠的是总体结构而非仅仅依靠经济水平本身）与对社会生活不同层面的"相对自主性"的新的、生产性的强调统一起来。

这篇关于意识形态国家机器的文章没有隐含任何对那些命题的反驳，而是开辟了一个全新的方向，他将意识形态分析领域中大量的新潮流都聚到一起并试图对它们进行编码：所以它所关注的在很大程度上是如何使我们表述那些多样化的潮流，是它的那些影响（它的影响一度非常大，但相对是在专业和有限的领域中）。不过，与阿尔都塞的很多研究一样，这篇文章是程序化的和思辨性的：它不是一个正式的哲学立场，而是一个议程，这个

---

① 见 Louis Althusser, "Ideology and Ideological State Apparatuses", in *Lenin and Philosophy*, trans. Ben Brewster, New York: Monthly Review Press, 1971。

议程还没有全部结束。① 实际上，阿尔都塞运动在 20 世纪 70 年代的失败，（而且在现在已经司空见惯的阿尔都塞式论战术语的重压下，这个新的意识形态理论中寥寥无几的概念性进步也遭到扼杀，这使得对于这项理论事业仍然具有鼓舞性、启发性，甚至紧迫性的东西变得形容模糊，在揭示与所有马克思主义意识形态理论都有关联的更深刻难题方面，它也将比些时候讨论过的古典文本更值得赞扬。（原文中的括号只有半个——译者）

在这方面，重要的是阿尔都塞的文章分为两个独立的部分，每个部分以不同的方式影响着不同团体的思想家。这篇文章的主体探讨了标题中明示的主题，并寻求在唯物主义意义上确定意识形态的基础，在产生了意识形态的具体社会制度中，这些制度应理解为与国家和国家权力中的官方制度截然不同。（因此，标题中那个短语的重点是区分 **"意识形态的**国家机器"与常规意义上的"国家机器"：军队、警察、司法机器，等等。）意识形态国家机器（它们已经被称作 ISAs）确切地说是教育和塑型机器（教会、学校系统、家庭被明确提到），对它们同国家的关系的考虑更多的是在功能方面而非在形式方面（在法国，例如，学校系统直接依靠中央国家；但对美国教育系统的去中心化的描述——在某些情况下是私人性质——依然是在意识形态国家机器概念这个层面上，因其功能是再造某个系统，国家也是这个系统的一部分）。

这种对制度的强调——即，对意识形态的制度性先决条件的强调——是 20 世纪 60 年代和 70 年代的理论研究对意识形态理论的一个新的、创造性的贡献，这些研究必须同有关意识形态与阶级或国家之间的有机联系的论断严格区别开来，那些论断较为

---

① 但是，最早研讨会的全部文字现在已经出版，标题为 *De la reproduction*，Paris：Presses Universitaires de France，1995。

陈旧，更具全球性而且是无中介的。只有阿尔都塞本人在前面提到的文章中运用了宏大理论，除此之外，这个领域中的研究已经具有更多的经验性和社会学意义，都是以我们正在讨论的特殊制度中的历史现实开始，与皮埃尔·布迪厄（Pierre Bourdieu）那些关于教育体系、博物馆，以及摄影研究类似，他的这些研究很有影响而且是范例性的，它们的确先于阿尔都塞的这篇文章并可能为它提供了灵感。在某种明显的意义上，这些调查研究可以说反映了阿尔都塞在早期研究中提出的社会阶层的"半自主性"，或如果你喜欢，可以看作是出自多种具体的现实和结构方面的复杂性，早期研究本身将这些作为一个新的理论难题记录下来。

中介语言当然一直随时都可以被用来处理这种难题，例如，说明如何在一个一般的给定阶级意识形态与一种特殊的表达或"言辞"之间建立辩证的连接这个问题（学校系统是中介；但日常生活也是中介；日常的话语是中介，媒体是中介，个体的心理传记是中介）。换言之，"中介"说似乎过于迅速地解决了这个概念性困惑，使得中介机构未能在其所有的历史说明和归宿中出现；这种古老的辩证语言似乎也缩短了存在丑闻的时间，后者赋予这种新的制度性研究以唯物主义的界限——"外在的"丑闻，即另一个秩序的制度现实做出的"精神"决定所带来的震撼，这些现实有它们自己的法则和动力学，有它们自己的惯性，也有它们特殊的斗争形式和竞争范围。这就是为什么可能对这种新的制度视角的出现进行解释的原因，不仅在理论本身的自主性发展这个层面上（在社会科学以及语言科学当中）是可能的，在此层面上，它是作为某种出乎意料的颠倒的事物出现的，但它的出现也是某个学科触及自己的构成界限和边缘的时刻；它不仅是日益繁荣的战后时期对社会现实不断进行区分所产生的结果，在法国的语境中，它也是某支左翼造成的结果，这支左翼一方面遇到了 1958 年后处于现代化过程中的戴高乐主义社会这种新制度的惰性,另一方面,尤其是因为当时新生的议会外势力(extra-parliamentary wing),它开始对一个更加传统的法国共产党在制度上的持久性表示怀疑。

这就是说,制度性意识形态理论将在其不同的专门部分产生特殊的政治影响。例如,在文学和艺术上,不仅是在法国,年轻一代更迫切地要揭开文学本身作为一种制度的面纱并对其提出挑战,而不是对这个或那个特殊的文学文本进行阐释和"去魅";更重要的是,他们一方面激进地强调博物馆和艺术馆的性质以及它们同意识形态生产(杂志、艺术批评与评论的形式)的关系,另一方面又强调它们同商业、金融,以及国家的关系(与美国在税法和投资可能性问题上的做法一样)——而不是执著于属于老式阐释类型的艺术史或艺术批评。

这样一个重点的转移**似乎**仅仅阐明了政治行动的可能性,也简化了这种可能性,而 20 世纪 60 年代的历史已经(被右派阐释者)读解为几乎是对全部意识形态国家机器的一系列毁灭性攻击,从大学本身一直继续下去。事后看来,制度分析最有效的区别——在国家和地方或非国家的意识形态国家机器之间——应该能终止那种本质上属于无政府主义的认同,它将"国家的逐渐衰退"与取消所有社会制度这个截然不同的目的等同起来。如果它是一个问题,它应该不是彻底摧毁某个规范的社会体系的问题,而是将它改造成为一个极为不同的系统(社会主义)的问题,那么,在对个体制度或意识形态国家机器不懈地进行否定批判的同时,需要思考对它们进行结构性改造的可能性,思考它们被改造成为新的集体制度之后的性质(在马克思主义传统上,不论好坏,这一思考都与"文化革命"的难题联系在一起)。①

---

① 见前文第十章。

　　应该明白，制度分析的新要求和必要性没有简化意识形态分析的任务，而是在所有新的方面都使它变得更加复杂。我们在下文将要考察对意识形态的更新探索（而且绝对和马克思主义没有一点关系），它们反映了当代对于在文本研究中结合基础结构的现实这种需要的更一般的认识，对该研究的表述表面上符合意识形态国家机器的概念和我们今天所谓意识形态分析的"制度性"趋势。但是意识形态国家机器这个概念也可以用来检验其他的研究，可以衡量它们关于制度性生产的论述是否充分。不过，如已经观察到的，在很大程度上，意识形态国家机器概念和"制度分析"实践对我们来说仍然是一项未完成的事业：阿尔都塞本人的理论，或者对某种文化制度的具体研究，对于在有关社会制度（例如学校和博物馆）的讨论与关于特殊文本的解读之间的概念性鸿沟上架起一座桥梁，基本上没有什么帮助，这个鸿沟仍然令所有当代的意识形态分析一筹莫展（即使不是让其进入到一个死胡同中）。

　　即使最清醒的意识形态理论家都一直以某种形式注意到了这种困惑（却没有能解决它）：例如，特里·伊格尔顿（在《批评与意识形态》［*Criticism and Ideology*］中）十分中肯地提出作者的"一般意识形态"和他或她更加专业的"审美意识形态"之间存在差别。[①] 他的意思很显然是从社会和阶级的角度（例如，巴尔扎克的君主主义）对某个给定作家的"价值"的讨论与该作家在形式和实践上更加隐晦地受制于所表现的"意识形态"之间便存在这种差异；有机形式，"现实主义"写作，等等：它在我们当前的语境中正在得到理解；这些最终将我们引入严格意义上的制度分析的专业问题，即，写作实践与**文学**制度之间的关系（以及适合它的意识形态国家机器）。但伊格尔顿提出的这个

---

　　① Terry Eagleton, *Criticism and Ideology*, London: Verso, 2006.

具有决定意义的差别（它也是一种"古老的"马克思主义批评同一种"新的"马克思主义批评之间的差别——例如，普列汉诺夫与《荧屏》［Screen］团体之间的差别）将我们已经命名的鸿沟绝对化并且让你很难明白一个人如何能够费力地从文字（écriture）问题转回到"小资产阶级意识形态"的问题上。

阿尔都塞本人处理这个难题的方式有些不同，将它当作"一般的意识形态理论"——"一般而言的"意识形态理论（意识形态国家机器的概念）——和关于个体意识形态的专门论述之间的差别，后者一定是具体的和历史的，而且它一定离不开这种或那种阶级斗争情境。事实上，这也是要将这个困惑绝对化并且以张力的形式将它持久化，马克思主义那里一般经常在社会学与历史之间，在说明某个共时结构（甚至某个过程）的抽象建模与在情境中或以叙事的形式说明特殊的历史事件之间对这种张力加以评论：《资本论》与《雾月十八日》之间的张力，如果你愿意接受这种说法；或者阿尔都塞本人与 E. P. 汤普森（E. P. Thompson）之间的张力。

我现在提出了一个与更加传统的哲学困惑相平行的问题，但绝对不是希望这个关键的问题变得无足轻重：归根结底，它是马克思主义对古老的精神/身体难题的观点（或更确切地说，在资产阶级哲学中，精神/身体难题可以与马克思主义一同被看作是基础与上层建筑问题，它会在更突出的集体意义上得到塑造和强调）。这就是说，重要的不是这个难题的术语是相同的——因为将个体的身体改造成为一个集体现象标志着一次真正的辩证飞跃——相反，更加不祥地，是所有错误的解决办法似乎在结构上也彼此相似：通往"松果体"这个"理想国"（El Dorado）的道路是物质与精神之间的嵌齿（cog）咬合的最终轨迹，与那些漂移不定的"断裂"与"障碍"在马克思理论中的基础结构与上层建筑之间的历险一样，这条道路上也有类似至关重要的事物，同时，它对全部这类理论的主题提出了很有助益的质疑，即，如何表现、处理或避开"中介"这个关键问题。

七

阿尔都塞学派对这些问题提供了几个很有趣的回答，但它们都悖论性地不能在阿尔都塞本人的纲领性文章中得到清晰的阐明，该文在对某种意识形态国家机器的理论进行概述之后，突然转向意识形态的上层建筑，转向一个仍然引人注目，仍然具有创新性的新理论，即意识形态主体。他在系统表述中用到的术语——"意识形态是对个体和他们**真实的**生存条件的**想象性**关系的'表现'"——在起源和用法上都是拉康式的，但它们在这里的特殊结合导致新的思辨迸发出来，并且成为一个理论性定义，这一结合似乎提供了一种与在拉康的研究中发现的任何事物都极为不同的概念性工具，它注定是为塑造训练有素的分析家而服务的。

的确，在拉康的三"界"（想象界、象征界、真实界）中，有两个在阿尔都塞的表述中正式出现过。真实界——是不在场的起因，是"绝对抗拒象征化的事物"，是焦虑的源头，但也是我们可以单独同我们的"欲望"达成暂时妥协的地方——在阿尔都塞这里是社会总体性本身，某种任何人都不可能掌握或"表现"的事物，而且可以说，它在不可见的同时又是无处不在和无可逃避的。在这里，因为误解卢卡契的社会总体性概念而导致的各种反对意见被预先明确地排除在外：不存在围绕"总体性"的权力中心化和知识中心化等威胁，因为总体性一词所表示的是任何个体都不能掌握，更不用说占有的东西，但它的存在却是被证实了的（而且是在存在意义上被体验过的）。

同时，因为丧失了个体化主体在认识论上的可能性，这也促使阿尔都塞对传统马克思主义意识形态概念做出了一个极为不同而且在政治上很有意义的修正,得到了一个逻辑结果,即意识形态永远没有终止,所有的社会形态(包括社会主义和任何其后能被想象出来的乌托邦组织)必须包括我所谓的"映射"(mapping)机制,各不相同的个人主体根据这一机制表现他们同现实,同社会总体性以及同他们自己的关系。如果我们做一个思想实验,将一个种群完全体现在一个单独的个体上——例如,在斯坦尼斯洛·列姆(Stanislaw Lem)的《索纳里斯星》(*Solaris*)的知觉海洋——那么,或许可能还原一个科学与意识形态以某种方式同时出现的情境(想象中的实体当然是西方传统的上帝);但是如果没有某种对等的"自我意识",我们正是在自我意识中试图看见自我并理解自我同其对象的关系,即使在这个实验中也很难看清楚属于存在的"意识"形式如何能够完全发挥作用(又是映射功能,阿尔都塞称之为意识形态)。

无论"自我"这个术语怎样直接地将我们重新置于拉康所谓的想象界王国中,即同自我与他者的某种双重关系(对它的重述通常是以他那篇关于"镜像阶段"的著名论文为根据)。因此,一般情况下,影像和表现进入这座千镜屋(house of mirrors)里无处躲闪的多种幻象中,千镜屋就是想象界(但它在本质上主要还是影子王国的一部分,它萦绕在真实之上,但它本身永远不可能被直接面对:把我们的经验在存在意义上排一个队,可以说,这个队从来没有完全与经验本身同步)。不过,对"表现"、想象界,以及意识形态之间关系的明确表述在这个新的论述中是一个关键性步骤,因为它为"表现"在整个后结构主义中的各种主题奠定了基础("表现"一般是放在一个二元系统中来认识的,在这个系统中,表现和模仿是"资产阶级的"和意识形态的,而一般情况下,现代主义者对这类表面秩序的突破被看作是颠覆性的、革命性的,或是某种更深层且更真实"欲望"的指数）。很清楚，从阿尔都塞重演这个主题的方式看，"表现"永远不可能达到，也永远不可能被摒弃：它既是一个永恒的也是一个不可能的过程，它多半仅仅是"审美的意识形态"（尽管大量的"意识形态表现"确实存在，而且它们可能在其中包括了后结构主义者对"表现"的否定，这一点刚刚提到过）。同时，在意识形态和表现之间建立的构成性关系现在倾向于将意识形态分析从思想和观念的历史中挪移到叙事分析的新领域中，在思想和观念的历史中，它经常被简化为贴标签和认同之类微不足道的小事。

341

但是，如我们顺便观察到的，拉康的第三个"界"——**象征界**——至少在主题或词汇意义上没有出现在阿尔都塞对意识形态的"定义"中：一个肯定使自己在概念意义上被感觉到的不在场，因为我们记得按照拉康的说法，自我的"意识"，自我的形象，它的"表现"（甚至它同现实的关系）甚至不能完全由**想象界**本身的逻辑来充分地或实际地实现。想象界无疑是各种自我"形象"（所有对于它们而言虚幻的事物，所有鼓励相信"精神客体"连贯性的事物）的空间；不过，在没有被其他界的逻辑修正时，它也是一个各种自我无尽地、无休止地繁殖的空间，是镜像和替身（doubles）的空间，在这个空间里，精神（与意识形态）相对稳定的功能不再是可信的。

介入这个过程中赋予其结构的东西恰恰是**象征界**，也即与另一个绝对他者的关系（法国谱系中的资本 A），一个同镜像阶段的多种分身（alter ego）非常不同的关系，而且这个关系中包含了同成人和家长（和他们的语言）以及同语言本身的关系，如同那个针对**他者**的关系，或说得更清楚一些，它与被当作**他者**的东西，如愿望、讲话、欲望，或我们的期待是一致的。

这种新的精神句法的必要性说明，阿尔都塞的阐述表面上离开了这个论述，因为后者在甚至更加著名的关于"询唤"（interpellation）的讨论中已经被讨论过了，这个说法出自我的潜在主体—地位的**他者**（它在拉康理论中表现为黑格尔对**主人/奴隶**辩证法的"**承认**"，在萨特那里则是**注视**），这个**他者**不在场，但却是绝对的。这是因为**他者**规定了各种主体—地位的术语，我可以利用这些术语，（而且在这些限制之内，我还可以获得多样性；我可以是被期待事物的对立面——结构性倒置，例如，一个调皮的孩子而不是一个规规矩矩的孩子，一个反叛者或罪犯，而不是一个良民），这样我就可以实现"意识形态"的功能性目的，即"对**我的想象**关系的表现"，对我同**真实界**的想象关系的表现：换言之，自我可以仅仅在这个表现过程中构成性地发挥它的作用，只要它已经有能力取得某个主体地位，某种依靠**他者**的东西。

　　因此，在这一点上，一个丰富的、全新的研究领域被打开了，目前，它已经在电影批评中得到最积极的探索：摄像机的某个给定配置及其影像给了我什么样的主体—地位？我是否收到邀请来承担**注视**的工作？它以一种特殊的方式被性别化了，而且在种族和阶级意义上，它先选择了"我"。萨特关于这种分析的观点——在《什么是文学?》中——是根据某种阅读情境推测出来的，在这一情境中，一个给定的文本挑选或排除某些类型的读者，而且被排除的读者于是也仅仅认为这本书很难懂，很无聊或无法理解。但是对电影而言，一旦我们坐在电影院中，各种不同的主体—地位从某种绝对消极接受的角度对我们施加了更加强烈的作用，尽管你不愿用一种机械的方式思考这一切（我们可能不舒服，愤愤不平，甚至偶然离开影院）——电影理论因此已经不得不面对可能在阅读研究中能够轻易回避的问题。但是，在强调主体—地位和询唤时，有枯竭的风险，它掩盖了阿尔都塞意识形态概念的另一个方面，即表现这类主体——尽管是用一种想象的模式——如何构想他们与他们**真实**（即，集体）的存在条件之间的关系。

最后，阿尔都塞的讨论对主体—地位的形成方式和强化方式做了颇具启发性的说明：最好将这个计划——本着定义的基本精神——设计为积极的而非消极的，根据外部约束和局限设计为主体对其自身的行为。换言之，在这一点上，有必要打破自由和操纵在意识形态方面的双重约束并找到避开那个力场的公式和术语，在那个力场中，会产生特别的意识形态共鸣：

> 如果只考虑……一个单独的主体，关于他的信念的种种思想，其存在就是物质的，因为他的思想是物质行动插入受物质仪式控制的物质实践当中，这些仪式本身是根据那个衍生出主体思想的物质意识形态机器所定义的。①

行动、实践、仪式，意识形态国家机器：这就是中介，它现在从意识形态主体的形成导回至阿尔都塞这篇文章的前面部分所讨论的“唯物主义”。尤其是（如我们在下面的篇幅中将要明了的）“实践”概念（阿尔都塞分别用 practice 和 practices 表示实践——译者）已经获得了重大的理论成功，是对似乎已经过时或还原的意识形态各概念的一种假定替换，而且这个概念具有双重优势：（1）提供了一种进入整个日常生活的具体世界的方式，以及它的常规和它的表面上是非哲学的顾虑（想想戈达尔［Go-dard］的早期电影，举个例子！）；（2）提供了一种将意见、“价值观”，以及“思想”（*Weltanschauungen*）（意识形态在历史上过于频繁地被简化为这类东西）具体化和物质化的方式。仍然是在皮埃尔·布迪厄的《实践理论大纲》（*Outline of a Theory of Practice*）（1972/1977 年）中，这一实践概念得到了最丰富的理

343

---

① Althusser, "Ideology and Ideological State Apparatuses", 169.

论化。不过，实践这种术语的缺陷与这些力量是共存的，因为一个完全使用这些术语进行的讨论可以轻易地彻底略去意识形态的概念性和社会性特征，并为各种不同的原叙事（proto-narrative）经验和事件提供一种唯名论的解释，它再次将我们同阶级斗争中意识形态的历史功能切割开来。

值得注意的是，米歇尔·福柯对于过去所谓性领域中的压抑所做的论述，以及他对"忏悔"的有趣隔离，它们都与阿尔都塞模式有着密切的关系，可以说，是这一模式从它的其他角度在看它：在忏悔中，我们说服自己成为一个给定的主体；我们自己的自察、内省，以及大声表白等"实践"因此恰恰是阿尔都塞的意识形态分析的一个例证。同时，对"福音"的宗教解释，如在保罗·利科那里一样——来自**他者**或**主体**的信息——也与这个分析相一致，而且重要的是，阿尔都塞对这个问题的具体说明是宗教性的（因为他的说明是"一般的"意识形态理论，据此，它表面上不会对他选择什么样的历史说明有什么影响）。

不过，这个阐述的历史特点使得对新阿尔都塞模式的非历史有效性或"永恒的"有效性产生了怀疑。一个绝对**他者**依然存在的宗教询唤情境真的与当代生活相一致吗？我们拥有等同于古老社会形态中教会的意识形态国家机器——的确，我们见证了新的和世俗化的意识形态国家机器的繁衍——这一点无可争议：但是，绝对**他者**的象征性一端对于这一论述同样不可或缺，而且除了在法西斯主义和"有领袖魅力"的领导人这样例外的情境中，它似乎在晚期资本主义（其自身在多国时代被极大地去中心化了）中也没有提出明显的相似物。

同时，其他顽固的问题在阿尔都塞的路数快要结束时又开始卷土重来，因为他从个人主体角度对意识形态所做的生动阐述很有说服力，但它现在似乎在概念上回到了历史和社会现象，尤其是回到各种重要的具有集体性质的社会和阶级意识形态，这的确很麻烦。换言之，我们现在或许处在一个更好的位置上，可以理解我个人的意识形态如何使我立足于这个世界并将我映射于这个世界（甚至是在晚期资本主义的"存在条件下"）：但是，那个个人的意识形态，那个**想象界**的表现，它们与"小资产阶级意识形态"/辉格（Whig）历史理论、新经济时代美国中产阶级的自由主义、当前对自由市场的坚信不疑，以及其他这类"意识形态"等问题能有什么联系？它们现在或许已经是过时的建构，但马克思主义的历史分析却持之以恒地将它们列在历史编纂和社会分析的议程上。

344

如果你将自己限制在阿尔都塞本人这篇我们在此已经重新思考过的文章上，我认为这些反对意见是有着良好基础的；如果你看一下他的追随者们那些更为陌生的著作，关于这些问题，有些意想不到却很刺激的答案便会出现，它们不一定是最后的答案，但它们打开了尚未有人探索过的研究和思想领域。通过其他相互关联又相互较劲的模式，我们仍然必须称这些模式为意识形态分析，绕了一条不太远的路之后，我们将对这些新发现（它们常常被叫作"话语分析"）做一个简要的总结陈词。

八

从实践角度对意识形态进行重新规划有两个优点，我们在上文中已经看到了：第一，无论出于什么原因（它们肯定包括现代社会的改造和复杂化），实践较之意识形态观念或"价值观"是一个更加具体的研究对象。随着消费社会的开始，的确，较之某种更加传统的价值观或信念的"内在化"形式，各种消费实践是否并非是保证社会再生产的更加有效的意识形态机制便成了一个开放性问题。同时，从知识分子的观点看，对实践的研究，详细论述某种新的实践"阐释学"（姿态和具体行为如何在某种程度上在其自身内部具有意识形态内容,甚至具有"概念性"内容)是一项很有吸引力的工作,它在外部界限处预示着对概念性和叙事性分析的再统一(当代符号学是这种再统一的理想例子,即便符号学本身对这些问题的关注要晚得多)。

　　第二,实践概念暗含了意识形态主体一方的活动,由此,它似乎为避开较老的意识形态模式(包括影像社会的概念)看似必然产生的消极性和操纵性含义提供了可能性。我们的确已经看到在阿尔都塞关于"询唤"的系统论述中,实践被专门作为个人主体训练其自身并将其自身变成"意识形态的"的模式。很清楚,任何意识形态概念都必定保持对终极外部性和对各种操纵概念所暗示的、强加的伪意识等方面的认识,这些伪意识:不同的实践理论并未从任何绝对自由选择的角度对它们的主体的积极行为做出假设,但是它们倾向于在结构上铭刻这种外部性,以此作为对个人主体可能获得的实践形式和内容的一种限制(因此,反抗的自由常常表现为系统内部单纯的结构倒置,与某种不同的内部抗拒相对立,内部抗拒是对系统本身及其实践范围的修正)。因此,实践概念需要一个领域的附加范式,在该领域中,实践被赋予秩序并被确定下来;而且似乎很清楚,将此领域理论化的最具影响力的方式是"日常生活"、"每天的生活"或平凡的生活等历史新概念。

　　日常生活本身即研究对象这个看法出现得相对较晚。无疑,传统人类学研究习俗和禁忌、空间组织,以及原始社会的仪式时间,但重要的是这些都是经过严格组织的,而且传统在这些社会中强力推行了一套可以被人类学家将其相互隔离开来的样板。相反,在现代世界,日常生活的特点显然是传统在这种意义上的苏醒。对于中世纪晚期而言,像这样削弱具有约束力的常规被认为是一种自由——所谓城市的自由。你或许可以将对法律之不在场的这一积极评价比作德克海姆(Durkheim)的"混乱"(*ano-*

mie）——无法律状态——它确实表达了同样的意思，但它命名的却是处在巨大的凝结状态中的个体病理学，而且事实上，作为一个概念，它源自德克海姆对自杀的研究。

不过，以城市为参照也意味着思想家们开始接近日常生活概念的第一形式就是对城市的热衷。的确，伟大的小说家和诗人——最突出的有波德莱尔和福楼拜，还有狄更斯，以及后来的左拉和德莱塞——或许都可以说发起了对现代城市中日常生活的研究，这种研究随后在乔治·齐美尔（George Simmel）等人的理论著作中（以及后来的瓦尔特·本雅明关于波德莱尔的写作中）达到顶峰。

日常生活理论发展的下一步或许可以说与所谓的现象学同步。以胡塞尔的研究为基础，对他而言，经验的意义在某种程度上是内在的，所以可以期待对某个特殊现实的"现象学"描述将在没有外部或因果关系解释的情况下产生其意义，阿尔弗雷德·舒茨（Alfred Schutz）对现象学社会学进行了详细的阐述，在他的描述中，社会制度不是外部的事物，而是处在建构中的过程。没有人见过社会制度——比如法律或某种权力或权威——所以当社会科学家给我们展示出它们作为物的画面时，社会制度已经"物化"了。很清楚，当我们试图描述这个让我们感觉到权威并屈从于权威的过程时（根据权威毋庸置疑的外部信号和标记，不过这些信号和标记并不是现象本身），一个非常不同的描述出现了。但是，当你说"过程"时，你立刻将时间拉入到这个画面当中，而且将描述的任务大大地复杂化了。最容易被提到的社会学论述是伯格（Berger）和卢克曼（Luckmann）的《现实的社会建构》（*The Social Construction of Reality*），他们的这个标题很有助益地传达了这种方法的精神——而且补充了一个新的特征，即"建构"，将此作为一种方式来公平地看待我们社会生活经验中的时间特点。

这个传统一个有些异乎寻常的美国分支是常人方法学（eth-nomethodology）（哈罗德·加芬克尔［Harold Garfinkel］，欧文·高夫曼［Irving Goffman］），它试图通过参与者本人的口头陈述来研究社会过程，他们的研究倾向于以那些有特权的社会情境为中心，在这些情境中，社会习俗分崩瓦解：是窘迫、犹豫、对边缘现象做出反应的时刻（高夫曼的主要著作之一就是《污名》［Stigma］），在这些时刻，对社会秩序的不确定使得后者比在正常环境中更加清晰可见。这一流派常常被当作文学流派，而且他们的论述——仍然是内在的和现象学的——较之，比如说，传统社会学对制度的统计研究，确实更接近那些伟大的小说家的作品。

常人方法学对"陈述"的强调将语言难题重新引入"现实的社会建构"并架起了一座通向日常生活的当代符号学的桥梁。现在，社会过程被看作是一套符号，而对那些过程和"制度"的经验则被看成是某种阅读。因此，米歇尔·德·塞尔托（Michel de Certeau）将你在城市的不同部分或在不同城市可能走的不同路径分析为各种半口头的修辞方式（隐喻、转喻、提喻，等等）。

不过，在日常生活分析领域，最重要的马克思主义人物却是亨利·勒斐伏尔（Henri Lefebvre），他在这个领域中的开拓性研究可以追溯至战争刚刚结束后的年代（1947年），而且他的研究似乎与现象学传统没有什么关系。勒斐伏尔的知识轨迹很有典型性，这一轨迹引导他先对城市进行新的分析（从空间和建筑的使用价值向它们的交换价值过渡这一角度，对城市作为新兴资本主义的所在地到成为资本主义世界体系的次级特征的历史变革进行了分析）。城市是叛乱和节日的场所（勒斐伏尔纷繁复杂的研究包括对巴黎公社和六八年五月所做的历史性研究），但城市也是生产工具性意识形态的场所——所谓的城市化理论（对城市化，勒斐伏尔一直是一个坦率的批评家和分析家）。城市还是各种特殊的美学实践和意识形态实践，即建筑，发生的地方——当代文化生产这个难题在此王国中比在其他地方更加尖锐和充满矛盾。在很长一个时期，勒斐伏尔近距离地研究实践中的"先锋派"建筑师，因此，较之任何其他当代的哲学家或理论家，他对文化生产产生了更大的影响：总是在城市（和社会本身）变革中保持着一种乌托邦的要求，这一点在建筑理论、城市理论、乌托邦理论以及建筑实践上都留下了标记，也在某种实际政治形式的修辞中留下了标记（特别是法国社会主义党在20世纪80年代早期发布的日常生活改造纲领）。

347

这些多元的哲学主题（以及一系列不可能在这里进行考察的其他兴趣）最终重新在勒斐伏尔的巨著中聚合在一起，它提出了一个可谓完整的关于**空间**的新哲学。《空间的生产》（1976年）事实上详尽地阐述了一个新的历史范畴，即空间和空间生产，它一直是我们所谓意识形态分析中最重要的中介。对于勒斐伏尔而言，空间范畴投射出一种辩证控制下的三重实践（各种日常生活实践）、科学表现，以及审美和文化生产：

> [1] 空间实践，它包括生产和再生产……[2] 空间表现；与生产关系……和知识形式……相连 [3] 表现空间……提供复杂的……象征主义，与社会生活秘密的和地下的特征相连；但也与艺术相连，它可能最终会被重新定义；不是作为严格意义上的空间符码，而是作为表现空间的符码。①

对尚未有人探索过的全新形式的意识形态分析而言，勒斐伏

---

① Henri Lefebvre, *La production de l'espace*, Paris: Anthropos, 1974, 42–43.

尔在空间分析方面的前沿性研究也许提供了最具启发性的处理方式,他的范畴穿越了其他意识形态理论(例如上面提到的有关积极性和消极性的备选方案)在较早时候提出的一些伪问题。重要的是"实践"分析方面的主要理论著作——皮埃尔·布迪厄的《实践理论大纲》——也牵扯到空间在意识形态的生产和再生产中的中介作用(他的具体例证是对卡拜尔[Kabyle]村庄和卡拜尔房屋的空间分析,他认为它们是将意识形态刻写在个体和集体主体上的机器)。布迪厄具有影响力和创新性的研究——不仅是在哲学或人文学科中,而且在社会学本身当中都处在中心地位,成为社会科学的心脏——对诠释理论和实践做出了重要的、权威性的贡献,而且涉及范围包括从前资本主义的空间研究(如在那些刚刚提过的研究中)一直到当代或资本主义意识形态国家机器的制度研究,例如学校系统——我们认为,这些研究与上文讨论过的阿尔都塞方案是并行的,也与某些推论性调查研究并行,我们后面将有所涉及。但是,各研究对象(前资本主义,资本主义)中间的这个基本差别似乎包含了分析方法中的一种辩证转向,在我们现在讨论的研究中也仍然是一个未解的难题,而且一般而言,它可以说成是"象征性"实践研究。 348

九

这个术语不能说是命名了一种方法甚至一个统一的学派或运动,但是它确实命名了一种在今天人文社会科学的诸多研究中占统治地位的趋势之一,这些趋势有一种"家族相似性",它们都把注意力投向具体实践的政治意义和意识形态意义,这些实践所涉及的范围从传统社会的仪式到晚期资本主义日常生活的行为模式。这类分析的理论参照点包括克里弗德·吉尔兹(Clifford Geertz)和维克多·特纳(Victor Turner)的更新的人类学、年鉴

学派（Annales School）的"心态"（mentalities）历史编纂调查
（这些调查常常返回到传统的上层建筑领域，如基思·托马斯
［Keith Thomas］的相关著作《宗教与魔术的衰落》［*Religion and
the Decline of Magic*］，也会返回到较新的家庭历史），最后是米
歇尔·福柯本质上属于历史编纂的著作，它们涵盖了医学、疯
癫、监狱、教育，以及性，但它们似乎也预示了某种新的、更加
适宜的理论方向，尤其是在它们对各种权力主题的阐发中。苏联
批评家米哈伊尔·巴赫金毕生研究狂欢（以及意识形态和复
调），他的研究成果仅仅是在最近，而且是几经蹉跎才加入这个
由各种参照、模式，以及权威构成的星座当中。米歇尔·德·塞
尔托（Michel de Certeau）的后期作品正开始在美国对有时被称
为新历史主义的学派施加影响，这些作品，通过各种非同寻常的
研究对象，包括巫术、神秘话语、早期的游历叙事、精神分析、
当代日常的和城市的生活，以及历史编纂，似乎为未来的象征分
析"方法"提供了某种范式。

　　为了方便起见，我们所谓的象征分析（意义起自"象征实
践"研究而非对拉康的**象征界**概念的参考）的魅力可以从两个
方面来解释。这个趋势一则似乎为诠释活动打开了一个巨大的新
领域，同时，它似乎也为一种新的、复杂的诠释方法提供了令人
满意的符码化。相对而言，涉及神话或仪式的古老文学作品似乎
仍然是专业化的和"跨学科的"实验（它们将人类学的材料和
方法"应用"于某个文学文本）；不过，在这类学科范畴逐渐退
化而新的领域（例如，作为人类学的社会历史）以及新的、有
创造性的换码可能完全成熟的时刻，新方法便出现了。这种更新
的趋势对意识形态分析的最重要贡献可以说是边界的撤销，边界
将公开的政治现象（和正式的政治文本）与其他形式的社会生
活及实践区分开来，后者被认为在某种意义上是非政治的。对于
象征实践分析而言，如同这个术语所暗示的，任何事物今后至少

在象征意义上都是政治性的；所有形式的社会实践和文化生产因此都可以被认为在某种更大的但仍需界定的意义上是意识形态的。但我们必须说明，形形色色的"象征"文本，其更深层的原政治（proto-political）意义甚或意识形态意义如何在理论上得到保障；但甚至在一开始，一个不幸的悖论便值得注意，即象征分析断言其他非政治实践和文本具有更深刻的政治性，与此同时，在这一诠释性发现意兴正浓的时候，它可能会给公开的政治实践和文本指定一个较低的兴趣层。有人会想起弗洛伊德在对早期梦的解析方法的回顾中试图揭示他的一个理论前身：一个鲜为人知的部落社会实际上得出了有效的结论，即所有的梦在本质上都有性含义和性内容——除了赤裸裸的性梦，它们有其他的意味！的确有这样一种趋势或诱惑在象征分析中发挥作用，对后者而言，一切都具有政治性的象征意义，除了官方政治：而在具体的诠释中，很显然，这本身便具有政治象征性，这一趋势将象征性的抗拒实践（例如，在日常生活中）限定在更加传统的公开政治抗拒和抗议上。

所有这一切都让我们注意到象征分析的第二个魅力，即赋予它解释性内容的事物可能也是一个完整的意识形态立场的源头（它可以简单地被认定为无政府主义），这个意识形态立场在20世纪60年代获得了不同凡响的再生，在争取激进知识分子的支持方面，它近年来与马克思主义不相上下。因为象征分析最重要的主题和解释性代码是权力（或统治）的主题与代码，它也是借此来重写其对象或文本的——较之传统的、比较枯燥的经济学或生产模式现实（它们包括统治和权力关系，但仅仅是作为剥削这个不同范畴的投影），某种中产阶级知识分子对权力和统治的感觉可能更直接，更具体。在这里，米歇尔·福柯的研究的理论内涵比他的历史编纂产生了更大的影响力，因为在某个特定的点上，当代对于一般情况下的权力和特殊情况下的专门统治形式的全方位关注似乎以某种方式围绕着"签名"明确化了，这种方式在意识形态意义上是爆炸性的。

对马克思主义而言，对权力和统治的过分强调可以被诠释为将社会和历史的"问题框架"战略性地从经济移位到政治层面上，从经济做出"最后"决定移位到政治做出最后决定这个新层面，用真正的冷战术语将讨论重心从资本主义转移到官僚体制，从工厂和商品形式转移到日常生活和不同形式的"压制"中的权力关系网。马克斯·韦伯的社会学本质上是这种反马克思主义的战略移位的早期形式，而福柯的理论（它们将大量关于马克思主义本身的不同立场梳理了一番）似乎在今天发挥着同样的作用。

从修辞上重视权力和解放很显然需要同支持这一主题的意识形态和哲学立场区分开来。专门对国家和政治权力空间进行马克思主义考察在近年已经渐成气候，例如，阿尔都塞坚持认为各种不同的社会层面，包括政治层面具有"半自主性"；尼科斯·普兰查斯（Nicos Poulantzas）的研究可以顺便提一下，它包括对福柯的尖锐批判，也强调他的权力分析具有空间性质，这反映出同某种意见的一些有趣联系，这种意见提倡一个适宜的空间性"意识形态分析"，前面对此已经有所提及。

十

同时，同样清楚的是，马克思主义传统反映出权力和统治的象征分析中的大量核心元素和特征，为这些主题提供了一个多少有些不同的解释。

这些潮流中最有影响的源自黑格尔的《现象学》中关于主人和奴隶的一章。马克思主义也利用了这一章，但马克思主义强调奴隶如何通过作用于物质的生产和劳动实现救赎（而主人则在一种非生产性的文化和存在中过着无所事事的单调生活)。但是如果你抛开黑格尔的神话性寓言,出现的就是某种非常不同的事物,即主人和奴隶两个人之间的 agon 或敌对冲突,他们都是为了获得对方的承认,实现对对方的统治。

萨特的存在主义以一种强有力的模式对这个比喻进行了再加工,介于两个为了获得统治地位而相互斗争的个体和群体之间的正是**注视**。弗朗兹·法农(Frantz Fanon)的作品写于阿尔及利亚革命的高峰时期(《黑皮肤》[*Black Skin*]、《白面具》[*White Masks*]、《大地的卑污》[*The Wretched of the Earth*]),这些作品将这个模式归纳出来,成为第三世界的政治斗争和一般的少数群体斗争中最具影响力的意识形态之一。对法农而言,革命在本质上是一个过程,在此过程中,被殖民者必须通过实践学会摆脱强加给他们的劣等性和边缘性等意识,摆脱他们属于劣等族群,应该消极地服从他们的殖民主人及其霸权价值观等意识。这一行动具有治疗性和解放性,只有通过暴力才能实现,奴隶发动起义并通过恐怖活动迫使主人反过来承认他们的人性。这一模式在某个方面仍然是伦理政治的模式,是某种形式的女性主义和其他边缘群体或少数群体的战略。

于是,米歇尔·福柯将其归纳为一个完整的关于结构性排斥的理论:例如,在他讨论疯癫的书中,福柯论证了理性概念的出现如何历史性地生成了疯癫概念,理性需要一个被排斥和被边缘化的术语以确立自己的中心地位(这些关于中心以及偏离中心或边缘性的概念也是雅克·德里达的很多研究的政治内容)。不过,很清楚,去中心化的政治,争夺中心地位的政治,通过暴力获得认可的政治在性质上都十分不同于传统的马克思主义摧毁商品形式并通过创造新的社会形式来改造社会生活的目的。

福柯在他后期的某些著作中放弃了这种充满争议的模式,最突出的是在他那本关于监狱的书中（《规训与惩戒》［*Discipline and Punish*］），该书尽管对排斥讲得很清楚（监狱的出现类似于作为一个压制机构的疯人院的出现），福柯的重点却是通过一个控制网对一般生活和社会逐渐渗透（萨特的**注视**在这里变成了一半是非个人性的监视和尺度）。如我们前面说过的物化理论一样，进行压制的主体（无论是主人、殖民者，还是统治阶级）实际上已经消失了，取而代之的是这个半客观过程模式，它似乎实际上是无法避免的。这个控制过程延伸到了身体本身的经验，因此福柯将他的这本书说成是"身体的政治技术"。很清楚，从统治的角度而非商品化的角度描绘这个特殊的"巨大转变"是为了改变论述的重点。（注意，在法兰克福学派中，由于尼采的影响，也一直强调统治——科学和启蒙的性质就是统治，导致了奥斯维辛。）

不过，在其他地方，福柯也强调语言的排斥特点，指出它的基本形式是对他人话语的挪用。要么是他们被压制而不能说，要么是我们替他们说，就像我们替那些所谓的孩子、疯人、病人、劣等民族等人说话一样。语言及言说都有压制特征，这种观念预示了语言的异化问题，我们将在最后部分提出这个问题。

十一

在从对象征的分析向对实践的分析（以及日常生活）的一般转向中，最后，我们必须注意一个非常不同的趋势。这就是思考公共生活与私人生活之间或公共领域与私人领域之间（尤尔根·哈贝马斯的术语）的对立，它似乎与辩证法传统（尤其是与黑格尔和青年马克思阐发的"市民社会"概念）有着更加密切的亲缘关系。但是，事实上，汉娜·阿伦特（Hannah Arendt）对这些主题的重要发展明白地揭示出，这种对立是亚里士多德传统的派生物：她的创造性理论提出，在当代生活中，公共空间的丧失需要通过私人空间和私有化史无前例的扩张来解释，因此，它的理论基础可以看作是历史上卓越的古代"城邦"结构，在那种结构中，人口条件以及对女人和奴隶的排斥使某种独特的公共领域和公共空间得到保障。

不过，在最宽泛的意义上，由于这种概念性对立，形成了不同种类的"意识形态分析"，最引人注目的是哈贝马斯的《公共领域的结构转型》（*The Structural Transformation of the Public Sphere*）（同时还有内格特［Negt］与克鲁格［Kluge］对某个严格的无产阶级公共领域进行理论化的努力）和理查德·桑内特（Richard Sennett）的《公共人的衰落》（*The Fall of Public Man*）。有一种阐释学使得具体的阅读和分析成为可能，因为这种阅读和分析（尤其是在桑内特的书中）认为，在当代社会研究中，较之象征分析的主题（如我们已经看到的，以权力和统治形式为基础），公共空间的主题和私人空间的主题提供了更有启迪性的解释代码。

这种特殊的解释代码所带来的难题不仅仅是它无法化简的二元的——因此也是意识形态的——性质；更具体地说，这种二元主义，以及公共空间与私人空间的基本分裂本身是资本主义在意识形态上的一种投射，而且可能因此不适合作为研究资本主义的概念性工具。当你思考我们社会中的公众和私人时，实际上会涉及两个关键领域的问题：工作空间或工厂空间（它当然不是私人生活的部分，尽管在司法意义上也是私人的）和"日常生活"空间，它们在传统的街道和传统的城市空间中常常是公共空间，但在那一意义上，现在似乎不再是公共空间了，尽管它肯定也不是私人空间。这些思考暗示出，公共/私人对立对于提出这些问题和这类有关当代历史发展的问题是极有价值的，前提是它可以被辩证地解构并且在解构后被放弃；而且它们也暗示出我们用以

开始——"日常生活"范畴——的范畴仍然是一个对它们进行
诠释的更有效框架。

十二

　　具有悖论意味的是，尽管这些更新的意识形态分析形式源自
我们所谓的断裂，它相当于发现了象征的中心性以及表现和语言
353　本身的中心性，这些形式中几乎没有一种雄心勃勃到要设计一种
关于"松果体"本身的理论，亦即确定某种中介，它满足本质
上属于语言学转换机制的条件，这个机制可以说将制度现象与表
现现象或意识形态现象联系起来。一般而言，当代符号学的一个
非常丰富且有趣的发展似乎是提出了一个由语言做出"最终决
定"的概念，这个解决办法去掉了该难题的制度性或基础结构
一端，从而遮盖了这个难题。在其他方面，语言学已经成为最重
要的模式，它将自身引入其他科学，同时放弃了自己首要的研究
对象——过程中的话语和文本：但是这里并没有出现理论困惑，
因为对语言的召唤在很大程度上已经成为结构性的和形而上学
的，或意识形态的（所以语言便不再发挥任何中介作用）。对
此，另一种说法是符号学和结构人类学的旨趣均不在意识形态问
题——最突出的是中介问题——它们预先便认定，这个问题已经
解决了。

　　同源性分析似乎也不能令人满意地将这些问题概念化。弗卢
修·罗西—兰迪（Ferruccio Rossi-Landi）那本非常丰富且饶有趣
味的书认为，商品形式和语言形式之间、**价值**的出现和言语的抽
象化之间存在相似之处和影响，它最终在理论上仍然未能做到尽
善尽美，因为它断言社会与语言形式之间的认同是非问题性的
（unproblematic）（类似于，或许也可以说，就是皮埃尔·布迪厄
那些关于"文化资本"的著名假设）。同时，当代语言的异化研

究，例如赫伯特·马尔库塞（Herbert Marcuse）在《单向度的人》（*One-Dimensional Man*）中对日常语言的官僚化和贫化的描述，它同商品理论和前面概述过的影响理论有着明显的关系，但却没有能隔离出它在散漫的实践和"心理"物化之间发现的非常不同的中介难题。哈贝马斯本人的理想概念或乌托邦交流，以及通过对公共领域的去形式化而达到的异化，在没有为具体的文本分析提供任何工具的情况下，生成了虚弱的社会民主。

　　我们在上面已经看到，阿尔都塞关于意识形态的纲领性文章，其优点是以质疑的态度将"两个不能相加的一半"，即制度理论和主体—地位理论，强行分离开，从而将最终形式的中介这个难题和困惑戏剧化。现在必须在结论部分表明，他的某些追随者事实上已经能够提出创造性的和至少是暂时令人满意的方式，通过句子结构或语言熟练"程度"与显然十分关键的意识形态国家机器，即学校系统之间的关系，将这两个方面在功能上重新统一起来。

354

　　荷内·巴里巴（Renée Balibar）的研究成果对这个理论做出了关键性的贡献，她 1974 年出版的重要著作《法国人的虚构》（*Les Français Fictifs*）（她在这里指的是"虚构的语言"，"法语的虚构形式"）绝不仅仅是断言学校系统具有意识形态方面的影响力，并追踪这一影响至具体句子的基本形式当中。这个解决办法在一个意想不到的地方对"一般意识形态"和"审美意识形态"的难题发动了巧妙的进攻：话语的阶级特点在她这里不是被定位在内容中，而是定位在结构中，定位在某种话语形式同其他可能的话语形式之间的关系性地位上，它们包括"文学性"，我们过一会儿会看到，结果是她的立场回到了对作为**文学**的这类社会制度进行制度性挑战，不过是以一种新的方式，而且是从文本内部。

　　这一过程的关键机制是"追踪系统"，一般而言，这也是学校的功能，包括它的知识系统，学校沿着不同的阶级道路对它的主体进行再处理，使他们出现在合适的阶级位置上。这是一个制度性过程，布迪厄对此做过详细的研究，而且阿尔都塞本人也求诸这个过程（不过是在他的文章中关于制度的部分）：

> ［学校］将各个阶级尚处在幼儿园阶段的孩子招进来，然后在孩子最"脆弱的"几年里让他们在家庭国家机器和教育国家机器之间遭受挤压，无论用新方法还是老方法，它总之强行向他们灌输大量的"实际知识"，这些知识被包裹在规范性意识形态中（法语、算术、自然历史、科学、文学），或者就是包裹在处于纯粹状态的支配性意识形态中（伦理学、公民规范、哲学）。有些地方，十六岁左右的孩子大批地被投入到"生产当中"：他们是工人或小农民。另一部分适合学习的青少年则继续学习：而且，无论好坏，后者在某种程度上都继续向前走，直到中途退出并获得某个位置，成为小技术员或中等技术员、白领工人、小头目或中级管理者，各种各样的小资产阶级。最后一部分到达顶端，要么在学术界获得一个准职务（semi-employment），要么和"集体劳动者中间的知识分子"一样，成为剥削的中介（资本家、管理者），成为压制的中介（士兵、警察、政客、行政官员，等等），以及专业的思想家（ideologist）（各种类型的牧师，他们大部分毫无疑问都是"门外汉"）。每一个中途淘汰的群体实际上都被赋予了适合其在阶级社会中所扮演角色的意识形态……①

巴里巴想向我们证明，这三条道路如何获得了生成某种特殊（愈加复杂的）语言的能力：第一层面的学生学习生成简单的陈

---

① Althusser, "Ideology and Ideological State Apparatuses", 155.

述句,而且他们的语言生成能力毕生都保持在这个水平上,因为 ³⁵⁵

这种简单句是有阶级标记的,是某种阶级从属关系的符号。中等
层面的学生继续学习语法:即,学习用附属从句以及形形色色其
他的句法手段和关系将基本的简单句复杂化。只有较高层面的学
生群,人数已经减少了,能够用各种比喻,包括反讽,对较低形
式的句子结构进行"修辞"或润色。反讽的确是最卓越的辩证
机制,借此,上流阶层的学生去除了他们必须保留的东西,即简
单句的带有阶级标记的结构和拉丁文或语法中的"圆周"句:
比喻即使在使用中也能同这些句子形式保持一种"批评距离",
而巴里巴指出,(甚至激进的)知识分子的"批评性"或"否定
性"反讽意识应追溯到这种制度性基础上,它存在于句子本身
的这三个层面,而这三个层面则对应于学校这一基本的阶级追踪
系统。

　　这些绝对不是制度加诸句法、语言,以及文本本身的唯一
"结构":在她书中的其他地方,巴里巴注意到,在法国,小学
的两种基本写作课模式之间存在干预影响:"作文"(*rédaction*)
(一种叙事文练习)和"论文"(*dissertation*)(一种我们称之为
文章形式的练习)。这些话语平面的交叉表明,加缪的《陌生
人》的文本结构在各种症状方面影响了她的阅读,也为米歇
尔·佩肖(Michel Pêcheux)在《语言,符号学与意识形态》
(*Les Vérités de La Palice*)中对科学话语的分析提供了一种制度性
的基础结构,是对弗雷格(Frege)关于认识和参照的问题框架
进行的复杂的句法"解构",这个问题框架标志着对我们在这里
呈现的、新的句法—制度意识形态分析的又一个重要贡献。

　　显而易见,在特殊情境中,无论以任何方式靠近语言结构同
历史及社会制度之间的联系点,这种方式都不会直接转用于其他
的语言和学校系统。虽然如此,这项与法国教育的历史特殊性有
着具体联系的研究同英语语言领域中的某些发展还是间接地表现

出家族相似性。巴索·伯恩斯坦（Basil Bernstein）关于话语的
"有限"实践和"一般"实践与阶级环境和形态之间相互关系的
研究从另一个方向触及这些问题；而拉波夫（Labov）对美国黑
人英语的研究（尽管他与伯恩斯坦存在争论）显然也确实与这
些问题有关。

由巴里巴开始的这种话语分析，还有最后两点需要强调。第
一，在这种分析中，主体地位和制度结构之间的具体中介终于被
理论化了：但是假设这个中介发挥作用的前提是，在彼此间相互
不同的关系中，将这些主体地位看作是可能存在的阶级地位这个
总系统中的一部分。这就是说，如果像阿尔都塞本人的做法，我
们自己的讨论限制在"个体"询唤（interpellation）上，它生成
了该"个体"的主体地位，这种主体形态的阶级内容就不会出
现，因为只有当我们参照极为不同的质询来理解对那种主体的定
位时，它才会变得可见。在个体意识的内部，这种有差别的关系
必须始终是外部的；它不是从内部来体验的，而是由某个表面上
无处不在的评论家作为解释添加上去的。但是，在现实中，在某
个单独的社会总体内部，不同地位之间的关系是由学校制度本身
这个有差异的整体造成的。

最后，必须强调这些阅读的具体性质，它们没有满足于关于
压迫、阶级、排斥等等模糊的概述，而是在基础和上层建筑之间
建立了清晰的联系。巴里巴解读了福楼拜的《简单的心》（*Un
Coeur Simple*）一开始的那个句子（在这个句子中，三种句法能
力——简单陈述、拉丁文的名词格关系、比喻——全都出现并且
叠加在一起），这是一种文学分析的模式，它在其身后留下了内
在和外在的双重约束，而且关于"文学性"效果的产生，它从
阶级辩证法的角度与从语言生产的角度一样给我们提供了新
东西。

意识形态分析：后记

所有这些意识形态分析——现代的以及传统的——都在一个预设上被预示出来，这个预设是，系统外部存在一个空间，不管这个空间受到怎样的阻碍，是多么的不合法或不稳定。这个空间——意识形态的阿基米得支点——在正常情况下，按照知识的术语系统可以说是一个地方或一个点，由此来思考其他事物，来体现否定，好像飞毛腿导弹从空中飞越边界：但它始终要依靠某种社会发射台——无论是存在一个极为不同的境外国家空间（苏联、古巴、某些第三世界国家），还是存在各个阶级，下层阶级、具体的群体，以及集体，他们在这个系统中并非完全混合在一起。

资本主义第三阶段的特征——全球化、后现代、后福特主义，或者你以任何方式希望认定的自撒切尔和里根以来开始日渐明显的东西——因此实际上就是所有这些残余事物，所有这些外在于系统的空间的确定无疑的混合；或者如果你喜欢，它是这个系统的逻辑最后一次渗透进所有这些被排斥或被否定的"不发达"真空地带，差异逻辑由此时来运转，如果可以用这个词语来形容摇摇欲坠的存在形式。于是，对于所有这些未被殖民化的漏洞和缺口的填充都是通过将所有的残渣余孽发送至全球资本主义那些巨大的地理黑洞中——有饥饿、屠杀、集中营的地方——而得以完成。

因为在这个领域中，几乎不可能发现对各种意识形态理论的回顾性综述有任何理论上的创新，只有令人厌倦的颠覆、争论，以及解构等概念被不断重复，这也就不足为奇了。冷战之后，西方资本家的意识形态，无论是表现为"自由的"（社会民主的）形式，还是表现为保守的（自由市场的）形式，都不再由于共

357

产主义竞争而被迫带上知识的伪装。但意识形态分析的任务恰恰是拆掉或揭开这些伪装。在这种新气候下，赞同利益动机便不再是卑鄙猥琐，而是乐善好施（总之，是为让所有的船只都聚在一起的潮流辩护）。哲学是含糊其词的，是意识形态的，它的所有复杂和微妙的形式都萎缩到赚钱这个最初的、最简单的权利上；而犬儒理性的新气候使得对意识形态分析的揭露和发现不再令人反感，甚至不再令人感兴趣：每个人都知道，这个系统是非功能性的，人是腐败的和不可信任的，任何形式的乌托邦主义既不实际，也已经过时了，而且最终，较之提前做出的任何默许，它更是一条必定通向幻灭的道路，更是一种耻辱，代表了对这个系统的投降和皈依。

青年反叛者（反对全球化）和国际上各种形式的针对美国的抗拒在何种程度上改变了这幅凄凉的图画或透露出新的反系统性运动可能出现的迹象？两种可能的轨道在实践中与意识形态分析在理论中面临的困境是一样的：即当所有先前外在于这个系统的空间都被消灭了之后，二者都可能会解除同系统的联系，可能同系统分开或脱离。

处理这类两难困境的辩证方式是将这个难题本身变成一种解决办法。果真如此，意识形态分析要求的变异将会引发复制问题。我们现在的位置已经不是评价一个给定的思想系统或美学形式是进步的还是反动的，这种语言有些老套了：这就是说，在犬儒理性的王国中，这样的意见已经不再那么重要了，它已经被贬低到个人主体和个人气质的范围。（无论如何，在全球化时代，反动的反应——美国的保护主义——可能比那个进步的反应——自由贸易——更加进步！）对单纯的意见进行贬值（但它的哲学谱系至少可以回溯至柏拉图对信念［doxa］的指摘）在消解古典意识形态分析的过程中已经在发挥作用，而且在某种实践概念替代过时的意识形态概念的各种努力中也能看到它的蛛丝马迹：

即重要的不是我说什么，而是我做什么。

但是，我们已经看到，要对实践和日常生活的意识形态做出令人满意的分析并不那么容易，尽管某种"日常生活的意识形态"这一观念在陌生化过程中非常有用，如阿多诺在其他地方关于今天商品可能就是它自己的意识形态的评论。尽管如此，它让我们回到实践并强化了我的观点，即在分析这些具体的过程中，越来越难于保留"意识形态"这个概念和术语（过去的几年里，诸多理论家在这方面一直做得很出色）。但是前面那篇文章的要点已经证明，某种基本的东西——某种实践的和政治的东西，以及某种理论的东西，而且的确是马克思主义本身的某种东西——在"意识形态"这个词消失的时候也丢失了。

正是在这一点上，系统的观念得到了保障：或者也许我应该说，**这个**系统，因为从长远看，只有一个系统，一个包含了所有事物的总体。意识形态分析今天相当于揭示那个系统在某个给定文本中的踪迹（它的涵盖范围从政治纲领及其词汇到文学文本，从个人癖好到空间经验，从情感到科学），也就是说，相当于阐明这个系统的范式和功能或运作，因为它在各种亚系统中被复制，这些亚系统构成了今天的后现代生活，各处都是一样。我只能通过参考我自己早期研究来为这个命题增加一些密度：例如，《政治无意识》假设有三个解释层面——日常事件或新闻层面、群体动力学或阶级斗争层面、经济层面，或换言之，晚期资本主义的模式化系统层面。在《后现代主义，抑或晚期资本主义的文化逻辑》中，我继续观察文化分析中的一种移位，从语言到视觉或空间，从文学到大众文化的移位：我不仅将这种移位解释为文化研究出现的原因，而且首先将它看作发现一个不同焦点的必要性，这个焦点的对象不再是文本，而是过程。那个过程恰恰是《政治无意识》中确定的模式化系统，我在这里想从复制的角度对此加以详述。

那么，这是不是说我们发现自己在现代主义的逻辑中又回到这样一个水平上，即当所有的事物都复制了这个系统时，这个系统中的细微变化或改动就等同于颠覆或重新挪用，等同于批判或布莱希特的"功能转换"（*Umfunktionierung*）？（阿多诺的激进艺术概念作为一种顺势治疗策略则更加微妙，但或许仍然会被放在艺术即否定的古老范畴下。）

我自己倾向于认为，即使不是用一种基于对立面的辩证统一分析替代那些更古老也更熟悉，但在很多时候仍然十分有趣的分析，至少也对它们进行了扩展，并假定在复制和乌托邦之间存在着矛盾。马克思教导我们，如果社会主义是可能的，那么，将会发现它是在资本主义内部本身发展起来的：他认为集体劳动（所谓的合作）在工业内部的出现，以及垄断的逐步出现（他称此为集中或中心化），是新兴资本主义的两张面孔。

但是在马克思最初的阐释中，他选中的是辩证形式，而且它们可以互不相干地向正反两个方向变化。"合作"——亦即集体劳动——可以提供一种在提高生产的同时强化剥削的劳动力组织形式，就像它随时可以提供某种形式的人能（human energy）一样（一种"自由人的联盟"）。对于由对立面的辩证统一生发出来的这种矛盾，也不可能有什么误解：列宁和葛兰西对泰勒主义和福特主义表现出的热情，以及后来斯达汗诺夫主义（Stakhanovism）的过分行为都见证了这一点。但是，形式——乌托邦的或剥削的——是相同的，而且差异的杠杆——做出决定的过程，管理方对理事会或**工人自治**——为双方都没有解决的一个矛盾提供了存在场所（因为所有者和管理者之间的资本主义张力为斯大林主义和自主管理之间的社会主义者的踌躇不定提供了一个镜像）。的确，这些形式当中的每一种都源自历史，在它本身内部包含了一种矛盾，这个矛盾甚至没有明确的定义，更不用说解决或可以解决了，这就是它的历史性的基本标志，是它作为发展中一个早期阶段的标志,在这个发展中,将会有一个更高层次和更复杂的矛盾性事物取代它。至于对这种形式的意识形态的复制——在各种不同的上层建筑组织形式上都留下其印记的事物,无论是理论的、政治的,还是艺术的——我们可能会提出,可以在 19 世纪的小说结构中进行观察,因为它更加重视人物,重视围绕主人公和次要人物或小人物进行重新组织,将它们组织成一种无产阶级的、千篇一律的背景。①

当我们从马克思在 19 世纪的优势转移到 20 世纪垄断的优势,很清楚,正是一种合作系统取代了老的或较早的系统,而且在所有地方都见出合作系统的影子,从法西斯主义到新经济政策,从苏联共产主义到贝拉米(Bellamy)的《向后看》(*Looking Backward*),以及所有以国家为中心的乌托邦,这些都标志着政治经济想象在这一时期的局限。我也想论证,不仅是最明显的意识形态上层建筑受到现在这种总体国家形式的影响和限制,如司法和哲学的上层建筑,甚至科学实验和理论化本身也不能例外,除了在罕见的预测时刻,他们的思考不可能超越那一时期的社会局限(与马克思的意识形态局限相一致——"在他们的头脑中,他们无法超越后者［由有问题的政客所代表的社会阶级］在生活中不能超越的局限"②)。

正是因为这个原因,我论证了研究某个乌托邦文本或计划的最有效方式不在于判断它的积极元素,它公开的表现形式,而在于努力抓住它(尚)不能思考的东西,它当中那些超越了自己的社会系统的东西和那些超越了存在限制的东西,它自己也试图超越这种经验存在的限制。

在我们自己的环境中,举个例子,很显然,从比较老的中心

₃₆₀

① 见 Alex Woloch 的大作 *The One vs. The Many*, Princeton: Princeton University Press, 2003, 25, 在这部书中, 19 世纪小说中的小人物被划分为工人和怪人。

② Marx, *The Eighteenth Brumaire of Louis Bonaparte*, 50 – 51.

化民族国家的地区工程到商业公司本身的组织，去中心化的乌托邦在当前的政治幻想中无处不在。无政府主义者对中心性和国家权力的抗拒与形形色色的中央政府"将权力交还给各州"的阴谋一样全面地反映了这种新价值，也就是说，通过将财政责任交回城市和地方来解除金融义务。对工厂组织中"日本方式"所表现出的这种幼稚的热情与赞同所谓后福特主义或弹性资本主义的思想家对理论的兴奋有着明显的亲缘关系：而且正是在这个意义上，全部自由的、慈善的、乌托邦的价值观，在电子全球化的管理体制中，事实上仅仅是在复制晚期资本主义的经济生产系统。这种做法为自己找到了具体的例证，不过，与其说是在官方的政治表现和合法的商业中，不如说是在现实中（或 19 世纪的"现实主义的"）所谓的那不勒斯卡莫拉秘密会党（Neapolitan Camorra）的生产和分配系统中，罗贝托·萨维亚诺（Roberto Saviano）让我们看到了这一点：

> 为了满足这种新欲望，交易不得不变得有弹性，摆脱了令人遗憾的死板。毒品的供应和销售不得不自由化。迪劳罗家族第一个在那布勒斯进行市场扩张。意大利的犯罪集团传统上更喜欢出售大宗货物。但是迪劳罗决定销售中等规模的货物并提高小宗毒品交易，这样做会吸引新主顾。自主的商行随意处置他们的货物，自行定价，宣传他们的进货方式和产地。任何人都可以进入市场，数量不限，无须经过家族的中间人。考萨·诺斯特拉和德兰海塔有广泛的毒品生意，但你必须了解控制链条，而通过他们进行交易，你就不得不通过家族成员或亲戚的介绍。他们一定要知道你在哪里兜售，将来的销售情况如何。但不是塞根迪格里阿诺系统。这里的规矩是实行放任政策，采用通行证的办法。是完全和绝对的自由主义。让市场规范其自身。塞根迪格里阿诺一下子就吸

引了所有人在朋友之间进行小的毒品生意，所有人都想花 361
15 块钱买进，以 100 块钱卖出，以此来支付假期、攻读硕
士学位或分期付款所需要的费用。完全的市场自由化导致价
格下跌……

正是这种逻辑塑造着经济规则。不是卡莫拉秘密会党的
成员在追逐交易，而是交易在追逐卡莫拉秘密会党成员。黑
道生意的逻辑、老板的逻辑，同最具攻击性的新自由主义逻
辑是一致的。这些规则，无论是提出来的还是强加的，都是
为了在生意、利润，以及在所有的竞争中获胜。其他一切都
没有意义。其他一切都不存在。你用监禁或肉体为代价换取
某种权力以决定他人生死、推销某种产品、垄断一部分经
济，并且在最前沿的市场上投资。获得十年、一年、一个小
时的权力——多长时间不重要。重要的是活着，掌握实
权……

这就是流氓大亨的新神话，是新的经济主旋律:不惜任
何代价控制它。权力高于一切。经济成功高于生命本身。高
于任何人的生命，包括你自己的……

世界上任何客户真正感兴趣的是质量和设计。而那些家
族提供的就是这两样东西——品牌以及质量——所以没有真
正的不同。塞根迪格里阿诺的那些家族掌握着所有的零售
链，他们的商业网才能够遍及全球并控制国际服装市场。他
们也供货给专卖店……

与塞根迪格里阿诺联盟有亲缘关系的家族——利夏迪家
族、康提尼、马拉多、罗鲁索、包查笛、斯达比勒、普莱斯
迪瑞和包斯笛家族，以及更具自主权的萨诺和迪劳罗家
族——组成了这个名录，他们的地盘包括塞根迪格里阿诺、
斯卡姆皮亚、皮斯诺拉、奇阿诺、米阿诺、圣彼得，以及贵
格里阿诺和蓬地塞利。因为这本名录的同盟结构为这些家族

提供了较大的自主权，这个联盟更加有机的结构组织最终土崩瓦解。它的生产委员会包括来自卡索里亚、阿扎诺和麦利陀的商人，他们经营公司，如瓦伦特、威普摩达、沃考斯和威泰克，仿造华伦天奴、费雷、范思哲和阿玛尼，在全世界销售……

　　那布勒斯反黑手党的检查官的调查显示，卡莫拉秘密会党的弹性联盟结构已经完全改变了这些家族的构造：没有外交联盟和稳定的协议，帮派的运作现在更像是商业委员会。卡莫拉秘密会党的弹性反映出它需要运动资本，需要建立和清理公司，需要流通金钱，并且在不受地理限制或不过分依靠政治中介的条件下投资房地产。这些帮派不必再组织成庞大的躯体。（但是，当然了，"新自由主义"只不过是其他主义中间的一种意识形态表现而已。）①

　　因此，后现代性是资本主义的一个历史阶段，它无所不包，从基本劳动到人们头脑中的思想和幻想，构成了一种占统治地位的意识形态的模式化系统，对我们现实中所有的上层建筑和基础结构形成了结构性限制。甚至对这种巨大总体性的表现——一方面是以先进的信息技术为特征的全球化，另一方面是以人口爆炸为特征的全球化，由于人口爆炸，所有被压迫主体都找到了自己的声音，都成了主体——必然始终被某种意识形态观点理论化或因此发生偏移：一个永远都找不到属于自己的"客观"科学知识的**真实**（Real），但它肯定一直被某些人反复地推敲，这些人竭力要将它表现出来，从而在他们不可能实现的表现中包括他们自己在认识论和历史以及阶级方面绝对的局限性。

---

　　①　Roberto Saviano, *Gomorrah*, trans. Virginia Jewiss, New York: Farrar, Straus and Giroux, 2007, 66 – 67, 113 – 114, 40, 45.

因此，复制概念作为一种意识形态现象能够在对这些现象背后的实体（noumenon）做出假设的过程中独自提供一条阿里亚德妮（Ariadne）的丝线：那些在试图挑战，更不用说颠覆晚期资本系统的思想和计划内部复制晚期资本主义系统，它能够独自为当前的意识形态提供线索，也能在断断续续接近**真实**的过程中提供某种机会。

363

第五部分

政　　治

第十五章

实际存在的马克思主义

苏联的终结成为很多地区庆祝"马克思主义死亡"的理由，在将马克思主义本身作为一种思想和分析模式，将社会主义作为一种政治和社会的目标与愿景，将共产主义作为一种历史运动区分出来等方面，这些地区并不是特别谨慎。该事件已经在所有这三个范围内都留下了自己清晰的印记，或许也有人会同意，与某个给定思想相关的国家权力的消失极有可能对它的思想威信产生相反的影响。因此，我们被告知，戴高乐将军1970年从他的总统职位上退下来后，法语课程的注册人数大幅下降；但是要将这种学习潮流的衰落与法语本身在"效用"方面的实际退化联系起来，这恐怕还需要做比较精密的论证。

无论如何，西方左派，特别是马克思主义，在柏林墙倒塌或苏联共产党解体之前的很长时间里就已经陷入了困境，这是由三种各具特色的批判造成的：第一，与马克思主义—列宁主义的政治传统拉开距离，其年限至少可以从毛主义于20世纪50年代后期的分裂算起；接着是哲学上的"后马克思主义"，这可以追溯到20世纪60年代晚期，在这一时期，新兴的新女权主义与形形色色的后结构主义联合起来，共同污蔑诸如总体性和总体化、目的（telos）、指示物、生产等古典马克思主义主题；最后是右倾思想，在20世纪80年代缓慢地浮现，它利用东欧共产主义的解体断言社会主义将会瓦解，市场必定占据首要位置。

更加自相矛盾的是一种哀悼形式——加上那种众所周知、被称作如意算盘的情感，我忍不住称其为"一厢情愿的遗憾"——以某种方式利用甚至最不可能产生的怀疑神不知鬼不觉地对一部分人施加影响，这些人通常试图榨干他们对于某种幽灵共产主义的敌意这只柠檬，与对那些总是首先声称苏联与他们幻想的真正社会主义没有任何关系的人的做法一模一样。似乎尽管对相反的事物信心百倍，但是在内心深处，他们仍然相信，苏联能够发展成为真正的社会主义（事后看来，让人不再相信这一点的也许是流产了的赫鲁晓夫实验）。这种遗憾不同于你在各种共产党本身的存在和结构中（尤其是在西方）看到一个有瑕疵的政治工具，不过，没有这个有瑕疵的政治工具，我们可能更加贫乏（而且可能最好也不过是更快地发展出西方自由国家经典的两党系统）。

在这个语境中，不同国家的具体情况也没有引起更多的关注。社会主义的终结（因为我们已经不知不觉地接受了这个代表一般看法的说法）似乎始终将中国排除在外：或许它仍然在世界上保持着最高的经济增长率，这个事实让西方人认为（错误地）它已经是资本主义了。见识深广的人会对东德的消失表示真挚的同情，它似乎在一个极为不同的社会实验中提供了一个最短暂的机会。至于古巴，你只能对获得巨大成功并具有创造性的革命被系统性地逐渐破坏和摧毁的前景感到愤怒；但它尚未结束，一方面，如果古巴提供了一个在新的全球系统中，"社会主义在某个国家"遇到更加严重的困境的教训，如果不是困境，就是自主在任何民族或局部地区（不论是否是社会主义的）都不可能，它也提出了社会民主的问题或一种混合经济的问题，以一种含沙射影的方式通过迫使我们揣摩你应该将那个东西叫作什么，它应该已经不再是社会主义，但没有发展到可以在结构上称为资本主义的程度（政治维度，以及议会民主的限制在这里完全是掩人耳目的幌子）。但是新的市场信念（doxa）现在拒绝接受将可能出现的"混合经济"加以理论化这项重大任务，因为后者现在时常被否定性地看作是比较老旧的政府介入形式的卷土重来，其本身不是一种专门的、积极的经济组织形式。但这有效地排除了社会民主作为一种独创性的解决办法的可能性，也排除了社会民主在所有的利益部门作为公正的资本管理者的可能性（阿罗诺威茨［Aronowitz］）。无论如何，近年来，如果社会民主政府不向财政责任和预算紧缩这个新保守主义信条低头，它在哪里都不可能上台。

但是，任何认为自己比各社会主义党派更加纯洁、更加可靠的左派团体也应该找时间来哀悼社会民主的终结。社会民主有一种历史功能，它的胜利应该受到欢迎，这是因为一些更加基本的原因，而不仅仅是因为某些斯堪的纳维亚国家所取得的成就，在这些国家，大部分人忍受了长期的保守政权，终于等到支持社会民主的政党上台执政（尽管这本身也决不是件小事），他们感到了一种解脱。社会民主纲领的教育价值源自其自身的失败，因为这些失败在结构上是必然的，在系统内是无法避免的：它因此揭示出系统无法获得的事物，也证明了下文将要概述的总体性原则。如果社会民主放弃了自己的自由意志，它在政治上的教育价值无疑会受到极大的削弱；确切地说，它应该阐明，即使最微不足道的经济平等要求在由忠诚和"自由的"人民和运动组成的市场框架内也不能够实现，更不用说在"社会主义的"框架内了。

很明确的是，在东欧，党的垮台（证明了沃勒斯坦对它们所做的有先见之明的评价，他认为它们是反系统的而非凭其自身构成了某种新世界体系的核心）在所有地方都有克里斯托弗·希尔（Christopher Hill）称之为"失败体验"的东西。这种情绪值得总结，它不仅是人们在某种明显的和绝对的"历史终结"时刻所感到的绝望；而且它也必须同左派知识分子提出的令人震惊的、幼稚的机会主义美景区分开来，对这些左派知识分子而言，这个问题似乎已经归结为社会主义是否在运转的问题，就像一部汽车，因此你主要关心的是如果它不转了，用什么来取代它（生态学？宗教？老式的学术研究？）。有人认为辩证法是历史耐心地给我们的教训，有人仍然坚持乌托邦理想主义立场，这些人依然坚信，没有实现的事物比真实的甚至可能的事物要好，当马克思主义知识分子一窝蜂拥向门口的时候，这些人将会震惊以至于沮丧；无疑，他们也会为自己感到惊讶，因为他们认为左派知识分子首先是左派分子而非知识分子。

但是，因为反智主义（anti-intellectualism）的不在场，马克思主义同其他形式的激进主义和民粹主义始终是有区别的；所以有必要专门说明，知识分子的处境在没有群众运动的情况下始终困难重重，问题不断（对此，美国的左派较之他们在其他地方的同党肯定有更多的体会）；而且由于当今社会所催生的直接收益这种氛围无处不在，这种左倾机会主义也便有了更好的解释。由此被刺激起来的各种需求很难与人类历史的基本特殊性之一，即人类时间，保持一致，个体时间与社会经济时间不再同步，尤其是与资本主义生产模式本身的节奏与周期——康德拉捷夫长波（Kondratiev waves）——不再同步，与它向集体实践开放的最佳时机不再同步，也与它无数难以理解的非人周期和不可逾越的苦难不再同步。你不是必须相信进步周期和反动周期的机械交替（尽管市场周期的确在某种程度上保证了这种交替的公正性），才能理解我们作为寿命有限的有机体，被可怜地当作生物个体来见证更加基本的历史动力学，却只瞥见了某个不完整的时刻，我们迫不及待地将它们翻译成成功或失败这些太具人性的术语。但是，与科幻小说中居住在某个宇宙中的生命相比较，他们没有器官来理解或辨认这个宇宙，对这个独特的存在主义及认识论困境而言，恬淡寡欲的智慧和某种更长远目标的暗示都不是真正令人满意的答复。或许只有承认人的存在与集体历史和实践之间存在极大的不可通约性才能产生某种新伦理，由此我们推断出将我们当作戏弄对象的不在场的总体性，却没有放弃我们自己的经验的脆弱价值；它也能够催生出新的政治态度，新的政治认识，以及政治耐性，还有对这个时代进行解码的新方法，并且在其内部读解无法想象的未来那难以察觉的震颤。

同时，不仅是沃勒斯坦，他认为布尔什维克的失败和斯大林主义实验将发展出一块飞地，一个全新的全球体系将由此产生，他是正确的；还有另一个马克思（《大纲》[Grundrisse]中的马克思，或许比《资本论》中那个必胜主义者更像马克思），他乐此不疲地坚持认为世界市场作为资本主义终极界限的意义，并因此坚持一个原则，即社会主义革命不仅会是一个关于高生产率和最先进发展，而非初步现代化的问题，而且它会遍及全球。在晚期资本主义的世界体系中，较之现代时期（插曲式的社会实验总之在相当长的年月里没有夭折），民族自治的结束似乎更加激进地排除了这些社会实验。无疑，民族自治和闭关自守在今天的确已经落伍了，而且媒体对它也主动表示拒绝，媒体倾向于将它们同金日成和他的"自主"（juche）联系在一起。这可能让印度和巴西这样的国家吃了一颗定心丸，它们热切地想要放弃他们的民族自治；但我们一定要尽力设想退出世界市场可能带来的后果，以及这么做必须有什么样的政治保证。因为还有一个问题，新的世界市场这种无可避免的一体化靠什么来保障，这个问题的答案绝不仅仅是依靠进口和摧毁地方生产，今天，它在很大程度上一定与文化有着很大的关系，我们后面将会看到。很显然，世界信息电路和出口娱乐业（主要来自好莱坞和美国电视）使得融入世界市场的愿望永远都存在，它们不仅强化了这类国际消费

370   主义潮流，更重要的是，它们阻碍了基于不同价值观或原则的自主性和非正统文化的形成（要不然，如社会主义国家的情况，它们削弱了这种自主性文化出现的任何可能性，这些可能性迄今依然存在）。

很清楚，较之以前的资本主义时期，文化（和商品物化理论）成为一个更加重要的政治问题；同时也意味着在其他更有影响的文化实践之下，意识形态的意义会相对地进行再分配，它确认斯图亚特·霍尔（Stuart Hall）的"话语争斗"（discursive struggle）思想是首要模式，根据这一思想，意识形态在今天是合法的，也是不合法的。在消费主义文化饱和的同时，会有某些口号和概念失去合法性，从民族化和福利一直到经济权利和社会主义本身都涉及在内，它们一度被认为是可能的而且是令人向往的，但是今天，因为一种无处不在的犬儒理性，它们被普遍地认为是荒诞的。无论是原因还是结果，社会主义的基本语言和概念丧失了合法性（以及它被一种令人作呕的扬扬得意的市场修辞所取代），这已经很清楚地在当前的"历史终结"中发挥着基本作用。

但是失败的经验包括所有的事物又超越所有的事物，它可能与几乎是世界性的无力感更有关系，这种感觉自 20 世纪 60 年代便笼罩了全球一个巨大的社会阶层，它是一个更深刻的信念，相信在我们的社会里不可能有任何形式的系统性变化。这常常被说成是在对所有类型的变化力量进行识别时出现的一种困惑；它表现为一种感觉，觉得我们难以衡量各种复杂制度那巨大的、永久的和非人类或后人类的不变性（尽管这些制度的形态变化从未停止），对它们的想象常常是与高技术或后期技术有关。结果是直觉地相信所有形式的行动或实践都是一场空，是千年的气馁，这可以解释人们何以如此狂热地坚持形形色色的代用品和另类解决办法：最引人注目的是对宗教原教旨主义和民族主义而言，也

是对全方位热忱地投身于地区行动和活动（以及单一问题政治）
而言，同时也是对晚期资本主义和它所谓权威化的社会差异及
"多文化主义"的不可避免性而言，这种不可避免性蕴含在谵妄
多元主义歇斯底里的欣快症中。强调技术和经济之间的鸿沟
（如我们在其他地方将遵循马克思主义，坚持政治与经济或社会
之间的距离）在这里似乎很重要。技术的确类似于资本主义第
三阶段的文化徽标或首选代码：它是晚期资本主义本身首选的自
我表现模式，它希望我们这样来看待它。这种表现模式确认了自
主化幻觉和前面提到的无力感；同样地，落伍的机修工不再对用 ₃₇₁
计算机程序组装起来的汽车发动机指手画脚。但关键是对这种技
术表象和晚期资本主义的社会经济结构进行区分，前者自然同样
是一个文化现象，后者与马克思的分析仍然是一致的。

　　不过，这么说的时候，我预先考虑好了眼前这篇文章的内
容，它将总结马克思主义与我们当前处境的关系，并由此需要对
下面几个话题进行讨论：（1）如果媒体和形形色色的右翼牛皮
大王都错解了马克思主义，那么，马克思主义到底是什么？（2）
如果是那样的话，社会主义是什么？它在未来可能是（或被看
成）什么？而且最重要的是（3）二者与被极端污蔑的传统概念
革命可能是什么关系？（4）接下来，共产主义是什么，它曾经
发生过什么？（5）最后，作为上述所有问题的一个逻辑结论，
晚期资本主义是什么，马克思主义对于有可能与它相伴而生的新
政治而言意味着什么？晚期资本主义对已经开始随之出现的新的
或第三阶段的马克思主义设定了什么新的理论任务？

—

　　什么是马克思主义？或者如果你喜欢，什么不是马克思主
义？尤其是不像某些人（从福柯到科拉科夫斯基［Kolakowski］）

已经提出的那样，它不是 19 世纪的某种哲学，尽管它确实出自
19 世纪的哲学（但你可以很容易论证，辩证法本身就是一项未
竟的计划，它预言的思想模式和现实甚至在今天依然也没有实
现）。

在某种程度上，可以通过一个论断来证明这个回答是合理
的，即马克思主义根本不是那个意义上的哲学；它以其特有的庞
大将自身命名为"理论与实践的统一"（而且如果你知道那曾经
是什么，你就会清楚它与弗洛伊德主义共有这一独特的结构）。
但是，它至多可以被看作是一种"问题框架"，这样说最清楚：
也就是说，可以认同它，不是因为特别的立场（无论是政治的、
经济的或哲学的立场），而是因为支持某个特别的问题综合体，
对这些问题的描述由于它们的研究对象（资本主义本身）的原
因而总是处在运动当中，处在历史的重新安排和重新结构当中。
因此，你可能会轻而易举地说，在马克思主义的问题框架中，富
有成效的是它产生新问题的能力（我们将要观察到它在最近一
次面对晚期资本主义时的做法）；历史上与它联系在一起的各种
教条主义也不能追溯至那个问题场中某一个特殊的致命缺陷，很
显然，尽管马克思主义者并不比其他任何人更有能力不受知识物
化的影响，例如，马克思主义者一贯认为，基础和上层建筑是一
个解决办法和概念而非一个难题和困境，如同他们始终认为所谓
唯物主义是一个哲学立场或本题论立场，而不是某种操作的一般
性标志，我们可能将这种操作叫作"去—理想化"，它在弗洛伊
德的古典意义上是无休止的，同时在任何恒久的基础上，在任何
时长内也是不可实现的（因为它是理想主义，是对日常人类思
想的最惬意假设）。

马克思主义最初的问题框架是围绕着工业资本主义中价值生
产的特殊性——结构和历史的特殊性——发展起来的：它将剩余
价值现象作为它最重要的概念空间，这个空间有一个显著的优

势，即能够反复换码：也就是说，剩余价值的问题可能被翻译成大量看起来各不相同的难题和领域，它们与很多专业化语言和学科相一致，这些语言和学科在当时很多尚未获得它们目前的学术形式。例如，剩余价值可以通过商品生产现象来研究，同时也继续在商品和消费主义的社会心理学（或者马克思所谓商品拜物教）中进行研究。在货币理论领域（银行、通货膨胀、投机、股票市场，更不用说齐美尔［Simmel］所谓的货币哲学了）也能找到它的踪迹。在神话般的突变中，最令人震惊的是它将自己改造成为社会各阶级本身活生生的在场。它在合法形式和司法范畴下是第二位的或具有影子的性质（特别表现为形形色色历史的、传统的，以及现代的财产关系形式）。它的绝对存在造成了现代历史编纂的最大困境（是有关它本身出现及它的各种归宿的叙事）。

对剩余价值最平常的看法是——我们因此可能有兴趣抵制或推延的一种思想——它是一个经济问题，对马克思主义而言，最常采用的形式是对危机和利润率下降进行调查研究，对资本积累的后果和基本机制的含义进行调查研究（可能的或可信的社会主义经济学也包括其中）。最后，但并非不重要的是，这个概念似乎要认同——同时它也需要——大量意识形态和文化方面的理论，并且将世界市场（积累的结构性趋势的外围界限）作为它的最终界限，包括帝国主义及其后期的对等物（新殖民主义、超级帝国主义、世界体系）的动力学。剩余价值概念的变化进入到这些非常不同的学科语言和专业领域中，这实际上构成了马克思主义的问题意识，它是一个清晰的概念空间（你可以绘制的空间），而且可以解释大量具体的马克思主义意识形态和政治 373 纲领或策略的可变性。

于是，马克思主义范式中的危机总是在那些时刻准时出现，它的基本研究对象——资本主义体系——似乎已经改变了自己的某些方面，或者经历了无法预见和难以预测的突变。因为以前关于这个问题框架的说法与各种新现实组成的配置不再一致，让人不由自主地得出一个结论，即这个范式本身——遵循孔恩式（Kuhnian）的科学风格——已经被超越，并且它已经过时了（其含义是需要设计一个新范式，如果它尚未成型的话）。

　　这发生在 1898 年，当时爱德华·伯恩施坦（Eduard Bernstein）的《社会主义假设和社会民主的任务》（*The Presupposition of Socialism and the Tasks of Social Democracy*）激进地提出，参照马克思主义所谓的失败来"修正"马克思主义，公平对待现代社会各阶级的复杂性以及当代资本主义的适应性。伯恩施坦建议将源自黑格尔的辩证法和革命概念一同放弃，然后围绕大众民主和选举程序重新组织第二国际政治。在我们这个时代的 20 世纪 70 年代重新出现的恰恰是第一次后马克思主义的这些特征，当时，那种诊断及其处方的更复杂版本甚至开始更大量地重新出现（任何一个单独的声明都不可能像伯恩施坦的这本著作那样生动地代表了后马克思主义的周期性再现，但是海德斯和赫斯特［Hindess and Hirst］1977 年出版的有关《资本论》的那本书可以看作是第一只燕子，而拉克劳［Laclau］和莫菲［Mouffe］1985 年的《霸权与社会主义战略》［*Hegemony and Socialist Strategy*］则代表了全程大迁移）。

　　形形色色后马克思主义的重点（无论它们仍然试图附着在有名有姓的传统上，还是相反地，要求对这一传统进行彻底的清算）根据各自展现马克思主义分析对象之命运的方式而有所不同，马克思主义的首要任务就是分析这个对象，它就是资本主义本身。例如，这些观点可能会辩称古典资本主义已经不复存在，已经让位于某种"后资本主义"（丹尼尔·贝尔［Daniel Bell］的"后工业社会"思想在这种战略中最具影响力），在这些观点中，马克思详细列举的特征——但最突出的是敌对社会阶级的动力和经济的首要性（或"基础"或"基础结构"的首要性）——不复存在（贝尔的后资本主义在本质上是通过科学知识组织起来的，由科学的"哲学家—国王"来加以运用）。或者有人可能会试着为这个思想辩护，坚持认为某种资本主义仍然存在，但变得更加温和，而且无论是因为何种原因（对更加广泛的商品消费的依赖、对大众的文化程度的依赖，以及对其自身利益的开明认识的依赖），它变得对民众意志和集体需要更加敏感；所以，没有必要再假设什么激进的系统性变化，更不用说革命了。或者有人认为，各种幸存下来的社会民主运动的地位就是这样。

374

最后，可以断言，资本主义的确仍然存在，但是其生产财富的能力和改善其主体命运的能力被大大地低估了（尤其是在马克思主义者那里）；今天，资本主义确实是通向现代化和改良的唯一可行的道路，即使不是通向富裕。这当然是主张市场的那些人的修辞，而且它似乎战胜了其他两个近年的论点（尽管它们都彼此相关，而远非相互排斥）。

反对这个主张的立场更加可信，罗伯特·库兹（Robert Kurz）在《现代化的崩溃》（*The Collapse of Modernization*）（法兰克福，1992）等书中以最生动的方式提出了反对立场，即，恰恰是生产新剩余价值的能力——换言之，实现现代化的能力，亦即实现古典意义上的工业化和投资的能力——在晚期资本主义中消失了。资本主义有充分的理由取得胜利，但是其结果日益表现为一方面是令人目眩的纸币投机，另一方面是新形式的贫困化，它出现在结构性失业当中，出现在令第三世界永远无生产力的广大托管领域中。果真如此，这种情形可能也需要某种后马克思主义，但是与上文概述过的、由对资本主义持更乐观态度的人推断出来的后马克思主义极为不同。

不过，在分析各种后马克思主义的历史意义之前，应该对它们的基础，即有关资本主义的观点予以回应，这些观点都认为，马克思本人描述过的基本结构发生了某种突变。贝尔认为，现代商业对科学和技术的依赖已经取代了利润与竞争等较为古老的资本主义动力，这一思想无疑是最容易驳倒的，因为当代大量的论战和丑闻都与对科学产品的商业性剥削有关——例如，来自热带雨林的专利，或各种艾滋病药品——理论科学家比以往更加孤注一掷地寻求相对"无利益的"研究基金。

相反地，很容易便可以证明，在今天这个世界上没有一家商业（无论是什么性质的商业或综合体）可以随心所欲地对利润动机置之不理，甚至在个别地区都做不到：事实上，我们可以在迄今相对而言没有受到后现代化之强大压力的领域重组中看到它在全球范围内被推广——这些领域所涵盖的范围从过时的图书出版到村庄农业，在这种重组中，古老的方式被无情地根除，高性能的垄断在纯粹的形式基础上（换言之，在利润或投资回报的意义上）对所有事物进行重组，根本不考虑重组的内容。它是一个过程（马克思称之为小前提［subsumption］），它发生于发达国家中那些相对不发达的飞地（通常是文化或农业飞地），与资本一道对世界其他地区迄今为止尚未被商品化的地带进行渗透。

375

所以，如果以为具有历史独创性的资本主义动力学已经经历了一个突变或革命性的重构，这是一个误解；将利润最大化的持续动力，换言之，积累资本的持续动力（不是一种个人动力，换言之，是这个系统的结构性特征，是它扩张的必然性）——可以理解为与人类过去一些同样熟悉的其他特征是连在一起的：商业周期的兴衰荣枯，劳动市场的起伏涨落，包括大量失业和资本的逃离，以及工业和技术变化日益加快的步伐所产生的破坏性，但全球规模使得这类持续存在的特征看起来像是前所未有似的。

关于民主，除了上面已经提到的社会民主长久以来的失败和屈服，看到所有政府今天比以往任何时候在商业正统观念（例如，平衡预算或一般国际货币基金组织的政策）面前表现出更加不折不扣的顺从，能够很快得出一个结论，即这个系统不容忍集体的要求，后者可能干涉到它的运行（这并不意味着它总是能够运行得非常顺利），这已经足够了。既然苏联已经消失了，对阶段性努力的容忍便大不如从前了，这些努力表明了一种意向，即策划一条自主性民族道路或以任何可能损害商业利益的戏剧性方式转移政府经济政策的重点：针对比以往更加不堪一击的民粹主义和民族自治愿望，阿连德政变（Allende coup）做出了充分的回答。

至于市场，它的修辞自然是一种意识形态，它通过行动和政治结果鼓动起人们的信念。相信市场因此不可能戏剧性地改善全球三分之二人的生活这个灾难性预言似乎也是有道理的；但事实是这个描述也是（为了一方的代价！）由鼓吹市场的人自己提供的，他们有时想简要说明世界上某些地区（非洲、东欧那些较贫穷的国家）的情况，这些地区永远感觉不到适宜的市场条件带来的仁慈的现代化效果。他们却不提新的系统本身在全球范围内的所有人口都处于绝望的贫穷化过程中发挥着怎样的作用。

因此，我把资本主义在今天基本上没有改变看作是一个公理，与伯恩施坦时期有关它的所作所为的看法没什么两样。但是，伯恩施坦的修正主义所产生的反响，以及整个当代后马克思主义的说服力，都绝对不仅仅是附带现象，而是一种文化和意识形态的现实，它本身便要求得到历史性的解释，这些应该同样清晰可见：实际上，因为所有这类立场最重要的含义都是某种较为古老的马克思主义的解释力在新的发展面前已经瓦解冰消，如果 376 这种解释本身是马克思主义的，并因此在这方面是一个证明，那就再好不过了。

　　我们顺便提到过马克思的资本主义分析的基本特征之一，即资本必定无休止地扩张，它永远不会收工，不会坐下来依靠它取得的成就：资本积累必须要扩大，生产率必须不断提高，所有众所周知的结果即永久的变化、大规模的破坏和更新的建构，等等（"所有那些固定的……"）。不仅如此，资本主义应该也充满矛盾，它不断使自己一次又一次地陷入困境，它要面对利率降低的法则，该法则表现为收益降低、萧条、投机无果而终。这些结果很大程度上是因为过度生产和现有市场的饱和，欧内斯特·曼德尔（Ernest Mandel）（在《晚期资本主义》[Late Capitalism]中）不仅提出资本倾向于通过技术革新使自己摆脱困境，技术革新为全新的产品重新开辟出市场，而且提出这个体系作为一个整体在其三百年的岁月中因此得以使自己在数次关键的危机时刻化险为夷。同时，乔万尼·阿里吉（Giovanni Arrighi）（《漫长的20世纪》[The Lone Twentieth Century]）假定有一个更长的时期，他发现投机和金融资本阶段是存在的，与我们今天在第一世界中所观察到的情形非常相似，它出现在世界体系（西班牙—热那亚、荷兰、英国，以及现在的美国）每一个扩张周期结束的时候。在曼德尔看来，正是因为引入了全新的技术，才将资本主义从循环危机中挽救出来，但是它同资本主义重力中心的转移一道，也决定了这个系统整体会发生痉挛性的扩张，决定了其逻辑与霸权将延伸到全球更广大的区域内。

　　这些重大的系统性变化应该忠实地与已经提到过的后马克思主义时刻的出现保持一致，这似乎不是一个巧合。伯恩施坦的年代是帝国主义时代（列宁所谓的垄断阶段），在这一时期，伴随着电子新技术和内燃机以及新的组织模式，如托拉斯和卡特尔，在将全球相对系统性地瓜分为欧洲和北美殖民地及势力范围的过程中，市场系统本身得到彰显，超越了"先进"民族国家的范围。文化和意识王国中的重大突变，人文科学各学科的研究者对

此很熟悉——现代主义出现在所有的艺术当中，之前是自然主义
和象征主义这一对孪生先驱，精神分析的发现在科学各个陌生
的、新的思想形式那里产生回响，哲学中的生机论和机械论，古
典城市的神圣化，令人忧心忡忡的新型大众政治——所有这些
19世纪后期的革新与我们已经提到过的基础结构改造之间的最
终联系都可以得到证明，它们现在似乎都提出并要求对本质上属
于19世纪的马克思主义本身（第二国际主义）进行修正。

　　一般而言，第一个后马克思主义时刻因此就是现代或现代主
义的时刻（如果我们接受这个方案，根据这个方案，自法国革
命以降，第一个民族资本主义时期被称为现实主义时刻或世俗化
时刻；而最后的资本主义时刻，即资本主义在核与网络时代的重
构，现在一般被称为后现代）。伯恩施坦的修正主义现在可以看
作是对与资本主义的第一（后封建或民族）阶段和第二（现代
或帝国主义）阶段之间的这一重要过渡有关的内容变化做出的
回应：伯恩施坦分析了工人阶级日渐壮大，无数不可能直接认同
它的阶级阵营出现，强调的重点转移到政治目的（民主的扩大）
而非社会经济目的等问题，他在分析中只提到了新的帝国主义体
系（1885年左右出现）的影响。（的确，帝国主义只是在若干年
之后，即第一次世界大战前后，才与考茨基的"超帝国主义"
观点——所有帝国主义的对手联合起来反对他们的"他
者"——同时成为第二国际论战的话题，今天看来，它对于我
们自己的处境似乎表现出了非凡的预见性。）

　　换言之，关于传统马克思主义问题框架的不充分性，第一个
后马克思主义以内部社会条件为基础，得出了可信的结论，却没
有注意到国际或全球的框架扩大了，在修正那些条件的过程中，
它本身从一开始就是工具性的。（列宁认为，由于帝国主义本身
的原因，第一世界无产阶级因为在其内部壮大起来，所以具有腐
败性和复杂性，这一概念直截了当地改变了那个狭隘的重点。）

　　但是，伯恩施坦的修正主义这个先例使得我们能够对我们当代的各种后马克思主义有新的洞察，它们以相似的方式开始出现时，资本主义（现在是帝国主义本身）的某个阶段正开始让位于另一个阶段，包括各种新技术，也包括世界规模的极度扩张。的确，从平常事物到工业及战争事务的组织，社会生活的各个层面都开始进入核时代与网络和信息技术时代，与老的殖民体系的结束同步，也与世界范围的解殖民化同步，解殖民化表现为一个由巨型跨国公司组成的系统，它与新世界体系的三个中心（美国、日本，以及西欧）有着最紧密的亲缘关系。因此，扩张在资本主义的第三或后现代时代所采取的方式并不是地理探险和领土占有，而是对资本主义的老区域实行更加集中的殖民化，在新区域实行后现代化，令商品达到饱和，实现引人注目的后地理和后空间信息方面的同步，较之在电缆和报纸甚至飞机和收音机那些古老的信号渠道条件下能够想象的任何事物，这种同步性织就的网络都更加精致、更加细微，而且无孔不入。

378

　　从这个视角，可以论证，与伯恩施坦的修正主义是社会变化的症状和结果一样，这些变化是古典帝国主义的组织形式产生的结果——或者换言之，是对现代性和现代化做出的一种反应——所以当代后马克思主义也在晚期资本主义的背景下，从社会现实非同寻常的改进中为自身找到了正当的理由：从各种"新社会运动"产生的"民主化"和极度扩大的媒体空间（如果不完全是古典意义上的"公共领域"的话）的主体地位，到世界范围内的工业生产重构，这次重构使得民族劳动运动陷入瘫痪并使局部（local）这个概念本身（在一个地方度过你的一生，只有一种工作或职业，待在一个相对稳定的机构和城市环境中）变得问题重重。正是由于这一层面上的变化，后马克思主义以各种不同方式坚持认为，某种关于社会阶级的稳定思想没有什么意义，古老的党的政治是不可行的，革命即"掌权"这一古典概念是一种谬见，生产概念在大众消费时代也已经过时，面对信息比特（information bits），劳动价值理论在理论上已经四分五裂。我在这里略去了一幅画面，围绕着现在据说已经不可信而且是"黑格尔式的"矛盾观念，在一个只有表面差异的世界里发生了更加深奥的论战；这场论战涉及将目的（telos）思想污蔑为另一个资产阶级概念，亦即进步（在历史的终结时刻，在一个深刻的时间性和所有关乎未来的思想似乎都已经绝迹的世界里，这两个概念都是不合时宜的）；在意识形态和伪意识的参照下（同时，更巧妙地以弗洛伊德的无意识本身为参照），这些论战也处在德勒兹由各种去中心化主体所组成的流（flux）中。

很清楚，如果将它作为一个概念性症状而非作为新的后现代信念的某个特征加以考察，关于今天社会生活的变化，这些批判主题中的每一个都向我们揭示出一些很重要的东西。但是，同样应该清楚的是，与伯恩施坦的批评看法一样，以总体性或全球框架本身为代价获得了一个新鲜的当代焦点，这个焦点的数次移动组成了无形但却有效的坐标系，在其中，局部的经验现象可以单独评估。因为只有在资本主义第三阶段的结构中，在资本主义新的世界体系中，才能理解新的内部—存在现象或经验性—社会现象：在一个极度扩展了的世界体系中，较之伯恩施坦时期，今天，这一点更加清晰可见，在伯恩施坦时期，仍然只能从外部，外在地将"帝国主义"理解为国内民族经验之外的某种事物。[379]今天，比以往任何时候都更清楚的是，晚期资本主义同时根据它的全球动力学以及内部效果定义其自身：的确，前者现在似乎强加给后者一种回报，我们谈到"第三世界内部"和内部殖民化过程如何蚕食第一世界本身时提到过这一点。在这里，马克思这个世界市场的理论家的观点（尤其是在《大纲》中）不仅淘汰了当前的后马克思主义，对分析资本主义的早期阶段而言，可以说也是必不可少的。

但它对于这里提出的资本主义的连续性而言是一个辩证观点，取代了对后者的断裂和不连续性的过高估计：因为正是更深层结构中的连续性使我们意识到，那个结构随着每一个新阶段痉挛性的扩张产生了经验性差异。

二

关于社会主义（"之死亡"），需要说点什么来纪念它，因为它与作为一种历史发展的苏联共产主义不同，作为一个历史的、社会的和想象的理想（如果它曾经灭绝，可能也必须重新被发明出来），它是必需的；它也是一个未来的纲领，同时也是乌托邦愿景和对当前社会系统进行彻底的系统性替换的空间。在种属意义上一般被归为"社会主义"的事件都不长久，它们的节奏可以预想得到：所以在"苏联模式"似乎已经完全失去可信度的重要时刻，美国社会好像处在这样一个关头，在六十年的时间里，它第一次严肃认真地重新考虑一种更加社会化的机器有存在的可能性，这么说可能在表面上只是个悖论。至于"民族化"，其本身长久以来就是"话语斗争"（discursive struggle）的牺牲品，甚至是一个连最正统的社会主义者都不愿意当众炫耀的口号，没有什么能阻挡它在所有出人意料的情境和语境中再次出现（尽管也许是右翼或商业政府发现战略性的民族化有助于降低他们自己的成本）。在日本模式中，政府干预占据显要地位，以至于该系统作为一个整体表现出国家资本主义的特征，而日本模式处处大受欢迎，因此，市场修辞学家对政府干预的谴责便十分可笑。同时，在里根/撒切尔时代，私人企业的恣意狂欢自上世纪镀金年代以来还从未有过，之后，潮流似乎重新转向对最微小的社会责任重新提出质疑，在任何发达的工业社会，肯定应该由国家来承担这些责任；欧洲大陆的传统，尤其是可以追溯到俾斯麦时期德国的福利国家传统，因为冷战辩论，已经变得形容模糊，但现在，在英美资本支持的私有化修辞这个背景下，它似乎又再一次变得清晰起来。

同时，尽管克林顿政府对私人投资生态工业和技术有一些实验性想法，但是，我们比以往任何时候都更清楚地看到，只有国家才能实现生态改良，市场本身在结构上不足以应对那些巨大的变化，不仅控制和限制现有的工业技术需要这些变化，日常生活和消费习惯方面的革命也需要这些变化，这类限制需要借此获得动力并发挥效力。生态有时与作为一种政治目标的社会主义处于对立状态，尤其是后者炫耀某种现代化修辞并对征服自然采取一种"普罗米修斯式的"态度（这笔账常常被错误地算在马克思本人的头上）时更是如此。然而，大量失望的社会主义者似乎已经将他们的政治实践转移到生态领域，所以，一段时间里，在发达国家，绿色运动似乎替代了各种左倾政治运动，成为应对对手的主要工具。无论如何，这里需要肯定的是，实现生态政治目标需要有社会主义政府的存在：这是一个逻辑论证，与东方的共产主义政府滥用自然和生态无关，他们无情地、不顾一切地追逐快速实现现代化。相反，可以对一个经验做出结论，即生态的改造是非常昂贵的，需要大规模的技术，而且需要全面彻底的实施和监督，只有强硬和坚定的政府（而且可能是一个世界范围内的政府）才能做到这一切。

同时，应该理解，东方的"向资本主义过渡"这个其名称便带有反讽意味的计划与西方的"解除管制"（deregulation）是一致的，这个计划尤其敌视所有形式的福利保障，它下令彻底清除所有依然存在但已经支离破碎的安全网。但是，社会主义国家的公民们总的来说还不明白：他们不知道政府告诉他们的西方实际上只是宣传，基本上确实没有多少真实的东西，是不可信的，他们显然相信，我们还保留着和他们的安全网、他们的医疗和社会服务以及公共教育系统一样的东西，同时不知为什么，他们在想象中拼命地添加那些他们现在渴望得到的物品、新发明、药店、超市、录像机专卖店：似乎他们还不清楚获得后者——物品——的条件就是放弃前者——即，社会服务。这一根本性的误解让轻率地选择了市场的东欧悲喜交加，也使他们无法意识到，简单地获得商品与消费主义的迷乱本身之间是有差异的，后者类似于集体沉溺于毒品、性、暴力等相关事物，这产生了严重的文化、社会，以及个人方面的后果，只能将其比作一种行为机制（事实上，它总是伴随着对毒品、性、暴力等的迷恋）。任何与人有关的事物当然都不会和我们格格不入；而且或许经历一番消费主义的生活方式，对人类社会而言具有重要的历史意义，可以说是必需的，哪怕只是为了日后更加清醒地选择极为不同的东西来替代它。

应该清楚，以上列举的特征——民族化、各种形式的政府干预——几乎不足以用来定义社会主义计划：但是在福利国家受到新的世界市场修辞的攻击之时，而且当人们被鼓励去憎恨大政府并幻想用个人的解决办法去应对社会问题的时候，社会主义者应该与自由主义者站在一起（在美国，这个词的意思是中间派）为大政府辩护，而且用他们的话语斗争来对抗这种攻击。福利国家是一种成就；它的内部矛盾是资本主义本身的矛盾，不是社会和个人企业的失败；无论如何，在福利国家正在解体的地方，对左派而言，重要的是抓住并表达一般人的不满，他们不愿丧失那些成就和那种安全网，不要让市场修辞家们占到便宜。"大政府"应该是一个积极的口号，"官僚体制"本身需要从关于它的陈腐之见中解脱出来，并且从它在资产阶级社会的某些英雄时刻所发挥的作用和承担的阶级义务这个角度让它重新投入使用（同时提醒人们，最大的官僚体制在任何情况下正是那些大公司）。最后，关键是不能根据私人或个人的推断——某个人的月收入和预算，"入不敷出"，等等——来理解国家债务和预算。支付巨大的国债利息是整个世界货币系统的难题，应该从这些层面对其加以思考和分析。

但是，那些只不过是必要的反应性策略，为的是支持目前的话语争斗和重建一种真正的社会主义愿景可以得到体现的环境：一方面，很多表面上的右翼或社会民主建议——例如，保障最低年薪的建议——恰好符合波拿巴主义（Bonapartist）甚至纳粹主义右翼的目的。那么，就更有理由以一种纯粹是反应性的策略来强调其他不在场，即没有像"命名这个系统"那样为这种替代物和解决办法命名。社会主义解决办法的系统性，即所有在一个更大的计划中提出的措施之间的相互关系，标志着革命与和平改良之间的差异；它也是这些社会主义措施的一个特性，它必然在 382 真正的左派运动和左派中心，或福利改革主义政策之间划出一条界线。

在那本关于美国左派的基本著作中（《模棱两可的遗产》[Ambiguous Legacy]），詹姆斯·维因斯坦（James Weinstein）论证道，尽管彼此极为不同，尽管事实上相互间没有任何关系，尽管它在现代有三次高潮——第一次世界大战前的尤金·德布斯（Eugene Debs）的社会主义党、20世纪30年代的美国共产党、20世纪60年代的新左派——但他们有一个共同的缺陷，即，相信你不能对美国人民使用"社会主义者"一词，相信甚至那些在选民中吸引了广泛支持的社会目标也应该始终有一种伪装，好像它们本质上是自由主义或改良主义的措施，旨在不与美国民众显得格格不入。这意味着即使这些个人目标得以实现并受到尊重，它们可能一直都会受到中间运动的冲击；如吉尔斯·菲勒（Jules Feiffer），一部著名动画片中的情形一样，美国左派的主要功能总的来说是必须发明新思想以补充某个杂烩式温和运动（绝大多数时间指民主党本身）的想象与政治军火库，一旦它获得灵感的秘密源泉消失，失败便接踵而至。但是，社会民主或福利措施无法在政治上有助于社会主义的发展，除非它们被贴上这样的标签：社会主义是一个总体工程，与为其中心精神服务的诸多品质和形象一样，它的各种成分必须表现为寓言的方式，同时，它们也从局部适应的角度证明自身是合理的。这项集体工程总是在微观和宏观两个层面上运行，前者是个人的或经验的问题火烧眉毛般紧迫，后者是更大的国家或国际画面，微观政治在此是从政党这把无所不包的总体化保护伞或联盟战略的角度来定位的。

然而，批评的或反动的建设方向与积极的或乌托邦的建设方向之间的界限贯穿了微观政治和宏观政治两个层面：话语斗争对霸权市场模式的不信任不会有任何结果，除非同时对未来，对完全不同的社会替代品有一种先见之明，由于不再相信老套的社会主义或共产主义"现代"或"现代主义"（以及在后者留下的鸿沟中出现了当代一系列微观政治和无政府主义的替代物），话语斗争中的各种问题在今天便纠缠在一起。

社会主义对人类而言始终意味着终生的保护：它是最大的安全网，除了实践或物质的必要性，它向人们提供了稳定的时间，从而使每个人开始有了存在的自由：这是真正个体性的开始，因为人们在生活中无须提心吊胆地担心自我保护的问题（"生活得没有恐惧"［ohne Angst leben］，这是阿多诺形容音乐的用语，他在哲学意义上最大限度地阐发了这个主题），也没有了那种焦虑，这种焦虑虽然不是很多人都认同，但一样令人心神不宁，即我们自己无能为力却又本能地担心他人（如奥斯卡·王尔德在《社会主义下人的灵魂》［The Soul of Man Under Socialism］中所言，大多数人都"因为一种不健康和无度的利他主义"而毁了他们自己的生活，的确，是"被迫这样毁了他们自己的生活"）。正是在这个意义上，社会主义意味着有保障的物质生活：有免费教育、免费保健，以及退休保障的权利，有加入团体和协会的权利，更不用说最完全意义上的草根民主了（马克思在他关于巴黎公社的演讲中提到它）；还有工作的权利——从今天的社会和政治视角，这也不是一件小事，从这个视角，大量永久的结构性失业可以被预言为晚期资本主义自动化的一个要求；最后，有文化和"休闲"的权利，它们尚未被形式上的典型性（stereotypicality）和当前商业性"大众文化"的标准性所殖民化。

这一前景反过来在意识形态意义上被两个似乎不相容的极端所借用并受到毁损，一个极端是存在性或个人中心（晚期资本主义的个人异化，留在个人主体性上的伤疤），另一个极端是社群主义（communitarianism），它的集体中心目前正受到自由主义甚至右翼意识形态的冲击。一方面是拉法格（Lafargue）令人反感的"懒惰的权利"；另一方面是小农业甚至原生美国部落群体的乌托邦：这些仅仅是同类主题中的一角，在这类意义上构想社会主义的可能性在左派本身就是矛盾的。

在这里，非常清楚，对乌托邦的焦虑表现为一种对压抑的憎恶：社会主义将包含放弃，对商品保持克制仅仅是一个比喻，表示一种更笼统的清教主义，表示对欲望进行一种系统性的刻意摧残（对此，甚至马克思也让我们看到，资本主义是欲望的诱因，是生产各种新的、无法预见的欲望的巨型机器）。于是，也正是在这一点上，马尔库塞的中介变得不可或缺，自柏拉图以降，他第一个提出了真实欲望和虚假欲望、真实幸福和虚假幸福以及满足的问题：重要的是，对马尔克斯的批判随即采取了政治和反知识的形式（他是被指派来裁决这些事物中的真实和虚假的哲学家国王吗？）。共时性悖论的确使我们能够理解放弃补偿性欲望和陶醉是多么困难，而且不仅是从外部来理解这一点，我们生出这些欲望就是为了让当下的生活有价值。这种两难处境肯定不会因为关于人性的争论而得到解决，但无疑要从以不同的方式生活

这个集体决定和集体意志的角度来解决：这一集体选择中必然包
含的自由要想保持自己的尊严，就必须承认，个人有撤出或脱离
的自由，有根据自己的意愿拒绝多数人党派的自由。同时，让对
经济（在最宽泛和最含混的意义上）的执著始终受到政治考虑
和担忧的制衡，这既是马克思主义的弱点，也是它的力量：我倾
向于认为，当前的自由市场修辞依靠的是将市场形象作为一种象
征性的政治幻想，而不是作为某种专门的经济纲领。

384

　　这种对社会主义的特殊恐惧——力比多式的恐惧，对压制的
焦虑——于是在逻辑上发展成为一种对权力更加开放的政治关
注。巴枯宁不是第一个将社会主义同政治独裁和专制联系起来的
人（乌托邦社会主义者已经发明了这种批判话语），威特佛格
（Wittfogel）也不是最后一个，尽管他的《东方暴政》（*Oriental
Despotism*）一书将斯大林与最早的水利文明（hydraulic civiliza-
tion）中的天—皇帝并置，在右翼宣传中留下了永久的印记。政
府和国家——在任何政治形式中——从定义上便总是掌握着垄断
势力，注意到这一点还不够。然而，这种指责似乎并非与同样被
普遍接受的一个右翼概念绝对一致，这个概念即真正的民主是无
法控制的，被社会主义唤醒的要求可能会使社会机器停止。可以
给这个不一致性补充另一个不一致性，历史的不一致性：就是
说，实际上大家一致同意这个学说——即社会主义意味着绝对的
国家——首先是因为那个国家结构和那种特殊的政治秩序失
败了。

　　不过，尤其是在市场气候和市场修辞的金融霸权等条件下，
对社会主义和乌托邦的展望常常必须经由两个社会之间的意识形
态矛盾，一方面是指令社会（command society），另一方面在很
大程度上是一个个人主义的、原子化的、去中心的、有一只
"无形的手"的社会。甚至在他 1989 年之前出版的《马克思主
义：支持与反对》（*Marxism：For and Against*）一书中，罗伯

特·海尔布伦纳（Robert Heilbroner）从集体选择的层面阐明了这个替换性前景的活力，并将重点放在一种相对而言属于原教旨主义的生活方式上，与目前所谓典型的伊斯兰原教旨主义一样，它试图通过一种伦理上的清教主义和一种力比多式的克己来脱离世界市场。这种前景为集体选择的可能性加了一份人们乐于接受的红利，它丝毫不亚于为了获得不同的社会生活而付出的代价；但同时，它也为对乌托邦本身深刻的无意识恐惧和焦虑提供了养料，并且证实了有些人的感觉，即对社会主义前景的任何投射在今天都肯定与对乌托邦的恐惧难解难分，就像离不开对晚期资本主义的病理学诊断一样。

　　至于将计划污蔑为"指令社会"的形象，在力比多意义上，它被笼罩在斯大林主义的各种形象之中，同时具有"东方暴政"更深层的典型特点，"东方暴政"向后延伸至古代历史（对手是古代希伯来人和希腊人中的统计学家），或许可以用当代对社会主义的那些赞同意见作为开端，它们试图在个人主义层面上阐述 385
这一伟大的集体工程，将它看作一个经过核算的广泛的社会实验，从而使个人的能量得到发展，刺激出真正的现代个人主义——个人主义是集体对个人的一次解放，是在新的政治可能性当中的一次练习，而不是某种不祥的社会倒退，回到前个人主义和压制性的古代：打个比方，这时可能要诉诸斯大林主义之前伟大的苏联"文化革命"，把它作为一种强大的意识形态反作用力。

　　但是，海尔布伦纳的辩护仍然是有用的，因为它强调"乌托邦"的性质是一种替换性的社会系统而非所有社会系统的终结；它还在结构上将各种机制包括进来，这对于任何社会系统或生产模式都是必要的，这些机制可以说使现有的关系系统获得了免疫力，能抵挡具有破坏性或极端变革力的新事物（因此，例如，某派人类学——碰巧是反马克思主义的——把证明小的部落社会如何在结构上预防和排斥财富积累和权力生成直到最后变成国家这个任务揽到了自己身上）。

这里特别将市场和社会主义之间的系统性不兼容作为先决条件，无疑，这种不兼容性通过市场在东欧产生的破坏性得到了证实，不仅仅因为共产主义国家垮台后社会关系土崩瓦解，还因为商品幻想与西方大众文化导致了上层建筑的腐败，这发生在它垮台之前并为它的垮台做好了准备。博兰尼（Polyani）谴责市场的灾难性影响，所以在今天，这种谴责可以被放大，将消费主义和商品化性质的社会与文化习惯所带来的损害包括进来，所有这一切当然都有一个先决条件，即任何社会主义体系对于催生以某种方式中和这些影响的文化都是必要的，但是，它的做法是充满活力的，是积极的，是一种集体选择，而不是审查和分裂的管理制度。同时，应该强调，可以从社会主义（尤其是共产主义国家）的历史中观察到，暴力和肉体压制事实上已经不再存在，它们始终都是对来自外部的真实威胁所做出的回应，是对右翼的敌视和暴力，是对内部和外部的各种颠覆（对此，美国对古巴的封锁仍然是一个生动的例证）做出的回应。

在哲学上，针对右翼，需要说明的是，消费者商品的"选择自由"（在任何情况下，都被鼓吹某种"弹性的"和"后福特主义"分配的人所夸大）与自由几乎是南辕北辙，后者指的是人类控制自己命运的自由，是他们在塑造其集体生活的过程中发挥积极作用的自由，也就是说，是为了他们的集体未来而与历史及其宿命论的盲目必然性奋力一搏的自由：屈服于那只无形的手控制下的著名的"市场机制"在这个意义上就是在人类自由的挑战面前退缩，而不是令人景仰地行使人类权力（整个问题于是变得微不足道，因为意识到某种理想的或理想化的自由市场从未在历史上的任何地方存在过，也不可能存在）。

如果用一种类似尼布尔（Niebhur）的原罪这个神学的或形

而上学的术语，或者用埃德蒙·伯克（Edmund Burke）归因于于雅格宾计划的某种"僭妄"（hybris）来重新表达所有这一切，便发生了某种不同的转向：在这里，人性本身连同乌托邦的危害性一起受到起诉。这是一种似乎在早先的东方大行其道的语言，在那里，后社会主义知识分子已经将所有布尔什维主义的政治事务所造成的危害归咎于斯大林本人，归咎于某种要改造社会的乌托邦意志所带来的罪恶；不幸的是，终止这种改造的决定不过是将决定权转给了另一个个人（现在一般是一个外国人）。至于人性恶的信念，尽管它很有可能是一个可以论证的经验事实，即人这种动物在本性上就是邪恶的和暴力的，从他们那里不会产生任何好的东西，但同时也提醒我们，这也是一种意识形态（而且它是一种独特的道德化的和宗教的意识形态）。某种集体精神的合作与成就至多也是不堪一击的成就，它随时受制于私人消费的诱惑，受制于贪婪和愤世嫉俗的"实力政治"（realpolitik）的各种不稳定性，这一事实并不能剥掉它们偶尔存在过的荣耀。

同时，弗朗索瓦·傅勒（François Furet）的幻想破灭之类迟到的智慧在法律与秩序的精神中得到了表达，我忍不住称这种精神为新儒家学说（neo-Confucianism）：对甚至最不吸引人的权威表示"尊重"，赞成最臭名昭著的国家暴力，反对最容易为人所理解的骚乱和反抗形式。

暴力不仅总是从右翼开始，引发了无休止的反暴力连锁反应，后者构成了近代历史的很大一部分；重要的是，至少要考虑到，大的右翼运动的毁灭性激情，从纳粹主义到民族主义，以及超乎其上的伦理及原教旨主义的狂热，有可能在本质上都是换汤不换药——它们本身并非原始的欲望——源自因乌托邦理想的失败而产生的愤怒和痛苦的失望，源自一个随后产生的信念，右翼分子在骨子里坚持着这个信念，即一种真正合作的社会秩序在本质上是不可能的。作为替代物，换言之，它们反映了一种情形，无论是什么原因，革命本身似乎已经失败了；而现在该转向那个相关但不一样的话题了。

三

对革命这个基本概念的批判实际上是大多数后马克思主义的
核心（在伯恩施坦那里已经就是这样的了），既有理论上的原
因，也有政治上的原因。我将假设，可能不太合理，在多数时
候，是政治原因激起了围绕这个问题的哲学辩论——那些辩论
围绕着总体性和目的（telos）之类的概念打转，围绕着中心化和去
中心化的主体这些概念打转，围绕着历史与叙事、怀疑主义与相
对主义或政治"信仰"与义务打转，围绕着尼采的永恒当下和
思考完全不同的替换物之可能性打转（这被理解为这些哲学选
择更加本能的和意识形态的动机并不排除在一个纯粹的哲学基础
上论证它们的必要性）。我相信革命概念有两个有些不同的含
义，它们都值得保留，尤其是在当前的形势下。第一个含义与社
会变化本身的性质有关，我将论证它必然是系统性的；另一个含
义与构想集体决定的方式有关。

但是，要开始这个讨论，我们就必须摆脱表现和形象这种概
念问题的羁绊，它们经常戴上表现和形象的面具。这其中不仅涉
及以往典型的革命画面中令人讨厌的"视觉后滞"（persistence
of vision），这些革命发生在工业化早期阶段，当然也发生在脱离
封建主义本身的过渡阶段：这不是说从伟大的法国革命本身到它
的英国先驱（甚或从胡斯战争［Hussites］或农民战争，更不用
说斯巴达克起义）一直到中国和古巴的革命的历史没有产生重
要的历史教训和辩证教训，而只是提供了激动人心的叙事，其
实，它们在今天仍然比这些国家大多数的历史书更有趣，相比他
们的小说就更不在话下了。它也不单是一个显而易见的问题，即

激进的社会变革发生在更加成熟的现代化（更不用说后现代化了）的条件下必然提出非常不同的难题，催生非常不同的集体活动。相反，我们需要应付没有这些形象的情况，因为它们压缩政治想象，鼓励不合法的理性，这种理性使革命概念在某些基础上变得不可信，例如，后现代城市，或更确切地说，在后城市（post-city）的交通扩展区，街道犯罪团伙的力量由于战略性的政治和革命干预而无法施展。不过，事实上，正是犯罪团伙本身的形象具有意识形态的意义，它向后延伸至法国革命那些伟大的革命"岁月"，它就像一场噩梦不断地在后世那些真正伟大的资产阶级小说家那里重复上演，从曼佐尼（Mmanzoni）到左拉，从狄更斯到德莱塞，读者有时可以从他们那里感觉到，对于财产的焦虑，对几乎零距离的肉体侵犯的焦虑都被利用和滥用来为必需的政治目的服务，旨在表明如果社会控制放松和减弱，会发生怎样可怕的事情。但是，如果这是真的，那么，任何关于革命概 388 念的严肃反思摆脱这类有害的意识形态意象似乎尤其重要。

　　事实上，我们在这里也观察到上文已经注意的东西，即在这些论点中，政治焦虑，乃至权力母题依然挥之不去。甚至在没有受到污蔑的时候（例如，在更加哲学性的分析中，如拉克劳[Laclau]和墨菲[Mouffe]，以及他们之后的大部分所谓后马克思主义者做出的最细致入微的分析），关于这个术语的争论，最重要的基础始终在于革命概念本身是暴力的，是一个武装斗争的问题，是武力推翻的问题，是那些愿意流血的人们发生武装冲突的问题。这个概念反过来解释了所谓通俗托洛茨基主义的要求，它坚持在任何有争议的社会主义条款上补上"武装斗争"：这可能类似于用结果替代原因，同时却不必要地提高了救赎的成本。这个主张其实需要通过另外的途径来论证：即如果系统在根本上受到威胁，另外一方就会诉诸武力，这样一来，暴力出现的可能性就变成了由黑格尔的密涅瓦的猫头鹰和本雅明的历史的天使

（它们实际上是同一种事物，不过伪装成了不同的样子）对一场给定的、表面上反动的"革命"运动之真实性进行检验。这其中牵扯的东西有点像神学中的宿命和推选等悖论：选择暴力是一个外向的标志，它总是后出现，而不可能预先被考虑好，不能像社会民主那样小心翼翼地标出一条经过计算的线路，尽量不冒犯任何人。但如果这条道路真的导致一种系统性变化，那么抵抗必然发生，这实际上是概念使然，并非设计者的初衷。一个特殊的政治经济型海森堡（Heisenberg）原则就是这样在这里发挥作用（威斯泰因［Weinstein］对左翼美国战略的批判，上文提及）：我们似乎只有通过我们的共时和系统镜头才能理解历时变化；历史总是已经发生；阶级现实无法预言，只能在事后察觉得到。

思考革命（或"驳斥"它）的努力因此必然涉及两个问题：系统问题和阶级问题（马克思本人是将它们结合起来的理论家）。

关于系统的观点，即社会中的每个事物都和其他事物联系在一起，而且从长远看，如果不首先改变所有的事物，便不可能实现最微小的改革——对该论点的处理几乎总是围绕着总体性这个受到极大污蔑的概念在哲学意义上进行。日后同样是非哲学性的实证主义态度和意见变革为抗拒形而上学和乌托邦专制的形式，简言之，抗拒**国家**本身的光荣形式，这将使那些早已入土的哲学知识分子感到震撼，对他们而言，系统和总体性等概念战胜了经验主义和实证主义的鸡毛蒜皮，战胜了将理智贬低为商业性和实用性物化的做法，也是对付它们的基本武器。如果"发动关于总体性的战争"是一个涉及知识系统的问题（如马克思主义），对这些系统而言，表现社会总体性本身从根本上便令人怀疑，那么，这场战争似乎没有找对地方：通过表现本身的两难处境进行总体化并实现表现总体的必要条件——这个过程被描述为总体化而非这些批评家头脑中的特殊党派结构和大众政治，这似乎有点不可信。

　　无论如何，在当前的语境中，坚持认为总体概念或系统概念是从实践、社会以及政治经验当中派生出来的，做到这一点就足够了，这些经验不常放在这种联系中讨论。因为社会系统概念首先是根据不同社会动机和价值观之间的不兼容性，尤其是利润逻辑和合作意志之间的不兼容性提出来的。一方的确要把另一方赶出去；因此，甚至最谨慎控制的"混合经济"也成了一个棘手的难题。也可以换种说法，强调巨大的道德或集体热情，这种热情必须调动起来，不仅是为了实现基本的社会变化，而且是为了对新的集体生产形式进行社会建构。这种道德和政治热情——在任何形势下都格外难以维持，这与我们所谓的社会主义理想有关，又与它直接的、局部的任务相对立——其本身与利润动机以及其他与此有关的价值观极不兼容。这些基本的不兼容性首先意味着某个系统、总体，或生产模式相对而言是不统一的，而且是异质的，它不可能长期与不同种类的系统或模式共存。革命概念于是附带有对历史的特殊读解；是系统本身这个概念所需要的，它规定了这一过程，不可能预先加以理论化，由此一个系统（或"生产模式"）最终替代了另一个。

　　但是，或许正是这个概念的基本结构妨碍了它的表现，并继续产生那些已经过时的意象，我们一直在抱怨的以革命方式"掌握权力"的意象，同时反过来开始建立一种新的二元对立或难题，即通过民主道路获取权力和通过选举道路获取权力之间的对立（应该补充的是，今天，似乎没有人相信后者，就像他们也不相信前者一样）。但是，革命大概是个什么样子，我们还有超越了这类对立的其他不同的例子：我们想到的是阿连德的智利（Allende's Chile），而且现在应该让这个历史实验摆脱战败的感伤，摆脱本能的对于压制的力比多焦虑。同样应该支持后马克思主义者关于"片刻"或"时刻"（"革命的"或相反）概念是虚

390　伪的这一观点，而不是抱怨他们省略了"过程"而支持尼采那永无止境的混乱的时间流。左派在选举中的胜利既不是在行使空洞的社会民主，也不是权力在此刻确定无疑地易手：相反地，它们是民主需要逐渐展开的信号，也就是说，越来越有权利要求政府符合自己的意愿，政府现在必须顺应那一发展，渐渐地激进化，除非它背弃初衷转而求诸秩序。革命过程在这个意义上是一次新的合法分配，受压制的大众群体慢慢从他们卑微的沉默中显现出来并敢于开口讲话——如在阿连德的革命智利一样，这个行为可以包括提出新律法一直到控制农场土地；民主必然意味着像那样开口讲话，它也可以等同于生产新需要（与消费主义相对立）的最真实形式。于是，很显然，正是一个巨大的无序过程威胁要在所有的方向战胜控制并催生我们已经评述过的各种政治恐惧（对此，阿连德的政权是一个可怕的例证）。但这是一个自始至终与民主保持一致（与共和制度对立的）的过程，从这个角度，所有的伟大革命都可以重写。

　　系统性之类的概念或许今天在左派一方是有争议的，值得注意的是它们长期以来已经成了右派获得的智慧，后者一直盯着所谓的向资本主义过渡。因为市场的吹鼓手们一再坚持市场体系与其他不同的社会经济体系残余及新出现的特征不兼容。这不一定是指前社会主义国家中"解除管制"的痛苦：你只需记得美国持续不断地施加压力——对古巴，要废除社会化机器；对日本和法国，要废除对农场的支持；对一般意义上的欧洲，要废除政府福利结构的"不公平竞争"；实际上对每个人而言，则是要废除对民族形式的文化生产的保护——旨在看到一幅"更纯粹的"市场体系如何必须消除所有不同于其自身的事物从而延续其功能的画面。其实，美国的外交政策无疑自第二次世界大战结束以后便一直在所有的地方实践这种要求，直到在里根和北美自由贸易协定/关贸总协定时期达到高潮，它很有说服力地推断出本质上同样是系统性的社会概念或生产模式，这种社会或生产模式正常情况下与在意识形态意义上极为不同的革命和总体化概念是联系在一起的。

或许这仅仅体现了标准市场修辞的乌托邦性质：如果像当前保守派和媒体在使用它时让人想到的那样，它仅仅意味着市场从未存在过，将来也不会存在，那么，它无疑是正确的。另一方面，这种系统性的后果也非常真实；我想起了乔·钱德勒·哈里斯（Joe Chandler Harris）讲的一个受难者的故事，在拔掉那颗令他怒不可遏的牙齿时，他遇到了最不可思议的困难。理发师试过，铁匠试过：最后是一个很有胆量的新型牙医，他动用了所有的新仪器，那颗讨厌的臼齿终于让人觉得有门儿了——但是，它连在下颌骨上，下面是脊椎，再下面是胸腔、骨盆、胫骨，最后证明它钩在大脚趾上；所以，等他们终于将那颗牙拔出来时，整个骨架也显现出来，而病人只好放在一只枕套里被送回家去。有些社会解剖学的先见之明或许能帮助我们避免这种不幸的命运（这则寓言也许可以用来说明里根的解除管制）。

革命概念的另一个内涵可能被更迅速地封锁起来，因为它仅仅将整个的革命过程看作是一个凝结而成的形象，代表通过社会集体，可能恢复实践、集体决定、自我塑造并选择与自然保持何种关系。在这个意义上，革命是集体重新将人民主权掌握在自己手中的时刻（集体或许在历史现实中从未真的享受过或行使过这种主权），在此时刻，人民重新获得改变自己命运的能力，也由此赢得了控制自己集体历史的手段。但是，这样说是要立刻明白，何以今天革命概念处境艰难，因为——如已经观察到的——现代社会历史中很少有某个时刻像今天这样更让人民总体上感到无能为力：很少有某个时候的社会秩序复杂到看上去如此令人生畏，如此难以理解，而且现存的社会似乎已经是永恒不变了，同时却又要在比以往更加迅疾的变化中去捕捉它。

实际上，一直都有争议的是，在后现代或晚期资本主义阶段，恰恰是系统性中的这种巨大突破——它在某种程度上标志着科学技术的强化，而且人们认为这是由网络过程造成的——已经使人的力量显得滑稽可笑，无论是个人的力量，还是集体的力量：不过，保持这种力量的特征并将它与技术本身并置似乎更明智一些。因为同样合理的是，它引发的困惑和无助感本身（以及随之发生的行动瘫痪，有关人员的冷漠，领导人及其追随者的犬儒主义）就是痉挛性系统扩张的一种功能，这个功能现在让我们面对尚无人适应的措施和数量，面对新的地理过程（这些过程是暂时的，因为在今天，时间是空间的，是某种新的信息同步性，必须在我们关于程度和间隔的范畴中对其予以重新考虑），对此，我们还没有相应的成熟器官。

这一系统之前被投射其上的新规模最引人注目的结果之一就是先前的各施动范畴不够充足，尤其是洞察到社会阶级这个概念已经过时了，或者从前意义上的（马克思的）阶级的确不再有什么关系了，即使它尚未彻底消失。这个洞察结果因此已经将理论与经验社会学截然不同的层面糅合到一处，并且要求有一个更加复杂的答案，在此答案中，对经验的处理会更容易（尽管不一定那么令人满意）。全球化已经在民族生产中引起灾难，并由此在各机构中造成民族工作人口的萎缩，它可能将导致国际生产形式的出现，并随之产生相应的阶级关系，但是其规模远非我们所能想象，无法对它的形式预先做出推断，而且无法预测它的政治可能性，更不用说计算了。有必要强调，全球性的阶级生成这个新进程是不可避免的，同时也有必要强调它现在摆在我们面前的表现困境：不仅是这种阶级生成的地质节拍对受制于人类时间的生物体来说难以理解（如已经说过的，我们同时存在于两个不可通约的时间维度之中，它们彼此常常是互不交通）；而且系统组合（schematisms）也尚未确定，我们会根据这些组合开始绘制无法接触的现实（相当于在过渡过程中提出的那些问题，从一个有限的或能感知的天际空间部分向巨大到脱离了我们的精神范畴的宇宙学说过渡）。

实际上，较新的表现范畴（或那些已经声名狼藉的重新恢复和改造过的表现范畴）——尤其是紧紧环绕着寓言难题和隐含着多维形式的无意识含义的所有事物——或许能成为这个主张的支撑材料并证明对更广大的现实而言，那些先前属于常识性的形象都承受着压力。但是，此时此刻，国际商务正在对自身进行重组并发展跨越国境的新型关系，同时，联系、交换，以及网络—创造等技术的必然性已经开始凸显出来，产生了各种各样意想不到的结果，来自世界经济不同民族地区的工资工人如果找不到新的创造性方式来维护自己的利益，确实会令人感到吃惊。然而，如果后现代性同时意味着囿于当下的时间系统，而且关于变化的叙事范畴似乎被排除在这个时间系统之外，那么，以这种方式将希望寄托于未来（尽管在这个事例中它没有为唾手可得的乐观主义提供任何借口）也是不理性的。同时，民族工厂劳动力情况的恶化也导致了众多新失业人员的出现，他们现在看起来是政治行动更合情合理的施动者（或"历史的主体"），而且他们的新动力学在边缘性和臣属性这类激进的新范畴中有了自己的名称。然而，关于政治组织，所有遗传下来的智慧都是在工资劳 393
动和它呈现的空间优势等基础上获得的，这些优势在失业的条件下是不存在的（除非在一些特别的情况下，如寮屋、"贫民窟"［bidonville］、棚户区）。

今天，阶级问题常常成为反对马克思主义最重要的现实理由，所以值得对它再补充几句。这些话可能不得不从一个启示开始，即阶级政治和"新社会运动"之间所谓的不兼容性的确反映了一个非常美国化的视角，因为在美国经验当中，种族（和今天的性别）似乎始终比阶级显得重要得多，作为一种推进力，宗派主义，更大的政治运动有倾向性的、不可避免的碎片化都既有美国特征，也有宗教原教旨主义和反智主义（anti-intellectualism）的特征，如果它们代表的不是暴力和苹果派的话。还应该补充一点，近来，马克思主义者几乎都不相信工业工厂的工人可能在数字上构成先进的、各不相同的现代国家中人口的大多数：这就是为什么左派政治在 20 世纪一直采取某种联盟政治形式的原因（无论这些程式多么拙劣，或者声称体现了这类联盟的管理体制在实践中多么地不诚实）。葛兰西的论述在今天仍然是这种理论化最有用的形式；它没有排除各种马克思主义在现代时期普遍的工人主义（workerism）倾向，其未言明的前提（被萨特和布莱希特挑明了）是一种感觉，即用机器工作的人较之其他阶级对世界有一种不同的知识，与行动和实践有一种不同的关系。

但所有这一切仍然相当于将"阶级"看作是某个个体群的标志，这些个体排好队，从其他那些戴着"种族"或"性别"（或者或许是"地球的朋友"）标牌的个体群体中被数出来。需要论证的是社会阶级思想与种族或性别思想之间在概念性地位上的差异：它不仅意味着一个明显的事实——常常从反对它的证据中脱颖而出——即阶级范畴是一个普遍化的范畴，也是一种抽象形式，它能够以一种更成功也更具生产性的方式超越个体性和特殊性（因为超越的结果可能是放弃那个范畴本身）。在这个意义上，像"物质"或"唯物主义"一样，阶级常常被看作是一种"本体论的"范畴，它隐含了（真理、在场等）实体和实体性的错误并使之永久存在。事实上，阶级概念的"真相"（如黑格尔的追随者们所言）在于它产生的各种操作：阶级分析，如唯物主义的去魅，即使没有一个关于阶级本身的连贯的"哲学"或本体论，也仍然是有效的和不可或缺的。

394   但是，有一点同样重要，即证明与种族和性别之类的范畴一样，有时被过于简单地称为阶级意识的东西其内部也是矛盾的：阶级意识首先是围绕着臣属性在运转，也就是围绕着劣等经验在运转。这意味着"下层阶级"下意识地相信，霸权或统治阶级的表达与价值观是优越的，他们同样以各种仪式（在社会意义和政治意义上无效的）不遵守和拒绝这些表达和价值观。没有几个国家像美国一样充满了不加掩饰的阶级内容，因为在这里，没有任何处于中间位置或残留的贵族阶层（与在欧洲一样，他们的动力学掩盖了现代的阶级对立并且在一定程度上伪装、置换、甚至拒绝那些对立）：在美国，牵扯到阶级的所有公众交往事务，例如体育运动，都是公开和暴力的阶级敌对空间，而且这些敌对也充斥于其他的关系当中，如性别、种族、人种，其内容被象征性地注入阶级动力学当中，而且如果这些事务本身不是表达阶级动力学的媒介，它们似乎就会通过某种阶级手段来表达其自身。但是，恰恰是这种内化的二元对立（因为阶级关系是二元的，它倾向于将其他集体性符号关系，如种族和人种，也重新组织成二元形式）可能使这种现象成为查明多种身份和内部差异及区别的特殊空间。还应该注意，在这方面，臣属性所有可能说的事情都赞同霸权或统治阶级的意识，它们在其本身内部承受着下层阶级的内化在场所产生的恐惧和焦虑，并且象征性地实现了那些危险和阶级敌意（更不用说阶级罪行）的所谓"结合"，它们都被结合进统治性阶级意识的基本结构，成为它们的自卫性反应。

最后，应该强调的是，阶级投资（class investment）是根据形式动力，而非以内容为导向的动力发挥作用：它与某个二元系统是一致的，在该系统中，现象被阶级敌对的基本游戏所同化。因此，举一个现在看来是古典的例子，肯尼迪和尼克松之间在20世纪60年代早期的选举大战绝对是根据阶级进行编码的：然而悖论性地，正是肯尼迪这个民主党人物被美国民众有意无意地

当作上层阶级，原因是他的财富和哈佛教育背景，而尼克松的
"小资产阶级"劣势和"恶名"这个阶级背景也让他备受煎熬，
他立刻被转化为下层阶级的代表。可是，源自社会经验所有领域
的其他对立也几乎以同样的方式被重新编码：因此，在现代时
期，大众文化和高雅艺术之间的对立在美国造成了一个非常明显
的阶级象征主义，尽管"高雅艺术"在欧洲的姿态是对立的和
反资产阶级的；但是，随着理论的到来和后现代性的兴起，理论
被编码为外来的并由此成为属于上层阶级的东西，而"真实的"
创造性文学——包括"创造性写作"和商业性的电视文化——
则被重写为一种民粹主义的道德观。

　　阶级因此既是一个不断发展的社会现实，也是社会想象的一
个积极成分，由于后冷战全球化，它目前可以被看作是为我们提
供了（多半是无意识的或隐含的）关于这个世界系统的各种地
图的信息。作为一个两分现象（在任何一种生产模式中都只有
两个基本阶级），它能够吸收并折射性别内涵和对立（以及非常
激进的对立）；同时，由于较古老的阶级形象和态度的复苏，它
自身被隐藏起来并变得复杂化，贵族的或（较为罕见）农民成
分涉足其间所造成的歪曲也丰富了这幅图画，所以，欧洲和日本
在平民性质的美国面前可以被编码为贵族的，而第三世界与东欧
则都是一般意义上的臣属地区（在这些地区，工人阶级和农民
之间的显著差别因为"不发达"之类的概念而变得模糊，这类
概念不表示从第三世界转移到第一世界的剩余价值）。一旦重点
从世界体系转向地区体系——例如，欧洲或中东——突然之间，
阶级地图便以各种新的方式被重新整合，假如这个框架是一个有
其内部阶级对立的单一民族国家，整合的幅度可能会更大。但
是，要指出，不是所有这类阶级地图都是武断的，在某种程度上
是主观的；而是它们是无可避免的寓言性网格，我们必然通过它
们来读解世界，而且它们是结构性系统，在其中，所有的元素或

必要成分相互决定而且必须相互参照才能进行读取和定义。这是最明显不过的实情，原因是最初的两分对立本身，在资本主义中历史性地出现，这本身已经证明它涉及一个连续的过程，由此，在商业压制面前，工人阶级认识了其自身，而统治阶级也被迫根据劳动运动的需要和威胁进行更大规模的自我定义和组织。这意味着事实上，对立阶级的每一方都必然在心中揣摩另一方，并且因为一个它无法驱除的异物而在内部被撕裂并发生冲突。

　　但是，如果我们自己可以习惯于将阶级作为一个范畴来思考（而不是作为一个经验性的所有权，如出生证明或财产清单），或许会很自然地认为阶级始终是偶然的，是被包含的，如同它始终必然要通过性别和种族的范畴来实现并确定其自身一样。正是日益认识到需要将这类范畴理解为一种三角剖分才解释了"勾稽关系"（articulation）这类术语和概念何以最近大行其道，这些概念对建立联盟没有提供立竿见影的诀窍，但至少提出了借局部分析的机会完成一个完整构想的要求，而且要保证这些范畴一个都不能少，这样一来，可以肯定地说，就算你忘了它们当中的任何一个，它都不会想不起你。但是在美国，最常被忽略的正是阶级这个范畴：所以它已经在颂扬自己的那种"被压制者的回归"，同样地，形形色色的新社会运动以它们自己不同的风格陷入阶级冲突那无形的和地下的现实这类麻烦当中。或许通过观察，给这一部分下一个这样的结论是合适的，即阶级也是一个分析范畴，它使得人们无法不将社会理解成为一个只能以激进和系统的方式来改变的系统性实体。

四

　　至于共产主义，需要申明的是，最近的发展（招致诸多有这个名号的政体一命呜呼）不是由于它的失败，而是因为它的成功，至少就现代化而言是这样的。左翼经济学家绝对不是唯一歌颂马克思—列宁主义（关于马克思—列宁主义，我在这里将它同马克思主义严格地区分开来，这一点会很清楚）是实现现代化的一个途径的群体：你甚至可以发现，《经济学家》（The Economist）的编辑们赞颂一党国家是不发达社会（尤其是非洲）迅速实现工业化的一条有益路线。所以，听到当下更加反动的修正主义历史学家哀叹，如果让自由主义者继续掌权，俄国可能会以更加和平的方式达到生产力顶峰，人们会觉得更加有趣；更不用说看到他们将台湾的繁荣作为蒋介石的经济学优于其大陆对手的经济学的证据了。事实上，斯大林实现了苏联的现代化，以巨大的代价将一个农民社会改造成了一个工业国家，人民能够受教育，有着卓越的、科学的上层建筑。斯大林主义因此是成功的，它在社会意义和经济意义上完成了自己的历史使命，猜测这一切是否可能以更加道德、更加和平和进步的方式发生是愚蠢的。因为根本的不同之处依然存在，即苏联共产主义是一种现代化战略，它（不像日本的国家资本主义，举个例子）运用了不同的社会主义方法和制度。它对那些制度的运用，它对社会主义修辞和价值观的利用，当然还有它在非常不同的、无疑是原社会主义革命（proto-socialist）中的起源，其结果是将一个社会主义生活世界的某些方面作为一个副产品来发展，同时，在一个延长的时期里，对外部世界而言，它表明社会主义的希望和价值观得到体现。但是，今天，尤其是在现代主义已经完成或已经不在议程上的地方，有人希望继续强调社会主义与那个特别的第三世界国家之间存在极大的不同，马克思和恩格斯期望在资本主义结束之时，从工业生产率很高的组织体制中发展出社会主义，而那个第三世界国家的现代化则是一个神奇的传说，它英勇豪迈，也狰狞恐怖，它扣人心弦，触目惊心。

　　无论如何，现在需要讨论的正是这个系统的垮台：恰恰要从它的成功这个角度来解释（而不是从其隐藏的缺陷和弱点的角度），解释方式与记录马克思理论在某种情境中持续的解释力量的方式一样，那种情境已经常常被用来败坏马克思主义理论了。资本主义系统剧烈扩张，它在全球范围内不断向上"攀升"，形成了一种新的、更密切的国际关系，这将为苏联提供最令人满意的说明。这个说明不完全是在两种"体系"之间的竞争这个层面上起作用，尽管它肯定必须将注意力投向那种热情，"经济萧条期"的苏联领导人凭着这种热情将自己比以往更紧密地同这个新兴的新世界体系连在一起，部分是为了大量借钱并且比以往更大量地消费西方充满吸引力的（而且本质上是高技术和通讯或信息领域的）产品。

同时，我相信，国防费用上的竞争以及里根政府由此导致苏联无力承受比以往更大的军费开支的战术——苏联的垮台在很大程度上就是因为这个原因——应该被理解为不过是另外一种典型的西式消费，促使苏联国家离开自己体系的掩体，因为它受到误导（尽管是可以理解的），试图仿造对它而言既没有经济需要，也没有社会需要的产品（与美国不同，美国在战后的繁荣很大程度上依赖于国家的军事开支）。当然，反革命的战略常常包括长期的系统性威胁，这些威胁使民主革命处于重重包围之中，它也包括更大范围的监视和政治活动以及经典的**恐怖**活动，至少回溯到法国革命时期，就可以看到这一点。但是在现代生产与后现代生产的分水岭处，这种特殊努力所选定的独特时间决定了一种合作，决定了一次价值观和消费习惯的转移，通常对于仍然勉力维持的革命制度来说，它是毁灭性的。这也指出了这个过程中一个重要的文化维度，我们后面将回到这一点。

但是，系统性的相互关系是一条双行道，当你和一个外部网络连接上时，这些相互关系很多是网络图像，你自己对它们是不设防的。我自己更喜欢各种高压比喻：通过**债务**和发展商业性共存，迄今为止，苏联一直与世隔离地待在自己特殊的压力领域中，仿佛处在某种意识形态和社会经济的网格穹庐下，现在，在没有适合它的空间的情况下，它开始鲁莽地打开密封舱，并且允许自身及其制度受制于外部世界特有的更加剧烈的压力。可以想象，结果就相当于第一颗原子弹爆炸释放出来的充足压力对紧挨着它的轻而薄的结构所产生的结果；或者相当于海底巨大的水压重力对适合于高空的生命体所产生的可怕且具有毁灭性的影响。对这些比喻的理解，与其说它们以物理方式表现了晚期资本主义精准地对某个个体产生的冲击力，不如说它们代表了系统的脆弱性：它暴露在一个完全不同的动力面前，可以说根本就是一套完全不同的物理和自然法则。

　　在国家债务的现象中，在效益和生产力的支配性必要条件中，可以找到三个有关这类系统不兼容性的例子。**债务**无疑有两种形式：一种是从外部看，它可以在第三世界国家的灾难当中得到见证；另一种更加内在，它似乎反而离不开国家预算。因为某个**想象界**要求政府的优先权同化为人民自己处理私人收入，后者的政治自然变得复杂起来——在很大程度上成了一个精神分析问题，它们的相似之处并不特别有利于对国家债务本身的理性思考，海尔布伦纳（Heilbroner）试图对此做出解释，"付清"可能将是一个灾难，而且从这些角度来思考这个问题具有误导性，也是不好的政治。在这些晦涩的讨论中，从本质上讲，关键似乎是某个给定民族国家的信誉，也就是说，其他国家正是从这些方面来评估其经济活力。说到外部贷款，或者是保证外国资本的投资，这显然是要考虑的一个重要方面；但是专制国家古老的价值观（不仅是斯大林主义在那些国家的变体）首先非常重视避免金融依赖。有人反复说，这种民族自治不再可能存在了；很显然，如果你站在另外一方的立场上，急于成为跨国系统的一员，因为它今天在有效地运行，这种自治当然无法保持下去；古巴和朝鲜应该证明了单干的不可行性。如果，另一方面，你认为自治，或者换言之，抵制晚期资本主义经济实践的各种强制性规范在特定的环境中是一个民族自尊的问题，那么，手边便有一个方便的修辞，在这个修辞中，民族主义本身被指摘为一种野蛮的集体幻想和不折不扣的暴力源泉（在这一点上，民族现象和伦理突然之间发现它们本身已经无法摆脱地相互认同并融合在了一起）。不管怎么说，民族自治的丧失，无论是否是有意为之，已经产生了直接的后果，使民族国家受制于外部的金融控制，同时，**债务**并没有与最先开始积累债务的共产主义政权一同消失。　399

　　但"效益"是另一个国际标准，对那些按其他原则运作的国家而言，它或许不是特别恰当；对无效益的指责——老工厂、旧时笨拙的技术、浪费的生产方法——当然是用来敲打苏联这头驴（现在已经寿终正寝了）的最好理由，而且它还有一个优点，它暗含了一个更加简单的历史教训，比在这里详细阐述过的那一个还要简单，这个更加简单的历史教训就是，苏联"输了"，因为他们的生产是劣等的，无法和我们的生产相提并论（而且，它还是一个意外收获，表现为次一级的意识形态结论，因为社会主义本身在根本上就是没有效益的）。但我们刚刚说明，这类比较或竞争完全不相干，而且它们也只有在苏联决定加入世界市场的时刻才会起作用。（如上文指出的，无论是希特勒反对斯大林，还是冷战中的美国，战争强力推行它自己的强制竞争；军备竞赛因此可以看作是迫使俄罗斯加入世界系统的一种方式。）

　　但一开始，效益不是绝对的，它只是一种优先权，它有时也可能排在其他同样合理的考虑后面，居于第二位。关于中国和古巴的革命，斯维齐（Sweezy）和麦格多夫（Magdoff）若干年前便证明，在社会主义建设中，工业生产也可以看作是一种集体教育的形式：不仅是在实践中对农民进行再教育，因为机器本身扩大了文化程度的要求，他们的思想素质也需要改变，也是通过自我管理和"工人自治"（autogestion）对工厂的工人进行政治教育。你可以想象，对于一场进行中的社会革命而言（它克服了纯粹的饥饿和苦难等更加紧迫的难题），那些价值观有时或许比效益概念更重要，效益的基本功能就是促进不同种类的国家和国际生产水平之间进行相互比较，因此，它的相关性最终是在生产率这个问题中被发现的。

但是，按照马克思很久以前在《资本论》中所教导的，生产率本身不是一个永恒的绝对事物，不可能永远根据它来对个体劳动过程进行莫名其妙的评价：它是生产出来的，而且的确是被统一的市场本身生产出来的，于是，它允许一个比较标准在不同的公司之间发挥作用，最终将那些不能与更新的方法保持同步的公司驱逐出局。正是在这个意义上，某个处在偏远乡村或省份的制鞋厂，如果它以一种最令人满意的方式运营，它能满足那些地方的需要，但在被吸收进一个更加统一的系统中后，它就必须符合大城市的标准，这让它突然间变得措手不及，实际上成了一个无法工作的老古董。在这个意义上，在一个相对的规模上，较高的生产率不仅意味着更新的机器，还意味着更新的技术，它能够满足其他地方制定的标准：但是，关键在于生产率恰恰是一个相对概念，而不是一个绝对概念，而且它只在跨越空间时有意义，在这个过程中，不同的生产力形式在市场上发生联系，而且它们可以因此相互比较。在这类边远工厂之间或整个地区之间的联系中，语境的界限就是一切，而且，对那些规模不大，但经营得很成功的工厂而言，如果在这种划分中站错了队，开放只会带来灾难。

但这一切恰恰就发生在苏联及其附庸国身上，当时，他们形成了一项计划，决定投入资本主义世界市场并且把他们的理想与新兴的晚期资本主义世界体系拴在一起，因为后者是在过去的二十年里才发展起来的。

我们也想将某种可能性考虑进来，即在这段经济萧条时期，经济崩溃和领导层道德堕落，这些与政治意志或抱负的丧失，与犬儒主义和普遍的无能为力感总是形影不离，它们事实上并不仅限于勃列日涅夫时代的苏联，世界范围内都一样。例如，与希夏姆·夏拉比（Hisham Sharabi）描述的阿拉伯世界的"新父权制"（在他的同名著作中）简直不相上下，与里根和撒切尔政权更加新潮和西式的极端行为也几乎没有区别。将这种普遍的经济萧条（同时，数量大得令人目瞪口呆的财富散落各处，不能发挥生产作用）看作是一个周期性问题，因此，政治性的 20 世纪 60 年代之后紧接着就是一个肆无忌惮的新的投机时期，它本身很可能被某个卷土重来的政府责任及国家干预所取代，这种看法可能是错误的。

无论如何，经济萧条似乎与债务的出现同步——这可能也是它存在的基本理由——因为世界银行在 20 世纪 70 年代早期开始恣意地将它们无法投资的剩余资金借贷给第二和第三世界；同时在 1976 年左右发明了"解除管制"这个概念和策略。但是，这个分期化更基本的历史问题引发了对现代化问题本身的兴趣，在已经广为人知的后现代性之下，现代化可能处在什么样的地位？

在上文参考过的那本严厉且争议颇多的书中，罗伯特·库尔茨（Robert Kurz）已经指出，我们将现代化和现代（或现代性）连在一起的程度比我们习惯上的做法有过之而无不及，我们由此得出的最后结论是现代化本身——读解：工业化、新工厂的建设、新的生产力的到位——已经结束了，已经过去了；而且无论后现代性可能是什么，它都不再包括现代化或任何真正意义上的生产。

库尔茨的书让我们以为，前所未有的资本在全球游荡，它们具有不同寻常的活动性，就像盆子里的水，其速度接近移动速度的外部极限，亦即瞬间速度。但是，它的各个着陆点都受到一般利率的控制，这些利率本身与高技术工业或后工业的后现代性相适应，相协调：资本的最基本法则——当然也是它的基本定义——排斥那些古老的，纯粹是现代形式的生产力投资，它们通常与过时的工业时代本身联系在一起。不仅是它们的利润率远低于高技术所包含的利润率，而且新的国际转让速度更易于流动资本逃离老式工厂那潭静止不动的死水并在瞬间转向更奇特的安排配置。但不发达国家（甚至那些发达或先进国家中不得已处于不发达状态的部分），它们的"发展"或"现代化"却需要那些古老形式的现代生产力赋予其一种不同的基础结构，该结构能够实现某种形式的工业自治。国际资本不再为它们，或为任何古典意义上的现代化而停止流动。局面因此十分不利，也可以说充满矛盾：对于大部分第三世界和前第二世界的国家而言，时钟一如既往地要求实现现代化，甚至比以往更加不容置疑，更加迫切；而对于资本来说，要迅速地从低工资环境转移到下一个环境，最终只有网络技术和后现代投资机会才最具有吸引力。但是在新的国际体系中，很少有国家能将它们自己封闭起来，按照自己的时间从容不迫地实现现代化：大部分国家已经引进了国际债务和消费线路，他们再不可能从中脱身。因为社会以及经济的原因，对于这类发展中国家而言，新网络技术没有任何直接用途：它不创造任何新工作或社会财富；它甚至不提供最低限度的进口替代品，更不可能成为一个民族正常必需品的来源。如库尔茨所言："无情的利润法则本身迟早一定会重新冒出来——它是一个法则，说明只有生产才具有与今天的国际生产力水平相一致的市场价值。"[1]

因此，现代性终结的一个更加基本的含义是：发现现代化对任何人都不再是可能的。它是后现代性唯一可能具有的意义，如

---

[1]　Robert Kurz, *Der Kollaps der Modernisierung*, Leipzig: Reclam, 1994, 196.

果认为它仅仅是时尚和主导思想及价值观上的变化，这种想法简单地将它平庸化了。但是，正是后现代性这股干旱的风在不知不觉中俘获了苏联，当时他们顺从地、在不明就里的情况下放弃了"一个国家的社会主义"。

这些故事一直都可以换种方式来讲：实际上，这样做渐渐成为一种必需，因为只有形形色色可能的叙事才能代表"不在场的原因"，这个原因是所有这些叙事的基础，却永远表达不出来。（尼采的相对主义和虚构性于是被最有效地用作一种三角剖分模型或被看作是对各种视差的利用，而不是要偷懒从"线性历史"或"过时的"因果关系概念那里逃开，这些概念本身仅仅是叙事形式而已。）

所以，在这里可以简单地描述一下某种替换性叙事，它强调消费主义主要是在文化上失败了：因为它偏好消费，它对所有西方产品抱有幻想，但首先是对后现代时期的特殊商品（在最一般的意义上，指信息技术）抱有幻想——这些致命的弱点将消费主义推向西方世界体系的大市场，它们在根本上是文化虚弱的标志，是即将出现的专属社会主义的集体文化失败的症状；或它们至少强化了一种日常生活模式和一种主体性实践，这二者在这些问题上都与西方的时尚保持同步并成为一种切实可行的（和系统性的）替代物。伊斯兰教今天的声望在很大程度上是因为它与众不同地声称要提供一种替换西方"文化"的事物。但是，这个论点无疑不是开门见山，因为文化的这种用途广泛到迄今为止"只"包括经济了：不仅"娱乐"是一项基本的美国产业，而且购物和消费也是基本的美国文化活动（与宗教一起）。所以，这只鸡实际上就是它的蛋：东欧的"文化狂热"是他们投入西方市场怀抱的原因，抑或仅仅是他们在这个过程中的症状，这些都无关紧要。

最后，我们会认为苏联的消失是一件好事吗？有些激进分子貌似有理地相信，共产主义的消失将会使左派政治在美国更加切实可行，但是要清除掉它身上外来的和进口的痕迹，清除掉"独裁"的痕迹。对于民族解放而言，这类运动仍然存在于一个外部世界，同时，它们肯定非常痛惜不再有苏联曾慷慨给予的物质帮助和支持（说句公道话）。

考虑到世界的其他地区，不用说我们自己的自我知识和道德幸福，单是美国佬的虚伪和自以为是地要在这个领域中保留下来这一点就似乎不是特别值得向往。我们从来不明白真正的文化差异，如同我们不明白我们这种资本主义和选举系统会成为文化（而不仅仅是所有历史最明显的目标和终结）。从前，无论是因为其自身的什么原因，苏联的存在本身就对这些趋势构成了阻碍，并且常常使得这种或那种集体能申明自己的民族身份和独立，使集体开始向着初级社会革命前进，今天，全球的每一个国家都迫切需要这种革命。伊拉克战争将证明，没有了这些限制，我们会是一副怎样的嘴脸：欧洲和日本似乎也不可能承担这种道德制衡的角色，因为有一个实际的问题，即他们是否要建立自己的自主性文化，美国化是否没有吞噬掉传统的基本内容，这些传统曾经被看作是最重要的传统，尽管较之美国化对东欧所谓的社会主义传统的消解，它在这些国家采取了更微妙和更难以察觉的方式。

五

我们由此进入最后一个话题（我们实际上一直在讨论它），即晚期资本主义的性质或今天的世界体系的性质以及马克思主义在其中的位置。这个问题可能需要借助另一个问题进行扩充，一个更加初步的问题——即哪一个马克思主义？——因为几乎没有哪一个思想运动有如此多的分支。例如，理论马克思主义或高度知识化的马克思主义与实践的甚或庸俗的、大众的马克思主义之间的对立并不完全是所谓西方马克思主义和受到极大污蔑的苏联马克思主义之间的对立，甚至也不是黑格尔与马克思之间的对立，或历史唯物主义与辩证唯物主义之间的对立——但是，在所有这些讨厌的二元论之间确实有某种亲缘关系，它们的拥护者常常可以在激烈的冲突中看到这种关系。每一种超感知的（hyper-intellectual）马克思主义或哲学马克思主义中都包含有某种庸俗马克思主义，布莱希特曾经说：对大多数人来说，马克思—列宁主义是庸俗马克思主义的最纯粹形式，正是这种马克思—列宁主义的创始人曾经宣称："当然，所有的马克思主义者应该就是'黑格尔的辩证法在唯物主义那里的合作伙伴'！"

　　这种极端对立无疑表明，在马克思主义中，与他处一样，主体与客体之间，意识与世界不可调和的起点之间都存在无法解决的滑移。庸俗马克思主义显然处于两者当中不太好的一方：因为它关于生产模式以及向社会主义过渡的"宏大叙事"涉及两个垂直的层面，首先是叙事，特别是涉及社会主义。这不仅是针对政治实践的虚空，这种虚空的出现是因为各共产主义党派出现了危机，因为各社会主义党派放弃了自己的权益；也为**历史**前景划定了空地，这个历史**前景**或许同时让地区或国家实践明白，即自己首先为理论和分析提供了一个动机。当然，形形色色的摩尼教主义及其启示已经流进这片虚空当中；也不大可能从它们的素材中逐渐生成某种新的历史前景：说它在最一般的意义上必然是马克思式的也仅仅是承认了一个事实，即在当前所有相互竞争的意识形态中，只有马克思主义顽强地坚持着自己与**历史**之间存在构成性关系，也就是说，与未来的救赎前景存在着构成性关系——如果不是这样的话，作为一个政治工程，同时也是一个科学研究领域，它必然难以为继。

　　单看当代马克思主义经济学和历史编纂学异乎寻常的丰富

404

性，便可知马克思主义在哲学上，或如果你接受这个最坏的情况，在学术上从来没有这样繁荣兴旺过：不错，因为它们目前不愿意结束必胜主义的调子，同时又歌颂各种未来，所以在某种程度上，确实处于瘫痪状态。如果第一个工会与政治党派的实用马克思主义是一种基层马克思主义，有人可能不禁会将这个马克思主义等同于上层建筑，因为它被理解为，第一，这种基本对立源自"庸俗的"或大众的马克思主义，而非源自它更复杂的对立面，第二，在刚刚提到过的目前所有对资本主义所做的理论经济分析和历史编纂分析的核心部分，有时存在一个没有言明的前提，即上层建筑与基础的基本关系本身在晚期资本主义中已经深刻地而且是结构性地发生了改变。这就提出了上层建筑和基础之间一个更具悖论性的相互关系，这些关系早些时候已经被概念化，因此便需要更复杂的理论解决办法和模型；的确，对于马克思主义而言，它意味着一个全新的理论议程，对此，这里只能给出几个基本点。一方面，这些发展——晚期资本主义在结构上的修正——说明"理论马克思主义"从哲学向文化转变。在西方马克思主义中占据主导地位的哲学主题仍然是重要的主题；最重要的是，后马克思主义者或反马克思主义者始终正确地认为——无论是在实践中，还是在理论中——总体性的理论化都是马克思主义计划中一个不可或缺的特征，因为它必然将资本主义理解为一个系统，由此，它也必定坚持认为，当代现实存在着系统性的相互关系。在相互牵制的世界观中，大概只有生态学同样要求思想的总体化；我们在上文已经指出，它的议程——既是直接的，也是紧迫的——必然以社会主义的总体化为先决条件。

但是，甚至是从社会和文化角度对总体化进行的庸俗谴责——说它意味着"极权主义"，或者知识比人更重要，或者压制所有差异的单一政党，或意味着男性普遍主义优于其他各种地方主义，或者阶级政治优于性别和种族，等等——也说明，概念性思想逐渐式微，它受到各种条件反射式信念（doxa）的压制，它们从其根源上讲主要属于文化范围。同时，先前一些其他大的论战空间——结构性因果关系、意识形态、否定因素逐渐衰弱、与精神分析的关系，等等——今天作为必要的文化问题可以得到更好的领会。马克思主义在传统上为这些问题留出了空间，但事后看来，可以将它看作是一个相对而言受到限制的专门空间，或许最好一开始就可以将它与物化理论，或者与对商品化和商品拜物教的分析等同起来。因此，需要在结论处提出，这个迄今为止小小的成见将会在不久的将来，在晚期资本主义的力场中，成为理论马克思主义的最主要焦点。

　　商品理论与实践政治的关系或许值得考虑，尤其值得考虑的是马克思主义在对晚期资本主义进行分析方面具有超越其自由主义和保守派对手的优势。因为在考察晚期资本主义的起源时，在分析似乎最有争议的政治和社会问题时，对商品化的批判无疑都是中心问题。那么逐渐清楚的是，对晚期资本主义中的消费最具政治性的批判——它神不知鬼不觉地演变成为一种对整个美国社会的批判——命中注定会倾向于调动一种伦理修辞或道德修辞，同时判断出哪些对这类立场而言是不可分割的。但无疑，这种修辞完全不适合现在已经形成的这个社会，在这一社会中，宗教已经平凡化，成为一种种族标志或者某些小的亚群体的一种嗜好，道德主义至多是某一代人一次无害的痉挛，最坏就是一个关于**怨愤**和历史痛苦的问题；至于大预言，如果这类事物依然可信的话，今天，它只能采取疯狂的演说和精神发泄等形式。（的确，伦理学作为哲学的亚学科重新回归，随后被政治哲学殖民化，这是后现代性的意识形态气候最落后的特征与症状之一。）

　　因此，出于实践—政治以及哲学的原因，从一开始就排除对于消费的道德化立场似乎是恰当的。这种伦理动员近年来在美国取得了很大的成功，它们表现为恐外或种族主义，而且与其他反应一直形影不离，这些反应仅仅非常明显地暴露出大多数白人更深刻的恐惧和焦虑。只有在那些历史上处于对立面的亚群体当中，例如黑人社区，正当的道德愤慨才能传播出政治含义，即对普遍公正的吁求（因为价值观只能以有生命集体的"社会对等"为基础）。那些世俗的或自由主义左派的伦理—政治的"宏大叙事"中保留下来的东西被缩小为"政治正确性"，大多数人对它进行戏仿。但是今天，宗教本身只有在它（按照它的词源学意义）能够表达和协调某个群体经验的时候才是有效的，在当前的环境中，它必然可能是狭隘的、排外的或宗派性的，而不是普遍的。

对于消费社会的道德化或宗教性批判还有第二个版本，它对于消费社会的哲学瑕疵和政治弱点的重复可能不是很明显：这就是因人而异地被称作心理学批判或文化主义批判的东西。关于"美国生活"问题的书籍和文章就这样源源不断地涌现出来，它们积极地提炼出这些批判的主题思想，同时却无法在思想上应付作为一个社会经济过程的消费主义或对作为一种意识形态实践的消费主义做出评价。德克海姆（Durkheim）的原则仍然从根本上明确表达了对这种思维的哲学性反对，即我们无论在何时遇到关于某个社会事实的心理学解释，我们可能都会相信它是错误的。较之心理或存在经验的个体数据，社会事实是一种更加不同的现实秩序（我们已经观察到，马克思主义在一个更大的规模上使这类差异更加多样化，在经济与政治的系统性差异中，在二者同社会与精神的系统性差异中，所有这些差别都受控于它们本身的半自主性法则并且以不同的速度在各不相同的平面上发展）。无论如何，利用个体和存在经验的范畴来理解社会现象——无论这类范畴是用于道德化还是哲学化——会犯一个基本的"范畴错误"，由此，集体被人格化并且在个体层面上被社会寓言化。

对照人格化阐述将马克思关于消费主义和商品拜物教的观点说成是一种"结构性"解释，这对于各种辩证解释的内涵而言是不公正的，但是，它至少能够突出消费在这里何以被当作一种客观的和非个人的过程，无论是作为道德的基础，还是作为点缀，这个过程在结构上对资本主义本身都是不可或缺的，不能简单地将其缩小，更不用说忽略了。这种解释事实上会将法国和德国的传统重新统一起来，并且将法兰克福学派关于物化和商品拜物教的研究纳入后阿尔都塞的视角当中，阿尔都塞视角不再试图将这些表面上的存在性材料和经验性材料相提并论，但是，这些材料与各种学科和制度层面一样是真实的对象，是客观的和历史的，阿尔都塞在这些层面上倾向于对它们采取反对的态度。

今天，将商品拜物教在晚期资本主义系统中所扮演的功能性角色作为开端有一个优势，不仅是因为它以这种方式使我们能够将对后现代性的这种描述与其他描述区分开来，主要是将文化主义版本和道德化版本区分开来，还因为一种历史创造性，它将这种创造性归功于这个社会。对这一分析，当然有一个伦理维度，但是，它一般表现为《宣言》中召唤资本主义这种复杂和辩证的形式，《宣言》赞颂资本主义同时具有毁坏性和进步性特征，也强调它同时具有解放能力和导致全面暴力的能力。只有辩证的观点可以公平看待这种基本的模糊性或含混性，它绝非仅仅是不确定性，可以认为在今天，它在关于后现代主义和后现代性的各种立场上对其自身做出了概括总结，无论是对后现代新的社会多元论表示欢迎，还是对任何单一形式的非政治单维性表示遗憾，这个总结似乎都过于简单了。因此，资本最基本的含混性很显然没有因为它进入第三或后现代阶段而有所改变；而且在我看来，只有马克思的辩证法能够在不过分简化意识形态的情况下对这个系统做出充分的思考。

避免伦理二元仍然是一个艰巨的任务，伦理二元是所有意识形态的根本形式：要找到一个立场，它既不会对清教主义，以及对某些古老的马克思主义和激进主义（而且不仅是它们）的道德化指摘进行概括总结，也不会屈服于某种市场修辞浅薄的欣喜愉悦，这种愉悦因为对高技术的热情而愈加突出；简言之，试图思考对晚期资本主义的某种超越并不意味着向社会发展的较早时期和较简单时期倒退，而是假定有一个潜在于当前的未来，马克思对他那个时期资本主义的思考就是如此。

全球化和信息技术的确是资本主义这个新的"后现代"阶段最重要的创新，马克思主义希望将自己的思想和政治责任附加在这些发展上。只有从世界系统的视角，加上它最基本的文化视角，才能理解物化理论与经济学家的危机理论是一致的，才能理解新的、永久的结构性失业是总体性一个不可分割的部分，金融投机和大众文化的后现代性同样是总体性必要的组成因素。只有从这个视角，才能发展出国际政治实践的新形式，这种政治实践保证能应对新的世界体系中民族自治的丧失，能找到各种方法从民族劳动运动的弱化以及资本转移的迅疾性当中汲取力量。在这里，也不能忽视激进知识分子的跨国组织，因为它可能能够解释新的交流系统如何被左派积极地应用，与被商业权力结构应用完全一样。

所有这一切都意味着这个时代需要一种含混的或模糊的政治（假设"辩证的"一词仍然没有流行）；对某个伟大的集体计划的强调，这个计划的焦点一定是结构上的不可能性，对某种全球化的承诺，对于这个全球化而言，独裁的丧失是一场灾难，经济成为某个文化焦点的必然性和经济研究对于掌握晚期资本主义最重要的文化性质的必要性，世界信息技术在大众饥荒和工业生产永久缩小的前夕造成世界市场的大众民主化——这些仅仅是"晚期"或后现代马克思主义必须面对并作为其归宿来接受的悖论性矛盾和矛盾性悖论。

只有那些人会对此感到惊讶，他们认为马克思主义已经"死了"，或想象它只是苟延残喘地"勉强维持"，仿佛丧失了使它一度蓬勃兴旺的语境和生态系统，不管那种兴旺是多么微不足道。但是，如果你在迎接资本主义最终胜利的同时又庆祝马克思主义的死亡，这似乎非常荒谬。因为马克思主义正是关于资本主义的科学；它的认识论使命便在于它在描述资本主义的历史创造性方面具有无人可比的能力；它最根本的结构性矛盾使它具有政治职能和预言职能，这些都很难同分析职能区分开来。这就是无论经历了其他怎样的兴衰变迁，后现代资本主义必然呼唤某种后现代马克思主义的出现来与它本身形成鲜明的对照的原因所在。①

---

① 我已经对这篇文章的立场观点以 "Five Theses on Actually Existing Marxism" 的形式做了概括，见 *Monthly Review*, Vol. 47, Num. 11, 1996, 1 – 10。

第十六章

作为复制品的乌托邦

　　我们通常认为乌托邦是一个地方，或者如果你喜欢，是一个看起来像一个地方的非地方（non-place）。一个地方如何能是一种方法？这是我放在你面前的一个难题，或许它的答案很容易。如果想一想历史上那些新的空间形式——例如，历史上新的城市形式——它们或许能为城市规划专家提供一些新的模式并在那个意义上构成一种方法。例如，洛杉矶最早的快车道便体现了高架高速公路的新系统，它叠加于老的地面街道系统之上：那种新的结构差异本身也许被看作是一个哲学概念，一个新的哲学概念，由此，你或许会重新思考这种或那种古老的城市中心，或最好重新思考这种或那种尚不发达的阳光地带区域。洛杉矶概念曾经是现代的；它是否是乌托邦则完全是另外一个问题，尽管在若干年里，对于诸多不同的人而言，洛杉矶也是一个乌托邦。下面是布莱希特的好莱坞：

　　　好莱坞村庄的规划遵循这个
　　　　概念
　　　人们在这里便拥有天堂，在这里
　　　他们得出结论，上帝
　　　要求有一个天堂和一个地狱，他不需要

把两个都造出来，相反地

只造一个：天堂。

对那些不富有、不成功的人，它

就是地狱。①

真正的辩证法；真正的对立统一！在这个独特的乌托邦里，否定和肯定有可能解开吗？其他乌托邦中的情形也是一样，这个 410 乌托邦或许从一开始就从未存在过。这将是我们在此处讨论的问题；但是，我们需要完成更多的准备工作，之后才能看到它。

——

因为对某种新型城市的假设以这样一种信念为基础，我们也许不会再依靠它，即，进步是可能的，城市，举个例子，是可以改进的，这种新型城市为建设和重新组建未来其他的新城市提供了一个样板。乌托邦于是等同于资产阶级有关进步的思想，后者现在看来是传统的并受到很多批评，乌托邦因此也间接地等同于目的论，等同于宏大叙事和主人计划，等同于未来更美好的思想，这个未来不仅依靠我们自己的意志，并且以某种方式铭刻在事物的基本性质之中，它正等待被释放出来，它蛰伏在一种更深刻的存在可能性和潜力当中，它最终会从它们当中凸显出来，但也要看运气。但是，还有人相信进步吗？即使仅限于我们拿来作例子的这个空间王国，建筑师和城市规划专家仍然会满腔热情地致力于建设乌托邦城市吗？乌托邦城市确实是现代主义的一项重要内容：从勒·柯布西耶（Le Corbusier）到贡斯当（Constant），

① Bertolt Brecht, *Poems 1913 – 1956*, trans. John Willett and Ralph Manheim, London: Eyre Methuen, 1976, 380.

从洛克菲勒中心到宏大的纳粹或苏联计划，有人想到了这中间的每一个人。① 在一个较低的层面上，有人想到了城市的复兴和罗伯特·摩西（Robert Moses）。② 但是，现代主义结束了，而且我的印象是无论东西南北，后现代城市并不鼓励进步甚至改善之类的想法，更不用说古老的乌托邦愿景了；对此，有一个很好的理由，即后现代城市似乎处在永久的危机当中，它被看作一个灾难而非一次机遇。至于空间，富人正比以往更加急迫地退回到他们有大门的社区内，退回到他们经过加固的封闭空间里；中产阶级则不知疲倦地忙着占据大自然最后的余地，在数英亩的地面上建起千篇一律的住宅；而穷人呢，他们从原先的乡村涌出，人口爆炸使得临时性的城市边缘地区膨胀，这种人口爆炸无法压制，以至于几年之后，全球十个最大的城市中不会再包括第一次世界大战时为人所熟悉的大都市。过去一些重要的反乌托邦分子（dys-topias）——我想到约翰·布鲁诺（John Brunner）自 20 世纪 70 年代早期以来的小说③——最关心当时所谓的人口过剩这个噩梦；但那是一个现代主义的噩梦，而我们今天面对的或许还不是反乌托邦，而是某种确定性，它以一种非常不同的方式与恰当地说属于后现代的含混性相伴而生；无论如何，它显然排除了进步或解决办法出现的可能性。

411

　　事实上，只要想一下今天与人类的继续生存有关的四个威胁就足够了——生态灾难、世界范围内的贫困和饥饿、全球范围内的结构性失业，以及似乎无法控制的各类军火交易，包括智能炸弹和无人驾驶飞机（在军火当中，同时还有药品，良莠掺杂，

---

① 标准论述，见 Sigfried Giedion, *Space, Time and Architecture: The Growth of a New Tradition*, Cambridge, MA: Harvard University Press, 1967。

② Robert Caro 的摩西传记，*The Power Broker*, New York: Knopf, 1974, 是不可或缺的资源。

③ *Stand on Zanzibar*（1968），*The Jagged Orbit*（1969），*The Sheep Look Up*（1972），*The Sgockwave Rider*（1975）.

进步表面上的确仍然存在!）——只要想到这四个趋势（先不考虑流行病、警察国家、种族战争，以及毒品），就足以使我们意识到，在每一个这样的领域当中，在世界上的任何地方都不存在真正的制衡力，当然在美国也没有，它本身就是大多数这种事物的源头。

在这样的情况下，乌托邦愿景的最后一根救命稻草，乌托邦对变形了的未来的最后一次预测却并不合常理，我指的是所谓的自由市场原教旨主义，因为它抓住全球化的时机预言，所有船只都将扬起风帆，世界范围内随心所欲的全球市场具有创造奇迹的神奇力量。但是，这是个乌托邦，它利用亚当·斯密那只无形的手的无意识操作，将所有的宝都押在它的"非意向性"这服万能灵药上，与乌托邦的"理念村"（intentional community）的超意识形成了鲜明对照，全球各地大量的人们对这服灵药已经迫不及待了。这种日渐萎靡的乌托邦努力并没有因为转换模式而重获力量，从经济学模式转到政治学模式，将市场自由重新命名为民主自由。到了那个地步，作为一个政治口号，乌托邦的旗帜便已经交到了批评家和自由市场全球化的敌人手中，它已经成为形形色色新政治力量重振士气的齐声呼喊或"空洞的能指"①，他们在设想如何使另一个世界成为可能。

然而，一个空洞的能指似乎离这些乌托邦愿景非常遥远，从莫尔和柏拉图开始，我们就非常熟悉这些愿景，也许现在是一个合适的机会，可以说说我刚刚出版的关于乌托邦的书，这篇文章也是对它的一个重新思考，即使不是一个补充。这本书，即《未来考古学》②，令读者感到困惑的是，如果没有令他们感到生气的话，它不光反复强调乌托邦形式而非内容，表面上看，这在

---

① 见 Ernesto Laclau and Chantal Mouffe, *Hegemony and Socialist Strategy: Towards a Radical Democraric Politics*, London: Verso, 1985。

② London: Verso, 2005.

412 文学批评中很常见，无论多么令人感到可悲，而且它的另一个主
题更容易突然间吸引住漫不经心的读者，即它反复强调，在乌托
邦中，重要的不是能够被积极地想象和提出的东西，而是想象不
到和无法想见的东西。我认为，乌托邦不是一种再现，而是一次
目标明确的操作，为的是揭示我们自己想象未来时的局限性，我
们在想象我们这个社会和世界中的变化时无法超越那些限制
（除非朝着反乌托邦和灾难的方向想象）。那么，这是想象的失
败吗？或者更确切地说，它仅仅是一种关于变化之可能性的基本
怀疑主义，无论我们为变化设计了多么诱人的前景。难道我们在
这里没有论及所谓的犬儒理性，相反却在讨论我们自己对未来已
经没有感觉，或乌托邦的冲动日渐萎靡？因为犬儒理性概念早已
不是彼德·史路特戴（Peter Sloterdijk）若干年前第一次命名的
那个概念了①，现在可以将它描述为对政治冷漠的逆转。它了解
我们这个社会的一切，一切与晚期资本主义不合拍的事物，这个
系统所有的结构性毒副反应，但它拒绝愤怒，表现出一种软弱无
力的理智，这种理智或许甚至也不是坏信仰。它不会受到震撼或
诽谤，如有权势者在市场系统早期能做到的那样；它对这个系统
的去蔽，它在青天白日下的分析和功能论证，在最引人注目的临
界反应或动机中也不再有效。我们也可以从意识形态的角度来说
明这一切：如果这个词已经难以为继，那或许是因为在某种意义
上，再也没有任何伪意识，再也不需要在理想主义或利他主义合
理化原则的层面上对这个系统的运行及其各种程序进行伪装；所
以，似乎也没必要用原始的批判和揭露姿态来揭开那些合理化原
则的面纱。

因此，乌托邦的日渐萎靡是所有这些发展之间的一个危机：

---

① Peter Sloterdijk, *Critique of Cynical Reason*, Minneapolis: University of Minnesota Press, 1987.

是历史性或未来感的弱化；是相信不再可能有任何根本的变化，无论这种变化多么令人向往；犬儒理性就是这样的。我们可能对此做一点补充，自最后一次世界大战以来，过剩的金钱积聚起来，它的巨大权力使这种系统在任何地方都很适合，同时加强了它的制度和武装力量。或许我们也应该举出一个不同的因素，一种心理条件作用——即那种无处不在的消费主义，它本身依然在趋向终结，就如同它在改造先进国家的日常生活，它也意味着包含多种欲望的乌托邦主义和消费在这里已经存在，不需要任何进一步的补充。

413

关于我们在想象乌托邦的能力方面所受的限制，已经说得够多了，而对于它告诉我们的现在，也说得够多了，在这个现在，我们不能再展望那个未来。但要说表象乌托邦（representational Utopias）今天在任何地方都消失了，这很显然是错误的；对我这本书的另一个很有意义的批评提出，作为一个乌托邦主义者，我没有尽到我的职责，因为我压根儿没有提及那些残留下来的乌托邦愿景，它们大多最关注反共产主义或后共产主义的信念，认为小的就是美好的，甚或认为成长是不受欢迎的，社区的自组织属性是乌托邦生活的基本条件，即便是大规模的工业，也要把自我管理和合作放在首位；换言之，乌托邦主义的本质与其说是复杂精妙的经济模式（例如废除货币），不如说是集体性，是社会联系超越了个体冲动和竞争冲动而占据首要地位。

20世纪60年代（和20世纪70年代）的乌托邦趋向于从种族和性别的角度表现这类愿景：因此有了玛吉·皮尔斯（Marge Piercy）的《时间边缘的女人》（*Woman on the Edge of Time*）（1976）中男性用自己的乳房喂奶这个令人难忘的形象，也有了第一批美国人的理想村落（出现在勒奎恩［Le Guin］的作品中）。后来，在一个不同的历史时刻，在法国，1981年，在社会主义者赢得选举胜利的时刻，我们有了雅克·阿塔利（Jacque

Attali）的免费集体工具店形象，在这个工具店里，附近的任何人都能够找到各种材料对空间进行修缮、重建，以及改造；这个形象与阶段性的节日一道，如在卢梭的著作中一样，重申了集体计划本身。① 同时，在我们自己的时代，由于无政府主义的复苏，各种形式的工人自我管理恢复了这些问题中的阶级意识，如娜奥米·克莱恩（Naomi Klein）那部令人钦佩的影片《工人当家》（*The Take*），影片表现了在阿根廷，被破产的工厂主抛弃的工人控制了工厂。从马克思关于公社的讲演一直到南斯拉夫的"工厂自治"（autogestion）计划和《为自由而战》（*Coup pour coup*）（马丁·卡米兹［Marin Karmitz］）一类影片中的六八党人（soixante-huitard），对工厂本身进行结构性改造这种断断续续的向往一直使政治行动充满活力和生机；很明显，这些向往在美国的昨天及今天都没有消亡。

对这些飞地乌托邦提出实际的政治性反对是不合适的，这类乌托邦总是受到来自私人行业霸权以及这些私人行业周围的垄断的威胁，同时还要受分配的摆布，更不用说占据统治地位的法律系统了。我愿意说一下革命田园诗这个体裁：实际上，在他的《田园诗的几种形式》（*Some Versions of Pastoral*）（1960）中，威廉·燕卜荪（William Empson）取得了很大的成就，他将社会主义现实主义吸收进这种形式当中，这种诗歌与它的牧羊人和牧羊女以及乡村的宁静和圆满一道似乎在资产阶级时代的所有文学中绝迹了。威廉·莫里斯（William Morris）为他那个伟大的乌托邦加了一个极好的副标题，"休憩时代"：在某种审美层面上，这的确就是田园诗或牧歌作为一种体裁的责任：从真实社会生活的狂乱焦虑中解脱出来，把目光投向一个静谧的地方，在那里，

414

---

① Jacques Attali, *Les trois mondes: pour une théorie de l'après-crise*, Paris: Fayard, 1983.

人性得到美化，我们今天所了解的社会关系被改造成为布莱希特的"友善"，他的这一思想产生过巨大的影响。在这个方面，我一直称之为表象乌托邦的东西在今天的确采取了田园诗或牧歌的形式；而且毫无疑问，在这样一个时代里，精神和无意识已经被令人欲罢不能的狂乱和骚动，被强制性和挫折彻底殖民化，我们确实需要重新揭示这些古代体裁的意义以及它们的价值与用途。

　　所以，我确实看到了一个适合表象乌托邦的地方，甚至还看到一个适合它的政治功能：我试图在《考古学》中论证，这些看起来平和的形象本身就是与平常状态的决裂，是动摇了我们典型的未来观的豁口，这个未来与我们的现在一模一样，它们也是干预，在习惯上和意识形态认同上中断了这个系统的再生产，导致了裂隙的出现，不管这个裂隙多么细微，一开始与头发丝没有两样，由此，有可能同时出现未来的另一幅画面和另一个暂时性体系。

　　但是，我今天也想设计一种不同的方式来引出那个未来，从而提出一种不同的乌托邦功能；在某种意义上，它的前提条件是我在《考古学》一书的开头部分提出的关于乌托邦计划与乌托邦冲动之间，乌托邦计划者与乌托邦解释者之间，或者如果你喜欢，莫尔与傅立叶或恩斯特·布洛赫（Ernst Bloch）之间的显著差异。乌托邦计划的目标是实现某个乌托邦，它可以如你希望的一样或朴实无华，或雄心勃勃：它的涉及范围从整个的社会革命，国家甚或世界规模的社会革命，一直到某个单独的建筑或花园之类独一无二的乌托邦空间：但是，除了对现实本身进行乌托邦改造之外，它们还有一个共同点，即所有的乌托邦都会以某种方式对付封闭结构或飞地结构。因此，无论是什么样的规模，这些乌托邦空间都是总体；它们象征着一个被改变了的世界；它们必须假设在乌托邦和非乌托邦之间有一些限制和界限；而且自然地，任何对乌托邦的严肃批判都会从此类限制和飞地结构开始。

但是，阐释乌托邦冲动必然涉及对碎片的处理：它不是象征性的，而是寓言性的：它不是对应于某个计划或乌托邦实践，它是在表达乌托邦欲望并以各种意想不到的、经过伪装的、隐蔽性的、歪曲性的方式将它投资出去。乌托邦冲动因此需要一种阐释学：用于在真实的景观中对乌托邦线索和踪迹进行辨认和了解之类的探察工作；是对现实中或大或小无意识的乌托邦投资的一种理论化和解释，这些投资本身事实上远不是乌托邦性质的。于是，这个前提条件在这里就是，最有毒的现象可能成为所有不为人知的梦想成真和乌托邦满足的储藏室和隐蔽所；的确，我常常使用不起眼的阿司匹林这个例子，它在不知不觉中承担了身体最奢侈的愿望，永生和美容塑身的愿望。

二

不过，这种乌托邦分析似乎突出了主体和主体性，而且冒险将乌托邦冲动本身变成了无足轻重的预测，这些预测没有任何历史分量，也没有蕴含可能对这个社会产生的任何实际后果。在我看来，在可能性之客观条件的限制之内，这种反对意见被夸大的程度相当于人类欲望本身等同于集体构想和社会形态的历史建构。尽管如此，在继续讨论之前，最好还是对客观条件的全貌有一个了解；而且最好对乌托邦社会改造的客观可能性模式做一个大致的描述，或许可以以此为参照来衡量对基于推断的乌托邦冲动所做的各种解释。

的确，我们也可能提出，马克思的历史变化观点是结合了这两种形式的乌托邦思考：因为它既可以被看作是一个实际的计划，也可以被看作是无意识力量投资的一个场所。马克思主义中唯意志论和宿命论之间的古老张力从这个孪生的或重叠的乌托邦视角找到了源头。马克思主义的政治学就是改造世界和用一个完全不同的生产模式替代资本主义生产模式的乌托邦构想或计划。但是，它也是一个历史动力学概念，这个概念假设，全新的世界在我们周围客观上已经出现，我们不一定立刻认识到这一点；所以，除了有意识的实践和产生变化的策略，我们还可以采取一种更易于接受和更具解释性的立场，在这个立场上，借助合适的工具和指示仪器，我们可能探察到各种事物不同状态的寓言性萌动，探察到时间的种子在不知不觉中成熟起来，这种成熟甚至古已有之，我们还可以探察到全新的生活形式和社会关系在阈下和皮下突然间涌现出来。

首先，马克思通过各种神秘本质中最平庸的一个来表达这第二个时间性模式，它对我们不再具有比喻的力量。"没有什么社会秩序曾经消失，"他在 1859 年告诫我们，"在所有的生产力得到发展之前，社会秩序中有这些生产力的空间"——目前一切尚好——而且这个观察在上个世纪八九十年代没有得到充分的反思。接着，他继续道："物质条件在旧社会的子宫中成熟之前，新的、更高的生产关系永远不会出现。"[1] 但这也仅仅是个隐喻而已；而且似乎也不一定就如布洛赫所说的那样，生孩子是乌托邦冲动动力学的最佳比喻，或者是乌托邦投资及乌托邦力比多等寓言的最佳比喻，它们是乌托邦主义隐匿不见的踪迹和标记，埋伏在我们的周围等待着，如兰波（Rimbaud）的花，在我们经过时便开始观察我们。 416

同时，我们需要补充的是，马克思和列宁都以巴黎公社为基础写了专门讨论乌托邦的著作。马克思关于公社的演讲（"法兰西内战"）的确类似于一个乌托邦民主的蓝图，它们超

---

① Karl Marx, Preface, *A Contribution to the Critique of Poliyical Economy*, in *Basic Writings on Politics and Philosophy*, ed. Lewis S. Feuer, New York: Doubleday, 1959, 44.

越了资产阶级议会主义的结构。列宁的《国家与革命》随后以这个直接民主的模型为基础进行了扩展，1917 年 8 月，它不再苟同那种谦卑的评述，即发动一场革命比写一本关于革命的书更有意思。但是，这两个文本讨论的都是政治乌托邦，而非经济乌托邦，而且很显然，后者在今天才是我们最大的概念性难题。

毫无疑问，马克思书中的无政府主义腔调不会被低估。早在《资本论》中，他便向我们发问，"对于某个变化而言，想象一个自由人联合会［Verein］，其工作方式是一般的生产方式，他们在完全自觉的情况下将他们很多不同形式的劳动力作为一个单独的社会劳动力来使用"①，尚不清楚的是，这是否不仅是某种经过扩展的集体性的"鲁滨逊蒙难记"或鲁滨逊·克鲁索幻想，事实上也不清楚我们是否仍然处在小商品生产阶段，如自耕农劳作或德国式生产模式。

关键性的论述会在后面出现，而且如马克思本人所言，将会"与黑格尔的辩证法眉来眼去"：

> 由资本主义生产方式而产生的资本主义占有方式，随后又产生了资本主义私有财产制。这是对于以个体劳动为基础［指我刚才提到的自耕农制度］的个体私有财产制的第一次否定。但资本主义生产又以一种自然法则的不可动摇性来产生自身的否定。这是一个否定的否定。这第二次的否定并不重建私有财产制，可是在资本主义时代已有成就的基础上，它确实建立了个体财产所有制，即：在共有作为劳动本身的成果的土地与生产资料的基础上实行合作与占有。（《资本

---

① Karl Marx, *Capital*, Vol. 1, trans. Ben Fowkes, London: Penguin, 1976, 171. 后面对该著作的参考均标注为 *Cap*。

论》，929）（参见梁方仲译文，http：//www. maoflag. net/
bbs/viewthread. php？tid＝513564——译者）

注意，生孩子在这些比喻中仍然挥之不去，它们想要描述
"生产方式的中心化和劳动的社会化"——换言之，法兰克福学
派在各种语境中意味深长地所称的 Vergesellschaftung（"社会
化"）（亦即意大利思想家今天所称的**一般智力**［General Intel-
lect］，沿用了《大纲》中的马克思的说法①）。尽管如此，不仅
怀孕的隐喻没有消失，而且孩子真的在这个段落中生了出来！在
不多的几行文字之后一段著名的结束语中，刚才提到的中心化和
社会化宣称"与它们的资本主义外壳不相容"（换言之，新的基
础结构与老的上层建筑不相容）："这个外壳爆裂了。资本主义
私有财产的丧钟敲响了。剥夺者被剥夺了。"这在很大程度上是
比喻的高潮，或者说几种不同的比喻在同一时间全都实现了
（尽管不是我们很快将会考虑的比喻）。在这个论述中，一般来
说，最关键的自然是垄断的增长；事实上，我固执地希望将这种
垄断等同于一种乌托邦现象。但在我这么做之前，我认为应该再
引用几句马克思关于某种方法的描述，列宁后来将其理论化为资
本主义的第二阶段（或"最高"阶段），因为在我看来，它格外
具有当代性，而且与我们身处的资本主义第三阶段，我们一般称
其为全球化，有着极强的关联性：

　　　　这种剥夺的实现依赖资本主义生产的内在法则所发挥的
　　作用，依赖资本的集中。一个资本家总是干掉许多资本家。

---

① Karl Marx, *Grundrisse*, trans. Martin Nicolaus, London：Penguin, 1973, 706；亦
见 Paolo Virno, "The Ambivalence of Disenchantment", in Paolo Virno and Michael Hardt,
eds. , *Radical Thought in Italy*：*A Potential Politics*, Minneapolis：University of Minnesota
Press, 1996, 20 – 24。

同这种集中过程，或者说同多数资本家为少数资本家所剥夺这一过程携手并进的，是其他更大规模的发展，例如劳动过程的协作形态有所发展，有意识地对科学进行技术性应用，有计划地垦殖土地，土地的垦殖在方法上的提高；劳动工具更多采取了那种只有联合力量才能使用的形式；通过共同的劳动方式实现生产方式的经济化，劳动社会化，各民族都陷入世界市场之网，所以资本主义制度的国际性质越来越突出。资本家大亨们的人数越来越少，因为他们窃取和独占了这一转化过程的一切利益，贫困、压迫、奴役、堕落、剥削的数量也越来越大。（《资本论》，929）

那么，用列宁的分析延长从资本主义向社会主义过渡这幅标准的马克思主义画卷便是适宜的，列宁的分析省略了生孩子的比喻，但更加慷慨激昂地强调未来社会如何在当前社会的"内部变得成熟起来"——不仅表现为劳动的社会化（合作化、统一化，等等），最重要的是表现为垄断。的确，我们此刻处在激进或社会主义思考的一个分水岭上：进步的资产阶级寻求通过将大公司重新分裂为小公司来处理垄断，旨在恢复一种更加健康的竞争；而且，无政府主义排斥集中，认为它是一个代表国家本身的比喻，无论它在哪里得势，都要不惜一切代价地将其摧毁——对于列宁而言，"国家的逐渐衰退"具体地说，相当于各种垄断取得了控制权，而对它们的管理是由生产者本人来决定的，垄断控制不仅一举废除了管理阶层，而且还废除了操纵其事务的政治国家和官僚体制。以下面关于金融资本的这个段落为例（有些在前面第一章中已经引用过了，但今天仍然与我们有很大的关系）：

资本主义创造了银行、辛迪加、邮政服务、消费者协会、办公室职员联合会等形式的会计业务**机构。没有银行，**

社会主义是不可能的……大银行是"国家机构"，我们**需要**它来产生社会主义，而且它是我们从资本主义那里**现成拿到的**；在这里，我们的任务就是**砍掉毁坏了**这个完美机构的东西，让它变得**更庞大**，甚至更民主，甚至更全面。数量要被改造成质量……我们可以"抓住"这个"国家机构"（它在资本主义中不是一个完全意义上的国家机构，但是在社会主义中，在我们这里将会是这样的）并且用一道命令让它一举活动起来。①

我在这里详细地引用了这些非常具有代表性的文字，因为它们对规模和垄断的维护在今天是令人震惊的，无论是右派或者左派，还是自由市场的推崇者以及那些相信"小就是好"和自组织（solf-organization）乃经济民主之关键的人，他们都会有同感。我常常和他们的感觉一样，但不是特意要在这里采取某种立场；但是，我会注意到，在两种情况下——一种是以商业竞争之名进行的管制和对各种垄断的分裂，另一种是重新回到各种小商业和集体状态——我们都必须应付历史的倒退和试图回到不再存在的过去的企图。但对我们而言，除非是从反乌托邦的角度，要思考一个包括规模、数量、人口过剩在内的迫在眉睫的未来很显然是十分困难的。的确，从肯定的角度思考数量所遇到的困难一定要添加到摆在我们面前的障碍名单上，在我们这个时代，乌托邦思想面临的就是这些障碍。

419

三

正是在这一点上，我希望提出一个乌托邦分析模式，也许可

① 　V. I. Lenin，引自 Neil Harding, *Leninism*, Durham, NC：Duke University Press，1996，145 – 146。

以将它看作是主观和客观这两种方法的综合体。我想就这种诠释
方法举两个例子，我不是要将它等同于乌托邦方法，但至少在其
他方法中，它也是一个可能的方法：这两个例子分别是历史和理
论方面的。我所举的理论方面的例子出自一个现在正处于萌芽状
态的领域，即为"多元"政治发布的宣言；我所举的历史例子
却要为乌托邦的寓言功能提出一个新的制度性候选者，即所谓的
沃尔玛现象。我相信这个提议甚至要比列宁对垄断的赞赏更令人
厌恶，之所以如此是因为从情报研究，我们得知，大量在沃尔玛
商店购物的人本身便对这种联合持尖锐的批评甚至否定态度
（那些批评家也在那里购物。）① 我想大家都知道这些批评意见：
一个新开的沃尔玛会迅速让本地商业处于下风，而且就业机会也
减少了；沃尔玛本身的工作只能挣到糊口的钱，它不提供任何补
助或健康保险；公司是反工会的（除了在中国）；它雇佣非法移
民而且日益增加临时工作；它破坏了国外的整个生态，也毁了美
国所有的社区；它禁止其员工夜间外出，等等，等等。这幅画面
令人大倒胃口，未来的前景—— 沃尔玛已经是最大的公司了，
不仅在美国是最大的公司，在全世界也是最大的公司！ ——肯定
是令人恐惧的，尤其是如果你对阴谋理论感兴趣，它甚至是极端
反乌托邦的。与西奥多·罗斯福时代的托拉斯和垄断不同，它真
正体现了马克思—列宁主义对晚期资本主义的集中化和垄断趋势
所做的预言；但是，如它的评论者所观察到的，这种实体的出
现——像某种新病毒，或新物种一样——不仅是出人意料的，而
且在理论上是独一无二的，它对当前经济、政治、社会思考的各
个范畴都有排斥性：

---

① Charles Fishman, *The Wal-Mart Effect*, New York：Penguin, 2006, 220. 后面对
该书的参考均标注为 *WME*。

> 沃尔玛是一种全新的事物……被精心伪装成某种平常的事物，很熟悉，甚至很乏味……是的，沃尔玛遵守游戏规则，但沃尔玛效应最重要的部分或许是这些规则是过时的……此时此刻，我们的社会无法理解沃尔玛，因为要对付它，我们还没有做好准备。（*WME*，221－222）

420

但是，对此，我们必须做一点补充，就是要提醒人们，有一种思想可以流畅地处理这种奇怪的新现象，它同时可以解释何以传统思想做不到这一点：这种思想叫作辩证法。看看下面这个分析：

> 这个系列两端的统治——牵扯到大量商品的统治和地理消费市场的统治——意味着市场资本主义正在被巨蟒缓慢地、无情地扼死。（*WME*，234）

如果这听起来像是单纯的新闻修辞，我们也对一个无名的CEO进行了观察，关于沃尔玛，他断然说道——"他们已经扼杀了美国的自由市场资本主义"（*WME*，233）。但是，如果这种特殊矛盾不是马克思所谓的否定之否定，它又是什么呢？那么，沃尔玛就不是一种反常现象或例外，而是吞噬了其自身的资本主义动力最纯粹的表达，这种力量通过市场本身废除了市场。

沃尔玛表现出来的新现实具有辩证特点，它也是含混性的源头，这种含混性对此类商业运作而言非常普遍，它有能力降低通货膨胀，控制甚至压低价格，从而使最贫穷的美国人也能承受生活的负担，但这种能力也是他们贫困的根源，还是消解美国的工业生产率、破坏美国小城镇的罪魁祸首。但在历史上，资本主义本身作为一个系统，这正是它的独特动力和辩证动力，正如马克思和恩格斯在《宣言》中所描述的，有人认为，这些描述对新生产模式的赞赏是神志不清的呓语，其他人则认为，是对它做出了最终的道德判断。但是，辩证法在那个意义上并非道德：而马克思和恩格斯则相信"越来越巨大的生产力超过了以往所有时代加起来的生产力的总和"，与此同时，也释放出最具毁灭力量的否定性（"所有的固体都融化在空气里"）。辩证法是一道指令，要在一个独立的思想整体内同时思考否定与肯定，在这个整体内，道德化有一种奢望，想要消灭这种罪恶，同时又不用专门想象出其他取代它的事物。

所以，沃尔玛被赞颂为民主和效率的极限：它是流线型组织，它无情地剥去所有不必要的褶边和浪费，将它的组织机构规范成为一个令人景仰的阶级，像普鲁士国或 19 世纪晚期法国的"教师"（*instituteurs*）运动一样，甚或是像流线型苏联体系的梦想一样令人景仰。如 20 世纪 60 年代的理论家（还有马克思本人）所预言的，新的欲望得到鼓励并得到丰富的满足，而分配问题在所有类型的新技术创新中都处理得很成功。

421

我列举了后者中的几个：一方面（信息方面）是电脑条码（UPC）或者所谓的条形码的发展，细谷（Hosoya）和舍弗勒（Schaeffer）所谓的位结构（bit structure）中的一种，而且他们在一般意义上将其定义为"城市中一个新的基础结构，在表面的无序性中提供了前所未有的合成化与组织化。位结构将城市进行重组并听任它处于去稳定状态（destabilization）"①。20 世纪 70 年代早期，通过引进"全新一代的电子收银机"，条形码同时"彻底改变了零售商与批发商或生产商之间的权力平衡"，这种

---

① Chuihua Judy Chung, Jeffrey Inaba, Rem Koolhaas, and Tsung Leong, eds. , *The Harvard Design School Guide to Shopping*, Köln：Taschen, 2001, 157. 该书是 Koolhaas 具有纪念碑意义的著作 *Project on the City* 的第 2 卷。亦见关于技术革新的"The Physical Internet", *The Economist*, 17, 2006 年 6 月；以及 Thomas Friedman, *The World Is Flat：A Brief History of the Twenty-first Century*, New York：Farrar, Straus and Giroux, 2005，尤见 128 – 141。

收银机能够处理大量记录在条码中的信息，从库存到顾客优惠：根据资本主义最古老的逻辑，技术革新先行一步，它"是对不景气时期的一种弥补，这一时期，相互竞争的生产者被迫联合起来"。① 在商品世界中，条形码的乌托邦特征使它相当于因特网在人类主体之间的作用；而从生产统治到销售统治的逆转在某种程度上与社会领域中民主意识形态的出现是平行的。

但是，在物质客体一方，出现了另一个相关发展，与条形码的发展一样重要，又与它十分不同，这就是集装箱化的发明和出现，它是一场运输革命，我们在此不能进一步探究它的多种影响。② 这种空间革新可能类似于对社会王国中的人口学和人口过剩做出的反应，而且也将我们引入一种质和量的辩证法。的确，所谓供应链上的这两个终端都要求哲学性的概念化，它们也是生产与销售之间的中介，而且事实上取消了销售与消费之间的对立。

同时，资本主义与市场的无政府状态也得到了克服，而且向日益绝望和贫困化的大众提供了生活必需品，他们受到政府和大商业的剥削，几乎不可能再对他们实行任何政治控制了。任何不喜欢沃尔玛这种历史创造性及其力量和成就的人真的没有权利说 422 这种话；同时——而且我这样说也是在支持左派——这种成就也需要一种美学赏析，布莱希特就是这样来赏析他最喜欢的一本书，古斯塔夫斯·迈尔斯（Gustavus Myers）的《美国豪门巨富史》（*History of the Great Fortunes*），或者，我们今天也许愿意承认，这本书也是俄国寡头政治首脑这些罪魁祸首的诡计和战略。但是这类赏识和积极性评价一定伴随着绝对的谴责，这样便实现了我们带给这种历史现象的辩证含混性。沃尔玛对它自身的含混性也不是全然没有察觉：在因为担心新闻记者泄露有损害性

---

① Chung, et al., *The Harvard Design School Guide to Shopping*, 158.

② 但是，见 Marc Levison, *The Box*, Princeton：Princeton University Press, 2006。

的事实而完全避开他们之后，它的宣传人员现在期待某种复杂的情感，在其中，最尖锐的批评将不可避免地伴随着赞许性的让步（*WME*，145 – 146）。

关于辩证法本身的含混性，我禁不住要补充一些东西，尤其是怀着对技术革新的崇敬。只要回想起列宁和葛兰西对泰勒主义和福特主义的尊崇就足够了，他们对革命者对资本主义劳动生活中最具剥削性和非人性的事物的软弱感到困惑不解：但是，这恰恰是乌托邦在这里的含义，即，目前，否定性事物在效价（valences）的巨大变化过程中同样可以被想象为是肯定的，这个巨大的变化过程就是乌托邦的未来。而我正是希望我们能这样来看待沃尔玛，不论多么简单：即，作为一种思想实验——不是按照列宁那种粗糙但实用的方式将它作为一种制度，面对这种制度（在革命后），我们可以"砍掉在资本意义上严重损害了这一完美组织的东西"，而是把它看作雷蒙·威廉斯（Raymond Williams）所谓的新生事物（the emergent），与残余事物（the residual）相对立——乌托邦未来的形状在迷雾中忽隐忽现，我们必须将其理解为一个更全面地运用乌托邦想象的机会，而不是进行道德化评判或倒退性怀旧的时机。

在转到一种非常不同的乌托邦操练之前，我需要对两种反对意见做一个简要的说明，它们与这个悖论性论断的关系比较远，但绝对与它有关。第一，有人会说，沃尔玛或许是一个销售模型，但它几乎不会被说成是一个严格意义上的生产模型，无论我们就销售的生产已经谈论了多少。这直接切入我们社会经济矛盾的核心部位：它的一张脸是结构性失业，另一张脸是通过零售就业而最终绝对超过（美国是从 2003 年开始）"生产性"就业。（计算机化与信息世界也应该包括在这些新的矛盾性结构当中，我认为，沃尔玛的特殊成功有赖于计算机，而在计算机之前，这种成功也许是不可能的。）我想从这个零售公司对其生产供应商

（或者"合伙人"，沃尔玛喜欢这么称呼他们）施行的独裁来考察这一点；它是一种毁灭力，由于独裁，巨型公司可以强迫其供应商实行外包，降低材料和产品的质量，甚至将他们从生意中完全驱逐出去。值得注意的是，这种力可以用完全相反的方式来施行："运用其巨大的购买力"，费希曼（Fishman）指出，"不光是为了提高顾客的生活水平，也是为了它的供应商"（*WME*，181）。（以某个提案为例，沃尔玛将实际上是它自己创造的生态标准强加给智利人的鲑鱼捕捞业；有人也许会以为，在工作条件和劳动关系上也有这样一个积极的独裁管理。）这是一个乌托邦的建议，这种力量的效价（valences）——从零售垄断到形形色色的生产者——可能在不发生结构性改变的条件下被颠倒过来。

但是，我还想建议——如同在艾森斯坦（Eisenstein）的《旧与新》（*Old and New*）（又名 *The General Line*；1929）的结尾部分，飞行员和农民交换了角色，工人变成了农学家，农民反过来成了工人——这个新体系似乎有可能提供一个机会来彻底阻断这种对立——生产与销售之间的二元张力，我们似乎不可能想出脱离它的方法——并且设想一套全新的范畴：不是放弃生产和阶级范畴转而青睐消费或信息，而是将它提升为一个新的、更加复杂的概念，对此，我们在这里不可能妄加推测。

另一个反对意见与利润动机本身有关：首先，沃尔玛的基本驱动力在于它是一种资本主义工业，而社会主义的失败似乎都是计划经济纵容懈怠所造成的，在计划经济中，腐败、徇私、裙带关系，或者根本不重视研究，这些导致了各种丑闻的出现，其中最著名的是国营百货商店的地下室里一模一样的灯罩多得数不清，它们根本没人要。所有的社会主义似乎都能针对利润动机提出一个反对力，即切（Che）（即卡斯特罗——译者）在古巴唤醒的著名的"道德奖励"，亦即通过反复动员和令人精疲力竭的运动重新激发渐渐消退的社会主义热情。

已经观察到，沃尔玛同样受到道德奖励的驱动：它成功的秘诀不是利润，而是标价，去掉最后的零头，这对其大量的供应商来说是致命的。"塞姆看重每一个铜板"，沃尔玛创始人的一位同事如是说（WME，30），这句话关乎生死：因为祈使句——"永远压低价格"——事实上是受到所有动机当中那个最基本动机的驱动，马克斯·韦伯将其描述为"新教伦理"，这标志着向该系统的第一个伟大时刻回归，其特点是节约和强迫性俭省，在山姆·沃尔顿（沃尔玛的创始人——译者）的传记中，在他的公司的传奇中，我们再次领教了这一点（有或没有新教伦理的宗教成分）。既然如此，或许甚至解释性地诉诸利润动机也是本质主义的，而且是人性本身的意识形态的一部分，这种人性是构建资本主义所必需的。应该补充的是，马克思主义不是以本质主义的方式在心理学上进行还原，马克思主义主张的决定论不是贪婪和索取的决定论，而是生产系统或模式的决定论，它们各自生产并建构属于各自的或许可以被称作人性的东西的历史变体。

四

现在，我需要更加精确地描述这种新型乌托邦的理论与实践，我关于沃尔玛的论述似乎是它的前提。的确，该讨论申明，有时可以从明显"反乌托邦"的立场中找到研究乌托邦的理论方法。我们的下一个例子就是如此，它将引发现在已广为人知的大众（multitude）概念，迈克尔·哈特（Michael Hardt）和安东尼·耐格里（Antonio Negri）在他们的《帝国》（Empire）和《大众》（Multitude）中提出了这一概念（借用了斯宾诺沙的一个术语）。值得注意的是，他们自己对于乌托邦主义的特别谴责与很多后结构主义学说是一致的，在政治和历史意义上直接以斯大林主义和历史上列宁主义传统的共产党为参照（尽管从列宁开始，后者自身内部就有对乌托邦主义的批判）。在这里，乌托邦等同于历史的不可避免性和"欢歌的明天"等口号，等同于当前这几代人为了未来的乌托邦国家所做出的牺牲，尤其等同于党的结构。

至于大众概念本身，在我看来，无论有怎样的瑕疵，它都相当于一种努力，要为集体性和集体力量较为陈旧的理论提供一个新的、更加适用的替代物，以取代如"人民"（民粹主义理论）和社会阶级（工人主义，它将性别和种族，有时甚至也将农民从它们较为狭隘的定义中排除出去）等理论。对于集体性，我认为每一个新的研究方法在原子化社会和个体社会中都应该受到欢迎（但我稍后将回到个人主义）。那些比较古老的集体概念很显然也各有瑕疵；同时，它们也表现了新形式的集体力量或主体已经出现这个社会现实。但是，我在这里不会介入关于大众的争论，因为我还在试着确认一种方法论上的革新。然而，为了做到这一点，我不会利用哈特和耐格里那些篇幅浩大而且复杂深奥的著作，而是利用这个讨论中一次较为简短的干预，即这个时代最杰出的哲学家之一，意大利哲学家保罗·沃诺（Paolo Virno）对这个新的理论立场（现在它是一个新传统）的后果所做的一个简明易懂的讲解，现在几乎还不为人知。

大众概念应该使具有后现代性（他用的不是这个词）的日常生活现象学发生了变化，保罗·沃诺的著作《大众语法》（*A Grammar of the Multitude*）或许可以看作是关于这些变化的一系列注解，因此，对于那些变化的评价，我们的态度也发生了变化。我不会在这里论及他所有的主题和意图，我主要想谈一下该书对某些标准的黑格尔立场的修正，这些立场今天在很大程度上仍然为我们所认同，在自由以及保守的文化中，而且在一般西方资产阶级的日常生活中也都得到认同。

你回想一下，黑格尔曾呼吁通过对死亡的焦虑和恐惧来净化颓废的资产阶级舒适的生活习惯；而且他认为，现代生活为非真实性和城市集体性所统治。你可能也记得在具有现代性特点的日常生活中，"此在"的日常生活被异化为四种形式的堕落，即，"空谈（das Gerede）、好奇（die Neugier）、含混（die Zweideutigkeit）、沦落（das Verfallen）"①，或者按照《存在与时间》中的译法，"idle talk, curisosity, ambiguity 和 falling"（或 "falling prey"）。在本质上，沃诺心里想要修正的正是这些范畴，以及非真实性概念，（其中没有包括纳粹主义和后来关于技术的理论，我们也不例外）。

然而，重要的是要理解这些关于"现代性"的诊断并不专属海德格尔；它们是整个保守的和反现代性意识形态不可或缺的组成部分，20 世纪 20 年代，非极左知识分子都接受这种意识形态，不分国界，从 T. S. 艾略特到何塞·奥特伽·加塞尔（José Ortegay Gassett），从中国的传统主义者到美国的传统主义者，都不例外。这种意识形态表达了一种对新工业城市的恐慌，它有自己新的工作阶层和白领阶层，有自己的大众文化和公共领域，有自己的标准化和议会系统；它常常暗含着对较为古老的农业生活方式的怀念，例如美国的"逃亡者"，英国自耕农的理想化，或者黑格尔的"田间小道"（Feldweg）。无须赘言，因为对社会主义或共产主义有某种持久的恐惧，人们才了解到这种意识形态，也无须多言因为传统主义抗拒大众人（mass man）时代的所谓现代性，统治 20 世纪 30 年代生活的社团主义（corporatism）从这个视角都要被看作是与这类传统主义的妥协，从罗斯福的新经济政策到斯大林的五年计划，从纳粹主义和意大利法西斯主义到费边式的社会民主，概莫能外。

无疑，那些妥协现在大部分已经进入历史当中（使当代社会民主因此处于混乱状态，或许还应该补充一点，是在一个自由

---

① Martin Heidegger, *Sein und Zeit*, 第 35 – 38 段。

市场原教旨主义远不是真正唯一适用的新的实用政治意识形态的情境中）；但是，我想要论证，我刚刚勾勒过的较为保守的意识形态的一般社会状态（海德格尔才是这种保守意识形态最杰出的哲学理论家）仍然在很大程度上为我们所接受并且仍然在知识和意识形态上发挥着作用。

426

　　我要回到我前面提到的表象乌托邦问题上，以此来论证前面的问题。的确，处理渗透在古老的反现代主义意识形态中的各种社会焦虑，标准的方法就是接受它，同时，我们要相信，无论未来那个"更加完美的社会"是什么样，它罗列的所有否定特征都将得到改正。因此，在这些田园美景中，不会再因为社会的不安全而产生焦虑（甚至连死亡也会被推延），无聊的闲言碎语将被一种净化的语言和真正的人类关系所取代，病态的好奇将被代之以一种与他人之间的健康距离以及对我们在社会总体中的位置的明智认识，"含混"（海德格尔意指谎言和大众文化及公共领域的宣传）将因为我们与这项计划以及与一般工作和活动之间更加真实的关系而得到矫正，而"沦落"（*Verfallenheit*）（我们在人的公共范围内丧失了自我，或者是"大众人"的非真实性）将被代之以更加真诚的个人主义，代之以自我因关注自身的存在并约束自身所产生的一种更加真实的疏离。现在，这些发展毫无疑问都是完美的，是令人向往的；但是，不难看到它们在本质上是被动的：也就是说，它们相当于占统治地位的否定面顺从地被它们肯定的对立面所取代。但是，海德格尔式回应的反动倾向于认可否定性诊断在一开始便具有优先权。

　　它或许也可以通过当前的反乌托邦设想得到证实，根据这些设想，在后现代和全球化的条件下，对所有那些陌生他者的多种恐惧都集中到对"多"（multitude）和人口过剩的恐惧上，这些他者构成了我的熟人圈子之外的"社会"。很清楚，自希伯来先知以降，古老的讽刺传统以谴责罪恶社会和堕落社会的形式重现了这种对集体他者的恐惧；如笛卡尔将他者同化为机器人，这类哲学思辨表达此种丑闻的方式不同于其神学版本（在《荒原》中，没有灵魂的雇员组成的人流穿过伦敦桥去上班），或者也不同于新闻界对异化的"文化批判"。20 世纪 60 年代的科学幻想，尤其是约翰·布鲁勒尔（John Brunner）经典的四部曲，表现了社会危机、衰败或潦倒中的不同人物；而没有灵魂的克隆物或被洗过脑的行尸走肉的形象更是在公开谴责现代民主大众无可救药的愚蠢。然而，即使是在对危机的表达中，那些症状（污染、原子战争、城市犯罪、大众文化的"堕落"、标准化、贫困化、失业、服务行业的主导地位，等等，等等）仍然被区分开来，而且它们每一个都表现为不同的警告。只有在后现代性和全球化当中，由于世界人口爆炸，乡村荒废和特大城市增长，全球变暖和生态灾难，城市游击战蔓延，福利国家出现金融崩溃，形形色色小群体政治普遍出现，这些现象似乎都因为一个最重要的原因（如果用这个范畴合适的话）已经在相互间发生了折叠，这个最重要的原因即多元性丑闻和一般所谓的人口过剩，或换言之，他者的权威表面有多种形式并且仅仅是量或数而已。可以预见，对这种结晶化的表象反应同时表现为肯定和否定形式，一个是某种版本的"蔓生"（sprawl），看上去是对古老的全球地貌上那些巨大的区域进行了一次反乌托邦式的城市化，另一个退回到恰恰是上面提过的那些较小集体的田园设想。几乎没有人像雷姆·库哈斯（Rem Koolhaas）一样，他接受"拥堵文化"① 并推想出新的积极空间，在这一空间里，过剩的人口可以愉快地繁衍生息，他们的策略是改变效价并将对那些令人沮丧的指数的悲观诊断改变成对某种新兴历史现实热情洋溢的许诺，这种新的历史现实将受

---

① Rem Koolhaas, *Delirious New York*, New York：Oxford University Press, 1978, 7；关于城市规模，亦见他的 *S, M, L, XL*, New York：Monacelli Press, 1995, 961 – 971。

到欢迎而不是被哀叹。

　　我要证明，正是这一策略在《大众语法》中发挥作用，该书的主题现在或许可以一带而过（而且只涉及部分主题）。对于恐惧和焦虑（海德格尔将它们严格地区分开）所引起的不安全而言，沃诺代之以对资产阶级安全的全方位攻击，我们还会回到这个问题，他只是注意到安全也是一个空间概念（与海德格尔的"栖居"有关）并且从我的邻居对最早的物理分离做出假设，邻居在意识形态上与财产概念相互关联（在那一意义上，只有富人是真正安全的，在他们安装了大门的社区里，在他们受到严密监视和巡逻的领地里，这些社区和领地的作用就是阻挠和压制集体这个既存事实）。在这里，从焦虑到确认，操纵价值变化的是康德的崇高概念，它将恐惧并入它的"享受"（*jouissance*）；但是，这样一种改造的实际后果会同时将海德格尔无家可归的哀痛转换成为德勒兹游牧主义的活力，我们下面就会看到。

　　不过，游牧主义可能看上去同样代表了当代劳动的特点，在某种情境中，经济学家郑重警告我们，任何人都不应该再期待终生只做单一的工作（它们一般不会再增补日益明显的东西，即很多人根本就不应该再期待保住任何工作）。沃诺关于当代劳动的讨论开始质疑并拆解劳动、政治，以及哲学之间传统的亚里士多德式区分（汉娜·阿伦特［Hannah Arendt］使其复活），沃诺的讨论看上去也是要对整个异化概念进行一次乌托邦式的重构，因为异化已经从作为马克思早期对工业劳动的分析降格为通用的文化描述。马克思的外部化概念既是对黑格尔的外部化概念的批判，也是对它的重构，后者本身就相当于对手工活动和生产的一种乌托邦式赞颂，在工业时代已经不再有什么意义了。① 沃诺现

　428

————————

　　① 黑格尔关于"die Sache selbst"（"事情本身"）的讨论，见 *Philosophy of Spirit*, trans. A. V. Miller, Oxford：Oxford University Press, 1977, 237 – 252。

在提出了一个生产即鉴赏力（virtuosity）的概念，它找回了 20 世纪 60 年代生活审美化的往日理想，也以一种更加主动的方式从景观（德波［Debord］）和拟像（simulacrum）（鲍德里亚［Baudrillard］）的角度将对当代社会甚至更加当代的谴责置于新的情境当中。

　　我们必须注意劳动在今天的各种特殊性，沃诺对它们进行了简单的描述，他根据从实体范畴到过程范畴的所有现代哲学运动得出了最终结论。现代的（或者也许我应该说后现代的）工作是一个过程问题，对它而言，结果已经是次要的了，而生产某个物品也只是个借口，过程本身正在成为结果。这类似于审美领域中的鉴赏力，而且事实上，我们在这里意想不到地遇到了一个古老梦想的化身，即对世界进行美学去异化（disalienation）的梦想，它从席勒到马尔库塞及 60 年代的那批人一直留到今天。但是，这个梦想与维护古老审美主义的尊严毫无关系，它将是一种服从机器的文化，一种后工作文化，一个分享语言（language-sharing）和在语言上进行合作的活动。这一变化于是也包含了将劳动放在一个新的环境中——迄今为止只是很含糊地从私人和公众两个领域中区分出来（它不是私人生活，但它的框架仍然为资本主义所拥有并且不对公众开放）——在某个新的领域内，私人与公众之间的对立已经消失了，但不是将一个简化为另一个。

　　最后这一点现在是一种"没有公共领域的公共状态"①，这种变化反过来造成了其他一系列乌托邦的后果。其中之一，所谓的大众文化本身被改变了，成为"生产方式的工业"（GM，61）。它的那些陈词滥调和老生常谈现在成了对集体分享和参与

---

① Paolo Virno, *A Grammar of the Multitude*, trnas. Isabella Bertoletti, James Cascaito, and Andrea Casson, New York: Semiotext ［e］, 2004, 40. 后面对该书的参考均标注为 *GM*。

的演绎，而且拥有了儿童时期反复出现的具有救赎特点的天真：在这一点上，依据马克思的《大纲》，沃诺对相当于**一般智力**理论的文化理论所做的简单描绘对一种方式而言一直是至关重要的，今天，意大利哲学沿用这一方式试图揭露晚期资本主义社会生活和工作已经实现的深刻的社会化和集体化。在这个语境中，科学和语言于是渗透到每一天并且渗入我们日常生活的每一个毛孔，把每一个人都变成了知识分子（如葛兰西所言），此后，全球化的大众文化和无所不在的交流本身都有了一个非常不同的意义。在全球的任何地方，大众都有自己的新语言和文化识别力（cultural literacy）：没有史前人，没有前现代的遗老：部落的人们聆听他们的手提电脑发出的声音，牧民看他们的 DVD；在没有电的山村以及最凄凉的难民营，那些一无所有的人们密切注意着世界的最新事件并且聆听我们的总统那些空虚浮泛的演讲。但是，在标志着后现代性的文化与政治差别中，同时必须要明白，这样一种"没有公共领域的公共状态"也为沃诺所谓的"非表现性民主的可行性"提供了基础，做好了准备（*GM*，79）。

很显然，在对大众社会及其"败落"的传统评价进行非凡逆转时，海德格尔的存在之非真实性也将被改变。在存在主义哲学家列举出来的清单上（空谈或闲话、好奇、含混，以及沦落），沃诺补充了另外两个——机会主义和犬儒主义——它们或许最近招致了更加鲜明和更加过分的谴责。日益明显的是，如在普鲁斯特那里一样，闲话明显成为某个人类时代的标志，也标志着人类他者在数量上远远超过先前人与自然的各种关系。但是，好奇——尤其是表现为圣奥古斯丁很久以前分析过的带有窥视癖的嫉妒的形式——也要迎合其乌托邦式的变形。本雅明为"分心"（distraction）所做的充满悖论的辩护也许现在可以被重读为在一个充斥着习惯和麻木不仁的例行公事的世界中对某种新型感知的命名：

媒体将理智训练得在考虑已知事物时，好像它是未知的，甚至要它在日常生活最平常和重复性的方面区分出"一个巨大的和意外的自由范围"。然而，同时，媒体也训练理智完成相反的任务：在考虑未知的事物时，好像它是已知的，对出人意外的和令人惊奇的事物不会感到陌生，适应缺乏固有习惯的状态。（*GM*，93）

至于机会主义，它在很大程度上与黑格尔为功利主义的辩护的精神是一致的，它意味着必然出现战术性和战略性"政变"（coup d'oeil），生成判断和评价环境本身的能力，在这个新的由乌托邦大众组成的世界中形成一种新的、强化了的方向感："无论何时，只要具体劳动过程被某种冗长的'交流行为'所浸透并因此不再将自己单纯地等同于无声的'工具性行为'，机会主义作为一种不可或缺的源泉便在价值上取得了胜利。"（*GM*，86）至于犬儒主义本身，今天，在自由政治思考的最中心，相对于对我们的系统如何发挥作用的了解，它很显然也摆出了一个新的创造性姿态，拒绝"要求任何带有道德评价性质的判断标准"（*GM*，88），由此，根据沃诺的理论，也就否认了等价（equivalence）这个原则，道德判断本身正是以这一原则为基础的。犬儒主义由此放弃了等价普遍主义（读解：交换价值）而接受了传统主义者称之为相对主义的新的"多"，但它是"多"的一个新的影响，而不是某种继承下来的哲学立场。通过这不多的几句话，沃诺展开了一个迫切需要解决的难题的全部，即，今天，犬儒主义为什么需要进行具有独创性的再理论化。

如果"含混"代表海德格尔对语言在由大众文化和普遍教育（universal literacy）组成的现代世界中已然衰落所感到的焦虑，"沦落"（*Verfallenheit*）便代表了一种更一般的方式，根据他的理论，非真实的"此在"正是以这种方式被混同于集体秩序并且"沦落为"他人"世界"的"猎物"，在这个世界中，它忘记了它自身，也丧失了它的个体性——也就是说，对海德格尔而言，是它的存在性孤独，也是一种隔绝状态，它在其中可以独自了解它的自由，了解它的"向死的存在"（being-unto-death）。在人群中丧失了自我，个体性淹没于"多"之中，这些是反革命意识形态自其被创造出来以后所提出的最重要的控告，它特别强调法国革命中最穷凶极恶的暴徒景象（还有勒庞［Le Bon］和弗洛伊德视为集体的非理性战胜了理性自我的分析），尤其是在你所能列举出的大暴乱中肆意践踏私人财产，这种行为应该受到谴责。

自相对久远的时代起，我们的资产阶级传统就以这种方式在观察群众或暴徒——也就是说，从一个安全的距离，同时谴责那些过激行为及其主体无目的的左冲右突，指责他们大呼小叫，指手画脚，不受法律和礼数的约束，简直像是被萨满（shamanistic）的咒语附体了。关于此，沃诺告知我们的东西非常及时：这些流传下来的画面和偏见，他认为，暗示出我们对现代性（第一世界资产阶级资本主义）的传统观点，我们喜欢这样称呼它，假定我们是从不发达的前个体性大众中出现的个体，我们害怕重新陷入一种后个体性的"多"当中，因为如果这样的话，我们将再次丧失我们作为个人主体千辛万苦获得的一切。相反地，"多"是个体化的重要条件，作为个体，恰恰是在"多"和集体当中，我们才实现了真正的独特性。我们必须抛弃一种思维习惯，即将一大堆事物——语言、文化、读书识字、国家、民族——看作是艰苦但获益颇多的现代化进程所要实现的目标。相反，它们早已经全部实现了，每一个人都是现代的，现代化已经结束一段时间了。"统一体"，沃诺告诉我们，"不再是事物向着它集中的某种东西（国家、君主），人民就是个例子；确切地 431

说，它被看作是理所应当，是一个背景或一个必要的先决条件。是普遍、类属、共有经验的个体化"（*GM*，25）。

毫无疑问，这里所说的统一的前提以理解上文间接提到的**一般智力**为基础：承认文化领域在晚期资本主义或后现代性中有了巨大的扩展，在自然终结时，知识被一般化（在很大程度上包括了科学），隐含在马克思的"工资劳动普遍化"中的世界被自然地、有倾向性地人性化，一个真正的世界市场正在走来。它也为差异政治提供了一个不同的视角，在资本主义总体化之后，差异政治有了一个它在早期资本主义（或前资本主义）的思想和经验中也许不可能有的意义。甚至在某个大的集体计划中，在民族国家系统稳定之后，较之这个民族的基本建设尚未为完成之时，尚处于某种英雄和进步过程中，群体联合所发挥的作用肯定是不一样的。

关于这个由"多"组成的新世界的构成性特征，已经说得很多了，我们会训练自己愉快地接受这些特征，将它们作为这场乌托邦风暴带来的第一波清新活力。但是，刚才提到的大众的好奇——"缺乏固有习惯"——将把我们带回到沃诺的书中我要探讨的第二个主题，它可以在关于安全与屏障的开场白中找到。因为固有的习惯也代表一种安全和屏障，也可以这样来讨论新环境的最基本特征，新鲜事物、"多"都是从这种新环境中产生出来的，将这个基本特征看作是新近出现的安全和屏障的完全丧失，看作是新的无家可归状态，人们不会再充满怀旧情感地想起它，或者不会再把它和资产阶级的舒适连在一起，不会再把它和海德格尔的"栖居"或**国家**的保护连在一起——在这个新的、永久的危机环境中，我们都是避难者，无论我们是否知道这一点。于是，我们现在所谓的"多"就是难民营里的人口，因为这些难民营葬送了市郊的前途和高速公路的移动性，这些地方永远都处在交通拥堵中。

沃诺将两种行为与这种新的"多"联系起来，无论这种"多"是乌托邦性质的，还是非乌托邦性质的。第一种是国民的不服从，对**国家**的拒绝，难民营和简陋棚户区（bidonvilles）本身的自组织已经与**国家**处于对立状态，它们已经处在**国家**雷达的监视之下。第二种是他改写过的德勒兹的游牧主义，即移民，因为后者一直纠缠于现代意大利的历史中（如在吉安尼·阿梅利奥［Gianni Amelio］的大片《联社亚美利加》［*Lamerica*］［1994］中），但在《资本论》的最后一章，它也再次出现，欧洲的劳动者被看作是遗弃了古老的祖国，来到美国的东海岸，仅仅过了几年时间，便"遗弃了工厂，向西移进，向自由的土地移进。工资劳动被看作是一个过渡阶段，而不是一种无期徒刑"[432]（*GM*, 45）。难民营、边疆：这就是由"多"组成的世界更深层的、看不见的现实，沃诺要求我们以尼采的风度接受它，不是把它看作对当前的永久性再现，而是看作未来和乌托邦可能性的永恒回归，我们会欢呼这些可能性，好像我们一开始就已经选择了它们。

五

现在，我需要对这里预先假定的乌托邦"方法"做一些澄清，并从理论上论述这些特殊的，甚至反常的认识，我已经提出了两种解释。就像我急于要使读者相信我并不打算为沃尔玛歌功颂德一样，更不是预言会有什么好的、进步的东西会从这种令人震惊的、新的后垄断制度中生发出来，我对保罗·沃诺的讨论也不曾被看作是赞同某种"多"的新政治，甚至也不是在讨论一种实际政治——某种他可以完美地用他自己的声音来表现的东西，而且他的《语法》的最后一章（我没有提过）开始展开的确实就是这种讨论。或者用一种不同但更精确的方式说：我个人怎么看待沃尔玛这类商业运作的未来或者怎样看待"关于'多'的政治",这无关紧要；我一直用这两个话题和这两种情况在阐明一种方法，对此，现在重要的是指出，它是故意不同于本章开头所概括的那些方法。

我想要论证的阐释学因此不是预言性的，也不是症候性的：它不是故意要在当下读解未来的概况，也不是故意要在更不合意的现象中（垄断、人口过剩）证实集体愿望实现（wish-fulfill-ment）中的各种操作，这些现象本身就是它的考察对象。后一种方式——大体上与恩斯特·布洛赫（Ernst Bloch）的研究是一致的——较之真正做过的事情，可能在考虑实际存在的社会群体的意见和意识形态、生活方式和情境等方面更加严肃，更加重视经验。先前的调查线路，即实际政治和规划的路线，在这里与马克思和列宁是一致的，可能会从一种战略角度，而非从孤立的数据来评价具体的世界环境在经济和政治方面的客观性，评价意识形态力量的平衡。

我认为，这里概括的乌托邦"方法"既不是阐释学，也不是政治规划，而是类似于对福柯所称的谱系学的结构性倒置，福柯的谱系学与尼采的一脉相承。他刻意将自己的（甚或更一般的后结构或后现代的）"方法"同理想主义历史学家重新构建的经验历史和进化叙事两者严格地区分开来。谱系学事实上既不能理解为编年性的，也不能理解为叙事性的，而是要理解为一种逻辑操作（采用的是黑格尔的"逻辑"，对它的态度却不是黑格尔式的）。谱系学，换言之，意欲将各种各样的逻辑先决条件各归其位，它们促成了某种给定现象的出现，却不以任何方式暗示它们构成了后者出现的原因，更不用说是后者的前身或早期阶段了。无疑，因为那些谱系学意义上的先决条件几乎总是表现为较早的历史事件的形式，误解——以及新的建构被同化进老的历史研究方法当中（年表、因果性、叙事、理想主义的连续性）——总是无法避免，雷蒙·鲁塞尔（Raymond Roussel）提供的那位旅行家的不朽趣闻也无法阻挡误解，这位旅行家声称，在某个当地博物馆的玻璃底下，他发现了"伏尔泰还是一个孩子时的头盖骨"。

到目前为止，在建构未来方面，还没有一个术语像"谱系学"在建构过去时一样有用；它当然不能被称为"未来学"，而我恐怕"乌托邦学"（utopology）永远不能表达这么多的意思。然而，这个操作本身需要巨大的努力来改变某些现象的效价，这些现象迄今只存在于我们的当下；它还试探性地声明，如果更近距离地考察，我们世界中的否定性事物是肯定性的，旨在证明，反乌托邦在现实中就是乌托邦，这些事物将我们的经验性当下的特点隔离出来，从而将它们读解为一个不同系统的构成要素。实际上，我们已经看到，这就是沃诺在借用某个清单时所做的事情，清单上列举的东西在海德格尔那里很明显本来就是否定的，而且是现代社会或现代的真实性极为重要的特征，将各种所谓的堕落症状表现为一个表示庆祝的条件和对某种事物的承诺——他没有——但我们也许可以——称其为一种替换性乌托邦未来。

这种未来的阐释学只有在某种特别意义上才是一种政治行为：是对重新唤醒某种想象做出的一个贡献，对可能的或替换性未来的想象，是在重新唤醒那种历史性，我们的系统——将其自身作为历史的终点——必然压制那种历史性并使其处于瘫痪状态。正是在这个意义上，乌托邦学复苏了精神中长期休眠的部分，即进行政治、历史以及社会想象的器官，因为很少使用，它们实际上已经萎缩了，我们从事实践的肌肉已经很久没有锻炼了，我们已经不习惯运用革命姿势，哪怕是下意识的。像这样恢复未来性，假设有可以轮换的未来，其本身既不是一项政治规划也不是一个政治实践：但是，如果没有它，也很难看到任何长久的或有效的政治行动可能出现。

第十七章

作为一个哲学问题的全球化

一

关于我们的话题，似乎在逻辑上可以有四种立场。第一种坚持认为，没有全球化这回事（有的仍然是民族国家和民族环境，太阳底下无新事）。第二种同样认为，全球化不是什么新玩意儿，一直都是全球化状态；只要大致翻阅一本像埃里克·沃尔夫（Eric Wolf）的《欧洲及没有历史的人》（*Europe and the People without History*）① 之类的书就足可以证明这一点，远至新石器时代，贸易路线本身就是全球性的，波利尼西亚人的手工制品被存放在非洲，亚洲的陶瓷碎片散落在远至新世界的各个地方。

于是，我认为应该再补充两个：一个坚持全球化与作为资本主义的终极界限的世界市场之间的关系：仅仅是为了补充一点，即当前的世界网络只是在程度上，而不是在种类上有所不同；而第四个论断（我已经发现它比其他三个都有趣）假设资本主义有一个新的，或第三个多国资本主义阶段，全球化是它的一个内

---

① Eric Wolf, *Europe and People without History*, Berkeley：University of California Press, 1982.

部特征，而且我们现在倾向于将它与所谓的后现代性联系起来，无论我们是否愿意这样做。

同时，最重要的是有一些判断：有人可能哀叹或赞赏全球化，就如同有人欢迎后现代时期的自由和后现代的景致，尤其是欢迎新的技术革命，或者另一方面，沉痛地哀悼现代的辉煌鼎盛一去不返：现代主义在艺术上荣极一时，而且具有各种可能性，**历史**作为人类存在其间的基本元素已经消失，而且并非最无关紧要的是，本质上属于现代主义领域的政治斗争也已经结束，在政治斗争中，各大宗教在较早时期仍然保有力量和权威。但是，我确实认为，我们有兴趣至少暂时地将这个现在已经很熟悉的后现代争论同全球化问题分开，这两个问题深深地纠缠在一起，而且我们深知，关于后现代的种种观点最终一定会折回来。

我们从一个原则开始，即我们已经以某种方式知道全球化是什么，并试图将重点放在全球化概念上，放在它的意识形态结构上，如果你喜欢的话（我们提前知道，"意识形态"一词不是贬义的，一个概念可以是意识形态的，同时也可以是正确的或真实的）。我相信全球化是一个通讯概念，它时而遮掩，时而传递文化或经济的意义。我们感觉到，今天，通讯网络在全世界更加密实，更加广泛，它们一方面是各种通讯技术革新带来的令人瞩目的结果，另一方面，作为通讯技术革新的基础，它们在技术上提高了世界上所有国家的现代化水平，或者至少在那些大城市是这样的，现代化包括这些技术的植入。

但是，全球化概念的通讯焦点在本质上是不完整的：我敢说，没有人试图将它放在绝对的媒体或通讯层面上加以考虑；而且我们可以在20世纪早期，亦即现代主义时期，在媒体的各种形象中发现一个反差点和不同点。当时，媒体的发展似乎的确有某种半自主性：收音机确实好像第一次深入到边远地区（国内国外都是如此）；电影在世界各地所取得的进步既是迅疾的，也是令人震撼的，它似乎随之带来了某种新的大众意识；同时，新闻主义和报道在它们的外层势力范围内莫名其妙地成为英雄的举动，它们提供新的认识，也带回新的信息。因为它建筑在那些最先出现的、已经建立起来的网络上，光是这个原因，就没有人会相信网络革命是那个样子。今天的通讯发展不再是其所有内涵中的"启蒙"发展，它本身就是一种新技术。

　　这就是为什么，伴随着全球化这个通讯概念，你总会发现其他的东西也会夹带而入。因此，如果较新的现象在本质上将其自身通过技术而非通过信息（即使这个术语自身今天在一个很大的规模上被再次挪用并且在意识形态意义上得到发展）同老的现代现象区分开来，你会看到技术和电脑人（computer people）称之为信息的东西开始在不知不觉中滑向广告和宣传的方向，滑向后现代的方向，并最终滑向电视节目出口这个方向，而不是重新对边远地区做令人震惊的报道。但这等于说，这个表面概念，即通讯概念，突然获得了一个完全的文化维度：这个通讯的能指被赋予了一个更加恰当的文化所指或含义。现在，通讯网络的扩大这一假设已经秘密地转换成了某种关于新世界文化的信息。

　　但是，它也可能悄然移向另一个方向：经济。因此，当我们还在努力思考这个新的、仍然是纯粹通讯意义的概念时，我们便开始用资金在世界范围内转移和投资的愿景来填充这个空洞的能指，而且这个新网络开始凭借某种新的、据称是更灵活的资本主义商业（我不得不承认我一直都认为这是一个荒唐的表达）膨胀起来。我们开始记起，新的弹性生产恰恰是因为计算机化才成为可能（一个又回到技术的圆圈），而且我们还记得，计算机及其程序就寄身于今天国家之间最热中的货物交换形式中。于是，在这种变体中，表面上的通讯概念已经悄然变成了世界市场的一个新前景，成了世界市场上新建立起来的相互依靠，劳动在一个非同寻常的规模上进行全球性划分，商业和金融等乐此不疲地使用着新的电子贸易路径。

现在，我认为，我们更能理解围绕这个游移不定的概念的各种争论和意识形态，它的两张同时存在又完全没有可比性的面孔现在似乎要产生两个截然不同的立场，不过它们本身是可以反转的。因此，如果你坚持这种新的通讯形式具有文化内容，我想，你将慢慢地参与到后现代对差异和区分的庆祝中：在一种你很难不欢迎的巨大的文化多元主义中，世界上所有的文化突然都以包容的态度开始相互接触。此外，不仅即将开始庆祝文化差异，而且还要庆祝形形色色的群体、种族、性别、族群等出现在公共领域的话语中；那些指责人口隔离的结构渐渐变得悄无声息，退到臣属地位；大众民主化在世界范围内成长起来——为什么不是呢？——这似乎与媒体的进化有某种关系，不过，在这个新的世界空间里，是通过文化的某种新的丰富性和多样性直接表达出来的。

另一方面，如果你的思想倾向于经济，而且全球化概念也染上了那些代码和意义的色彩，我想你将发现，这个概念逐渐地暗淡并且变得更加模糊。现在凸显出来的是日益多的同一（而不是差异）：迄今为止，自主的国家市场和生产区域迅速地同化为一个单独的领域，民族的生存（如在食品中）消失了，全球所有的国家都被迫合并在一起，参与我上面提到过的新的全球劳动划分。在这里，一幅规模无与伦比的标准化图画开始进入我们关于全球化的思考当中；它也是被迫并入一个世界系统当中，从今往后，要同这个世界系统"脱钩"（delinking）（用一个萨米尔·阿明［Samir Amin］的术语）是不可能的，甚至是不可思议，是无法想象的。很明显，这是比先前异质性和差异的欢乐愿景更加凶险的前景；但是，我不确定这些愿景在逻辑上一定不兼容，的确，它们似乎以某种方式，至少以无法解决的自相矛盾这个模式辩证地相互联系着。

但现在，已经形成了第一对共生立场，在第一时刻旋转这个概念，使它包含截然不同的内容，它的表面现在在光线中闪烁，随后便由于黑暗和阴暗而再次变得模糊——眼下，重要的是补充一点，即各种转移可以开始了。现在，在首先使最初的结构可能性得到保证之后，你可以使它们以彼此作为坐标轴。那么，在第二时刻，**同一性**的凶险前景可以转移至文化王国了：可以肯定的是，以某种令人沮丧的法兰克福学派风格，世界范围内都会出现美国化或文化的标准化，地方差异荡然无存，这个星球上所有人群全部被大众化（massification）。

但是，你同样可以反其道而行之，将快乐喜庆的**差异**与第一个文化维度的多种异质性转移到经济领域：在那里，你完全可以想象，市场修辞学家突然冒出来，他们迫不及待地要我们相信这种新的自由市场在全世界都表现得丰富多彩，激动人心，它同时提高了生产率，开放的市场也会带来单纯生产率的提高，带来超验的满足，人类终于开始将交换、市场，以及资本主义当作他们最基本的人类可能性，当作自由最确定的源泉。

最含混的意识形态概念及其交替出现的内容带来的就是多种结构可能性与组合，通过它们，我们可以临时探索几条路径。

二

一个明显的路径是认识到，全球化意味着出口或进口文化。无疑，这是一个商业问题：但是，它可能也预示着文化的接触和渗透，其强度在较为古老、迟缓的时代是难以想象的。

全世界所有的人都在看进口来的北美电视节目，想到这一点就足以认识到这种文化干预比已知早期任何形式的殖民化或帝国主义，或淳朴的旅行主义都更加深刻。一位伟大的印度电影制作人曾经描述过他十岁的儿子如何因为看美国电视节目而改变手势

和步态：有人认为自己的想法和价值观也被改变了：这是否意味
着世界的其他地方也在美国化？如果是这样，我们怎样看待它；
或者你应该问，世界其他地方如何看待它，美国人如何看待它？

因为关于多元主义和多样性，甚至关于语言多元主义和多样
性，我在这里必须补充一个基本观点。我们必须明白，在这个国
家，有些事情对我们而言是很难意识到的，即美国不仅是其他国
家之间的一个国家，或其他文化之间的一种文化。美国与世界任
何一个其他国家之间的关系基本上都是不对称的，不仅与第三世
界国家是这样，甚至与日本和那些西欧国家也是这样，我后面会
间接提到这些问题。

这意味着中心存在着一种盲目性，对全球化进行反思或许可
以部分地帮我们纠正这种盲目性。美国人的盲目在有些事情中可
以表现出来，例如，我们倾向于将普遍性与文化混为一谈，以为
在任何给定的地理冲突中，所有的元素和价值观在某种程度上都
是平等的和对等的，换言之，不会受到权力不均衡的影响。我突
然想到，这提出了很多有趣的、相对新的哲学难题，但是，我想
用更加具体的术语来阐述这些后果。

以新的世界系统中的语言问题为例：它们都是平等的吗？每
一个语言群体都能够按照自己的需要自由地生产其文化吗？讲小
语种语言的人总是抗议这一观点；只有在出现某种全球性或高等
跨国文化时，他们的焦虑可能才会变得更加突出，在这种跨国文
化中，一些国际热点（文学的或文化的）由于媒体而经典化，
它们的流通速度之快是地方性文化产品难以想象的，它们一直都
在排挤后者。同时，重要的是，我们要意识到对世界上的大多数
人而言，英语本身并不一定就是一种文化语言：它是金钱和权力
的世界语，为了实用，你不得不学，如果为了审美的目的，你几
乎不用学。但是，在讲英语的外国人眼中，权力的基本内涵会降
低所有英语高雅文化的价值。

同样地，因为与金钱和商品联系在一起，美国的大众文化具有某种威望，这种威望对本国大部分形式的文化生产来说是危险的，它们要么发现自己被清理出局——如当地的电影和电视生产——要么被修正、改造得面目全非，如当地的音乐。我们在这里没有充分地注意到——因为我们不必要注意——在《关贸总协定》和《北美自由贸易协定》的谈判中，以及在已达成的协议中，文化条款颇有深意，我们也没有注意到巨大的美国文化利益之间的斗争，它们要为美国电影、电视、音乐等打开外国的大门，国外的民族国家仍然重视保存和发展自己的民族语言和文化，并试图限制美国大众文化的摧毁性力量所造成的——物质和社会两方面的——损害。由于巨大的金融利益，所以有物质方面的损害；但是社会方面则表现为价值观的改变，这或许是过去通常所谓的美国化——它当时还是一个非常有限的现象——所造成的。

439

三

所有这一切都间接指出，我们需要去掉《关贸总协定》和《北美自由贸易协定》这类协议中那个长长的括号，括号里的内容是这两个协议的意义，它们构成了美国长久以来在世界其他地区，但主要是在西欧，试图实行削弱文化资助和配额这种战略的各个阶段。

法国对这种美国压力的抵抗大多表现为某种文化怪癖，很像青蛙的腿。不管怎样，我认为，它为下一个十年中所有的文化工作者设定了一个基本议程，对于今天在新的晚期资本主义世界系统中重组同样过时或怪异的文化帝国主义概念，事实上也是一般意义上的帝国主义概念而言，它可能也是一个恰当的焦点。

经济逐渐变为文化，文化也逐渐变为经济，这已经被确定为现在已广为人知的后现代性的特征之一。无论怎样，对于大众文化的地位而言，它产生了重要的后果。《关贸总协定》的谈判提醒我们，美国的电影和电视可以说隶属于基础和上层建筑；它们是经济学，就像它们是文化一样，而且它们确实与农业综合经济和武器装备一道是美国最重要的经济出口项目——是纯利润和收入的巨大来源。所以，美国坚持在外国取消电影的定额限制，这不应该被看作是北美文化的怪癖，如暴力和苹果派，而应该看作一种精明的经济需要——一种形式上的经济需要，不考虑轻浮无聊的内容。

我们的《关贸总协定》中的文化政策因此必须被看作是经济扩张的驱动力——资本的逻辑一般而言是一种无法抵挡的扩张驱力，或者是提出需要扩大积累的假设，如果不对这个系统本身造成致命的损害，这种积累不可能减慢或被阻止，不可能延期或改变。特别重要的是，具有反讽意味地，伴随这项政策的是与自由修辞拉开距离——自由修辞不仅包括自由贸易，也包括自由言论以及思想和知识"产权"的自由传播。思想与文化条款的物质方面始终与再生产和传播的制度有关：但是今天，它们都表现为以垄断相关信息技术为基础的大型公司：所以这些公司（以及它们控制下的民族国家）的自由几乎与我们作为公民的个人自由不是一回事。同时，与同样的国际政治无法分开的版权、专利，以及知识产权方面的附带政策明确地提醒我们，大家趋之若鹜的思想自由是重要的，因为这些思想是私人财产，它们被设计出来就是要以巨大的或获利的数量来销售。我不会再讨论后者的这个重要特征（它在从第三世界雨林获取化学品的努力中有其生态上的对等物），但后面会再回到自由市场问题上来。

但是，我不想评论这种特殊自由的另一面，从字面上看，它是一场零和游戏，在这场游戏中，我的自由带来的结果是他人民族文化工业的破坏。你们当中那些认为社会主义政治已经死亡的人——那些对国家干预抱有根深蒂固的偏见并幻想可能有非政府组织的人——应该也反思一下政府资助在创造独立的或民族的电影工业中的必要性：西德的联邦州（Länder）长期以来在资助先锋派方面一直是一个样板，法国在支持青年电影制作人摆脱商业电影利润方面一直有复杂的、有益的规定，如果没有政府及其老牌的英国广播公司（BBC）和社会主义传统，英国目前的新闻浪潮，主要是四频道（Channel Four）和英国电影协会（BFI），可能就不存在了，加拿大最终（与魁北克一道）为国家在文化甚至文化政治中发挥真正有生产性和激励性的作用提供了一系列的范例。至少在美国那些说客的眼中，精心设计关贸总协定谈判，关键是将所有那些地方性和国家性资助作为不公平的国际竞争形式逐渐废除掉；这些资助是当前娱乐业自由贸易推进运动中直接的、明确的靶子；这一运动的成功可能即刻便意味着其他地方新的民族文化和艺术生产有倾向性的灭绝，如同美国电影在世界上的自由流通敲响了其他地方民族电影的丧钟，或许是敲响了其他所有民族电影的丧钟，它们都是与众不同的种类，我希望这些同样也能为人们看清楚。要从终极目的或意图的角度来谈论这一点也许看起来带有阴谋性，但是，毫无疑问，这两者是同时存在的——保全你自己的优势，破坏你的敌人的优势：在这个特殊的例子中，新的更加自由的市场并没有让你的竞争者在生意上有明显的获益。早至马歇尔计划，美国对战后西欧国家的援助就已经在附带条款中要求允许大量美国电影合法进入欧洲市场，这些条款是很有远见的；在具体的实例中，英国、德国，以及意大利最为引人关注，美国电影席卷各个剧场，有效地消灭了这些国家的民族电影产业，它们不得不限定范围或干脆到第三世界寻求生机。只有法国的电影工业保留了其民族特性，这绝对不是偶然的，因此，应该是在法国，才能看到对这些危险最名副其实的觉悟。

这种对民族电影生产的破坏——与此同时，对整个民族文化或地方文化也造成了潜在的破坏——现在在第三和第二世界随处可见。应该明白的是，好莱坞的胜利（我在这里不会把电视排除在外，电视在今天一样重要，甚至更重要）不仅是经济上的胜利，它也是形式上的胜利和政治上的胜利。它是一个重要的理论事件，我认为是的，在 1985 年出版的《经典好莱坞电影》（*Classical Hollywood Cinema*）一书中，波德维尔（Bordwell）、思泰格尔（Staiger），以及汤普森（Thompson）宣告了 20 世纪 60 年代和 70 年代的电影实验在全世界的死亡，经典的好莱坞形式建立了普遍的霸权。① 在另一种意义上，相对而言，这自然就是现代电影的最终死亡，因为全世界独立的电影制作人都可以被看作是受到某种特别的现代主义的指引；但是，它同时也是政治电影的死亡，也是一个讽喻，意味着不可能再想象一种与我们生活的社会体系完全不同的替换制度。因为 20 世纪 60 年代和 70 年代的政治电影仍然断言有这种可能性（一般而言，现代主义就是这样，但是方式更加复杂），它断言，全新形式的发现或创造与在世界上发现和创造全新的社会关系和生活方式是一致的。那些可能性——电影的、形式的、政治的，以及社会的——已经消失了，因为美国更加绝对的霸权似乎已经诞生了。

现在，据说这一切都有一个很好的理由，即人们喜欢好莱坞的电影，他们或许也可能最终喜欢美国的生活方式，因为那种生活方式可以在他们身上得到体现。为什么匈牙利人和俄国人追捧的是好莱坞电影而不是他们自己曾经声名显赫的民族电影？为什么害怕私有化会使得印度迄今为止被封闭和保护的电影文化开始像雪一样融化，即使传统的印度喜剧规模巨大，广受欢迎？对美国电影的编辑十分迅速，加之其中必不可少的暴力所产生的感官

---

① David Bordwell, Janet Staiger, and Kristin Thompson, *Classical Hollywood Cinema*, New York: Columbia University Press, 1985, 381–385.

吸引，这些可以回答上面的问题；但是这类解释听起来仍然像是道德说教。好莱坞电影和电视很容易让人上瘾；我想我们中的大多数确实如此；但是，换一种方式，围绕尺度和程度来看它也许更加可取，相对于这种尺度和程度，每种民族文化和日常生活都是一张由习惯和习惯性实践织成的天衣无缝的大网，它形成了总体性或系统。这类传统的文化系统包括人们支撑身体的方式、使用语言的方式，以及人们看待彼此的方式、看待自然的方式，要打破它们非常容易。一旦被摧毁，便永远不可能再造出那些组织。第三世界的某些国家仍然在保护那些组织。美国文化帝国主义的暴力和好莱坞电影及电视的渗透就在于它们摧毁了那些传统，它们根本不是前资本主义或半宗教性的传统，而是古老的制度最近对现代技术的成功适应。

因此，随着自由市场成为一种意识形态，关键是对好莱坞电影形式的消费成了对某个特定文化的亦步亦趋，将某种日常生活作为一种文化实践加以模仿：在这种实践中，商业化叙事是美学表达，所以，我们正在讨论的大众也在学习这种叙事。好莱坞的名字不仅代表一种赚钱的商业，也代表着一场最重要的后资本主义文化革命，在这场革命中，老的生活方式被打破，新的生活方式跻身而入。"但是，如果这些他国想要……"想要什么还有待探询。它的含义是人性本身；更进一步，所有的历史都把美国文化作为典范，朝着它的样子发展。但是，确切地说，问题在于我们是否想让自己变成那种样子；因为如果我们想象不出其他的东西，那么，很显然，我们对其他文化也提不出什么警告。

四

因此，我们现在必须回到美国的立场，强调美国与其他文化之间基本上是不对称的。换言之，这些领域里不可能有对等：新的全球性文化中没有起飞阶段；其他语言永远不可能在全球功能方面与英语对等，即使它们都被系统性地实验过；就如同其他地方性娱乐业都绝对不可能以任何全球性的或普遍成功的方式代替好莱坞一样，这主要是因为美国体系本身吸收了海外的奇异元素——武士文化、非洲音乐、吴宇森的电影、泰国饮食，等等，等等。

的确，正是在这种意义上，世界文化的新爆炸在很多人看来是举行庆典的一个理由；关于这个问题，在两种截然不同的意见之间做出选择同样不合适，相反还会加强它们的不兼容性和对立，如此一来，我们便可能让这一特殊矛盾成为黑格尔的"苦恼意识"（Unhappy Consciousness）在我们这里的历史表现形式。一方面，有一种观点认为，全球化在本质上意味着统一和标准化。通过大型的、基本上以美国为基础的跨国或多国公司这种中介，标准的美国生活形式，连同北美的价值观和文化形式正在被系统性地传播到其他文化当中。这也不单纯是一个机构和建筑的问题，这些建筑益发使得世界上所有地方都如出一辙。它也不仅仅是一个价值观问题——尽管美国人总是吃惊地发现，外国人认为没有必要把人权、女性主义价值观，甚至议会民主看作是普遍性文化，它们只是美国的文化特征，却作为有效的实践出口给世界上所有的人民。

我想说，那种震惊对我们有好处；但是，我尚未提到最高形式的出口，即美国的经济利益和美国的文化影响联合起来出口某种生活方式本身。人们常常用"侵蚀性个人主义"（corrosive individualism）还有消费主义的"唯物主义"来解释新的全球化过程所带来的破坏性。但我认为这些道德概念不足以承担这个任务，也不足以识别这些破坏性力量，这些破坏性力量的根源在美国，其直接原因是美国今天不容置疑的首要地位以及由此导致的"美国生活方式"和美国大众传媒文化。这就是**消费主义**，是我们这个经济系统的关键，也是日常生活的模式，用历史上前所未有的影像和媒体组成火力网，我们的大众文化和娱乐业就这样日复一日永无休止地训练我们适应这种生活模式。由于苏联共产主义的垮台造成了对社会主义的不信任，只有宗教原教旨主义似乎提供了一种替换性的生活方式——我们还是不要，愿上天帮助我们，称其为生活形态（lifestyle）吧——来代替美国的消费主义。但是否如福山和其他人所相信的，整个人类历史是一个以美国消费者作为顶点的苦难历程？同时，是否市场的好处肯定可以被扩展到使全球的每一个人都能获得这种新的生活方式？如果不是，我们会毁灭他们的文化，却没有提供给他们任何可以代用的文化：但是，同时，有人争辩说，地方性或民族主义暴力以其他的方式再次爆发，这本身就是在日益加剧的全球化面前做出的反应，是防御机制。下面是乔万尼·阿里吉（Giovanni Arrighi）的例子：

> 所有的社区、国家，甚至大陆，例如撒哈拉以南的非洲，对于全球范围内不断变化的资本主义积累型经济而言，它已经被宣布为是"累赘"，是多余的。与苏联这个世界大国和疆域帝国的灭亡结合在一起，从世界供给系统中清除这些"累赘的"社区和区域引发了无数争斗，而且大部分是暴力争斗，涉及"谁比谁更多余"的问题，或者更简单地说，涉及资源分配问题，这类清除使资源分配变得绝对稀少。一般而言，这些争斗并没有被诊断为社会为了防止已经建立起来的生活方式因为受到日益加强的世界市场竞争的影响而瓦解所做出的自我保护——这些生活方式并无改变。相反地，它们被诊断为地方暴徒中间的古老仇恨或权力斗争，这两者至多是仅仅发挥着一种次要作用。①

---

① Giovanni Arrighi, *The Long Twentieth Century*：*Money*，*Power and the Origins of Our Times*，London：Verso，1994，330 – 331.

不管阿里吉的诊断是否正确，从当前的全球化角度，而非文化主义角度（它通常到头来就是种族主义的角度）思考当前事件，他至少给我们上了深刻的一课。

现在，面对这些灾难性前景，如果不使这枚硬币的另一面，即对全球化和后现代性的庆贺显得微不足道，便很难表达更为积极的观点。但这也是一个非常有说服力的观点，我想我们中的很多人，尤其是在美国，可能会无意识地同意这种观点，事实也的确如此，即认为我们自己就是新世界文化的接受者，有资格从全球化中获益，因为我们激活了大量新的知识网络，推动了不同国情间的交流和讨论，这些国情本身因为全球化也被标准化到了我们现在可以相互交谈的程度。我觉得在殖民化世界中，存在于西化者和传统主义者之间的那种古老的、基本的对立在这个新的资本主义的后现代时刻几乎已经完全消失了。那种对立可以说是一种现代主义的对立，它不再因为这个非常简单的原因而坚持认为那种形式的传统在所有地方都已经被清除了。新儒学或伊斯兰及印度的原教旨主义本身就是新的，是后现代的发明，不是古代生活方式的残留。在那种意义上，大城市和首都以外地区之间的对立也已经消失，在民族和全球范围内都是如此；而且它也同样不一定有冠冕堂皇的理由，因为在本质上，正是标准化消除了中心和各边缘之间的差异。如果说我们现在都是"边缘人"，全部"被去中心化了"，如果这些术语都表达的是其在当下的合理意义，这些说法可能也是夸大其词，当然，在此过程中，赢得了很多新的自由，由此，全球化已经意味着对差异的去中心化和扩散。你可以看到这种观点如何以绝对不同于悲观主义的方式来理解全球化的到来，对于悲观主义而言，全球化意味着统一和标准化：但是，这些的确是那只庞然大象的两个对立特征，我们在这里盲目地试图描绘这只大象。

在文化王国中，对于全球化这幅喜庆的图画，没有人比马克

思主义理论家耐斯特·加西亚—坎克里尼（Nestor Garcia-Cancli-
ni）所做的表述更加有力，也就是他的文化即杂交概念①：依照
他的观点，全球化带来的电子沟通和借贷是积极的和健康的，它
们在积极的意义上鼓励了新文化的繁殖（说真的，我认为这种
观点的隐含意义是，在任何情况下，文化始终都是通过污七八糟
和无序的结合，而不是通过隔绝和规驯传统来发挥其作用）。加
西亚—坎克里尼的研究因此为我们这个时代，在全球为一个巨大
的城市跨文化节日那些最具活力的乌托邦前景提供了机会，这个
节日没有中心，甚至不再有统治性的文化模式。我本人认为，这
个观点需要一点经济特征，它与所谓企业文化在全球范围内的质
量与改善格格不入。

但是，它与前面那种对全球化进程的悲观看法之间的矛盾是
一种震撼，我希望从中有火花飞溅，而且无论如何，这肯定是现
阶段最重要的争论之一。

（另一个非常重要且确实相关的对立是自主和自足等较为古
老的价值观——既有文化上的，也有经济上的——与当前全方位
的相互依赖之间的对立，在这种相互依赖中，我们都是某张网或
全球网络上的点。对立双方都气势汹汹，或许会蔓延到这里，但
我只是顺便提一下这一特殊论争，旨在参照某种扩大了的议程来
读解它。）

但是，现在我需要重新回到那个三角可能性上并说明原因，
如果证明加西亚—坎克里尼关于所谓第三世界具有持续的文化活
力和生产所做的论述不正确，我们可能不会继续期待欧洲和日本
这另外两大世界中心对美国化具有制衡力。

在当前的语境中，我更愿意将它作为一个问题而不是作为一
种意见摆出来，即，是否在我们的时代，文化与经济之间的关系

---

① 　Nestor Garcia-Canclini, *Culturas Hibridas*, Mexico City：Grijalbo, 1989.

一直没有从根本上改变过。无论怎样，我认为，新的文化生产与创新——而且这意味着在大众消费文化领域——是某个给定领域的中心性至关重要的指数，而不是它的财富或生产力。这就是为什么最终日本趋向于联合美国娱乐业时，它格外重要的原因——索尼对哥伦比亚影业公司的并购和松下对 MCA 娱乐集团的买断——都失败了：这意味着尽管有巨额财富和技术与工业的生产，甚至尽管拥有所有权本身和私人财产，日本仍然不能掌握最根本的文化生产力，要保障所有特定的竞争者的全球化进程，就必须具备这种文化生产力。无论是谁引发了文化生产都意味着同时引发了日常生活的生产：若非如此，你的经济体系便几乎没有办法继续扩充和移植其自身。

至于欧洲——比以往任何时候都富裕和文采斐然，一座代表着辉煌过去的熠熠生辉的博物馆，现代主义本身最直接意义上的过去——我也想指出，它没有成功产生自己的大众文化生产形式是一个不祥的信号。是否现代主义的死亡可能也意味着某种特定类型的霸权式欧洲艺术和文化的终结？我碰巧发现了在欧洲经济共同体的刺激下所产生的努力，幻想新的欧洲文化合成，用米兰·昆德拉代替 T. S. 艾略特，一个同样不祥的症状，即便不是令人感到更加绝望。众多地方性流行文化在整个欧洲的出现是后现代性一个可喜的意外收获，但是在定义上却是与古老的欧洲霸权计划的彻底决裂。

同样地，先前的社会主义国家在很大程度上似乎没有催生出一种本体文化和与众不同的生活方式作为替代，我已经间接提出，在第三世界，古老的传统主义也同样处于苟延残喘和了无生气的状态，只有某种宗教原教旨主义似乎有力量和意志来对抗美国化。但是，在这里，最重要的词语毫无疑问是"似乎"；因为我们还要拭目以待，看看这些实验是提供积极的社会代用品，还是仅仅提供反动的和压制性的暴力。

五

对市场"自由"的庆祝似乎常常要将这些不祥的发展置于一种全新的、积极的语境中，所以，好像最后还是有必要再反过来追问这个概念；有必要确定哲学范畴的干预，后者的出现是将全球化等同于市场的结果。可以先将这些内在的概念性矛盾当作其他各不相同并被区别开来的社会生活"层面"的诸多融合（conflations）。

因此，我常常参考一部精彩的著作①，在其中，A. O. 赫希曼（A. O. Hirschman）记录了文艺复兴时期最早的小册子和专题文章在如何赞颂"la douceur du commerce"，它们的内容涉及商业带来的好处及不久之后发展起来的资本主义本身的好处——贸易对于野蛮的或暴力的、未开化的心灵产生了有益的影响，引入了世界利益和视角，野蛮人中间逐渐有了教养（尤其是封建欧洲的那些人，我或许应该补充一下）。在这里，我们已经有了两个层面的融合：交换层面与人的关系及日常生活层面的融合（如我们今天可能会说到的），它们之间的同一得到了确认。同时，在我们自己这个难以形容的时代，哈耶克（Hayek）提出了一种类似的同一，不过，是在一个更大的政治范围内：自由企业与政治民主之间的同一。后者的缺乏会阻碍前者的发展；因此，结果一定是后者——民主——的发展依赖于自由市场本身的发展。最近，那些随心所欲的自由世界经济学家到处炫耀弗里德曼货币学派的支持者（Friedmanites）和新保守派倾力阐发的三段论，1989 年之后，他们跑到以前那些仍然处在蒙昧状态的东部

447

---

① Albert O. Hirschman, *The Passions and the Interests*, Princeton: Princeton University Press, 1977.

国家对如何建造这个特别的、更加完善的捕鼠器指手画脚。① 但即使是在这个获得意识形态认同的体系内，还是存在一种更加具体的含混性，而且它关乎市场本身：使用马克思本人提出的一些范畴表明，这个基本"思想"或意识形态素牵扯到两个截然不同的范畴的非法融合，即分配范畴和生产范畴（也很有可能在修辞操作过程中于不同的点上滑入消费本身）。

由于资本主义生产一般意义上在这里是受到维护的，不过，是以分配的名义，伪装成分配的样子——市场交换所具有的突出且异质的多样性——关于此，我们知道，资本主义制度的某个基本危机点总是在那些事物不同步发挥作用的时候准点到来：生产过剩，货物堆积在库房里没人买，等等，等等。同时，市场的力比多化——如果我可以这样说的话——如此多的人现在之所以觉得这个无聊且过时的词语是性方面的——是因为五花八门的消费形象使这个药丸变得香甜可口：商品可以说正在成为它自己的意识形态，并且根据莱斯利·斯克莱尔（Leslie Sklair）所称的新跨国"消费文化—意识形态"改变着传统的精神习惯和实践，将它面前的一切都一股脑儿地归入某种所谓的**美国生活方式**。

但是，假如在这里被认定为同一事物之诸多层面的事物事实上是彼此矛盾的：例如，如果消费主义与民主是不一致的，后现代的消费习惯和癖好阻碍或压制了政治及集体行动的可能性，将会如何呢？我们可能还记得，例如，在历史上，大众文化的发明作为福特主义的一个组成部分正是美国例外论的源头：也就是说，在美国，与世界上的其他国家成为对照，容忍联邦主义、熔炉、阶级斗争管理的恰恰是我们独有的大众文化体系和消费体

---

① 但是，见 Maurice Meisner 的 *The Deng Xiaoping Era*，New York：Hill and Wang，1996，其中有关于"非民主"制度中资本主义发展的有力佐证。

系，因为它将能量移位到各个新的、共同掌控的方向上。那么，如果大众文化被当作一个民主化的空间，更不用说抵抗的空间，很多全球化争论的参与者倾向于那样做，它则变得具有反讽性。

但是，某些这类困惑通过环境本身变得豁然开朗；其他的则需要通过我在这里提出的各个层面得到阐明。让我们更近距离地看一下对商业大众文化之解放效果的庆祝，特别是乔治·尤帝斯（George Yúdice）等学者和理论家在拉美地区，尤其是在流行音乐领域（在巴西，是在电视领域）突出强调的东西。① 在文学方面，语言保护了伟大的现代文学生产——例如，拉丁美洲的繁荣——它在很多方面扭转了方向并占领了北美和欧洲市场。音乐方面取得的成绩是，不仅地方音乐战胜了进口或北美的各种音乐，甚至更重要的是，跨国公司实际上在这些领域投资，对地方音乐和录制业进行投资（而且在巴西，对地方电视网络进行投资）。于是，在这里，对于一般地将地方和民族生产吸收进跨国贸易的轨道而言，大众文化似乎提供了一种对抗模式，或至少在涉及跨国贸易时，提供了一种有利于你自己的地方优势或民族优势的招安（co-opting）方式和转向方式。另一方面，考虑到电视在其他国家（不仅是在第三世界）几乎完全被北美进口的节目殖民化，这种个别的民族成功故事只是例外，还没有成为规则。一般来说，区分经济依赖和文化依赖无疑是合适的：我想指出，甚至这样一种老套的区分也重新引入了哲学困境，尤其是我想在这里强调的范畴和层面问题。在今天的美国，如我们已经看到的，文化——娱乐业——与食品都是我们最重要的经济出口项目，也是美国政府不遗余力地加以保护的出口项目，关贸总协定和北美自由贸易协定的谈判斗争见证了这一点，在这种情况下，

---

① George Yúdice, "Civil Society, Consumption, and Governmentality in an Age of Global Restructuring", in *Social Text*, Num. 45, Winter 1995, 1–25.

对经济和文化这两个层面进行区分的正当理由是什么？

同时，从一个不同的理论的视角，后现代性理论证实了对这些层面的渐进式区分，经济本身渐渐变成了文化，同时，文化也渐渐地变成了经济。影像社会和广告毫无疑问能够记录下商品向其自身作为力比多形象的逐渐转化，也就是说，几乎转换成了文化产品；而对高雅文化的消解以及同时出现的对大众文化商品投资的加强或许足以暗示出，不管资本主义的较早期阶段和时刻（那时美学绝对是摆脱商业和国家的圣地和避难所）是什么样的情形，今天，已经没有飞地——美学的或其他的——留下来，在那些飞地，商品形式不是最高的统治。

因此，认为文化王国在某个特定的环境中（巴西电视）与经济王国（依靠）发生冲突既非不合逻辑，也非难以想象，而是需要进一步的阐释，该命题的特点之一无疑是巴西的独特地位，巴西是一个实际上幅员广阔的大市场，相对于本身就需要译回到唯物主义术语的文化差异思想、民族和语言传统等更加传统的思想，我更喜欢这个解释。

不过，尤帝斯的论点仍然有待考察：在特定的条件下，文化——但是，现在，让我们把它限制在流行音乐上，以此来让问题变得简单一些——可以通过提供新的概念，通过对诸如公民权利等的行使为民主提供一个实验场；换言之，有一些关于消费者选择和个人自主性的实践，它们用一种新型的自由训练其他处于下层的个人，这种自由可以看作是（如席勒在很久以前所做的①）为政治自由所做的准备。这很明显是假设文化与政治的各种层面报复性地"融合"了，而我们局限于音乐的做法（不仅是耽于冥想的资产阶级所听的音乐，还有一般的舞蹈和音乐实

①　Friedrich Schiller, *On the Aesthetic Education of Man*, trans. Elizabeth Mary Wilkinson and Leonard Ashley Willoughby, Oxford: Clarendon Press, 1967.

践）使得这个命题比其在约翰·费斯克（John Fiske），举个例子，用它来解释商业电视时要可信得多。① 我们也不应该忘记旨在引起变化的巨大但（可惜呀）流产了的乌托邦蓝图，法国社会主义在上台后从未曾带来这样的变化，这些蓝图被它们最重要的理论家雅克·阿塔利（Jacques Attali）明确地、公开地在音乐模式上加以模仿，他本人就是一位音乐家，也是一位经济学家（他经常强调这两个"层面"的亲缘关系）。② 但是，或许是斯图尔特·霍尔（Stuart Hall）最令人信服地说出了一个新的文化概念。尤其是他最近提出的"新时代"（我不知该不该称之为后现代）时期或转折；今天将霍尔的马克思主义或社会主义放在一边，霍尔关于新的后现代性音乐文化如何在英国克服了各少数群体的臣属性所做的论述是非常有力的，而且它大大有助于在一个不同的意义上恢复艺术的政治潜能，该潜能比我们习惯认为的还要大。③ 但是，这种文化多元性无疑旨在实现两种形式的统一或唯一（oneness）：种族主义国家的唯一和这个国家所代表的白人（新教徒）公民的统一。（我们现在谈论的是各种臆造出的关系的敌对结构，而不是英国这个或那个地方以经验为基础的社会现实。）

　　它是一个模型，现在可以说明何以在拉丁美洲普遍从理论和政治上强调文化及市场。因为常常得到强调的（加西亚—坎克里尼本人比任何人都突出）是在拉丁美洲的任何地方，文化及其支撑都等同于国家，在墨西哥，则等同于后革命国家。在这些国家，权力本身便等同于国家，而不是像在第一世界国家中那样等同于资本主义本身。所以，在一个国家权力的环境中强调商业

---

① John Fiske, *Television Culture*, London：Methuen, 1987.

② Jacques Attali, *Les Trois Mondes*, Paris：Seuil, 1983.

③ Stuart Hall and Martin Jacques, *New Times：The Changing Face of Politics in the 1990s*, New York：Verso, 1991.

和贸易恰恰等于多元性时刻会优先成为自由和抵制的场所：因此，在交换和商业的意义上，市场在拉丁美洲所发挥的作用在很大程度上类似于所谓的 NGOs（非政府组织）在亚洲和非洲所发挥的作用，它逃脱了国家本身的黑暗统治。但是在英美这样的第一世界，我不禁要说，国家仍然是一个积极的空间：它的权力必须得到保护以对抗右翼将国家重新消解为各种各样的私人商业和运营的企图。国家是福利和社会立法的场所，是所有关键的立法权力（就业、保健、教育，以及诸如此类）的安全网的源头，它一定不能屈从于美国商业的碎片化和分解企图。

但是，有一种方式可以使这两种极为不同的情境进行比较：一种情境是在拉丁美洲，多元性受到欢迎，以此来对抗压制性的统一；另一种情境是在北美，某种积极的统一得到保护，以此来对抗某种压制性的多元。但是这些只是改变了加在这些术语身上的效价，评价模式却没有变。我相信，这类变化和相似性将被理解为结构性特征，但还不是全球化的结构性特征，而是较为古老的国际系统的结构性特征：换言之，是某种抽象化和相互关系的层面，在此层面，保留在民族层面上的东西远远地便被转向相反的方向。如果这个听起来太模糊，我就来引用一下那个我找到的与它有关的最生动的例子，这个例子来自 C. L. R. 詹姆斯（C. L. R. James）那本关于海地革命的伟大历史的著作，《黑色的雅各宾》（*The Black Jacobins*）这一标题颇有深意。① 这个标题本身就是我一直记在心里的悖论：因为詹姆斯的叙事中揭露出所谓历史游戏的主体在国际网络中扮演了极为不同的角色。的确，我们已经知道，法国革命中最激进的力量是无裤党（sansculottes）：他们还不完全是无产阶级，仍然是包括小资产阶级、学徒、学生、无业游民等的混合群体。他们组成了雅各宾运动的军队和罗

---

① C. L. R. James, *The Black Jacobins*, New York: Vintage Books, 1963.

451 伯斯庇尔的军队。詹姆斯展示给我们的是，在海地，无裤党（连同他们那从法国进口的革命文化）成了反动的力量，成了反对革命运动的最主要力量和杜桑—卢维图尔（Toussaint-Louverture）的敌人。在这种情境中，唤醒普通的种族主义太容易了：我建议将它读解为一种辩证的逆转，某些关系的出现决定了这一逆转，它们不再是内部的民族关系（我不太愿意用"跨国的"一类词语，就其字面上的适用性而言，它有更多的言外之意；就如同我不愿意说出"帝国主义"这个词一样，它也有一些时代错误；也不能从单纯的殖民视角来思考奴隶制）。而且我认为，在统一性和多元性这个问题上，在北美与拉美之间的差异中，由肯定向否定的逆转也以近乎同样的方式被理论化。

但是，现在我想在更宽泛的意义上阐发这个辩证法。我们在这一特殊事例中观察到，**同一**与**差异**的抽象对立被赋予了某种特别的内容，即统一对多元。但是，也有可能将所有这一切都换码为关于当前后现代争论中的种种术语：在拉美，我相信文化的正面力量不单纯是要选定大众或流行文化，而是包含了高雅文化，尤其是民族文学与语言：比方说，桑巴舞与吉马良斯·罗萨（Guimarães Rosa）是对立的，但是与他所取得的文学成就是同一的，而且被包含在自主民族文化更一般的自豪感之中。然而，有人也可以对各种国情进行识别——我小心翼翼地用这个不很妥当的含混说法来先发制人，以阻止就是否仍然存在"民族"之类的事物以及它们与其他所谓民族主义等神秘事物之间的关系进行没完没了的争论——根据那些国情，维护民族自主性时所采取的形式或许更像是某种更为传统的现代主义：维护艺术和高雅文化的权力，这类艺术现代主义和集体本身的政治权力之间更深层的亲缘关系现在被认为是一种统一了的政治权力或集体计划，而非扩散为各种民主多元性和同一立场。

印度地域辽阔，复杂多样，在那里，你会发现，现代主义和后现代主义都得到了充分的发展。但是，我一直特别关注一个特殊的视阈，它将较为古老的国大党的社会民主计划和尼赫鲁的同路不结盟政策（fellow-traveling non-alignment）同一种完全的美学艺术政治统一起来，后者不同于我们在拉美情况中已经有所涉及的文化研究政治（如果我可以这样说的话）。但是，这难道是较为古老的现代主义的推延和升温吗？它真的相当于维护**同一**，对抗**差异**吗？而且在那种意义上，它是否强化了对在各处都很流行的现代主义的攻击？这些攻击始终似乎在产生某种影响，即将现代主义政治与现代主义艺术一同抛弃，并由此使我们在政治上 452 失去目标，很多人今天都发出这样的抱怨。

调节、解决所有这些差异并将理论争执和斗争转化为和谐也不是没有任何希望——但因为我想表现辩证法本身的权力和益处——我要提出下面的假设：与其说这些差异与**差异**有关，不如说与其所处的位置有关。谁能够在社会甚或政治的层面上对抗**差异**？的确，很多这类文章的背后站着的是某种新的民主政治的有效性（在第一以及第三世界），它受到市场活力、农民以及其他方面的激励：它是那种古老辩护的社会学变体，从前面已经提到过的交换和政治自由角度为商业和资本主义所做的古老辩护。然而，所有事物都离不开一个层面，一种恶意的、标准化的或专横的同一在这个层面上被识别出来。如果在**国家**本身的存在中发现了这种东西，那么毫无疑问，作为一个实体，差异的一种更加微观的政治形式将会在市场和文化中得到确认，把它作为一种与一致性和权力进行对抗的力量：于是，在这里，文化层面与社会层面被集中起来与政治层面发生激烈的冲突。而且在这种论证的某些关键时刻，便诉诸关于联邦主义的断言，将它说成是一个未来的理想，对近来的历史发展置若罔闻，有人可能言之凿凿，这些发展记录了失败和死亡，不是共产主义的失败和死亡，而恰恰是联邦主义的失败和死亡（苏联、南斯拉夫，甚至加拿大）。

不过，如果有人在全球范围内将**同一性**的威胁置于一个更高的层面，那么，一切都会改变：在这个更高的范围里，差异的敌人不是民族国家权力，而是跨国系统本身，是美国化以及此后因为清一色和标准化的意识形态及消费实践而出现的标准化产品。在这一点上，民族国家和它们的民族文化突然被要求发挥积极的作用，迄今为止，这一作用是分派给先前范式中的地区和地方性实践的——它们是对抗民族国家的。因为与地方和地区市场的多元性，与少数艺术及语言相对立，它们的活力当然在全世界都得到承认（窘迫地与它们要普遍灭绝的命运共存），在民族国家，更不用说"民族主义"了，成为遭到诽谤的实体和价值的氛围里，看到又有人在维护民族文化确实是令人惊奇，这些人坚称，民族文学和民族艺术有反抗的权力。这些人将民族文化同现代主义文化联系起来（在这里，或许有人可能的确不认为葛兰西的"民族—大众"[national-popular]战略是一个真正的"民族—现代主义"战略，尽管事实是葛兰西本人在这些问题上可能就是一个现代主义者），从而将艺术与政治层面等同于一种伟大的集体或民族政治计划的可能性，左派和右派在现代主义时期都有此设想。

这个立场预先设定只有通过这样一种可能性才可能反对世界市场的侵蚀，反对跨国资本主义以及所谓第一世界那些掌握着资本借贷权力的大中心的侵蚀。在这个过程中，它也必须阻挠后现代大众文化的散失，于是，该立场与那些立场之间便出现了矛盾，对于后者而言，只有激活真正意义上由多元和差异构成的草根文化才能产生阻挠的力量，首先是阻挠民族国家本身，其次或许是阻挠在外部世界中凌驾于该立场之上的东西（即使悖论性地，常常是那个外部的、跨国的大众文化的元素被挪用来进行这类抵抗：好莱坞的电影有时就是反抗霸权的源头，也是这种霸权最终采取的形式）。

现在，我几乎没有时间来总结那一系列似乎没完没了的悖论：这样一种印象可能已经标志着一个有益的开端，因为它让人怀疑，我们的问题就在于我们的思想范畴，也在于纯粹的事实本身。而我认为，那就是今天重新回到黑格尔的意义和作用，与阿尔都塞恰成对照。后者在其唯物主义辩证法和半自主层面，在结构性灾难和多元决定等方面无疑是正确的：如果你在黑格尔那里找这些东西，你能找到的就是人们一直都知道的，即他仅仅是一个理想主义者。但是，那不是运用黑格尔的正确方法；因为他是一名理想主义者，正确的方法恰恰存在于那些他能够探索的事物当中，即那些范畴本身，那些我们不可避免地要通过它们来思考的思想模式和形式，但是它们有自己的逻辑，对于这一逻辑而言，如果我们不明白它们的存在以及它们的影响，那些影响令我们增长见识，我们就会沦为牺牲品。因此，在《大逻辑》（*Greater Logic*）最著名的那一章中，黑格尔告诉我们如何处理像**同一**和**差异**这类可能很麻烦的范畴。① 你从**同一**开始，他说，只能发现它总是根据自己与某些事物的**差异**来定义；你转向差异，却发现任何关于差异的思想都牵扯到与这个特殊范畴有关的"**同一**"。就像你从**同一**开始却转到**差异**，从**差异**开始又转回到**同一**，于是你将它们都理解为一个无法分割的**对立**，于是，你便明白它们必须始终放在一起来思考。但是，了解了那一点之后，你发现它们不是对立的；确切地说，你发现在某种另外的意义上，它们彼此是一回事。这时，你便已经接近了同一与非同一的**同一**，而在黑格尔的整个系统中最紧要的单向逆转发生时，**对立**突然间赤裸裸地表现为**矛盾**。

我们一直想在辩证法中达到的正是这一点：我们想揭开这个

---

① G. W. F. Hegel, "The Essentialities or Determinations of Reflection", in *Science of Logic*, trans. A. V. Mileer, London: George Allen and Unwin, 1969, Book 2, Section, Chapter 2.

现象并找出它们背后的终极矛盾。这曾经是布莱希特的辩证概念，顽强地坚持所有事物中都存在矛盾，矛盾使得这些事物在时间中改变和演进。但是在黑格尔那里，**矛盾**因此直接进入它的**基础**当中，进入我所称的情境本身当中；亦即系列观念或总体性地图，在其中，事情在发生，历史在进行。我愿意相信类似于这种范畴运动的事物——相互生产，然后演变成新的观点——正是列宁在黑格尔那里看到和学到的，在他对他的阅读中，在第一次世界大战爆发后最初的几周和数月内。① 但是，我也愿意相信，这些是我们今天仍然可以利用的经验，特别是在我们试图理解我们已经开始称之为全球化的现象的效果时，对那些效果的定义仍然不甚完善，而且它们还在逐渐显现的过程中。

① Kevin Anderson, *Lenin*, *Hegel and Western Marxism*, Urbana: University of Illinois Press, 1995.

第十八章

作为政治战略的全球化

定义全球化的种种努力常常似乎比诸多意识形态挪用好不了多少——各种讨论关注的不是进程本身，而是其效果，或好或坏：换言之，各种判断在本质上是总体化的；而功能性描述倾向于将特定的元素隔离开来，而不是让它们相互联系。[①] 既然如此，将所有的描述结合起来，对它们的含混性盘点一番，这样也许更有成效——含混性指的是既谈论这件事本身，也谈论幻想与焦虑。我们将在下文探讨全球化的五个截然不同的层面，为的是展现它们最终的黏合并表达某种抵抗政治：分别是技术、政治、文化、经济、社会五个层面，顺序大致如此。

一

有人可能从纯粹的技术角度谈论全球化：新的通讯技术和信息革命——各种创新，它们当然不仅是简单地局限于狭隘意义上的通讯，而是在工业生产和组织，在商品营销方面都产生了影响。大部分评论家似乎觉得全球化这个维度至少是不可逆转的：

---

① 代表性的观点，见 Fredric Jameson and Masao Miyoshi, eds., *The Cultures of Globalization*, Duham, NC: Duke University Press, 1998。

勒德（Luddite）政治（反对技术进步的政治——译者）在这里似乎没有份儿。但是，这个主题提醒我们，关于全球化的任何讨论都有一个迫切需要考虑的问题：它真的不可避免吗？它的进程能停下、转向或逆转吗？各个地区，甚至全部的大陆可能排除全球化的力量，从它那里退出或"脱离"吗？[①] 我们对这些问题的回答将对我们的战略性结论产生重要的影响。

二

政治层面上的全球化讨论有一个先入为主的问题：民族国家的问题。它已经不再是问题了吗？或者，它仍然要发挥某种至关重要的作用？如果有关它已经寿终正寝的报告是幼稚的，那么全球化本身将会发展成何物？或许，它应该被理解为施加于民族政府之上的压力之一——以及诸如此类的事物？但是我相信，潜伏在这些争论背后的是一种更深的恐惧，一种更加基本的叙事思想或幻想。因为如果我们谈论的是全球化正在扩散的权力和影响，难道我们真的指的是美国正在扩展的经济和军事力量吗？而且在说道民族国家的衰弱时，难道我们实际上不是在描述其他民族国家对美国权力的臣属？不是通过承诺与协作，就是通过强力和经济威胁。从这里所表现出的焦虑背后，隐约可以看到一个新版的帝国主义，我们现在可以通过一个完整的形式王朝来对它进行追溯。较早的是第一次世界大战之前的殖民主义秩序，很多欧洲国家、美国，以及日本将其付诸实践；在第二次世界大战之后以及随后而来的解殖民化浪潮中，它被一种冷战形式所取代，在使用经济压力和绑架方面不是很明显，但绝对很阴险（"顾问"；秘

---

①　这里指 Samir Amin 那个很有用的术语 "la déconnexion"，见 *Delinking: Towards a Polycentric World*, London: Zed, 1985。

密起义，例如危地马拉和伊朗的起义），现在明显是在美国的领导之下，但仍然涉及一些西欧国家。

现在，我们或许有了第三阶段，在此阶段，美国贯彻的是塞缪尔·亨廷顿（Samuel Huntington）已经定义过的三管齐下战略：只有美国可以拥有核武器；人权和美国式选举民主；以及（不太明显）对移民和劳动自由流动的限制。① 有人可能在这里加上第四个关键的政策：自由市场在全球蔓延。帝国主义的这个最晚期形式将只涉及美国（以及完全臣服的卫星国，如英国），美国将扮演世界警察的角色，并且通过选择性干预（基本上是爆炸，从极高层）在各个所谓危险地带加强他们的统治。

其他国家在这种新的世界秩序下丧失了哪些民族自主性呢？这真的是与殖民化同样的一种统治吗？或者是冷战中的强制性征募？对这一问题有一些强有力的回答，它们大部分似乎都可以归入两个主题：文化和经济。但是，集体尊严和自尊的最常见主题事实上导向的是政治考虑，而非社会考虑。所以，在民族国家和帝国主义之后，我们遇到了第三个棘手的主题——民族主义。

457

但是，难道民族主义不正是一个文化问题吗？当然已经以此对帝国主义进行了讨论。而作为一个完整的内部政治计划，民族主义通常感兴趣的不是金融上的自我利益，或者权力欲，甚或科学的荣耀——尽管这些也许是附带的好处——而是某种非技术的东西，但也不是真正意义上的政治或经济；因为缺乏一个更恰当的词语，所以我们倾向于称其为文化。始终是民族主义者在对抗美国的全球化吗？美国认为是的，而且想要你也对此表示同意；不仅如此，还要认为美国的利益具有普遍性。或者这仅仅是不同

---

① Samuel Huntington, *The Clash of Civilizations and Remaking of World Order*, New York: Touchstone, 1998.

的民族主义之间的斗争？而美国的全球利益仅仅代表了美国的民族主义。我们后面将更详细地谈到这一点。

<h1 style="text-align:center">三</h1>

世界文化的标准化已经被很多人看作是全球化的核心，因为当地的通俗形式或传统形式均被排挤出局，或归于沉寂，从而为美国的电视，美国的音乐、食品、服装，以及电影让开道路。美国模式正在取代其他所有事物，这种恐惧现在从文化领域飞溅出来，蔓延到我们的两个残存范畴：因为一方面，这个过程显然是经济统治的结果——是地方文化产业不敌其美国对手的结果。在一个更深的层面上，这种焦虑成了一种社会焦虑，文化只是它的一个症状：换言之，担心某种特殊的族裔—民族（ethno-national）的生活方式本身遭到毁灭。

但是，在继续这些经济和社会方面的考虑之前，我们应该更近距离地观察对那些文化恐惧的反应。通常，它们不看重文化帝国主义的权力——在那种意义上，无意间帮了美国的忙——因为这让我们确信，美国的大众文化在全球的成功并没有那么糟糕。以它为参照，他们会断言，举个例子，某种印度（或印度教的[Hindu]？）身份将固执地抗拒英国进口文化的力量，后者的影响力只是表面的。甚至可能存在一种固有的欧洲文化，它永远不可能被美国化；如此等等。始终都搞不清楚的是，这个可谓对文化帝国主义的"自然"防御是否需要公开的抗拒行动，需要某种文化—政治纲领。

有人在怀疑这些不同的、非美国文化的防御力量时，是否实际上是在攻击或辱骂这些文化？举个例子，有人暗示，印度文化要抗拒西方的力量是不是太虚弱了？既然如此，在这样的基础上，即过分重视它就是贬低那些它威胁到的东西，轻视帝国主义的力量是否更加不恰当？政治修正这种特殊的反射作用提出了一个有趣的典型问题，对此，我简单说几句。

所有的文化政治必然会遇到一种修辞性替换，它发生在对某个文化群体的力量过分自负和确信与对其进行战略性贬低之间：而这是由于政治的原因。因为这样一种政治可以突显英雄性，体现臣属者令人心动的英雄主义形象——刚强的女人、黑人主人公、被殖民者的法农式（Fanonian）反抗——旨在鼓励被困扰的公众；或者它可以强调那个群体的苦难，女人或黑人，或被殖民者所受到的压迫。这些对于受难的表现或许是必要的——要激起愤怒，使被压迫者的处境被更广泛地了解，甚至要把那些统治阶级的部门转变成这些处境的原因。但问题是在那些可以被看作是具有攻击性的形象中，他们甚至可以说是要剥夺那些他们关注的人的权力，越强调这种苦难和无力状态，其主体就越像是孱弱和被动的牺牲者，很容易被统治。这两种表现策略在政治艺术中都是必要的，而且它们是可以调和的。或许它们对应的是斗争中不同的历史时刻，并且演变出地方性机遇和表现性需要。但是，不可能解决这种政治修正独有的自相矛盾，除非你从政治和战略方面来考虑它们。

四

我已经指出，这些文化问题可能扩大到经济和社会领域。让我们先看一下全球化的经济维度，事实上，它看起来一直像是要溶解到所有其他事物当中：控制新技术，加强地理政治利益，并且同后现代性一起，最终将文化转化为经济——将经济转化为文化。商品生产现在是一种文化现象，在这种现象中，你买的既是产品的直接用途，也是它的形象。一个完整的产业正在出现，既设计商品的形象，也指定销售策略：广告已经成为文化与经济之

间的一个基本中介，无疑是无数美学生产形式中屈指可数的一种
（不管它的存在可能使我们的这个想法变得多么麻烦）。爱欲化
（erotization）是这个过程的一个重要部分：广告策划者是真正的
弗洛伊德式马克思主义者，他们明白力比多投资对提升他们的货
品是必要的。连续性也发挥了作用：他人拥有汽车或草坪的形象
会鼓舞我做出也要有一个的决定（我们因此得以看到文化和经
济又折回到社会本身）。经济学在这一意义上成了一个文化问
题；我们可能会猜测，在大的金融市场上，公司与它的文化形象
共在，我们抛售或买下该公司的股票。居伊·德波（Guy De-
bord）在很久以前便把我们的社会描述成一个景观社会，它是在
审美意义上被消费。他由此标出了一个接缝，这个接缝将文化同
经济学分割开，同时又将它们联系起来。我们谈了很多——零零
散散地——政治或思想，甚或情绪和私生活的商品化；我们现在
必须补充的是，今天，商品化也是一种审美化——商品也是在
"审美意义上"被消费。

　　这就是从经济向文化的运动；但是一个同样重要的从文化向
经济的运动也同时存在。这就是娱乐业本身，（与武器和食品一
道）是美国最大和最赢利的出口项目之一。我们仅仅是从地方
品位和本性的角度来看待反对文化帝国主义的问题——例如，从
印度或阿拉伯观众反对所有类型的好莱坞电影的角度来看待这个
问题。事实上，要了解一群喜欢好莱坞风格的非美国观众太容易
了，它的电影突出暴力和身体的亲密感，美国的现代性，甚至后
现代性形象让它声誉鹊起。① 那么，这是否是西方——或至少是
美国——及其文明具有普遍性的一个论据？这无疑是一个被广泛
接受的立场，即使是无意识地接受，它值得严肃地，而且是在哲

---

① 我尝试过这种分析，见 *The Cultural Turn*, London：Verso, 1999；亦见 *Post-modernism, or, the Cultural Logic of Late Capitalism*, London：Verso, 1991, Chapter 8。

学意义上认真对待，即便它看起来荒谬可笑。

美国自第二次世界大战结束之后便大力保障其电影在国外市场的绝对地位——总体上，是通过在形形色色的条约和一揽子援助计划中写进各种条款而由国内政治促成的一项成就。在欧洲的大部分国家——法国在抵制这种特殊形式的美国文化帝国主义方面鹤立鸡群——民族电影在战后由于这类捆绑协议被迫处于防守状态。美国为击毁"文化保护主义"政策所做的全方位努力只是某种企业战略的一部分，后者更具一般性，而且日益具有全球性，它现在在世贸组织及其各项努力中——例如流产了的多边投资协议（MAI）计划——被奉为神圣，从而用青睐于美国企业的国际惯例取代地方性法规，无论是在知识产权方面的版权、（热带雨林物质或地方性发明的）专利中，还是在对食品的民族自给自足状态的有意削弱中，都是如此。

在这里，文化已经确定无疑地变成了经济，而且这一特殊的经济显然制定了一个政治议程，即支配性政策。夺取原材料和其他资源——比如说石油和钻石——的斗争自然仍在世界上进行着：如果有人敢于称这些"现代主义"形式的帝国主义，连同更加古老的帝国主义形式，是更加纯粹的政治、外交或军事努力，其目的是用友好的（即，从属的）政府替换掉对抗的政府。可是，看起来似乎更加独具一格的后现代形式的帝国主义——甚至后现代形式的文化帝国主义——就是我一直在描述的那种帝国主义，它通过《北美自由贸易协定》《关贸总协定》《多边投资协议》，以及世贸组织等计划在发挥作用；绝对不是因为关于经济、文化，以及政治的各个不同且各具特点的层面之间的去分化（dedifferentiation）和汇合，这些形式提供了某种典型范例（从某个新教材中！）去分化和汇合构成了后现代性的特征，也为全球化提供了一个基本结构。

全球化的经济维度有几个不同的方面，我们应该简要地回顾一下。跨国公司——即20世纪70年代的"多国公司"——是资本主义新发展的第一个标志和症状,导致各种政治恐惧的出现,担心可能出现某种新的双重权力,担心这些超民族的巨人可能以绝对优势凌驾于政府之上。这类恐惧和幻想的妄想性一面也许会因为国家本身这个同谋的缘故而与那些商业公司联手,考虑一下两个领域之间的旋转门——尤其是从美国政府人员的角度。(讽刺性的是,自由市场修辞家们已经在民族工业中拒绝了日本的政府干预模式。)新的全球企业结构有一个更加令人担心的特征,即它们有能力摧毁民族劳动市场,因为它们时常将经营转移到海外更加廉价的地区。目前尚无可与之匹敌的全球化劳动运动来对它做出回应;客籍工人(Gastarbeiter)的流动代表了某种社会和文化的流动,但不一定是政治流动。

金融资本市场的剧烈扩张已经成为这个新的经济景观的一个辉煌特征——它的基本可能性再一次与新技术产生的各种同时性连接在一起。在这里,我们不再考虑劳动运动或工业能力,而是考虑资本本身的运动或能力。最近几年看到的对外币的毁灭性投机标志着一个更加暗淡的发展前景,即第一世界以外的民族国家对贷款、支援,以及投资形式的外国资本的绝对依赖。(甚至第一世界国家也是脆弱的:在密特朗政权的最初几年里,法国因其更加左倾的政策所遭到的重击就是证据。)因此,许多国家在农业中的自给自足性受到损害,导致对美国食品进口的依赖,这些过程或许可以令人信服地被描述为在全球范围内对劳动进行新的划分,与在亚当·斯密的理论中一样,构成了生产力的提高,至于对新的全球金融市场的依赖,却不能这样说。最近五年里不断爆发的金融危机以及政治领导人,如马来西亚总理马哈蒂尔、经济巨头乔治·索罗斯(George Soros)等的公开讲话已经直截了当地揭开了这种世界新经济秩序的毁灭性一面,在这种秩序中,

资本的即时转移可能产生的威胁是使整个地区贫困化,它一夜之

间就能抽干民族劳动在几年时间里积累起来的价值。

美国已经在抵制将控制引入国际资本转移这一战略——该方法可能会遏制这种金融危害和投机危害；当然，它已经在国际货币基金组织内部发挥着领导性作用，在很长时间里被认为是新自由主义（neo-liberal）将自由市场条件强加于其他国家这一企图的驱动力，具体做法是威胁要撤出投资基金。不过在近几年里，金融市场的利益和美国的利益并非绝对一致，这一点已经不是那么显而易见了：有一种焦虑认为，这些新的全球金融市场或许尚未——像最近的科幻小说中的感知机器那样——变幻为自主机制，它们生产出没人想要的灾难，其运行摆脱了甚至最强大政府的控制。

不可逆性自始至终都是这个故事的特征。它最初是在技术层面被提出的（不可能回到那种更简单的生活，或回到前微流控芯片［pre-micro-chip］生产），在政治领域，我们也在帝国主义统治这个层面上与它相遇——尽管在这里，世界历史的起伏变换应该暗示出，没有哪一个帝国是永世长存的。在文化层面，全球化的威胁可能导致地方文化的最终灭绝，地方文化只可能以迪斯尼的方式复活，通过建构人工幻影以及幻想出来的传统和信念的影像得到复活。但是在金融王国中，在全球化那假定的不可逆性上方笼罩着厄运的气息，它与我们的无能纠缠在一起，我们无法想象有任何的替换物，或者无法设想"脱离"世界经济如何能够首先是一个合情合理的政治和经济计划——尽管事实上，"被脱离"（delinked）的民族存在仅仅在几年前才兴旺起来，最引人注目的是**社会主义**联盟。①

----

① 我接受一个不是很流行的观点，即苏联的"解体"不能归因于社会主义的失败，而应归因于社会主义联盟对分离的放弃。见前文第 15 章。Eric Hobsbawm 权威性地证实了这一直觉，*The Age of Extremes*，London：Vintage，1994。

五

经济全球化的另一个方面，即所谓的消费文化方面——最初是在美国和其他第一世界国家发展起来的，但现在正在全世界大行其道——最终将我们带进了社会领域。这个术语已经被苏格兰社会学家莱斯利·斯克莱尔（Leslie Sklair）用来描述一种特殊的生活模式，由晚期资本主义的商品生产所催生的生活模式，它威胁要消费掉其他文化中的替换性日常行为形式——而它反过来可能会成为特殊抵制的靶子。① 不过，对我而言，更有用的不是在文化意义上，而是在经济对社会领域的切入点上考察这一现象，因为作为日常生活的一部分，"消费文化"实际上是社会组织的一个重要部分，而且几乎同它无法分离。

但是，或许这个问题与其说关乎"消费文化"是否是社会体系的**组成部分**，不如说关乎它是否标志着所有那些我们迄今为止所了解的社会体系的终结。在这里，这个论点与对个人主义和社会的原子化的古老谴责连在一起，同时腐蚀着传统的社会群体。"法理社会"（*Gesellschaft*）对"礼俗社会"（*Gemeinschaft*）：非个人性的现代社会削弱着较为古老的家庭和宗族、村庄、"有机的"形式。既然如此，这个论点或许认为，消费本身个人化和原子化了，其逻辑撕开了通常被隐喻为日常生活组织的东西。（而且日常生活，每一天的或平凡的，确实尚未开始在理论、哲学、社会学意义上被概念化，除非到了它开始以这种方式被毁坏的时刻。）对商品消费的批判在此类似于对金钱本身的传统批判——在对金钱的传统批判中，金子被等同于最具腐蚀性的元

---

① 见 Leslie Sklair, *Sociology of the Global System*, Baltimore: Johns Hopkins University Press, 1991。

素，它咬噬着社会的纽带。

六

在《假黎明》（*False Dawn*）这本关于全球化的书中，约翰·格雷（John Gray）追溯了全球化进程的踪迹，从俄罗斯到东南亚，从日本到欧洲，从中国到美国。[①] 格雷在评价这个自由市场体系一旦完成将会产生的破坏性后果时采用了卡尔·博兰尼（Karl Polanyi）（《大转型》[*The Great Transformation*]）的观点。在后者的指导下，他不断确认自由市场思维的基本矛盾：即任何真正脱离政府的市场的生成都包含了大量的政府干涉，而且实际上在集中的政府权力中存在干涉升级的趋势。自由市场不是自然地成长；它一定是通过决定性的立法和其他干涉主义方式才出现的。博兰尼那个时期，即 19 世纪早期，也是如此；而且，格雷还特别参考了撒切尔在英国的实验，之后，他证明了我们自己的时代也不例外。

463

他补充了辩证法的另外一个令人啼笑皆非的特点：撒切尔的自由市场实验所产生的社会破坏力不仅导致因它而贫困化的那些人们的强烈抵制；它还成功地将支持这项计划并且是她的选举基础的保守派群体，即"人民阵线"（popular front），原子化了。格雷从这个逆转中得出两个结论：第一，真正的文化保守主义（也就是他自己的）与自由市场政策的干涉主义是不相容的；第二，民主本身最终与后一项是不相容的，因为大多数人民肯定必

---

① John Gray, *False Dawn*, New York: New Press, 1998. 应该注意到，他的指定靶不是全球化，他认为全球化是技术层面的，是不可避免的，而是他所称的"全球自由市场乌托邦"。Gray 是一名公认的反启蒙思想家，对他而言，所有的乌托邦（工厂主义的以及新民主的）都是邪恶的，是毁灭性的；但是，"好的"全球化是什么样子，他没有说。

然要反对它带来的贫困化和破坏性后果——只要他们能够识别出来，而且可以通过选举达到反对的目的。

那么，关于为全球化和美国的自由市场庆功的修辞，有一味最好的解毒剂。恰恰是这种修辞——换言之，新自由主义理论——成为格雷在他的书中最重要的意识形态靶子，因为他认为，它是今天全世界各种灾难性变化的真正原动力，是活跃的塑造性影响。但是，我认为，最好不要将这种对于意识形态权力的敏锐认识看作是对思想之首要性的理想主义确认，而要看作是话语斗争（discursive struggle）动力学（或者，换一个术语，能指的唯物主义）中的一个经验教训。①

我们在这里应该强调，新自由主义意识形态是一种特殊的美国现象，格雷将前者看作是快速推进的自由市场全球化。（撒切尔或许已经将它付诸实践，如我们已经看到的，她毁了她自己，而且在这个过程中可能也毁了英国的自由市场新自由主义。）格雷的观点是，美国主义——在"西方文明"的标题下，因美国的"普遍主义"而得到加强——在世界上的其他任何一个地方都没有被接受。在对"欧洲中心主义"的谴责广受欢迎之时，他提醒我们，欧洲大陆的传统并非始终对这种绝对的自由市场价值观表现出友好的姿态，而是倾向于他所称的社会市场——换言之，福利国家和社会民主。日本和中国，东南亚和俄罗斯的文化也不会天然地对新自由主义议程表示友好，尽管后者也成功地对它们实施了报复。

在这一点上，格雷只能采用两个标准的社会—科学公理，但在我看来，这两个公理很成问题：文化传统公理，以及——尚未提到的——现代性本身这个公理。关于另外一部对今天的全球化

---

① 关于撒切尔战略的一般经验教训，见 Stuart Hall, *The Hard Road to Renewal: Thatcherism and the Crisis of the Left*, London: Verso, 1988。

非常有影响的著作的附加注释可能是有用的。在《文明的冲突》（*The Clash of Civilizations*）中，塞缪尔·亨廷顿也表现为——或许是因为所有那些错误的原因——一个热切的反对者，反对美国声称的普遍主义，尤其反对美国的当今政策（或者习惯?），即在全球实行警察式军事干涉。这部分地是因为他是新型的孤立主义者；部分地是因为他相信，我们所认为的适用于所有地方的、普遍的西方价值观——选举民主、法制、人权——事实上并非根植于某种永恒的人性，而是有其文化特殊性，是很多其他的价值观中某种特殊价值观——美国的价值观——的体现。

　　亨廷顿的眼光与汤因比的十分相像，他假设当今存在八种世界文化：西方文化当然包括其中；俄罗斯东正教文化；伊斯兰、印度、日本文化——局限于岛屿，但特色鲜明——以及中国或儒家传统文化；最后，带着某种概念上的尴尬，连同某种独特的合成，或者就是我们可能期待看到的形成中的拉美文化，他抛出一种假定的非洲文化。亨廷顿在这里使用的方法让我们想起最早的人类学理论：社会现象——结构、行为，诸如此类——带有"文化传统的特征"，它们反过来因为自己在某个特殊宗教中的起源而得到"解释"——后者作为最初的推动者，不需要任何更进一步的历史解释或社会学解释。有人可能以为，世俗社会提出的概念性尴尬也许会令亨廷顿踌躇犹豫。根本没有：因为所谓的价值观显然没有在投机过程中丧失，并且解释了何以俄罗斯人仍然与中国人不同，而且他们都与今天的北美人或欧洲人不同。（后者在这里被归入"西方文明"，他们的"价值观"当然就是所谓的基督教——是某种推定出来的西方基督教精神，与正统基督教有着极大的不同，而且可能也截然不同于残存的中世纪天主教，这种天主教可能将在亨廷顿的"拉丁美洲"这个标牌下变成现实。）

　　亨廷顿的确顺便说过，马克斯·韦伯的新教工作伦理主题似

464

乎有可能将资本主义等同于某种独特的宗教文化传统；不过，除
此之外，"资本主义"一词几乎没有出现。的确，这项关于全球
化进程所做的显然带有对抗性的世界调查最令人震惊的特征之一
就是，所有严肃的经济学都完全不在场。这真正是最枯燥和最专
业的政治科学，全部是外交和军事上的冲突，丝毫没有提到自马
克思以来促进了历史编纂之创造性的独特的经济动力学。总之，
在格雷的书中，值得注意的是，它坚持认为，不同文化传统对于
描绘它们所能够产生或包容的形形色色的资本主义是非常重要
的；在这里，多种多样的文化仅只代表了无中心的、外交的和军
事的丛林，"西方"和"基督教"将要对付的正是这一片丛林。

　　我们插进来的这段关于亨廷顿和他的宗教战争的话到此为
465　止，让我们回到格雷，他也谈到文化和文化传统，但他谈论的角
度确切地说是它们提供不同形式的现代性的种种能力。"世界经
济的增长，"格雷写道，

　　　　没有如斯密和马克思一致认为的那样，生发出一种普遍
　　　的文明。相反地，它允许发展各种有地方特色的资本主义，
　　　同理想的自由市场分离，并且彼此分离。通过更新它们自己
　　　的文化传统，而非模仿西方国家，它创造出实现现代性的各
　　　种管理体制。有很多种现代性，如同很多失败的途径也是现
　　　代的。

　　重要的是，所有这些所谓的现代性——格雷在海外华人中，
在日本的武士资本主义中，在韩国的大商社中，在欧洲的"社
会市场"中，甚至在俄罗斯当前的黑手党型无政府资本主义中
所追溯的同源资本主义——假设存在特殊的而且是预先存在的社
会组织形式，它们以家庭秩序为基础——无论是宗族还是延伸了
的网络，或者是在更传统的意义上。在这一方面，格雷关于抵制

全球自由市场的论述最终不是文化的，尽管他反复用到这个词，但说到底在本质上是社会的：关键是不同的"文化"都有一个特性，即能够利用各种各样的社会资源——集体、社区、家庭关系——抵制自由市场所带来的一切。

在格雷那里，最严酷的反乌托邦存在于美国本身：极端的社会两极分化和悲惨化，中产阶级的毁灭，没有任何福利安全网的大规模结构性失业，世界上收监率最高的国家之一，满目疮痍的城市，破碎的家庭——这就是所有社会都趋之若鹜的绝对自由市场的前景。与亨廷顿不一样，格雷不必要寻找某种独特的文化传统并依据这一文化传统对美国的现实进行划分：这些社会现实确切地说源自社会的原子化和毁灭，将美国作为一个可怕的教训留给世界上其他的国家。

"有很多种现代性"：如我们已经看到的，格雷庆幸的是"通过更新它们自己的文化传统实现了现代性的各种管理体制"。你如何确切地理解"现代性"这个词？总之，在后现代性中间，在冷战结束之后，在"现代化"的西方和共产主义前景都不再令人相信之后——也就是说，在重工业的地方性发展和出口都不再令人相信之后，如何解释它在今天鸿运当头？

当然，在全世界，"现代性"——或者，也许更恰当的说法是现代化——的词汇再次复活。它意味着现代技术吗？如果是那样的话，世界上几乎每一个国家都毫无疑问早已经现代化了，而且还有汽车、电话、飞机、工厂，甚至计算机和地方股票市场。是否不充分的现代——在这里一般意味着倒退，而不是严格的前现代——仅仅意味着拥有这些东西的程度还不够？或者没有能够充分地驾驭它们？或者现代状态意味着拥有某种制度和法规，或像好莱坞电影中的人们那样生活？

不用在这里停留太久，我想要提出一个大胆的观念，"现代性"在这个语境中是一个存有疑窦的词语，它恰恰是被用来掩盖社会主义不再令人相信之后所有大的集体性社会希望或目的的不在场。因为资本主义本身没有任何社会目标。炫耀"现代性"这个词语以替代"资本主义"使得政客、政府，以及政治科学家们假装它确实取代了资本主义，并以此掩盖了那可怕的不在场。这表明在格雷的思想中有一个基本的局限性，他不得不在诸多战略性时刻使用这个词。

格雷自己的未来方案明显鄙视任何向古老集体计划的回归：全球化在当前的意义上是不可逆转的，他反复强调这一点。共产主义是魔鬼（与它的镜像，即自由市场乌托邦一样）。社会民主被说成在今天根本行不通：社会民主体制"假设有一种封闭的经济……［它的］很多核心政策在开放的经济中无法得到支撑"，"它们将会因为资本的自由迁移而变得难以实行"。相反地，各个国家将不得不通过忠实于他们自己的"文化传统"来试图舒缓自由市场的僵化：必须以某种方式设计出全球性的管理纲要。全部的方法在很大程度上有赖于松散的斗争——也就是说，有赖于打破新自由主义意识形态的霸权。格雷有很多关于伪意识在美国占据统治地位的精辟论述，很显然只有一场大的经济危机才能击碎这种统治（他相信会有一场这样的经济危机）。市场不可能自我管理，无论是否是全球市场；然而"如果美国的政策不发生重大的转向，所有全球市场的改革方案都将胎死腹中"。这是一幅凄凉却现实的图画。

至于原因：格雷没有将全球自由市场的先决条件和它的不可逆转性归于意识形态，而是归于技术。而且在这种情况下，我们又回到了我们的起点。依他的观点，"多国公司之所以获得超越其对手的决定性优势，都是因为它能催生新技术，并且能有效地、获利地使用这些新技术"。同时，"工资下降和失业增多的最根本原因是新技术在全世界范围内的传播"。技术决定社会和经济政策——"是技术使得传统的全就业政策无法运行"。最后："由于新技术在全世界范围内的传播，而不是由于自由市场的蔓延，一种真正的全球经济正在被创造"；"这一进程［全球化］的主要动力正是新的零距离（distance-abolish）信息技术的快速普及。"因为格雷希望通过他对美国新自由主义的反对而实现多元"文化传统"，这掩盖了格雷的技术决定主义，但最终也不过是一种与诸多其他全球化理论家的理论同样含糊的理论，以同样的份额派发希望与焦虑，同时却采取的是"现实主义"立场。

七

现在，我想看看，如我们已经清楚地表述过的，我们刚刚弄清楚的这个分析体系——分解开技术、政治、文化、经济，以及社会（基本上是这个顺序）等截然不同的层面；并在这个过程中揭示出它们之间的相互联系——是否在决定某种能够抵制全球化的政治形态时也没有多少用处。因为以同样的方式研究政治策略也许能告诉我们，它们将全球化的哪些方面隔离开来作为靶子，它们又忽略了哪些。

我们已经看到，技术层面可能唤醒某种勒德（Luddite）政策——破坏新机器，试图阻止，甚或逆转一个新技术时代的开始。众所周知，对于勒德主义，历史上多有微词，但绝对不是如人们看到的那样，被讥刺为一个无思想的和"自发的"计划。[①]不过，唤醒这样一个策略的真正好处是它所带来的怀疑主义——唤醒了我们对于技术之不可逆转性所持有的最深刻信念，换言之，为我们预示了关于其扩散的单纯的系统性逻辑，永远逃开国家的控制（很多政府保护和储存技术创新之努力的失败便是证

---

① 见 Kirkpatrick Sale, *Rebels against the Future*, Reading, MA：Addison-Wesley, 1995。

明）。生态批评或许在这里找到了它的位置（尽管有人间接提出，控制工业滥用这一意愿可能为技术创新提供刺激）；正如各种建议，如托宾（Tobin）的方案（詹姆斯·托宾，1981年诺贝尔经济学奖获得者，瑞典皇家科学委员会授予他诺贝尔经济学奖的理由是：托宾的贡献涵盖经济研究的多个领域，在诸如经济学方法［econometric methods］、风险理论［risk theory］等内容迥异的方面均卓有建树，尤其是在对家庭和企业行为［household and firm behaviour］以及宏观经济学纯理论和经济政策的应用分析方面独辟蹊径。资产组合选择的开创者。——译者），想要控制资本逃离和跨国界投资一样。

　　但是，似乎很清楚，技术创新只有在其自身成为所有技术控制政策的最大障碍的情况下才是不可逆转的，这是我们根深蒂固的信念（对的或错的）。既然如此，这恐怕就是一种用来说明在某种政治层面上"取消联系"（delinking）的寓言：因为要面对一个没有计算机——或汽车，或飞机——的社会就等于想象从地球分离出去后仍然会有生命力。[①]

　　这时，我们已经滑向政治，靠的就是从一个预先存在的全球系统中分离出去的概念。正是在这一点上，民族主义政治可能会
468　抬头。[②] 我同意帕萨·查特杰（Partha Chatterjee）的论点，即要

---

　　① 每当有人试图想象以这种方式分离时，总是媒体技术受到威胁，这绝非偶然，它强化了一个非常古老的观点，即"媒体"一词不仅规定了交流，也规定了交通。

　　② "民族主义"和"民族主义者"这些词一直都非常含混，具有误导性，或许甚至具有危险性。我心里那种积极的或"好的"民族主义包括 Henri Lefebvre 喜欢称之为"伟大的集体计划"的东西，它表现为建构一个民族的努力。掌握了权力的各种民族主义因此主要是"坏的"民族主义。或许 Samir Amin 在国家和民族之间，在掌握国家权力和民族建设之间所做的区分在此是有联系的（Amin, *Delinking: Towards a Polycentric World*, 10）。国家权力因此是"民族资产阶级霸权"的"坏的"目标，而民族建设最终必须使人民在这个"伟大的集体计划"中动起来。同时，我相信，将民族主义和，例如，地方自治主义现象混为一谈具有误导性，后者给我的印象是一种（例如）印度的身份政治，尽管是在一个广大的，而且的确是"民族的"范围内。

建立一个主体，而且要有说服力，换言之，如果一种未修正的民族主义政治将得到认同，就需要有反证。① 查特杰的结论是民族主义计划与现代化政治是分不开的，并且天生便包含后者在程序上的不连贯性。他认为，一种民族主义冲动一定始终是某个超越了民族主义的更大政治的一部分；否则，它在形式目标上的成就，即民族独立，会让它变得没有内容。（这不一定就是说所有更大的政治**不借助**某种民族主义冲动就可以发挥作用。②） 的确，似乎很清楚的是，民族解放的目标已经显示出在其实现的同时也失败了：很多国家已经不再依靠他们原先的殖民主人，却立刻跌进了资本主义全球化的力场中，受制于金钱市场和海外投资。有两个目前似乎不在这个轨道上的国家，南斯拉夫和伊拉克，他们并不相信纯粹的民族主义道路的可行性：他们各自采取的不同方式似乎都验证了查特杰的诊断。如果米洛舍维奇的抵抗与捍卫社会主义有任何关系，我们已经不相信了；而萨达姆在最后一分钟还在呼唤伊斯兰教，这几乎对任何人而言都不可信。

此刻，最重要的是区分民族主义和反美帝国主义——也许是戴高乐主义③——它今天肯定是所有保持尊严的民族主义的一部分，只要它不堕落为这种或那种"种族冲突"。后者是边界战争；仅仅反对美帝国主义等于是与这个系统或全球化本身对立。不过，在社会经济方面准备好了承受那种全球化对抗的地区——日本、欧盟——其本身便深深地牵扯进美国的全球自由市场计划当中，它们常怀着那种普遍的"混杂情绪"，在很大程度上通过 469 关税、保护、专利，以及其他贸易条款来保护他们的利益。

---

① Partha Chatterjee, *Nationalist Thought and the Colonial World*, London: Oxford University Press, 1986.

② 古巴和中国或许是两个最丰富的反例，证明某种具体的民族主义可能被一项社会主义计划所取代的方式。

③ 这不一定表示他接受了它，但是，见 Régis Debray 的具有挑衅性，又充满同情心的大作 *A Demain de Gaulle*, Paris: Gallimard, 1990。

　　最后，有人可能会补充说，民族国家今天仍然是进行政治斗争的唯一具体的领地和框架。最近反对世界银行和世贸组织的游行似乎的确标志着美国国内反对全球化政治的一个充满希望的新起点。然而，很难看清楚的是，这类斗争在其他国家是如何以非民族主义精神的其他方式，也就是说，戴高乐主义的方式——我在上面提到过——发展起来的：例如，在反对全球自由市场冲击，争取劳动保护法的斗争中；在民族文化"保护主义"政策的抵抗中，或者在反对美国的"普遍主义"和对专利法的维护中，这种普遍主义可能横扫一切地方文化和药品工业，同时清除掉也许仍在发挥作用的所有福利保障网和社会化医疗体系。在这里，捍卫民族突然变成了捍卫福利国家本身。

　　同时，这个重要的斗争领地面对的是一个圆滑的政治反抗手段，因为美国规定了民族自卫的语言，利用它来为维护美国有关童工和环境的法律以反对"国际"干涉。这便将一场针对新自由主义的民族抵抗变成了为美国的"人权"普遍主义的辩护，而且因此清除了这场特殊斗争的反帝内容。在另一种纠缠中，这些为主权的斗争可能与伊拉克风格的抵抗混合在一起——即被解读为争取生产原子武器之权利的斗争（另一项美国的"普遍主义"现在将其局限于"大国"的权利）。在所有这些条件下，我们看到，特殊性要求和普遍性要求之间存在反复的斗争——验证了查特杰确定的民族主义立场的基本矛盾：将特殊性普遍化的企图。应该理解的是这一批判并不表示对普遍主义的认同，因为从后者身上，我们已经看到，美国实际上是在维护它自己特殊的民族利益。普遍与特殊之间的对立确切地说是作为一种传统深埋于全球体系中民族国家现有的历史情境中的。而这或许正是那个更深层的哲学原因，它可以解释何以反对全球化的斗争尽管可能部分地在民族区域展开，却不能成功地获得一个完全是民族的或民族主义的结论——即使在我提到的戴高乐主义的意义上，民族主义激情也可能只是一种不可或缺的驱动力。

那么，文化层面上的政治反抗是怎么回事呢？它以某种方式包含了为"我们的生活方式"进行辩护。这可能是一个强大的否定计划：它肯定能清楚地表述并凸显出所有有形和无形的文化帝国主义；它允许认同某个敌人，使毁灭性力量被看见。当国际的或美国的畅销书代替了民族文学时，当民族电影工业在好莱坞的重压下，在美国进口的电视节目的冲击下崩溃时，当地方咖啡馆和餐馆因为快餐巨人的进入而关门时，全球化对日常生活的更深刻、更不可捉摸的影响才第一次并且是最生动地被人们看到。

但问题是因此受到威胁的"日常生活"本身更加难于表现：以至于当它的崩溃变得可见可感的时候，其正在被维护的那个积极的实质内容却趋向于将自己简化为人类学的古怪特征，这些特征中有很多可以还原为这个或那个宗教传统（而且我在这里想要质疑的正是"传统"这个总概念）。这让我们又回到类似于亨廷顿的世界政治的问题上；有一个附加条件，唯一似乎表现出抵制全球化和西化（"西方毒化"［Westoxification］，印度人的叫法）之能量的"宗教"或"宗教传统"是——足可以预见——伊斯兰教。在国际共产主义运动消失之后，在世界舞台上，似乎只有伊斯兰教内部的某些潮流——其特征一般情况下被描述为"原教旨主义的"——真正将自己摆在与西方文化，或确定无疑地从纲领上摆在与西方"文化帝国主义"对立的位置上。

不过，同样明显的是，这些力量不可能如伊斯兰教在其最早期所做的那样，再构成一种真正的普遍性对立；只要我们从文化领域转到经济领域本身，甚至更清楚的是，它们表现为一种虚弱状态。如果在现实中，资本主义正是全球化的毁灭性力量背后的动力，那么，你一定可以在它们折中或改造这种特殊的剥削模式的能力范围内最大限度地检验对西方的种种抵制。批判高利贷很明显没有什么帮助，除非按照阿里·沙里亚蒂（Ali Shariati）的样式，将它推演至对金融资本主义进行彻头彻尾的批判；而在传统意义上，伊斯兰教对于通过跨国公司剥削当地矿产财富和当地劳动的批判仍然将我们置于较为古老的反帝民族主义的局限之内，不可能与新的、全球化资本那巨大的入侵力相抗衡，这种民族主义已经被改造得没有一点四十年前的影子了。

　　不过，任何宗教形式的政治抵抗，其具体的力量都不是来自它的信仰系统，而是来自它在某个仍然实际存在的社会中的基础。这就是为什么支持抵抗的任何单纯的经济方案最终都一定伴随着将注意力（它在所有先前的层面上一直保留在这种抵抗内部）从经济转向社会。先已存在的各种社会凝聚力尽管其本身不足以做什么，但它们对于任何有效的、持久的政治斗争而言，对于任何伟大的集体奋斗而言，都是不可或缺的先决条件。① 同时，这些凝聚力本身就是这种斗争的内容，是任何政治运动的支柱，可以说是它们自己的计划纲要。但也不是一定要将这个纲领——坚持集体高于并对立于原子化和个人主义——看作是向后看或（字面上）保守的纲领。② 这样的集体凝聚力本身便可以在斗争中被锻造，像在伊朗和古巴那样（尽管，或许，经过几代的发展，现在对它产生了威胁）。

　　"合并"这个用于劳动组织的老词为在最终的、社会的层面上尚无定论的问题提供了一个绝妙的象征性名称；所有地方的劳动运动史为在活跃的政治工作中锻造新的牢固形式提供了无数的

---

　　① Eric Wolf 的经典之作 *Peasant Wars of the Twentieth Century*, London: Faber and Faber, 1971, 在这方面仍然具有指导意义。

　　② 任何从左派视角召唤社会或集体的终极价值的人必须面对三个问题：（1）如何从根本上区分这种观点与社团主义；（2）如何区别集体计划与法西斯主义或纳粹主义；（3）如何将社会层面与经济层面联系起来——即，如何运用马克思主义的资本主义分析来证明那一系统内部的社会解决办法是没有生命力的。至于集体身份，在一个个体身份已经被揭示为多种主体地位的解中心化场所的历史时刻，要求类似的事物在集体层面上被理论化确实没有太大的意义。

例证。这样的集体性也并非始终要仰仗新技术的恩赐：相反地，只要开始出现任何形式的对全球化的政治抵抗（例如，反对世贸组织的游行），电子信息交换便似乎一直发挥着至关重要的作用。此刻，不管以怎样歪曲或无意识的方式，我们都可以用"乌托邦"这个词来命名任何纲领和表现形式所表达的对将要到来的集体生活的需要，并将社会集体性等同于向全球化做出的真正进步的、创新的政治反应之核心。 472

第六部分

历史的效价

第十九章

历史的效价

第一节　让时间显现

历史就是时间。

——米什莱

一　时间性与比喻

"在某种意义上，谈论时间总是太迟了。"① 德里达在一次反对存在主义之真实性范畴的论战中说的这句话振聋发聩，自 20世纪 20 年代以来，真实性范畴似乎是要提供几种新的伦理与阐释学解决办法，而对它的驳斥是法国后萨特哲学的关键一步（也是西德法兰克福学派批判海德格尔的基石）。事实上，在两种存在主义当中，伦理都十分迅速地给政治让开了道路：在萨特那里，真实性是对付资产阶级的种种阴谋的武器，先是德国的占领，然后是美国的冷战。同时，在海德格尔那里，呼唤所谓向死

---

① Jacques Derrida, "Ousia et Grammé", in *Marges de la philosophie*, Paris：Minuit, 1972, 47；英文版为 "*Ousia and Grammé*：Note on a Note from *Being and Time*", in *Margins of Philosophy*, trans. Alan Bass, Chicago：University of Chicago Press, 1982, 42。

的存在使孤独与苦闷的古老回声重新响起，尽管如此，却延伸到军事伦理和抉择主义（decisionist）的士兵"牺牲"当中。这两个表面上的伦理立场因此归结入一个政治空间，后者本身便需要一种防御，一种萨特接下来试图提供的防御。

但是，这对阐释学而言恐怕是次要的副作用，而阐释学则是后结构主义最重要的目标：即表面与其更深层意义之间的差别，这一点在现象学中已经发挥作用，但是，真实性与非真实性的存在主义主题赋予它一种不同的生命和戏剧般的紧迫性。

在此，不一定要将这些论战中的任何一场进行到底：那可能需要对战后时期存在主义体系在所有地方被取代做出更大规模的历史说明。从这个一般性运动中，我想更直接地汲取它在更狭小的语境中对某个关于时间理论的论点的说明。因为正是这一点在德里达的一篇文章中很成问题，在这篇文章中，德里达说了上面引用过的那句话；而知识分子的责任也许要求对那个论点从头进行重构，绝对不是因为它牵扯到下文中的某些大腕儿。

德里达的起点（与往常一样）是一个碎片：这次是一个脚注，在这个脚注中，海德格尔区分了他自己的时间理论和亚里士多德的时间理论（还有黑格尔的，一个很复杂的东西，在这里略去不提）。[①] 他告诉我们，亚里士多德的时间理论构成了"vulgares Zeitverstandnis"，我们可以将其翻译为对于时间的"平常"或"日常"理解，可以理解为这一描述标志着它是对时间的不真实理解——亚里士多德的时间理论已经被评价为一个举世无双的日常现象学家（《修辞学》被称赞为第一部"关于集体存在［Miteinandersein］之日常状态的系统阐释"[②]）；但是从《存在与时间》的观点来看，这个说明同时将亚里士多德的现象学丢到

---

① Martin Heidegger, *Sein und Zeit*, Tübingen：Niemeyer, 1957, 432–433.
② Ibid. , 138.

了非真实性领域。的确，所有的权威都或多或少地同意亚里士多德关于时间的评论概要（《物理学》，4. 10—4. 14①）确实包括了时间的每一个方面，每一个题目都与时间主题有关，时间在之后的哲学讨论中都受到关注。因此，不管它的连贯性如何——海德格尔为亚里士多德那个杂乱无章的清单所具有的内部凝聚力提出了一个强有力的理由，那个清单看起来常常像是罗列了人们所有关于时间的说法——任何想要超越亚里士多德的时间和时间性论述的理论因此都要把它当作必然的起点。

亚里士多德从时间的本体论问题开始，换言之，类似于既是又不是这一悖论，一个既有过去又有未来，同时又两者都不是的现在，但是它的非存在分属完全不同的方面："过去"或"已经发生的"与尚未发生截然不同（而且因为它是不再存在，所以比关于未来的尚未存在这个靠不住的预言更加真实）。这些本体论的悖论或自相矛盾或许要求有一个全新的关于**存在**的概念，毫无疑问，海德格尔准备要提供给我们的就是这样一个概念（并非没有从奥古斯丁传统那里获得大量的支持，利科将向我们指出，我们后面也将会看到）。 476

但是，此刻，本体论困境还不像亚里士多德称之为时间的"性质"这一问题那样令我们感兴趣。但它是一个关于本质还是关于定义的问题呢？即，它是一个关于内容与结构的问题吗？是究竟把时间理解为什么的问题吗？是关于时间的构成部分、原材料、组织问题吗？——正如有人也许会提出什么是物质这个问题。或者，它是一个语言问题？不仅是要找出关于时间的词语，还要在某个统一的公式中将它们连在一起。毫无疑问，我们在此面对的不是定义的任何狭隘概念（事物无法被定义，尼采的名

---

① 除非另注，所有对 *Physics* 和 *Poetics* 的参考均出自 1831 年希腊文本中的标号，Jonathan Barnes 整理过的 *Complete Works of Aristotle*，Princeton：Princeton University Press，1984。

言），而是一个过程，在此过程中，我们先是将所有可以说是关于时间的不同事物罗列下来，目的是详尽地将这些方面和主题在某种概念性统一中联系起来，这种统一可以用单句来表示。这就是"时间是'之前'和'之后'的运动数目"（《物理学》，219b1），他随即对这个句子又补充道，"而且是连续的，因为它是连续事物的一个特征"（《物理学》，220a23）。

我们现在或许要问，这是一个什么样的句子：它一次又一次通过大量的现代语言翻译将我们送回到它在希腊的源头，这并非毫无意义。"关于（In respect of）"，"就……而言（with respect to）"：如笛卡尔可能说过的，通过精确和清晰的哲学眼镜聚焦并放大被切分到它的最小构成元素的分支可能意味着什么？希腊语只是简单的 kata：kata to proteron kai usteron。里达尔（Liddell）和司哥特（Scott）列举了这个介词的大量功能和用法，但是对它们的英语对应语却比较谨慎。可能符合我们的条件的是"根据"或"作为回答"，以及"与……有关"或"关于"。

提出这个词的正确处理或翻译是什么这一问题有任何意义吗？甚至在缺乏一个准确的对应语的情况下，提出希腊语的原意是什么或以前是什么有任何意义吗？这些令人沮丧的问题将我们引入一个独特的话题，即这样一个介词的哲学意义和功能。这样一个焦点的重要性自然是强调名词具有欺骗性的简单，名词在哲学意义上代表的是实体；也强调动词靠不住的简单，动词在哲学意义上表示过程：而且要明确提出，我们如何趋向于将思维和概念化同化为那两个范畴，如何趋向于忽略这个句子的其他语言成分（它也包括副词和希腊语中无法翻译的小品词）。

这些是被称为言语中的语义助词的部分，它们提供了一个非常不同的语境，不仅是针对句子本身，也是针对它应该设法表达的思维。

在所有这些当中，有某种东西戏剧性地重新出现在现代主义

在语言中的遗传物上；或许马拉美的例子比那些较为古老的哲学　477
文本及其译文更能说明这一点。因为我们坚持认为马拉美所使用
的最重要的词语之一——那些强迫性的动词中心是风格神秘的重
力中心，并且是一个超越任何意义的热情共鸣——既不是最钟情
的名词或形容词，也不是一个反复出现的动词，而恰恰是一个介
词：结果证明，事实上，selon 一词正是突然挡在我们面前的希
腊词语 kata 的精确对等词语。

Mais proche la croisée au nord vacante, un or

Agonise selon peut-être le décor

Des licornes ruant du feu contre une nixe……①

Selon 及其对等词语因此突然将一个同质的表面和一个能指
的连续体改造成为一个单纯的拼贴，这些语义助词的功能和微不
足道的任务就只是简单的并置，将一个思想、一个形象、一组名
词同另一个思想、另一个形象、另一组名词连起来：它们声称要
在各个部分、各种材料、各种形象、各个概念之间建立联系或进
行协调，但是对那些部分、材料和形象而言，它们只代表一种空
间接触的操作，这种接触没有思想。

"根据之前和之后"因此仅仅是让我们将之前性（before-
ness）和之后性（afterness）与这个句子的其他部分放在一起进
行思考：将这一部分加到那些其他的部分上（运动和数目）。亚
里士多德的句子是思考某个不可能的思想的必要条件，而根本不

---

① 但是靠近空洞的北面的窗棂

　　一缕金色正在寂灭，背景是（或许［原文如此!］）

　　独角兽依着仙女在踢着火星……

这是那首著名的"咳"（*ptyx*）十四行诗，它的镜头在空屋（主人不在的屋子）
中扫视，直到捕捉到这几行诗中的微光，其中的火星（当视阈略过窗户本身）缓慢
地在诗的结尾部分变成北斗七星。

是表达这个思想本身的必要条件。

如果是这样的话，那么时间究竟是什么（Was aber war die Zeit?
如汉斯·卡斯拖普［Hans Castorp］用他固有的**间接自由风格**所说出
来的）？它仅仅是各种特征的拼贴吗？或者它最终如奥古斯丁所以为
的那样不可思议吗（"如果你问我的话，我说不出来"①）？

这种犹豫不决在语言学方面和概念方面同时存在，它也是神
秘的和存在主义的，要求我们用一种不同的方式重新阐述这个问
题，该方式会令单纯的言语和语言学分析短路：这一点将从另一
个角度来加以表述，我更喜欢称之为像喻（figuration）。转义
（trope）的确暗含着某种语言学上的决定主义，它仍然令人想起
结构主义时期；而"表现"则打开了一个哲学领域和一个问题
框架（problematic），它大大超越了"据此"和"与此相关"之
类的语言范围，对此，我将继续提出思维和表达或表述的问题。
的确，我把像喻和表述看作是两个相关的范畴，两者都意味着一
种操作，不可能的或可能的，而不是单纯地启动或结束某个功
能，不是简单地标示出某种特性或可能性。如果从像喻的角度提
出这个问题，就要再问一些问题，它们截然不同于关于真理的传
统问题（甚至不同于从康德以降的关于理解之可能性和局限性
的问题）；与关于风格或隐喻的文学问题也不一样。

无论怎样，我正是从像喻的角度继续对亚里士多德关于时间
的专题论文做简要回顾，通过分离我们上面引用过的所谓"定
义"中结合在一起的三个元素来对其进行归纳：它们是运动、
数目，以及之前一之后。由这个起点预先提出几个问题；首先就
是对该起点的省略。如何处理变化？变化无疑是任何关于时间的
讨论的一部分。奇怪的是，亚里士多德让时间和变化都朝着退化

---

① Augustine, *Confessions*, trans. R. S. Pine-Coffin, London: Penguin, 1961, Book 11,
Par. 14.

和消失的方向发生："我们认为，时间在本质上是破坏，而不是生产"（《物理学》，221b3），这个立场似乎会忽略成长、"涌现"（*physis*）、出现。但是我们必须明白，对于希腊人而言，变化和运动是不可分割地纠结在一起的：甚至衰退在他们看来也是一种运动，而且在那个意义上，我们无疑可以假设，变化是运动这个主题下的一个子集。

接着，我们必须对关于"现在"的分析提出问题，它当然是我们所称的时间的最独特体现："当下的巨大特权"，黑格尔对时间的称谓。关于现在的问题自然在亚里士多德的讨论中随处存在：然而要将它包括在关于时间性质的定义或公式中可能会涉及一个邪恶的圆圈，因为，与其他三个主题不同，它几乎无法在时间之外存在，它是后者无法分割的一部分，因此不可能被作为一个构成其特性的单独特征提取出来。

继而，如后面的讨论将要向我们证明的，对现在问题的坚持将不可避免地引导我们朝向一个主观的甚或现象学的方向：如何在不唤醒意识，而且不深究现在与较为古老的时间或预想时间之间的差异的情况下谈论现在，它们由于记忆或预想仍然严格地依附于个人的（私人的或主观的）经验。意识的确只在亚里士多德的讨论中出现过一次，完全是笛卡尔式的思想实验形式："即使它是昏暗的，而且我们不知道任何身体的感觉，但有个东西在我们心里'发生着'，我们应该从这种经验识别出时间的流逝。"（《物理学》，219a7）

479

我们越是坚持对时间的主观经验，就越是在冒险扩大存在时间与世界时间之间的鸿沟（无须多言，亚里士多德具有指导性的运动主题将导向后者，它最终接近于天国中星星的旋转，而且不仅于此，还导向圆圈这个关于运动的"绝妙"形象）。另一方面，必须要补充的是，后面有关时间的讨论的重点正是这个鸿沟（部分的是在利科关于历史时间的文本中，我们很快便会谈到）。将希腊人与现代主体性之间的历史差异放在一边（如果这真是可能进行假设和分析的东西），亚里士多德的论述表明，他是将客观时间放在前面的，只有在我们系统地阐述了客观时间的性质之后，我们才会在同样的意义上谈论主观时间，而不是反过来：已经证实，他与后来对于人类或主观时间的存在主义分析，后者包括了很多现象学分析，似乎都同样地将在各种无技可施的疑难面前终结，这些疑难无休止地重演着主客体之间的对立，却没有任何结果。

值得补充一点，当代的，或说得更好一些，后结构主义的哲学通过删减掉个人主体（或我思）并回到某种前苏格拉底的普遍存在的视阈中来"解决"这个问题，不论这是海德格尔的"返转（kehre）"之后的本体论，还是德勒兹的各种流（flows）以及精神分析结构，对后者而言，"自我"是无意识的一个结果。但是，这些省略和快捷方式也没有解决这一难题，而且我们随后将发现，利科为奥古斯丁的《忏悔录》中亚里士多德的客观时间假设了一个仍属于古典的替换物。

回到上面提到过的基本问题（变化、现在），关于这些话题本身，尤其是关于之前性和之后性的范畴，我们也许可以增加一个问题，这个范畴似乎应该提前遭到德里达的非难：因为它不是已经具有深刻的时间性了吗？它不是已经预设了对时间的基本经验了吗？就算这一经验不应该被定义，也应该在某种意义上得到说明。

即便如此，首先记下海德格尔对这样一种批评性阅读的反对（预先）才是公平的。关于"根据"或 kata，他给出的现象学翻译使得对于亚里士多德文本的挪用有利于现象学的目的，这一点特别明显，因为他将 kata 译为"在……视阈下"。① 这个现象学

---

① Martin Heidegger, *Die Grundprobleme der Phänomenologie*, Gesamtausgabe Band 24, Frankfurt: Klostermann, 1975, 347; 英文版为 *The Basic Problems of Phenomenology*, trans. Albert Hofstadter, Bloomington: Indiana University Press, 1982, 245。

的关键词使一切都变了：不是某个单一平面上的一系列特征，我们的三个话题现在突然在深度上排了个队，而且之前和之后成了"运动数目"被理解为时间的视阈。这是一个温和的解释；但必 480 须本着那种精神被理解为这样的解释：为了后来的哲学计划而挪用了亚里士多德的文本，凭着这个轻微的"修正"，它无疑对阐明影响大有帮助。

因为新的读解现在将本体论优先权引进到这些元素中间，或许最好是将这个优先权描述为现象学优先权而非逻辑优先权：从在日常意义上所理解的表面现象转移到更深层的根本性存在经验。但恰恰是这个优先权——隐含在本体中的本体优先权，隐含在多种存在或存在物中的**存在**，最后是隐含在真实中的非真实——成为德里达批判的目标，德里达的批判就是当代的唯名论，因为这个新的优先权概念旨在取代那个为特殊性提供背景的老的、不令人满意的普遍概念。所以，我们要为上面提到的翻译变化补充 akolouthein 这个难题，黑格尔将它解读成"跟随"，不是任何物质或空间的之前和之后这类物理意义上，而恰恰是从现象学优先权的角度：亚里士多德"没有将时间还原至空间，也没有仅仅是在空间的帮助下来对它做出定义，好像某种空间决定论进入了对时间的定义中。他只是想表明时间如何与运动联系在一起"[①]。如果是那样的话，亚里士多德对空间的误读（如在柏格森那里一样）便与时间经验一样，也是不真实的，与时间的日常经验一样，也是平凡的和庸俗的。但德里达的问题是，是否还存在其他种类的经验。

这个难题与刚才提出的关于现在的问题无法分开：因为它与一系列关于"现在"的思想是连在一起的，这些现在是在之前

---

① Martin Heidegger, *Die Grundprobleme der Phänomenologie*, Gesamtausgabe Band 24, Frankfurt：Klostermann, 1975, 344 – 345；英文版为 *The Basic Problems of Phenomenology*, trans. Albert Hofstadter, Bloomington：Indiana University Press, 1982, 243 – 244。

和之后首先出现后才一个接一个地出现的。即使提出了现在的本质性和结构性含混——它有时是点，有时是线，是一个"分割者"，也是一个"统一者"（《物理学》，22a19），是一个中心，也是一个边界，这两种功能永远不可能同时出现或结合在一起——这个基本的时间元件被亚里士多德想象成为某种添加剂：即使现在也许应该代表一种纯粹的当下，甚至一个永恒的当下，它也是在过去的时间里堆积起来并在未来无限期地超越其自身的某种东西。如果要非常粗暴地简化这场讨论，我们需要注意，对于后来对亚里士多德十分苛刻的评论者而言（海德格尔除外），这个关于现在的概念在本质上被看作是一个空间概念。因此，即使之前和之后这个范畴以深刻的空间性为特点，而且表现了某条线上的一系列点以及这些点之间的关系："之前"和"之后"的确没有传达任何真实的时间经验，而是给出了一幅关于那种真正的时间经验的低档的、具体的空间图画（在这里，很明显，柏格森再次成为基本的参照）。

481

但是，凭借这个讨论，我们已经又回到了我们关于亚里士多德公式的三个维度："时间是关于'之前'和'之后'"的运动数目，我们将这个伪句子视为三个截然不同的形象之间的一次拼贴：数目形象、运动形象，以及空间形象。没必要下降到这三个存在区域的形而上神秘当中：我的想法更简单，确定它们三个相对于同样本来就存在的时间或时间性神秘分别处在什么位置，同时确定它们彼此之间的关系。事实上，结果证明，这三个主题中的任何一个都将把我们引回到结构原则上，这里要对这个发挥作用的原则加以揭示。例如，运动主题将表明，不仅运动本身与时间是同一的，而且任何关于时间的讨论都无法将其省略。"时间既非运动也非独立于运动"（《物理学》，219a1）；或者换一种更清晰的翻译："时间既非与运动同一，也不能同它分开。"时间"隶属于"或"属于"运动，数目和之前与之后也是如此：一个似乎令人泄气的（而且是无法翻译的）结论，除非我们从形象而非概念的视角重新表述这个难题。

因为从形象的立场，这些结论和为得出这些结论所做的思索相当于使时间显现的诸多努力：对希腊人而言，很清楚，无论时间以其他什么方式显现，它都处在运动中，它的在场是不可避免的。但运动远非与时间"一样"：它就是那个必须在那里的其他东西——它本身是看不见的，是没有形象的，是难以表达的——它就是为了让时间以这样一种方式出现，我们可以感觉到在运动背后，时间以某种方式隐身地在场；或者说得更好一点，让时间粘在文本的语言上，待在它的旁边，伴随着它，与它连在一起。这里的关键词，介词或小品词，是 hama：德里达讨论的很多内容与亚里士多德的一样，用 hama（同时）假设他首先打算分析的时间性（由此有了我们借以开始本文的德里达那带有嘲讽意味的看法）。

但是，这或许是一个逻辑难题，而非比喻难题；我对于利科那个同样令人震惊，但涵盖更广的论断持同样的意见，他认为不可能有纯粹的时间现象学[①]，这句话出自当代胡塞尔研究方面最 482

---

① Paul Ricoeur, *Temps et récit*, Vol. 1, Paris: Seuil, 1983, 21, 125；第 2、3 卷由 Seuil（巴黎）出版社分别于 1984 年和 1985 年出版。三卷的英文版名称为 *Time and Narrative*, trans. Kathleen Blamey and David Pellaver, Chicago: University of Chicago Press, 1984, 1985, 以及 1988, 上述引文见第 1 卷的第 6 页和第 83 页。后面对该书的参考均标注为 *TR*；所有的参考部分均先标注法文版，然后是英文版。我应该补充一点，利科后来的著作 *La Mémoire, l'histoire, l'oubli*, Paris: Seuil, 2000, 在前文未予以考虑。记忆现象——在 *Time and Rarrative* 中几乎完全缺失（如在我对它的讨论中一样）——返回来在一部宏大的续篇 *Memory, History, Forgetting*（2004）中引起利科的关注，这部续篇与前三卷规模相当，而且扼要重述了相同的立场（包括结尾处的道德化转向，在这里成了对宽恕的思考）。这样一个主题在第一轮研究中（除了它同奥古斯丁的时间理论的相关性）竟然被完全遗忘，这让我认为，有一种方式，时间和记忆可以借此构成对同样现实的替换代码或概念性语言。对于突出记忆，还有一个更具政治含义的维度，因为它为近代史的建构打下了基础，尤其是决定了各种纪念碑的建立（Pierre Nora 那本颇有影响的对症的 *Les Lieux de memoire* 始于 1984 年，是利科的第一个"三部曲"时期）。在这一点上，相对于群体政治，如果不是个体的主体性的话，历史处于第二位。

杰出的现象学家和权威，确实相当于对哲学本身判了死刑。这句话让我们相信，它不可能从它自己的角度讨论时间；它必须求助于外在的哲学参考，才能公正地对时间做出评判；哲学（在这里等同于现象学）永远不可能是一门自主的学科：因此，利科转而求助于大量的文学作品，我们会在这里予以考察，或者在更一般的意义上依赖隐喻，隐喻对他而言常常超越了其自身及其在言语或语言学上的局限。但这难道不首先是现象学的重要基础？因为胡塞尔的大厦建筑其上的意向性理论①假设，意识是空洞的，它不断被转介给它之外的事物：哲学的空洞性一开始就惊慌失措，它不充分，它自我取消运动，在关键时刻，它给了现象学一个似乎会成为起点的东西，使它一开始便把自己构建成为一种哲学。

无论如何，借助比喻，我们可以在这场讨论中获得一个停顿或"转变"（*Umschlag*），可以借此粗略地谈论它的方法论视角。从这个视角，被刨根问底的不是时间理论的内容，而是它们的形式；或者更具体地说，不是时间或时间性的概念，而是它的喻象以及它使后者得以出现的方式会受到审查（作为时间，即便它也会在我们没有凭直觉认识到它是一个客体的情况下一直存在）。但是，现在，我们需要对这个难题做进一步的详细说明，因为我们在这里感兴趣的不一定是主体或存在时间与世界（或星球）时间之间的鸿沟，后者自亚里士多德以降便统治着这类讨论而且肯定会在这里再次出现。历史时间是增加进来的第三种时间，既非存在的，也非客观的。

即便主体—客体的难题得以解决，主体仍然会一直被构想为一个个体的主体（我们也不能从某个主体的角度来思考集体）。

---

① 见 Jean-Paul Sartre 那篇激动人心的演讲 "Une idée fondamentale de Husserl", in *Situations I*, Paris: Gallimard, 1947。

但历史也不是地理时间（费尔南·布罗代尔 [Fernand Braudel]
在他的中世纪"长时段" [longue durée] 中发现的地理时间一开
始看起来像客观时间，结果却使客观时间向地理政治时间方向转
变——见下文）。"长时段"换言之只能将地理时间记录到这个
地步，它被人类计划、人类住地等诸如此类的事物改造成为原历
史的（proto-historical）集体人类时间——宇宙纯粹的物质历史
因此再次从我们身边逃离。所以，除了让个体的时间显现这个难
题以外，我们现在希望给我们自身一个让历史时间显现的任务
（它是一个开放性问题，是否世界时间——客观时间，亚里士多
德的星球时间——能够以二者之中的任何一种方式出现）。①

二 利科的计划

与受到德里达论海德格尔那篇小文的启发一样，下面的讨论
也受到保罗·利科那本更加不同凡响的著作《时间与叙事》的
启发，这本书专门谈到在此引起我们兴趣的存在时间与历史时间
的差别，它为这二者的结合又补充了第三个话题，如他的标题所
暗示的；或者至少施加了一种新的压力，要求强调我刚刚提出的
象喻，我提前对它进行了鉴别，并且将其指定为某种严格意义上
的叙事象喻。我至少是足够后现代的了。我愿意为一切都是叙事
这个命题辩护（这需要反对基于真理的传统立场，同时也反对
斯拉沃热·齐泽克 [Slavoj Žižek] 等同志提出的反对意见，他们
觉得叙事版本的相关性也威胁到马克思主义所体现的历史真相这
个独特概念）。从这个视角，我们注意到，利科在某个关键时刻
退缩了，他自己的论点或许在这一时刻被更加有益地延长了；而
且将叙事象喻同化为隐喻，其在 *La métaphore vive* （《隐喻的规
则》 [*The Rule of Metaphor*]）中的本体论分析是他自己的著作中

---

① 文章的这两部分可以单独成篇。

最经得起考验的部分，也是他对当代哲学最具创造性的贡献。因
此，我对利科的三卷叙事著作的批评将是对其力量的证明，而且
我的批评主要针对它的局限性，这些局限会在他的人本主义中得
到确认，我是在强烈的阿尔都塞意义上使用这个术语。他的这个
词语事实上是关于辩证法的一个极好例子——是一种力量，同时
也是一个弱点（或反之亦然），因为它本质上是利科的人本主义
视角和对人本主义的强调，这样，才可能有一整个系列对于其他
哲学文本的批评阅读并对其做出反应——最引人注目的是海德格
尔的文本——我们在这里需要依靠这些文本，我们也必须对它们
表示深切的感谢。

　　利科很显然是一位传统的哲学家，对这门学科有着明确的兴
趣：我举几个表示这种关系的迹象：求诸伦理学，系统地拒绝所
有可能被划在后结构主义名下的任何立场，保持沉默，在这种沉
默下，关于同样问题的所有马克思主义讨论都会被删除掉，最
后，信赖哲学传统本身（从柏拉图和亚里士多德那里借用的基
本解决办法），似乎那个传统本身不是历史地建构起来的。与这
些哲学特征紧密相连的无疑是他的宗教定位（我们欠死亡的债，
对永恒概念充满怀疑却仍然满怀同情地表示赞赏）以及他的一
般人本主义（人类的统一）。另一个标志是他同情古老的文学批
评，从诺思洛普·弗莱（Northrop Frye）到凯特·汉布格尔
（Käthe Hamburger），当这种文学批评已经绝对过时之后，他还
是在那时（20世纪80年代）对其进行了具有纪念意义的总结；
还有他对弗兰克·克默德（Frank Kermode）的同情，既是批评
性的也是宗教性的，从后者那里他获得了理论根据（《终结感》
[*The Sense of an Ending*]是集天启、个人死亡，以及最后的审判
于一身的踪迹或铺垫）。

　　不过，首先，关于利科，再多说几句是很有意义的，左派对
他的态度常常是错误的，尤其是在结构主义和后结构主义时期；

484

同时也要说明，何以他是一个非常重要的资源，却远不是一个盟友。他颇具深意地称之为"宗派分裂"（schism）的恐惧，一个结合了博爱这个宗教范畴和他自己在 20 世纪 60 年代的个人体验的词语，表明它同自己在此处的目标（大多是文学符号学）有着极为广泛的哲学关系，这并不排除最无情的批评解剖和分析（但这种关系很平淡地略去了那些论战）。的确，正是从这类原则性的意识形态敌意中（我想到了伊沃·温特斯［Yvor Winters］和卢卡契两人关于现代主义的观点，举个例子），我们常常享受到最好的和最有效的服务。利科的例子丰富地展示了他自己在态度上对于年轻一代拒绝传统甚至对话持有一种优越感（因为我认为这正是"宗派分裂"的含义，不仅是原则上的分歧）：但是，我们也必须准备好最有力和最恰当的回答，即利奥塔的《分歧》（Le différend），比较哈贝马斯的普遍交往所具有的人本主义价值，它断言存在无法解决的差异，断言符码之间存在激烈的争执等，这些争执永远不可能在某个单一的框架内分出高下，因为它们本身就是有争议的框架。（但是，作为一个难点，或许这个特殊的争执可以通过更趋复杂化，更趋紧张激烈而将自己化解掉。）

485

　　我对所有这一切所做的详细说明不完全是一种批评（因为我钦佩利科，但也非常钦佩克默德［Kermode］和弗莱），但为了表现出这些利害关系，也为了证明，要让后传统的几代人相信这种探索如何有益于他们是多么困难。这个讨论因此常常包含了一种翻译，将传统的问题框架翻译为（现在）更为人熟悉的所谓后结构主义的专业术语以及引进后现代主题，这些主题或许已经修正了这些立场或至少允许对它们进行更全面的探索。

　　但是，应该补充一点，利科是一个有品位的读者，有人在关于一个批评家的文学研究中说，他具有不寻常的敏锐和对词语的悟性，他了解如何清晰地表达某种风格的节奏和内涵；只可惜我们在这里不得不讨论哲学文本，破坏它们的内在机制很少需要这样的耐心和缜密。如果在阅读中，批判表现为中立的就事论事的观察和展示，这样的阅读或许可以当得起解构之名，不过是用这个术语表示挪用：甚至它们当中那些保守的东西也是探索和发现的工具，在利科对结构主义特征的著名概括中，即"没有超验主体的康德主义"，便是如此。的确，《时间与叙事》拒绝了大部分在今天被误认为是后结构主义成就的东西，但是，本着一种宽容和谦恭的精神，这一指责在展现这种趋向时表现得很和缓，之所以最终被放弃，只是因为提议替换它的东西是令人失望的人本主义的亲密（humanist familarity）。

但为了使对人本主义的指责看上去不只是空洞的辱骂和随意抛出的脏话，我们不得不更近距离地观察利科的《时间与叙事》这项工程，它不仅牵涉到客观时间与存在时间的对立，而且断言对亚里士多德关于时间的论述而言，后者因为替代了奥古斯丁关于时间的论述而具有优先权，它在海德格尔的《存在与时间》中得到进一步的发展。

这部著作本身有一个十分大胆的宏伟目标，不仅是为叙事辩护，称其为人类精神最重要的行为，还提出一个大胆的概念，即时间性本身就是一种建构，而且是一种通过叙事本身完成的建构。这个维护叙事功能的辩护于是与利科在《隐喻的规则》中能为隐喻所做的一样令人惊叹，在《隐喻的规则》中，起点也同样被扩大以包含本体论甚至思想本身。在该书中，对于这个原初问题的哲学扩充遇到了一个需要吸收却更难以消化的客体，即历史。然而，这个态度的样板性质没有因其赤裸裸的事后聪明而被削弱：有人真的能将**时间**说成是一吗？有人可能把**历史**当成（或命名为）一吗？在叙事的界限以外不存在终极的事物吗（由此他想到死亡，他在该书的前面章节中对死亡在海德格尔思想中的中心地位进行了大胆的批驳）？这些对于已经展开，并且在这一点上已经完成宏大计划之生命力所表示出的终极怀疑，对这项计划的危害，不及无法说明它如何处理我们的后现代现实性之类的难题——我在这里想尝试对它们进行简单的勾勒——也不及随后重新落回到传统的文学（他不必要担心 20 世纪 60 年代和 70 年代的先锋派放弃了"情节"）和历史概念的俗套（他建议我们放弃"乌托邦"，也就是说系统的、革命的政治纲要；并且十分明显地要我们竭力避免"宗派分裂"，由此证明经典和传统等事物的价值）。

因此，在构建我为了进一步发展它而不得不做出修正的事物的过程当中，我在本书中沿用了他自己的批评方法，即重视疑难（aporia）。如我们将要看到的，那个难点在利科手上既不是作为哲学计划从一开始便毫无益处的标记要被解决掉，也不是要被展览出来（如在德里达的文章中）：而是要通过扩展，通过从其自身当中催生出更进一步的、更加复杂和有趣的难点使其具有生产性。但这恰恰是我已经提到过的一个局限性标记，即利科不愿意承认这种方法就是辩证法的精髓，关于他的概念性悖论，他也同样不愿意说出那个很能说明问题的词语："矛盾"。的确，在讨论历史编纂学和历史叙事的时刻，令人失望的是，在马克思主义传统那里，几乎没有发现什么参考意见，在此时刻，历史编纂学和历史叙事可能意味着我想要在这里简单勾勒的问题的延伸，特别是借助于那些虔诚的和普世性的伦理章节，他的宏大工程以这些章节草草收尾。在下文中，我将重新整理这些参考资料并尝试为或许已经在进行的对集体时间和历史叙事的探索提供一个新的方向。

不同的是，我们发现，《时间与叙事》对于当时的文学和叙事理论的论述没有任何遗漏，在一系列章节中，这些章节也许可以作为纯粹的文学理论中那个丰富时刻的纪念碑，我已经提到，在利科对其进行归纳总结的时刻，那种文学理论便或多或少走到了尽头：弗莱的《解剖》在这里是最重要的（连同克默德的核心文本，它们的一个次要功能就是以不同于海德格尔的方式将死亡提上了议程）；关于视角和声音的讨论，简言之，即出自亨利·詹姆斯的诸篇前言的小说的全部语法，在这些前言中，现代主义紧张地审视着伟大的现实主义小说所留下的遗产，它正是从这些遗产中艰难地露出头角。具有历史意义的是，确定何以在后现代出现这样一个重要时刻，这个关于小说结构和形式的完整问题却消失了。

不过，利科对小说的兴趣并不那么单纯：尽管这场新的讨论与亚里士多德的戏剧理论延伸到更加广泛和复杂的模仿系统有着非常大的关系，该系统以小说这一历史性的新形式出现在这个世界上。同时，他的"三重模仿"（triple mimesis）理论（下文中讨论）在小说中，较之在悲剧中，找到了更多的素材，亚里士多德很少参考悲剧，特别是在模仿主体性这一领域中。

毫无疑问，利科在这里的论战目标变得复杂化，因为不是一个，而是亚里士多德的两个重要文本，即《诗学》和《物理学》，出现在他的议程上，分别从肯定和否定两个方面对它们予以评价：第一个从叙事角度对人类时间进行拟人化描述，而第二个，如我们已经看到的，对时间性做出了哲学描述，这个时间性省略了人或存在维度的特殊性。叙事符号学是利科这项本质上属于传统主义的工程的核心，对叙事符号学的重要攻击很显然以拟人化描述所对应的那些抽象范畴为目的，利科认为它们是符号学中顽固悖谬的东西。

至于亚里士多德的《物理学》（相比我们在这次探询中所做的，利科将在更晚的时候着手处理），对于时间之物化的古老谴责——所有这些"现在"加起来构成了线性时间——从一开始就与奥古斯丁的时间即意识的扩展和收缩这个概念形成对照："过去的现在、当下的现在、未来的现在"① 等三重划分已经预

① Augustine, *Confessions*, Book 11, par. 20.

示了海德格尔的时间的三次"向外转移（ek-stases）"。我们必须
将那个反驳意见放在一边，即奥古斯丁没有解决客观时间对主观
时间这个难题：此刻已经足以将人本主义等同于意识形态对后者
的支持高于前者。

但是，这肯定不足以说服任何一个在后现代时期与这类争论
有关的人。我前面已经在观察，今天的哲学家，在很大程度上，
包括提出返转（kehre）的海德格尔，如何忽略了意识和存在的
整个问题，我的这个观察只是假设，利科在二十年前试图重新开
启的那个痛苦的疑难提前解决了，但就像一个伤口，尚未痊愈。

正是在他关于叙事符号学的讨论中，我们或许可以为后现代
时期找到我们想要的答案和相关性。（类似的历史参考材料，对
以前关于历史编纂学的讨论的参考，处理的是历史法则和因果关
系的对立，后者指的是造成叙事在历史中作用的因果关系，这些
参考材料没有得到充分的运用；海登·怀特只是偶然被提到，尽
管利科借用了怀特的"情节化［emplotment］"一词来说明他自
己的目的；而且只有布罗代尔是一个始终引起兴趣的人物。）不
过，如我所言，这一时期的文学理论被大量地归纳总结并与其后
出现的"理论性"分析形成对照，即，格雷马斯（Greimas）试 488
图将讲故事的各种表面元素——那些属于"模仿活动 I（Mimesis
I）"或日常生活现象学的日常范畴或常识性范畴——还原到更
加抽象的（和认识论的）义素（semes）的结构性互动。如我们
将要在下文中看到的，这确实是带有报复性的解顺时化
（dechronologize），是以客观过程代替带有很大主观性或经验性的
感觉：例如，人的行为被分解成"能（*pouvoir*）"和"欲（*vou-
loir*）"之间的对立游戏，人物被还原为两种施动者（actant）的
结合，阅读效果被条分缕析地分解为某个给定的符号对立之间的
相互作用。这显然是用类型学代替了年代学，用逻辑序列代替了
叙事序列。

　　然而，你没有必要赞同各种符号学系统的科学伪装，以此来表示对这种研究的启发价值的欣赏，这不仅能在一个给定的情节中区分不同的层面，显示出一个给定的情节编排行为的异质性；而且还能对作品中的知识或义素内容进行更微观的审视，它们一般是作为消遣，至多是作为虚构再现而被弃置不顾的。但后一个方向承诺会对意识形态研究和无意识投入研究有所贡献，这是一个利科的意识哲学或主题没有考虑到的领域，除非它要否认这类非个人力量的存在；而前一种趋势则一反常态地强烈反对对统一体和统一的评价，该评价控制了利科的分析（即使它同它们无法分开：例如，假设统一的行为可能突出实现了完全统一的多元性和异质性，从而使它成为意识形态的物神同一 [Identity]）。

　　然而，反对格雷马斯的论战必然将从后者的范畴及义素的人格化内容开始。就如同对于时间的谈论总是为时过晚一样，因为你开始谈论时间的那些角度本身已有了深刻的时间性，同样地，我们人类的观点也决定了在行为和价值的所有抽象化内部，都存在本质上属于人格化的投射，我们想科学地从这些抽象化当中清除这种投射：我们的客观性仍然是主观的，因此，对于利科而言，格雷马斯的成功仅在于他用一个伪科学的专业术语表述了他自己对人类行为的表现方式的模仿，在对遵循詹姆斯传统的小说进行更加开放的人格化研究中，这些表现形式得到了更加充分的分析，上文中已经有所列举。无疑，这是一个强有力的反对意见；但并没有真正说清楚格雷马斯的符号学或其他叙事符号学对于文学和文化分析家的用途（利科对他们的学科规划没有表现出多少兴趣）。于是，在这一点上，我们或许注意到，符号学批判倾向于反理论，含蓄地对理论术语，对理论带给这个文化世界的新型的"非人"抽象化进行了谴责，并表现出对古老的美文传统及其精心雕琢的文学话语或高雅文学话语的怀恋。

　　在利科谈论他自己的文学例子时，这是一个将会产生重大影响的盲点，关于这些例子，他颇有洞见，我们将会看到这一点，但是，他显然没有将这些例子等同于真正的现代主义作品，它们也不一定是一系列可能性的例证，他自己的方法或许也能以其他的方式揭示出这些可能性。无论怎样，人本主义论点是为对这类诠释（如精英主义、操纵性、总体性诠释，等等）进行的反智攻击量身定做的，其名号是怀恋对文学的古老辩护，这些辩护是从扩大我们的可能性、死亡主题，以及他者的界限和担心等角度做出的，事实上，他的宏伟计划就是以这些作结的。

三　亚里士多德对符号学

尽管如此，利科的叙事学研究方法中具有创造性的部分是这样一个命题，即亚里士多德的研究不仅是最早的叙事学，更重要的是，这些针对古代悲剧的描述对于所有的叙事而言都是有效的，不仅仅是针对悲剧体裁或模式。任何关于现代悲剧的讨论——这仍然是可能的吗？它能采取什么形式？我们如何使那些古老的范畴适合现代性？——都没有像这样将亚里士多德的基本范畴延伸至所有的叙事，尽管净化这个模棱两可的概念（利科在这里也没有做出令人信服的阐释）常常被拿来作为解释这种或那种接受效果或类型的救命稻草。

这是一个需要证明的脆弱的论点：亚里士多德的论述适合于希腊悲剧，这几乎不容置疑，但它很可能不适合其他的形式和体裁。相反地，它可以从那个语境中被抽象出来为所有的叙事变化提供一个更加普遍的范式，在这个层面上，它作为对“悲剧种差”（*differentiae specificae*）的系统阐述的地位可能是不确定的，可能将受到怀疑。同时，几乎没有其他的体裁能够激发关于叙事的更一般论述：在这里，最明显的例子自然是普洛普（Propp）的《民间故事类型学》（*Morphology of the Folktale*）（所有现代叙事学的圣经和顶级参考）。亨利·詹姆斯的那些前言并不是特别关注行动内容，而是将更多的注意力放在观察和表现它的途径（视角、声音等）上。同时，诺思洛普·弗莱的综合性论文从本质上讲是对亚里士多德的概括总结，其基础是后者关于主角地位的论述（比我们好，和我们一样，或者更坏/更低劣）：这种观点可能使我们注意到，读者对于被叙述人物的态度对某个给定动作的接受模式产生了什么样的影响。

490

亚里士多德的力量就是坚持行动（action）比人物重要：如果关于他的分析有什么东西到最后可以被有效地概括出来的话，它肯定会牵扯到某种方式，这种立场以此方式让我们在我们自己和倾向于主体化和心理学的更现代的趋势之间拉开距离，我们将这种趋势与作为一种形式的小说联系在一起。（甚至卢卡契的《小说理论》也是围绕着他的四种基本小说类型中主人公的四种最重要的"世界观"［Weltanschauungen］进行组织的。）但是，这是一个警告，它可能已经提醒我们，在利科的研究方法中可能有一些失误，在人及其存在主体性与事实的客观性、行动、事件的对照中，他的整个计划始终支持前者。

即便如此，还是回到普洛普，民间故事或童话故事这样的低级形式竟然能产生出普遍的范式（弗莱的才能是从阶级和地位的起点推断出一套故事类型或叙事变量及替代物，却没有使某个单独的形式和与其相关的动作被奉为适合所有叙事的更深刻的本体结构），这实在很荒谬。依我之见①，普洛普范式的用途是它在"反面人物"和"缺乏"的功能之间提供了基本的选择自由，"反面人物"和"缺乏"交替构成主人公——主要人物必须面对和战胜的障碍。因此，情节被认为是对欲望目标的寻求，它因为遇到这两个障碍中的一个或另一个而中断并变得复杂化：无论如

---

① 见 *The Prison-House of Language*, Princeton：Princeton University Press, 1972, 64–69。

何，它们确实根本不在同一个范畴层面上。反面人物很显然是一个人格化的施动者，他被你想赋予他的任何一种欲望所驱使（绝对是邪恶的欲望，对权力的贪欲，嫉妒，他自己的目标，等等）；而缺乏是一种状态，它可以用来表现欲望的特征（但实际上，其他所有事物都源自人的生命在时间中的基本界限）。毫无疑问，反面人物受到缺乏的驱使；但那样一来，我们就不得不对情节做一些逆转，就像对原作的评论进行二次重写（通过伊阿古自己的眼睛看他的生平，打个比方）。的确，将这样的各种范畴——普洛普的主人—情节或原型——与亚里士多德的范畴进行比较是很有趣的。

但首先，我们必须注意利科的反对意见：它是非常深刻的，而且对于赋予他的人本主义以具体内容以及揭示这一整个哲学难题背后更深刻的动机也很有帮助。因为在这里，以及在下面对克劳德·布雷蒙（Claude Bremond）（行动逻辑［the logic of actions］）和 A. J. 格雷马斯（叙事符号学）的著作分别进行分析的章节中，与对叙事进行解顺时化时不同，他的指责没有挑出很多的抽象概念来替代人格化表现形式。在此，利科的计划所断言的时间优位以复仇的面目重新归来：很显然，对格雷马斯的符号方块（semiotic square）中各个范畴的替换让叙事行为在暂时的讲故事中离开了它的位置，将它改造成为一套空间关系，很难讲这些关系朝哪个方向移动以及它们之间可能是怎样的顺序。如果将一个特殊的行动或事件抽象成一套义素（"欲"［vouloir］、"能"［pouvoir］，以及"知"［savoir］，打个比方），得到的结果是一样的，它的逻辑组合和相互关系于是被事件或行动的时间推移所取代。在这里，利科的人本主义大概是向着海德格尔将"此在"（*Dasein*）分析为时间这个方向移动。如果时间性是人类生活、人类计划及他们的故事、人类欲望以及我们满足这些欲望的行动等的实质，那么，很显然，将时间从这个过程中省略掉就等于是跳过了它们最基本的真理，还有它们的生命质量。

后面对这个批评还有另外一个补充，它与叙事接受有关：将利科所谓的"叙事智能"（narrative intelligence）、"领悟"故事（"follow" a story）的能力、从"领悟性"（followability）视角对叙事本身的定义等归到海德格尔的"此在"上。① 格雷马斯无疑假设有一种叙事无意识（narrative unconscious）（它类似于原始无意识，可能在时间之外）；但只有他的叙事对象的领悟性被重点提出，因为这些对象延展或改变了认识论范畴，如因果性。但是，正如利科正确地指出的，使这些更深层的义素对立或范畴对立得以"展现"的操作，也就是说，将它们翻译成人物以及日常可以识别的行为等表象——人格化表现的义素内容在某个更深的抽象化层面上被确认——这类符号学操作仍然十分神秘（即使格雷马斯给了它一个极端复杂并令人悚然的专有名称）。

我相信我们必须对这类分析中的两个方向进行区分：在我自己对格雷马斯的挪用中，例如，在从"表层"叙事表现、体现在文本中的故事回到更深层的义素系统这一方面，我发现它是富于启发性的。但另一个方向，即对这一程序的"验证"，在我看来是一项不可能甚或令人厌恶的工程，它可能证明文本的生成源于这类隐含的义素系统之外。第一步是我们所谓的解释：与民粹主义的偏见相反，它并不断定解释者或"知识分子"优越于显然更平庸的读者（但如果是那样的话，我们在阅读时便都是平庸的）。它仅仅提供了各种解释性假设，读者或重读者（rereader）可以随意探索或放弃（因为无结果，因为牵强，因为搞错了）。读者不能随意放弃的是解释过程本身，它总是牵扯到用一个不同的文本替代原文本：利科的人本主义解读——举个例子，现代小说因为唤醒

---

① 这个术语是 W. B. Gallie 的。见 *TR*, Vol. 1, 104；66。

了读者的心灵，使他们比以往更全面地体验和运用时间可能性，从而扩大了人的潜能——恰好是用解释的概括性代替了具体的叙事文本。我对此不能同意，但我的反对不是基于替代，而是基于第二代码或解释性代码本身，这种代码不是非常有趣。

但是，分析的另外一个或第二个方向——证明最终的文本从它的微观义素元素或它的生殖代码（geno-code）之外生产出来——在我看来是对幻想出来的真正科学方法的拙劣模仿：很明显，它同样相当于试图将某种二元对立重新引入共时分析并回归某种历史或进化的叙事。因此，这个黑匣子的发现非常多余，形形色色的格雷马斯层面在其中都被神秘地转化为人类讲故事的过程，该过程是可以识别的，无论是因为我们不得不处理格雷马斯自己对他的研究的证明，还是不得不处理利科对其结果的反对，这个发现都是多余的。

或许更有意义的是空间和时间之间表面上的不协调，因为从长远看，利科在他对结构主义的种种批判中始终反对所有形式的时间空间化；对于解顺时化的这个非常中肯的批评若要完满，则需要对时间加以讨论，利科从未涉足对时间的讨论，他预先做出假设，"时间性"（the achronic），他这样称呼当代理论的这个方面，仅仅会被当作是对时间（也就是说，对人和具体的人的经验，以及对现象学）的曲解和压制或隐藏。在此，需要安顿好两种回应。

第一种是当代理论肯定经历了一次空间转向，而且不仅是在针对索绪尔的共时和历时之间的区分所发起的意识形态战斗中。图表在当代理论中随处可见，从列维—施特劳斯的各种模型一直到拉康的基式（mathemes）及其表现，福柯在《词与物》（*Les mots et les choses*）中那些更奇异的地图，甚至德勒兹的图表性（diagrammicity）概念。我认为将这些最重要的图表作为教育手段来研究是十分适宜的，在其中，最好是把各种复杂的系统理解为一张由可见的关系及其裂缝和空位（思维需要对它们进行填充和完成）组成的网，它们的时间性在于展示或 Darstellung 本身，随着指针从一个元素移到文本上，又移回来。格雷马斯的符号方块肯定要在理论图表的剪贴簿上来记数，而且它们在教育上是有效的，也是有用的。

很显然，它们的确以某个系统概念，最终是以当代生活中某个不断增长的共时概念——还有共时性！——为先决条件：一个包裹在后现代性观念本身当中的前提，利科在 20 世纪 70 和 80 年代写作该书时不可能对此进行讨论。这的确经常被说成是用空间压制时间，所以，值得专门说明一下，在这里有问题的是什么。作为一个最简略的口号，空间的统治地位所传达的意义几乎就是当代作家放弃了深层时间和记忆这个大主题，因为它在现代主义中已经被探讨过了而且得到详尽的阐释（特别是在利科选择来进行分析的小说中，我们后面将要看到）。毫无疑问，记忆今天在创伤理论中卷土重来，但后现代性这个重要概念诱使我们找出新的方式来描述这个新的理论症状，它不是人类永恒关注的事物的简单回归，甚至也不是古老的现代性主题的回流（可能只要举出对错误记忆①的痴迷便足以间接说明，这个新概念有着非常不同的形态）。

但是，在这里，最重要的是将共时概念从那些时间性（achronicity）的踪迹中清除掉，利科指责时间性中有共时概念（正是他自己眼中的权威，如奥古斯丁和有些小说家，比结构主义者更迷恋"永恒性"②）。如果我们暂时用"共时性"替代"共时"，我们会发现自己面临的是这样一个思想，它什么都是，却

---

① 关于错误记忆，见 Ian Hacking, *Rewriting the Soul*, Princeton：Princeton University Press, 1995。

② 见 Ricoeur 关于"永恒"的有些困惑的讨论，载 *TR*, Vol. 1, 41－53；22－30。亦见 *TR*, Vol. 2, 163－164, 193, 214；109－110, 130, 144。

是非时间的（atemporal）：的确，它假定关于时间性的丰富经验是一个历史性的出现，但它是一个非常不同于任何传统经验的时间性经验：始终值得注意的是，尽管利科聪明地挪用了海德格尔对时间的复杂分析，但很明显，他不愿意承认，人的时间在晚期资本主义中可能经历了某种结构变形。但这恰恰是后现代的共时性所隐含的意义，即各种关系在当下的繁殖（有时在意识形态意义上被等同于信息）亦促使注意力从过去先在的因果线向系统各种更新的概念转移，这些概念对理论和哲学以及人类实践都将产生种种重大影响。的确，布罗代尔本人特别挑选出这样一个新的共时性作为历史书写学科在当代发生转变的"原因"[1]（或者也许是因为"原因"一词已经沦落为这种转向的牺牲品，我们最好称这一发展为一个任意症状，由此可以探察到这个转向）。但这只是意味着一种新的时间，而不是任何真正的"时间性的终结"（我曾经用该表述说明当代思维的此类"重大影 494响"）。[2] 当前，后现代生活由于注意力短缺（attention deficit）而造成的种种无序状态无疑带来了新的问题，一个老的、缓慢的世界用不着处理这些问题：但它们也用新文本和新的哲学问题使我们面对奇妙的、新的可能性，这些新文本和新的哲学问题（部分是在时间和时间性领域）提供了令人激动的前景，并使得我们可以避免以经典、永久的哲学、传统或任何其他贴在形形色色逆行的本质主义之"永恒人类"上的意识形态标签为掩护，重复那些古老的解决办法，避免重蹈它们的覆辙。

四　叙事现象学

当利科将他对（照我的看法，他是被误导了）符号学批判

---

① Fernand Braudel, in *Érits sur l'histoire*, Paris: Flammarion, 1969.

② 见题为 "The End of Temporality" 的文章, in *The Ideologies of Theory*, London: Verso, 2008, 636–658。

与攻击就历史法则和历史编纂之普遍的可能性所展开的古老讨论联系在一起的时候，那一攻击是恰如其分的，他是站在了一条更有生产性的轨道上。那些东西自然是消失了，但不会被返回到任何传统叙事历史或历史编纂式的讲故事所取代。年鉴学派（Annales School）（对这个学派，他的感情很复杂）的各种创新会证明这一点，但也间接指出，我们需要在我们对历史叙事的研究中走得更远：而且在这里也需要以新的方式延长利科的问题和研究。

历史编纂，他告诉我们，较之文学，或说得更好一点，较之虚构文本，提供的时间结构似乎不是那么花样繁多。我们会认同这个印象，即使稍加思考，也足以让它成为一个令人震惊的决定：的确，形形色色存在意义上的时间性如何能够希望与包括在人类历史经验中的那些难以胜数的时间性相匹敌？这足以令我们怀疑，历史编纂还不能够胜任这个任务；同时也让我们困惑，我们的困惑在很大程度上符合利科的精神，是否叙事本身曾经能够承担这个任务？而且它在当时的可能性和局限性究竟是什么？

这是一个他自己在对某种文学批评进行了百科全书式的考察之后开始提出的疑问，如我已经间接提到的，这个问题不再是真实的，不再是普遍的或有影响的，相反地，它是利科在对它做足了功课之后交给我们的一份综合论文。① 因为我已经注意到，这些参考资料所涵盖的范围从克默德（叙事或体裁性改变的可能

---

① 或许，最好还是注意一下，到他写完 Time and Narrative，对叙事学的主要的、基本的贡献已经完成。无论怎样，文学分析很少成为如此严谨、如此透彻的纯哲学关注（不是总能发挥它的优势）的受益者。美学家从未想到它对于文学批评家而言是有用的，而只有借助于现象学，这两个学科开始颇有成效地相互靠近（例如，Roman Ingarden 的研究）；然而，甚至萨特的文学批评离 L'Imaginaire 的现象学实践仍然十分遥远。我的印象是，哲学家的兴趣一直聚焦于虚构性问题（或者胡塞尔的"中和化"、萨特的"非真实化"），这个难题在处理时间（虚构的，抑或其他的）的性质时与处理情节或语言时一样不可避免。

性），中间有本韦尼斯特（Benveniste）、凯特·汉布格尔，以及威因里希（Weinrich）（关于时态系统），一直到古特·穆勒（Günther Müller）和热奈特（Genette）（关于"叙述"［énoncé］和表述），以声音和视角结束（多里特·科恩［Dorrit Cohn］、史丹泽［Stanzel］、乌斯宾斯基［Uspensky］，以及巴赫金）。如何对一个如此宏大的概述进行总结？

要做到这一点，我们只能紧紧抓住利科自己的那根红线，即对时间进行叙事表现的可能性。的确，在这一章中（紧接着关于叙事符号学那一章），我们第一次遇到利科自己都没有完全明白的一个态度转向，但它对我的论证十分重要。它与他赞同语言学批评家将时态系统和实际经验分隔开来有关。

这一分隔的结果似乎重现了对格雷马斯的反对意见："语法学家"一直试图用一个时态系统的抽象术语来替代人类时间性的真实经验。但是，这个对立并没有以同样的方式将自己显现出来。因为现在一场辩论已经若隐若现，在这场辩论中，两种对立的可能性需要一个新的第三种解决办法（因为格雷马斯的方块在实际的世界中是不存在的，但语言及其时态是存在的）。一方面，我们有心理学派，该学派声称，时态仅仅表达了时间性中基本的人类经验；另一方面，结构主义者声称，语言及其形式首先产生活的时间经验效果或附带现象。利科提出的现象学意义上的第三种方式——即扩展对语言学时态的阅读并修正我们的经验——也不是非常令人满意（而且或许可以对它进行补充，如果结构主义、符号学，以及理论都灭绝了，无疑，在它们之后繁荣兴旺的各种阅读理论早就收到五花八门的讣告了）。但我们在这里也不需要任何实质性的解决办法或综合：在这一点上，利科不愿意将现象学经验与语言学系统对立，这已经足以令人感到震惊了。而且这足以暗示出一个非常不同的结果，这两种时间性维度（话语维度和经验维度）的——甚至不是不可通约性——交叉才 496

是关键性的事实，才意味着一种新的方法论密钥。

在我们考察时间的哲学理论时，我们的确已经拥有了这把钥匙，但我们却浑然不觉：因为这些理论都是象喻，我们发现，它们每一个单独来看都会生成一种表象幻觉，即表示时间的实质性"定义"的幻象，任何严肃的哲学研究很快便能消除这种幻象（时间不是运动，不是数目，不是空间，等等）。但是，这三者的交叉使得我们能够超越任何特殊的、有限的表现形式或象喻来对时间和时间性的"现实"作三角测量。或者更确切的说法是，象喻本身就是几种不可通约的表现形式之间的交叉。

无论怎样，我们在这里第一次瞥见能够将喻象转用于叙事的一种可能性：我们能够获得对（虚构的）叙事时间的洞察力，不是因为这些论述中的某一种优于另外一种，而是因为它们的多元性，它们的交叉。（有些人认为，经验或现象学时间根本不是文本，而是某种难以言喻的、无法还原的东西，是某种具体但无从表现的东西，应该让他们相信——与时间本身就是一个概念极为相似：事实上，现象学立场的基础在身体当中，所谓的经验时间性正是身体的时间——但它是另一种文本，结构主义者可能会提醒我们这一点。）

所以现在，凭借这根关系线索，我们也许能够安全地绕出这根线索后面由关于时间的各种文学和语言学理论组成的迷宫。"叙述"（énoncé）和"表述"（énonciation）之间一度无法避开的对立，例如，说话和言语内部一瞬间发生的任何事情与将该事情表述或说出来、将它变成语言的时间之间的对立——这种对立产生的结果是将所有的文学文本变成自我指涉（autoreferentiality）而且不可避免地回指它自己的生产过程（一种于是被授予"自反性"之名的结果）——现在可以看到，这种对立首先是从句子内容和说话行为这两种时间性的交叉中汲取力量（因此回到阿瑟·丹托［Arthur Danto］的公理——"要有一个叙事句子，就必须有两个提到过的事件，一个是指涉的事件，另一个是从考虑第一个事件的视角提供描述的事件"① ——但这个公理要在目前这个讨论的意义上从形式方面加以理解）。除非这两个维度在某个单独（文学的）行为的"配置"（为什么不用利科的绝妙说法？）中被绑在一起，否则，时间是不会出现的。而且因此，我们现在可以继续进入关于叙事声音和视角的结论性悖论中，它们不一定符合我们的要求，但它们在与 18 世纪英国第一批现实主义作家有关的时间游戏中实现了对经典的凸显（《项狄传》："我这一个月比我十二个月以前的这个时候整整老了一岁；而且，你应该注意到，现在已经进入到我第四卷的中间部分——却仍然呆在我生命的第一天。"等等。［第 4 卷，第 8 章］）。这些句子第一次生产出时间，或者，如果你喜欢，它们使得某种一开始便发挥作用但看不见也说不出的东西变得可见，变得可以利用了，即**时间**了不起的人格化从它的各个交叉处出现了。时间只能在各种时间的交叉处显现。的确，难道点和线的悖论不就是这样一种经验吗？其中，在我们的眼皮底下，在某种格式塔（Gestalt）替换中，"现在"突然波动起来——首先，它本身就是一段时期，是某种事物的中心，然后变成一个分割者，成为两个时期之间的断裂。我们是那种断裂的标志者吗？或者如谢林（Schelling）所言，通过否认过去这一行为，我们只是强烈地存在于我们自身当中，作为我们自身而存在吗？

然而，更重要的是（利科的经验，如我们将要看到的，来自对海德格尔的经验的洞察）这些交叉的多样性。但是，如果是这样的话，对时间的某个独特精髓的追求，对从时间的这种多样性中像一个寓言人格一般出现的**时间**的追求便不仅是一团鬼火或一个幻象，它还是真实性这个纷争不断的概念的源头。现代人无疑

497

---

① 见利科的讨论，*TR*，Vol. 1，203 - 211；143 - 149。

追求过这一幻象——但时间是什么（*was aber war die Zeit*）？——抱着一种顽固的韧劲，现代人被引至他们那些五花八门的绝对，超越我们此时此刻脑子里各种各样的时间性。我们能够很容易就让后现代人洋洋得意，沉醉于他们的那些时间交叉，却丝毫不担心**时间**的本体论普遍性，时间也许正源自这些普遍性。这再一次成为差异即相互联系这一原则的真相，而且或许现在可以期待它将我们从文学继续带入历史时间在其恰当时刻的表象中。但现在，我们需要一直回到开始的地方，回到利科自己的起点。

五　奥古斯丁对亚里士多德

的确，希伯来和希腊传统之间、奥古斯丁与亚里士多德之间开始出现的并置或许可以在经过奥尔巴赫（Auerbach）的《模仿论》（*Mimesis*）这个起点时给我们提个醒。在这里，它仍然是一个两种类型的时间性并置的问题，或者确切地说，在这里，它是两种关于时间的理论的并置：一个——亚里士多德的时间理论——是之前和之后的时间，是我们在天体中和在自然的或客观的世界中观察到的年代学；另一个——奥古斯丁、胡塞尔，以及海德格尔的时间理论——是过去和未来的世界，它们被现在的扩张力紧紧地捆在一起，因为它延伸它有期待（protension）和记忆（retension），因为它间歇性地、动态地投射出它在时间上的向外转移，而且它在记忆和期待中，甚至在在场对世界本身的狂热的**意向性**（intentionalities）（在现象学意义上）中活跃在其自身之外。这段论述巧妙地回响着胡塞尔和海德格尔的声音：因为后者有力地发展了奥古斯丁对于时间的三重洞察，同时缓慢地将奥古斯丁对过去的偏见转向主观的、海德格尔式的对未来的赞颂和对"此在"向未来推进的赞颂。

因为奥古斯丁的延伸和意向——如同呼吸造成心脏收缩和扩张一样——强烈地预示着胡塞尔将在把人类时间理论化为意识的

一种期待和记忆方面做出重大突破。① 由此，只是一个小的跳跃，便产生了海德格尔的"此在"是其自身的时间性这一概念，它是向前趋向死亡的一个界限，它通过世界本身的存在将世界理解为时间。② 我们既是自己的过去，也是自己的未来：这就是对奥古斯丁困境的解决之道："我被逝去的时间和未来的时间所分割，而它的过程对我来说是个谜。"③ 然而，这是奥古斯丁本人努力想要解开的一个谜：

> 有三种时间，过去、现在、未来，这一说法在严格意义上是不对的。或许正确的说法是有三种时间，过去事物的现在、现在事物的现在，以及未来事物的现在。④

在这里，除了胡塞尔的时间性强有力的统一活动和海德格尔的三重时间转移，我们已经接近了现象学的时间观，它将表明，利科在这里所寻求的人的（或人本主义的）传统将与亚里士多德的宇宙的客观时间概念相互对立。但是，我们需要在这个多重层面中补充第四个奥古斯丁的时间维度，即奥古斯丁的永恒性原则，或各种时间在神那里的同时性：它是时间性的一种形式，对此，利科明智地保持着不可知的态度，但这一时间性在他对涉及时间性的三部现代小说杰作的分析中重新出现，这三部小说，加上费尔南·布罗代尔的历史编纂，成为他的基本证据。这种永恒时间作为宇宙客观时间的一个宗教替代完全有理由吸引我们的注意，它同样超越了存在经验的界限：但它也是某种形式的变形——类

---

① 见 Edmund Husserl, *The Phenomenology of Internal Time-Consciousness*, trans. James Churchill, Bloomington：Indiana University Press，1964。

② Heidegger, *Sein und Zeit*, par. 45.

③ Augustine, *Confessions*, Book 11, par. 29.

④ Ibid. , Book 11, par. 20.

似于黑格尔试图将系统或本体、斯宾诺莎的存在宇宙（universe of being）改造成为主体——它在摸索一个对这个维度进行更人性的或更主观的表现，而且寻求将世界时间重新拉回到人的时间中，要是能取消后者就好了。海德格尔的伟大革命于是要扭转奥古斯丁通过强调未来维度而对过去和记忆的突出，未来利用投射给我们定位，也给我们定义。任何萨特的信徒对这种强有力的时间性再定位所持的保留态度——利科对此显然是接受的，但是带着某种复杂的感情——就是海德格尔对未来即死亡和向死的存在的强调，它不仅带有军事意味（如果不是法西斯意味的话）①，而且使对未来产生影响的伟大集体计划变得不可信。但让我们来看一下中心问题，这个问题的提出是利科的功劳，即海德格尔—奥古斯丁的时间分析对于历史编纂的书写和阅读的用处。

　　我在这里首先想加入一个对我而言很重要的脚注，关于时间性的表现的脚注。我已经注意到利科在哲学上的一些非常大胆的说法——他断言："不可能有纯粹的时间现象学。"这意味着，事实上，不可能在纯粹意义上对时间进行哲学定义；我们现在需要从一个更加熟悉的当代和后当代主题的角度，即表现的角度，来重新表述它。亚里士多德说，时间不是运动，但总是以某种方式和运动一同出现；这句话的意思只能是时间本身无法表现，而只能通过对其他事物的表现来得到表现——例如，风在林间吹过。如果是这样的话，我们便能立刻明白利科何以求诸文学或非哲学文本，它暴露了一个抽象思想无法获得的时间象喻，或者如他所言，"纯粹的现象学"无法获得的时间象喻。的确，这是利

----

① 不过，我在他处会说明，海德格尔的哲学明显是革命哲学。然而，他的纳粹主义——一位党的官员嘲讽地称之为"海德格尔教授的私人国家社会主义"——对于一场忽略了经济的革命而言是一个理想的方案。关于这个问题的要义，见 Charles Bambach, *Heidegger's Roots*: *Nietzsche*, *National Socialism*, *and the Greeks*, Ithaca: Cornell University Press, 2003。

科将他的叙事例证容纳进来所产生的巨大优势——《达洛维夫人》、《魔山》、普鲁斯特——他们的经验为我简要描述过的象喻原则增添了某些新东西。这些例子说明，只有在各种时间性的交叉中，**时间**本身——如果有人能谈论这样一种东西的话——才能显现。有人可能喜欢将这一思想与德勒兹的时间—影像、时间电影这类概念，以及动作电影或运动影像并置；但我们在这里必须让这条另外的路保持原样。我们也还没有说在这类文本中相互交叉的这些时间性是什么——而且不仅在文学文本中，如同费尔南·布罗代尔的三种持续时间这个绝妙的例子将要呈现的。

500

　　不过，事实上，这场更深刻的哲学争论所引发的不是亚里士多德的叙事与奥古斯丁的时间性的兼容，而是后者与亚里士多德的时间的不兼容。在这里，我们确实发现，两种时间理论产生了对立，一个是在亚里士多德经典的综合中发现的客观时间理论，另一个是在奥古斯丁的《忏悔录》第 11 书中论及语言和历史时出现的主观或存在时间理论。已经证明，亚里士多德的时间是年代学时间，是之前和之后的时间，是根据宇宙、天体星座的旋转、自然的衰朽和再生、客体运动等来衡量的世界的时间。奥古斯丁的存在时间同时预示了"此在"的时间，过去和未来的世界由于"现在"和人的意识的扩张力而动态地结合在一起，因为它延伸了胡塞尔后来所称的它的期待与记忆，并且间歇性地投射出海德格尔和萨特所称的它的时间性向外转移，以便在记忆和期待中，甚至在它的在场对于世界本身的狂热意向（在胡塞尔的现象学意义上）中活跃于其自身之外。

　　利科最重要的人本主义因此在这个起点上已经在场了，它更隐蔽的戏剧性不是奥古斯丁与亚里士多德的《诗学》的并置，而是奥古斯丁的时间理论（三重的"过去的现在、当下的现在、未来的现在"）与亚里士多德的《物理学》之间的并置，因此，在亚里士多德的《物理学》中，仅仅表示时序的客观或常识的时间概念事实上是我们的老朋友，亦即主体和客体分离的一个变体：奥古斯丁的时间是现在的时间，是人的或存在经验的时间；亚里士多德的时间是事件的顺序、年代学、纯粹客观意义上的之前和之后的时间，但也是星体的时间，是宇宙的时间。利科对符号学的全部攻击和其他稀奇古怪的哲学、结构，以及理论上的研究都归结为一点，它们都想把人的时间客体化；它们都将人的意识，人或主体从事件中剔除掉，这些事件不仅依靠人的选择，而且必须被了解叙述性质的人所理解——被他所谓的叙事智力或现象学上的领悟性所理解。但我在这里想质疑的在很大程度上不是这种人本主义立场，也不是对符号学的科学性或伪客观性的这种怀疑；我要质疑的，是对个体的人的意识和对个体主体的严格限制，是拒绝在集体层面对任何能动性进行理论化。

我们因此必须跟随这条新线索通过我们关于时间的讨论折回去：亚里士多德将人类的主观时间与宇宙的客观时间、星球的转动、完美的循环运动对立起来，他的存在倾向于将个体的时间经验还原为纯粹的推断。奥古斯丁通过深化存在的时间性并将超验的客体性同化为神的共时性和永恒性开创了时间性分析的现代传统。我们因此有四个术语，四个供完整的时间性理论使用的候选术语：世界的时间、神的永恒性、个体的时间性，这个如我们已经看到的，在海德格尔那里折射为庸俗的时间感（那恰恰是亚里士多德本人的时间感），以及某种更真实的时间性，这种更真实的时间性在《存在与时间》的末尾几页似乎涉及历史。我们的问题现在与最后一个有关，而且要确定，加上客观时间性和存在时间性，是否可能存在第三种时间性，它不是这两种时间性中的任何一种，而且它可能就是历史本身的时间。

六　利科的三种模仿

但那一时刻尚未到来；我们现在需要回到亚里士多德的《诗

学》，利科为我们做了一次非比寻常的读解，至少我们是为了将亚里士多德这篇论文中的某些熟悉部分——例如，情节是对动作的模仿而非对性格的刻画这句名言——同利科的挪用区分开来。他是唯一一个（或第一个）坚持认为模仿是一种操作或过程而不是一种静态的表现的评论家吗？或许不是：但这个提醒在这样一个情境中是非常及时的，在此情境中，关于表现的讨论不可避免地滑向视觉，在这些讨论中，现实主义的结局似乎总是一幅由各种事物组成的图画，人们看着它并拿它同实际的原物进行对比，而不是作家对世界所做的事情，不是作家施之于世界的一种干预、一种选择或一种塑造。的确，利科关于三种模仿的不同的庞大系统确实至少产生了一个积极的结果，即很难将三种当中的任何一种看作是反映（在任何形式的镜子中）而不是一个过程。

我对这三种模仿进行归纳是为了说明利科的探索的架构，之后，回到第二种，文学的或严格地说是亚里士多德的模仿，只有它在这里引起了我们的兴趣——即情节的形成和这项工作的各种元素及样式，无论是在戏剧中，还是在叙述中。

然而，利科的第一种模仿先于这个模仿，它深深地存在于现象学本身之中，而且控制着文学模仿中素材和构件的出现，从无言语经验的前语言混沌中，从我们最初的感知和欲望那"繁杂的、闹哄哄的骚动"中出现。但这里指明的不是一种遗传的或历史的纽带：简单地说，文字和概念在经验本身当中有其基础——即语言能够在其半自主化当中使我们忘记的东西（以至于，例如，我们可以生活在文字层面、思想层面，却无须将现象学的纽带拉回到它们最初的指涉物那里[1]）。因此，在我们面前

___

① 的确，这种可能性为所谓的胡塞尔本人的异化或物化理论打下了基础，见 *The Crisis of the European Sciences and Transcendental Phenomenology*, Evanston, Northwestern, 1970。这部著作有一个零碎的注释，"The Origins of Geometry" 对该注释的翻译构成了德里达的第一本出版著作（1974）并且成了他批判真实性思想的起点。

的各种姿态已经是有意义的，但它们必须是根据人们更早的经验以及他们处在某种情况下的身体雕琢而成；某个给定行为的概念（连同它的名称），一个表示迄今为止无言的情感的名称，将人分成性格类型，因果感觉以一种易于理解的方式将一个事件与另一个事件连接起来——所有这一切都必须预先形成，而且是以截然不同的单位预先形成，旨在使亚里士多德的模仿（利科的模仿活动 II）结构能够继续下去。令人好奇的是，这种较低级别的经验和素材同时也是符号学元素的宝库，而且也是反对前言语经验和符号系统的争论或许有望被引用的另一个场所。它自然也是适宜于文化及其特殊形态的地方，因为这里的文化素材远非仅仅是个人癖好和个人价值。于是，也许可以说，模仿活动 I 标志着一个时刻，在此时刻，现象学的自我超越，它的基本原则，即"意向性"，得到了证实和确认，亦即每一次意识行为都是某物的意识并规定了其自身的一个外部。

模仿活动 III，通过阅读和接受而激活作品，我们几乎不需要补充，是另外一个这样的空间，而且的确为在文学作品中参考利科的论点奠定了基础。这是一个他需要提出的论点，因为他要回答一个非常明显的问题，关于事实和虚构之间的差别的问题，试图将虚构与历史编纂以它们各自的方式吸收进叙事中。既然如此，读者将在模仿活动 III 中成为最重要的参照；而且如同在上文中观察到的，结果（从伽达默尔和康斯坦茨学派 [Konstanz school] 的接受理论那里得到的结果）是一种十分空虚的人本主义呼唤，呼唤对读者进行改造（"让一种新的读者出现" [*TR*，第 3 卷，238；164]），以及一种方式，模仿活动 III（对文本的"重新配置"）以这种方式"将读者放在一个发现某种解决办法的位置上，他们必须为这一解决办法找到恰当的问题，那些问题包括某部作品提出的审美和道德难题"（*TR*，第 3 卷，254；173）；在这些问题当中，"让读者自由地提出对现实的新评价，这些评价将在重新阅读中成形"（*TR*，第 3 卷，259；176）。后一个表达将宣泄作为其理论缘起；并提醒我们注意亚里士多德的原文本中的这个神秘概念，它首先为求诸接受美学和阅读提供了正当的理由。

但不能说利科对于宣泄的读解是非常令人满意的，尽管它与其他人的读解一样看起来是合乎情理的：

> 它出自这样一个事实，即令人同情和令人恐惧的事件……其本身被付诸表现。对这些情绪的诗意表现反过来产生于这种结构本身……我本人在其他地方提出，将宣泄看作是把认知、想象，以及感情连在一起的隐喻过程的必要组成部分。（*TR*，第 1 卷，831；50）

这段话搭起了一座有益的通向利科不可一世的隐喻理论的哲学之桥（他后来明确地试图将它同一般叙事书籍中的参照理论连起来）；但它同时也接受导致与他在这里的观点对立的一种解释。因为引起争论的或许是，即使宣泄是将真正的受难改变成为对它的表现，它也可以被描述为进入想象的一个通道，同现实拉开的一段距离，对情绪的一种缩减，因为最初的参照其实已经变成了艺术和影像并丧失了它的基础：艺术地表现一起谋杀不仅远没有挑起恐惧和愤怒，而且很有可能使它显得非常令人愉悦并将它变成了一个充满媚惑力的形象。

我们在这里不需要进一步讨论这个美学问题（它会在我们关于历史的讨论中重新回来，见下文），而只需要将模仿活动 I 和模仿活动 III 的这些假设分开，它们根据亚里士多德的叙事理论组织了这个三部曲，我们现在就回到亚里士多德的叙事理论，只保留一个附带条件，即这个模仿（像其他两个一样）被理解为一种操作，将各个元素放在一起，是一种"情节化"（海登·

503

怀特），或如利科所言，是一种配置，而且的确是进行配置的操作，而不是一个简单的物化对象。

　　模仿作为一种配置，这个概念的确是利科对重新解释亚里士多德的模仿（用他的术语，模仿活动 II）做出的最重要的贡献。我们也许可以提前对那一解释的三个基本方面进行概括。它们是：（1）假设亚里士多德确认的三个基本情节路线——突变，或反转；发现，或识别；感伤力，或受难①——是叙事的中心特征（而且的确，我们在将这些情节形式延伸到历史甚至辩证法时将遵循他的引导）；（2）亚里士多德理论中的完善维度（eudaimonic dimension）——由顺境转入逆境，由幸福转入不幸——标志着主体必然介入到叙事过程当中（而且很明显将成为对历史和历史编纂进行考察的最关键的问题框架）；（3）结束或意义概念（"一个有一定的重要性和长度的动作"），它最终会让我们回到有关统一的问题，无论是以（单纯差异的）多元或多样统一的形式，还是以统一化过程的形式。

　　因为，首先，我们要讨论的，而且的确也是利科，他借用了怀特的说法，叫作情节化的东西正是整个的模仿过程。对他而言，要被确认为康德意义上的"判断"的正是一种精神操作："控制情节化的配置行为是一种法律行为，需要一个'捏在一起'的过程"（*TR*，第 2 卷，92；61）：他遮遮掩掩地表达了一种认同，因为他强调这个叙事判断的独创性，对照康德的原话：

　　　　一个决定性判断（determining judgement）和一个无相判断（reflective judgement）之间的显著差别。决定性判断在它所生产的客观性中被完整地掌握。无相判断则依靠各种操作在这个世界中各个事件的因果链基础上建构审美形式和

①　Aristotle, *Poetics*, 1452b10. 亦见 Ricoeur, *TR*, Vol. 1, 72；43。

有机形式。在这个意义上，叙事形式相当于无相判断的一个第三等级，它是一个能够将基本的目的论操作当作其对象的判断，这些目的论操作形成了审美的有机实体。（*TR*，第 2 卷，92；174，n. 1）。

叙事判断同审美判断的分离在这里尤其值得注意，而且很明显，是特意要为伴随有各种虚构类型的历史叙事开辟一个地方。同时，这种划分作为一种判断隐秘地重新引入了康德对后者的详细说明，将其作为必要性的某种表象（我们在上面讨论过的第二个研究宣泄的方法）。情节化因此会将某种关于必要性的感觉强加在事件、人物，以及元素之上，它们由此被配置在一起：而且正是因为出现了对必要性的这种认识，动作才趋向结束，即，它的结束将组成叙事的多种元素统一起来。

既然如此，很明显，这里的多样性要理解为不和谐、对抗、冲突，以及斗争：也要理解为意想不到或出乎意料的东西，亚里士多德本人悖论性地将它们作为因素包括在这个过程中——以他自己的名言为基础，即历史只讲述发生过的事情，而"诗"讲述可能发生的事情，或然或必然发生的事情——然后他又转而跟着阿加通（Agathon）评论道："很有可能很多事情都应该逆于其可能性而发生。"① 所以，甚至不可能和未必发生的事情通过一个成功的情节编排也会变成必然的。对必然性的这种认识——它必须是那种方式，或者用庞德的话说，"它始终是连贯的！"：一种近似于放松的感觉，不过是在其他某个悲剧层面上——构成了利科对宣泄的更加似是而非的读解："情节正是想要使这些不和谐的事件成为必然和可能。而且在这样做的过程中，它净化了它们，或说得更准确一些，清洗了它们。"（*TR*，第 1 卷，

505

---

① Aristotle, *Poetics*, 1456a24.

74；44）

对情节中的否定材料、对抗和矛盾、受难、不和谐以及不兼容性的坚持将在利科关于情节是"不和谐的和谐"的论述中得到充分的表达，只要最后一项被理解为一个时间过程，而且是一个可以理解为有其自身价值的行为过程，或换言之，一个情节编排的过程，它通过赋予后者统一性和必然性将不和谐"捏在一起"。以这种形式，将历史学家的作品说成是同样具有某种叙事的情节化特点，使所有看起来无序或无关的事件都进入必然性之网，好像便不是那么荒谬了：情节化既是一个行动也是一个过程，这种说法也并非暗示有某种高于历史的外部塑造力量，而仅仅是意味着一个发现，对潜在的因果逻辑或客观实体的发现，这就是历史学家的艺术和他最重要的"叙事智力"所要显现的。我们暂时将这个哲学问题搁在一边，将这个哲学问题与另一个哲学问题连在一起是利科的功劳，这另一个哲学问题即这种情节化是否也能使**时间**显现（或者，在这第二种情况下，使**历史**显现）。

至于这个已完成行动的三种样态——情节突变、发现、感伤力——我们将在本文第二部分以不同的方式返回来讨论它们。此刻，完全可以说的是，它们每一个都控制着一种十分不同的具体或经验事物的抽象化。三者中的最后一个是最令人惊讶的，而且通常不包括在关于亚里士多德情节概念的传统论述中。受难的场面相对于索福克勒斯（尽管事实上，在索福克勒斯那里也有很多非常真实的受难诗歌，如在《埃阿斯》［Ajax］中）可能看起来确实更接近阿尔托（Artaud）著名的"残酷剧场"：欧里庇得斯的《美狄亚》或许是一个更恰当的例证，因为它展示了被杀的孩子。那么我们是否要将亚里士多德的感伤力理解为视觉或场面——拉奥孔——凌驾于情节的其他要素之上呢？但是，在《诗学》中，作为"演出情景（opsis）"，视觉场面在建构中已经被安排在一个相对次要的位置。在这里，求诸一种对动作的提升或强化，如某种"增加（*Steigerung*）"，似乎更为可取，在其中，人的忍耐被推到极致（但它不一定限制在某一单个人物的个人经验上）。也许读者已经很清楚，我有意将这个概念引向海德格尔的方向，作为他的现象学的一种审美"显现（phainesthai）"方式，显现是正在出现，也是事件，是一个时刻，在此时刻，如他所描述的，**存在**本身以某种方式通过个体存在显现并超越个体存在，而当下则被扩展以同时包含过去和未来。海德格尔意欲用庄重（solemnity）来标识这个思想并将它同"愿景"之类的词语所具有的平凡化（trivialization）区分开来，尽管显现作为事件永远不可能得到保障（即使乞求于死亡也无济于事，这可以说是海德格尔将这类瞬间提升为某种半宗教模式的标准方法）。我们没有必要保持这种可敬的节制，的确，它有时是自摆乌龙（我们可能会回想起德里达无礼的窃笑①）；我们需要记住的就是这一时刻的改变，在这个时刻，感伤力与不和谐达成一致，的确是在这种不和谐的一致中，这一时刻成为一个事件——它的效价（valence）从几乎静态的或者是半明半暗的场面变成了类似于既真实地发生，同时又被理解为所发生的一切的源泉或根源：或者如果你愿意，崇高正在进入视野中。

但是，感伤力这个事件也可以被设想为一个庞大但短暂的统一，它也承载着一套不同的效价，因为它可以表现为世界是场噩梦这一前景，或者交替地——因为与利科一样，我们在这里的意思是将情节概念从单纯的悲剧中分离出来——表现为对某种超人快乐的传送或者将整个世界变形。如在刚才的分析中那样，这两种状态都不是在观者即接受者这一意义上"被忍受"。我们也有理由，打个比方，像引证最黑暗的绝望一样，在这里引证各种欣

①　Jacques Derrida, *Heidegger et la question*, Paris：Galilée, 1987, 86.

快的、救赎的或得救的状态：如同情感在感伤力中实现其自身并在那个最终被静止的场景中将自身外化一样，这个场景在某个方面就是封闭的时刻，也是情节化成功实现的标志，狂热症或躁狂抑郁病似乎的确也是情感的基本范式。①

另外两种情节样式对于成功的情节编排而言似乎同样必不可少，只不过是以极为不同的方式。情节突变在语义意义上可以简化为变化，它是这个模仿过程中基本的时间结构。然而，对亚里士多德思想的这种简化有两个不同类型的问题，一个关乎内容，另一个关乎形式。关于内容的问题包括**新事物**的性质，以及事物在其某些方面发生改变时的性质。在结构主义时期，因为强调共时性，**新事物**的出现总是很神秘，仿佛基本数据、已知事实和对立面都预先摆在那里，于是便很难看到任何新鲜和不同的事物，任何迄今为止不曾在这个世界上存在过的事物如何都可能在它们缓慢的移动和重组中生发出来。有人总是忍不住援引卢梭的例子，并严格地对这个问题进行论证，而唯一可能的结果也许是这样一个结论：变化本身从一开始就不可能存在。的确，如果起点是一个等式，如何位置的交换却导致新术语意想不到的出现？可是变化，以及**新事物**是存在的。那么，情节突变或许仅仅是一个名称而已，代表这种神秘，或代表它在表现情景中永恒的再现。

但是，所有的变化都等同于情节突变或反转吗？例如，亚里士多德自己认为时间（在《物理学》中）是一个缓慢的衰落过程，从中不可能出现任何积极的事物，相反有很多事物消失，这一思想需要进行某种结构性调整以符合《诗学》中的情节组合。但是，也许恰恰是那种结构性调整在情节编排中吉凶未卜。

所有这一切都在不知不觉间导向形式问题，也就是说，这一

---

① 对这些命题的更广泛讨论包括康德诉诸激情，见本章第二部分的第 14 节。的确，接下来关于情节突变和发现的评述同样是分别在为第 12、13 节做准备。

思想包含其中的抽象化的本质。例如，它如何与普洛普关于寻求的基本范式相协调（更不用说与缺乏和反面人物相协调了）？缺乏，或许；一个由不足到丰饶的反转。至于反面人物，也许它只相当于一个从抗拒、对立、敌对向一致或和谐的过渡吧；即使不是从邪恶过渡到良善。但普洛普的范畴仍然更加顽固地保持着经验性，更靠近叙事表面；它们在性质上仍然是人格化的而且从未达到支配亚里士多德式概念的抽象化程度。

当然，凭借变化这一思想本身，我们靠近了一个更进一步的语义抽象类型，它就是关于反转的抽象；后者赋予前者一个具体的样态，即在两极之间前后移动。变化因此找到了一个样态或形式加诸其自身；或说得更确切一些，它的元素被重新组织成为一个可以识别且有名称的事件。因此，情节突变似乎牵扯到将世界（或者至少是这个特殊的叙事世界）重组为对立（而普洛普的情节类型仅仅是各种可能出现的对立的特殊例证）。于是，在这里，充满悖论地，亚里士多德的分析至少可以延长到格雷马斯符号学的边缘，哪怕只是在情节编排的过程中发挥对立这个基本作用。

发现是一个更加难以敲开的硬核桃，而且它是朝着另外一个方向发展的，因为识别可能具有经验性内容而且可能更加直接地呈现出一种人格化外表。在最狭隘的意义上，打个比方，我们发现——久已失散的父母与孩子团聚了——这类效果是情节剧的核心部分，现在最常见于喜剧，但也能够在悲剧中幸存下来的任何事物里产生震撼效果（"艾莱克特〔Electre〕，我是俄瑞斯忒斯〔Oreste〕"①）。但像这样将情节样态折回到各种类型的家庭剧也不完全是出于偶然：的确，在他对于《诗学》所做的产生了重大影响的评论中，吉拉德·F.艾尔斯（Gerald F. Else）在这个

---

① Jean-Paul Sartre, *Les Mouches*, in *Théâtre complete*, Paris: Gallimard, 2005, 36.

特别的事件中辨别出产生了传统雅典城邦的古老氏族系统的一个标志和残留。① 折回去重新凝视那更加古老的暗夜，我们能够看到那些世仇宿怨②，也看到整个社会都是围绕着大家族系统相互之间通常充满敌意且始终相互怀疑的关系进行组织的（各种敌意甚至降临到家庭本身，因为丈夫和妻子可能经常来自不同的家族系统，对某种联盟关系起到黏合的作用，但因为可能会发生的背叛与不和而变得格外沉重）。于是，在发现过程中出现了一种主要形式，即发现敌手事实上是我这一方的，是我的家庭和宗族这一方的；表面上的敌人事实上是血亲，这一发现改变了权力对立的整个结构。这个重要发现会因为部落特点，以及种族，甚至性别等维度而变得丰富起来：敌意因此在这个意义上既是对某种群体或集体的认同和生产，也是对某个名称或某种家庭关系的简单揭示。而且很显然，这个发现足以在两个方面发挥作用，它很容易导致的结果是，发现老朋友原来是有血债的敌人，团体那种沾沾自喜的亲密关系也是一样。它是分割性的，也是联系性的，而且因此可以说体现了"生命本能"（Eros）或"死亡本能"（Thanatos）之类的东西。

然而，对这个概念的扩充留给我们一个挥之不去，同时也远非毫无意义的问题，即该情节（普洛普的帮手和助手也可以唐突地混入其中）在一个社会性世界中的命运，在这个社会中，宗族以及被延伸的家庭越来越不构成社会的构件，更不用说做变化和历史的施动者了。对黑手党及其"家族"的怀恋在这种情形下会被解读为一种补偿性形态而非当代社会潮流的一个标志和症状。

与这种集体怀旧或文化妒忌同时留存下来的是一个完全不同

---

① Gerald F. Else, *Aristotle's Poetics*: *The Argument*, Cambridge, MA: Harvard University Press, 1967, 349–350.

② René Girad 关于世仇的讨论，见 *La Violence et le sacré*, Paris: Grasset, 1972, 关于血仇作为人类历史的中心现象，他的讨论仍然是最引人注目的。

的传统遗产，即对识别本身的需要（"敬重"、"荣誉"）：黑格尔仍然是在资产阶级时代的黎明时分感觉到了这一点，当时他写出了若干版本的**主人**和**奴隶**的辩证法①，将其作为基本的斗争，它导致要求对"我的"自由进行辨识。在一个不断增生而且不同的身份已然模糊的世界上，它远远不是一个仅仅为某人命名的需要；它包括对这个宗族本身的认可，黑格尔的语言意识到了这一点，就算他本人并没有意识到。发现因此标明了一个事件——围绕这个事件的还有一次准时的接触或遭遇，斗争或对峙，由此必然出现等级和一张完整的、包括高等及低等社会群体的地图：它干脆就是他者之地，就如同情节突变是时间之地，感伤力是身体的命运。我们在本章的第二部分将回到这些形式的情节与情节化，将其与历史编纂联系起来。

七　快乐

现在，关于《诗学》和利科对它的挪用，我们需要继续考虑下一个重要问题，即试图理解快乐（eudaimonic）在叙事中的作用，以及从幸福到不幸福的过渡（不排除相反的过程，它可能是亚里士多德关于喜剧的那些散佚篇章的组织线索）。乍一看，这个问题几乎不构成一个难题。无疑，我们在这里赋予情节突变一个特别的内容，现在，要从我们的运气或幸福发生逆转这个角度来理解反转，我们习惯这样做。至于拟人，我们在这里很显然是处于人格化的范围之内：什么比幸福或苦难更与人有关？它本身就是从最先让我们幸福的具体内容当中抽象出来的。什么

---

① **主人/奴隶**辩证法的两个最早版本似乎都是在 1802—1804 年和 1805—1806 年的耶拿（Jena）讲座（所谓的《现实哲学》［Realphilosophie］）中阐发的。分别被翻译为《道德生活系统》（System of Ethical Life），eds. H. S. Harris and T. M. Knox，Albany：State University of New York Press，1979，238 – 40；以及《黑格尔于人类精神》（Hegel and the Human Spirit），ed. L. Rauch，Detroit，MI：Wayne State University Press，1983，191 – 193。

比这些状态更普遍地揭示出人性？对于这些状态，他人、接受、观众和公众被期待以最直接的方式做出反应。面部和身体的痛苦标记激发出一种满含同情的模仿；快乐是一种光辉，让每一个被它触碰到的人都变得美丽。如果它本质上不是与人有关，那么，快乐便与生物生命本身有关，快乐的脆弱性和丰富性在各物种之间扩张、收缩，并终于在生物本身的活力中，在狂热或虚脱的健康状态或衰弱状态中达到最终的同一。"幸灾乐祸"（schaden-freude）正是这种直接性的证明，是它在个体和群体中引发的嫉妒的证明——以它自己的节奏全情投入，就像抱着同样的情感和心情为它们庆祝一样。

不仅如此，感伤力范畴本身似乎就需要将这种好运气不加掩饰地、大张旗鼓地、淋漓尽致地展现出来的仪式，或者以痛哭和尖叫的形式表现其哀伤，用哑剧表现受难以及煎熬中和垂死时得不到回应的呼唤。在这一点上，对于以某种仪式来证明幸福及其脆弱性在人的生活中占据中心地位而言，同情和恐惧所扮演的似乎仅仅是帮手的角色——"不要让任何人称自己是幸福的……"——对于这个经典形式，甚至对于人的时间的不堪一击，它也许告诉了我们一些东西，也许什么也没有告诉我们，但它似乎已经使我们远离了叙事的各种问题，我们从这些问题开始，而且似乎也很难确认它们在普遍意义上具有相似的功能。

但是，也有必要掌握社会内容，它一开始或许表现为单纯的个体或肉体现象。亚里士多德的理解是基于阶级的幸福概念，它的最高实现是有其范式的，即一个健康的、出身良好的男性，他拥有巨额财富和庞大的家族以及这一切所带来的朋友圈：这种呼唤（在《尼各马可伦理学》［*Nicomachean Ethics*］中①）很明显

① 亦见 Aristotle, *Rhetoric*, in *Complete Works*, ed. Jonathan Barnes, Vol. 2, 1360b18 – 30, 2163。

是族长的理想；而他真诚地想要奉献给精神和智力追求的闲暇时间是以好运这一经典前景作为先决条件的，关于它的脆弱性，悲剧已经对我们发出过警告。雅典的戏剧因此假设并预先提出，围绕这种古典价值有一个普遍的社会共识，它的展现本身就是在上面提到的更广大意义上的"识别"。

我们因此又回到了与亚里士多德的快乐相连的"好运"和"幸福"这类表达所具有的语义意义和意识形态意义上；而且我们可以更加充满感激地欣赏诺思洛普·弗莱就亚里士多德关于主人公的身份——比我们优秀，同我们一样，比我们更糟糕或更低下——等意见所作的推断，其阶级内容现在昭然若揭。我们中大多数坐在露天看台上的人是不会达到大宗族那个层面的，他们的胜利和凶险命运是在悲剧舞台上上演的；我们也不会认同于那些更低下的存在，那些丑陋的、残疾的、低等的阶级，甚或那些刚刚被解放的奴隶、充满嫉妒和**仇恨**的人、表达无能的愤怒和反抗的人，以及其他所有的罪人，它们是喜剧所表现的笑柄和主要对象。尼采的建议，即古时最早关于善恶的概念正出自这种基于阶级的系统（经由大宗族及其血缘识别又和自我与自恋连接上了），似乎在这里将找到许多证明并有助于将叙事分析从表面上的心理问题，既是健康人的心理问题，也是对他人的同情这类心理问题，转移到更加形式性的问题上，即叙事是否并非始终以这种方式围绕某种原始的自我主义进行组织（用弗洛伊德的话说：善为我，恶为我①），由此产生了更加肤浅的伦理效果（但我们要在群体或宗族的更广大的社会意义上理解自我主义，我在上面提到过）。

511

快乐问题因此发现自己被提升为涉及群体或民族命运的更具

---

① Sigmund Freud, "Creative Writers and Daydreaming", in *The Standard Edition of the Complete Psychological Works of Sigmund Freud*, Vol. 9, London: Hogarth Press, 1959, 150.

集体性的寓言，并且由此触及这类问题与历史编纂之间的关系，在这种关系中，因为信息、自反性、客观性，以及其他更新的优点，古老的民族历史（的确，在民族国家的形成中意义重大）变得陈旧过时了，当代历史学家从这些新的优点的角度庆祝他们的情节编排。或许，相反地，正是因为民族国家不再被看作某种真正的集体发泄当之无愧的对象，我们发现，从亚里士多德的快乐角度读解当代历史的尝试是幼稚的，而且完全用错了地方。但是，在这样一个商品社会中，我们可能会把条件放低一些，从成功或失败的角度为幸福或衰败重新编码，我们发现，在现代叙事中，无论是否是历史性的，这些范畴都比在亚里士多德那些古老的形式中得到了更有意义的运用。例如，对希特勒的垮台以及他在地堡中的最后几日的迷恋不是一个值得更野蛮的希腊残酷剧场表现的感伤场面吗？对畅销书和大企业写真故事的阅读，更不用说对那些名人大腕儿的真实故事的阅读了，难道不是在想尽办法重复对成功的赞颂吗？的确，将这类成功故事从高雅文学中排除之时——它出现在自然主义当中，也出现在自然主义作品成为畅销书的过程中——对于叙事本身的历史而言是一个具有历史意义的重要时刻（对它分裂为高雅和低俗文化而言，也是一样）。但是，这类范畴的根本意义——人性，人之常情——似乎会强化利科就"时间通过某种叙事模式被讲述从而变得有人性"（*TR*，第1卷，85；52）之方式所提出的更加人道主义的观点——它被理解为，叙事之所以是人性的，恰恰是因为一种方式，按照这种方式，它的观点围绕着我们一直所称的快乐及其成功与失败（它们与行动是有着密切联系的）被组织起来。

八　行动的结束

现在，我必须说说利科对亚里士多德的第三个观察，一个与行动的结束和规模有关的观察（"一个微小的造物不会是美的。"

他说［《诗学》，1450b39］；但他是生活在有显微镜和彩照之前）。不过，事实上，亚里士多德似乎是将两个分开的事物向彼此靠拢：行动的"重要性"或"意义"，以及检验它所需要的时间：微小的造物"几乎不占用时间便能看清楚"；一个过于冗长和复杂的行动可能不"容易记住。"从这一观点出发，于是，《尤利西斯》或布莱克的沙粒绝不是不重要的或没有意义的；但我们必须从上面列举过的社会意义来清晰地理解关于后者的描述。日常生活的边缘地带所发生的事情在时间上不太可能延伸，因此不值得公众注意，除非议论纷纷的犯罪或日常的小灾小难寓意了更大的问题。

512

　　但是，在这里，在一个文学史已经清除了大量与它有关的传统难题的时刻，最要紧的是结束的重要性：我们不再觉得著名的"三一律"（时间、地点、行动）应该是我们的审美实践中不可或缺的一部分，而且只有最大胆的人才敢于抗拒或摈弃它。的确，今天重新讨论那些结束，这本身就是一个大胆的举动，也是非同寻常的建构技艺的展览。同时，不完整的事物——契诃夫的短篇小说、碎片、无情节小说——已经凭其自身被推举为体裁，它们现在不再被看作是开放的，而是展现了一种新的结束，就像艾科（Eco）在他的《开放的作品》（*The Open Work*）中对大部分形式进行理论化一样。这就是何以利科关于叙事尽头的思考不是非常重要的原因：他对宗派分裂的恐惧，发生在 20 世纪 60 年代的无法化解的争论和敌对，因为那些东西在美学中将自己延长了，如泰凯尔小组（Tel quel）的那些观点，他们的"文本"似乎不再像叙事那样可以分类——这些恐惧由于作品本身的命运已经消散，因为这些作品已经证明是成功的，是经得起考验的，于是，它们为自己发明了一种新的体裁性结束，否则，它们便会因为不可读而湮没无闻。

　　在这里，对我们而言，更有意义的是结束的基本原则，它掌控着对叙事的重新解读，而且与其说它的特点是统一（unity），不如说是联合（unification）。但统一或联合的思想今天在意识形态意义上发挥着作用，是同一和将多还原为一的标记，无论是通过趋奉还是通过暴力。"封闭的形式"已经同"线性时间"或"线性历史"一样是受到污蔑的表述；尾随这些谱系的细节可能会很有意思，这些谱系在本质上属于后现代词汇学。然而，我们当下的语境揭示出，这个将要到来的学科既是政治的，又是美学的：封闭的社会遭人谴责，艺术作品中的封闭也是一样。这些谴责的基础首先是自由的基础，但是通过规定多和差异的价值来取代"民主"的"开放性"，另外一个术语便会转入激进主义和无政府主义，而且很显然引发了 20 世纪 60 年代形形色色的文本实验，这些实验（对利科而言）很明显产生了宗派分裂的危险和无法化解的敌对：这是一个政治立场，如上面所注意到的，根据这个立场，哈贝马斯对普遍交往之可能性的确定无疑迎头撞上了利奥塔的"歧异"（différend），歧异始终坚持无法化解的敌对、

513 无法相互转换的符码、无法裁决的案件。

　　试图调节这些敌对的立场就不可避免地要将某个立场置于哈贝马斯一边，这实际上是因为定义，而且预先就是这样的（因为正是调节的想法在这里处于火力攻击之下）。我更愿意坚持我称之为拼贴的后现代原则，其中，新的统一或闭合的操作者是并置这个单纯的事实，而非综合或和谐。不需要从并置中获得任何明确的意义；重要的是在某个单独的、有意识的行动界限之内，两个不相容的事物在某个时刻被放在一起这个事实，就像抓拍到的一幅照片。意识在这里代表的是对照片材料的记录，而不是对思维或解释的记录，思维或解释在这里都没有直接说出来。这无疑是要保留某种审美框架，但这个框架只有一个功能，即标出注意界限甚或不能被思考的空间。对于现代主义者而言，这仍然属于例外或偶然性操作，而且在这种形式下，它依然是一个思想，

它仍然在指涉。现在，我们的后现代并置只是记录下了"差异关联"的操作；如果这在哲学分析看来是有疑问的，我愿意从利科的疑难角度来思考它，疑难永远不可能被克服，而只能被扩大，并且被提到更高的层面。

所以在这里，我们新的审美疑难或感知疑难只能被加强，而不能被赞颂为某种新的形式原则。不过，如果是这样的话，那么，便可以调整不和谐的协调这个概念，使其绝对适应这种后现代的敏感性；而且联合这一行动可以在整个分割过程中得到保留，但被赋予了一种非常不同的审美精神。20世纪60年代被抛弃的事物确切地说是一个乌托邦概念，即审美的边界将被打碎。后者蔓延开来将世界本身殖民化：在偶发艺术（Happenings）或马尔库塞（Marcuse）的美学中，这个世界可能会被改造成为艺术；如同对于莫里斯（Morris）和拉斯金（Ruskin）而言，更久以前，工作本身可能就是审美劳动，个人的作品本身是这个过程中一个逐渐消失的对象。

毋庸置疑的是，这个预言已经实现了，不过是在一个极为不同的意义上，与提出它时的精神不一样，它所遵循的是消费者的精神，而不是生产者的精神。因为景观社会、广告、商品化，以及影像在蔓延并将这个世界审美化：由此，对于任何想称自己为艺术的东西而言都产生了一个新情境和一套新问题。后者现在必须求诸某种暴力来重新确立仍然非常狭隘的或瞬间的框架：必须历史性地改变感知模式，借用本雅明在我们的建筑空间以及他所谓的心神涣散中所发现的注意类型①，旨在塑造一种新的注意，我们也许可以称其为有方向的涣散，它最接近弗洛伊德思想中的联想——的确是一个最具活力的过程，在其中，古老的自我以及

514

---

① Walter Benjamin, "The Work of Art in the Age of Mechanical Reproduction", in *Illuminations*, ed. Hannah Arendt, trans. Harry Zohn, New York: Harcourt, Brace and World, 1968, 239.

更古老的意识习惯受到抑制并系统性地被排除。

　　不管怎么说，如果这样的艺术是可信的，那么，就不需要驳斥利科的封闭是一种传统的美学意识形态这一论述，而只需对它做出调整，使其适应当代的作品和条件，他本可以想到这些，而且也不能怀疑他对这些没有产生同感。如在比较老的现代音乐中，不和谐让自己变成了新的和谐；和谐在那里只是帮助我们感觉到所有压迫着它的不和谐所具有的无法容忍的力量，而关于同一的记忆本身则以新的、生动的方式催生出差异，以及差异的种种差异。在历史编纂中，这类差异是人口统计学意义上他者的出现，数以百万计的新主题的冲击在这样一个框架中以某种方式被思考，这个框架曾经仅仅是一个国王与王后、首相、充满传奇色彩的叛逆者，以及民族国家的故事，谈不上是高等种族的故事。我们现在需要明白，在什么样的条件下，情节化仍然能够在历史编纂的后现代性中发挥作用，而且新类型的时间是否在这里被标记出来，是否叙事可能以任何有说服力的或令人满意的新方式搬掉周围各种集体性实体的笨重机构。

九　现代主义与时间范畴

　　然而，在我们提出各种集体性实体（以及它们对更一般的叙事法则下的历史编纂所产生的影响）这个问题之前，我们需要弄清楚，利科关于文学叙事的读解对我们有什么启示，尤其是因为它牵扯到让时间显现这个难题。我们已经提前观察了利科的三个例子——《达洛维夫人》、《魔山》、普鲁斯特——都是现代主义经典中的主要作品；而且有人只是简单地注意到门迪洛夫（Mendilow）关于"时间的故事"和"关于时间的故事"之间的区分（TR，第 2 卷，150 – 151；100 – 101）（如门迪洛夫一样），却没有充分考虑阶段化和形式方面的问题。空间方向上的后现代转向使得现代主义和时间性主题之间的复杂性变得更加生动，同时也尖锐地将所谓伟大的现实主义小说百分之百的时间性结构同现代时期的小说结构之间的区分问题化了。在利科的计划中，如果一般意义上的叙事韧性跨越了叙事结构中的基本变化这个问题是一个关键性的基础问题，那么，至少，应该像关注从亚里士多德的希腊悲剧向现代悲剧（尤其是向小说结构，每个人都认为小说是一种特殊且在历史上独一无二的形式）的转向一样关注它。

515

同时，另外一个重要的文学问题在这里也被省略了，即历史小说的问题。的确，这里讨论的所有三部现代小说文本也可以看作是历史小说（虽然是非常不同的类型，它们之间的不同与它们同"传统"历史小说的不同，如托尔斯泰的《战争与和平》，完全一样）。因此，《达洛维夫人》提供了第一次世界大战刚结束时伦敦的景象，它在这部小说于 1925 年出版时的景象已经被人遗忘了；《魔山》（1924）很明显在唤醒战前的某种现实，它已经被那场战争一扫而光（小说对它和平时期的结局保持着开放性）；最后，拉乌·鲁兹（Raoul Ruiz）的巨片展示了《追忆似水年华》（Le temps retrouvé）在何种程度上已经凭其自身（战时的巴黎）成为一部历史小说，这种体裁上的发展在《让·桑德伊》（Jean Santeuil）对德雷福斯案件（以及对左拉的审判）的表现中已经埋下伏笔。这些作品都让我们对时间可以在小说中显现的方式有所了解，这是毫无疑问的：但体裁间差别的模糊也使我们不能提出我在上文间接提到的两个问题，即：（1）是否现代主义已经发展出了它自己独有的令时间显现的方式（可能在今天，它已不再是我们的方式）；（2）是否这些小说，靠着它们的历史材料，并没有以不同于有关和平时期的标准现实主义小说的方式令历史的时间显现（从《贝姨》到《我们共同的朋友》；从《包法利夫人》到《米德尔马契》）。

因为不管在何种情况下，在这里发挥作用的都是日常存在时间与**历史**时间之间的区分。的确，利科发明了几种有用的范畴来标识后者对前者的干预，这些范畴本身的提出受到了海德格尔的启发。但后者的说法本身不会在《存在与时间》中找到，这部著作是为获得终身职位（他能重回弗莱堡大学）而匆忙写就的，特别在结论部分，关于历史时间的某个层面可能既不同于非真实时间，也不同于个体或存在性此在的真实时间，写得尤其粗略。的确，海德格尔在那里阐述的各种时间层面——我数过了，至少有五种：Sorge（个体"此在"的时间），上手状态（Zuhandenheit），大众（**人**）的非真实时间，个体向死的存在的真实时间，最后是（或许仍然是真实的）世代及其"使命"的集体时间——透露出对海德格尔的第一个系统（他自己可能被认为在转向［Kehre］或向某种**存在**哲学的转向中对该系统做出了预测和修正）的某些重要反驳。尽管如此，他在《存在与时间》（在《现象学的基本问题》［*Grundprobleme der Phänomenologie*］这个标题下出版，其时，他的生命已经快到尽头了）出版当年举行的研讨会上对那一卷中没有展开的一些暗示补充了某些有用的范畴。尤其是他当时称为"宣判时间"（*ausgesprochene Zeit*）（或"被表达的时间"，从人的角度表现并在语言中建构的时间）的四个范畴是很有启发性的：它们是"意蕴"（*Bedeutsamkeit*），"数据"（*Datierbarkeit*），"跨越"（*Gespanntheit*），"公共领域"（*Öffentlichkeit*），或者，如果翻译成英语，分别是：significance，datability，spannedness，以及 publicness。①

"意蕴"（significance）与我需要完成我的计划的时间有关，也就是说（用哲学意义上不正确的语言）它暗含着从我的主观欲望和价值观向客观地估算时间的一个过渡，客观地估算时间是

516

---

① Heidegger, *Die Grundprobleme der Phänomenologie*, 369; *The Basic Problems of Phenomenology*, 261.

完成或实现这些欲望和价值观所必需的："意蕴"，换言之，不仅在某种含糊的意义上指定了"含义"，而且也指定了与这个世界的种种交涉，这些必然维护"此在"在其时间中的生命。

"数据"（datability）于是将"此在"置于其他生命的网络中，这些生命是同时存在的，早已消失的，或未来的，在其中，个体时间发现自己蕴含在有时我们所称的历史当中，即他人及其时间性的洪流和多样性当中。

翻译得特别蹩脚的"spannedness"总结了构成海德格尔的时间的"向外转移"（ek-static）结构，这一结构是他发展了奥古斯丁和胡塞尔的思想所得出的：即期待和记忆的时间性的"伸长"——我的"现在"可能扩展并包括过去和未来（或者另一方面收缩到人体对于此处—和—现在之感觉的直接注意）。这个术语因此现在开始指定历史性本身，与可能在任何时间意义上包括过去和现在一样，或者另一方面丧失了所有的历史感，发现我自己被简化为身体和当下。于是，在这一点上，使**历史**时间显现的可能性是以此在的时间性之向外转移的性质为基础的，是一种奇怪的方式，我"先于我自己"[1]，同时将我的过去拽在我身后，就像拖着一个带着铁球的锁链一样（用一个萨特的表达）。

最后，"publicness"，是"现在"进入语言的方式，或者已经以某种方式在其存在能够用话语表达这一事实中先于语言；或者说得更确切一些，除非作为可以被言说或表达的东西，否则它根本不可能存在。利科随后将对当下与语言之间的这种同谋关系给出一个结构主义的转折，他把它翻译成阐释的条件：现在是，也只能是（他声称）阐释的时间，"追忆似水年华"（*TR*，第3卷，159；108 – 109）：这相当于对古老的时间性经验一类的概

---

[1]　Heidegger, *Die Grundprobleme der Phänomenologie*, 369；*The Basic Problems of Phenomenology*, 375；265.

517 念进行了独特的提炼，时间性经验不仅继续导向各种结构主义和后结构主义的文本本体论，而且，在利科的手中，产生了清晰表达这一举动与 énoncé——表达的内容，或者换言之，叙述的可能性之间的一种同谋关系。

但应该注意的是，海德格尔的所有这些范畴都预先假设了中介的存在——由此在时间向历史时间的转换：其本身无疑就是一种"增加"（Steigerung），一种提升和强化，而且很可能是真实性与非真实性分道扬镳的一个契机。但无论怎样，这些范畴也意味着经验内部的一种连续性，一种从个体时间向集体时间的自然运动，一种"此在"时间已经预先是历史和集体时间的方式，而且只要求表述和说明在存在中已经在场的范畴。

不过，利科用来替代的范畴，他将它们描述为具体时间和普遍时间之间的连接者（TR，第 3 卷，153；104），似乎较之海德格尔的范畴暗含了更多两个层面之间的分离意味。我们发现，在这里，如果**历史**不是如小说所记录的那样粗暴地干预个体时间，也至少是将那些范畴插入到可能仍然对其一无所知的日常生活当中。"自反性工具（Reflexive instruments）"，他这样叫它们，它们构成了第三种时间选择，它，

> 出自我们对时间现象学之疑难的反思，主要是思考现象学时间［个体的，或存在的、有生命的时间］与现象学没有成功构成的时间之间的历史时间之场所，我们称其为世界时间、客观时间，或平常时间［海德格尔忽视了的时间，尽管如此，也没有将他自己禁锢在奥古斯丁纯粹的主观时间性当中——FJ］。（TR，第 3 卷，153；104）

这三个中介性"工具"（一个精心选择的术语，以同"范畴"区分开来）是一个日历；是一系列的生成；也是档案与踪

迹。但是，这些工具的情节化可能看上去要以某种特定的空间为先决条件或依赖这种空间，可能是某个相对于私人空间的公共空间，一个历史时间性与存在时间性的相互交叉可以作为一个事件发生的空间。

这个事件与历史本身这个**事件**不一样，这应该很清楚了：在这里，或许我们可以开始将这些现代主义历史小说同卢卡契所赞赏的传统历史小说加以区别，传统的历史小说的确试图从正面呈现大的历史变革并直接表现它们：如莫斯科的大火，甚或法布莱斯（Fabrice）不知道滑铁卢战斗是一个特定的事件。但是在 518
《达洛维夫人》中，那个事件是第一次世界大战，它是一个时刻，在此时刻，历史层面在战争刚结束后的每一天当中都是可见的，在乔伊斯式的每一天所涵盖的空间里，它突然并且是粗暴地与和平时期的家庭世界以及达洛维夫人为当天晚上准备的酒会发生了交叉。这个交叉的标志是它同时唤醒了一系列其他的时间，它们不是在同一个层面上，与四年恼人的战争岁月也没有同样的节奏或时段：因此塞普蒂莫斯（Septimus）无疑还记得战争和那些堑壕，在伍尔夫描写被委婉地称作炮弹休克阶段的段落中，它们像鬼魂一样缠绕着他，折磨着他；但达洛维夫人本人却记得她的童年和青年时代，这段记忆被彼得的归来所唤醒，他结束了他在英属印度的帝国主义性质的服役，他本人也以个人的方式记得他的服役，即使它将自己更大的公共时间铭刻在这部小说中，因此，这部小说既是反战的，是和平主义的，同时也是反对帝国主义的。

我们不需要为了确证这些时间性的爆发与公共时间之间的密切关系而坚持任何一种因果性，公共时间先是出现在大本钟（民族时间）的钟声里，然后是在首相的豪华轿车（国家时间）经过这一过程里。我们可以在这些时间上再补充一个男性权力结构的时间，它体现在上流社会的医生的权威中，他决定隔离塞普蒂莫斯，导致了后者的自杀；它同样体现在一种方式上，也可以补充一种方式，按照这种方式，酒会在大的时间上的共存也因为闲话和谣言时间而成了蜂窝状，不时掠过家庭和孩子的暗淡前景；所有这些时间性于是都受到看上去是无时间时刻的控制。在这里要注意的与其说是这些迥然不同的时间的联合，不如说是它们的附加和重叠，以及它们赋予巨大的帝国权力中心的多种交叉（帝国权力中心最重要的盲点十分不同于依赖和臣属之类明晰的经验，这种经验记录在《尤利西斯》中军事占领下的都柏林那被殖民化的空间里，它以另外的方式为伍尔夫的"实验"提供了形式模型）。

　　在《魔山》中，空间上的先决条件在很多方面与这个相反，因为它假设同那些**历史**将于中发生的"平地"有一个绝对的、几乎是阐释学意义上的分离。我们在《达洛维夫人》中已经开始观察的时间的异质性是以非常不同的形式被记录下来的，即通过小心分割的、不均衡的时段来表示，小说便存在于这些时间中，而且这些时间利用篇章的篇幅和叙事划分来表达小时、天、星期，以及年之间的张力，一块包括多种时间性的独一无二的飞地，平地上那些寻常的（平凡的或"庸俗的"）时间被明确地排除在外，即使它既包括存在时间也包括历史时间，既包括和平年代的每一天，也包括即将到来的历史战争时期。① 曼的小说仿佛就是这种时间记录工具，它要求与寻常时间做一个剧烈的分离，为的是让它自己更好地显现。不过，利科的分析给出了这个揭示点，在阅读和解释该小说的过程中，通过一种独特的轮换获得了这个点，这一过程拒绝被简化为任何一种解释性选择。因此，我们当然可以将它看作是对时间本身的一次哲学探索；但那种阅读

---

　　① 关于《魔山》中断裂的不同解释，见 Fredric Jameson, *The Modernist Papers*, London: Verso, 2007, Chapter 3。

不时被疾病和发热的身体的时间晴雨表所打断；在其他时刻，也被关于欧洲命运的反思所打断，因为它的精英都误打误撞地、热血沸腾地一头扎进战争当中。每一次这样的时间性选择都构成了**时间**的一个不同侧面（借用胡塞尔的技术术语），一种被那些无时间性时刻所强化的多样化，也是被利科隔离开的多样化（它在我看来发挥了一个不同的作用，而且比奥古斯丁对上帝永恒的无时间性的假设更具叙事功能）。

但同样很难为普鲁斯特那里的无时间性时刻进行辩解，那些著名的狂喜时刻和从过去盲目地收集一个现在，这个过去外在于某个空虚的上流社会及其仪式那充满嫉妒和挫折而且乏味的每一天，与之俱来的是恼人的个人失败，如马塞尔的文学抱负无可救药地沦落为神经衰弱。但利科对这些"永恒性"的阅读没有用来发展与普鲁斯特的时间性有关的某种新理论或旧理论（如普莱［Poulet］所做的那样，举个例子）。确切地说，以前从自发的记忆和最终的展示这类视角对普鲁斯特的解读，相比德勒兹从符号以及对符号的解码这个角度对《追忆似水年华》的更新式解读便贻笑大方了：正是这两种无法比较的阅读之间的冲突不仅构成了利科的"解读"，而且也推着我们去理解在普鲁斯特那里，**时间**如何通过这些解读的异质性以及它们相互叠加的时间性得以显现。

因为从探求和展示的角度做出的传统解读实际上抹杀了结尾之前的整部小说：是对一个错误时间的论述，在这个错误时间里，艺术生产与个人经验的关系没有得到理解，或者说得更明确一些，是被压抑的。关于那种压抑的故事在"永恒的崇慕"（*adoration pérpetuelle*）之光的映衬下突然间变得无趣味，人物本身成了畸形学研究的样本，有缺陷，可怜，病态。

但是，按照德勒兹的读解，这部作品便分解成一系列的"时间点"或阐释学意义上的时机和感知。所有的一切相对于彼

此都具有同样的价值，在这个令人十分满意的劳动中，不可能有
特殊的等级，通过该劳动，每一个时间点都被表达、翻译或转换
成语言本身，以至于——在书写的这第二时间里——它只是
"第一次"发生。仅仅是在表面上，这些细微的现象学最终形成
了关于这个过程的自反性或自我意识，普鲁斯特开始写作之前应
该已经对这一过程有所了解。

　　《追忆似水年华》：与在标准的 18 世纪参考文献中一样，利
科在他对这一特征的讨论中第一次用到这些文献（菲尔丁、斯
特恩、书信体小说），在这里，麻烦的与其说是各种解读的冲
突，不如说是两种时间（或者，如果你喜欢，两种阅读时间）
之间的相互干预。不过，普鲁斯特浩大的篇幅包含的种类更多，
扩张与收缩的剧烈运动证明了这一点：没完没了的午餐持续了好
几百页；阶段与阶段之间有数次跳跃。我们尚不清楚的是，存在
时间与历史时间在这类作品中如何交叉；尤其不明白，如何期待
多种存在时间，这把有代表性的扇子展开来，以记录和包括形形
色色的个人时间，能获得更严格意义上的历史时间的震颤；或者
是否需要借助某种外在的力量——事件、社会结构、集体的觉
醒——历史时间才能现身。

　　我们因此回到利科的三种时间中介——日历、世代、踪
迹——来对这些作品中的时间做一次 X 光透视或 CAT 扫描。日
历无疑代表时间的衡量点：即柏格森（Bergson）的空间性与可
视性中的点，他将空间性与可视性置于某种更深层、更自然或有
机的流（flow）的对立面，在某种活力论二元主义中，这种二元
主义在海德格尔之后，甚或在德勒兹本人试图复活柏格森之后，
已经不再有哲学上的启发意义，而且对于普鲁斯特而言也不再是
一种可以普遍接受的解释代码。但是，日历时间——既是公共
的，也是银河系的——的确意味着对利科而言，从他的领域排除
客观时间可能还不很成熟。利科实际上将自己逼到了一个角落

里，他坚持用有生命的或奥古斯丁的时间来替换亚里士多德的星际轮转时间：这一替换于是必然将宇宙的客观时间拉回到我们自己的主观性，在我们的主观性中，它必然表现为某种投射或幻想的形式（甚或神话，一个利科既承认又反对的领域：史前的或远古的时间，或许是前现代的，迷信的时间?）。但是，由于利科的三部曲也受到死亡的缠绕（在他的涵盖了从克默德到海德格尔，以及关于论理学的讨论中），或许值得问问我们自己，是否并不存在客观时间与存在时间的交叉，这两种时间都有待确定，它们是客观的事件，既是不可同化的，也是不可理解的。在这一点上，不仅死亡本身标志着世界不兼容的外部时间，而且还 521 有一系列此类干预也在小说的叙事机制上显现出来。

在托马斯·曼那里，疾病和发热的身体这个潜在的反抗力，打个比方，似乎自然标志着主观性能够内化的事物的外部界限：感伤力在这里因为疾病和他人的死亡而保存下来，例如表兄阿希姆的生病和死亡；但汉斯自己的热度是来自外界（而且其特点自然不同于他在第一次世界大战的壕堑中的历史性死亡，如果他确实死于那场战争的话）。疾病作为一种肉体经验在普鲁斯特那里不是特别生动，很荒谬地，他个人方面对疾病了解很多：不过逐渐老去却很生动，如在最后一卷的 bal de têtes 中（我们将在世代这个标题下回到这一点，一个恰恰是寻求为历史经验复制这一纯粹意义上的物质和生物事实的范畴）。更重要的是，作为地球上有机生命的地质时间的一个标志物，动物学时间在普鲁斯特那里无处不在，它不仅暴露出这个家族中亲源关系的作用——无疑是一个更具历史性和社会性的范畴——而且与这样一个事实相吻合，即逐渐老去是等级结构在年轻人和活跃分子之外的一次不可避免的出现。因此，盖尔芒特家的喙状特征，它们在他死前重新出现在老圣庐（Saint-Loup）的正面，这时，它将生物学上的天命拉入这个文本和当下的时间经验当中：一个甚至比家族相似更深刻的现实层面，家族相似较之他们的精神和话语悸动更确切地标志出这个族姓中人的特点。动物性隐喻在这里的确非常不同于其在普鲁斯特的伟大导师巴尔扎克手下的样子，对于巴尔扎克而言，人类社会中的动物王国是一个交织着恶习与美德、暴戾和脆弱的地方，而不是一个群体物种从时间的迷雾中进化至此的地方，在历史的雾霭中，法兰西的历史本身只是一段过渡的插曲（布罗代尔的"长时段"［Longue durée］）。

　　这个有机的客观时间（因为它替代了银河系时间，星体是银河系时间的标志物，我们在电灯时代几乎不接受它们了）其本身却几乎与利科的日历不兼容，无论生物学家试图用怎样的数字来表达它。人的日历也不是一个单纯容纳数字和数字序列的场所。我们在这里可能回想起（预告了后面一个更加广泛的讨论）列维—施特劳斯反对萨特的历史主义时用到的一个更为低劣的焦点①：日历时间是一个网格，是由点构成的平行线组成的，它在施特劳斯那里所发挥的作用是展示了一种方式，根据这种方式，萨特所谓的历史就是非常不同的时间模式混乱地交叠在一起：世纪、年、革命岁月——所有这些都有它们与众不同的节奏，它们不受任何宏大的历史综合或统一理论的影响。依照我们自己在这里的观点，这种异质性证实了将要得到发展的直觉，即，事实上，正是从这种不同类型的时间模式的混乱交叠当中，**历史**真正出现了。

　　不过，利科对日历做出的更具决定意义的洞察与日历中的一个有效在场有关，他称之为中轴事件，一个神秘的或不在场的起点，它为元年（Year One）的出现提供了契机，无论它是逃亡，是最后一个皇帝的死亡，是基督的诞生，是星体的结合，还是任何被当做零度的事物，由此，钟表开始滴答，日历可以再次开始

---

① 　Claude Lévi-Strauss, *La Pensée sauvage*, Paris：Plon, 1962, Chapter 9.

它长长的倒计时。甚至顺时时间，即年表时间或物化的"现在"的被严重中伤的线性时间，也不是看起来的样子，物化的"现在"被排成一列，延伸至无穷，空间性却没有减少，顺时时间还将在自身之内隐匿对超验时刻不可或缺的参照，超验时刻既非一个开端（在叙事意义上），也非完全外在于时间（像利科的哲学和文学参考文献中各式各样的永恒），而是被赋予了**事件**的原初性（primordiality），在意识形态意义上，它不得不代表世界上某种新事物的开端，卑微的日历忠实地将它记录下来并与它保持一致。

所以，在我们这三部现代主义小说中，第一次大战就是一个中轴事件，即使因为这些形式曲折缠绕，它在这些小说中还是以现在时（在普鲁斯特笔下）甚或将来时出现（在曼笔下）。但好像正是这种粗暴的时间断裂使它本身沿着这个连续体生发出更细小、更诡异的景象：所以在伍尔夫那里，个人的和童年的种种过去都表现出有些不祥的感觉，好像错过了一些可能性，即使这种感觉很模糊，而在曼那里，过去的小事突然像预兆一样重现于对圣经类型做出的世俗回答中，根据这些圣经类型，旧约中的事件预报并寓言性地预示了新约。然而，正是在普鲁斯特那里，悖论性地，中轴事件从未完整地发生：无疑，某种普鲁斯特式的经验在定义上就是一个不完整事件，类似于恩斯特·布洛赫（Ernst Bloch）的当下的虚空。于是，战争本身在小说结束之时尚未结束：相反地，它的作用是改变了巴黎，是日常生活以及它的原班人马的彻底堕落。但是，战争在它将客人名单转手之时复制了那个较早发生的事件，现在已经证明，该事件是中轴性的：德雷福斯案件本身，年轻的小说家第一次提到这个案件是为了在《让·桑德伊》（*Jean Santeuil*）中抓住它的要害，但它巧妙地避开了任何直接的全面表现。

的确，这个中轴事件——好像对于一个历史连续体的存在而言是不可或缺的，但是在现实中，它的作用是打断共时的时间并将后者作为各个超载层面的一种异质范式揭示出来——在很大程度上是通过自己的不在场而可见，而且在对它做出有力反证的地方，对它的呼唤也最强烈。所以，是在那些历史学家中间，费尔南·布罗代尔关于地中海的书中的三重叙事结构将暗中削弱勒班陀战役（Battle of Lepanto）的历史意义作为其秘密使命，而且的确要对这个传奇事件进行去魅（demystify），它被当作西班牙与奥特曼帝国之间的伟大转折点，在很多方面与年鉴学派的计划和使命是一致的，如我们将要看到的，这样做意在弱化事件以及由此生发的叙事历史等范畴。

同时，弗朗索瓦·傅勒（François Furet）对法国政治意识中法国革命的中心性进行了反共产主义的攻击，他试图将其从当下的写字板上抹去（尽管如此，却没有用一个对等物进行替代），这些都体现了对**事件**范畴的攻击所采用的强大的政治形式（只在列维—施特劳斯与萨特的论战中有所预示，我又回到了这个论战）。因为法国革命是一个中轴事件，如果曾经有这样一个事件的话（英国历史学家做了类似的努力，试图消除本国革命的意义，但他们的努力很软弱）。无论怎样，利科的理论化在坚持中轴事件的现实性方面是有其价值的，尽管实际上是在另外一种不在场的，甚至不存在的或神话的意义上：作为一个结构化原则，换言之，它从来不可能被看作是一个单纯的主观投射或集体幻想，即便它本身就是意识形态的最中心。

利科的第二个范畴——世代范畴——很显然是威廉·狄尔泰（Wilhelm Dilthey）首先强调并理论化的，出自一篇著名的文章，海德格尔在《存在与时间》的脚注中引用过。① 后者的出版——匆忙凑成的——在处理这个范畴时，简单但有些不祥地提到这是

---

① Heidegger, *Sein und Zeit*, 385.

他那一代人的"使命"。不过，我们现在知道，他的教书生涯，无论是在希特勒上台之前还是之后，都明白无误地说明了那个使命的性质，以及要完成它，他的学生们要承担的责任。①

　　然而，世代概念或许被理解为一个范畴而非一个带有特殊内容的思想：与其说它是对必死性和遭到年轻人与充满生机活力的人抛弃的落后事物（弗莱对喜剧的定义）发出预告，不如说它是通向他人和集体存在的机遇。与其说它是导致隔代人之间的敌意和妒忌的契机（利科如此频繁地悲叹"宗派分裂主义"，似乎就是这个意思），不如说它被理解为不论善恶，我的"同代人"共存共在，休戚与共；在这个意义上，我们必须指出，不是每一代人都觉得自己是真实的一代，而且有时会有分散、延续，有仅仅是暂时的、呆板的生活方式，在这些时候，人们尤其感觉不到自己在这个独一无二的、活跃的同时性中是统一的。的确，值得怀疑的是，是否一个世代可以通过它在外面所受的苦而被消极地定义：因此，大屠杀的受难者与其被当作一代人，不如被看作是在他们之后的几代人更加可信：以色列的立国者，以及更晚一些的不同民族的同代人，他们复活了关于大屠杀的记忆并将自己重新定义为犹太人。

　　不过，世代性经验（the experience of generationality）是一个关于当下的特殊的集体经验：它标志着我的存在性当下扩大成为一个集体和历史的当下，一个联系起来的当下，即使不是通过某些特殊的集体行动联系起来，至少也如海德格尔正确指出的，通过实践的暗示联系起来，这个实践就是"使命"。前卫派可以说是纯粹的意志力对世代做出的唯意志论证明，是某个世代的使命的寓言，该使命可能从未出现（或者，也许甚至应该说，它永

---

　　①　Charles Bambach, *Heidegger's Roots: Nietzsche, National Socialism, and the Greeks*, Ithaca: Cornell University Press, 2003.

远不可能出现）。

同时，世代性也包括一种反对当下的斗争，这也许并不荒谬，因为当下还不是集体性在场的空间，集体性在场离不开未来。

> 在旧时中央官殿那宏伟的车站前蜿蜒攀升的长长的——时间的——隧道中，我们在穿行……当过去停止不前，未来姗姗难至，抑或过去与未来令人困惑地交错，掩盖了彼此间距离的时候，那些捍卫自己时代而又对过去所知寥寥的人，一边对过去弃置不理，一边对未来恣意穿凿。[①]

在一篇将政治行动与写作既对立又结合的文章中，马拉美对当下的找寻通过世代得到衍生，它像海德格尔的时间本身一样总是在它自己之前或落在后面，但是，在这个现在，没有从时间的完满性（plentitude）获得任何好处。

这个时候，或许应该呼唤进行一场关于叙事中"将当下中立化"的讨论，利科很明智地将此与普鲁斯特联系在一起。原因是哈罗德·魏因里希（Harald Weinrich）将过去时态简化为单纯的叙事信号：

> 难道这个标志着进入小说的信号没有通过中立化过程，没有通过悬置过程而间接地提到过去？胡塞尔用中立化详尽地讨论了这种关系。按照他的思想，欧根·芬克（Eugen Fink）从"现时化（presentification）"（Vergegenwärtigen）的中立化这一角度定义了"影像"（*Bild*）。根据这种对"现实主义"记忆意图的中立化，以此类推，所有的不在场都成为

---

① Stéphane Mallarmé, "L'action restreinte", in *Oeuvres complètes*, Paris: Gallimard, 1945, 371 – 372.

半过去（quasi-past）。每一种叙事——甚至未来的叙事——说道不真实时，都**仿佛**它是过去。如果在叙事和记忆之间没有中立化所产生的某种隐喻关系，我们如何才能解释叙事时态也是那些记忆时态？（*TR*，第 2 卷，110 – 111；74）

525

　　如果是这样的话，世代性本身就成为一种叙事，我们试图将这种叙事加给一个难于应付的当下，我们是从一个关于未来的胜利故事的视角来理解它。或许到最后才能获得同时代性，而各种他者的在场不仅产生了巨大**他者**的幻象（和现实），也催生了我自己的个体主观性。正是个体形象背后的所有他者这种模模糊糊的在场使叙事具有种种寓言性可能，对此，如果类型感不是陈规成见的话，它便只能是一种调节。因为世代的接合随着历史环境本身的变化而有所不同，只能试探性地提出一种叙事性归纳，它是这样一个假设，在紧张冲突的时刻，在各种时间的对抗中，这些时间性争取权力的斗争就是声明每一个都拥有当下的时间。表现这种隔代交叉的困难于是要在对另一方的物化当中得到确认，他在时代的某个单独时刻是静止的，他被普鲁斯特的 bal de têtes 试图重新消解为多个自我的永恒面具所同化，这多个自我停靠在无法想象也无法表现的时间线上。但这是一场反对"当下之巨大特权"（黑格尔）的斗争，这一特权清除了它的种种过去并顽固地支持遗忘。历史编纂同样压抑这个世代性事实，它以某种方式沦落为一种形而上的假设或成为固定不变的闻所未闻的伴随物，而不是完全消失。在马克思那里，世代时间（genegrational time）被劳动时间以及资本的流通时间所取代，这可以说是资本主义的客观时间性或宇宙时间性，尽管革命是年轻人和妇女发动的是事实。的确，在革命中，各代的时间性都集中在单独的某一时刻——"时间是暴怒的最后火焰！"——这无疑是清除它的另一种方式。

　　但是，如果当下是宣言的时间，世代的当下便也是集体试图发出"我们（we）"（在"我们［us］"觉醒之后）的宣言的时间。在这种意义上，世代性也标志着将主体插入集体中的尝试，其途径是寻求将前者扩大至后者的范围：在这里，利科的创新性阅读是一个很恰当的说明，因为这一阅读现在将小说的各种时间性理解为必须被读者的时间性以某种方式激活的东西。利科的模仿活动 III 因此成了在两种时间系统（我在其他地方将它们描述为一种四时段交叉，而非两时段交叉，在那里，读者和作者的作用实际上是两种历史情境和时刻的某种接触之间的中介①）之间进行接触并相互重构的过程。

　　显而易见，历史是这样一个地方，在这里，我们被召唤，不仅是要面对过去某个特定的当下，而且要激发那个当下的过去以及它暂时包含在焦虑和期待、恐惧和欲望等形式中的未来。伽达默尔的"期待视域"没有什么意义，除非它包括一种方式，以此方式，一个给定过去的当下必须被想象为在其自身内部承载着它自己独一无二的过去的负担和它自己独特的狂热希望以及计划。现代小说涉及对这些形形色色的时间性的再征服，也包括试图发明一种叙事语言，这种语言可能意味着小说人物的存在性当下是他们在三重时间转移中"外在于其本身"的经验。现代文学史编纂因此想要跨出那种发明之外，将作者的情境本身的各种独特时间性包含于一个日益复杂的阅读行为内部，在这种阅读行为中，文学作品本身——伍尔夫、曼、普鲁斯特的 20 年代——已经使自己莫名其妙地变得具有世代性了。但是，在某种纯粹或永恒的当下，它很容易伪装成一种审美操作。

---

　　①　见我的"Marxism and Historicism", in *Ideologies of Theory*, London: Verso, 2008。

利科的最后一个时间交叉地——踪迹——使这种对过去的隐藏成为可能，根据它独特的本题论，存在和非存在（not-being）以一种哲学无法将其概念化（如果有过一个疑难的话，这是一个）的方式并存。因为踪迹同时存在于当下和过去：从符号的角度唤醒这种双重生活（符号的神秘性无疑由此而生）是太容易了，除非你（错误地）愿意承认，这个符号在当下作为一个客体完整地存在。有人不禁要说，如利科对时间本身的做法，不可能有纯粹的踪迹现象学，但它至少在这一点上与符号是相同的；它只能被当作一个线索来加以读解、破译、追踪，被当作一个有损毁的叙事来解读；它要求有一种它在其中作为踪迹可能完全消失的重构。这些可以说是黑洞，他们让当下千疮百孔，却使当下不可见：如果虚构叙事可以通过这种或那种探察叙事（或者所谓的无意识记忆）让它们显现，大部分的历史编纂——除了历史的历史——似乎在它的故事开始被讲述之前便都已经穿过它们到了另外一边：笔记已经做好，登记簿已经审查过，档案已经封闭。

这些在当时就是中介范畴，由此，存在时间可以被理解为历史的：即中介代码，或许在这些代码中，此在的时间性可以从这种或那种历史版本的角度被书写或重写——世代、民族、集体性，或我们希望在意识形态意义上阐述这个难以琢磨的领域的任何方式。

但是，这样描述它也暗示出它的问题，即：是否那种存在时间完完全全是历史的，而且只要求转换成历史术语即可；或者，是否对历史进行调节这个可能性本身就是不连续的，而且只是在间歇的或断断续续的时刻（它们本身可以是欣快的或噩梦般的）分裂成私人生活；或者，最后，是否历史的时间性没有被完全置于另一个范围——集体——这一范围因此要求有一个特权环境，以在其中显示其自身。

有了这第三个可能性，我们似乎已经从某种日常阐释学移向海德格尔的返转这个更超验的模式，在这个模式中，存在者——Seiendes——的实验性经验，存在于这个世界上的各种本体——突然被包裹起来并且在**存在**本身——das Sein——的惊鸿一瞥之下黯然失色——存在的基本属性（如果有人可以使用这样的语言的话）就是盈亏圆缺，在它自我公开和展开的时刻引身而退，只有以那种可感的不在场的形式才能接近它。

但是，如果这是利科的考问形式，那么，渐渐清楚的是，两个问题已经重叠了：**时间**的显现和**历史**的显现这两个问题重叠了。同时，它们也已经被某个第二轴或辩证轴混淆了，成了一个含混的新领域，在其中，**存在**经验或总体性的消极受纳能力有可能让位于它的积极挑衅，无论是对哲学家，还是对艺术家而言，都是如此，更不用说政治领袖了。在一个堕落的世界，关于这种开放所具有的魅力的经验视情况而定，而且似乎是武断的，于是一个新的问题出现了，即它是否可能被显现，促成这样一个领域的先决条件是否能够得到积极的满足（即使它们在理论上已为人所知）。

但在弄清第一个问题的答案之前，还不能提这个问题。似乎利科的人本主义和人类学框架将它局限在对个体时间本身的研究上面。他的考问集中在是否我们可能让**时间**本身显现，如何让其显现这个难题上。尽管他有历史编纂资料，但好像还是不能假设有某种严格的历史时间，或换言之，历史本身，对此，有人可能会提出一个类似但明显不同的问题，我们如何能让**历史**显现。的确，历史编纂材料可能会被迫为文学材料提供佐证，它们的时间交叉机制以及不同时间维度的重合在对**时间**的探索中具有优先权。

但是，有**时间**本身这个东西吗？不是有各种各样的时间性吗？它们试图统一成一个单独的概念，这成了难以计数的伪问题的根源，最终道出了哲学不能克服它无尽的疑难的缘由。这一疑难的答案在于这个问题的结构，它是围绕着拟人化组织的：最高行动者，即**时间**，"时光"（le Temps），它让自己在普鲁斯特的最后篇幅中显现。但根据利科，这样一个形象总是情节编排的一个符号，因此需要一个与三种模仿相当的答案，将现实转换成叙事，而非转换到世界时间、星体和宇宙时间的空洞的宇宙层面上，它从那里得不到任何回应。因此，在重复萨特对历史——或者，如果你喜欢，被称为**历史**的化身的出现——的统一所做的回答时，我们必须说，时间不是一，而是变成了一：因为统一，它赢得了作为化身的绝对地位；利科可能还会补充一点，是被叙事模仿本身所统一。时间的统一因此与作品的结束是相关的：它就是使得各种不和谐成为一个单独的不和谐的和谐。但如我们已经看到的，这个公式在某种程度上具有误导性，它仍然暗示着一个较老的现代主义概念，即使不是传统的概念，即和谐与统一应该居于首位。

　　但是，我们实际上在小说中观察到的是它们收集和包罗的各种时间性，是一种多元性，它超越了主观时间和客观时间的二元主义，超越了我关于时间流逝的个体经验和这一时刻在星体和银河系宇宙中的客观落脚点的二元主义。在这个阶段，将这种简单的对立简化为一系列我们在叙事中遇到的各种时间层面也是没有意义的，这些层面包括日常生活时间和集体历史时间，短时记忆时间和长久记忆时间（胡塞尔将它们区分为期待和记忆），他人时间和民族，或死者，或人类种族时间，投射过去的时间和凝视过去的时间——海德格尔的真实和非真实时间，托马斯·曼的永恒时刻，后现代性的聚集，这一切是如此迅疾，似乎已经悬置于某种凝固的框架中，与农民生活的缓慢形成对立，他们穿着梵高或海德格尔的农鞋在春天的犁沟间步履艰难。如此多的时间主要不是凭借它们的内容被区分开来，而是构成了诸多不同的、各具特点的时间形式，它们可能只有相互重叠或负载，但不是融合在一个超载的形式中甚或两个对立的形式中。这些时间中的每一种都在与其他时间的关系中呈现出一个哲学难题：不过，文学文本似乎将它们胡乱放在一个由各种时间框架组成的大筐里，只有情节编排才能将它们的杂乱无序和多重交叉理顺，它们只接受叙事解读的影响，不接受哲学的系统化——接受叙事智力，不接受抽象理性。白日梦的个人时间所造成的中断和大本钟的金属振动所带来的自由联想似乎也不可能解决我们的任何疑难，而是首先产生了疑难。

但对于利科而言——或者在我看来——这恰恰是文学优于哲学的特权，对此，我们回想起"不可能有纯粹的时间现象学"。的确，文学之于哲学的优势——如果有人可以用这种平凡的语言来描述它——在于这样一个事实，即后者一般认为自己的功能是解决疑难和矛盾，而前者的使命则在于首先产生这些东西。

正是在这一点上，我们可以以一种新的方式回到亚里士多德的宣泄问题：它成了真实现象——好运或歹运，真实的受难——变形成为其审美表现之后所产生的事物的名称。但是，这里重要的是将有关单纯的审美效果的陈腐论述同那个审美化过程区分开来，审美化过程将现实转变为审美表现，这个过程是一种行为和操作——的确，也是一种生产形式。第一次替代只是记录下其他客体中的一个奇怪客体，它产生了其他存在物没有产生的独特效果。不过，后者是我们对现实所做的事，而它的变化在真实性上绝不亚于它被施行其上的客体。这个操作现在可以得到更充分的叙述，但要放弃"审美"这个术语——它可能已经令人联想起艺术欣赏和奢侈或休闲活动——并回到我们在叙事本身当中的起点：因为情节编排对这一操作提供了更具活力和更具生产性的认识，同时，它最初的苦难系数也发生了变化。按照利科的读解，宣泄是一种感情变化的名称，传统上多被理解为发泄、清除，至多被理解为净化：这些充满轻蔑的表述让我们明白，我们只是使自己同被强烈地、令人不安地感觉到的事物拉开距离，而且我们现在已经竭力以某种方式将这些压抑的感情排解掉。不过，到目前为止，"情节编排"已经从它同历史编纂的联系当中吸收了认知的含义；但我们没有把握的是，现在，它可以被理解为一种建

529

构活动和对一种新现实的生产：一项至少很体面、很有实际价值的事业，像弗洛伊德的谈话疗法。

如果我们现在回到这个问题的哲学一面并且重新审视宣泄的效果，即根据这个疑难的概念性僵局——以这种新的方式理解宣泄——价值会更高。的确，利科的耐心且广泛的展示意味着，不仅**时间**永远不可能被表现（康德已经得出的结论），而且宇宙时间与存在时间或现象学时间之间的鸿沟也永远不会凭借哲学的概念化而弥合，相反是在任何复杂的层面上作为一个对抗单纯思维的疑难保留下来。这种叙事观点于是导致了对各种解决办法的怀疑主义，虽然如此，它却很重视对它们的不可能性的缜密论证。正是在这个意义上，我们也许可以谈论这类疑难的生产：即阿尔都塞的语言所暗示的公式，在另一个语境中——文学中的意识形态这个语境——他说：

530

> 艺术让我们"观看"，我们又往"观看"的形式里加入"感知"和"感觉"（感觉不是"认识"的形式），"观看"起于思想，在思想中逐渐充实，然后脱离思想成为艺术，同时又映射思想。[1]

这一观点赋予艺术一种认知和建构功能，这个功能与它自己特殊的存在模式是连贯的（而且不是从哲学那里进口的）；它间接表明了一种有用的、可以理解情节编排操作的性质的方式，现在被理解为疑难的生产，将它们展现在我们面前（就好像有人在展示一种新机器并试验了它的全部性能），由此导致它们的存在地位被修正（这就是"宣泄"这个谜一般的词语寻求表达的

---

① Louis Althusser, "Lettre sur la connaissance de l'art", in *Écrits philosophiques et politiques*, Vol. 2, Paris: Stock/IMEC, 1995, 561.

东西）。在其他语言中，艺术的功能是生产矛盾，并使它们具有可视性。列维—施特劳斯的阐述，即对真实矛盾的想象性解决办法——或者说得更直白些，"想象的花园中真实的癫蛤蟆"（玛丽安娜·穆尔［Marianne Moore］）在理解这些"解决办法"方面是令人满意的，我们将它们理解为各种方式，以这些方式利用有争议的矛盾，对它所有冲突和不和谐的方面进行审查（因为在我们对后现代分化进行讨论这个背景下，防止"解决［resolution］"一类的词语有和谐化的寓意很重要）。

于是，这些疑难在文学中的总括较之怀疑主义和虚无主义中的节略，更好地替代了对哲学重要性的重复展示。在某种纯粹的状态中让**时间**显现遭到反复失败，将它直截了当地看作是一种无中介现象（最近的一次是在胡塞尔那里①），由此为所有时间症状的集合让开道路，即它留下了自己无所不在却无形的踪迹。但那些踪迹——这是我们也许可以从利科的伟大计划中得出的第二个结论——只有在几种迥然不同的时间交叉处才能得到确认和标示。即使在对时间经验进行的最主观的简化中，要让这件事情本身是可见的，也必须是在时间的共存时刻，在同时性时刻，在同时代性时刻，而若干种迥然不同的主观性是不能同时结合的。②

---

①   见德里达对胡塞尔的探索中反复出现的无法压制的矛盾的证明：*Le problème de la genèse dans la philosophie de Husserl*，Paris：PUF，1990。

②   无须返回到对爱因斯坦无法避免的参考，我们发现了一个关于社会不断增长的同步性的简明思考，见 Benedict Anderson，*Imagined Communities*，London，Verso，1991，24－25："我们自己的同步性概念在很长一段时间内处于形成阶段，而它的出现，以尚待研究的方式，必然同世俗科学的发展连在一起。但是，它是一个极为重要的概念，如果不对其进行充分的考虑，我们会发现，很难调查民族主义模糊的起源。已经取代了中世纪的时间同步性概念的事物，再次借用本雅明的说法，'同质虚无时代'（homogeneous，empty time），在其中，同步性可以说是横向的，穿越—时间，其标志不是预示和完满，而是暂时的重合，通过钟表和日历来衡量。"

"对于民族之想象的共同体的诞生而言，要理解何以这种变化非常重要，我们就要考虑18世纪首次在欧洲兴盛起来的两种想象方式之基本结构：小说和报纸。因为这些形式为'表现'**那种**想象的共同体，即民族，提供了技术手段。"

但正是文学文本使**时间**本身显现的这种潜能，即使是间歇性的，同时构成了后现代美学在这方面较之其现代主义前辈的优势。因为后者追求统一的幻象，在这一点上，它与哲学是相同的，前者选择容纳播撒和多样性；而且"差异是相关联的"这句口号，我在上面已经提到过，对各种时间层面的展开而言，确实是最有效的程序，我们已经发现，在事物本身不在场的情况下，要通过中介靠近时间，是需要这一程序的。被讨论的这些作品不仅膨胀（在奥古斯丁的语言中），并且伸展（在海德格尔的语言中）：它们痛苦地拉伸以触及时间显露其自身的零散方面，就好像很多面墙，身体伸展出去的手臂想要用张开的手指够到它们；这个身体隐喻可能可以代替那个终极的人力，利科将它等同于模仿活动 III，或者换言之，阅读。阅读于是成为一个片刻的、瞬间的统一行为，在这个行为中，我们在一刹那掌握了时间的多个方面，这一刹那不可能将自身延长为哲学性概念。

十　历史学家的时间

因此，现在转向历史编纂的物证本身是很恰当的，尤其是比较在"时间小说"中发挥作用的形式处理与在更规范的历史文本中被发现的东西，特别是在费尔南·布罗代尔的大作《菲利普二世时期的地中海和地中海地区》（*The Mediterranean and the Mediterranean World in the Age of Philip II*）中被发现的东西。这部具有纪念碑意义的作品利用了时间结构，布罗代尔非常出色地将该结构理论化为三"时段"（durée）——第一，地理时间的"长时段"，接着是各种制度盛衰兴替的中时段，最后是历史事件的"短时段"（我自己在《政治无意识》中使用的三分体系是对它的修改，需要顺便注一下）。

当然，也是在这里，我们也许可以提出反对的意见，布罗代尔的历史编纂也可能被说成是现代主义的，年鉴派历史学家就是 532

以这种方式发起了他们最重要的运动，反对将所有叙事、事件作为中心范畴，因此，在某种意义上，他们的立场被看作是在历史写作方面反对叙事，希望摆脱传统历史对重大历史事件和转折点以及重大历史行动者和人物的强调。

不过，年鉴派，尤其是他们这位最具样板性的代表人物，非常令人赞赏地保留了历史对于变化的强调，而且可以说因其容纳了"时段"或时间结构而扩大了后者的框架，由此超越了个体及其行动的单独的人类学层面（19 世纪叙事历史的古老领地，包括伟大的历史人物和他们的戏剧性事件），现在，沿着这个层面，或者也许你应该说在它下面，出现了各种制度更长的时间运动，如文化制度、政治制度、宗教制度，以及经济制度，甚至在那之下，还有空间本身和地质情况的著名的长时段：在布罗代尔的大作中，地中海地区自其在阿尔卑斯山区的欧洲部分与非洲两块大陆之间的地理意义上出现起，它的生态就是如此，在这一阶段，严格意义上的地中海制度和文化按照它们自己的（在内部有所不同）速度和时间出现了，历史上那些有名有姓的大人物高视阔步，指手画脚，声明他们自己那微不足道的叱咤风云绝对是永恒的（布罗代尔已经承认他极不情愿写他的历史中的第三个时段，因为它不可避免地要牵扯到重大的个人叙事和历史事件，那就是勒班陀战役）。

问题因此首先在于传统的、恰当的叙事范畴对于前两个"时段"的适用性，尽管它们肯定有"事件"甚至人物适用于它们各自的变化节奏。他将叙事符号学与马克思主义历史编纂一同拒之门外的做法所带来的一个结果是，利科满足于从类似准事件、准人物、准情节这些次佳范畴的角度来讨论布罗代尔的三个"时段"，甚至在符号学术语，例如行动者（或叙事中介）可能会催生出各种更新、更有趣的问题等方面来讨论它们。

《菲利普二世时期的地中海和地中海地区》事实上分为三个

部分，正好与讨论中的三个时段相对应：第一部分是一篇长达三百页的关于其地理方面的专论——沿海地区，土耳其和西班牙边界，但最重要的是这片海域本身被划分后的小地区，像陆地上的道路一样固定下来的海洋线路穿过这些地区，而且成为军事和海事争论的主题。第二部分的篇幅达两千页，全部是关于所谓各种制度、文化，以及经济节奏的中间时段的讨论。而最后一部分则是布罗代尔勉为其难加上去的，包括"叙事历史"的短时 533 段——征服与朝代，事件与主角。这部分以菲利普二世的死亡结束：这一事件以某种方式象征着这片辽阔的内海本身被边缘化，它不再是实际上的最后两大帝国之间（沃勒斯坦的认识）的战场，因为西班牙转向美洲，而通向东方的航线当时在外部，围绕非洲，被重新定位，同时，在勒班陀，土耳其从欧洲水域退出。

这些时段有三个层面的时间性，这一假设因此对于探察其他类型的时间而言只是一个框架——例如，农民在土地上的季节时间，或商人在港口之间沿海岸线航行的时间，或者新的意识形态公告的缓慢渗透时间；西班牙黄金的周转时间，油画从弗兰德斯被引入意大利的时间；折磨的时间和占领的时间……所有这些时间在它们彼此的正点交叉中都没有被熟练地定位；将它们放在临时接合中加以理解是有意为之。

很清楚，正是第一个或长"时段"构成了对利科的人本主义的最重要挑战，他在这上面获得了一个重要的胜利，我们需要将此考虑在内。这种新的历史编纂无意识就是地理学本身，或许甚至就是地质学——在这个最古老的王国中，在19世纪，深层历史被发现，由此产生了"历时分析"这个词语（在李尔［Lyell］的研究中）。的确，地质年代本身向每个试图按照亚里士多德的情节读解历史的人，例如利科，提出了一个严肃的问题。

因此，我们跟随第一部分中的某些地质踪迹，为的是看清布罗代尔如何将它融合在一篇首先是历史而非地理的论文中。这些踪迹必须被无情地简化为一条线索，因为它们导向不同的方向，同时还有异常丰富的大量事实，包括习俗、位置、文明。我们必须非常简短地谈一下山脉，它们出现于地质学上的深层时间，不同年代环绕内陆海的山脉是痉挛性出现的：这也是一个叙事，这一点应该引起注意，但没有人注意（至少有一页左右）。注意，这些山脉作为一个基本边界实际上从各个方向将地中海包围起来，也定义了将要到来的后者的历史叙事：这是第一次闭合，定义了研究对象，而且将它统一为一个独立的客体和一个独立的历史。

它也是一种不同的外部界限："我们能把山脉定义为地中海最贫穷的地区，定义为它的无产阶级后备库吗?"① 一般而言，布罗代尔是同意的：但他以反论开始："山脉是躲避兵士和海盗的避难所，所有的文献都有证据，可以远溯至《圣经》。有时，避难所成了永恒的居所。"（*MM*，27；31）但这些永恒的居所本身是一种文化：

> 至少有一件事是确定的。无论是定居在规模很小的小村庄还是大村落，山里的人口与周围山外广阔空间里的人口相比一般来说是微不足道的，在山里，交通不便；生活确切地说很像新世界早期定居点的生活，新世界也是辽阔空间当中的岛屿，因此便被剥夺了对文明而言必不可少的联络和交换。这些山区被迫以自给自足的方式来获得生活必需品，尽他们的全力来生产所有的东西，培育葡萄树、小麦，以及橄榄树，只要土壤和气候适宜。在这些山区，社会、文明，以及经济都打上了落后和贫穷的标记。（*MM*，29；32-33）

---

① Fernand Braudel, *La méditerranée et le monde méditerranéen à l'époque de Philippe II*, Paris：Armand Colin, 1990, 27；英文版为 *The Mediterranean and the Mediterranean World in the Age of Philip II*, trans. Siân Reynolds, New York：Harper and Row, 1972, 30。后面对该著作的参考均标注为 *MM*；所有的参考均先标注法文版，然后是英文版。

这段文字中的重要形象（"宽广的开阔空间当中的岛屿"）无意中确认了大海的特权，在描绘飞地这个前概念范畴时，它是基本的参照物或比喻。同时，否定在这里从旅行和轨道的角度，从水上运输的角度，突出了这个世界的建构，与此同时，否定也强调被隔离开的山区飞地似乎不仅决定了不同于其他地区的历史编纂方法，而且决定了它完全被排除在历史编纂之外。

> 山区是一个与文明隔绝的世界，这成了一条定律，文明是城市和低地的成就。它们的历史是一无所有，它们永远处于文明大潮的外缘，甚至最长久和最稳固的地区，它们可能在地平面上跨越很大的距离，但如果遇到一个几百米大的障碍，它们则无力垂直地移动它。（*MM*，30；34）

毫无疑问，这也是自由总是与山区联系在一起的根源，无论我们想到的是难民还是草寇，是征服和殖民化的压迫还是纯粹的权力或霸权影响。现在，因为差异也是一种关系，我们可能也注意到，我们发现书的封底是非山区地区有利的生态，这些地区已经被暗中比较了：高原、山丘，以及下一部分会出现的山脚，最后是平原本身。

535

应该注意，布罗代尔非常痛苦地让我们看到，所有这些各具特点的生态都不是真正意义上最后的结束点，它们每一个就其自身而言都不是真正的完整和自足：高原是运输和转口贸易之所，集中体现在"这些无尽的驮兽队列，驮着货物的骡子和驴是看不见的……这使得卡斯蒂利亚一直是半岛外围地区之间的纽带，这些地区环绕着它，在有的地方将它同大海隔开"（*MM*，49；54 - 55）。高原因此预示了对这片海洋本身的替代。

相反地，山坡乍一看是真正的福地：旅行者"春天来到这里……迎面是已经开满鲜花的绿地和耕种的土地，在那里，白色的住宅掩映在葡萄树、白蜡树，还有橄榄树之间……"（*MM*，50；56）。然而，"靠山坡梯田上的庄稼支撑的脆弱经济无比复杂且随着时间的流转而不同……"这些庄稼不得不根据市场价格相互竞争……而且还要同周边地区的农产品竞争（*MM*，53；59）。最后，相对沙漠而言，这是一个围绕着地中海本身的非常狭窄且频繁受到侵搅的丰产地带，但它是另一种飞地；山坡容易受到来自底部和顶部的入侵者和强盗之流的光顾。

至于平原，在前面的篇幅中，没有什么比布罗代尔对这些固定模式的尖锐指斥更引人注目了：它们远远谈不上富饶肥沃，最初只是沼泽遍布，疟疾肆行之所，以几代人的沉重劳动和市镇、地主或君主的明智投资为代价，它们才有了现代的模样。同时，作为发展相对较晚的地区，它们也是以单种经营和大地产为主的地方，它们那里的地主是最残酷的——即他们的经营导致了农奴制和奴隶制的出现。

参照这些其他类型的基本地区的优势和弱点，我们现在回到山区：首先是迁移性放牧或游牧这种移动形式，其次是人口从山区普遍向外流动。人口过剩？算是吧，至少"相对于他们的资源而言"（*MM*，37；41）。对地方的描述因为其居民的运动而变得活泼起来：从山区，先是涌进富庶的谷地；然后成了各式各样的小贩和商人；码头上的工人；乞丐；最后是海员。因此，更深刻地认识了作为地中海"无产阶级后备库"的山区的最初特点，而且这一认识还有了内容。这种来自山区的移民运动将成为人力资源：而且后来还被确认为这片内陆海地区基本行业最终的人力库，它容纳各种船只，它们带给它巨大的财富，也构成了它独一无二的身份。

因此，这位历史学家逐渐将他书中静态的地貌变成了人口和他们的历史。在提出这位历史学家从他著作的第一部分向第二部分过渡的问题时，利科敏锐地抓住了这种微妙的变化："地理历史，"他告诉我们，"迅速地转变成为地理政治"（*TR*，291；

209）；而无疑，这再次确证了他的人本主义议程，即借助亚里士多德关于情节的人格化概念，将所有的叙事都转回到它潜在的人类形式上。不过，我们后面将看到，即使根据利科的分析，更不用说布罗代尔本人的研究方法，关键是这种转变没有完成；山区、自然、非人，它们没有完全消解在人的实践中；在第一和第二部分之间仍然存在着重要的断裂。

不过，稍待片刻，让我们关注一下两个更深入的观点，它们是关于人在这些地方逐渐出现，以及迥然不同的个体所组成的不同生态系统中的人口。首先，人口本身这一主题——它在这里已经让我们开始考虑某种人口过剩问题，人口过剩满足了正在扩大的沿海地区的需要，因为那里的工业和商业需要越来越多的人力——也预示了地中海作为一个整体，作为一个半自主地区，作为"世界舞台上的一个表演者"（如利科后来所说的）在未来的命运。因为辩证法的基本形式之一就是，如我们将要看到的，成功带来失败，赢家亏本，好运导致各种新问题，这些问题到最后也许会是致命的。所以在这里，作为一片被陆地封锁的水域的沿海地区，最终是人口问题限制了地中海本身的发展：在其鼎盛时期，不再有足够的海员，不再有足够的工人来造船，甚至从它的影响和吸引力所能辐射到的最远地区也输送不出足够的移民，而这个基本的局限将敲响这个地区的丧钟，这也是该书的结论，宣告了属于其叙事的历史时期的结束。

但是在这一点上，对我们而言，可以说更重要的是旅行、运输、移民本身的作用：因为正是这些构成了这一阶段的叙事；或者换一种委婉的说法，旅行是特别针对地理和某个空间层面的叙事，它是讲故事在这个层面上所采纳的形式，并且它可以获得各种元素。然而，甚至比那更重要的是更进一步的叙事资源，它隐藏在这个表面的抽象概念中，在这个抽象概念下面，运动、入侵、人口迁移、流亡、旅行队、各种各样的旅程被分类排序。因为它们不仅是形式各异的运动和移位形式：它们连接起经营活动，在其中（在这个舞台上，即这些地理地区，以及与它们对应的飞地），更基本的人物阵容以"组合"（combinatoire）结构或排列结构为运动形式。的确，我们这时是在布罗代尔"方法"的核心部位（至少在这个有其特殊限制的专门研究中）：它主要不是发明几种一般类型，按照这些类型整理他那些多得令人目眩的原材料。有一种做法可能相对简单一些，这种做法也是韦伯式的（Weberian）：将所有花园般的山坡都作为一种理想类型隔离开，我们后来就是这样来处理差别的；或者对形态各异的山村，或者对各种平原以及那里特有的庄稼采取这种做法。不，这种一般化机制在这里被导向这些地区之间的关系类型：例如，迁移性放牧对游牧主义，的确在它们内部，它们是这两种迁移性放牧。

现在是面对这个问题的症结的时候了，它的确就是关系；或者说得更准确一些，是相互关系。这种关系有好的和坏的形式，如我已经开始暗示过的。将当下和过去混在一起，或说得更确切一点，将今天的全球化与布罗代尔的 16 世纪晚期的地中海之间的某个连续体炸开，我们也许会说，当时出现在那个内陆海地区，出现在菲利普二世和苏丹时期的地中海世界的现象的确就是全球化：西班牙帝国将目光投向美洲，奥特曼帝国朝向波斯，然后，在勒班陀和兰西瓦尼亚（Transylvania）之后，欧洲实现了铁幕下的稳定——所有这些标记都伴随着地中海作为一个世界舞台的没落。按照意愿变换舞台，难道这不恰恰是全球化造成的后果吗？逃离工资高的地区去往其他仍然可以找到廉价劳动力的地区？放弃不同的发达地区，让它们的货币流通停滞，创造全新的生产和商业中心，的确就是赋予老的世界"中心"一个新的、更惊人的意义，尽管是更具哲学性的意义？无论如何，文艺复兴时期的地中海正是以这种方式被一次全球空间的巨大扩张解中心化，而且被降到历史的从属地位，西班牙和土耳其，还有意大利和北非成了"病人"，不仅是欧洲的病人，而且是先前的整个世界历史地理区域中的病人。

这些冰川群块和非人群块，然后是将地中海及其沿海地区包容在其边界内的巨大山脉，实际上拥有各种微观叙事：下一批存在意义上的实体，植物，然后是动物都是吸引、滋养，有时甚至是人类活动的结果，无论是定居、入侵、人口下降、迁移性放牧，还是游牧。在关系这个层面上，山区一度开始暴露出它们与山麓地带、平原、港口，以及大海本身之间的联系：通过探险、入侵、移民、交通。但是，在历时层面上，每一个地理特征都成了关于定居、人化，简言之，实践的微观叙事的契机。

正是在这里，我们遇到了利科那个了不起的、贴切的公式："地理历史迅速地转变成了地理政治。"（TR，291；209）换言之，第一部分的基本叙事实际上是一个元叙事：它是一个关于时间性1，即地理存在，向时间性2，即人类在这个地区定居的中间时段转变的故事，包括这种转变所带来的所有经济、技术、文化、宗教，以及战争。因此开始了一种螺旋上升，在这个过程中，第二部分在它可能称其为更高但肯定更人性的层面追随着第一部分的轨迹，而且是以一种更快的时间性在追随，尽管在跨世代意义上仍然是缓慢的移动。在它们逐渐彼此认同这一点上，层面1和层面2逐渐变得难解难分，留给我们的很像基础与上层建筑这个古老的马克思主义二元性，只不过在这里，基础包括文化，而时间性3的上层建筑成了马克思主义历史编纂中的事件泡沫，有时被唐突地当作"附带现象"，认为它们是支离破碎的和抽象的而不予理睬。

在这个螺旋上升中，让我们考察一下关于地中海地区形成本身的一些百科全书式的句子，该地区被确认为

> 特提斯海（Tethys Sea）现存的主要断片，在阿尔卑斯造山运动时期之前，它环绕着东半球。内港结构和现在的形

式以及它周边的山体系统是相对稳定的欧亚大陆板块和非洲
大陆板块挤压和退缩的结果……相应的褶皱系统的海槽以及
后来被褶皱系统包围的一些陷落地区和后来被各种褶皱所包
围的一些陷落地区构成了这片海域内部的主要盆地……①

也许没有必要补充说这一论述也是一种叙事，有施动者和事
件。尽管如此，仍然有一个重要的含混性：这个"长时段"是
一种时间形式吗？或者难道它不是一种非时间（non-time）？在
这段非时间中，什么也没有发生，什么也没有改变。从人类历史
的观点看，换言之，长时段、地理，更不用说地质了，是不改变
的东西；而布罗代尔的词汇和公式使我们相信，它仍然是一种变
化和一种历史，只不过是非常缓慢的那一种，是一种深入到人的
感知，甚至人的故事讲述、历史记忆、记录和档案都无法标示的
时间性。

然而，我们已经看到它是一种地理学家能够讲述的故事；因
此这个含混性是一个结构性含混——从人类角色的观点，物理框
架不发生变化并且表现了一种自在（being-in-itself）；但是从它
自己的视角（如果这种说法是正确的），它有它自己的时间和它
自己的叙事可能性，就像太阳系或银河系一样。你如何能将这两
个相对的视角放在一起？另外一部当代历史编纂的杰作是罗伯
特·卡洛（Robert Caro）的《权力掮客》（*The Power Broker*）
（它被伪装成为一部罗伯特·摩西的自传），在这部书中，我们
可以精确地看到这个过程。当主人公接受了他第一项伟大神圣的
任务，重建长岛并修建林荫大道和海滩时，卡洛突然停下了，然
后给我们看到的是长达一百页的关于这块地方的形成的地理描
述，从它的起源开始。

539

---

① *Encyclopedia Britannica*, 1961, Vol. 15, 209.

但是，很显然，无论是哪种情况，这些层面之间需要且必然有一道鸿沟：震撼出现在混合当中，出现在这两种极为不同的现实和时间性的并置当中，它们一方面是地貌的演变，另一方面是人类计划的命运，一切都同金钱与权力交织在一起。要使它们有联系，就必须将它们分开；它们只有分离才能产生联系。这是一条以某种方式将黑格尔和卢曼（Luhmann）相结合的法则：差异相互关联，巨大的差异本身就是某种形式的认同。或者，如利科对亚里士多德的情节的看法所言：它是一种由不协调组成的协调，这种不协调被深度探索，结果揭示出它本身就是一种超越了不和谐的和谐。这是一种涉及总体性要求的历史编纂所采纳的形式，它的特性对于亚里士多德而言是充分的规模、封闭，以及必要性（处于其他特性之间，如幸福和不幸，我们很快将回到这个问题）。

尽管如此，在这个公式中，我们也只是成功地命名了这一现象（在布罗代尔那里），但我们尚未说明它的功能。我们能观察到的是他的第一部分也包括了叙事句子，而且的确是由这些句子组成的；但是，它们不是百科全书所提供的关于地质表述的那一类叙事句子。不过，要理解这些叙事句子，我们需要注意（如利科那样）这第一个或地质层面的一个基本含混性。无疑，该书正式的时间跨度限制在 1550—1600 年；但这几乎不足以表示它本身当中以及它本身一个真正的"长时段"，因为在那五十年或任何五十年的时间里，地中海地区不可能发生任何地理移动（尽管它仍然包含了地理事件——也就是说，灾难——如公元 179 年的灾难那样的灾变）。重要的仍然是这两者之间的鸿沟，即在布罗代尔那里被保留下来的鸿沟：

> 因此要使这两个系列同步是不可能的，广义的一系列经济危机和一系列政治事件，一系列当代人认为最重要的事件，特别是在一个尽管一切事物都存在，但由政治引路的世

纪。(*TR*，第 1 卷，297；213)

根据利科的分析，这道鸿沟将会因为两个当代读解得到调和（即使不是真正的填平或消除），从开始到结束，再从结束到开始。每一种读解都释放出一个不同的情节：首先，正是地中海地区本身的命运组织了这个情节，后者可以这样来描述："地中海作为一个集体英雄在世界历史舞台上没落了……两个政治巨人［西班牙和奥特曼帝国］之间的冲突结束了，历史转向大西洋和北欧。"(*TR*，第 1 卷，300；215) 如果是这样的话，这个情节不是于 1600 年，而是在那之后几十年才完成的。

根据另一种读解或再读解，恰恰是菲利普二世于 1598 年的去世成为第三部分的结尾并因此也完成了这个螺旋式上升的全部转变，它变得更接近于叙事历史和关于事件与世界历史人物的老式叙事历史。人类就是如此将事件阶段化并将这些多种多样的现实转化为他们能够记住的一种叙事，一种以他们自己的各种时间存在为参照的叙事。

不过，重要的是这第二种叙事仍然是一种失败并由此保留了其元叙事的标志，它要表达的是，年鉴派的观点，即叙事历史、事件、人格化角色等是不充分的。菲利普二世的个人历史因此必须同时代表闭合（对于这个整体叙事而言，在它的三个层面上，也就是说对于该书本身而言）而且也必须表明作为一个单纯的个人事件，它本身也是不充分的。它如何同时执行这两种矛盾的功能呢？

> 什么是地中海地区情节的框架？我们也许可以毫不犹豫地说：是地中海作为一个集体英雄在世界历史舞台上的没落。在这一点上，这个情节的结束不是菲利普二世的死亡。它是两大政治巨人之间冲突的结束以及历史向大西洋和北欧的转向。(*TR*，第 1 卷，300；215)

但是，在利科的精彩读解中，这两个死亡，西班牙统治者的死亡和地中海地区本身作为一个**历史**中心地带的死亡，不是构成了一种简单的平行或同源性，它们没有密切的联系。如果情节在某种程度上真的始终是异质的综合，布罗代尔这本书的实际情节是要教会我们通过将异质时间和矛盾的年代拼在一起来统一结构、循环，以及事件。不过，这个实际上的结构却使我们能够在对《地中海》的两种相反解读之间作出判断。

> 第一种解读使事件历史从属于长时间跨度的历史，长时间跨度从属于地理时间——于是，主要的重点放在地中海。但是，随之而来的是地理时间处在失去其历史角色的危险当中。对第二种阅读而言，历史仍然是历史的，因为第一个层面本身相对于第二个层面被限定为历史的，而反过来，第二个层面从其支撑第三个层面的能力中获得了自己的历史特质。重点于是放在了菲利普二世身上。（*TR*，第 1 卷，302；216）

当然，这两种解读之间的差异反映出一个更深层的疑难，即客体和主体的疑难，与奥古斯丁的存在时间或现象学时间相对立 541 的亚里士多德的宇宙时间的疑难。但是，在结构方面，最关键的特征是在这三个层面之间有一道鸿沟，在它们之间有一种不可通约性，这道鸿沟和这个不可通约性必须得到承认而且要保持开放的状态，目的是揭示这个疑难，同时也能够通过这个疑难来表达时间本身。不过，这些交替出现的读解很显然在利科那里没有得到公正的评价：唯一真实的事件是存在性事件，在他的研究中，对它采取了菲利普二世的视角并且是以他的死为结束。另一种读解，关于地中海在两大帝国之间的对抗的"伪叙事"，对于利科而言是一种符号学建构，借助于这种建构，历史学家模仿某种存在叙事的可追踪性，模仿某种独特的人类戏剧的节奏。更具反讽意味的是，参照年鉴学派对纯粹的事件叙事的敌意，如关于伟大的历史人物和伟大战役，关于重大转折点的叙事：似乎是在他们弃绝这类叙事并代之以"更深层的"精神性、制度，以及地理的努力中，他们发现这类显然是非叙事的话语缓慢地变回到叙事，尽管是"真实的"或人格化事件和角色被利科所谓的伪事件和伪行动者所替代的叙事。

于是，利科的议程到头来处于与年鉴运动这个官方计划相对立的立场：而且如果较之他对于符号学的攻击，他对于他们观点的哲学批判较少进攻性的话，这可能与布罗代尔屈服于叙事现实主义或表现性有关，也与他在《地中海》的结论部分重新退回到这一时期的事件和更加传统的叙事有关。同时，布罗代尔的理论代码——三个"时段"——鼓励回到时间的概念化这些传统的哲学困境当中（在这些困境中，利科表现得游刃有余，我们已经看到了），却没有提出一个成熟的理论和反人本主义符号学在概念上和术语学上的替换物，这种符号学的存在意味着与哲学传统的彻底决裂，尤其是与现象学和存在主义的决裂。

不过，从另一个视角看，这场论战不仅在意识形态方面是有益的；它还促使利科以一种意想不到的方式进行探询，他假设可能有一种替换性的时间维度和一种替换性的阅读与方法论代码，即使这种可能性被认为是错误的。因为利科本人的做法使他倾向于在一个比以往更宽泛的规模上从矛盾转移到矛盾，永远不解决它们中的任何一个，永远不"生产"一种新的、更令人满意的概念性解决办法，而是利用每一个困境生产新的、更丰富的矛盾。他因此正需要这类激进的概念性替换物，这类无法接受但具有理论性和哲学性的对立者，目的是保证他自己可以继续探询：以至于因为在意识形态上偏爱我们称之为人格化表现的人本主义——如果最终被证实并被永久地确定下来，如它在最后一卷中的情形——从而阻碍了他自己的论点中所有生产性的东西；而且正是在这个意义上，对于那个论点（的确也是对他自己的"叙事"）而言，符号学领域和年鉴学派的反叙事计划都是必不可少的。

这意味着利科对**时间**的研究方法——以及我们自己类似的研究方法，与他对**历史**的研究方法交叠在一起，不过是在更宽泛的范围内——需要不同的维度之间存在各种鸿沟，存在各种不可通约性，需要对那些无法破解的疑难的相互不兼容的读解，需要**时间**和**历史**的多个维度，单是它们的交叉和不协调便能让事物本身显现。

正是本着这一精神，我们必须重新解读利科对布罗代尔的庞大文本所做出的各种另类阅读：个体的故事和集体的规划，斗争和结果，它以菲利普二世于1598年的死亡结束，或者以地中海作为历史核心的消解结束，这发生在下个世纪的进程当中。而且我们必须是以几乎相同的方式来评价三部现代小说中的多种时间性，利科对其进行了聚合性拆解，这些小说的每一部都投射出这项研究的一个主题中心，它断言这是最正确的读解方法。

但是，在实践中，众多的选项对于时间——虚构文本和历史编纂文本的历史性——并不是最关键的：它们的交叉使时间或历史显现。这些阅读之间的鸿沟是必然的，它们的不可兼容性和它们所引发的悖论不是提出了一个问题，而是在某种意义上构成了解决办法。

换言之，在这一点上，我们需要某种"交叉理论"本身来作为一种结构现象（它应该也有它的相关性和它在文本外的"现实"中的对等物）。我们也许会同意，某些文本需要一种最初的和时间性的经验，而且不同的时间决定了某种阅读是必要的，我们可以将这种阅读比作强制性的 *raverse* 或穿越，因为叙事建构了多条道路，留下了不同的轨迹，同时在时间中穿过它投射出的各种时间维度。然而，**时间**或**历史**的显现靠的不是这些轨迹的多样性和差别性，而是它们彼此之间的相互干预，它们与它们的交叉之间的相互干预，它们的交叉现在被理解为不协调和不可通约性，而不是被理解为一种结合，这种结合通过由某些和谐的汇合与组合构成的中心空间，以综合的形式来强化所有的交叉。

　　因此，我们必须在所有交叉概念中保持这种暴力和否定性，目的是使这种不协调的接合可以被当作一个**事件**，尤其是那种随着**时间**和**历史**的显现而短暂出现的**事件**。这也不是一个单纯的文本或哲学问题：因为正是同样不协调的结合构成了时间和历史在真实世界中的出现，由真实的时间和真实的历史所组成的世界。的确，正是在交叉时刻，时间突然对个体显现为一种存在经验或现象学经验（或者，只要你愿意，显现为对这类私人经验的强烈干预，显现为一种事物，它突然从外部闯入私人经验，使它变得不堪一击并成为外在于它自身的不可思议的力量的玩物）。

> 当大人物的宅邸垮塌
> 附庸于它的很多陋室也遭倾覆
> 那些没有分享到权势者好运的人
> 常常分担他们的不幸。摇晃的大车
> 拽着汗如雨下的老牛一同
> 坠入深渊。①

---

① Wenn das Haus eines Grossen zausammenbricht
Werden viele Kleine erschlagen.
Die das Glück der Mächtigen nicht teilten
Teilen oft ihr Unglück. Der stürzende Wagen
Reisst die schwitzenden Zugtiere
Mit in den Abgrund.
Der Kaukasische Kreidekreis, in Bertolt Brecht, *Werke*, Vol. 8, Berlin: Aufbau, 1992, 107.

这样一个时刻，在更宽泛的程度上，是由使**历史**本身在我们面前出现的多种力量和维度所构成的，是突如其来的可能性或意想不到的自由的时刻，是革命的时刻，也是战败和最凄凉的绝望的时刻。这些时刻与其说是主观时刻，不如说是存在时刻：如我们将要看到的，在**存在**的某种海德格尔式开端，其效价可以是否定的，也可以是肯定的，由于世界各种力量的接合本身，这些时刻才可能出现；这就是为什么应该在这一点上回想一下阿尔都塞的多元决定（overdetermination）和结构性因果律等概念，在我看来，这是试图将一个同类的现实理论化，而且它将在本章（"让历史显现"）的第二部分发挥重要作用。

如果说我之前不愿意援引这些概念，这不仅是因为利科不声不响地完全略过了所有这类可能牵扯到马克思的时间与历史理论的东西①，而且更加切实的原因是，为了能够在参照我们此处已经考察过的所有事情的条件下展示它们的不足。阿尔都塞对辩证法的含糊其词是众所周知的，尽管在结构性因果律的辩证法方面，他也很愿意使用这个词（很谨慎地）。但他的反黑格尔主义不是我们在这里要特别讨论的问题。

更为重要的是，阿尔都塞的概念本身没有否定性。无疑，它们的否定和批评价值可以在哲学意义上得到恢复，但我们需要将它们重新放置在它们最初的论战情境中并按照那些概念目标的功能来读解它们，它们的目的就是削弱和替换这些概念性目标。多元决定在那个意义上是一种表示欢迎的行为，目的是对在庸俗或正统马克思主义的陈俗之见中被理解为一种单因决定论（mono-causal determinism），特别是被理解为经济决定论的东西进行再

①　或许，关于利科与辩证法的关系，我们还应该补充一句：像德勒兹的 *Difference and Repetition* 那样对它做最狭义的解释，他认为，它的对立即否定概念已经被康德在 "Attempt to Introduce the Concept of Negative Magnitudes into Philosophy"（1763）中批驳过了，在该文中，康德断言，根本没有否定。

理论化。同时，结构性因果律也是这个计划的一次扩展，以阻挡用某种理想主义替代马克思主义历史编纂（所谓的表现性因果律［expressive causality］）等危险，在这种理想主义替代物中，经济因素被无声无息地省略，而且它从一种准斯宾格勒式（quasi-Spenglerian）的风格与精神统一这个角度来看待历史的接合。

但是，在我们当下的语境中，这些新的版本——多元决定论，结构因果律——在它们自己的时代和情境中一定很受欢迎并且很有益处，似乎现在暗示一种多元主义和相对主义，多元主义和相对主义对于自由主义和资产阶级的历史观而言，比任何马克思主义都更为适用。多元决定，考虑到它所有的独特性，现在似乎意味着一个单独的事件有很多成因，它们的结合是随机的（而且可能很令人信服地省略了经济因素）；而结构性因果律从一段特殊距离的视角将不同层面之间有差异的关系公式化，这段距离本身就是"结构"的结果。即使后者被理解为一个生产方式本身的时刻，所以，这个概念仍然是一个积极的（甚或是实证主义的，或肯定的）概念，否定性由此被挪走，或者在其中它至少是无法理解的。这就是说辩证法的中心机制——矛盾本身——在此仍然以某种方式处于缺乏状态，或至少很难被这个概念本身所强调或凸显。

交叉概念想要恢复的正是这种否定性，而且以此为参照，利科提出的各种自相矛盾（anitomies）可以根据它们的辩证形式被理解为矛盾。正是在这种理论修正的参照下，我们或许现在可以最后同利科分道扬镳了，这是为了应对他的研究向我们提出的更基本的问题，即他的亚里士多德叙事系统与辩证法本身的兼容，尤其是与马克思形式的兼容。在这一点上，换言之，我们也许现在可以认为对**时间**以及可能使其显现的方式所做的研究有了一个结论；可以将我们的注意力转向**历史**本身的出现或显灵（phainesthai）了。

第二节 让历史显现

一 偏袒

现在，最关键的是解开这些问题框架，然后与利科不同（因为他将这个问题主题化了），假设**时间**的显现不一定总是伴随着**历史**的显现，即使后者可能需要前者的配合。这并不意味着我们一定不能接受利科在这个最后阶段将小说和历史编纂并置，相反，只意味着我们需要颠倒他的重点，并且论证小说与布罗代尔的相同之处在很大程度上并非指后者的叙事性正是前者的历史性。这在很大程度上不是因为布罗代尔的研究明显适应于亚里士多德的叙事诗学这个视角，即利科将小说和历史都归在叙事的标题下这一做法具有说服力；而是因为他选择的小说本身的建构就是为了标示历史本身更深刻的过程。它们可以说是"时间的"小说，但它们也是"历史的"小说。

即便如此，我们现在也必须将尚未得到回答的重要问题或难题之一放在合适的位置上，这些问题的提出源于小说与历史之间的对比，与将主体植入叙事有关，可以说，或说得更确切一些，是叙事和历史中的偏袒问题。小说或悲剧的人格化文本在这方面没有表现出任何特别的麻烦（尽管在那里，这个问题可能变得非常复杂）。但是，谁在**历史**的重大集体伪事件的结局中偏袒伪人物？无疑，这曾是列维—施特劳斯对于历史思维的颇有影响的攻击[1]，我们通过观察将其归纳为，在他看来，在现代性之前，在法国革命之前，历史中的偏袒问题的确变得疑窦丛生：在投石党运动这个被搞得乱七八糟的事件中，更不用说前哥伦比亚时期巴西各部落之间漫长的自相残杀的战争中，我们应该为谁喝彩？ 546

---

[1] Claude Lévi-Strauss, La Pensée sauvage, Paris: Plon, 1962, Chapter 9.

但如果我们不能够在这个较早的历史中表明立场，如何重新激活亚里士多德为历史提出的实现论（eudaimonic）范畴？又如何评价从幸福到不幸的各个不同阶段？这是悲剧最重要的原动力，当我们转向历史判断问题时，它变得极端困难。

但是，《诗学》存留下来的东西主要是针对悲剧的——但也可以在生殖崇拜的喜剧中（年轻一代胜过老年一代），在畅销书中（连同其中那些被贬低的有关成功与好运的幻想），或者最后在我在他处所称的幸运叙事（providential narrative）中找到例证。① 不过，这种描述仍然必须与结束和意义（"值得给予严肃的关注"）等要求结合起来考虑，这最后一点在很大程度上从阶级的角度被定义为将高贵的悲剧演员同不如我们的人（将亚里士多德同弗莱的创造性再定义合并在一起）区分开来的东西——第一等人独自拥有将要失去的好运和高位。幸福因此在这里与阶级地位的好运连接在一起，而"结束"则注定了悲剧性堕落本身，从第一个微不足道的逆转信号到它显然已经确定无疑和无法挽回的时刻。死亡对于这种无法挽回仅仅是最残酷的外部标志，如同集体叙事中的战争和战役。

然而，后者提出了作为它们的一部分的行动者问题，即将要被叙述的已完成行为的主体，利科称之为准人物（quasi-characters）——一个预先排除了最有趣的理论问题和难题的描述。如果历史已经被书写，可以用符号学的方式对其进行质询，行动元（actant）可以得到确认并被分离，历史叙事就是围绕着行动元进行结构的：因此，某个技巧，如视角，在绘画史上也可以充当行动元，而一个类似于福柯的"规训"的现象也可能成为准"教育小说"中的英雄，在世界舞台上有其先祖和成熟时刻。但

---

① 见我的"The Experiments of Time"，in Franco Moretti，ed. ，*The Novel*，Vol. 2，Princeton：Princeton University Press，2006。

是，上文对布罗代尔的讨论提醒我们，这种叙事结构可能是含混的，并且展现出几种不同的读解可能性，亦即几种不同的叙事，它们有迥然不同的主人公和一个变化着的重点，从一种宿命（地中海的）到另一种宿命（菲利普二世和他的个人计划与命运）。我们甚至可以在谷物（grain）（我们待会儿将要看到）的参照下阅读这类叙事，探察在胜利者公开的成功故事背后起作用的失败者的悲剧叙事。然而，如果所有这一切都是真的，那么，我们似乎需要对历史叙事的基本主体表示某种同情（正是这一点超越了古老的亚里士多德式同情和恐惧）：为了让我们的理解 547 和我们的期待与历史的成功或失败，与它的幸福或不幸的结局连在一起，我们就不得不接受政治危机或历史危机，但一定是以最公正的方式。这或许是亚里士多德坚持行动（action）高于人物的另一个原因：我们可以饶有兴趣地欣赏这个计划并观察它的圆满结束或它意想不到的毁灭，这样做比身不由己地同情即将获胜的主人公更加容易，任何相反的事情都可能使我们对他感到鄙视或憎恶。

在本应客观的历史编纂事业当中，对于偏袒或一边倒的这种拟人化遗风而言，什么才是证明其合理的正当理由？我们要从心理学的角度思考同情这一要求吗？如果是那样的话，它可能成为一种幼稚的驱动力，这种驱动力被升华为那些遭到尼采谴责的伦理哲学；在他所称的自我中心幻想中，弗洛伊德本人注意到：

> 其他人物被截然分成好和坏，不理会在真实生活中都观察得到的形形色色的人物。"好人"是提供帮助者，而"坏人"则是自我的敌人和对手，自我已经成为故事的英雄。①

---

① Freud, "Creative Writers and Day-Dreaming", in *The Standard Edition*, 150.

不管是哪种情况，启蒙的目标似乎恰恰是要根除孩童的这种自我中心主义痕迹并到达一个客观性和禁欲主义的阶段，在这个阶段，没有什么恶棍或英雄，而我们对正在展开的叙事的注意力是中立的，只是对它的动力做出估计，对它的结果进行评价。

这实际上恰恰是列维—施特劳斯对**历史**的反对，他不仅认为历史意味着各种异质时间框架的融合，从日子到时代，从年份到王朝，全都被统摄在日历名下（关于此，我们已经看到，恰恰是这种异质性使得**历史**能够成为多样性的统一）；而且最重要的是，他认为历史意味着某个中轴事件预设了必然的偏见——在他对萨特的批判中，偏见就是法国革命本身——它统治着我们的历史同情，将人物的历史花名册划分为英雄和恶棍。但是，列维—施特劳斯问道，对这些发生在任职日（inaugural date）的极端简单化之前的事件，我们做了什么？① 对于教会的神甫而言，这是关于"高贵的异教徒"的问题，或者对卢卡契而言，是关于 1848 年之前的作家和《宣言》（Manifesto）的问题：现在是一个受到投石党运动（1642）② 的复杂

---

① 但是，*The Conflict of the Faculties*, trans. Mary J. Gregor, Lincoln: University of Nebraska Press, 1992, 153, 康德断言，某些事件"在所有观者的心中发现了……一种非常近似于激情的参与愿望"。这种历史概念与他的美学判断的一般主张有关，在下文第四部分会详细地讨论。

② "乍一看，似乎毫无疑问，一方是特权阶层，另一方是卑贱的、被剥削的阶层；我们如何还能犹豫呢？我们是投石党人。然而，巴黎人中了贵族的诡计，他们的目标就是用现有的权力安排自己的事务，也中了一半皇族的诡计，他们想要驱逐另一方。现在，我们只是半拉子投石党人。至于朝廷，它获得圣日耳曼的庇护，最初，似乎是一群无用之人依靠他们的特权在滋长，凭着巧取豪夺在养肥自己，牺牲的却是集体的利益。但是，不是的，它是发挥了一般无二的功能，因为它保留了军权；它行使抗击外国人，即西班牙人，的职能，投石党人毫不犹豫地请这些西班牙人侵入这个国家，并且将他们的意愿强加在保卫这片国土的同一个朝廷头上。不过，天平再一次向另一个方向倾斜：投石党人和西班牙人共同组成了和平党。孔德王子和朝廷只是追求战争般的冒险。我们是和平主义者，而且再一次成为投石党人。但是，尽管如此，难道马萨林和朝廷的军事伟业不是将法国的疆域扩大到现在的边界并因此建立了国家和民族吗？没有这一切，我们应该不会是今天的样子。所以，在此，我们又一次站到了另一面。" Claude Lévi-Strauss, *The Savage Mind*, trans. John and Doreen Weightman, Chicago: University of Chicago Press, 1966, 255.

谜团牵制的问题，我们发现，大贵族、宫廷、巴黎人民、摄政者、她的儿子国王路易十四、马萨林（Mazarin）、雷斯主教（le cardinal de Retz），等等，全部在基本的敌对中狭路相逢。在这场混乱的起义中，所谓的巴黎人民被理解为贵族、律师、店主，以及他们的学徒，实际上，他们绝对不是无产阶级或被践踏、受压迫的大众，在这样一个情境中，历史的动力在哪里，我们应该站在谁的一边？列维—施特劳斯没有提到那个对人类学家而言甚至是更直接的参考，即发生在巴西不同部落的人民之间古已有之的战争，在巴西，要确定富人或有权势的人，然后同他们的牺牲品站在一边，这的确不是个高明的想法。对牺牲品的认同的确在很大程度上是 21 世纪公民的一个当代趋势，他们在种族灭绝中处于特定的位置，而且对种族压迫非常在行：但它仍然是一个意识形态的或纯粹的伦理选择，在那个方面证明，历史叙事与意识形态视角下的结构假设是不可分割的，甚至全知的或客观的叙述者都依然隐秘地受制于这个视角。

　　"所有的历史都是阶级斗争史"，马克思和恩格斯在一个具有重大影响的声明中如是说，结果它成了一个奇异的总结。因为在最具技术性的意义上，各阶级只能出现在现代资本主义当中，它们表现为工人和业主的两分形式。阶级分化思想（例如小资产阶级）是社会关系对这两个基本阶级的一种功能并且主要是对意识形态分析有吸引力。至于农民和地主，在没有被改造成为农场工人和资本家之前，他们在资本主义的第一个世纪没有受到什么冲击，最好是将他们描述为封建等级，以略微不同的方式在发挥作用，就如同奴隶范畴不能同化进工资工人范畴，工资工人独自构成了工业无产阶级。远溯至部落群体和狩猎采集者，谁愿意维护这样一个思想，在村落长者统治年轻人和妇女的情况下，我们仍然需要有阶级斗争吗？

　　我们当然能够明白为什么马克思和恩格斯要采取这种表达方式：他们想突出剥削之于生产过程的关系。"历史的噩梦"（乔伊斯）无疑是暴力与残酷的累积，但如果以这种绝对的方式来看待它，那等于是在鼓励某种伦理上的怜悯，只有当我们将这种历史图景的对象从人类历史移位至社会结构，这种怜悯才可能具有生产性；同时，阶级概念包括权力在没有将追求权力的欲望本质化的情况下的种种不公。这句著名的口号因此将我们的注意力引向人类过去的剥削系统，同时以对伦理和人本主义的各种偏见进行去魅为目标，这些偏见忽视了那些系统而且倾向于将它们碎片化为单纯的个人过失和经验错误，以此来掩盖这些系统。

但是，我们当下的语境也为马克思和恩格斯一方的这种修辞夸张提供了另一个理由：它是要将人类历史上这些没完没了的资产负债表（balance sheets）叙事化并且恰恰是像鼓励列维—施特劳斯所强烈反对的偏袒那样来表现它。但是在这里，我们需要十分谨慎地对这些复杂性表示尊重，在叙事学的立场，它们并非一直非常明显。它的确不是确定一个观察和评价这些各不相同的前历史的"视角"这样一个问题：也就是说，即使是广受批评的"历史主体"概念在这里也并非毫无疑问，更不用说卢卡契的"党派偏见"（Parteilichkeit）（萨特的入世［engagement］或承诺［commitment］可能更接近一些）。但所有这些概念，以叙事视角开始，都反映了本质上属于现代或后笛卡尔的（post-Cartesian）个人主体范畴。在叙事历史上，我们也许可以断定，沿用本维尼斯特（Benveniste）的观点①，第三人称首先出现且先于第一人称叙事：后者随之在自由间接文体（style indirect libre）中返回到第三人称并且用我叙事（I-narrative）的所有主观习得丰富了前者。

亚里士多德诗学实际上远非指定了一个视角，这部分地是因

---

① Émile Benveniste, *Problèmes de linguistique générale*, Paris：Gallimard, 1966，亦见 Harald Weinrich, *Tempus*, Stuttgart：Kohlhammer, 1964。

为它在戏剧的集体接受层面的理论化，部分地是因为它与利科所
称的陈旧思想和神秘思想之间的联系，在这种思想中，居于支配 550
地位的是各种力量，而不是个体的人，诸神的形象只体现了部分
或有限的人神相似理论。这是返回到情感条件的时刻——幸福或
不幸——亚里士多德非常谨慎地将它们用在他关于已完成行动的
论述中。对于前个人（pre-individual）接受而言，实现论的特点
不一定意味着现代个人主体的在场，无论是作为观察者还是作为
主人公：幸福和苦难在这里都是这个世界的自由漂浮状态，它们
在外缘可能被拟人化为**好运或厄运**，即后来的命运女神福耳图那
（Fortuna），甚至更后来的**机遇**（Chance）。（甚至）海德格尔的
"**心境**"（*Stimmung*）对表达世界的这种状态而言也太过主观，
世界现在充满凶兆地暗淡了，现在受到艳阳的冲击：道家关于世
界和谐与世界不平衡的观念更令人满意。

　　无疑，正是一系列类似于这些前个人或后个人概念的东西更
适合用在对人类历史的多种过去的沉思中，没有证人能目睹所有
这些过去，没有**绝对精神**能够涵盖所有这些过去：斯宾诺莎的实
体而非黑格尔的主体——对去中心（decentered）而言，是关于
一般哲学共识的后当代偏见，去中心必定会空出一块地方用于领
会在通向乌托邦或灭绝的漫长倒计时中出现的各种真实的苦难，
以及繁华时刻与发明。

　　然而，我们还没有穷尽马克思主义提出的历史叙事化的全部
内涵（它在历史的自由市场这个尽头又消失了，在那里只有最
初级的关于善——我们自己——和恶——他人这类摩尼教故事留
存下来）。因为现在，作为一种历史上新的和具有创造性的思想
模式，马克思主义辩证法所宣扬的是**好运与厄运**的异质融合，而
且将历史环境理解为幸福和不幸的同时存在。《宣言》提出将资
本主义看作历史上最具生产性的时刻，同时也是最具毁灭性的时
刻，并且规定对**善与恶**的思考要同步进行，要将它们理解为在时

间的同一个当下是不可分割的和无法解开的两个方面。于是，较之犬儒主义和无政府状态，在超越**善**与**恶**方面，它是更具生产性的方式，许多读者都将犬儒主义和无政府状态归结到尼采的计划中。

那么，难道我们不能得出一个结论，即偏袒是叙事中主体必然投入的标志？如果是那样的话，如康德所言，那个"我"始终被加诸我思考的任何东西之上。也许在阿尔都塞的意识形态理论中能找到它的当代类似物，这个理论表达了主体与其存在条件之表现之间的关系，与科学相对，是一种没有主体的话语。① 但是，毫无疑问，表现我与那个更广泛的历史现实及社会现实之间的关系（我用多层情境的形式把这个现实给我自己画成地图）已经是一个叙事了，无论是隐含的还是显性的，无论是真实的还是已经成为一种话语形式。扭转阿尔都塞的各种优先权并将科学理解为一种尝试，对我作为一个主体的定位性（positionality）进行解叙事并将主体性从中移去，也就是说，去掉"我认为"这个似乎一直伴随着它的短语，这实际上也许是可能的。但如果叙事是一种形式，我必然要通过它来理解历史，如果历史意识始终都是一种情节编排（利科的 mise en intrigue），那么作为我的主体性投入其中的标志，偏袒可能看起来也是不可避免的（无论对它进行怎样的伪装或压制）。

二 情节突变

现在，我们的确可以转向我们第二种探索方法，它与叙事范畴——尤其是亚里士多德的三个叙事范畴：情节突变、发现，以及怜悯；或者，如果你喜欢，宿命、**他者**和**绝对**——对于历史文

① Louis Althusser, "Ideology and Ideological State Apparatuses", in *Lenin and Philosophy*, trans. Ben Brewster, New York: Monthly Review Press, 2001.

本的结构本身，或对于历史编纂的适用性而言：同时对于某种方式的适用性而言，按照这种方式——如利科对"关于时间"的三部样板性现代小说的分析那样——这种叙事结构可以说"生产"了**历史**，或更确切地说彰显出历史**时间**的超验经验。

我们已经记下了这三种结构原则之间的不对称：情节突变很显然描述的是一种一般的情节动力，是一种逆转，有必要推测一下它是否是一种普遍性逆转：换言之，对于一个广义的历史叙事理论而言，它是否抽象到足以成为一个可信的范畴。

不过，识别（recognition）似乎要具体得多，而且，它目前是引起叙事理论注意的一个有趣的候选者，在先前的意义上，丝毫不具备普遍性。① 更明显的是，不是所有的叙事都涉及各种识别场面，即使试图将这种特殊的经验形式普遍化可能在其他方面很有趣，例如在将叙事与家庭联系起来的尝试中（因为识别似乎总是假设，即使没有文字性联系，至少有一种比喻性的家庭联系）。

最后，作为一个景象，受苦似乎是事物的一种不同秩序：剧场表演中某个特殊时刻的名称，而非叙事结构的名称。事实上，有人可能会揣测，我们理解这个叙事范畴的全部含义的条件不是很好，因为我们缺少亚里士多德这部专著的另一半，即喜剧理论。因为后者可能为这里所谓的受难提出一个充满欢欣的对等物——或者说是一个战胜命运的胜利，与这里另一层意义上的承受或"忍受"命运相对。如果是那样的话，怜悯便承载了一个更主要的功能，而不仅仅是一个偶然的功能，根据这个功能，如在《美狄亚》中那样，它记录下某种并非与背景和某种纯粹的舞台艺术无关的东西，在那个高潮时刻，她的孩子那骇人听

552

———————

① 似乎很重要的是，区分亚里士多德对该词的理解和黑格尔的识别：我们在下文第四部分将回到这一区别。

闻的命运被展现出来：恐怖电影中一段或许与欢乐更有关系的插曲（或者反过来）或者对肉体折磨的病态迷恋（例如，拉奥孔这尊雕塑所唤起的陶醉，这是现存的古典艺术中另一个经典例证）。

但是，如果这里提供的读解有什么功劳的话，那么，有人可能冒险沿着它的路线走得更远，认为怜悯在此完全变成了叙事的驱动力，并且认为这里的意思仅仅是故事的隐秘线索在外部闭合，它最终被外在化并被确认，即让我们看见人如何屈服于命运的权势，在命运面前，他们失败了，他们获得了落败和屈从的经验。毫无疑问，在某种喜剧中，那种经验——如果是由于你的敌人——对心存不良的观者而言是愉悦的；但在另一种喜剧中，英雄的胜利却记录下这枚硬币的另一面，并让我们了解到人的经验的另一张脸，即使转瞬即逝，那就是机遇和好运，我们的各项计划获得成功，达到亚里士多德称之为幸福的那个短暂的惬意状态，一种比怜悯更危险的状态，因为它很显然是一种瞬间的幸福，注定会过去，而受难和失败或许应该是一种更持久的性质。这两种状态（和叙事的两种更深层的功能）因此绝对是相互对称的，不过它们肯定是辩证的。

然而，恰恰是因为确立了这种成功与失败的辩证法，才构成了戏剧和情节突变的动力——回到我们在这里的第一个特征。因为原则上，逆转在两个方向都可能发生：而最后一分钟的得救，主人公的落败似乎没有任何悬念，他似乎要遭受毁灭性的失败，落入绝望的陷阱，承受致命的后果，向敌人缴械，并且沮丧绝望，然而，他却安然无恙地再度出现在眼前——这种拯救式的脱险无疑绝对是一种戏剧性转折或逆转，而不是似乎更加符合道德的转折，在其中，主人公处于成功和好运的顶峰，荒唐地沉醉在他的运气中，他为这种骄横跋扈受到惩罚并被打击到万劫不复的境地。这里的评价——悲剧在某种程度上比喜剧或罗曼司高尚——包含了文学和伦理的双重意义，也就是说是一个宗教—意识形态评价：因为它的前提是受难对我们是有益的，而每一次成功都诱发人性中最坏的部分：的确，人的生活是邪恶的，在为人准备的牌中从来没有真正的好运，以至于戏剧最好是让我们习惯于受难，习惯于它神圣的理性化。

这就是为什么一部得体的喜剧天生就会受到警告，或天生便具有某种动机——弗莱的生殖崇拜喜剧，年轻人战胜了老人，性战胜了死亡——因为它不可能长久，所以不是非常危险，而且不过是瞬间的经验而已。因此，悖论性地，这种结果的另一个可以被采纳的形式便包裹在神学的外衣中而且得到神学的认可，即拯救形式，在这个形式中，皆大欢喜的结局包含着宗教寓意：在这里，如在乔治·艾略特那里一样，皆大欢喜的结局似乎是可以接受的，因为它可以被看作是一个关于这个或那个宗教过程的寓言（它也可以被理解为没有意识形态方面的正当理由，如我们在其他地方试图证明的那样①）。所有这一切都不会从乐观主义或悲观主义的角度加以理解，尽管不同的变体肯定有其在各种世界观当中的意识形态根源：但是这里讨论的不是意识形态或心境或气质，而是叙事形式本身，是故事类型，如果你更喜欢这种表达法，它以某种更深刻的方式表达了明显的心境，而且成为实现论的源泉，也就是说，成为叙事的人格化特征的源泉——一种似乎是同义反复的特征，但在我们讨论历史和集体的叙事行为时，我们会发现，它提出了非常有趣的难题。

不过，这些都没有触及构成情节突变真正的辩证特征：它应该是对立的统一，也就是说，是一种结构，在这种结构中，情节突变的两种形式可能会重叠，或者说得更清楚一些，彼此达到深刻的认同。因为辩证法不是简单地被理解为一个关于成功的故

---

① 见注释48（即中译本第708页注释②。——译者）

事，也不是关于失败的经验：它相当于一种非常难于获得的智慧，在其中，这两种结果合而为一，失败变成成功，成功变成失败。这是萨特的悖论性公式所表达的一个形而上扭结，获胜者受损，而落败者收获。但是，这种理解在任何环境中都很难达到，甚至更难用戏剧来表现它。无疑，人们已经心甘情愿地承认，所有的成功都蕴含着失败的因素；可是反过来，成功可能也自然而然地存在于失败当中，这个途径却不是非常清晰，而且肯定不是一个十分广泛的观点（除非还是在某种特殊的宗教形式中）。这个观点一定是一个非常高尚、非常遥远，甚至冰冷的观点，目的是使这些关于成功和失败的过于人性的范畴在它们自己的对立中变得超然。

但是，这两个事物的同步性——成功与失败同时被完全结合在一起——其本身已经与教育小说不相符合了，教育小说倾向于将它们分开，分别作为青少年和成年阶段的果实，而且即使是采取更具宗教诱导的形式，它也固执地坚持将它们严格地区分开。那些古怪却含义丰富的苦行形式很少能够用一种奇异的透明状态将二者结合起来，《培尔·金特》（*Peer Gynt*）或彭托皮丹（Pontoppidan）的《幸运儿皮尔》（*Lykke Per*）（*Lucky Per*）这类的作品并不多。

史诗却似乎没有提出同样的问题，尽管它也受制于卢卡契孜孜不倦地反复强调的那个样板，即体裁中介。不错，在我们当下的语境中，我们也许可以理解体裁动力学在最初级的叙事形式中发挥作用，在利科所称的情节安排中发挥作用。然而，讲故事不可能是中立的；叙事始终都是一种诠释，不光是依靠对其插曲的安排，最重要的是凭借它在其中得以投射的叙事代码。因为那种体裁代码也构成了一种诠释选择，克劳迪奥·纪延（Claudio Guillen）很久以前就向我们证明，体裁即系统，而对文本的读解总是参照它在体裁星座中的不同处所，将它安置在体裁关系项和对立成员之间。①

　　所以，正是在《史诗与帝国》（*Epic and Empire*）中，我在这里以它作样板，借助史诗与罗曼司之间最主要的体裁对立，一个基本的历史观点得到确立。② 这个对立不仅是传统的（不间断的文艺复兴理论化对其有记录），在该书中，它还在关于最早的荷马诗歌的寓言中获得了一个神秘的地位，这两部诗歌不仅标志着这两种体裁的成熟，而且也标志着它们相互间不可分割的辩证关系。但是这两种体裁，或它们的共有系统，如果你更喜欢这样说，并没有建立文学史上一种以西方为导向的神话（类似于奥尔巴赫 [Erich Auerbach] 最早在《模仿论》[*Mimesis*] 中提出的二元论，但在内涵上非常不同）；这个二元系统让我们在同一时间回到存在主义及其现象学，它让我们向外进入政治历史当中。

　　史诗于是成了叙事时间、以计划为导向的时间的最卓越体裁，以计划目标为导向的时间是历时的，也是开始、中间、结尾的素材。但是，罗曼司似乎也是要讲故事，尽管是不同类型的故事。不过，在这里，我想比昆特（Quint）走得更远一些，我坚持认为，他的分析证明罗曼司使用其叙事机制表达了一种非叙事时间（可以简单地称其为共时的）。罗曼司是在孤立的、不可重复的开头以及插曲性事件的意义上讲述"时间点"的故事，讲述冒险的故事。在它的外沿，它的组织形式——关于此，旅行是一个典型范畴——有分解成断断续续的遭遇和经验，分解成当下的非叙事时刻的征兆，一种不同的体裁系统无疑希望能将这些时刻等同于抒情。于是，作为史诗时间的对立面，罗曼司总是随时可能变成非叙事；或者实际上，昆特自己的分析便表明，罗曼司 555

---

①　Claudio Guillén, *Literature as System*, Princeton：Princeton University Press, 1971.

②　David Quint, *Epic and Empire*, Princeton：Princeton University Press, 1993.

必须借用它可能从史诗这个对立体裁中收集到的叙事逻辑，从而仍然作为一个讲故事的载体维持其存在。

但是，当我们在历时和共时之间，在叙事和原抒情诗（proto-lyric）之间调查这些时间对立的源头时，我们发现，我们的注意力不仅转向经历这些特殊时间性的各种人群，而且转向控制他们的特殊经验的不同环境。我们在这一点上重新回到历史和政治中，而这两种体裁也成为两种迥然不同的历史经验和宿命的标志物。我们已经说过，史诗的叙事时间是这项计划的时间：换言之，它就是胜利者的时间，是他们的历史和世界观的时间。史诗因此恰恰是帝国和帝国主义的体裁表达，被理解为战胜和征服其他群体并实现对他们的最高统治权的意图和计划。如果征服和摧毁特洛伊就是这个范式，罗马大获全胜的扩张就是帝国成就最完满的实现，也是它在维吉尔的史诗中被大肆渲染的时刻，他对这个形式的符码化将会统领后来所有的同行，即便是在他们反对它的时候。如果是那样的话，维吉尔的叙事就是唯一的叙事（彼特拉克［Petrarch］有句名言，"Quid est enim aliud omnis historia quam romana laus?"——"除了罗马大庆，所有的历史都算什么？"）。维吉尔因此就是系统，形形色色反系统的非叙事或反叙事必须削弱和颠覆的系统，但它们却没有一个自己的叙事来替代它。

但是，那些反叙事和反史诗趋势的主体是谁？别无他者，而且事实上定义也是如此，他们就是这场帝国战争的失败者：在西班牙的征服下归顺的印第安人，在塔索（Tasso）的远征中被打败的穆斯林，其革命被复辟所废止的清教徒，尤其是被维吉尔的得胜的特洛伊人所征服的意大利部落——一次同样表现了一种不同的胜利和击败的征服，即奥古斯都（Augustus）击败了国内的对手和帝国本身内部的反帝国主义者（具有示范性的是卢坎的《内战记》［Pharsalia］）。

于是，在这里，"罗曼司"以某种方式表现了战败的经验，一个宣告历史的目的论无效的支离破碎的经验：它是历史的终结，历史也是叙事的终结，它导致被征服者和被奴役者、被处决者和受制者倔强地沉默，如果不是转向其他形式的表达，这种表达借自胜利者，但被微妙地做了变形并且被重塑和重新编码，旨在传达被击败者隐秘的思想，如在奴隶们的基督教中或德勒兹的"小语言"中。史诗的大团圆结局于是，如果不是全部的话，被转移到天国和拯救，或者转移到某个遥远的未来；被改造成为梦想成真，它使得战胜和镇压被重组为一种新的叙事；《奥德赛》则随着奥德修斯出人意料的受挫和失败以及他受到的众神的压制进入眼帘，这提供了史诗性旅程的范式，那个没有目标或最终着陆点的漂游，被流放和受迫害的经验，成了能够表达落败者真实经验的形式，一般而言与已经实现的史诗的必胜信念形成反差。

现在，我们也许可以回到辩证法和情节突变的含混性这一问题，回到成功与失败的对立统一。传统上对于沿袭前人的拉丁史诗的价值所持的种种疑虑（通常与对罗马帝国本身的文化真实性的种种疑虑是连在一起的）大多是抱怨它的虔诚和它的枯燥，因为两者都被浓缩成史诗中寡淡无味的英雄，既不是阿喀琉斯，也不是赫克托耳，既不是奥德修斯，也不是撒旦。埃尼斯的虔诚是他屈从于命运的标志，对于一个史诗英雄而言，这是一个非常消极的角色。命运是对在世界上实现帝国统一的呼唤，是历史的一个终结，第四首《牧歌第四》（*Fourth Eclogue*）和 T. S. 艾略特的意识形态为其添加了基督教的罗马；这提供了一个更加乏味的图景，它几乎不可能激发我们的想象，征服一个敌对（而且是更加文明的）城市的方式，或者回家（甚或拯救）的方式却可以做到。真相是成功本身就是单调乏味的，它标志着一个计划的结束，让我们处在无处可去和无事可做的状态。（我们将探索真实性概念，从它自资本主义中出现和它的商品化开始：对于

556

19 世纪的现实主义而言，成功从来不可能像失败一样真实。)

换言之，只要《埃涅阿斯纪》（*Aeneid*）被解读为一个成功故事，它就会永远像所有沾沾自喜的得胜故事一样肤浅，像帝国为那位胜利者歌功颂德的全部意识形态一样肤浅，换言之，像我们自身一样肤浅。昆特在前面提到的那本书中已经通过揭开贯穿于帝国黄金中的白银脉络让《埃涅阿斯纪》再一次能有所用，并且揭示了这个关于失败的故事和暗暗尾随着所有胜利的战败经验。

于是，它成了一个双重叙事，或者一个在其自身的基础上意义翻番的故事。从传统的视角，《埃涅阿斯纪》讲的是征服一个新家园的故事，它本身就预示着罗马帝国的出现和奥古斯都时代的到来。这个关于特洛伊人的故事于是至多是一个战胜困境的暖人心房的故事，最坏也就是一个殖民者年谱，在这个故事中，一群没有土地的人攫取了其他"民族"或人民的土地并征服了那块土地上倒霉的人民。这是一个你可以问心无愧地讲述的故事，因为失败者，即意大利部落，被表现为侵略者，以一种可以理解的愤怒和敌意来对付他们不受欢迎的新邻居：一种让他们显得很不可爱的个性（图尔努斯［Turnus］）的反应，也使帝国主义的特洛伊宣传机器得以声称自己有自我防卫的权利。

557　然而，等我们意识到的时候，一切都变了，不仅是特洛伊人本身就是这种帝国侵略（站在希腊人一边这么说）的第一批牺牲品，而且幸亏昆特细致入微、不遗余力地探察潜藏在维吉尔文本中的所有余音和暗示——一个包含着各种重复和标记的游戏，这些东西难以记数且盘桓不去，它们不可能是偶然的——他们同时被解读为胜利者和失败者。弦外之音，低声说出来的提示，它们不仅是关于第一次失败的潜台词，胜利正是源自这次失败，而且也是关于接下来殖民军队在他们的征服过程中与各部落无数次认同的潜台词，它们都为胜利的志得意满补充了落败的经验，并使这首官方的国家诗歌同时秘密表达了帝国的对立面和经久不息的地下分歧。维吉尔现在清晰地表现为奥古斯都制度的批评者和征服与扩张主义在政治上的反对者，同时，他仍然是那个政权的奉承者和奥古斯都新秩序的鼓吹者。并非完全出乎意料，这部矫揉造作的新史诗成为一个更复杂也更有趣的文本，它的华美与和谐现在被一种混杂的感情激发出来，而且它们本身就是一种征服，是各种矛盾组成的一首乐曲。我们似乎突然能够再次看到拉斐尔（Raphael），第一次是在格特鲁德·斯坦因（Gertrude Stein）所谓的"原丑"（original ugliness）中，他的即将产生的形式斗争中原本便包含着它。① 昆特这样描述它：

> T. S. 艾略特以温和的反动态度将《埃涅阿斯纪》挪用于教会和英帝国……它受到了最有力的反驳，因为这首诗中的意识形态被重点强调，因为《埃涅阿斯纪》被看作是在质问奥古斯都的最高统治和它**由其内部**并且是从它自己的角度制定的政党路线。该诗使这些矛盾的术语在彼此的对照中破绽百出，然后它发问道，这个政权所许诺的新的政治基础将仅仅是对罗马内战史的一次逃避或重演而已。在这个过程中，维吉尔对这种失败者变成胜利者的治疗叙事提出质疑——"好"被重复，代替了坏——他的史诗便成为罗马历史的基模。②

558

---

① Gertrude Stein, *Four in America*, New Haven: Yale University Press, 1947.

② Quint, *Epic and Empire*, 52 –53. 或许值得指出，这一对立与 Michel Foucault 关于主权及其解中心化的对立面之间的对立的论述在形式上是相似的，他的论述见他那篇精彩的研讨会论文 "Il faut défendre la société," Paris: Gallimard/Seuil, 1997（类似于他著作的核心部分的回旋，由此延伸出所有的主题）。无疑，关于福柯的历史阅读，这第二个解中心化的术语——不管它代表官僚主义，还是"生物权力"，或者实际上证明，它们两个是一回事——不仅在对昆特的一般年表在此的一次有趣颠覆中获得成功（在这场颠覆中，两种形式均毁灭了对方），而且，最终，通过他本人提供的叙事驳倒了它开始时的非叙事结构。他本人将主权叙事与悲剧，而非史诗联系在一起（155 –157）。

实际上，我们也许可以暂时从那个高高在上的，确切地说是形而上学的层面上下来，在那个层面上，我们把这个讨论的调子定为——失败者和胜利者，一般意义上的胜利和战败——更加特殊的意识形态矛盾，奥古斯都的新体系面临的就是这些矛盾，它们被维吉尔忠实地记录下来。

因为奥古斯都将他的新政令解释为恢复共和，元老院和国家的各种机关等空洞的形式被保存下来，甚至**罗马皇帝**（imperator）或**第一公民**（princeps）（尚不是一个技术术语，仅仅是为了避免 rex 或国王这类带有历史印记的称号）的无上权力也没有了它们的实际功能。历史矛盾于是表现为两种相关的形式：如何表现奥古斯都以这样一种方式在内战中取得的胜利，他使内战相互抵消而且将胜利伪装成和解（一个实际上因为屋大维的个人魅力而得到解决的困境，不受平庸的政治家那种自我主义的拘束）。同时，在一个更具体的历史层面上，这个困境表现为裘力斯·恺撒的难题，他的记忆与最血腥、最渴望复仇、最后导致四分五裂的内战绑缚在一起，无法化解；但奥古斯都的立法地位同样建筑在这一切之上。如何在同样的时间里既忘却又记得恺撒？正是在这个意义上，《埃涅阿斯纪》（在其中，恺撒只被提到一次，而且是作为一个神被提到）可以说是对真实矛盾的一次想象性解决和对立面的一次成功统一。

尽管如此，这首诗的主导形象还是为胜利者和他们的帝国的庆祝，这一点毋庸置疑；这个表象现在要求对那些歌颂失败者的作品进行一次调查研究，最著名的（对罗马而言）就是卢坎（Lucan）的《内战记》（*Pharasalia*），或者再晚一些，到宗教战争期间，德奥比格涅（d'Aubigné）的《惨景集》（*Les Tragiques*），甚或弥尔顿本人。后者通过将三种截然不同的形式——史诗、罗曼司、启示（the providential）——融合成一种独特的风格解决了这个难题，我们现在无法再超越这种风格。在卢坎和德奥比格涅的作品中，关于对立和失败者的传奇常常分解为插曲，甚至没有罗曼司的连贯。昆特能够一次又一次地指出这些诗人如何通过借用胜利者史诗，尤其是借用维吉尔本人的作品中一般的魔王将某种叙事结构从无目的状态中解救出来，他们也只能做到这一点。既然如此，失败者便没有任何只属于他们的叙事解决办法，他们不再有自己独特的通用话语；这不是说因为形形色色特殊的历史原因和语境原因，后来的胜利者史诗（卡蒙斯〔Camoens〕和塔索〔Tasso〕）就更加成功。后者通常是独白式的并且是以单调的语气来歌颂帝国，当时还没有用罗曼司的桥段，特别是用旅程和冒险（一般地，在这种情景中也是胜利者受损）来使其变得生动活泼。因此，或许可以假设，关于对立、造反、战败的叙事表达只有借助一个完全不同的体裁系统才可能实现，即小说的出现。史诗现在也被彻底地等同于一种体裁话语，帝国将被挪用来执行一个不同的政治功能。 559

　　所有这一切将罗曼司本身置于一个有趣但含混的地位，它成了史诗的一个对立性补充，而不是它实际上的对立物。尽管如此，从昆特的史诗与罗曼司的一般对立这个相对具有寓言性的角度解读《埃涅阿斯纪》之所以得到认可，仍然是由于荷马诗歌最初的二元论。因此，罗曼司——被等同于断断续续的旅程——将成为《埃涅阿斯纪》前半部分的主导，这部分被看作是一系列对《奥德赛》的借用；而第二部分，征服意大利，将在《伊利亚特》中找到其范式，但是，在《伊利亚特》中，埃涅阿斯只是一个小角色：一个先被狄俄墨得斯（Diomedes），然后又被阿喀琉斯赶得到处跑的不光彩的角色：

　　　　凭着超人的艺术才能，在埃涅阿斯与掷石块的图尔努斯最后的决斗中，维吉尔几乎是同时将这两个伊利亚特式的经历结合起来……在这两个插曲〔《伊利亚特》的两个插曲〕

当中，埃涅阿斯似乎要被更强大的希腊武士打败了，但却被庇护他的诸神所救。在《埃涅阿斯纪》的结尾部分，埃涅阿斯得以将这两个情景颠倒过来，并且扮演了狄俄墨得斯和阿喀琉斯两个角色，战胜了一个现在由图尔努斯扮演的埃涅阿斯。①

但这种读解不仅是要告诫我们，昆特借助文学典故的再解读既是寓言的，也是学术的，而那种典故不是作为某种无意识或有意识的记忆或模仿，而是在生产这首诗歌的双重意义的过程中发挥了积极协作的作用，同时也使得叙事顺序或连续性的思想复杂化。因此，《伊利亚特》和《奥德赛》的范式不仅控制着这首诗的前后两个部分；而且在翻番和加载这样一个连续的过程中被重叠在一起，在这个过程中，《伊利亚特》中的胜利者同时也是《奥德赛》中的失败者，而埃涅阿斯则被唤来同时充当这两个角色。这种胜利与失败的同步性也使对情节突变的单纯顺时理解变得复杂：因为如果是在特洛伊的漫长旅程这个层面上，在特洛伊的战败反过来为在意大利安家奠定了成功的基础，在意大利的定居最后并且是顺应天意地成了罗马，特洛伊人对临近部落的征服以一种诡异的方式重现了他们自己在得胜的希腊人手中的悲惨命运。我们也许还记得奥尔巴赫（Auerbach）对史诗的永恒当下的分析，我们现在可以将它理解为是罗曼司的叙事性情节结构的一个史诗对立物，所以，在形式和内容两个方面，否定转化为肯定就成了一个矛盾的同步体，将否定变为肯定，再以同样的方式返回来，如同我们让这段经历在历史的空间轮转。

560

情节突变由此成为一种辩证法，记录下了否定与肯定更深层的含混；在这里，胜利者的成功被削弱，而且肯定会按照它获胜

---

① Quint, *Epic and Empire*, 72.

的程度受到史大的侵蚀和损害。在这个情节突变转化为辩证法
（或者它掀开面纱露出辩证法的真相）的过程中，我们也许可以
探察到存在及其时间的内部出现了历史时间，因为历史（和
"长远的观点"）修正着鲜活的个体的感情和心情。胜利是虚空
的；战败与之相反则充满了内容。这是不是说，那些死亡和折磨
带来的最终的落败也因为一种方便的历史化辩证法而被神奇地转
变成了宗教慰藉风格的胜利了呢？各种存在主义的基本使命就是
否定这种看上去属于黑格尔式的慰藉，并坚持认为损失和失败是
无法挽回的，这应该能使它们超越任何自鸣得意的历史教训。在
帝国的历史过程中，大量部落的灭绝以及令人目眩的对战役失败
者的屠杀，还有在被围困的城市中对他们家人的屠杀都是神的提
醒，即历史上的战败是真实的；但是它们是对生者的提醒，他们
从定义上讲尚未战败。①

黑格尔的经验因此仍然有效，不过是在心理和政治意义上：
主人的胜利剥夺了他的奖品本身——即，他者的**赞赏**，这个他者
因为战败已经变成了一个不平等的人和一个非人，一个**奴隶**；他
所赢得的闲暇和消费产生了影响，即用单调的宽容取代实践本身
的满足；同时，**奴隶**，他的"真理就是**主人**"（与后者不同，他的
"真理就是**奴隶**"），不仅明白赞赏的真正含义，而且知道生产的真
正含义，以及"被否定者的劳动和受难"。（我们很快就会观察到
辩证法的这个新版本要在现代文学中，尤其是小说史上重现。）

但是，对昆特自己的史诗叙事而言，这标志着一个重大的辩
证逆转：后者不再是故事，而且降至在形式上被失败者统治的非
叙事层面；而在该体裁系统的这次彻底逆转中，失败者的故事成
了叙事动力的核心。但是，它是一个枯燥无味的，始终隐含着维

---

① Kant 的"激情"（见注释 56［即中译本第 730 页注释①——译者］）或许因
此也辩证地包括纪念。

吉尔的颂歌和塔索的帝国礼赞一类传统的逆转：不在场的是站在
失败者一方的真正的叙事表达这种可能性，失败者只能满足于罗
曼司，只要罗曼司不会分解为某个德奥比格涅（d'Aubigné）的
561   宏大但不连贯的无形式状态。

　　既然如此，回到我们当前的话题，在肯定与否定最初的辩证
认同当中，情节突变似乎是可能的。如马克思在《宣言》中所
言，资本是人类历史上最具生产性，同时也最具破坏性的力量，
这些同步存在的潜力于是在时间上被投射在一个连续性当中，在
那里，资本的胜利（获得一个新市场）变成了失败（这个市场
饱和了）；而它的受挫（停滞，劳动成本提高）转变成新的胜利
（领域的扩张，生产出新的替补技术）。情节突变需要使自己成
为叙事形式或成为对辩证法这个原有的含混性的表达。

　　实际上，从《大纲》开始，我们就可以观察到一个独特的
情节结构的出现，在这个结构中，某个公司的进展——用自己的
产品使市场饱和——最后导致它作为企业停滞不前，最终垮台。
赢家输了（也或许输家赢了）——萨特版的这个独特的辩证情
节将繁荣与萧条或兴盛与破产的循环交替之类古老的资产阶级意
识形态范畴改变得面目全非（无疑，在这种新的叙事结构和黑
格尔的周期——著名的理性的狡计或历史的狡计——的辩证情节
之间也存在着某种关系，在黑格尔式周期中，叙事逻辑从个体转
移到集体的力量，前者对此毫不知情）。

　　马克思对这个过程的分析（在《大纲》中）倾向于强调个
体公司的命运，随着它生产销售其产品而获得成功，它逐渐使市
场饱和，这样一来，它便开始停滞不前。正是在这一点上，技术
进入到这个画面中，而发明创造刺激了对某种更新产品的新扩张
的要求（常常要取代现在人人都有的旧产品）。尽管如此，技术
也并不是一个万无一失的解决办法，而此刻我只是想表明，在这
个特殊的生产模式中，在辩证意义上，失败和成功是多么紧密地

纠缠在一起。

在其具有开创性的资本主义历史研究中①，乔万尼·阿里吉（Giovanni Arrighi）将这种辩证法推及整个这一体系的扩展。我们知道资本主义的发展已经不再连续：从文艺复兴时期意大利的城邦（最重要的是热那亚）开始；然后很快移到西班牙，一直到黄金从新世界大量涌入，逐渐耗尽了西班牙本身的活力，从而将这个过程的动力传到了西班牙在低地国家的延伸地和殖民地。自那以后，一跃而至更适宜的英国框架，在现代时期，从英国传到了美国，这个跳跃再熟悉不过了。无论阿里吉想说明的东西与某个适宜的框架这一问题有多大的关系：因为在每一个这样的事例中，资本主义生产欣欣向荣的开端很快使其市场饱和；商业阶级于是开始将其生产投资转移为金融资本和货币投机（金融投资阶段的概念是阿里吉最伟大的理论创新），直至它产生递减的收益；最后，跳入一个新的、利润更加丰厚的领域，一个扩大了的游戏场，在那里，这个过程开始再一次从头上演。病毒，可以说，最初是由在金融方面支持西班牙帝国的热那亚银行家携带，然后由秘密犹太人（conversos）和其他人携带，他们将荷兰和佛兰德斯等新领地握在手中。无论怎样，这仍然在很大程度上是我们的赢家亏损范式，在这个范式中，成功本身炸毁了未来的发展，并且像某种经典的劫数一样，出人意料地变成了停滞与萧条。

现在让我给出一个更加政治性的例子。例如，我们可以沿用马克思的《路易·波拿巴的雾月十八日》来说明资产阶级在1848年革命中的胜利辩证地导致它最终被现代的独裁或管理系统所击败和颠覆。但这的确是一个非常复杂的故事。所以，我代

---

① Giovanni Arrighi, *The Long Twentieth Century: Money, Power and the Origins of Our Times*, London: Verso, 1994.

之以从当今意大利最有声望的历史学家的著作中所选取的一个当代案例：保罗·金斯伯格（Paul Ginsborg）关于西尔维奥·贝卢斯科尼（Silvio Berlusconi）的崛起有一个非常有趣的观点，他最初代表一个媒体界的亿万富翁在一个媒体的社会中破天荒地掌了权。但是，金斯伯格的辩证解读①让我们回到那个较为古老的阶段，年轻一代的黑手党暴发户的肆无忌惮和自我放纵导致整个意大利普遍对其产生了强烈的厌恶和抗拒。我们都熟悉那场英雄的肃贪运动（Mani pulite）（干净的手），勇敢的法官和受难者发起斗争，揭露意大利政治生活中的腐败并宣判那些臭名昭著的黑手党家族有罪。的确，这场运动的成功在其他发达国家没有出其右者（即使腐败本身有各种各样的翻版），它于是成为一种获胜和成功力量的原型。它的波及范围如此之大，以至于摧毁了占统治地位的资产阶级政党基督教民主党，他们自第二次世界大战以来就统治意大利，以及社会主义党，他们最近的任期维持时间比较短。这可能会被认为仅仅能带给意大利一个政治上的新开端。相反地，据金斯伯格，正是在这个各党派被摧毁的真空当中，贝卢斯科尼脱颖而出，当时，没有一个党（一开始）完全依靠金钱和媒体的力量。这在很大程度上是赢家折损的辩证法，也是一种方式的辩证法，成功就是这样产生了一个意想不到的结果，失败；或者如果你更喜欢黑格尔的说法，由媒体和通讯与信息构成的晚期资本主义以这样的方式历史性地取代了古老的黑手党资本主义阶段甚至前资本主义个人或家族统治形式的残余。

⁵⁶³

　　现在，作为结论，我们也许可以简短地回到叙事形式问题，因为它在 19 世纪小说的辩证法中表现出来。我将通奸故事的中心地位作为我的例证，它可以最全面地证明否定在 19 世纪资产

---

① Paul Ginsborg, *Silvio Berlusconi*: *Television*, *Power and Patrimony*, London: Verso, 2004.

阶级社会中的权力。① 通奸小说是揭露社会秩序及其制度的空虚性的否定力量或批评力量。要之，通奸小说首先是关于失败的戏剧，而且正是失败体现了以成功为导向的社会中的否定。我用男性成功小说的空洞乏味作反证，尤其是 19 世纪下半叶的这类小说：上半叶也有一些男性成功的例子，如拉丝蒂涅（Rastignac）的成功，而这一时期的教育小说不一定是注定要失败的范式——《维尔海姆·麦斯特》（*Wilhelm Meister*）就有一个快乐的结局；但是司汤达的胜利本身就是失败，于连自己选择被处决和法布里斯最终选择牧师的职业都是自愿接受从生活中隐退。即便如此，当我们获得第一个完美的商业成功——我只需要提及左拉的奥克塔瓦，第一家大百货商店的创始人（在《妇女乐园》［*Au Bonheur des Dames*］中），或者莫泊桑的《漂亮朋友》——就已经很清楚，这些空洞的成功除了落入大众文化梦想成真的俗套无处可去。

于是，正是在这个意义上，成功故事必然是文学的失败：随着资产阶级或商业时代的确立，成功故事必然表现的是商业成功，它们失去了内容（金钱本身是没有内容的，德勒兹称之为公理的东西），堕落成畅销书（被当作一种体裁）中的梦想成真。这些就是异化和商业化的叙事；我将在他处试着说明，这类叙事的真相——商品形式和普遍异化的无处不在的症状，也可以说是这个社会的真相——只有在它们的辩证对立面中，也就是从 564 失败的立场或可一窥。

---

① 我承认"失败"与女人在小说中命运之间的关联，不仅是在 Tony Tanner 的僭越（以及**法律**）的意义上，而且，根据苦乐交织的马尔库塞辩证法，在那里，"'承诺的幸福'尽管呈现出来的是已经毁灭或正在毁灭，在艺术的呈现中，仍然非常引人入胜，足以阐明普遍的生活秩序（它摧毁了承诺），而非未来的生活秩序（它实现承诺）。结果是唤醒记忆，唤醒对遗失事物的记忆，唤醒对过去所是和过去能够是的东西的意识。悲哀与欢乐、恐惧与希望都被投到所有这一切发生其间的现实上；梦想被拘禁并返回到过去，自由的未来只出现为一缕渐渐消失的光线"。Herbert Marcuse, "Some Remarks on Argon", *Collected Papers*, Vol. 1, ed. D. Kellner: *Technology, War and Fascism*, London: Routledge, 1998, 212 – 213.

三　发现（Anagnorisis）

我们如何能够通过打开关于历史与虚构共有的叙事结构这个视角来调整亚里士多德的情节突变这个叙事学范畴，使之适应一种现代的、唯物主义的历史编纂，我希望这个问题由此变得更加清晰。现在，我们需要重新考察两个平面范畴——发现（或识别）和伤感力（或受难）——也是从这个视角。识别在有限的意义上带着19世纪情节剧中的复仇又回来了，在那种情节剧中，认回失去已久的兄弟姐妹或后代已经成为叙事结束的一种流行形式。我注意到杰拉德·F.艾尔斯（Gerald F. Else）的观察，亚里士多德对发现的理论化与古代希腊重视部族结构和在政治上重视大家族有很大关系。① 于是，在将"我们"同"他们"拆解开的发现中，识别可能是一个基本元素。不过，从现代辩证法和唯物主义的视角，在历史上，这似乎是一个完成和总体化的问题：识别由此可能意味着那些在官方故事中和视阈内受到压制的各种他者进入到视野当中。

所以，（回到我们早些时候关于社会阶级的讨论）李维（Livy）的《早期罗马史》（*Early History of Rome*）通常被看作是阶级斗争的原型，催生了社会和政治的范畴，这些范畴仍然活跃在自马基雅维利和法国革命者以降的现代政治历史当中。的确，对于任何读者而言，没有什么比李维的前五卷更枯燥的了，全部说的是元老院和人民之间，尊贵富有的贵族家族和"庶民"或普通人之间的斗争烽烟再起——一场在莎士比亚的《科利奥兰纳斯》（*Coriolanus*）中得到最生动表现的斗争。这段历史是罗马与它的拉丁及伊特鲁里亚邻国之间的外部战争同这两个"阶级"

---

① Gerald F. Else, *Aristotle's Poetics：The Argument*, Cambridge, MA：Harvard University Press, 1967, 349－350.

之间没完没了的内部战争之间永无休止的循环交替。

> 和平之后马上就是新一轮的政治争斗，保民官挥舞农业
> 改革的大棒，直到平民同往常一样完全失控。[①]

> 在这些事件的过程中，历史被重演，一场战争的胜利结
> 局之后，紧跟着就是政治动荡。（*EHR*，192）

> 一旦元老院不得不面对另一方——这次是保民官，他们
> 指责元老院让军队继续待在战场上这种狡诈的行为，认为其
> 真正意图是阻止法律的通过……（*EHR*，210）

> 保民官和平民反对贵族的敌意再次升级……（*EHR*，
> 257）

> 同时，在罗马，只要这个国家不是在战时，获得政治提
> 升的希望不断落空的大众运动领袖便开始在保民官的议院组
> 织秘密集会，讨论他们的计划。（*EHR*，296）

> 与这场运动形成对照，并非人们所担心的那样，它很容
> 易便平息了，国内短期的政治平静出人意料地被许多严重纠
> 纷所打破……（*EHR*，316）

> 在这两年里，国外却是风平浪静，尽管国内政治因为古
> 老的土地改革斗争而屡受重创。（*EHR*，322）

[①]　Livy, *The Early History of Rome：Books I-IV of the History of Rome from Its Founda-tion*, London：Penguin, 1987, 168. 后面对该书的参考均标注为 *EHR*。

> 同时，在罗马，反政府宣传达到了一个新的强度……争论导致一些丑陋的现象……而唯一阻止暴徒施行实际暴力的事情就是最高元老们的行动……等等。(*EHR*，369)

毫无疑问，正是阶级冲突的持久性激励马基雅维利创作了最重要的政治理论著作之一，它控制了我们对于后期罗马史的看法，因为它的结果是革命失败（格拉奇 [Gracchi]），帝国主义（迦太基的毁灭），以及民粹强人的最终胜利（裘力斯·恺撒）：所有我们从资本主义经验重新投射回古典过去的范畴。

但事实上，这种读解是以一个范畴错误为基础的，对它的更正会引导我们重新评价发现在唯物主义历史中的中心作用。最后这个可以用具体的例子来证明，它们就是杰弗里·德·圣·克鲁瓦（Geoffrey. de Ste. Croix）在他的《古希腊世界的阶级斗争》（*The Class Struggle in the Ancient Greek World*）中那些强有力且细致的例子（在这本书中，罗马表现为希腊城邦一个更加辽阔和富裕的变体）。圣·克鲁瓦乐此不疲地指出，我们已经将其角色规定为无产阶级或劳动阶级的庶民或平民实际上是自由民，他们绝对不是这个社会体系中剩余价值的生产者。古代的生产模式可能也把城邦或第一个真正的政治社会（避免"民主"一词，它有着非常不同的词源学意义）作为它的主要体系，但它也是一个奴隶社会，它的财富在结构上绝对依靠法律上不自由的人的劳动。（当时，工资劳动和商业在统计意义上微不足道。）"古代经济和现代世界经济之间只有一个重要的组织性差异，在古代，有产阶级主要从非自由劳动中获得其剩余价值。"[1] 圣·克鲁瓦关

---

[1] Geoffrey de Ste. Croix, *The Class Struggle in the Ancient Greek World*, Ithaca: Cornell University Press, 1981, 179.

于这个命题的丰富文献毋庸置疑地证明，在那个古代世界中，奴
隶以及随之而来的意识形态和概念占据着中心地位。的确，如果
没有奴隶制本身所创造的闲暇时间，那个古代世界在其全盛时期
的辉煌壮丽是不可想象的：

> 所以，希腊的有产阶级在本质上是那些因为可以支配他
> 人的劳动而将自己解放**出来**过一种文明生活的人，那些他人
> 承担了为他们的好日子提供必需品（以及奢侈品）的
> 负担。①

> 在我看来，我们能够在希腊世界不同的自由人群体之间
> 划出一条最重要的分界线，即将平民分离出来的界线，我称
> 那些人为"有产阶级"，他们能够"自食其力"，不用花费
> 更多的时间谋生。②

现在，慢慢地，斯巴达人的起义开始取代这个社会中自由
（男性）人之间的政治口角，而历史则完全变成了由无休止的艰
苦繁重的奴隶劳动组成的噩梦，这个噩梦持续了若干世纪。

自然，在技术上或理论上，我们不禁要更新关于阶级性质的
一个争议，而且实际上，无论奴隶是否能被理解为一个正在形成
的阶级（很清楚，因为他们不是一个社会阶层，圣·克鲁瓦所
谓的农奴——契约奴隶——的出现使得关于这个问题的社会科学
讨论更加复杂化）。但是，我们的叙事学视角的优势在于以一种
十分不同的方式越过了这些难题（它们的价值在于需要更高的
规格和文件编写）。在元老院和平民斗争的背后，对于突然出现

---

① Geoffrey de Ste. Croix, *The Class Struggle in the Ancient Greek World*, Ithaca: Cornell University Press, 1981, 116.

② Ibid., 114.

的新的集体形象——他被完全剥夺了任何声音和表达，而且事实上，由于前台人物嘈杂的争论，他变得不可见了，那些前台人物其实就是站在两个立场上的奴隶主——某种世界终极主体的出现，这个主体背负着所有人类生产和价值的全部重量，无疑构成了历史发现和识别的强有力形式。这是一次真正的行动元意义上（actantial）的揭露，在这个词的理论意义上，也剥去了一层层意识形态的伪装和掩饰，提供了对历史**真实**令人恐惧的一瞥。

在用于这个分析的合适范畴的马克思主义意义上（生产性劳动对非生产性劳动，等等），这不仅是一个"科学"问题。它也是一个政治问题，一个牵扯到确认历史的行动者（actors）或原动力（agents）的问题，同时，它假设他们已经作为"历史的主体"被识别出来。

但是，"识别"这个词很含糊；而且黑格尔的"为了识别的斗争"（struggle for recognition）——在一个零和游戏的语境中，这场斗争只有一个政党会被承认——也鼓励了一种自由主义政治思想的传统，在这一传统中，识别本身或 Anerkennung 成了多文化结算中的一个赌注，凭此，不同群体和平地、以选举的方式瓜分利益。但在这一点上，很显然，有争议的实体不再是各社会阶级——而且将工人阶级的立法权说成是对无产阶级作为一种集体身份的识别似乎也并不正确——因为他们作为种族、性别，以及伦理范畴也可以借此要求获得法律权利。既然如此，为了这种识别的斗争仍然是一种启蒙政治，一种在资产阶级民权社会的框架内发起的斗争，它还算不上一种其利害能刺激经济体系或生产模式的阶级政治。

正是在这一点上，对希腊语 anagnorisis 的不同翻译澄清了这个讨论，因为它没有被译为"识别"，一些著名的版本（巴恩斯版的 Bywater，利奥布版的 Fyfe）将这个词翻译为"发现"。很清楚，这给了这个问题另一张面孔，而且更加准确地描绘出了这一过程，由此发现，站在古代城邦可见的政治竞争背后的是罗马的奴隶们。以此形式，它是一个我们能够对其进行估算的过程，即使是在民族和世界范围内的资本主义时代。

实际上，一般会假设马克思命名并确认了一个劳动阶级，它在第一种生产模式中已经逐渐显现，这个生产模式在结构上纯粹是经济的，它在那种意义上已经不再需要被发现。同时，恰恰是他关于劳动体的描述，工作日和无期徒刑一样的工厂本身等恐怖景象回溯性地阐明了强迫劳役（corvée）和奴隶制的时间性（"一种温和的男权形象，只要生产的导向是满足当时当地的需要"），继续回溯到迪奥杜拉斯·塞库鲁斯（Diodorus Siculus）描写的金矿中，在那里，"所有人在鞭子的逼迫下必须一直干活，直到死亡终止他们的苦难和痛苦"[①]。

568

然而，与劳动的有期徒刑同时存在的还有无所事事和贫民院的有期徒刑：绝对不是马克思所发现的对立面那惊人的、辩证的统一，也绝对不可怕，因为资本主义一个不可或缺的功能就是创造被温和地称为"劳动储备大军"的事物，或者换言之，大量的失业人员，他们是这个体系的一种需要，无论在繁荣时期，还是在危机时期，他们都被生产出来（"在业工人的过度工作使它的贮备阶层膨胀，而反过来，来自贮备阶层的竞争给了在业工人更大的压力，迫使他们接受过度劳动……"　[《资本论》，789]）。资本主义结构不仅借助潜在工人生产出来真正的劳动力"储备"，那些不能劳动的人也被"生产"出来，他们表现为那个时期所谓的救济对象，这也包括所谓的流氓无产者（罪犯、流浪汉，等等）、童工，以及"心灰意冷者、破衣烂衫者和那些不能工作者"[《资本论》，797]。这些不幸者不仅定期造访现代

---

①　Karl Marx, *Capital*, Vol. 1, Ben Fowkes, London：Penguin, 1976, 345. 后面对该著作的参考均标注为 *Cap*。

大城市的底层，也对伦敦的穷困或"巴黎的秘密"投去一瞥；不仅如此，它们还在人类历史本身之上打开了一扇超验之窗，作为一种宽慰和治疗，从这扇窗怀恋地瞥视部落乌托邦几乎没什么用处。

我已经引用了工业化地区贫困加剧的例子：

> 降低劳动时间最有效的工具经受着一种辩证入侵并成为最不可能失败的手段，将工人及其家人的全部生命时间都转化为供资本支配以维持资本价格的劳动时间这个经济悖论。（《资本论》，532）①

但是，在失业的语境中，最关键的辩证法是马克思开始有效利用的，当时他注意到一个奇怪的事实，一台给定机器的生产率的提高——即，某种新技术带来的劳动时间的降低——实际上伴随着额外时间的提高，也就是说，劳动日本身被延长而不是缩短了（的确，就强迫性超额时间上所展开的斗争已经是很多现代美国劳动纠纷的中心问题，不仅在马克思那个古老的维多利亚语境中是这样）。辩证主义者以下面的方式来解决这个矛盾：

> 资本主义生产过程的机制清除了它暂时造成的基本障碍。劳动价格再次下降到与资本的自我稳定需要相一致的水平上，不管这个水平是低于、等于还是高于工资提高之前的一般水平。因此，我们看到，首先不是下降率，无论是绝对的下降率，还是与劳动力增长或劳动人口增长成正比的下降

569

---

① "机器本身缩短了劳动时间，但是，如果是被资本所雇佣，它便拉长了劳动时间。"（Cap，568）或者关于这类逆转（在《资本论》中比比皆是）的不同例证，见关于计件工资的评述，它有"一种趋势，降低平均工资，然后将个体工资提高至平均工资以上"（Cap，697）的论述。

率，造成了超量资本，而是正相反；资本的增长使可供剥削的劳动力不足。第二，不是增长率，无论是绝对的增长率，还是与劳动力增长或劳动人口增长成正比的增长率，造成了资本的不足，而是正相反；资本数量的相对减少造成了可供剥削的劳动力，或确切地说，是它的价格，高于需求。（《资本论》，770）

这些文字使我们可以说，《资本论》本身实际上是一本关于失业的书；但也提出了关于失业者与阶级范畴之间的关系之类的理论问题和政治问题。

的确，在一篇关于马克思的流氓无产者概念（"社会渣滓、废物、被所有行当拒之门外的垃圾"①）的内容翔实的著名文章中，流氓无产者的概念帮助路易斯·波拿巴在 1848 年之后那场重要的反革命中夺得权位，彼得·斯塔利布拉斯（Peter Stally-brass）已经论证②，这个概念总结了所有体面的资产阶级对社会中**他者**的厌恶并且象征性地对其重新施行社会排挤，由此，所有的少数人群成了替罪羊并且从社会秩序当中被驱逐出去。马克思的阶级分析中的基本范畴（生产性、非生产性）也因此被断言使严格意义上的资产阶级偏见（乃至于欧洲中心论等偏见）延续下来。所以，马克思被变成了一个社会保守派，而各式各样身份政治的反马克思主义却由此得到丰富的证实。

我认为这类文章需要与上面已经引用过的《资本论》中的段落（引自"资本积累的一般法则"一章）放在一起，在这些

---

① Karl Marx, *The Eighteenth Brumaire of Louis Bonaparte*, New York: International Publishers, 1963, 199.

② Peter Stallybrass, "Marx and Heterogeneity: Thinking the Lumpenproletariat", in *Representations*, Vol. 31, Num. 1, Summer 1990, 69 – 95. 但是，现在，关于完整的历史语境和这一术语的引进，见 Michael Denning, "The Spectre of Wageless Life," 即将发表。

段落当中，流氓无产者的范畴再次出现于以"救济对象"的形式从生产性社会中被完全排除出去的群体中间。这一段尽管远没有证明马克思对于被排挤者本能的轻蔑，但至少暗示出一种犹豫不决，他不想把这类人放在"劳动储备大军"这个一般性主题之下。二者都是被排除的范畴，但失业这个主题似乎与其他形式的贫民，没有能力的、年老的，或实实在在的流氓无产者截然不同。好像身体良好但失业的劳动者依然保留了工人或劳动阶级范畴的体面，而其他的则根本不在这个范畴之内。或者，也许可以用更实用的说法，我们可能观察到，有资格的工人、失业工人仍然可以在政治上被组织起来，而其他个体范畴则完全处在政治行动这个王国之外：或再使用另一种语言，前者在必要时依然构成"历史的主体"，而后者不可能以任何方式被设想为主体。

然而，作为一种历史物质，后者事实上逐渐被吸收进那些群众的暴乱当中，这些暴乱发展成为政治革命，其结构就是将社会有倾向性地，但绝对是以两分的形式划成两大阶级：支持阶级和反对阶级。这种实际上的再吸收和将流氓无产者及失业者一同包含在革命阶级这个主题下似乎恰恰重演了我们正在这里考察的发现过程，它是对历史知识的一种扩充，历史知识于是与实际的政治效果产生了共鸣。

整个过程和围绕它的争论本身在世界范围内因为葛兰西的"臣属性"（subalternity）这个术语的理论性发展而得到概括，先是在所谓臣属研究学派的印度历史学家的著作中，然后是在其他非核心地区（尤其是拉丁美洲），在那里，它事实上与早些时候关于"第三世界"之类术语的关联性的争论紧密相关，这些术语是对后殖民人口的一种"识别"模式。

葛兰西最初使用这个术语似乎是对古典马克思主义术语的又一次伪装，旨在逃避法西斯的审查：如果是那样的话，它的意思很简单，就是"无产阶级"。但这种换码常常会产生一种效果，创造性地偏离马克思的用法，进入一个全新的语义领域，该领域要么可能被看作是批评性地挑战马克思的某个正统思想，要么被看作是对它的补充和丰富。如果是这样的话，这一词语体现了葛兰西毕生的思考，对意大利南部的思考，对农民与城市（和北方）工人阶级之间的关系的思考。"臣属性"在那个语境中规定了一些习惯，包括服从和尊重、固执和缄默，农民阶级的抵抗模式完全不同于工厂工人的抵抗模式。但它到目前为止还只是表明了某种等级意识，因为等级意识在这个阶级世界中没有消亡，而且它要求有自己的政治策略来与它的文化和社会特殊性相匹配。

在纳拉伊特·古哈（Ranajit Guha）和印度臣属研究学派的手中，臣属性这个概念将被发展成为一个研究农民的全新的分析方法，尤其是对他们的历史起义进行重新思考，这些起义大部分被作为自发性形式而不予考虑，代之以组织分析和政治分析。同时，在毛主义和拉丁美洲政治的参照下，农民本质上就是"一麻袋土豆"[①]，是不革命的，甚至是保守的阶级（如果它是一个 571 阶级的话），这样的整体概念必须改变。

因此，臣属研究学派已经能够重新组构那个古老的、同样典型的集体，这个集体是成为一个真正"历史主体"的农民阶级，他们的行动和干预不再是扎克雷起义（jacquerie）（扎克雷起义，是 1358 年法国的一次反封建农民起义，是中古时代西欧各国较大的农民起义之一。扎克雷，源自 Jacques Bonhomme——"呆扎克"，意即"乡下佬"，是贵族对农民的蔑称，起义由此得名。——译者）和无理性的暴徒行为那种盲目和自发的本能反

---

① Marx, *The Eighteenth Brumaire of Louis Bonaparte*, 124. 见 Ranajit Guha 为 Guha and Spivak（eds.）*Selected Subaltern Studies*, New York：Oxford, 1985 所写的前言；亦见 Michael Denning, *Culture in the Age of Three Worlds*, London：Verso, 2004, 155 – 161。

应，而是具有一种迄今为止尚未被识别和承认的目的性。[1] 于是，也是在这里，有了一个发现，即**历史**本身可以通过一种新的和更加令人鼓舞的方式被窥见。

但是，所谓的臣属理论是在"新社会运动"时期出现的，它也已经使这个思想转向一种非阶级的方向，成了对某些群体的一种"识别"，这些群体在技术意义上不是社会阶级，而且他们的集体意识也完全不同。这里仍然保存了这个创造性概念的某些东西，即这些群体是各个阶级之下或背后的阶级，他们被那些阶级以某种方式所掩盖，而且政治理论和组织也触及不到他们。自马克思的贫民和流氓无产者这些含混的概念之后，这些阶级表现为各种形式：克里斯蒂娃的弃儿概念，以及更近一些的阿甘本（Agamben）的"赤裸生命"（bare life）的观点，在将这个最后的底线转向精神分析或存在主义方面，它们仅仅是最卓越的理论尝试。尽管如此，如果所有这些范畴都假设这位理论家处在一个本质上是审美和沉思的立场上，而且她的目标是作阿尔伯特·莫里亚斯（Alberto Moreiras）所谓"宏伟救赎"（spectacular redemption）的载体，肯定也会遭到反对。[2] 至于臣属性作为一个更具社会性和政治性的范畴，佳亚特里·斯皮瓦克（Gayatri Spivak）在一篇著名的文章中毅然将臣属阶层（subaltern）问题与表现和命名困境的问题联系在一起，她认为[3]，其他已经被命名并得到表现的群体肯定要解决这个问题；而莫里亚斯则推测臣属阶层是一个残余或剩余的范畴，是无法消化的范畴，每一个臣属群体都会接着生成它自己的臣属阶层，以至无穷，由此，提升和

---

① Ranajit Guha, *Elementary Aspects of Peasant Insurgency in Colonial India*, Delhi：Oxford University Press, 1983.

② Alberto Moreiras, *The Exhaustion of Difference*, Durham, NC：Duke University Press, 2001, 221.

③ Gayatri Spivak, *A Critique of Postcolonial Reason*, Cambridge, MA：Harvard University Press, 1999.

消灭臣属性成了一个不可能的幻象。

　　的确，我们很可能会遇到这样一个现象，即无限地退回到一个"第四世界"的概念，它出现于 20 世纪 60 年代，为的是挑战当时占主导地位且在政治上代表进步的第三世界主义，这个主义构成了在民族解放时期，那些已经同化为第一或第二世界的阶级范畴中的人对后殖民身份的某种"识别"。

　　值得注意的是，曼纽尔·卡斯泰尔（Mannuel Castells）这样的思想家应该在他今天的地理政治空间地图上继续追索这个曾经令人怀疑的意识形态概念。卡斯泰尔从民族国家世界的外部总结了内部"社会排斥"的概念（贫民窟、失业，等等），在民族国家，排斥表现为历史的"黑洞"和全球化本身。[①] 它们的全部地区和人口都退出了历史和发展，它们从缝隙中掉了出去，消失在各种空间当中，在国际意识中，这些空间相当于早些时候未开发地区的地图上那些古老的空白空间，那些未被西方开发和殖民化的空间。这是可能发生在所有大陆上的事，如撒哈拉沙漠以南的非洲大陆所见证的那样，它们被交给卡斯泰尔所称的"食肉性"政权和国际慈善项目机构管理。这些空间于是成了那个积极的脱钩（delinking）过程中可怕的辩证逆转，脱钩是萨米尔·阿明（Samir Amin）发明的一个概念，旨在提倡退出资本主义全球化并培养一种新的生产模式。[②] 但他对这种可能性过于乐观了，在一个全球的情境中，国际劳动划分已经被强行推广，它摧毁了自给自足，即使对于那些潜力最丰富的国家——巴西、印度——而

----

　　① Manuel Castells, *End of Millennium*, Vol. 3, *The Information Age*, Oxford: Oxford University Press, 1998, 70 – 75. 但是，现在，对这一领域中形形色色流行的表现和成规所做的批判性枚举，他称之为"新闻马尔萨斯主义"（Journalistic Malthusianism）和"启示时间化"（apocalyptic temporalization）（190 – 1），James Ferguson, *Global Shadows: Africa in the Neoliberal World Order*, Durham, NC: Duke University Press, 2006, 190 – 191。

　　② Samir Amin, *Delinking: Towards a Polycentric World*, London: Zed, 1985.

572

言，如果逃避美国的自由市场而实行自给自足，就等于一种自杀，它也使得这些国家不再构想"在某个国家实现社会主义"这样的事。具有讽刺意味的是，只有那些所谓失败的国家（failed states）成功脱钩，它们无意间毅然决然地同一种不可救药的苦难后果脱离开来。

自由市场或新保守派经济学家只是简单地将这些国家勾掉了，就像一个人勾销了一笔不良投资。另一方面，从政治视角将这种情境重新编码为转移责任和隐藏潜在的经济原因提供了一条便宜之径。"失败国家"这个目前非常流行的社会学术语为这种操作提供了有用的遮蔽。但是，在1993年，保罗·詹森（Paul Johnson）已经直截了当地讲：

573

> 有些国家还不适合管理自己。它们的继续存在，以及孕育出的暴力和人的堕落，对它们的邻居而言是一种威胁，对我们的意识也是一种侮辱。这里有一个道德问题：文明世界有责任走出去，去管理这些绝望的地区。①

这为第一世界的干预提供了一个理念，所谓美国做出了人道主义回应（例如在达尔富尔）就是将其长期的军事占领包裹在这个伪装之下。这是一个用政治取代经济的经典例子，马克思主义意识形态批判在传统上对此持批驳态度。

同时，曼纽尔·卡斯泰尔和其他人的研究则说明了如何对这种政治上的僵局——他所称的"食肉性"政权在非洲的出现，同时伴随着基于西方慈善和救济的发展——从全球化（他称之为信息资本主义）的角度在经济意义上做出解释："信息化、全球化资

---

① Paul Johnson, "Colonialism's Back and Not a Moment Too Soon", *New York Times Magazine*, April 18, 1993, 44.

本主义的上升的确是以经济上的同步发展［在第一世界］和不发展［在第三世界］为其特征，手段是社会包含和社会排斥。"①

　　这不单纯是各种环境的不幸结合，而是一种真正的辩证法，在这种辩证法中，肯定和否定相互依赖，同步进化，而且是在互动中同步进化。这一类理论出现于 20 世纪 80 年代和 90 年代自由市场的全盛时期之后，出现在全球化（卡斯泰尔的书将其截止到 1998 年）所许诺的收益的废墟上，它们越来越有特色，而且标志着 20 世纪 60 年代发明的"不发展之发展"这句口号意想不到地复苏了，保罗·贝恩（Paul Baran）是个先兆，随后卡多索（Cardoso）、冈德·弗兰克（Gunder Frank）、沃尔特·罗德尼（Walter Rodney）（他发明了这句口号）对其进行了进一步的阐发——这一在后来繁荣昌盛的新保守年代广受讥嘲的理论现在又回到了议程上。

　　但是，在我们的时代，罗伯特·库尔茨（Robert Kurz）在他那本了不起的《现代化的崩溃》（*Der Kollaps der Modernisierung*）中最强有力地给出了这个辩证情境的最终结论，该书从无情地批判现代化意识形态这个立场引出全球"发展"的整个问题：将会被记住的是后者在沃尔特·罗斯托（Walt Rostow）的"起飞阶段"理论中得到了最令人难忘的概括，在该理论中，世界经济被想象成一个飞机场，许多大型喷气式客机已经由此飞上天空（第一世界或发达国家），同时，另外一些还等在跑道上，发动机在转动，等待着起飞的信号（他提到墨西哥和土耳其），还有一些正停泊在门口或在飞机库里检修。库尔茨这本令人不安的著作有一个大功劳，它论证了现代化在此后是不可能的，不再有任何的起飞阶段，全球化本身是在所谓不发达国家的基础上保证"世界市场的死刑"能够执行。

574

----

① Castells, *End of Millennium*, 82.

　　这个分析排除了政治干预：问题在于这样一个事实，即利润的抽象逻辑天然地存在于商品形式当中，因此由它所构成的世界市场没有，也不可能承认政治催生出来的战略，一个纯粹是从意志和决定演化出来的战略。利润法则——根据这个法则，只有那些符合全球生产力水平的货品才有价值，才有资格进入世界市场——肯定或迟或早要不顾一切地重申自己的意义。①

　　所谓的自由市场震撼疗法在这里也没有任何用处。它的"模式"只是提供了一个关于经济竞争力的抽象结构；但现实要求这个结构**在世界市场本身内部**发挥功效。否则，它就毫无价值。一个在世界市场上没有竞争力的国家是穷困寒酸的，无论它是否有一个内部市场结构，即，它将永远处在恐怖的经济竞争的驱使之下。内部市场的简单开放只是造成了混乱，或者说这就是它取得的"成就"。但是，这类市场对外部世界的开放只能导向一种情况，国内没有丝毫抵抗力的工业被西方竞争者和掠夺性商业收购所消灭。（*KM*，185）

这在根本上是一个投资问题，对投资的要求使得第三世界国家在全球化背景下的处境截然不同于西方"资本原始积累"的古典阶段：

　　第三世界越跟不上竞争对更高生产力的要求，它对外来西方资本的直接投资就越不感兴趣：这些投资是它的发展和

---

　　①　Robert Kurz, Der Kollaps der Modernisierung, Frankfurt: Eichborn, 1991, 296. 后面对该书的参考均标注为 KM。应该注意的是，Kurz 在这本早期著作中的很多预言性讨论都涉及西欧。

它自己内部市场的发展必需的……（*KM*，195）

强大的西方资本积累的基础首先会带来发展，但在同时控制世界其他地区的商品逻辑中，这个基础永远不可能成为现实。"不发达"国家在发展和生产力提高方面向前迈出的每一步都会否定性地付出两步、三步，甚至更多步的过度补偿，才能在较发达国家的梯子上向上爬一格。这是兔子和乌龟的赛跑，结果只能是兔子的死亡。（*KM*，197 – 198）

至于非洲，库尔茨现在做出了预言性结论：

最贫穷的国家——首先是非洲，但也包括那些亚洲和拉丁美洲的国家——甚至从一开始就没有机会启动它们自己的工业化和社会改善。对它们的原材料和食品所制定的越来越恶劣的"贸易条件"已经使它们变成了无可救药的"病态"世界，它们甚至不可能依靠自己活下去。争夺残汤剩饭的内斗导致血腥的屠杀、种族内战、饥荒和干旱。（*KM*，201n）

当然，这些后果看起来是要证明，人性和历史的意识形态上出现一个历史性转向是合理的：对于大屠杀的悲观主义被扩大，以包括发生在巴尔干半岛国家和非洲，实际上是发生在全世界的种种不可理喻的暴力和残酷行为（不排除伊斯兰教，现在被看作是一种宗教狂热和暴力）。但是，没有什么人性，而从它们自己隐藏的议程和它们自己的政治程序这类角度，关于人性的这个或那个意识形态（和美学）断言中投射出来的历史愿景总是得到更好的评价。

因此，我们必须一次又一次地回到那些集体、那些个体的人，他们已经"从历史中掉了出去"——不是为了顺应利科的叙事人本主义，它指出，在某个系统背后发现了人格化角色，这个系统可能超越这些角色——那本来就是发现的任务，如我们已经看到的——而恰恰是为了在某种程度上表现这类集体同我们在此简单勾勒过的辩证系统之间的关系——支持资本主义创造失业储备大军并排斥全部社会阶层（或者在这里，在全球化当中，世界人口的各阶层）的结构性必然。

从系统向原动力或行动者的这个过渡于是将牵涉一种由时间向空间的转换：而且实际上，我们也许可以预测，我们寻求的那个历史前景——关系的出现——恰恰将构成转换的过渡点这一形象，从时间过渡到空间，或从空间过渡到时间。这样一个形象事实上将反映出我们在这里一直寻求的空间辩证法：但它还是需要最后走一点弯路，通过世界系统中肯定和否定的统一，然后，我们才能得出一个关于**历史**本身可能显现的思辨性论述。

事实上，我们已经呈现了由肯定到否定的轮换，又回到前面关于全球化的讨论[①]；现在，必须从马克思关于帝国主义的一个更加古老的辩论这个角度重新阐明这一轮换。在马克思的遗产中，的确再没有什么东西比那些文本（尤其是关于印度的文字[②]）更令人反感了，在这些文本中，这位共产主义之父似乎很欣赏资本主义所扮演的角色，认为它将其殖民地带进自己的现代性光芒当中，因此使这些殖民地可能发生社会主义革命，同时将它们过去的农村背景丢在一旁，即使不是丢进了"历史的垃圾箱"，至少也是丢进了金钱和历史之前的世界那充满怀旧意味的影像簿中。

非洲很显然就是这样的场所，在当代这个**虚构**世界里，它已经脱离了**历史**本身。它可以成为一个示范，自然灾害——饥荒、

---

① 见上文，第十七、十八章。

② Iqbal Husain, ed., *Karl Marx on India*, New Delhi: Tulika, 2006.

生态灾难、污染问题和所谓的生物权力（bio-power）——以同样的方式既表达，同时也掩盖了另一个更基本的现实，即脱离资本主义。

不幸的是，要脱离一个现在已经全球化的资本主义或世界系统也并非那么容易。在 20 世纪 60 年代，即使资本主义与你擦肩而过，即使你生活在它的雷达探测系统之下，或者仅仅是因为不值得花力气占有或同化，还有很多田园景象表明可能过一种不同的生活。这就是当时在一个较大系统的疯狂势头中，村庄作为一个前资本主义飞地的乌托邦景象，它是那一势头内部的一块平静之地，一个避难所，在那里，前资本主义的社会关系（在不同的前资本主义意义上，它们可能也是压迫性的——性别等级和年龄等级、氏族之间的斗争、宗教禁忌的压迫）能够幸运地保存下来。这种乌托邦想象的可能性——受到历史上资本主义扩张过程暂时停止的激励，这是因为民族解放战争等事件的缘故——以不同的方式被理论化，被列维—施特劳斯在复活卢梭的过程中理论化，被萨林斯（Sahlins）和鲍德里亚那些人的人类学所理论化，也被科林·特恩布尔（Colin Turnbull）的人种论[1]理论化；而且非洲作家本身也赋予这种想象以内容和表现形式。

但是，今天，那些和平的村庄飞地已经变成了饥荒和生态灾难的发生地，而且当各种人口，如腾布尔（Turnbull）的森林人，没有被强行迁走并固定安置在这个系统之内的时候，村庄的封闭本身也变成了难民营非常需要的界限。我们已经间接指出，否定之否定可以有两种形式（而且这两种形式也分别附带着肯定和否定的效价）。一方面，对资本主义的否定不再导回到乌托邦，而是简单地摧毁先在的形式本身；另一方面，它在这个系统

---

① Claude Lévi-Strauss, *Tristes tropiques*; Marshall Shlins, *Stone Age Economics*; Jean Baudrillard, *The Mirror of Production*; Pierre Clastres, *La Société contre l'état*; Colin Turnbull, *The Forest People*.

577 本身内部促成了越来越高级的复杂化和"现代性"等进步，这
就是想象的否定力量，它许诺在这个系统内部打开缺口，还许诺
了一个新系统的成像。由此，退回到飞地不同于对这个系统本身
进行改造，用一个完全不同的系统取代它。飞地至多是这个新系
统的讽喻（即，它可以作为一个乌托邦发挥作用）；最坏的情
况，也就是说，在现实中它被简单地摧毁，在身后留下一堆瓦砾
废墟，但这堆瓦砾就是由个人组成的群体本身的生活，这些人已
经"脱离了"这个系统，从此成了虚无的一部分，成为阿甘本
所称的赤裸生命的残渣剩余，生物性的幸存者，被剥夺了工作或
行动的所有可能性，只有靠国际慈善机构的施舍在难民营继续
生活。

　　实际上，这些难民营正是我们当前在世界范围实行社会排斥
的种种图景的强形式：在那些围起来的住地，人们过着他们自己
的日子已经差不多六十年了；它们外边就是临时难民营，在那
里，美国和一些非政府组织的慈善关注对象是这样一些个人，他
们不太可能回到被内战摧毁的家园，或者因为饥荒而逃离，他们
被迫在无所事事中，在被历史排斥的人群那痛苦的休止状态和无
力状态中过活。改变关于这类黑洞的效价，改变有关排斥的描述
的效价，只需要将它们重新纳入这个世界系统当中，以及实现全
球商品化，这些黑洞和描述尚未涉及全球商品化。既然如此，在
这一点上，地球上失去的人口可能将不再是新的和难以想象的流
氓无产者或赤裸生命这一范畴，他们那时将重新回到普遍的失业
储备大军中，甚至一个新的全球资本主义为了自身能继续存在下
去也必须永久维持这支失业储备大军。

　　在这一点上，我们需要回到那些抽象范畴，这个讨论到现在
为止一直是从这些范畴的角度展开的；我们也需要解开意识形态
和经济的异质融合——尤其是从社会科学的视角——关于发现的
整个探索似乎已将我们引入这种融合当中。的确，黑洞和失败国

家的语言，脱离历史的语言可以说是加在前第三世界不发达国家身上的一种恶毒诅咒，它完完全全是意识形态的；但是，用科学，甚至用一种更好的、更进步的意识形态取代这种意识形态并不能弥补它的缺陷。如果"发展"本身就是另一种意识形态，是对旧的现代化意识形态素的一种改头换面，要通过发展统计学来对命运的各种意识形态进行充分的纠正的确不太可能。因为在个体的或存在的生活中，在历史分析的王国中（在经济学家寻求解决的问题中），**意识形态**始终在我们左右，而我们对客观条件及其可能性的分析也始终是通过某种特定的社会**想象界**（或通过我所称的认知地图）来组织的。

578

对发现的强调揭示出，意识形态结构是一个行动元过程（actantial process），而且对它的评价不是以它所表达的乐观主义或悲观主义为基础，也不是以偏见或常规之见的比例为基础，而是以集体人物和行动元为基础，它就是在这个意义上对一个给定的历史环境或事件进行组织。在非洲，似乎很清楚，基本的意识形态斗争与谁应该承担责任有关：是非洲人本身，他们的文化和传统（或民族性格），还是他们那些掠夺成性的精英和后殖民政府；或者另一方面，是国际货币组织和其本质为美国全球化的政策；或者实际上，是地理，殖民历史，或简单地，就是不好的运气和命运本身的诅咒（但是在这些系统的某一个中还有另一个行动元）应该承担责任？似乎同样清楚的是，如果不是在行动体或集体行动者的意义上来组织非洲，就不可能分析非洲的情况，无论将要得出怎样的结论，无论在多大程度上可能将责任问题中立化。一个更中肯的问题是如何将这个环境同作用者本身区别开来（根据其他人的读解，他们本身就构成了将要面对和修正的环境）。于是，发现这一行动或活动——是对尚未完全显露的作用者的识别，也是对他们的发现，是对行动元场（actantial field）的再组织和再分配——在分析过程中是不可或缺的一个开始时刻，它还表明从叙事视角看，意识形态和科学（除非是经济学的科学研究方法）之间的区别是不可能存在的，也是不受欢迎的。

因此，让我们暂时回到马克思对失业的看法这个问题，因为将非洲丢进历史的垃圾箱与马克思和流氓无产者范畴这个棘手的问题有令人毛骨悚然的相似。这里似乎有一种污染，在这种污染中，备受争议的生产性劳动和非生产性劳动之间的对立与劳动储备大军（即目前失业的工人）的全部问题交叉在一起。被误解为生产性/非生产性区别的道德化内容被非法地从这些概念中的一个转移到另一个。但是，马克思的真实意图从来不是用"非生产性"这个术语对有争议的工作类型进行道德判断；而且这个区别纯粹是描述性的，它将生产资本的劳动同生产工资的劳动区分开来，生产工资的劳动在即时的消费中被用掉了。西方心理或韦伯式心理中某种深刻的东西似乎只能将"非生产性"理解为一种谴责和判断，尽管事实是它是过去历史上所有劳动领域的特征：这样的听众因此很可能被马克思那句干巴巴的话所惊呆，"作一名生产性工人因此不是一种幸运，而是不幸"（《资本论》644）。不过，这也几乎算不上对无所事事状态发表的反文化赞颂（除非是在他女婿关于这个主题的著名册子的意义上），而是在提醒"生产性劳动"之后会产生的东西，而且是在结合进资本主义体系的地狱战车这个严格的意义上。

当我们回到那个不同的对立，在其中，工作与失业是对立，我们遇到这样一个情境，肯定概念有两个对立面（或者如果你更倾向于一种技术性语言的话，一个是对立的，一个是抵触的）：它们分别是失业和不能就业，或者根据马克思的分析，失业储备大军和那些人——老弱病残，还有众所周知的流氓无产者——他们甚至在某些特殊季节或兴盛时期也找不到工作，这些时候的工作注定是留给储备大军的。但是，有一个关于这些对立的示意图揭示出，还有一个缺失的术语：

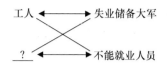

　　这个空缺在《资本论》中已经被间接确认了,《资本论》在关于所有被淘汰出局的产业的精彩论述中很有远见地对培训这类虚伪概念进行了无情的攻击：但只有全球化才将它向外投射到可视的地理空间中,由此对该范畴进行了更明晰的生动展现。因为这个新范畴就是**先前曾就业人员**（formerly unemployed）：也就是说,曾经在重要产业中非常活跃的就业人口,这些产业现在已经辉煌不再,在它们废弃的工厂周围,那些过时的劳动行业中的能人同他们的家人一起继续在比难民营好不了多少的飞地,尤其是在他们的住处和要被收回的地方生活着。

　　但现在,这个行动元系统可以被画在全球化本身的空间地图上,在那里,第一和第二世界工人中的失业群体与工作人口同有缺陷的人一样,都在储备大军（如果他们周围启动了新的产业或可能性的话）和曾经就业但现在永久失业的人员之间漂浮不定,"发展"永远不会再注意到第二种人群了。全球化于是在极大的程度上切实加速了这一过程,因为它对更廉价劳动的需求是无厌的：放弃了墨西哥边境加工厂原来的工人,这些工人承担了先前美国工厂工人的劳动,来到中国,在那里,新近已经建好的工厂被关闭,因为看到了东南亚其他地区的劳动费用更低。马克思的世界市场前景,或普遍商品化阶段（工资劳动）,因此不会被理解为某种巨大的、极为充实的空间,那里并非每个人的工作都有工资,他们并非"生产性地"创造着资本；而是被理解为这样一个空间,在这里,每个人都曾经是生产性的劳动者,而且无论在哪里,劳动都开始在这个系统之外为自己确定价格：他预言,这一情境是剥削性的。 580

　　我们现在也许可以回到在这种背景下"承认"或"发现"非洲这个问题。在一个非常值得注意的对比分析中，乔万尼·阿里吉已经确定了这个历史性时刻，在此时刻，先前的第三世界开始分批进入亚洲猛虎（韩国、中国台湾、新加坡、现在是中国大陆本身）的工业"奇迹"当中，也进入到那些曾经比它们更"不发达的"地区，如非洲，但后者现在，尤其是以它们自己为参照，似乎本质上就是不发达的。[①] 这个时刻当然就是晚期资本主义（或全球化，或后现代性）全面出场的时刻，即 20 世纪 80 年代早期撒切尔／里根的时刻，"美国在 20 世纪 50 年代和 20 世纪 60 年代一直是世界资金流动和直接投资的主要来源，但在 20 世纪 80 年代，它成了世界主要的负债国，现在则是外国资本最大的接受方"[②]。这种分期化，特别是对我们在文化和社会经济层面理解我们当前的情境而言，就是阿里吉为他所谓的非洲危机提出的两个基本原因之一，即资本投资中的逆转，它现在开始从第三世界流向第一世界。第二个原因，主要是就先前的第三世界国家的命运所产生的新的分歧，牵扯到使西亚和东南亚成为永久耐用的廉价劳动来源的殖民历史和政策，但这些却削减了非洲的人口。从我们现在这个讨论的角度，这些因素于是解释了为什么发展中的或（亚洲的）"前第三世界"现在被看作是一个基本的劳动储备大军，而"不能发展的"和没有发展的前第三世界（特别是非洲）则填补了那第三个行动元空间，我们称其为"不能就业的"。在这一点上，阿里吉，与处在非洲社会经济（甚至文化）环境中的其他学者一样，为未来政策提出了实用的建议，但不是很乐观。

　　然而，在这里，我们的兴趣，无论好坏，都纯粹是理论性

---

　　① Giovanni Arrighi, "The African Crisis", *New Left Review* Vol. 2, Num. 15, May-June 2002, 5 – 36.

　　② Ibid. , 21.

的，它确切地说是一个关于"行动元"转移的问题，从一个语义范畴或空间转到另一个——将想象中的实体"非洲"从雇佣工作（"不能就业"这个空缺）的"矛盾状态"转移到它的"对立面"，即"可以就业"，或马克思的储备大军。这样一种再认同是发现的构成性操作，但同时，在历史现实中，与非洲的社会经济现实在晚期资本主义阶段正在出现的世界市场中的巨大转变相对应。这样一种移位很明显是可以想见的，可以在全球化间断性扩张的前景中找到合理的解释，全球化从一个廉价劳动地移到另一个，第一个地方的发展提高了工人的工资和生活条件，但生产不再有利润：资本主义无规律的扩展这幅图画在《资本论》中已经出现，但今天可以在一块大得多的画布上画完它，如最近许多研究所证明的那样。同时，与马克思零零散散论及的某种终极世界市场或普遍商品化同时出现的错误图画通过我们的第四个范畴，即"先前曾就业"，得到了修正，或换言之，那些现在被资本"轻率地"（fuite en avant）放弃的领域：在被摧残和毁灭的同时，现在完全被商品化了。世界市场的封闭因此不会被理解为正在填装一个空箱子，而是被理解为一种蔓延的进程。

然而，它们两个都是比喻，每个都有它自己的缺陷和构成性变形，只能通过歪曲另一个比喻来更正。我已经简单描述过的这个论点是为了说明来自任何更严格意义上的认知地图的比喻过程都有不可分割性。但是，它无疑类似于思想实验，我们也许可以将历史上的某些争论，如"家务劳动的工资"，与之相比较：这可能不是一个实际的政治计划，但它在关于女性处境的女性主义分析中从哲学意义上强调重新思考商品化（工资劳动），这将整个问题放在一个当代的政治议程上，放在一个反资本主义的政治议程上，而不是放在关于前资本主义形式得以留存的历史研究上。（同时，食品的工业化以及家务劳动在某种程度上的自动化，如清扫等，开始表现出这些空间实际在多大程度上受制于现

581

代资本主义带来的殖民化——只有我们给它加上"家务劳动工资"的可能性之后，这种殖民化才算完成。)

所以，现在，对后现代世界的弃民实行工业化这个不太可能的可能性却以同样的方式使我们将他们在这个世界系统内的结构性地位重新概念化，在认知意义上重新绘图，并且在一个较之整个这一系列辩论迄今被置入的叙事更具包容性的关于晚期资本主义或全球化的叙事中重新创造行动元、施事者、叙事人物。在这里，换言之，我们是将发现理解为一个理论性生产的行动，在这个行动中，新的人物被生产出来供我们的集体性发现、政治性发现，以及识别之用。

四　怜悯（Pathos）

（一）可见性的诱惑

从亚里士多德的情节突变或逆转，以及发现或发现/识别等范畴，我们现在继续移向利科发现的在《诗学》中发挥作用的三元基（triad）的最后一项。无疑，这最后一项——怜悯不仅接受哲学修正，它还在关于事物本身的结构性质和功能方面误导我们。换言之，也可以说，在《诗学》中，怜悯与情节突变或识别根本就不是同样的叙事学范畴。实际上，他最重要的注释者也对此表示同意，说："很显然，亚里士多德认为怜悯是悲剧情节基本的、不可或缺的'成分'，因为突变和识别都限于复杂情节，而怜悯则不然。"[①] 这里不是要论证对亚里士多德的进一步阐释，甚至也不是要争论利科重构他的三元基的意图[②]，他的三元基的作用只是为我们提供了一个起点。

但是，以亚里士多德为参照会帮助我们以两种进一步的方式

---

① Else, *Aristotle's Poetics: The Argument*, 229.
② 见上文，Ricoeur，注释 27（即中译本第 672 页注释①——译者）。

澄清我们的论点。实际上，艾尔斯（Else）强力主张，亚里士多德的怜悯具有非主观性质，它关乎（根据他的看法）事件而不是情绪。那么，这个时候，就可以说，我们在这里的讨论将不会允许我们对近几年的悲伤或创伤理论进行任何丰富的探索，也不能在建构主体性方面做出任何精神分析方面的假设，这些假设与主体性有关。接下来，有心理共鸣的唯一问题就将是幸福问题，它的辩证含混性（对立统一）将支持一幅噩梦期和拯救期交替出现的历史图景。

"图景"一词暗示了一个更进一步的评论，涉及在亚里士多德的心中，表现怜悯是什么性质，它一般被理解为表示一种血腥的结束场面：我们已经想起埃杰克斯（Ajax）的自杀，美狄亚被她死去的孩子们围绕着，俄狄浦斯失明，或者对关于怜悯的传统理解更具范式性的拉奥孔雕塑——拉奥孔和他的儿子们在那条巨大海蟒的缠绕中绝望地挣扎，它引发了莱辛（Lessing）关于艺术中连续性和同步性、时间与空间的著名讨论。艾尔斯的结论是：

> "在舞台上"不是亚里士多德的意思……亚里士多德是在将**怜悯**与突变和识别进行对照。因为正是根据突变和识别的性质，它们才是可见的事件，是心灵王国中发生的相互影响，尽管它们也许伴随着可见的标志。另一方面，死亡、痛苦、创伤按其性质都是物理事件；它们都属于可见的王国。[583]但是，那并不意味着它们在悲剧过程中也要以物理事件的面目出现。按照要求，它们在那里被假设为与道德和精神相关的物理事件，它们表现为突变和识别。①

---

① Else, *Aristotle's Poetics：The Argument*, 357 – 358.

此刻，这个讨论可以提醒我们注意，在我们对怜悯的理论化中要警惕可见性物化的诱惑。将怜悯等同于某种结束场面这个基本事实——尾随事件和历史之后（Nacheinander）的莱辛的平列（Nebeneinander）——必定是加强了这种诱惑，同时，它给了我们一种对这个难题的新公式进行评价的方式，它必须成为一个连贯的整体，以排除可见性。

但是，怜悯在这里会鼓励我们试着改造利科与**时间**面对面的计划，转而尝试面对**历史**本身。利科的模式中一定隐含着可见性和可见化，即海德格尔靠近**存在**本身的现象学计划。这项计划是围绕着"显现"（*phainesthai*）这个希腊语动词组织的①，它是名词"现象"的词根，他用这个词表示一种显示或出现（scheinen），或说得更确切一些，是一个给定现实显示其自身或被显现的方式。可见性的诱惑仍然在那里，但比较微弱，而且海德格尔试图以更高调的方式来处理它，他坚持认为，我们正在讨论的现实的出现——在这种情况下，它就是**存在**本身，与世界上我们周围无以计数的经验存在相对——同时就是它的消失或暗淡，它在出现的同时开始隐退。海德格尔的本体论因此假设可以感受到**存在的**这种瞬间感，这种瞬间感很难同它出现时所产生的刺激区分开来。用他后来更具宗教性的语言说，对**存在**的这种去蔽与哲学的使命有关，如果它不能对世界进行干预以唤来某种存在感，它至少可以注意到它的沉默和它的不在场；可以诱发一种等待和期待的状态，最好是提供一种准备，使一切就绪，让自己随时面对神的降临或不在场。②

利科的修正——让**时间**显现——（尽管有海德格尔那个著名的标题）即刻成为对《存在与时间》中"显现"的阐释，也

---

① Heidegger, *Sein und Zeit*, par. 7A, 28 – 31.

② Martin Heidegger, "Only a God Can Sve Us Now", in *The Heidegger Controversy*, ed. Richard Wolin, New York：Columbia University Press, 1991, 108.

是一种含蓄的批判：因为对利科而言，**时间**是这样一种事物，在哲学中，更突出的是在文学中，借助于时间性那些多样的和重叠 584 的层面，我们在上面已经考察过，可以积极地显现。

同时，我们自己对利科的修正——使**历史**显现——也将使我们以一种不同的方式回到海德格尔，这可能被说成是表明马克思主义本身就是一种本体论。海德格尔本人也勉强承认这一点，在战后那封"关于人本主义的通信"中，他确认了1844年手稿中①异化理论的本体论元素：但或许也可以说，这一妥协是他保持骑墙状态的办法，在欧洲，红军离他只有一到两个小时的路程。海德格尔的学生赫伯特·马尔库塞（Herbert Marcuse）之前已经为黑格尔的最高**生命**概念的基本历史性做出了很有启发性的论证②；但是没有将这个论证延长到资本本身这一关键问题。当代的"资本逻辑学家"（capitalogicians）在挑衅性地演绎出绝对精神即资本本身时引发了更多的联想③，由此在黑格尔和马克思的"世界市场"之间拉起一条纽带，同时开辟了一个视角，从这一视角，今天唯一有意义的总体性就是全球化本身。但这个视角一方面有赖于一种**历史**与资本主义的同一，另一方面有赖于**历史**与绝对的同一，它们二者都有待揭示。那么，是否如 E. P. 汤普森所言，"有时'终审的孤独一小时'真的来了"？④

在我们做出如此肆无忌惮的断言之前，一些准备工作还是必要的。我们或许，例如，想要回忆一下艾尔斯关于亚里士多

① Martin Heidegger, "Brief über den Humanismus", Bern: A Francke, 1947.

② Herbert Marcuse, *Hegel's Ontology and the Theory of Historicity*, Seyla Benhabib, Cambridge, MA: MIT Press, 1987.

③ *Kapitallogik*: 见 Hans-Georg Backhaus, *Dialektik der Wertform*, Freiburg: Çaira, Freiburg, 1997; Helmut Reichelt, *Zur logischen Struktur des Kapitalbegriffes bei Karl Marx*, Çaira; 以及最近的, Christopher J. Arthur, *The New Dialectic and Marx's Capital*, Leiden, Brill, 2004。

④ E. P. Thompson, *The Poverty of Theory and Other Essays*, New York: Monthly Review Press, 1978, 98.

德的事物组合系统中那些复杂和简单情节的提示。在复杂情节中，情节突变和发现是怜悯的重要部分，而后者的经验的确是辩证的，因为它涉及对这三个范畴的表述，它们也将这些情节统一在一个独立的现实中，即怜悯本身当中，它从一个表示该过程之一部分的词语，最终成为代表这个过程本身的表象（一种不同于马克思在 1857 年的《大纲》引言中所勾勒的辩证法的辩证法①）。因此，是因为识别出历史的原动力（在发现中），在**命运**与**定数**导致了怜悯的第一个悲剧场面的爆炸性相互统一中，才完成了对**命运**与**定数**（情节突变）的对立统一的感性认识。

585

但是，亚里士多德的简单情节却避开了发现和情节突变一类的东西，它似乎要为某个单独灾难或灾变提供模式，在这一模式中，历史以山崩地裂之势干预到个人生活并且表现为无法挽回的、简单的、压倒一切的形式，无论是自然灾难、战争、干旱、萧条、瘟疫、原子事件，还是我们得称之为上帝行动的其他事件。具有讽刺意味的是，我们常常从这些"简单的"灾难的角度标记**历史**的时间，而且正是从自然或自然的这个角度，我们应该将**历史**理解为闯入日常生活之连续性的事物，看上去似乎是社会惯例的自然繁衍。于是，我们想知道，是否日常生活本身要被理解为非历史的，**历史**的复杂情节要如何来想象和读解。然而，如果必须从灾难角度表达这些"上帝行动"，关于亚里士多德的《诗学》，就需要一种不同的提示。

因为，众所周知，这些范畴属于一篇残损的论文，它的另外

---

①　类似的可能是马克思对生产、销售、消费三个基本范畴的展开，在其中，三者之一（生产）被提升至支配地位，控制其本身也是一组成部分的那一类别。还值得补充一点，将识别同怜悯（或者历史作为一种总体性的前景）区分开来有一个政治优势：发现新的历史原动力已经被等同于革命，等同于**历史**本身的 phainesthai（出现）而大张旗鼓地庆祝之时，其时已经酿成了大错。

（丢失了的）一半论述的是喜剧。喜剧无疑也有其怜悯时刻，尤其是其中对形形色色的守财奴和暴君的警戒性惩罚（在莫里哀和莎士比亚等人那里）：无论如何，他们的失败与其说是道德缺陷（因为大部分是荒唐而不是恐怖）的后果，不如说是旧时代的报应。喜剧中的反面人物，因为他们代表社会和秩序，必然与被呼吁下台的老一代联系在一起。喜剧是年轻人的胜利，或者如阿兹达克（Azdak）的情形，是那些与反叛和更新它们的人、和一个新时代的到来联系在一起的胜利。同样地，似乎必须要以有些不同于怜悯的悲剧功能所规定的风格来假设这个胜利时刻，但其形式适合容纳这两种结果中的任何一个，同时将每个结果都指定为一个**显现**的时刻，使它露面，这正是我们在这里所寻求的，但我们仍然要继续用亚里士多德原来的"怜悯"这个词来表示它，怜悯也是我们的出发点；我们后面将回到某种正面的或乌托邦的怜悯形式上。

　　总之，怜悯的效价从否定向肯定变化这种可能性也使刚才假设的对立变得复杂起来，这个对立就是"什么事都不发生"的日常生活与一个不连续的**历史**之间的对立，该历史基本上是一系列准点的断裂和灾难。让历史在那些更长的、似乎是非事件性的连续性中显现，这是可信的吗？年鉴学派用它的各种时间寻求在伟大的历史人物和重大历史事件那里突显的正是这些连续性（地理的缓慢变化和地中海的习俗制度取代了勒班陀战役，以及菲利普二世的各种决定和气质）。但这种可能性似乎需要更微观地登记和记录这些因素，同时能够在存在本身当中、在生物主体的个人经验当中探察出**历史**的悸动，这些生物主体的寿命与历史本身巨大的、几乎是地理性的节奏并不同步。利科的研究以文学中这些工具的建构和校准为重点；需要提出的是，历史和交叉学科如人种学、生物学，以及精神分析，在各处已经开始进行类似的实验。于是就出现了一个问题，是否后现代性还希望向这些本质上是现代主义的努力和抱负致敬？

（二）舞台造型与时间性

我们现在也许可以从怜悯概念的角度重写这些主题和难题，从这一角度，只有把出现可能成为一个事件作为参照，视觉化和物化的危险才不会失去平衡。这个概念或范畴的确试图将圆形变成方形而且试图将舞台造型的可能性与某种天命或命运的时间性结合起来。但在古代悲剧的世界中更容易观察这一结合，在那里，历史本身受到城邦范围的限制，时间性则受到季节性战役的限制，在这些战役中，一个给定的团体出发去摧毁某个邻居的庄稼，时间也受到个人寿命较短的限制。探究历史的某些现代意义如何使自己显现似乎是另外一个问题。即便如此，对辩证法而言，舞台造型和时间性之间的张力也并不是将我们带到停止状态的悖论，而是恪守发展诺言的矛盾。

怜悯概念的表现性优势事实上恰恰在于它至少能暂时将历史物化，迫使其用自己的力量表现为一个实体，从而使其变得可见。像这样在瞬间让多种似乎无关的历史趋势和潮流停驻可能会被当作它们暂时的（甚或一刹那的）统一，我们必须从这个过程开始。

萨特曾经观察到，对于那些人而言，像列维—施特劳斯一样，他们质疑这一思想，即历史是某个单独的实体，这个实体本身是历史的，**历史**本身必须是在历史进程中逐渐形成的。① 一开始，他就告诉我们，没有历史，或者确切地说，有很多历史：数不清的部落的地方史，没有书写或稳定的集体记忆的人民正在消失的历史，与世隔绝的国家在灿若星河的空间中的自主动力学。一个单独的历史只有摧毁那些多样的集体时间，将它们统一到一

---

① 见 Lévi-Strauss, *La Pensée sauvage*, 以及 Jean-Paul Srtre, *Critique de la raison dialectique*, Paris: Gallimard, 1960。

个单独的世界系统中才能进入视野中。那种统一（或总体化）就是我们所称的资本主义，它在当前的全球化（这个系统的第三个阶段）中尚未完成，它只有在实现普遍商品化，在世界市场的条件下才能实现。

让历史"显现"靠的就是这个统一过程，仅仅是它的荣枯变迁就能生成各种不连续情境，在这些情境中，这样的一瞥是可能的：这就是说，**历史**的"显现"靠的就是客观的历史情境本身。这里有一个理论与实践的统一（福柯也许会称之为权力和知识的矛盾），据此，理解历史统一体的认知（或表现）可能性也与各种实践情境是一致的。如同正是在革命的情境中，一分为二的阶级被简化，我们因此得以开始认识到，阶级斗争只是一种极为纯粹的形式，所以也只有享有特权的历史呼喊才允许我们"看到"作为一个过程的历史——也正是在那些呼喊中，"历史"是最脆弱的。表现的可能性于是必然也是一种政治和社会的可能性；只有通过坚持这种客观性，我们才能将怜悯的概念从审美的琐碎化中解救出来，或者如果你愿意，才能赋予审美适合于它的政治维度和实用维度。

这种呈现**历史**显现难题的方法将赌注提高到了利科的人本主义够不到的高度，与此同时，它以不同的方式将所有的元素具体化。布罗代尔的地中海被出现在两头的两个庞大的世界帝国和它们突然出现的冲突"统一"了，但它的历史宿命——一方面体现于勒班陀战役，另一方面体现于菲利普二世的死亡——只有在地中海世界开始分裂而且世界历史的重心移向大西洋时才变得可见。但要与这个难题达成充分的妥协，令人满意的办法既不是对这种衰落的怜悯，也不是我们将革命认同为上述的表现。因为在这里，可见的场所（在这种更高水平的诱惑中）被老的实体或本体观念理解为某种统一的客体，它最终可能成为"表现"的对象，在海德格尔对"世界观"的攻击中，他用同样的方式批

588　驳那种意识形态错误。① 实际上，对海德格尔来说，世界观的物化是主体和客体在现代发生分裂的后果，是认识论对本体论的胜利，甚或——与从希腊的存在经验向罗马或拉丁的抽象化过渡时的情形一样②——是统治和占有一个世界的意志，它本身已经变成了一种事物，是笛卡尔哲学延伸而成的一个灰色王国，是一种地理，**地球**与**世界**③之间最早的巨大张力已经从这个地理上被根除了。这个现在为大家所熟悉的对现代性的诊断不应该混淆非常有影响且仍然具有说服力的表现批判，它是海德格尔由现代性推导出来的，即使我们现在是在一个更加一般和更加中立的意义上使用"表现"一词。

的确，要坚持海德格尔的批判和马克思在物化之前关于物化的诊断，我们就要修正自己的努力方向，不能规定表现的对象不是一个实体而是一个矛盾，而且矛盾不是一个事物，不能被描画或想象成一个静止的客体，由此通过怜悯来思考**历史**。这里要表现的东西也可以被描述为一个总体，条件是后者被等同于矛盾：同时被规定为一个非物（non-thing），一个非客体（non-object）。但是，如果它不是空间的或可见的，它也不会被主题化为时间的（尽管那个诱惑对历史年表，甚至对海德格尔的辩证矛盾而言比空间的诱惑还要强烈）。当代哲学对一种绝对当下的承诺有助于抵抗这种诱惑，但无助于忠实那些过去和未来，那种集体性经验，因此，某种关于历史必然性的辩证概念寻求扩大存在和私人或个人的意义。

但在这里，辩证法必须与悲剧分隔开，或至少与亚里士多德那篇不完整的论文分隔开，那篇论文完全是在只关注怜悯对受难

---

① Martin Heidegger, "Die Zeit des Weltbides", in *Holzwege*, Frankfurt: Klostermann, 1980, 73 – 110.

② Heidegger, "Der Ursprung des Kunstwerkes", in *Holzwege*, 7 – 9.

③ Ibid., 26 – 35.

和不幸的现代感觉方面在讨论怜悯。无疑，它肯定必然地要先讨论受难和不幸：今天，对**历史**的任何大致了解都必然包括长久地、令人头晕目眩地注视历史的噩梦。这幅情景按照事物的本性是不可能持久的，它不可能被长久地忍受（"看看我能忍受多少，"是马克斯·韦伯对自己最基本的历史使命所做的富有启发性的描述）。同时，与所有这类与总体性的不期而遇一样，事件表现了独特性与普遍性之间的交叉，将某个特殊的历史时刻和情境看作是一扇很少打开的门，它让人无法想象地一直飞回到人类历史的最开端。除了遗憾和惊恐，这种经验的内容也根本不稳定：对古人而言，它是生命的短暂；对基督教世纪而言，它是罪的无处不在和人性无法弥补的败坏——我们真的能认为这些执著的主题不仅仅是统治阶级借此使他们的附属阶级听话的稻草人吗？无论怎样，他们在自己留存下来的文学中留下了关于厌恶和恐惧的记录，关于此，我们只能假设，它是一种异质的而不是流行的表达。但当我们靠近 18 世纪，那个资本主义开始在西方开张的更加民主的时代，一种包括监禁、独裁和专制、任意惩罚、狂热，以及迷信的偏见开始感染政治热情，并且准备要推翻旧政权。但是，议会系统和一种相对的政治平等所发挥的作用仅仅是转移恐惧，却揭露出更深刻的劳动视角，包括工厂是监狱，是终生的苦役，这于是反过来从一个新的，或许更具拯救意义的视角照亮了劳动着的身体的时代。

历史有那么多的历史总体化，它们有它们的绝对真理以及它们的历史和理论相对性。修昔底德（Thucydides）在**命运**的悲剧概念下对无休止的伯罗奔尼撒战争（连同和它一道出现的傲慢这个道德化宗教概念）① 进行统一化，这使得我们必须认同一种必然性，它在经验事件的偶然性之下发挥作用，这些偶然性执拗

---

① Francis Cornford, *Thucydides Myth-historicus*, London: E. Arnold, 1907.

地通过它们瞬间的成功以及局部的失败表达着自己。这种历史即必然性的观念肯定还存在于我们中间，即使它必须从对立的角度来理解，希腊的历史学家当时不可能有这个角度，比如生产模式的潜力或损耗。但如果假设我们与这种对立的关系——昨天，决定论与自由之间的矛盾，明天，阴谋和乌托邦之间的矛盾——没有人类历史的那些早期时刻那样麻烦，那就错了。较之过去的历史学家，我们唯一的优势就是我们自己的历史随着它接近一种真正的全球历史而相对扩大了。

（三）两种总体性

不过，我们现在需要回到统一化和总体化的过程中，目的是对真正重要的东西有一个更清楚的了解。我将提供两个关于这类时刻的物证，在它们中，事件流偶尔被打断以获得对整个历史系统的粗略了解，这个系统本身却可以被交替当作系统或事件。之后，我想确切地阐述我们与这类现象可能是什么关系，它们最好不要用普遍化的当代语言（与独特性相对立）来概念化，或许更令人满意的方法是从一种关于绝对的古老的宗教语言来对其进行概念化：然后，可能会提出历史怜悯的效价以及它的两张孪生面孔，即否定和肯定这个关键问题。

第一个物证是萨特的战争前夜小说《缓期执行》（*Le Sursis*）（*The Reprieve*）中的一个时刻，有一个叫多斯·帕索斯的人，他的多种命运纠缠在一起，即将达到融合的高潮，小说的标题只是由于《慕尼黑公约》的延期而暂时确定下来。接下来的反思采取的是非直接引语形式，它并不是这部作品的哲学高潮（它出现在马修在新桥上发现自由的性质之时）；但它以诸多方式成为这部小说的中心经验，即它的交叉剪接的自指性，以及对非自由或依赖性的展现，仅仅参照这种依赖性就能对自由的命题作出判断和评价：

一个巨大的实体，在一个有千百万个维度的空间里；三维存在在想象中也不可能达到这种程度。而每一个维度都是一个自主的意识。试着直接看一眼那个星球，它可能会分解成小碎片，只有意识会留下来。千百万个自主意识，每一个都意识到有各种墙壁，一闪一闪的烟蒂、熟悉的面孔，每一个都按照自己的责任建构自己的命运。但通过察觉不到的接触和感觉不到的变化，每一个意识都意识到自己的存在是一个庞大的、无形的珊瑚中的细胞之一。战争：每个人都是自由的，而死亡被赶走了。正是在那里，在每一个地方，它是我所有思想的总体性，是希特勒的话语的总体性，是格麦斯的行动的总体性；但没有人在那里将它们加起来。它只为上帝存在。但上帝不存在。而战争却存在。①

在这样一种经验中，**历史**真的是被当作一场噩梦记录下来；但它不是远古时代令人目眩的杀戮和屠杀的噩梦，也不是任何宗教或政治系统都无法清除人类根深蒂固的恶习这类噩梦。（《缓期执行》中的人物都在"自欺"（mauvaise foi），这一点没有问题，但却不是一样地心狠手辣。）确切地说，这场噩梦是身不由 591

_____

① *The Reprieve*, trans. Eric Sutton, New York: Knopf, 1947, 326; 法文为："Un corps énorme, une planète, dans un espace à cent millions de dimensions; les êtres à trois dimensions ne pouvaient même pas l'imaginer. Et pourtant chaque dimension était une conscience autonome. Si on essayait de regarder la planète en face, elle s'effondrait en miettes, il ne restait plus que des consciences. Cent millions de consciences libres, dont chacune voyait des murs, un bout de cigare rougeoyant, des visages familiers, et construisait sa destinée sous sa propre responsabilité. Et pourtant, si l'on *était* une de ces consciences on s'apercevait à d'imperceptibles effleurements, à d'insensibles changements, qu'on était solidaire d'un gigantesque et invisible polypier. La guerre chacun est libre et pourtant les jeux sont faits. Elle est là, elle est partout, c'est la totalité de toutes mes nensées, de toutes les paroles d'Hitler, de tous les actes de Gomez: mais personne n'est là pour faire le total. Elle n'existe que pour Dieu. Mais Dieu n'existe pas. Et pourtant la guerre existe. " *Le Sursis*, in *Oeuvres romanesques*, Paris: Gallimard, 1981, 1, 024 - 1, 025.

己的相互依赖，通过身不由己和被动性，人们渐渐意识到他们的集体性。萨特有一个关于我的自由在不知不觉间被他人偷走的修辞在这里增值为一种**绝对**景象，一种身体被完全塞在一辆驶向未知命运的轿车中的绝对。但"景象"不是一个恰当的词语，如我们已经了解的：因为这不是一个完成了的表现，它表现的是马修强迫自己将某种他既不能思考也不能描绘的东西哲学化，并且还将这种失败变成了一种不大可能取得的认知成就。这个成就的哲学名称是总体性，马上就会清楚的是，以它的全知之名或假托它的智力神秘来攻击这个"概念"完全是搞错了地方。至多，可以说它相当于个体或存在性努力，试图理解个人存在的集体维度；重复一种现在很熟悉的萨特式辩证法，它只有通过失败才能成功。

但我们必须注意这种本身就是事件的揭示依赖这类**事件**的方式：只有在确定历史的某些事件的时候，**历史**本身才能被理解为一个事件：大的骤发性危机，战争很显然是其典型特征，在这里被假设为与平日、与和平年代的常规、与没有任何新鲜事情发生的按部就班的世界截然不同，在和平的世界里，实际上什么事也没有发生。萨特的"极端情境美学"因此与年鉴学派和他们的程式正好相反，将事件降格为历史编纂而且突出越来越长的"时段"：它们是否能成为历史叙事？这个问题与萨特是否曾经公正地评价日常生活同样有趣（《恶心》[La nausée] 本身基本上属于身体的危机）。

无论如何，因为萨特和战争，我们触及一个**历史**确定无疑地显现的时刻，它表现为一种不在场的总体性和一种焦虑经验，如果不是恐惧经验的话。现在，让我们考察另一个相似的时刻，在此时刻，对历史的粗略了解随即产生了一种轻狂的得意。这就是伊曼努尔·康德对法国革命的描绘，在这里，**历史**被体验为自由的重要化身，马修体验到这种自由的不在场：

我们已经看到，一群天才发动的革命正在我们这个时代展开，它或许成功，或许流产；它可能充满苦难和暴行，以至于敏感的人，如果他勇敢到希望在第二次能成功地完成它，可能永远不会决定以如此代价来做这场实验——这场革命，我是说，却在所有旁观者（他们本人没有加入这场游戏）的心中发现了一种满怀希望的蠢蠢欲动，它几近于热情，它的表现充满危险：这种共鸣因此只可能有一个原因，即人类的某种道德素质。① ⁵⁹²

将一个事件赞颂为如第二次世界大战一样对其同时代事件具有重大意义，这似乎与萨特典型的悲观主义情感系列相对立：革命时刻与历史环境在此是并置的，在历史环境中，人民感到绝对的无力，在革命时刻，自由和集体自决得到成功的展示和演练。对这位启蒙哲学家而言，法国革命真的是这样一个时刻，全体人民此刻突破了历史是孩童或专制权威的监护对象这种地位，而且首先是"因为给了他们一种民法"而成年了。

但这两段文字都记录下与**历史**的相遇并且记住了那些时刻，在这些时刻，**历史**可以说真的显现了。我想要论证这两种经验的共同之处，我从它们对情感的指责开始：与经验情绪和感情的异质范畴截然不同，情感可以被描述为一种广义的心情，从高到低、从兴奋时刻到精神恍惚到完全沮丧，不停地变化。康德描绘为"热情"的情感因此与今天被分析为忧伤的情感有着密切的关系，而且这两种状态在一种非常有效的对立统一中辩证地相互关联。既然如此，在这二者中，情感的强度标志着实际经验转变为超验经验，隐隐约约地感觉到总体性的出现，这种总体性超越

---

① Kant, *The Conflict of the Faculties*, 153.

了具体的细节。

事实上，这两段论述都记录下了这个过程：萨特是从否定的角度，通过将当代表现危机的全部重量压在这一词语上——在这种情况下，是"革命"——它是不可或缺的，但它也不能为如此巨大和无法抗拒的现象命名。同时，康德从透过经验历史的信息和当前事件所射出的理式（Idea）之光这个角度描述了经验的状况："纯粹的权利概念"，因为它反对自我利益，无论是以"金钱回报"的形式，还是以既定的"古老的尚武贵族"的阶级利益的形式。

我们必须认真对待这样一个反驳，即这两段文字都是认知和思考而不是叙事，它们也是辩证法，旨在传递思想而不是对行动的具体模仿。萨特明白地让我们看到思考行动中的马修（也在思考萨特自己的思想）；而康德则明确地强调他自己所描述的经验的历史性：它将历史事件当作自己的时机（"人类历史上的这样一种现象不会被忘记"①），却将其从直接的历史或叙事语境中隔离出来并放在括号里当作任何事情的一个可能原因（"即使要联系这个事件才能看到的结局不应该现在获得，即使一个国家宪法的革命或改革最后也应该流产"）。他由此将一个独特的历史事件转变成为人类集体一个永恒的可能性或潜在性。

实际上，这样的异议等于是将与历史的一次遭遇转化成了一次关于历史的思考；它们会与那些其他的异议并置，这些其他的异议在这两段文字中只看到对其思考对象的感情所做的纯粹主观的表达。两种异议因此让我们降回到一个纯粹的实际经验世界，一个正在朝着彻头彻尾的唯名论发展的世界。它们在现代哲学的现象学力量（甚至康德思想中的现象学趋势）面前破碎，对于这种力量而言，了解（连同其纯粹的认识论难题）不会同其他

---

①　Kant, *The Conflict of the Faculties*, 159.

意向性以及与这个客观世界的其他关系截然分开，例如情感：或者，如果你喜欢，对这个世界而言，情感也是一种了解形式，是对过去常常被称为客观性的东西的一种意识。与辩证法类似，现象学亦强调"客体的优势"（阿多诺）。如果那个客体是超验的，极大地超出了我们自己的个人理解和认知能力，那肯定更是如此。正是在这个意义上，两种经验和对它们的描述在康德方面都是对"崇高"的表达，并暗示出实际上那种崇高本身一直都是靠近**历史**（或者是它靠近我们）的标记或症状（"历史标志"[Geschichtszeichen]，康德说）。

但是，对康德而言，崇高被确定为一种审美判断模式，伴随着意识形态的后果，我们也必须考虑让—弗朗索瓦·利奥塔（Jean-François Lyotard）的建议，即康德在这里描述的恰恰是一种审美经验，而这类对革命政治的热情常常是旁观者而不是参与者对政治活动的反应。① 的确，难道康德本人对他的热衷者不是坚持保持一种相对冷漠的精神？这不仅是因为他们对另一个国家的事件的积极情感不会被看作是对他们自己的君主制度的威胁，最重要的是，他们只是"置身事外旁观的公众……没有一点帮助的念头"②。他们由此不会被诱惑去再次进行这样一场革命，因为它可能流产，因为它有"苦难和暴行"③；无论如何，康德补充道，革命"总是不公正的"④。

我倾向于认为，审美即现实的一个托架，这一观点是当前某种审美主义解政治化的意识形态，这种审美主义甚至不能公正地对待它所依仗的盛现代主义实践，或者不能公正地对待它声称获得其支持的德国现实主义实践（应该包括康德在内）。然而，关

594

---

① Jean-François Lyotard, *Le différend*, Paris: Minuit, 1983, 238–240.
② Kant, *The Conflict of the Faculties*, 157.
③ Ibid., 153.
④ Ibid., 157.

于美学与现实之间关系的不同观点都为它们所用，包括海德格尔的艺术是"真理使自己发挥作用"的基本方式之一，注意到这一点就足够了。[①]

但是，审美旁观与现实保持着一段消极沉思的距离这个观念也可以用不同的方式讲出来，我们在当代的全球化经验为我们展开了这种方式。即使在现代（或帝国主义）时期，外部世界也从来不是由中间思想和审美消费组成的客体：而是一种关于我们自己那部分延伸的现实部分的象征性经验，这部分现实因为我们在这个世界系统中的特权地位而被压抑并变得神秘起来。我们介入到其他人口极为不同的环境中，我们的介入绝不仅限于我们的早餐食物的来源或我们汽车用的汽油。以一种直接的方式来想象这种关系是错误的，与我们从"影响"这样的伪概念角度来考虑它们一样错误。这里有一种超距作用（action at distance），它可能是模拟性的，甚或牵扯到对某些结构的颠覆。能够预先做出假设的就是，一个远处（或不在场）的空间在国际的或全球化系统内部为我打开各种可能性，它们与我自己环境中的任何事物都不同。于是，所谓影响，简单地说，就是这样一种感觉，即某个迄今为止没有受到怀疑的事物是可能的，那么，我也可以通过想象中的再生产，或实际上就是通过厌恶和逃避，对它进行再创造。

无疑，战争就是对所有那些神秘化的虚拟性进行强化并让它们变得真切：那些不在场敌人的到场，和平年代和日常生活将这些敌人限制在报纸或电视新闻上，它们的存在与我自己的存在在所有层面上相互作用。（无疑，媒体也是一些维度，在这个世界体系中，我们无法摆脱它们，并无意识地介入其中——更像是康德的"历史标志"，而不是任何直接表现的渠道。）

---

① Heidegger, "Der Ursprung des Kunstwerkes", 49.

正是在这个意义上，在普鲁士王国，康德对发生在巴黎的革命的热情绝对不是一种纯粹的思考热情：在一个第一世界国家出现政治和经济可能性这个新空间，在当时说第一世界，可能是犯了一个时代错误，已经对日耳曼各公国的生活世界产生了巨大影响，随后当然是对第三世界各个实体产生影响。这也不是一条单行道；而且不仅是在我们这个时代，那场发生在外围或半外围空间中的运动强烈冲击着核心国家的经验和具体观点——见证了海地革命对黑格尔本人的影响，正如苏珊·贝克—穆斯（Susan Buck-Morss）为我们揭示的那样。① 的确，如果**历史**就是一种总体性，或说得更确切一点，是一个总体化过程，是对这个星球更多延伸部分的合并，那么它的经验将必然包括不在场对在场、远方对近处以及外部对内部的一种新的创造性关系：它将不仅是康德所认为的历史"标记"，是理解这些新的、迄今为止没有受到怀疑的关系的模式，也是让这些关系被意识到的模式。

但现在，我们必须回到对立统一，我们已经将这两种历史证据描绘为对立统一：因为此时应该探讨与**历史**的遭遇的辩证性质，也应该证明，它可以被表现为恐惧和热情这两种截然不同的效价。靠近**历史**，与它的瞬间遭遇是一个**事件**，可能打碎或激励失败的经验，或反过来，唤醒那些巨大的可能性，唤醒一切皆有可能（tout est possible）的感觉。因为失败的对立面或委顿无能的对立面不是对胜利那种廉价的、自我庆祝的、沾沾自喜的满足，而恰恰是新行动的开始，是新力量和未受到怀疑的潜在性的激活。马克思可以使我们认识这种辩证含混，在《资本论》第一卷的最核心部分，也是这一卷的叙事高潮，他突然将我们送到一个新的辩证层面并且引入了集体维度。

① Susan Buck-Morss, "Hegel and Haiti", in *Critical Inquiry*, Vol. 26, Num. 4, Summer 2000, 821–865.

　　这一章的主题是"合作"，马克思在这里控制了他的"热情"，他简单概括了新的社会劳动分工（直到这一点才开始被讨论）如何"创造了新的生产力，它在本质上是一种集体力量"（《资本论》，443）。参照亚里士多德著名的形而上定义（人是一种政治的动物，马克思准确地将它翻译成"城镇的公民"），再参照富兰克林的名言，人是一种"制造工具的动物"（《资本论》，444，n.7），它们暗示着一个旋涡，将各种水流汇聚一处，马克思自己的形而上定义——人是一种"社会动物"，集体中人的特殊性——突然从这个旋涡中浮出水面。合作于是恰恰是将人的生活提升到一个新的辩证层面：工人的劳动时间没有增加，但他的生产率提高了——"送给资本的一份免费礼物"，马克思欣喜若狂（《资本论》，451）。同时，第一次提到达尔文，这也暗示出这个新维度的时间视角和它的原初功能（他告诉我们，在这种多样性和集体劳动的情况下，"资本主义生产才真正开始"[《资本论》，432]）。集体性主题由此与异化和生产率等概念一起赢得了成为某种严格意义上的马克思主义哲学候选者的权利。

　　但这个故事并没有在此结束，因为就在下一章，对它以更严肃的语调继续进行了讨论，反映出"合作"或任务的集体分配与社会分工如何在机器本身当中历史性地被客体化，机器是工业资本主义的载体，马克思将它同后者的"制造"阶段区分开来。在对"泰勒化"（Taylorization）的预言性展望中，马克思将黑格尔的"geistiges Tierreich"（"精神的动物性王国"）重写为畸形学（teratology），即惠特曼细数机器的不同部分的热情（手表的机制及其生产[《资本论》，451–452]），并且谴责机器"通过压制整个世界的生产驱动力和趋势，用在温室中强化某个技能的办法将工人变成瘸腿的畸形怪物，就像在拉普拉塔（La Plata）各洲，他们宰杀一整头动物只是为了他的皮毛或油脂"（《资本论》，481）。

　　现在，历史的总体化运动慢慢地出现在视野中。马克思顺便揭穿了工业资本主义的辩护士那些歌功颂德的修辞，他们（与后来全球化的辩护士一样）从景仰个体工厂实行劳动分工后的生产率转而崇拜生产在整个市场系统中的"无政府状态"（《资本论》，477，635）。不是因为"市场自由"才对**历史**有了一个粗略的了解，而是因为机器本身的物质性：

> 运动从一个自动中心通过传输机制传送到一个被组织起来的机器系统，这个系统是最发达的机器生产形式。在这里，我们已经取消了单个的机器，代之以一个机械化的庞然大物，它的体积占据了整个车间，它那魔鬼般的能量一开始隐藏在它那些巨大的组成部分缓慢的、可以衡量的运动中，最后突然喷涌而出，让它数不清的构件快速、狂热地旋转。（《资本论》，503；亦见544）

所以，即使在马克思那里，同样的过程也可以有一个双面的、对立的表达：首先是对集体的狂热，它最终通过引用一个"自由人联合"（《资本论》，477）的温和说法触及一种乌托邦的未来，它让我们瞥见"社会劳动的组织与某个被批准的权威性计划是一致的"（《资本论》，477）；然后是机器的反乌托邦（dystopia），它产生的结果除了未来主义焦虑的噩梦，什么都没有。

马克思由此强化了这样一种印象，即对历史趋势的认同服从被称为对立统一体的辩证节奏，在这个对立统一体中，一个给定的现象可以轮番标示为肯定的或否定的，不会受到无矛盾法则的影响或要求在这两个明显的交替物之间选定一个或另一个。这样 597 一个现象不仅挑战了传统伦理逻辑的静态习惯——好和坏的效价，肯定与否定的效价绝对不相互沾染——它也激励我们去更深入地探寻这个现象本身的结构以触及辩证法的核心。

（四）作为系统的历史

在那个引起我们兴趣的现象中，某种历史感的突然闪现，我们必须想办法来解释一个证据，即在那个意义上，对**历史**的体验可能是一场噩梦，或是狂热中的一个开端或可能性。它是一种轮换，意味着事物本身存在某种更深刻的两面性：例如，**历史**显现的方式，它的显现会以新的方式打开过去和未来，可以设想从对立的角度来标志这种开放：关于暴力和屠杀的阴郁的过去让位于集体生产的新感受，或相反地，让位于对过去某个诺言的瞬间一瞥，它在一般的大灾难中由于所有的领域都闭合而被终止了。说得更确切一些，这两个维度可以同时被体验，在一种不可判定的情境中，历史的再现与其内容无关，而是首先依靠过去和未来在经过漫长的向当下已经降低的可视性还原之后，如何再一次在它们的各种距离间完全透明地开放。

但是，当下的盲目和利用时间向外转移（temporal ek-stases）的深呼吸之间的对立给我们的仍然只是形式上的解释，我们需要回溯到它的可能性条件，也就是说，用这种或那种语言对它进行重新编码。我想建议——暂时抛开它的否定和肯定效价——我们将这种轮换重读为总体系统和**事件**本身这两个比喻之间的轮换，条件是"**事件**"在这里要理解为一个基本问题，即一种能够改变某个老系统并通过社会总体性的所有层面到达这个老系统的动乱。既然如此，空间和时间，或说得更准确一些，共时和历时，甚或斯宾诺莎对黑格尔，一个无所不包的总体性对一个各种时间性的奔腾水流，一个经验的总流。这些端头的任何一个都可以表述为个体与集体之间的对立，或主体与客体之间的对立，因为要么是空间，要么是时间可以被还原成个体的经验，或者另一方面，可以被理解为一种无法想象的多样性。这种轮换于是毫无疑问也构成了康德的两种崇高形式之间的差异，数学和动力学，级别形式和权力形式。不过，在所有这些可能性中，重要的不是参

照一端来权衡另一端，从善恶的角度评价它们——关于此，我们 598
的看法已经确定，即在两者之间似乎有一个无休止的交互转
变——与事实和经验的对立本身极为相似。无论这种双重性是
否是历史的一个永久特征，向后延伸到某种所谓的前历史，在
那里它仍然是潜在的，尚未被觉察到的，只有等待资本主义和
全球化本身将其呼唤出来，或者无论对立结构本身是否就是一
种新的历史现象，这一现象的发展与世界市场的出现有关，这
是一个问题，不能凭推理做出回答，但将它放在议程里也是有
益的。

但很显然，从目前的视角，系统概念（和它一起的还有总
体性概念）可能将从否定意义上被体验为一个无处不在的噩梦
般的制约；而**事件**概念（如在康德那里，见上文）倾向于被解
读为一种关于自由和可能性的表达。我们因此将暂时按照实现论
（eudaimonic）的形式，不管它多么具有意识形态含义，也不考
虑这个事实，即这一对立的两极都是围绕统一的比喻进行组织，
而不是围绕差异和分歧的比喻进行组织。

这个系统范畴在当代已经得到丰富的阐述，其开端是结构语
言学的发现；没有必要重述所有它那些熟悉的特征，例如它是由
二元对立连同某种共时理解共同组织而成，这种共时理解贬低历
时思想，认为它仅仅是机械性的或附加的。在我们提出的历史经
验是无所不包的系统这个概述中，更有用的是强调迈克尔·曼
（Michael Mann）的禁闭概念，系统以这种方式通过各种机制保
持自己的存在，这些机制使系统免于分解，避免它退回到早先的
形式或被后来的或更先进的形式同化。①

这在马克思相对非理论化的"生产模式"系统这一概念中

① Michael Mann, *The Sources of Social Power*, Vol. 1, Cambridge: Cambridge University Press, 1986, 124 – 127.

已经有所暗示，在马克思的概念中，历史的例证强调新的生产模式必然摧毁老的生产模式，新的生产模式力求取代老的生产模式。圈地是这个过程的经典例证，它不局限于证明马克思对资本主义的出现和金钱经济取代农业社会所做的论述。马克思讨论了古老的、相对自给自足的村庄在印度的毁灭，这从他关于这类社会是静止或无变化的结构（也被称作亚洲生产模式）的描述中得到补充，这类结构只知道无休止的朝代更替，部落统治者是最高首领，它们的基础是农业经济再生产。马克思有时对这些再生产机制的描绘更加直截了当，如对古老的行会如何抗拒改变成新的生产系统的描述，因为这个系统最后是朝着工业资本主义的方向扩张："行会的规则……刻意阻挠单独的主人转变为资本家，对他能够雇佣的学徒和熟练工人的数量做出严格限制。"（《资本论》，479）手工生产向工业资本主义的转变为机器劳动的分工开辟了新的方向，手工生产只在相对时期占据统治地位，这恰恰是因为缺乏类似的机制。

在最激烈的时刻，系统之间的斗争必定表现出该系统拥有一种天然倾向，因为它保证自己的存在，而且它天生具有一种动力，要不惜一切代价让自己坚持下去并发展壮大；而且它必定破坏并扫除其他威胁要取代它并占据它的位置的系统（残留的或新出现的）。

这些论证中的第一个或许可以在皮埃尔·克拉斯特尔（Pierre Clastres）关于部落社会，或更具体些，关于狩猎者和采集者的著作中找到自己的相似物，关于此，他发现自己能够确定一个原则，根据这一原则，系统（或生产模式）能够使自己不会变成一个围绕权力而组织起来的社会，在这个例子中，是变成围绕着所谓大人物的出现而组织起来的社会。一般的国家权力，以及特殊大人物的出现只能是剩余的结果，有了剩余，才有可能养活非生产人员、军队或护卫（或牧师身份的思想家）并长久保留这些人员。剩余无论如何只有在拥有农业和粮仓的情况下才能在更广泛的范围内成为可能：但是在克拉斯特尔研究的社会中，成功的或技艺高强的，或体格更健壮的猎手把肉交回来，由此，他确定了一种可能的权力范例。对狩猎者＋采集者这一生产模式产生的威胁于是被一个简单的规则预先阻止了，这个规则本身就是该社会的生存和繁衍机制，即狩猎者严禁吃自己杀死的猎物。① 他因此自动地依靠别人拿回来的猎物，而他自己的慷慨贡献服务于集体再分配的目的并用作公社的食物。

迈克尔·曼对系统思想发展的贡献在于假设了一个机制，它使新系统成功地抵挡了任何形式的败落，而且不会退回到旧的系统：在它进行扩张的驱动力被旧的社会形式和生产形式的防卫无数次击败之后，也就是说新的、刚出现的社会形式退回（退化）到更早、更简单的社会形式，它才能达到统治状态：

文明是一种不正常的现象。它涉及国家和社会的分层化（stratification），人类花费大量时间避免这两种情况的发生。600 在那些条件下，依靠不多的几个时机，文明确实发展了，因此，那些条件就是使那种避免不再成为可能。所有"原始"文明中都有的冲积农业（alluvial agriculture）的意义是它连同大的经济剩余一起打包后所提供的领土界限。当它成为灌溉农业时，如经常发生的，它也提高了社会限制。人口被禁锢在特殊的、有权威性的关系中。

但那还不是全部。冲积和灌溉农业也禁锢周围的人口，还是和经济机遇不可分割。贸易关系也在整个地区禁锢（尽管程度通常要小一些）游牧民、雨水灌溉农学家、渔民、矿工，以及森林人……现在，很难再让那些被禁锢的人

① Pierre Clastres, *La Société contre l'état*, Paris：Minuit, 1974, 99.

口像他们在史前的无数场合中那样不理睬逐渐出现的权威和不平等。①

曼的禁锢理论还是能让今天的我们产生共鸣，今天，老的国家统一体正在被同化进那个被称为全球化的新的、更加完整的系统，它们先前的自给自足因为出现了一种新的国际劳动分工和生产独立而不复存在。

对这个新系统的体验常常是以一个相对噩梦般的模式在进行，史蒂芬妮·布莱克（Stephanie Black）关于牙买加的精彩纪录片也许可以阐明这一点，影片的名称是《命与债》（*Life and Debt*）（2001），片中，我们美国公司造成了牙买加养鸡业的崩溃，他们通过在牙买加国内市场大量供应廉价鸡产品而击垮了当地的公司，当地公司根本达不到美国公司的价格。最后，国内的竞争者不复存在，外国的生产者在他们的垄断中万无一失，这时，他们便又将价格提了上来。此举在所有相关的生产领域牢牢地控制了牙买加，它有大片丰富肥沃的土地，作为新的全球系统中的一个卫星国，它完全依靠进口食品和国际劳动分工，这些都是从外部强加给它的。在这样一个系统中，对于新加入的、不情愿的成员，一般分配给它某种特殊的单一栽培作物或出口作物，这即是它的贡献。在这个案例中，除了糖和烟草，牙买加在这个系统中被分派到的功能似乎就是旅游业，这的确是在全球化背景下发展起来的重要新产业之一，可以说保证了迪士尼化（Disneyfication）和将它转化成为再现古老历史和社会现实的奇观和幻境。

曼这种新的禁锢形式也将强化一种印象，即不仅这个系统是反乌托邦的，而且它还是一种阴谋。"与建银行相比，"布莱希特问道，"抢银行是一种什么罪行？"可以对新的全球垄断提出同样的问题。

---

① Mann, *The Sources of Social Power*, 124.

但如果阴谋意识形态在今天完全的后现代性中已经是一种普遍的意识形态，它发挥着一种政治和教育作用，那么，绝对不能忘记——作为人的动机和行动——它也同时将描述由系统转向**事件**。大公司的阴谋——那些新保守派或自由市场思想家们的策划——也正是本着这个精神才可能被认可为具有极大创造性和世界历史意义的举动，类似于早期有记录的历史上其他那些创新性的战略干预（包括海德格尔的"无国界"[staatsgründende Tat]）。

（五）作为事件的历史

因此，我们现在必须摆脱**历史**的那张面孔，即一个给定历史日益压缩的统一化，它被理解为一种总体性，转向另一种代码和解读可能性，即**事件**，实际上就是**行动**。在我看来，这里最适于回忆阿尔都塞的结构因果性这一经典概念，它现在被读解为对**事件**的一种论述。[①] 应该记住的是，类似于刚才想到的经验，即总体性即系统经验，结构因果性也代表了一种多样性的统一（或者用利科的语言，不协调的协调），但是表现为在感性上将第一种形式颠倒过来。这个现象所强调的——也就是说，在这次认知感受中最先出现的——是噩梦般的统一本身，是所有的事物都在某种严格的恐怖禁锢中被连在一起的感觉；同时还有对历史本身的一瞥这类感知所具有的时间性，就像怜悯和奇观，一种要求我们先瞥见一（One），然后对**多**（Many）进行区分的时间性——它就是被突出的阴谋本身，只有在这之后，才能产生关于其成分、特征、因素，以及类项的分析性总结。在所有事物都被清除和淹没在其网络中这种恐惧开始之前，总体性之类的庞然大物就已经出现了。

相反地，关于阿尔都塞的概念，先出现的是各种因素和参与

---

① Louis Althusser, "Contradiction and Overdetermination" and "On the Materialist Dialecitc", in *For Marx*, trans. Ben Brewster, London: New Left Books, 1969.

者：历史的施动者、"先已给定的"情境，来自其他系列的偶然
性和事故（自然的和人为的），空间的集中，多种文化和民族传
统（在战时）的时间性，或多种群体、阶级和阶级分支（在内
部危机的情况下）的时间性，等等。在这里，正是无穷尽的多
样性这个高深莫测的事实赋予事件的统一本身一种反动力：阿尔
都塞所称的多元决定于是成了在它的统一之后对这种多样性的一
种再思考和枚举，它的统一是我们命名（并根据仪式追溯）的

602 一个单独事件。或许，萨特的一种较老的语言通常会有助于解开
这两种经验：如果系统被理解为一种总体性，那么**事件**就被理解
为它的总体化，被理解为一个过程。

从另一个主题角度，也许可以说系统将其所有"人的"元
素都无情地改造成了某种自然或非人的决定论；而**事件**的逻辑则
将所有非人的事物都拉进它的再编码过程中，将它们变成了意志
和法规。那么，这个过程的原型可能就是地质地层，战略学家将
它改造成地表，它就成了进行军事对峙和战略细化的地点：被改
造成战场（真实的或潜在的）的地理市场和事故，它渐渐地获
得了自己的名称并作为一个或成功或流产的行动进入历史当中。

如此一来，很显然，这些视角也可以反过来，我们的系统是
一个阴谋，这一论述也可以将一个表面上"自然的"过程恢复
为一个有意图的行动；而结果的不可预测性可能将由行动者和施
动者构成的历史重新变回到某种化学作用或地震事故。尽管如
此，这两种应对**历史**的模式之间的对立也将只有在保留它们的差
异的情况下才会有用；本着这一精神，有人可能会将**战争**看作是
第一种或系统模式的范式，而**革命**就成了第二种或历史即**事件**，
亦即集体行动这种模式的范式。

无论怎样定位这种对立，它还是将包含了**一**和**多的**双重存在
的现象统一为一种多样性，它对应于我们关于历史的实际经验，
我们对历史的实际经验是，它是一个连续的时间和一个空间，在

这个空间中，感知是无序的，是随意的，这个经验突然被一个关于深刻的统一性和相互依赖的信念，被一个相信关系性有无法逆转的维度的信念完全改变了，这个维度不能直接理解成一个客体，相反地，它作为一种类似于海德格尔的**存在**的超验出现在这种多样性的背后。没有了系统和事件这个双重视角，**历史**的经验是不可能的。无论谁缺了对方，都触不到**历史**而且会完全变成另一个范畴：对统一的孤立认识成了哲学和形而上学，对于单纯的经验事件的体验至多成为存在性叙事，最坏不过是一种惰性的或实证性的知识。

（六）作为绝对的历史

"**绝对**"一词明显已经与这种现象连在一起了，还有那个甚至比较不合时宜的哲学术语"超验"。总之，有必要详细说明与这两件事物中任何一个的关系是何性质，这两件事物决定了历史的经验；特别是有必要将它同宗教的常规看法以及静态的审美观照拆解开，也同亚里士多德的戏剧怜悯以及康德那个看上去完全是接受性的热情拆解开。

603

与**绝对**的关系这个概念很显然不能失去真实性或真理的含义，无论我们多么希望将它世俗化甚或赋予它一种实践的可能性。但在这一点上，现代主义和后现代主义之间的一个传统差别似乎强行施加了自己的影响：前者坚持认为在**绝对**的生活与重复性日常生活的堕落行为和堕落文化之间有极显著的差别；而后现代性的问题框架似乎始终想通过回忆起绝对性无法避免的多样性重新激起关于相对主义的没完没了的争论，那些绝对在后现代时代狭路相逢。

海德格尔的例子仍然是一个讨论这些问题的有用空间，但还有另一位现代时期的作家，他现在同样不合时宜而且名声不好，他也将有助于对这个论证做出生动的说明。对**绝对**的语言而言，我们的确从一个作家那里借用了一些，海德格尔的各个真理模式（见下文）没有一个和他是格格不入的，他的生活和作品因为那个原因有时看起来似乎是一种充满敌意的姿态并囊括了全部煞有介事的谎言和姿态，囊括了形而上学的装腔作势，其可疑之处丝毫不逊于海德格尔的一本正经，尽管是完全不同的风格和范围。但或许只有通过这样的极端，**绝对**才可能是可见的而且是根本无法逃脱的。不仅是在艺术的各种超验中——人的和非人的——如安德烈·马尔罗（André Malraux）在《沉默的声音》（*The Voices of Silence*）中便对它们发出呼唤，在《人的境况》（*La Condition humaine*）中那些人物的激情中，也有人发现绝对的某种相对性，这也许对我们有所帮助（这个人物是老吉索斯，类似于全知的圣人，处在《人的境况》这个迷宫的最中心，反思他周围各种人物的命运）：

> "**红**或**蓝**，"费洛尔说，"这些苦力都一样还是苦力；除非把他们一个个地杀死。他只有一次生命，他却应该为了一个思想而甘愿失去它，难道你不认为这是人类的一个愚蠢的特点？"
>
> "一个人很少能忍受——我应该怎么说呢？——他的处境，他作为一个人的命运……"
>
> 吉索斯想起克尧的一个思想：人甘愿为之死去的任何事物都高于个人利益，这朦胧地证明了命运的合理，但要给它一个体面的前提：对奴隶而言是基督，对人民而言是民族，对工人而言是共产主义。但他没心思和费洛尔讨论克尧的思想。他又回到前者：
>
> "总是有陶醉的需要：这个国家有鸦片，伊斯兰教有大麻，西方有女人……或许最重要的是爱，它是西方人将自己从人类命运中解脱出来的方式……"
>
> 在他的一字一句下面流过一种模糊的、隐而不见的反潮流比喻：陈和谋杀，克莱皮克和他的疯癫，卡图夫和革命，

梅和爱，他自己和鸦片……只有克尧在他的眼中与这些范畴
是对抗的。①

604

但是，像海德格尔一样，马尔罗也将他对这些形形色色的生
命激情的观察安置在人的有限性内（“人的境况”［sa condition
d'homme］），也就是说死亡这个事实：死亡一下子将分析的重心从
客体转移到了主体，从义务的客观性质转移到了个体“存在”
（Dasein）的主观需要。然而，萨特的存在主义大胆地抛弃了这种
形而上学的残渣，不再承认死亡焦虑（代之以自由）是最后的动
机，我们陷入生命激情或真实义务和原初选择的一种真正相对性
中，康德的自由崇拜伦理学不能将这位伦理思想家从这一相对性
中解救出来。在这里，那个焦灼的问题（德勒兹和瓜塔里在他们
自己的处境中以不同的方式面临的问题，但未必得到更加成功的
解决，即偏执和精神分裂之间的对立，或游牧民和国家之间的对
立）仍然是人道主义和法西斯主义之间的显著差别，是人的伦理
学和非人的伦理学之间的显著差别——一个后来成为审美形而上
学者的马尔罗不必要尊崇的一个差别，他对欢庆生命的艺术的赏

---

① André Malraux, *Man's Fate*, trans. Haakon Chevalier, New York: Modern Library,
1961, 227; 法文为：——Rouges ou bleus, disait Ferral, les coolies n'en seront pas moins
coolies; à moins qu'ils n'en soient morts. Ne trouvez-vous pas d'une stupidité caracté-ristique
de l'espèce humaine qu'un homme qui n'a qu'une vie puisse la perdre pour une idée? ——Il
est très rare qu'un homme puisse supporter, comment dirais-je? Sa condition
d'homme... ——Il pensa à l'une des idées de Kyo: tout ce pour quoi les hommes acceptent
de se faire tuer, au-delà de l'intérêt, tend plus ou moins confusément à justifier cette condi-
tion en la fondant en dignité: christianisme pour l'esclavage, nation pour le citoyen, commu-
nisme pour l'ouvrier. Mais il n'avait pas envie de discuter des idées de Kyo avec Ferral. Il re-
vint à celui-ci: ——Il faut toujours s'intosiquer: ce pays a l'opium, l'Islam le haschisch,
l'Occidental la femme... Peut-être l'amour est-il surtout le moyen qu'emploie l'Occidental pour
s'affranchir de sa condition d'homme... Sous ses paroles, un contre-courant confus et caché
de figures glissait: Tchen et le meurtre, Clappique et sa folie, Katow et la révolution, May et
l'amour. Lui-même et l'opium... Kyo seul, pour lui, résistait à ces domaines. (La Condition
humaine, in *Oeuvres complètes*, Vol. 1, Paris: Gallimard, 1989, 678–679.)

识不亚于他对那些饶有兴致地干预摧毁生命之事物的欣赏（从狂喜到低落……［une extase vers le bas...］——"他在这里还有一些东西……满意地压垮了生命［il y a aussi quelque chose de ... satisfaisant dans l'écrasement de la vie ... ］"①）。

在马尔罗和海德格尔两人那里，死亡和有限性在区分真实和不真实时都扮演了至关重要的角色，事实上，这样讲并不是夸大其词：与死亡面对面以及死亡焦虑本身都似乎将一个给定的选择或经验变成了与**绝对**面对面，**绝对**于是被还原为个体与他或她的必死性达成妥协的某种方式，但不一定是接近总体性的模式，甚至也不一定是接近集体的模式。（我要赶紧补充一点，萨特的模型——与自由和焦虑面对面——也未必能做到。）

以他特有的方式，老吉索斯将马尔罗的人物中最"守信的"一个，他的儿子克尧，排除在他这份相对化的绝对清单之外，（"克尧孤零零的，他还待在这个地区"［Kyo seul, pour lui, résistait à ces domaines］），而将克尧的战友凯图包括在对单纯的"革命"热情所做出的某个政治**绝对**的限制中。那么，我们也许可以猜测，克尧与**绝对**的关系以及他的革命实践表现为一种超越了纯粹个人主义及其个人热情的形式：集体的某个维度在这里受到威胁，它将关于人的有限性的经验以某种截然不同的方式从对孤立死亡的焦虑中移走（小说最后的场景，凯图牺牲了他的氰化物药丸，这一场景也传递出某种东西，类似于各种热情的结合）。

尽管如此，它是一个"价值"问题吗？价值在某种程度上是绝对的或被当作是绝对的。或者它不是一种对**绝对**的关系吗？**绝对**在这里受到威胁（更不用说可能出现的对**绝对**的某种抵抗，在这个事例中是死亡的**绝对**）。在何种程度上，那种关系不会在不知

---

① André Malraux, *Man's Fate*, trans. Haakon Chevalier, New York: Modern Library, 1961, *La voie rorale*, op. cit. , 449.

不觉中从一系列积极的或热情的选择溜向认知的或沉思的知识？在这种知识中，以某种方式将**绝对**理解为总体性，在它很稀少的可见时刻瞥到它一眼，这比它的观者可能实施的任何行为都重要。即使死亡就是**绝对**，根据这个替代物，它也只可能是在清醒和焦虑的瞬间时刻被瞥见的事物。在这里，有争议的不是各种绝对的相对性：因为与作为真理的**绝对**的这种思考性关系经历了种种变体，就像正在狂热地或痴迷地摆脱无望的处境。的确，海德格尔在他艺术思考的一个高潮时刻所强调的正是各种各样与**绝对**的关系：

> 真理确立其在实体中的地位的一个基本方式是让它在真理中发挥作用［在真理中，werk 代表艺术品］，这个实体由真理开发或揭示出来的。真理践行其存在的另一种方式是为国家奠定基础的行为。还有另一种真理放射其光芒的方式，即靠近那个不单纯是一个实体的东西，但它确实**是**实体。另外一种真理形成的方式就是思想家的发问，作为对存在的思考，它从后者的问题价值方面对其进行命名……①

606

---

①　我在此摘抄了 "Origin of the Work of Art", in *Philosophies of Art and Beauty*, eds. Albert Hofstadter and Richard Kuhns, Chicago: University of Chicago Press, 1964, 685；德文为："Eine wesentliche Weise, wie die Wahrheit sich in dem durch sie eröffneten Seienden einrichtet, ist das Sich-insWerk-setzen der Wahrheit. Eine andere Weise, wie Wahrheit zum Leuchten kommt, ist die Nähe dessen, was schlechthin nicht ein Seiendes ist, sondern das Seiendste des Seienden. Wieder eine andere Weise, wie Wahrheit wird, ist das Fragen des Denkers, das als Denken des Seins dieses in seiner Frag-würdigkeit nennt." ［具有反讽意义的是，海德格尔继续将科学排除在这些有特权的通道模式之外："Dagegen ist die Wissenschaft kein ursprüngliche Geschehen der Wahrheit, sondern jeweils der Ausbau eines schon offenen Wahrheitsbereiches, und zwar durch das Auffassen und Begründen dessen, was in seinem Umkreis sich an möglichem und notwendigem Richtigen zeigt. Wenn und sofern eine Wissenschaft über das Richtige hinaus zu einer Wahrheit und d. H. Zur wesentlichen Enthüllung des Seienden als solchen kommt, ist sie Philosophie." ］ *Holzwege*, op. cit. , 48.

这段文字同样有助于驱散我们一直使用的术语（绝对、超验）中的宗教含义，因为宗教只是海德格尔进行想象的"方式"之一；同样的话也可以用于死亡本身（"绝对必要的牺牲，"战争中死亡的一个委婉语）。不过，政治实践以"无国界"的形式在这里重新赢得了它的权利：注意"实践"这个术语本身（康特·切什考夫斯基［Count Ciezkowski］1838 年重新创造了它的现代形式）规定了一种对经验事件的关系，包括它在其自身内部的哲学超验。

然而，尽管如此（尽管有马尔罗这部伟大的形而上学小说中的革命背景），似乎没有什么能保证在这类中介中被调用的**绝对**应该被认同为**历史**。

"视阈（horizon）"这个现象学术语首先为海德格尔所用，然后萨特在他对历史统一化的论证中用过，它或许提供了保证这个命题的最有效方式，它用一个信念作为其起点，即资本主义在世界范围内同时获得胜利保证了马克思主义作为我们这个时代终极思想视阈的优先权。作为类似于资本主义哲学的某种事物，其他思想模式必然要在马克思主义内部找到它们自己的位置并发展其自身。现代主义的热情和绝对却不是这样，它们还是在全球化的情境中处理掉了其他航线，这些航线似乎尚未得到资本逻辑的确认和保护。后现代性无疑有它自己的绝对——在目睹了那些被称为原教旨主义的后现代宗教卷土重来之后——但它们是一种完全不同的类型，被一种新的相对性所控制，它被称为代码相对主义，一种绝对的换码。

607

这于是成了今天**绝对**将在其中被寻觅的视阈。如果有人想将它描绘为世俗的，那么，各种宗教便会有它们的新位置，即已经被相对化，是在后现代对传统的重新发明，是当代的热情和生命选择。如果有人希望从崇高的角度思考**历史**的这种巨大统治，那他必须回想一下埃德蒙·伯克（Edmund Burke）（讨论崇高的第一个伟大的现代理论家）的那些篇章，他在其中讨论了法国革命中的种种极端行为，这些行为令人极度恶心，那确实是一种"病态的痴迷（extase vers le bas）"；也讨论了黑格尔在当代最有意思的诠释者（已经提过）提出的那些严肃的推测，即事实上，**绝对精神**就是资本本身。同时，有人将崇高看作多样性的统一（或至少这种统一的一种类型），萨特的观察结果是，历史曾经是多样的，它现在比以往任何时候都更大程度地被统一为一种单独的**历史**，于是，有人在头脑中加以补充，在全球化背景下，历史的统一趋势将它改造成了资本主义的**历史**。

我们已经从我们自身分泌出一个人的时代，就像蜘蛛分泌出它们的蛛网：一个巨大的、无所不包的世俗化穹顶，它从所有方面都是不可见的，即使在它将先前所有的自然元素都吸收进它的处所时也不例外，它将它们全部变成了它自己的人造物质。但在这个君临万物（immanence）的视阈中，我们就像怪异的部落中人，或像外层空间来的参观者一样游荡，羡慕它难以想象的复杂程度和纤巧的丝线，从它那些无底的深穴中反卷回来，倚着一面由充满异国情调的人工植物作成的雨墙打发时间，或者在有毒颜色和危险的茎干之间大发雷霆，我们被告知要避开这些东西。处于人时代的世界是为没完没了的恐惧和病理性陶醉准备的一个审美借口，在它的宇宙中，它所有的一切都来自构成我们自身存在的纤维，而且它的每一个后自然细胞与我们都是一致的，这种后自然细胞对我们来说，比自然本身更怪异，我们继续嘟囔着康德的老问题——我能知道什么？我应该做什么？我可能希望什么——在一个星光灿烂的、像镜子或宇宙飞船一样没有任何回应的天穹下，不明白它们需要一个丑陋的、官僚的表现性条件作修饰物：**我在这个系统中**能知道什么？**我在这个完全由我发明出来的新世界中应该做什么？我独自在一个完全的人时代中**能希望什么？不能用唯一有意义的系统来取代它们，即我如何承认这个奇怪得令人生畏的总体性是我自己所为？我如何理解它并让它成为我自己的作品，并且承认它的法则是我自己的投射和我自己的实践？

因为只有马克思对这个历史上第一次出现的世俗总体性进行了理论化，它从此就是我们的存在的视阈，所有在那之内发明的绝对都同时是对那个穹顶本身的一种承认，是承认了我们的终极**存在**就是**历史**。我们的个体性绝对或存在性绝对因此必须在它们内部将与那种终极**存在**或明或暗的关系作为它们的基本结构，那种终极**存在**就是**历史**：即使超验事物也被更广泛的存在性承诺暗中世俗化，这个承诺包罗万象，以至于常常是无形的，就像海德格尔那个古老的**存在**概念，只在瞬间是可见的，只以消失的模式显现，只以退隐的模式出现。

因为我们也使用德勒兹和瓜塔里的代码或语言来呼唤公理的胜利，这个胜利是圆满的，所以，以后只有局部和瞬间的解辖域化（deterritorilizations）是可能的，局部的兴趣和热情、私人的宗教、想象中的种族划分、专业阶层有门限的协会、权势人物的午餐室、豪华气派的会议室、幸运，这些都是屏幕上的数字，神圣的牺牲不过是统计数字而已……这些很显然也包括了各种想象，有时，马克思的名字会附加在这些想象上：那些古老的难题——例如党派和组织——仍然是相关的，尚未得到解决，这并不意味着它们在一个完全不同的地理政治情境中在字面上得到的再创造就不是另一次再辖域化（reterritorialization）。

或许，反全球化较之任何其他古老的母题，对作为一种总体性和绝对的**历史**而言，都是提供了更真实的一瞥，尽管事实是令人满意的实践尚未被发明出来以与这种存在视阈和平共处。这种经验形式无疑是否定性的而且最常在丰富的意义上为已经和它绑在一起的偏执狂提供合理的证据。因为全球化资本主义的这种巨大总体性被理解为一种阴谋：无论它是被当作一种非个人的系统，一种难以想象的巨大的禁闭；还是相反地，被理解为一种由精英的联合意志和意图操纵的行动（或许 20 世纪 90 年代在全世界发起的众多新保守派运动就是这种情况）。这些替代的确反映了真实的差异而不是历史编纂的决定。它们是基于某种叙事策略的选择，这种叙事策略基本上仍然是意识形态性质的（只要这个术语被理解为在其本身内部包括并涉及哲学和形而上学的性质）。

（七）作为解放的历史

到现在为止，这些选择——对应于**历史**能够被感知的方式，无论多么短暂——对应于辩证法的二元对立结构，既是肯定的，又是否定的，可以在这二者的任意一方面发生变化或进行表现。但它们也必须被置于一个更大的对立当中，在这一对立中，这个阴谋的两种变体——作为系统和作为人的工具——被统一成一个单独的、基本上是否定的术语，与某个肯定的术语形成对照，这一点仍然有待思考。

怜悯，作为严格意义上悲剧场面的顶峰，的确可能已经是欢快的喜剧结局中一个非常不同的庆祝的否定性对应物。我们并不特别需要从成功或失败的角度考虑它，尽管那些过于人性的词语对于提示这种对立中的关键似乎还是有用的。但是，无疑，康德仍然称之为热忱（enthusiasm）的东西对一般性欢庆来说也是一个不错的建议，有人期待在世界的喜剧性变化的结尾看到这种欢庆。喜剧通常从青年人战胜老年人的生殖崇拜胜利这个角度被理论化，应该很清楚的是，这样一种胜利很少在某种"历史的结束"所包含的各种可能意义上被考虑；而关于更新和宇宙日出的神话、创世纪和新世界诞生的神话随时可以为**历史**这个伟大的集体意义补充古老的比喻，它们离今天的我们可能太远了，但它们几乎不曾在有文字记载的历史中缺场。康德的提醒因此是及时的：

　　人类历史中的这样一个现象**不会被忘记**，因为它揭示了人性的一个趋势和天赋，即追求完善，没有哪一个政治家，即使他有动人的智慧，可能从现有事物的发展历程中变出这种完善，也没有一种完善是只将自然和自由在人类当中统一起来，只与权利的内部法则一致便肯定能够实现。①

　　在这样的时刻，**历史**被愉快地瞥见，这些时刻从意外脱险一直到革命本身。运气或民族的好运似乎削弱了暂时性概念的认识论含义，因为后者在其自身内部仍然背负着意图或阴谋这种更具否定性的包袱（因为整个基督徒版的历史难道不是上帝拯救亚当后裔的一个阴谋史？）

　　或许，喜剧精神的确通过失败和解脱，通过法律的延期甚或社会本身的解体和禁闭的结束等形象得到了更好的体现。这类形象在资产阶级革命时代所表达的拯救就是打开监狱、摧毁巴士底狱、吹响《菲岱里奥》（*Fidelio*）中标志着囚徒从地牢里被解放出来的伟大号角。但对一个已经建立的资产阶级社会而言，这种普遍自由的欢欣或许在狄更斯的《荒凉山庄》的结尾得到了更好的表现，在那本书的结尾，让街上的人们高兴的是，詹狄士（Jarndyce）一案那些难以计数的卷宗被扔了出来，对这场无休止的隔代人之间的案子的判决也以遗产的消耗殆尽和所牵涉各方都获准离开告终：真正是大家的节日，也是一个在马克思本人那里引起共鸣的节日，出现在《资本论》第一卷的第二个大高潮
610（在剥夺者将被剥夺的预言那种贝多芬风格的必胜信念之后）。

　　实际上，在这里，马克思让人想起这种积累过程在驻领殖民地（尤其是在澳大利亚）的忧伤结局，当时没有采取任何预防

---

　　① Kant, *The Conflict of the Faculties*, trans. Mary J. Gregor, Lincoln, University of Nebraska Press, 1979, 159.

措施将未来的工人与派给他们的工作绑在一起或束缚在一起。所以，我们看到了这样一个伤感的场面，皮尔先生已经坐船到了天鹅河，那里不仅为他提供了丰富的生产方式，而且还有成千上万的工人和他们的家属，他却被"弃之不顾，没有一个仆人为他铺床，从那条河里给他打水"。郁闷的皮尔先生把什么都备齐了，就是没有将英国的生产关系出口到天鹅河（《资本论》，933）。

马克思补充道，预先用奴隶制来控制住这些未来的工资工人要比将他们安置在自由的土地上，而且没有任何约束要更加明智。从无所不包的社会秩序中解放出来的最壮观的解放形象就是解放本身：

> 黑人品味着炫耀从无数的规矩中解放出来的机会，这些规矩有大有小，都与奴隶制有关。自由了的人们举行群众大会和宗教仪式，不用再在白人的监视下作这一切，他们有了狗、枪支，以及烈酒（在奴隶制下都不允许他们获得），而且拒绝在人行道上为白人让路。他们喜欢穿什么就穿什么，黑人妇女有时穿戴俗艳，打着阳伞，奴隶的帕子换成了彩色的帽子和纱巾。在 1865 年夏天，查尔斯顿（Charleston）看到自由了的人们占据着"某些最好的住宅"，"穿着五颜六色的锦缎"在国王街上兜风，黑人孩子们则唱着"'约翰·布朗的身体'，就在卡尔霍恩的坟墓附近"。城里的白人抱怨那些自由了的人们"放诞无礼"和"以下犯上"，对任何一点偏离奴隶制下所期待获得的敬重和顺从，他们都会这么说。
>
> 在奴隶制的各项限制中间，最招人恨的是严厉的关卡制度，任何黑人在没有通行证和没有接受巡查的情况下哪里都不能去。解放以后，似乎有一半的南方黑人人口踏上旅途。

"有色人群立刻开始动了起来，"一个得克萨斯州的奴隶后来回忆道，"他们好像想离自由更近一些，所以他们得知道自由是什么——比如它是一个地方或一个城市。"黑人先前的奴隶待遇好像与这个运动没什么关系。"A. M. 多曼的奴隶全都离他而去，"一个阿拉巴马的种植园主说，"他们就像他们那些被宠坏的孩子一样一直是自由的。"对于从前的奴隶而言，随意来去的能力将在很长时间里是他们骄傲和兴奋的理由。"黑奴对旅行真的是痴迷，"一个白人观察者1877 年写道，"他们搬出所有可能的名义：节假日、野餐、周日学校庆祝活动、教堂典礼，不断纠缠铁路负责人要求加开列车，游览列车，等等。"①

611

这真的是禧年：不单单是减轻了债务，而且解除了社会本身所有形式的限制。这是巴赫金的季节性狂欢在历史上真实的再现，对那些反乌托邦前景来说也是喜剧性的装饰，这些前景包括，在原型的"混乱时代"，社会分崩离析，那些数不清的灾难前景中充斥着暴力和无政府状态，从巴拉德（Ballard）到《道路勇士》（Road Warrior），它们缠绕着中产阶级的想象，笼罩在下层阶级起来复仇，法律秩序遭到破坏这类思想的阴影中。但像这样瞥见**历史**的快乐结局或许与康德意想不到地看到某种超验自由的实现一样罕见。

因此，结论是，将这类暂时的结果区分开来是明智的，因为从乌托邦的视角，历史让我们看到其自身是我们整个历史的绝对对立。回到早期关于空间辩证法的思考，我们或许可以论证，在那个意义上，乌托邦不再是处于时间当中，仿佛随着发现之旅和

① Eric Foner, *Reconstruction: America's Unfinished Revolution, 1863 - 1877*, New York: Harper and Row, 1988, 79 - 81.

对地球探索的结束，它便从地理空间中消失了一样。作为对已经完全实现了的绝对的绝对否定，我们自己的系统已经达到了这一**绝对**，乌托邦现在不能被想象为还在历史的时间中等待我们的进化的，甚至是革命的可能性。实际上，它根本就不能被想象；而且你需要物理学的语言和比喻——封闭的世界和多种互不连接但同步的宇宙之类的概念——才能传达本体论这个现在看上去如此空洞和抽象的思想。然而，它也不能用宗教超验的逻辑来理解，不能将它理解为另一个世界，它在这个世界之后或之前或超越这个世界。或许，最好是考虑一个替代的世界——或说得更确切一些，这个替代的世界，我们的替代世界——和我们的世界比邻，但没有任何联系，我们也到不了那里。于是，一次又一次，就像一个患病的眼球，可以觉察到恼人的光线闪过，或像那些巴洛克风格的旭日造型，光线从另一个世界突然穿透到这个世界，提醒我们，乌托邦是存在的，其他的系统、其他的空间也是仍然可能的。

612

致 谢

以下各章并非第一次发表，已获得首发方同意，形式上有所修改。

第三章的第一部分首见于 *Critical Quarterly* 五十周年特刊，50：3，2009，33－42。

第四章首见于 *New Left Review* 1：209，86－120。

第五章首见于 *South Atlantic Quarterly* 96：3，1997，393－416。

第六章首见于 *Rethinking Marxism* 1：1，1998，49－72。

第七、第八章为 Jean-Paul Sartre 的 *Critique of Dialectical Reason* 第一、第二卷的前言（London：Verso，2004 及 2006）。

第十一章首见于 *Science and Society* 62：3，1993，358－372。

第十二章首见于 *Lenin Reloaded*（Durham，NC：Duke University Press，2007）。

第十三章首见于 *South Atlantic Quarterly* 104：4，2005，693－706。

第十四章为澳大利亚吉朗的 Deakin University 而作。

第十五章首见于 *Polygraph* 6－7，1993，170－95。

第十六章将收录于 *Utopia-Dystopia：Conditions of Historical Possibility* 中的"Walmart as Utopia"这一部分（Princeton，NJ：Princeton University Press，将于 2009 年出版）。

第十七章首见于 *Cultures of Globalization*, Fredric Jameson and Misao
Miyoshi (Durham, NC: Duke University Press, 1998), 54 – 77。

第十八章以 "Globalization and Strategy" 为标题曾发表于 *New Left
Review* 2: 49 – 68。

索 引